Dieter Hassler

Indizienbeweise für ein Leben nach dem Tod und die Wiedergeburt

Dieter Hassler

Nah-Tod-Erfahrungen und mehr...

Indizienbeweise für ein Leben nach dem Tod und die Wiedergeburt

Band 3: Nah-Tod-Erfahrungen, mediale Kommunikation mit Verstorbenen, Träume, Flashbacks, Déjà-vus, Spuk, Erscheinungen, Instrumentelle Transkommunikation

87 Beispielfälle aus den oben genannten Erfahrungsfeldern, die bisher in den Bänden 1, 2a, und 2b nicht erfasst sind

Vorworte von
Dieter Becker, Dr. Michael Nahm, Claus Speer

Nachwort von
Gesa Dröge

Shaker Media

Bibliografische Information der Deutschen Nationalbibliothek
Die Deutsche Nationalbibliothek verzeichnet diese Publikation in der Deutschen Nationalbibliografie; detaillierte bibliografische Daten sind im Internet über http://dnb.d-nb.de abrufbar.

Vorworte von Dieter Becker, Dr. Michael Nahm, Claus Speer

Nachwort von Gesa Dröge

Band 3
87 ausführliche Beispiele

Umschlaggestaltung: Reinhold Knapp, Erlangen

Printed in Germany.

ISBN 978-3-95631-796-5

Shaker Media GmbH • Am Langen Graben 15 a • 52353 Düren
Telefon: 02421 / 99 0 11 - 40 • Telefax: 02421 / 99 0 11 - 49
Internet: www.shaker-media.de • E-Mail: info@shaker-media.de

1. Vorworte

Dieter Becker habe ich gebeten, ein Vorwort zu schreiben, weil er selbst eine Nahtoderfahrung (NTE) erlebt hat, und NTEs einen wichtigen Teil dieses Buches einnehmen. Er beantwortete meine Bitte in folgender Weise:

1.1. Dieter Becker

Als mich Dieter Hassler im März 2020 bat, ein Vorwort zu seinem neuen Buch zu schreiben, habe ich gleich zugestimmt. Persönlich kannten wir uns seit meinem Besuch im Juni 2018, danach folgte der Kontakt per Telefon bzw. E-Mail. Damals im Juni wurde ich von ihm gleich reich beschenkt: durch sein Fachwissen, durch seine 3 Bücher über Reinkarnation und durch zahlreiche Fotos für meinen Vortrag über Reinkarnation.

Da ich selbst 2013 eine Nahtoderfahrung (NTE) hatte und 2015 einen Nahtodkontakt (NTK), habe ich das Thema Reinkarnation damit immer als großes Ganzes gesehen. Diese Sichtweise spiegelt sich auch in diesem neuen Band wider. Zu den vorangegangenen Bänden 1, 2a und 2b neu hinzugekommen sind die Erfahrungsfelder: NTE, mediale Mitteilungen Verstorbener (MMV), Träume, Flashbacks, Dèjá-vus, Erscheinungen, Instrumentelle Transkommunikation (ITK) und Spuk, immer im Konsens, welchen Zusammenhang es zur Überlebensfrage und welchen Beitrag es zur Wiedergeburt gibt.

Dieter Hassler ist damit einer der ganz wenigen Autoren, die diese Zusammenhänge auch so sehen und dies dem Leser auch so vermitteln können.

Bemerkenswert ist, dass Dieter Hassler geistig immer bei seinen Lesern ist, egal ob Wissenschaftler oder Laie. Dies macht seine Bücher und besonders auch diesen neuen Band so spannend!

Wer immer im Leben vorhat, sich mit dem Thema Reinkarnation und dem genannten Umfeld zu beschäftigen, sein Wissen darüber zu vertiefen oder einen Einstieg zu wagen, dem sei diese Buchreihe mit dem neuen Band besonders empfohlen!

Diese Trilogie wird als Standardwerk in der Weltliteratur seinen Platz finden!

Mehr zu Dieter Becker im Internet unter: https://www.netzwerk-nahtoderfahrung.org/index.php/lokale-studiengruppen/deutsche-gruppen/627-dieter-becker.html

Regenstauf, den 18.03.2020 Dieter Becker

Dr. Michael Nahm ist in meinen Augen ein unideologischer, profunder Kenner der Parapsychologie und daher bestens geeignet, hier ein Vorwort beizusteuern:

1.2. Dr. Michael Nahm

Mit dem vorliegenden Buch hat Dieter Hassler seine monumentale Trilogie über die Reinkarnationsforschung abgeschlossen. Im ersten Band behandelte er Spontanerinnerungen kleiner Kinder an ein ‚früheres Leben', im zweiten Band folgte eine gründliche Durcharbeitung des Themas der Rückführungen in ‚frühere Leben'. Im hiesigen dritten Band diskutiert Hassler Reinkarnation im Kontext von Nahtod-Erfahrungen, medialer Kommunikation mit angeblich Verstorbenen, Träumen und weiteren Quellen. Es ist Hasslers Verdienst, eine außerordentlich reichhaltige Sammlung von Fallmaterial zusammengetragen zu haben, die praktisch das gesamte Spektrum an anomalistischen Bereichen abdeckt, in denen Reinkarnation eine Rolle spielt. Während besonders im englischen Sprachraum bereits eine umfangreiche Literatur zu Spontanerinnerungen kleiner Kinder vorliegt, so werden die Bereiche, die in Hasslers zweitem und dritten Band diskutiert werden, eher selten in der wünschenswerten Ausführlichkeit behandelt.

Insgesamt liegt mit dieser Trilogie ein Kompendium vor, das in zweierlei Hinsicht bedeutsam ist: Zum einen besticht es durch eine Materialfülle, die auch im internationalen Vergleich Ihresgleichen sucht. Zum anderen öffnet die Synthese, die der Vergleich verschiedener empirischer Bereiche der Reinkarnationsforschung ermöglicht, den ‚Blick auf das Ganze' und zeigt, wo sich welche Aspekte stützen, vernetzen oder auch zu widersprechen scheinen. Eine derartige Gesamtschau ist jedoch für eine angemessene Interpretation des in Frage stehenden Themas außerordentlich nützlich, wie ich selbst an anderer Stelle argumentiert habe *(Nahm 2011a, Lit.-Nr.* ***314****)*. Besonders der Themenkomplex der Nahtoderfahrungen bietet sich für vergleichende Studien mit den Spontanerinnerungen kleiner Kinder an – denn letztlich handelt es sich um Phänomene, die sehr eng miteinander verwandt sein könnten. In beiden Fällen scheint das Bewusstsein den Körper zu verlassen und wieder in einen Körper einzutreten – im Fall der Nahtod-Erfahrungen in den alten, im Fall der Reinkarnationsfälle hingegen in einen neuen. Wie Hassler zeigt, existieren in der Tat Hinweise auf konkrete Überschneidungen beider Bereiche *(siehe auch Nahm 2011a,* ***314****)*.

Gesetzt den Fall, dass Untersuchungsberichten von Reinkarnationsfällen Glauben geschenkt werden kann: Wie sind sie zu deuten? Kann so etwas wie eine Seele, oder auch nur Fragmente davon, unabhängig vom Körper existieren, sogar nach dem physischen Ableben? Und wäre diese Fortexistenz aktiv und bewusst zu denken, oder eher passiv und unbewusst in Form von ‚Gedankenbündeln'? Oder gibt es möglicherweise Zwischenstufen und verschiedene Varianten von all diesem? Die Parapsychologen sind sich in diesen Fragen uneins, wobei selbst als kritisch bekannte Autoren wie Stephen Braude dazu tendieren, zumindest für manche Fälle eine echte Form der Reinkarnation anzunehmen *(Braude 2003, **66**)*. Auch ich tendiere wie Hassler zu dieser Ansicht, und einige Gründe hierfür haben wir vor einiger Zeit gemeinsam in einer theoretischen Arbeit zusammengestellt *(Nahm und Hassler 2011a, **314**)*. Die Frage der Reinkarnation betrifft uns Menschen jedenfalls ganz unmittelbar – und das Gute ist: Sie lässt sich empirisch untersuchen.

Doch auch unabhängig von der Interpretation des vorhandenen Fallmaterials ergeben sich für die Biologie faszinierende Konsequenzen: Wenn man dieses Fallmaterial nicht vollständig auf Fehlinformation und/oder Betrug zurückführt, so zeigt sich, dass zumindest höhere Organismen nicht als komplizierte Maschinen betrachtet werden können, deren Funktionsweise ausschließlich mit den Gesetzlichkeiten der Physik und Chemie erklärt werden können. Sowohl die körperliche als auch die psychische Ausstattung eines Individuums kann von Erfahrungen vergangener Individuen mitbestimmt werden, was auf eine geistig-psychische Komponente dieser Lebewesen schließen lässt. Möglicherweise gilt dies für alle Lebewesen und vielleicht sogar die Evolution als Ganzes. Die Erweiterung und Überwindung des derzeit herrschenden physikalistischen Lebensverständnisses ist aus verschiedenen Gründen überfällig *(Nahm 2007, **312**; 2012, **315**; 2019a, **317**)*, und Reinkarnationsfälle zählen unabhängig davon, wie sie letztlich gedeutet werden, zu den stärksten Indizien für eine geistig-psychische Hintergrundrealität, in welcher alles Leben verwurzelt ist. Durch Reinkarnationsfälle werden panpsychistische, vitalistische und auch holistische Spekulationen empirisch gestützt, weswegen auch aus naturwissenschaftlicher und philosophischer Perspektive das methodische Studium dieses Themenkomplexes in seiner Bedeutung kaum überschätzt werden kann. Es ist zu hoffen, dass Arbeiten wie diejenigen Hasslers einen Anstoß für künftige Forscher und Forschungen liefern.

Freiburg, den 21.04.2020, Dr. Michael Nahm,
Institut für Grenzgebiete der Psychologie und Psychohygiene (IGPP),
Freiburg im Breisgau

Claus Speer bat ich um einen Beitrag, weil er ein Erfahrungsträger für mediale Kommunikationen ist, die hier im Buch eine wichtige Rolle spielen. Er schrieb mir:

1.3. Claus Speer

Schon vor vielen Jahren bin ich mit Dieter Hassler über das Thema Reinkarnation in Kontakt gekommen. Mich beschäftigte das Thema ebenfalls wie ihn, nur aus einem anderen Beweggrund. Sein großes Anliegen war alle Argumente zusammenzustellen, die für ein Überleben des Todes und für die Realität der Reinkarnation sprechen. Dies hat er mit seiner über 2000 Seiten starken Trilogie in einer bewundernswerten Weise und überzeugend in die Tat umgesetzt.

In seinem vorliegenden dritten Band vergleicht er alle Aussagen für ein Überleben des irdischen Todes und der Reinkarnation anhand ausführlich beschriebener Fallbeispiele von Nah-Tod-Erfahrungen und anderer Phänomene miteinander. Eingehend setzt er sich mit den Argumenten derer auseinander, die seine Schlussfolgerungen nicht teilen.

Sehr dankbar bin ich für die Extrahierung der 87 prägnanten Fallbeispiele aus der riesigen Menge an Literatur, zumal der englischsprachigen. Jeder Fall ist für mich eine neue Anregung und Ergänzung meiner langjährigen Erfahrung aus der Zeit unseres Kreises *(Speer 2004, Lit.-Nr. **428**)*.

Ein Beweggrund meiner Beschäftigung mit der Reinkarnation war das Erstaunen über das Fehlen dieser Vorstellung in den westlichen Religionen. Ein Leben nach dem Tod, auch wenn ganz unterschiedliche Vorstellungen damit verbunden sind, ist eine Gemeinsamkeit aller Religionen der Erde. Während in den östlichen Religionen Reinkarnation ein selbstverständlicher Bestandteil ist, scheint dies in den westlichen Religionen nie der Fall gewesen zu sein. Ein Blick in die Geschichte lehrt uns aber etwas anderes. Schon bei Pythagoras im 6. Jahrhundert vor Christus ist die Vorstellung der Reinkarnation nachweisbar und bei Platon finden wir dieses Weltbild ganz ausgeprägt. Dem Judentum, mit Ausnahme vermutlich der Essener, war dies fremd und so fand es auch kaum einen Niederschlag in den kanonischen Evangelien *(Pryse 1905, **352**)*. Erst der Einfluss des Hellenismus auf das Christentum führte den Gedanken einer Präexistenz, also einem Leben vor dem irdischen Leben, in das Christentum ein, was in dem erst später entstandenen apogryphen Thomasevangelium seinen Niederschlag fand *(Lindner 2004, **249**; Popkes 2019, S. 81-91, **347**; Popkes 2019a, S. 55-63, **348**)*. Ob Jesus Christus seinen, aus dem einfachen jüdischen Volk stammenden Jüngern diese, für sie fremde Vorstellung zugemutet hatte, bleibt im geschichtlichen Dunkel. Seine Worte aus dem Johannesevangelium *„Ich habe euch noch viel zu sagen; aber ihr könnt es jetzt nicht tragen“* lassen eher darauf schließen, dass es unterblieben ist.

Dem gebildeten griechischstämmigen Kirchenschriftsteller Origenes von Alexandrien (185-254 n. Chr.) war diese Vorstellung durch seine Kenntnis der griechischen Philosophie natürlich vertraut und so konnte er eine universale Kosmologie entwickeln *(Speer 2004a,* ***429****)*. Leider waren spätere Generationen nicht in der Lage seiner Vision zu folgen und so verschwand das Weltbild im 6. Jahrhundert wieder. Heute wird das Thema wieder offener diskutiert und so sehe ich die Zeit als gekommen, das Wissen um das Leben nach dem Tod und die Reinkarnation wieder mehr und mehr zum Allgemeinwissen werden zu lassen. Für Naturwissenschaft und Religion war es sicher gut, seit Galileo Galilei und der Aufklärung für Jahrhunderte getrennte Wege zu gehen. Aber nun kann diese Phase der geistesgeschichtlichen Spaltung ihrem Ende zugehen.

Mahatma Gandhi sagte einmal: *„Das Geheimnis des Lebens und das Geheimnis des Todes sind verschlossen in zwei Schatullen, von denen jede den Schlüssel zum Öffnen der anderen enthält.“*

Dieter Hasslers gründliche und überzeugende Arbeit der Indizienbeweise für ein Leben nach dem Tod und die Wiedergeburt ist ein wichtiger Schritt, dieses doppelte Geheimnis mehr und mehr zu lüften. So wünsche ich seinem Werk eine weite Verbreitung und Beachtung sowohl in der Öffentlichkeit als auch in der Fachwelt.

Heilbronn, den 28.04.2020 Claus Speer

1.4. In eigener Sache

Mein kurzer Rat an die verehrten Leser bzw. Leserinnen:

Das Buch wurde so geschrieben, dass es auch für Laien verständlich ist. Passagen, die eher für Fachleute gedacht sind, habe ich im Text gekennzeichnet, bzw. in Fußnoten und in die Anhänge verlagert. Dort sind alle Quellen für meine Aussagen im Buch bis auf die individuellen Seitenzahlen in der Fremdliteratur angegeben. So bleibt alles nachvollziehbar. Lassen Sie sich nicht durch die zahlreichen Querverweise oder Literaturangaben irritieren, die eher für die Fachleute gedacht sind. Überlesen Sie diese Einträge und folgen Sie denen erst dann, wenn Sie Genaueres interessiert oder Sie es ein zweites Mal lesen. Dann hilft die Zwei-Sticker-Methode: Ein Sticker (Klebezettel) auf die Seite, zu der Sie zurückkehren wollen und ein anderer an die Stelle im Text, von der Sie ‚abgesprungen' sind.

Nehmen Sie Ihren ‚Einstieg' ins Buch über einen der folgenden Wege:

- Ziel und Konzept des Buches S. 27
- Häufig gestellte Fragen (FAQs) S. 39
- Inhaltsverzeichnis ganz vorne
- Stichwort-/Schlagwort-/Personenverzeichnis S. 534

Lesen Sie das Buch in kleinen Portionen.

Lesen Sie unbekannte Begriffe oder Abkürzungen im Glossar, S. 11 bzw. in den Abkürzungen/Anglizismen, S. 9 nach. Hilfreich sind auch die Formatierungen, die auf S. 8 beschrieben sind.

In den Fallberichten nehme ich mir die Freiheit, als Stilmittel von der Vergangenheitsform in die Gegenwartsform zu wechseln, wo das Geschehen besonders ‚hautnah' miterlebt werden soll.

Beispielfälle, für die sich im Buch kein Platz fand, werde ich auf meiner Homepage www.reinkarnation.de, frei zugänglich anbieten.

Ich bitte um Verständnis, dass ich Sie der Kürze wegen als meine ‚Leser' anspreche. Damit sind immer beide/alle Geschlechter gemeint.

Uttenreuth, im Mai 2020 Dieter Hassler

Danksagung

Der größte Dank gebührt meiner lieben Frau Maria. Sie hat mir über Jahre den Rücken frei gehalten, damit ich das Material für Band 3 zusammenstellen und das Buch schreiben konnte. Außerdem hat sie mit großem Engagement dafür gesorgt, dass mein Text für jedermann verständlich ist und mehrfach Textfassungen Korrektur gelesen.

Einen Teil der 87 Fallbeispiele konnte noch Dr. Günter Baumgart sprachlich überarbeiten, bevor er erkrankte. Dank sei ihm dafür.

Weil das Buch sowohl für Laien, als auch für Fachleute geschrieben ist, haben es drei fachfremde Leserinnen – Marlis Gieße, Ortrud Mosch und Gertrud Wachter-Heeg – sowie vier Experten – Dieter Becker, Geza Dröge, Dr. Michael Nahm und Claus Speer – Korrektur gelesen. Allen diesen Helfern danke ich sehr herzlich für ihre selbstlose Mitarbeit.

Die von mir selbst nachgeprüften und publizierten Fallberichte gibt es nur, weil ich auf sehr kooperative Gleichgesinnte gestoßen bin, denen ich sehr zu Dank verpflichtet bin. Das ist einmal Dr. Wolfgang Eisenbeiss für den Schachfall (Kapitel 8.2.9, S. 316) und Udo Wieczorek mit seiner leider inzwischen verstorbenen Frau Daniela und Koautor Manfred Bomm für den Fall des Soldaten aus dem Ersten Weltkrieg in Südtirol (Kapitel 11.2, S. 378).

Nicht vergessen sei, dass diese Arbeit nicht möglich gewesen wäre, ohne die unendliche Vorarbeit ungezählter Autoren, die im Literaturverzeichnis genannt sind.

Wenn ich der Literatur über Schutzengel glauben darf, so scheint es auch angezeigt zu sein, mich bei jenseitigen Wesenheiten zu bedanken, die möglicherweise dazu beigetragen haben, dass ich bis ins 80te Lebensjahr gesund blieb, um u.a. vier Bücher schreiben zu können, die sich mit spirituellen Fragestellungen befassen. Die angesprochenen Hinweise finden Sie im Schlagwortverzeichnis unter ‚Schutzengel'. Mit nun 81 Jahren beginnt eine leichtere Krankheit mich daran zu erinnern, dass der Tod auch mich betreffen wird und ich jeden Tag bewusst leben soll.

Uttenreuth, im Mai 2020 Dieter Hassler

2. Formatierungen und Abkürzungen/Anglizismen/

2.1. Formatierungen

- **Fettdruck**: markiert Text, für den Einträge stehen im
  a) Stichwort-/Schlagwort-/Personenverzeichnis, ab S. 534
  b) Glossar/Begriffserklärungen, ab S. 11
  c) Verzeichnis der Abkürzungen/Anglizismen, S. 9
- *„kursiv gedruckt"*: wörtliche Rede:
- ‚Normalschrift': besonderer Begriff
- (Kapitel x.y.z , S. x), in enger Schrift: Querverweise auf Kapitel und Seitenzahl im Buch.
- (Bsp. (1), S. 36) = Das Erste von insgesamt 87 Beispielfällen, das auf Seite 36 beginnt
- (***186***) = Nummer im Literaturverzeichnis, im Buch ab Seite *505*
- (***186***, *S. 428*) = Wie oben plus Angabe der Seitenzahl 428 in der angegebenen Fremdliteratur

Randlinien links und rechts: nummerierte Beispielfälle

Elemente der Nahtoderfahrung

Materialistische Erklärungen der Mainstream-Wissenschaftler für Nahtoderfahrungen (NTEs) und deren Einwendungen gegen spirituelle Interpretationen: Sie sind grau hinterlegt und am Rand gestrichelt markiert (Kap. 7.1, S. 100). (Sie geben <u>nicht</u> die Meinung des Autors wieder.)

Allens Literatur als **Vergleichsobjekt** für mediale Mitteilungen Verstorbener (MMVs) ist durch eine Einrahmung gekennzeichnet (siehe S. 336).

2.2. Abkürzungen/Anglizismen

ADC	**A**fter **D**eath **C**ommunication: → Nachtod-Kommunikation (NTK)
AKE	**a**ußer**k**örperliche **E**rfahrung oder **a**ußer**k**örperliches **E**rlebnis (engl. → OBE)
AKEs	Mehrzahl von AKE
AKEer	Person, die eine AKE macht
AKE-fern	AKE, bei der Information von Orten erhalten wird, die außerhalb der sensorischen Reichweite von Auge und Ohr liegen.
AKE-nah	AKE, bei der Information von Orten erhalten wird, die innerhalb der sensorischen Reichweite von Auge und Ohr liegen.
ASPR	**A**merican **S**ociety for **P**sychical **R**esearch: Amerikanische Parapsychologische Gesellschaft, gegründet 1884
ASW	**A**ußer**s**innliche **W**ahrnehmung (engl. → ESP)
Band 1	Literatur Nr. 186, Hassler (2011)
Band 2a	Literatur Nr. 188, Hassler (2015)
Band 2b	Literatur Nr. 189, Hassler (2015a)
BSB	**B**eobachtung am **S**terbe**b**ett
CORT	**C**ase **o**f the **R**eincarnation **T**ype: Fall vom Reinkarnationstyp
DBV	**D**eath **B**ed **V**ision: Sterbebettvision (→ SBV)
Déjà-vu	‚schon gesehen' (franz.)
Déjà-vus	Mehrzahl von → Déjà-vu
d.h.	**d**as **h**eißt
ESP	**E**xtra **S**ensory **P**erception (= → ASW)
FAQ	**F**requently **A**sked **Q**uestions: häufig gestellte Fragen
HSS	**H**erz**s**till**s**tand
ITK	**I**nstrumentelle **T**rans**k**ommunikation: gerätegestützte Kommunikation zwischen Diesseits und Jenseits
lat.	lateinisch
MMV	**M**ediale **M**itteilungen **V**erstorbener
m.M.	**m**einer **M**einung
m.W.	**m**eines **W**issens

NDE	**N**ear **D**eath **E**xperience (= → NTE)
NN	Name unbekannt (lat. **n**on **n**ominatus; engl. **n**o **n**ame)
NPE-NTE	**n**icht **p**ositiv **e**mpfundene → NTE
NTE	**N**ah**t**od**e**rfahrung oder **N**ah**t**od**e**rlebnis (engl. → NDE)
NTEs	Mehrzahl von NTE
NTEer	Person, die ein → NTE erlebt oder durchgestanden hat
NTE-NW	Nachwirkung von Nahtoderfahrungen
NTE-R	NTE mit Bezug auf die Reinkarnation
NTK	**N**ach-**T**od-**K**ommunikation (oder Nachtod-Kontakte) (engl. → ADC)
OBE	**O**ut of **B**ody **E**xperience (= → AKE)
o.g.	**o**ben **g**enannt
PID	**P**eak **in** **D**arien
PK	**P**sycho**k**inese
PSI	23. Buchstabe des griechischen Alphabets (Ψ) und erster Buchstabe des griechischen Wortes für **Seele** (Psyche). Steht für → ASW und → PK
s.	**s**iehe
→	siehe
s.a.	**s**iehe **a**uch
s.u.	**s**iehe **u**nten
S.	**S**eite
SBV	**S**terbe**b**ett**v**ision (engl. → DBV)
sog.	**sog**enannt
SPR	**S**ociety for **P**sychical **R**esearch: engl. Parapsychologische Gesellschaft, gegründet 1882
TZE	**T**rans**z**endenz**e**rfahrung oder **T**rans**z**endenz**e**rlebnis
TZEs	Mehrzahl von TZE
u.a.	**u**nter **a**nderem
z.T.	**z**um **T**eil

3. Glossar/Begriffserklärungen

Die nachfolgenden Erklärungen sollen deutlich machen, in welchem Sinne in diesem Buch bestimmte darin gebrauchte Begriffe verwendet werden. Auf spezielle Einengungen und Abweichungen vom üblichen Gebrauch wird jeweils hingewiesen. Mit diesem Glossar soll ausdrücklich keinerlei Anspruch auf Allgemeingültigkeit der Begriffsdefinitionen erhoben werden.

Es gibt Begriffe, wie z.B. ‚**Seele**' oder ‚**Jenseits**', die besonders schwer zu fassen sind und deshalb auch in der Literatur, auf die ich mich stütze, in unterschiedlicher Interpretation gebraucht werden. Diese Problematik tritt zum Beispiel auf, wenn es darum geht, welche Elemente der Psyche wohl der Seele zugerechnet werden sollen und somit definitionsgemäß den Tod überdauern. Jeder Leser sollte anhand der im Buch dargestellten empirischen Befunde individuell versuchen, die für ihn richtige Antwort zu finden. Die hier gegebenen Begriffsauslegungen entsprechen meiner eigenen Interpretation.

Akasha-Chronik

Bezeichnung für ein immaterielles ‚Weltgedächtnis' (‚Astralgedächtnis', ‚Wissensfeld'), in dem alle Ereignisse, Gedanken und Gefühle seit Anbeginn der Welt personenbezogen gespeichert sind (s. Tabellenzeile 103, S. 270, 348, 442, 472, 493). Der Begriff stammt aus der Theosophie von **Helena Petrovna Blavatsky** und der Anthroposophie **Rudolf Steiners**. Manche medial begabten Menschen (→ Medium) sollen aus dieser Chronik vergangene oder künftige Schicksale herauslesen können. (Nicht personenbezogen: kollektives Unbewusstes nach C. G. Jung)

Amnesie

Gedächtnislücke

Animismus (anima, lat. **Seele**)

Die Theorie oder der Glaube, alle paranormalen Phänomene (→ Paranormologie) könnten auf das Wirken bzw. auf ungewöhnliche Fähigkeiten lebender Menschen bzw. deren Psyche zurückgeführt werden. (Gegensatz → Spiritismus)

Der Begriff ist historisch bedingt etwas unglücklich, weil die ‚Seele' nicht mehr in der Definition vorkommt. Es ist die vom wissenschaftlichen Mainstream bevorzugte Erklärung für außergewöhnliche menschliche Phänomene.

Animist

Person, die den → Animismus vertritt.

Astralkörper

‚Geistkörper', nahezu in Form des fleischlichen Körpers, der als ‚Behälter' für die Seele aufgefasst und manchmal von Sensitiven (medial begabten Personen) als Aura gesehen wird. **Ian Stevenson** prägte hierfür den Begriff der ‚**Psychophore**' als ‚Seelenträger'. (Andere Bezeichnungen für diesen zweiten Körper sind ‚Double' ‚ätherischer Körper', ‚Seelenkörper', ‚Astralkörper', ‚feinstofflicher Körper', ‚Himmelskörper', ‚Geistkörper', ‚Lichtkörper' oder ‚Odkörper'.)

Außerkörperliche Erfahrung (AKE, engl. OBE)

Zustand, in dem das → Bewusstsein einer lebenden Person sich vorübergehend in einem → **Astralkörper** vom fleischlichen Körper trennen, sich an andere Orte bewegen und dort Information aus der Umgebung aufnehmen und auch speichern zu können scheint. Der Vorgang, der zu diesem Zustand führt, kann spontan auftreten oder (mitunter) auch willentlich eingeleitet werden. In seltenen Fällen wird der aus dem materiellen Leib ausgetretene Astralkörper von Außenstehenden beobachtet (Kapitel 6.7.10.37.1.9.3, S. 162; 6.7.12.17.1.11.1, S. 207).

Ein für die Überlebenshypothese wichtiges Element von NTEs (→ Nahtoderfahrungen) sind AKEs, bei denen der → Perzipient das Gefühl hat, mit seinem → Bewusstsein unter der Zimmerdecke zu schweben und von dort auf seinen Körper zu schauen und das Geschehen um diesen herum beobachten zu können (s. a. Kapitel 6.1, S. 51).

Außersinnliche Wahrnehmung (ASW)

Zusammenfassung für die Begriffe → **Hellsehen**, → **Telepathie**, → **Präkognition** und → **Retrokognition**.

Besessenheit

Mit diesem veränderten Bewusstseinszustand verbindet sich im Kontext dieses Buches die Vorstellung, die Seele eines Menschen werde durch → Geister, Seelen Verstorbener oder → jenseitige Wesenheiten zeitweise oder dauerhaft fremdgesteuert. Der Reinkarnationstherapeut **Sigdell** vergleicht dies mit einem Fremden, der den Fahrer eines Autos (den Klienten) vom Fahrersitz verdrängt und ihn auf dem Hintersitz fesselt. Eine fremde Seele beherrscht den Körper, ohne die bisherige Seele gänzlich hinauszudrängen. Dadurch verändert sich das Wesen dieses Menschen.

Bewusstsein

Der Begriff ist im Grunde unverstanden und daher sehr unterschiedlich gebraucht. Bewusstsein (Mitwissen, Mitwahrnehmen, Bei-Sinnen-Sein, Denken) ist der Besitz und die Empfindung mentaler Zustände wie

Wahrnehmungen, Emotionen, Erinnerungen und Vorstellungen, Gedanken aller Art und Formen wie Überlegungen, Beurteilungen, Einschätzungen und Bewertungen, Planungen oder Konzeptbildungen, einschließlich der dazu nötigen Aufmerksamkeit oder Achtsamkeit.

Bewusstsein ist unter diesem Aspekt vor allem individuelle, persönliche Erfahrung bzw. das, was wir als Subjektivität bezeichnen.

Im Kontext des Buches hat – im Gegensatz zur Auffassung der Naturwissenschaften – das Bewusstsein seinen Sitz in der **Seele** und überdauert damit auch den Tod. (Siehe auch → Unterbewusstsein)

CORT
Abkürzung für engl. ‚**C**ases **o**f the **R**eincarnation **T**ype'. Es geht um kleine Kinder, die behaupten, sich an ihr früheres Leben zu erinnern. Das Thema wird in Band 1 dieser Trilogie behandelt.

Déjà-vu
Das unbestimmte Gefühl, einen Ort, eine Person oder eine Situation ‚vorher' bzw. ‚früher' schon einmal besucht, gesehen oder erlebt zu haben (französisch: ‚schon gesehen'), ohne sich jedoch im Wachbewusstsein konkret daran erinnern zu können.

Diesseits
Unsere materielle Welt

Dualität
Hier im engeren Sinn die Vorstellung, dass Körper und → Seele zwei voneinander trennbare Einheiten darstellen. Im Tod trennt sich die Seele vom Körper und überlebt den Tod.

EEG
Elektro**e**nzephalo**g**ramm. Aufzeichnung der Gehirnströme über Elektroden auf dem Kopf. ‚Flaches EEG' = Nulllinien-EEG = Tod

EKG
Elektro**k**ardio**g**ramm. Aufzeichnung der Herzströme über Elektroden auf der Brust. ‚Flaches EKG' = Nulllinien-EKG = Kammerflimmern

Erklärung
Benennung einer Ursache für das Auftreten eines unerklärlichen Phänomens. Es gibt drei Erklärungsarten:

→ natürliche oder → materialistische Erklärung
→ animistische Erklärung
→ spiritistische Erklärung

Erscheinung

Vielfältige Bedeutungen: Hier im Sinne von Gespenst oder Phantom verwendet. Entsprechend begabte Menschen behaupten, Verstorbene oder mythologische Gestalten schemenhaft als **Lichtgestalt** oder auch körperlich real wirkend sehen und (seltener) sich mit ihnen unterhalten zu können (personen- oder ortsgebundener → Spuk).

Fähigkeit (paranormale)

Hier: Vermögen zu praktischen oder geistigen Leistungen, die nicht erlernt wurden, jedoch durch Übung weiterentwickelt werden können; z.B. das Beherrschen eines Musikinstruments ohne vorherige Übung oder das Sprechen einer nie erlernten Sprache (→ Xenoglossie). Obwohl Fähigkeiten angeboren sein können (z.B. Instinkte, Fähigkeiten von Savants), werden durch Lernen erworbene Fähigkeiten und solche der o.g. Art nach heutiger Auffassung nicht vererbt.

Falsifikation

Widerlegung einer These

Flashback (engl. ‚blitzartig zurück')

Oft durch einen Schlüsselreiz hervorgerufenes plötzliches, für gewöhnlich kraftvolles Wiedererleben (nicht nur Wiedererinnern) eines vergangenen Erlebnisses oder früherer Gefühlszustände.

Geist

Doppelter Gebrauch:

a) umgangssprachlich die kognitive, mentale Fähigkeit des Menschen wahrzunehmen, zu denken, zu planen, einzuschätzen, zu urteilen, Entscheidungen zu treffen etc.

b) hier im eingeschränkten Sinn ein Geistwesen als Manifestation eines → Jenseitigen auf der Erde z.B. als → Erscheinung oder → Poltergeist.

Hellsehen

Fernwahrnehmung von Tatbeständen ohne Gebrauch der normalen Sinne.

Identifikation

Allgemein: Der Vorgang, sich in einen anderen Menschen einzufühlen oder sich mit ihm emotional gleichzusetzen. Übernahme der Motive oder Eigenschaften eines anderen oder einer Gruppe in das eigene Denken und Verhalten; Erkennen einer vorher unbekannten Gleichheit.

Hier die Besonderheit: Der Vorgang bezieht sich auf die Person im früheren Leben, die nicht als ‚andere' Person wahrgenommen wird, sondern als Teil des eigenen Selbst (in früherer Zeit).

Indizien

Unter einem Indiz (lat.: indicare = anzeigen) wird im Prozessrecht (und hier) ein Hinweis verstanden, der für sich allein oder in einer Gesamtheit mit anderen Indizien den Rückschluss auf das Vorliegen einer Tatsache zulässt. Im Allgemeinen ist ein Indiz mehr als eine Behauptung, aber weniger als ein Beweis.

Indizienbeweis

Ein Indizienbeweis liegt (in einem Gerichtsverfahren und hier) vor, wenn von dem Vorliegen einer oder mehrerer Tatsachen (Indiztatsachen) auf die eigentlich zu beweisende Haupttatsache logisch geschlossen werden kann.

Information

Dieser allgemein sehr unterschiedlich verwendete Begriff soll hier nicht neu definiert werden. Er kann von einer in Bits und Bytes messbaren Menge von Zeichen über die Vermittlung von Unterschieden bis zum Bedeutungsinhalt verstanden werden. Wichtig im Zusammenhang des Buches ist, dass die Vorstellung erlaubt ist, wonach Information ohne Bindung an Materie existieren und gespeichert sein kann.

Interim (Zwischenlebenszeit)

Zeitabschnitt zwischen Tod und Wiedergeburt (s. Kapitel 7.3, S. 260; 8.3, S. 334; 14.5, S. 439).

Inzidenz

Häufigkeit mindestens eines Ereignisses (z.B. NTE) innerhalb einer Zeitspannc bezogen auf ein definiertes Kollektiv von Menschen (z.B. von medizinischen Umständen). Interpretierbar als die Wahrscheinlichkeit, mit der das Ereignis in der betrachteten Bevölkerungsgruppe in der definierten Zeitspanne mindestens einmal eintritt *(**202**, S. 30)*. (s.a. → Prävalenz)

Jenseitige

‚Bewohner' des → Jenseits, also meist → Seelen Verstorbener (Exkarnierte), aber auch → Geister, Engel, Heilige oder → jenseitige Wesenheiten.

jenseitige Wesenheit

geistiges Wesen im → Jenseits, welches (noch) nicht auf der Erde inkarniert war; zu unterscheiden von der weiterexistierenden Seele eines Verstorbenen (Exkarniertem).

Jenseits

Der unbekannte, nicht lokalisierbare Bereich, in dem sich nach den unterschiedlichsten Vorstellungen die → Jenseitigen, also → **Seelen** Verstorbener, → Geister, Engel, Heilige, → jenseitige Wesenheiten und Gott aufhalten sollen. Je nach Hypothese wird das Jenseits als ‚rein geistige Welt' in ‚höheren Dimensionen' oder in ‚Parallelwelten' verortet. Vielfach wird es als in unterschiedliche ‚Ebenen der Entwicklung' strukturiert aufgefasst.

Karma (im altindischen Sanskrit: Tat, Handlung, Wirken)

Nach dem spirituellen Gesetz des Karmas zieht jede physische oder geistige Handlung unweigerlich eine Wirkung (Belohnung oder Bestrafung) für den Verursacher nach sich, die sich danach bemisst, wie das Gesetzt der Nächstenliebe befolgt oder verletzt wurde. Diese Wirkung kann im heutigen Leben oder nach dem Tod im → Jenseits auftreten, meist aber erst in einem kommenden (nach einer Wiedergeburt). So ist jeder seines **Schicksals** eigener Schmied. Wie die Erfahrungen aus Rückführungen besagen, gibt es nicht nur das retributive (auf Vergeltung ausgerichtete) Karma – bei dem man im eigenen Schicksal das erlebt, was man anderen an Schlechtem oder Gutem angetan hat –, sondern mindestens noch 22 weitere Formen (s. Band 2b).

Kernaussagen

Aussagen über den **Sterbeprozess**, das Dasein im → **Jenseits** und über die Rückkehr zur Erde, die in den Bänden 1 und 2a/b ausgeführt sind.

Kommunikator

Im weiteren Sinn hier ein → Jenseitiger, der mit Hilfe eines → Mediums mit dem → Sitter (dem ‚Kunden' des Mediums) spricht. Im engeren Sinn hier ein → Jenseitiger, der als Mittler zwischen einem Jenseitigen und dem Medium fungiert, indem er die Kommunikation zwischen Diesseits und Jenseits organisiert und leitet (Kontrollgeist, engl. ‚control', oder Leitgeist).

Kontrollgeist (engl. ‚control')

→ Kommunikator

Kryptomnesie

→ Amnesie (Gedächtnisschwund) über die Quelle (Quellenamnesie) einer → Information und die Art der Gewinnung derselben.

Leben

Hier allgemein – wie in der Umgangssprache – gebraucht für den Zustand von Pflanzen, Tieren und Menschen im Gegensatz zu dem von Objekten unbelebter Materie. Kennzeichen sind Stoffwechsel, Fortpflanzung, Vererbung, Aufbau aus Zellen, Mutationsfähigkeit, Reizbarkeit. Zudem hier speziell auch in Bezug auf den Menschen gebraucht: die aus der Philosophie des Dualismus resultierende Vorstellung, wonach die → Seele Träger des Lebens ist. Ein Körper lebt, solange er beseelt ist. Da aus spiritueller Sicht die **Seele** definitionsgemäß den Tod überdauert, gibt es also auch Leben nach dem Tod. Der Materialismus hingegen anerkennt Leben nur in Verbindung mit Materie.

Makro-PK

Eine → Psychokinese (PK), bei der ohne technische Hilfsmittel erkennbare starke Wirkungen auftreten.

Materialismus

Hier eingeschränkte Bedeutung: Die Theorie oder der Glaube, alle paranormalen Phänomene (→ Paranormologie) könnten auf natürliche, naturwissenschaftlich bekannte Prozesse zurückgeführt werden, wie z.B. Betrug, Selbsttäuschung, physische oder psychische Ursachen, → Kryptomnesie, u.a.m.

Materialistische Erklärung

Bevorzugte → Erklärung des → Materialismus

Mediale Kommunikation

Kommunikation (Unterhaltung), die ein → Medium zwischen → Diesseits und → Jenseits vermittelt.

Mediale Mitteilungen Verstorbener (MMV)

Verstorbene ‚melden' sich über ein → Medium meist bei den Hinterbliebenen, in der Regel, um mitzuteilen, dass es ihnen gut geht; manchmal auch, um wichtige Information nachzuliefern. Zu unterscheiden von → Nachtod-Kommunikationen (NTK).

Medialität

Veranlagung oder Fähigkeit, als → Medium zu agieren.

Medium

Viele Bedeutungen, allgemein ,Mittler'. Hier nur ,mentales Medium': Mittler zwischen → jenseitigen Wesenheiten, mythologischen Figuren (Engel) oder → Seelen von Verstorbenen und den Lebenden. Ein Mensch mit der → paranormalen Fähigkeit zu → spiritistischen Kontakten in → Trance oder im normalen Wachzustand. Das Medium empfängt nonverbal, telepathisch oder hellsichtig Eindrücke (→ Telepathie, → Hellsehen), hört Stimmen oder sieht Bilder, die es interpretieren muss, berichtet mündlich oder schriftlich darüber und spricht in dieser Funktion mitunter unbewusst mit der Stimme des jeweils kontaktierten Verstorbenen bzw. geistigen Wesens. Oft vermittelt ein ,Kontrollgeist' (→ Kommunikator) zwischen den Jenseitigen und Diesseitigen. Neben dieser Art ,mentaler Medien' gibt es noch ,physikalische Medien', die unerklärliche stoffliche Wirkungen hervorbringen.

Mediumismus

Das Ausüben von → medialer Kommunikation und der Glaube an die Möglichkeit des geistigen Verkehrs mit → Jenseitigen.

Nachtod-Kommunikation (oder Nachtod-Kontakte), NTK

Verstorbene ,melden' sich nach dem Tod meist bei den Hinterbliebenen in Träumen, als Erscheinungen oder durch Spuk. Zu unterscheiden von → **m**edialen **M**itteilungen **V**erstorbener (MMV).

Nahtoderfahrung, NTE (engl. Abkürzung: NDE)

Nach klinischen Kriterien kurzzeitig tote, aber erfolgreich wiederbelebte Patienten berichten manchmal von einem als sehr real empfundenen Erleben während ihres komatösen Zustands. Zahlreiche Erlebnisberichte weisen einige immer **wiederkehrende Elemente** auf (Kapitel 6.1, S. 51): **Tunnelerlebnis** mit Flug auf ein gleißend helles, aber nicht blendendes **Licht** hin, Eintritt in eine wunderschöne Landschaft, Begegnung mit verstorbenen Angehörigen, Freunden oder einem tiefe Liebe ausstrahlenden **Lichtwesen**, Lebensrückschau mit eigener moralischer Bewertung, Klarheit des Denkens und Einsicht in den Sinn des Lebens etc.. In diesem Zusammenhang wird von den Betreffenden nicht selten auch über → außerkörperliche Erfahrungen berichtet – Zustände, in denen sie Ereignisse der materiellen Welt beobachten, die sie in diesem Augenblick mit ihren normalen Sinnen nicht hätten wahrnehmen können. Oft hat der → Perzipient den Eindruck, sein → Bewusstsein sei aus seinem Körper ausgetreten und er sehe seinen toten Körper von oben (→ außerkörperliche Erfahrung). Meist hat solch eine Nahtod-

Erfahrung einen nachhaltigen Einfluss auf die generelle Einstellung des Betreffenden zum Leben, zum Tod und zur Frage eines Weiterlebens nach dem Tode (NTE-Elemente 19, 20, 21, S. 53).

NTEs können auch ausgelöst werden durch akute medizinische Todesnähe ohne klinischen Tod, durch ein subjektives Gefühl der Todesnähe (Schock), durch eine mystische Erfahrung während der Meditation oder des **Gebets** und durch mystische Erfahrung ohne erkennbaren Anlass.

Normale Erklärung
siehe → materialistische Erklärung

Paranormal
Von der Normalität abweichend, häufiger gebraucht für ‚wissenschaftlich nicht erklärbar', umgangssprachlich auch für ‚außersinnlich'. Die → Paranormologie beschreibt die paranormalen Phänomene.

Paranormologie
Die Wissenschaft von den paranormalen Phänomenen, auch → ‚Psi-Phänomene' genannt, und vieler weiterer wie Alchemie, Numerologie, Satanismus, Tarot etc. Der Begriff wurde 1969 von **Andreas Resch** eingeführt. Gliederung der Phänomene in die Sachgebiete Paraphysik, Parabiologie, Parapsychologie und Parapneumatologie (Pneuma = → Geist).

Parapsychologie
Wissenschaft von den → ‚Psi-Phänomenen'. Para (lat. ‚um', ‚herum') deutet an, dass die Psychologie des ‚Anomalen', d.h. des nicht Normalen bzw. umgangssprachlich ‚übersinnlicher', unerklärlicher menschlicher Phänomene gemeint ist.

Perzipient
Eine Person, die eine bleibende Erfahrung macht, etwas wahrnimmt; sie wird dadurch zum Erfahrungsträger.

Poltergeist
Unterart des → Spuks, wobei Geräusche, wie z.B. Trittgeräusche, Knarren des Holzfußbodens, Wispern, Klopfen oder Gesang auftreten, für die sich kein natürlicher Grund finden lässt. Die → Parapsychologie deutet dies → animistisch, indem sie ‚psychische Entladungen' meist bei Jugendlichen – als **Fokusperson** bezeichnet – als Erklärung vermutet. Spiritisten (→ Spiritismus) verdächtigen → Geister oder → Seelen Verstorbener als Verursacher. Im englischen Sprachraum wird

das deutsche Wort ebenfalls verwendet und umfasst dort alle Phänomene des → Spuks.

Präkognition

Vorauswissen über zukünftige Ereignisse, Vorhersagen (Gegenstück zur → Retrokognition).

Prävalenz

Anteil der Menschen einer bestimmten Gruppe (Population) definierter Größe, die zu einem bestimmten Zeitpunkt ein definiertes Merkmal aufweist. Das Merkmal kann z.B. sein, im bisherigen Leben mindestens ein NTE erlebt zu haben *(**202**, S. 30)*. (s.a. → Inzidenz)

Psi-Phänomene

→ Paranormale Phänomene. Der Begriff wurde nach dem 23. Buchstaben des griechischen Alphabets (Ψ) und dem ersten Buchstaben des griechischen Wortes für → **Seele** (Psyche) gewählt. Er steht für → außersinnliche Wahrnehmung und → Psychokinese.

Psyche (altgriechisch ‚psychḗ' = Atem, Hauch, Leben, Seele, Bewusstsein, Gemüt, Trieb)

Ort menschlichen Fühlens und Denkens. ‚Regungen', die ‚der Volksmund' als Innenleben oder Seelenleben bezeichnet, einschließlich des → Unterbewusstseins. Das Geschehen in der Psyche ist nur der Eigenwahrnehmung zugänglich, d.h. subjektiv wahrnehmbar.

Psychokinese, PK (Abkürzung)

Kraftwirkungen bzw. Bewegungen von Gegenständen, die → paranormal, also ohne Einsatz normaler, materiell-weltlicher Mittel, nach **animistischer Auffassung** (→Animismus) durch speziell begabte Menschen bewirkt werden (→Spuk, → Poltergeist, RSPK = repetitive spontaneous psychokinesis = wiederholt auftretende, spontane PK). Nach spiritistischer Auffassung (→ Spiritismus) kann das Phänomen auch auf die Wirkung von → Geistern zurückgeführt werden. Dann passt aber der Fachbegriff nicht, weil Psychokinese (Psyche und Bewegung) die animistische Deutung impliziert.

Psychologie

Umgangssprachlich die Wissenschaft von der → Seele. Akademisch enger gefasst als Verhaltenswissenschaft.

Regression

→ Rückführung

Reinkarnation (lat. zusammengesetzt aus ‚re' und ‚incarnare' = zurück und einfleischen). **Wiedergeburt**. Es gibt eine engere und eine weiter gefasste Definition des Begriffs (Buch 1, Kapitel 5.5.2.3, S. 341).
Wiedergeburt in der engen Bedeutung (Minimalversion) wird durch die **Kinderfälle** nach Band 1 (Kapitel 4.1 und 5.5.2.3) gestützt. Danach überlebt ein (der Naturwissenschaft unbekannter, immaterieller) Teil des Menschen[1] den Tod und wird jeweils anschließend – sehr wahrscheinlich vielmals – als Individuum mitsamt einem Ausschnitt seiner Persönlichkeitsmerkmale auf unserer Erde in einem neuen Körper wiedergeboren. → ‚**Karma'** oder ‚**Tiere'** sind nicht im Begriff eingeschlossen.

In der weiteren Bedeutung von Reinkarnation sind Karma und weitere Merkmale enthalten. Karma wird sogar als der Grund dafür aufgefasst, dass die Seele inkarniert.

Relevanter Herzstillstand
Für eine vom NTEer berichtete Erfahrung ist sichergestellt, dass diese während eines Herzstillstands gemacht wurde.

remote viewing
Absichtsvolle paranormale Fernwahrnehmung mit dem Ziel, einen Eindruck von einem fernen Ort oder unsichtbaren Ziel zu erhalten ***(215)***.

Retrokognition
Ohne Gebrauch der normalen Sinne erworbenes Wissen über Ereignisse und Zustände der Vergangenheit (Gegenstück zur → Präkognition).

Rezipient
Person, die eine Information aufnimmt, eine Erfahrung macht, Erfahrungsträger.

Rückführung (oder Regression)
Hervorrufen von bildhaften und gefühlsbetonten **Erinnerungen** eines Regressanten an sein früheres Leben, das vor dem heutigen gelebt wurde. Früher verwendete man dazu Hypnose, heute in der Regel nur noch eine Entspannungstechnik, die in einen beruhigten ‚Alphazustand' führt, in dem man ohne Ausschaltung des Wachbewusstseins und der Selbstkontrolle diese Erinnerungen haben kann (Thema von Band 2a und 2b) (verwandter Begriff: Altersregression).

---

[1] Die Religionen nennen diesen Teil → „Seele“. Stevenson postuliert eine „Psychophore“ als Seelenträgerin.

Schreibmedium

→ Medium, dessen Hand von einem Jenseitigen zum Schreiben geführt wird, um eine Mitteilung zu machen. Man spricht dann auch von ‚automatischem Schreiben'.

Schriftmedial

Bezeichnet die Eigenschaft eines → Schreibmediums

Seele

Das geistige Prinzip des Menschen, das den Körper mit Leben erfüllt, ihn ‚bewohnt' und den körperlichen Tod überdauert (nach der philosophischen Vorstellung des **Dualismus**). Vielfach wird auch den höheren Tieren eine Seele zugesprochen, wobei allerdings offen bleibt, wo die Grenze zu den ‚niederen' Tieren (z.B. Insekten) ohne oder mit eingeschränkter Seele (Kollektivseele) zu ziehen wäre.

Aus den Erfahrungen mit → Rückführungen, die in Band 2a und 2b dargestellt werden, wird geschlossen, dass das innere Erleben eines Menschen, seine Psyche, alles was ihn gefühlsmäßig berührt oder sogar **aufwühlt**, seine Erfahrungen und **Erinnerungen**, auch seine Moralvorstellungen (aber nicht lexikalisches Sachwissen) in der Seele immateriell gespeichert sind. Diese Informationen überdauern den Tod, lagern im → Unterbewusstsein der Wiedergeborenen, und Teile davon manifestieren sich in einem neuen Menschen (→ Reinkarnation). Die → Information, welche in der Seele gespeichert ist, prägt den Menschen im jeweiligen Leben. Nur ein geringer Teil wird ihm auch bewusst, d.h. seinem Wachbewusstsein zugänglich. Zugang hat er als individuelle Seele in aller Regel nur zu jeweils neu Erlebtem, aber auch zu seinen subjektiven Eigenschaften. Diese erwirbt er allerdings nur zum Teil im neuen Leben; sie können unterschiedlich stark auch aus früheren Leben herrühren.

Eine Weiterentwicklung der Seele in der Zeit, in der sie keinen fleischlichen Körper bewohnt, bleibt denkbar. Ob sie in den ‚höheren Dimensionen' eines → Jenseits eine räumliche Struktur behält (→ Astralkörper, Psychophore), wird in der Literatur diskutiert, bleibt aber offen.

Sitter (engl. ‚Sitzer')

Person, die ein mentales Medium aufsucht, um mit Jenseitigen zu kommunizieren.

Spiritismus (von lat. „spiritus": Geist)

Theorie, nach der manche paranormalen Phänomene (→ Paranormologie) auf das Wirken entweder einer vorübergehend aus dem Körper ausgetretenen → Seele (→ außerkörperliche Erfahrung, AKE) oder von Verstorbenen oder von → Geistern, z.B. in Form von → Spuk zurückgeführt werden können. Dazu gehören z.B. auch → mediale Kommunikationen. Der Spiritismus geht davon aus, dass die menschliche → Seele nach dem Tod weiterexistiert und dass es mit Hilfe von → Medien möglich ist, mit den Seelen Verstorbener zu kommunizieren; Gegensatz: (→ Animismus). Hier speziell die Ausprägung nach der Lehre des Spiritisten **Allan Kardec**, welche die Reinkarnation einschließt *(**226**)*.

Spiritistisch

Adjektiv: den → Spiritismus betreffend.

Spiritistische Erklärung

Bevorzugte → Erklärung des → Spiritismus

Spiritualität (von lat. ‚spiritus': Geist)

Geistigkeit. Nach Sinn und Bedeutung suchende Lebenseinstellung mit der Vorstellung einer geistigen Verbindung zum Transzendenten (→ transzendent), dem → Jenseits oder der Unendlichkeit (mit Auswirkungen auf die Lebensführung).

Spuk

Unerklärliche Vorgänge, die neben → Poltergeistphänomenen noch viele weitere Ereignisse umfassen. Beispiele: Gegenstände, etwa Steine, fliegen ohne einen Werfer auf oft unnatürlichen Bahnen durch die Luft und können auch Schaden anrichten. Wasserpfützen oder kleine Brände entstehen grundlos, elektrische Geräte schalten sich von selbst ein und/oder aus, Gegenstände verschwinden in geschlossenen Räumen und tauchen nach einiger Zeit wieder irgendwo auf. Spuk kann orts- und personengebunden sein. Die Erklärung der Mehrheit der heutigen Parapsychologen dafür ist → **animistisch**. Dagegen steht die → spiritistische Interpretation. Für beide kann es gute Gründe geben, so dass vermutlich je nach Fall die eine oder die andere Erklärung zutreffend sein dürfte (s. a. Kapitel 15, S. 445).

Super-außersinnliche Wahrnehmung, Super-ASW (Abkürzung)

Eine Form der → außersinnlichen Wahrnehmung (ASW), die sich durch besonders außergewöhnliche Leistung auszeichnet. Es gibt keine einheitliche Definition und keine Kriterien für diese Leistungen. Einheitlichkeit besteht bei den Verfechtern der Möglichkeit von Super-ASW lediglich in der Überzeugung, dass die spiritistische Deutung (→ Spiritismus) unerklärlicher Phänomene ausgeschlossen ist. Ein → Jenseits, in dem sich die ‚lebendigen' Seelen Verstorbener oder → jenseitige Wesen aufhalten, wird als nicht existent angesehen.

Ein weiteres allgemein akzeptiertes Kennzeichen der Super-ASW besteht darin, dass eine Ausprägung der außersinnlichen Wahrnehmung angenommen wird, die grenzenlos ist und alles bisher im Labor Untersuchte und Gefundene weit übertrifft. Da ein → **Wirkmechanismus** (modus operandi) nicht bekannt ist und unter Wissenschaftlern nicht einmal Einigkeit darüber besteht, ob ‚einfache' ASW – geschweige denn Super-ASW – im Labor tatsächlich nachgewiesen worden ist, handelt es sich um eine sehr spekulative, nicht falsifizierbare Hypothese.

Die zwei gängigsten Versionen sind:

1. **Multiprozess-Hypothese**: Alle in (nicht reproduzierbaren) Spontanfällen vorgekommenen Phänomene, die etwas mit Wahrnehmung zu tun haben (könnten), werden eingeschlossen (und damit als nicht aus dem → Jenseits vermittelt definiert). Jedes denkbare Zusammenwirken von → Telepathie oder → Hellsehen unter mehreren Personen wird zugelassen (***66***, *S. 11*). → Präkognition und → Retrokognition sind neben Hellsehen und Telepathie – jeweils in ‚Höchstform' – eingeschlossen.

2. **Zauberstab-Hypothese**: Es handelt sich um eine durch Motivation bestimmte Super-ASW. Jeder Wunsch, jedes Verlangen, jede Not, wenn nur stark genug ausgeprägt, können seitens eines Lebenden → paranormale Leistungen in Höchstform hervorbringen (***66***, *S. 11, 13*).

Wo diese Annahmen noch immer nicht zur rein **animistischen** (→ Animismus) **Erklärung** der Phänomene ausreichen (z.B. körperliche Erinnerungen nach Band 1), kann man noch → **Psychokinese** in der starken Ausprägung unterstellen, wie sie bei Spontanfällen aufgetreten ist. Dann spricht man von → Super-PSI. Auch dabei wird unterstellt, dass → Psychokinese nichts mit einer Wirkung aus dem Jenseits zu tun hat, sondern immer nur auf die entsprechende Fähigkeit lebender Menschen zurückgeht.

Diese grenzenlose Auslegung führt dazu, dass die Super-ASW prinzipiell niemals widerlegt (falsifiziert) werden kann, weil immer eine noch höhere Leistungsfähigkeit postuliert werden kann als bisher angenommen.

Super-PSI
Oberbegriff für → Super-ASW in Kombination mit → Psychokinese in höchster Ausprägung, wie man sie für manche Spontanfälle annimmt.

Telepathie
Fernfühlen und Informationsaustausch zwischen Menschen (und höheren Tieren) ohne Benutzung normaler Kanäle; → paranormale Gedankenübertragung.

Tonbandstimmen
Zumeist nach der Aufnahme einer Geräusch- oder Rauschquelle auf Tonband glaubt man beim Abspielen Stimmen im Rauschen zu erkennen, die als solche von Verstorbenen aufgefasst werden. Tonbandstimmen-Hören ist Teil der Instrumentellen → Transkommunikation (ITK).

Trance
Ein besonderer Bewusstseinszustand, der auf unterschiedliche Weise zustande kommen kann: Durch das Einleiten einer Hypnose, durch **Selbsthypnose**, z.B. eines mentalen → Mediums, durch Drogen (LSD), Tanzen, Trommeln oder durch ein Trauma. In der Trance ist das → Bewusstsein auf bestimmte Inhalte fokussiert, so dass die Außenwahrnehmung und die Erinnerungsfähigkeit je nach Tiefe der Trance eingeschränkt sein können.

Transkommunikation
Kommunikation zwischen Verstorbenen und den Lebenden. Beispiel ‚Instrumentelle Transkommunikation' (ITK): Durch technische (meist elektrische oder elektronische) Geräte vermittelte (angebliche) Kommunikation zwischen Verstorbenen und Lebenden. Es geht dabei um unerklärliche Tonbandstimmen, Telefonstimmen, Computertexte und Bilder auf Videobändern oder TV-Monitoren. Deutscher Experte: Prof. **Ernst Senkowski** († 2015).

transzendent (lat. transcendere = hinüberschreiten)
Die Grenzen der sinnlich erkennbaren Welt überschreitend; übersinnlich; übernatürlich.

Transzendenzerfahrung (TZE)
Erlebnisse, die mit dem → Jenseits zu tun haben. Beispiele für NTEs auf S. 52 unter Punkt 7.

Unterbewusstsein
In der Alltagssprache oft für die Kategorie ‚Unbewusstes' gebraucht. Dieses ist in der → Psychologie jener Bereich der menschlichen →

Psyche, der dem → Bewusstsein (verstanden als Wachbewusstsein) nicht direkt zugänglich ist. Die Tiefenpsychologie geht davon aus, dass menschliches Handeln, Denken und Fühlen von unbewussten psychischen Prozessen beeinflusst wird.

Im vorliegenden Buch verbindet sich mit diesem Begriff folgende Vorstellung: Im Unterbewusstsein sind nicht nur verdrängte Inhalte aus dem aktuellen Leben oder im jetzigen Körper angelegte Triebe gespeichert, sondern auch das Wissen der → **Seele** (d.h. auch → Informationen aus früheren Leben). Es gibt Hinweise darauf, dass dieses Wissen z.B. durch Hypnose oder im → Trancezustand (z.B. in → Rückführungen) ins → Bewusstsein gehoben und therapeutisch genutzt werden kann (s. Band 2b, Kapitel 7.2.8, S. 638).

Verifikation
Der Vorgang, eine Behauptung als richtig oder wahr zu bestätigen.

Verifizieren
Eine Behauptung als richtig oder wahr bestätigen.

Wiedergeburt → Reinkarnation

Wirkmechanismus (lat. ‚modus operandi')
Ein nach bekannten Gesetzen ablaufender Vorgang, der bei ein und derselben Ursache zu einer ganz bestimmten Wirkung, d.h. zum erwarteten Ergebnis führt. Ein Beispiel ist die Gravitation, die nach dem Newtonschen Gesetz den Apfel vom Baum fallen lässt. (Eine Beschreibung des ‚Wie', nicht des ‚Warum'!)

Xenoglossie
Die (seltene) Fähigkeit, eine fremde Sprache, die nie erlernt worden ist, korrekt zu gebrauchen. Man unterscheidet kommunikative Xenoglossie, die Fähigkeit, diese Sprache mit Verständnis in der Unterhaltung anzuwenden, von rezitativer Xenoglossie, einem Gebrauch von Elementen der fremden Sprache, dem (analog zum Aufsagen von Auswendig-Gelerntem ohne inhaltliches Verständnis) der echte Verständigungseffekt fehlt (s. Band 2b, Kapitel 7.2.5. S. 533).

Xenographie
Wie → Xenoglossie, aber bezogen auf schriftliche Äußerungen bzw. Kommunikationen.

Zwischenlebenszeit → Interim.

4. Ziel und Konzept des Buches

In Kapitel 4.2.3 des ersten Buches (***186***) dieser Trilogie nannte ich als Existenzberechtigung für diese Buchreihe die Tatsache, dass die letzte umfassende Zusammenstellung aller Argumente für ein Überleben des Todes in deutscher Sprache aus den Jahren 1936 bis 1939 stammt (***269***). Inzwischen ist eine Menge an Erfahrungswissen hinzugekommen. Daher befasst sich der Band 1 mit **Spontanerinnerungen** kleiner Kinder an ihr früheres Leben als den neu hinzugekommenen und bisher überzeugendsten Hinweisen auf die Existenz der Reinkarnation und damit auch des Überlebens des Todes. (Im vorliegenden Buch finden sich zwei Fälle von Spontanerinnerung: Nr. (36), S. 194 und (77), S. 368) In den Bänden 2a und 2b (***188, 189***) wird das Feld auf (hypnotische) **Rückführungen** von Erwachsenen in ihre früheren Leben erweitert.

<u>Ziel:</u>

Der vorliegende Band 3 soll nun das restliche Erfahrungswissen zusammenstellen, das seit 1939 neu hinzugekommen ist. Damit sind sowohl neue Felder, als auch bedeutende neue Fälle in altbekannten Feldern gemeint. Da in den o.g. drei Büchern deutliche Indizien dafür zu finden sind, dass es Reinkarnation und daher auch ein Überleben des Todes geben dürfte, soll in Band 3 in den bisher noch nicht abgedeckten Erfahrungsfeldern speziell danach gesucht werden. Mut dazu macht auch ein Artikel von **Michael Nahm**, der von einem Kontinuum der Erfahrungen rund um den Tod spricht *(**313**, S. 453)*.

<u>Konzept:</u>

Neue Erfahrungsfelder werden im Rahmen der Zielstellung ausführlich behandelt. Auf ‚Altbekanntes' wird in geringerer Ausführlichkeit als bei neuen Gebieten eingegangen.

Folgende **Erfahrungsfelder** werden aufgegriffen (Kapitelnummer, Bezeichnung, Begründung, Seitenzahl im Buch)

6 Nahtoderfahrungen/Nahtoderlebnisse (NTEs) und Hinweise auf Reinkarnation, <u>neues Feld</u> S. 50,

7 Nahtoderfahrungen als Hinweis auf ein Weiterleben nach dem Tod, <u>neues Feld</u> S. 99

8 Mediale Durchgaben und Reinkarnation, <u>neue Fälle</u> S. 278

9 Vierfach bestätigte Kernaussagen über den Tod und das Jenseits, <u>neue Analyse</u> S. 362

10 Träume, Überleben des Todes und Reinkarnation, <u>neue Fälle</u> S. 365

Für diese Erfahrungsfelder werden Fallberichte aus der Literatur ausgewählt, welche die **spiritistische** Erklärung nahe legen. Die naturwissenschaftlich-**materialistische** oder animistische Deutung des ‚Mainstream' ist in den Medien und der Literatur bereits ausreichend vertreten und somit allgemein bekannt, so dass sie hier nicht vollumfänglich wiederholt werden muss. Diese kritischen Erklärungsversuche finden aber im vorliegenden Buch dennoch Berücksichtigung, indem die Argumente der Skeptiker aufgenommen, zur Leitlinie eines großen Teils der Kapitel zu NTEs gemacht, und mit Beispielen in Frage gestellt werden (Kapitel 7, S. 99 bzw. 7.1, Materialistische Erklärungen der Mainstream-Wissenschaftler für Nahtoderfahrungen (NTEs) und deren Einwendungen gegen spirituelle Interpretationen, S. 100).

Die Argumentation beruht also auf Beispielfällen, nicht auf theoretischen Überlegungen. Man missverstehe das bitte nicht, indem man annimmt, ich wolle mit Beispielen etwas beweisen. Lesen Sie dazu bitte die Antwort auf Frage 4, S. 40 und den ersten Absatz im Kapitel ‚Eigenes Resümee' Nr. 16.2, S. 453. Mehr zur Methodik im nachfolgenden Kapitel 4.2, S. 35. Zunächst ein kurzer Überblick über den Inhalt des Buches zu den einzelnen Erfahrungsfeldern:

4.1. Aufbau des Buches im Überblick: ‚Reiseführer' durch das Buch

Damit Sie unter den vielen Beispielen nicht den ‚roten Faden' des Buches verlieren, biete ich zu Beginn einen groben Überblick über den Inhalt und Aufbau des Buches an. Wir starten mit dem Erfahrungsfeld:

Kapitel 6, Nahtoderfahrungen/Nahtoderlebnisse (NTEs) und Hinweise auf Reinkarnation, ab S. 50:

Nahtoderfahrungen (**NTE**s) sind zwar schon lange vor 1939 beschrieben worden (***202***, *S. 2-3*), aber erst ab 1975, seit dem Aufkommen neuer Methoden zur Lebensrettung, durch das Buch von Moody ‚Leben nach dem Tod' (***285***) weltweit bekannt und stärker beforscht worden. Nach einer kurzen Rekapitulation der typischen Elemente einer NTE (Kap. 6.1, S. 51) einschließlich negativ empfundener NTEs (Kap. 6.2, S. 55) liegt ein besonderes Augenmerk im vorliegenden Buch auf der Frage, welche Hinweise auf die **Reinkarnation** aus

Nahtoderlebnissen kommen (Kapitel 6.3, 6.4, 6.5 ab S. 57). Dazu werden drei konkrete Beispiele dargestellt (Bsp. (2), S. 57; (3), S. 68; (4), S. 71). Da dies nur wenige Fälle sind, werden zusätzlich solche mit Andeutungen früherer Leben (Kap. 6.4, S. 91) sowie der Erwähnung der Reinkarnation als Tatsache (Kap. 6.5, S. 94) zusammengestellt.

Kapitel 7, Nahtoderfahrungen als Hinweis auf ein Weiterleben nach dem Tod, ab S. 99

Da es gemäß dem Titel des Buches auch um die reine Überlebensfrage (ein Weiterleben nach dem Tod unabhängig von der Frage nach der Wiedergeburt) geht, wird auch diese Frage beleuchtet.

Die Mehrzahl der Ärzte und Naturwissenschaftler sind sich sicher, dass NTEs nicht ohne die Mitwirkung des Gehirns möglich sind. Dementsprechend können naturwissenschaftlich denkende Kritiker nicht glauben, dass NTEs paranormale Leistungen, wie außerkörperliche Erfahrungen (**AKEs**) oder Transzendenzerfahrungen (**TZEs**) beinhalten. Sie versuchen mit zahlreichen materialistisch-natürlichen Erklärungen zu überzeugen, die ohne solche ‚Esoterik' auskommen. Neun davon greife ich auf (Kap. 7.1.1, S. 102 bis 7.1.9, S. 145) und mache sie zur **Leitlinie** für die Auswahl der darauf folgenden 10 Beispiele (Nr. (7), S. 102 bis Nr. (16), S. 137). Differenzierende Kriterien sind dabei ‚NTEs ohne oder mit Herzstillstand' und ‚**a**ußer**k**örperliche **E**rfahrung (AKE) in oder außerhalb der sensorischen Reichweite'. Die Beispiele zeigen, wie fragwürdig diese ‚weltlichen' Erklärungen sind, wenn sie verallgemeinert werden.

Skeptiker bezweifeln, dass bei einer AKE oder beim Tod ein ‚Etwas' (die Seele?) aus dem Körper heraustreten könne. Zu diesem Problem gehe ich die nicht geringe Zahl von **Laborversuchen** durch, mit deren Hilfe Klarheit in diese Frage gebracht werden sollte: dies leider ohne den gewünschten Erfolg (Kapitel 7.1.9.1, S. 146 und 7.1.9.2, S. 150). An dieser Stelle wird klar, dass man mit rein natürlichen Erklärungen nicht zu einer zufriedenstellenden Lösung für die Gesamtheit der Phänomene kommt und **paranormale** Deutungen, also **‚animistische'** oder **‚spiritistische'** mit einbeziehen muss.

Ein wichtiges Element der animistischen Erklärung (‚anima', die Seele der Lebenden ist gemeint) ist die sog. **Super-ASW-Hypothese**, welche alle NTE-Phänomene auf die Leistung der Psyche Lebender (hier meist des NTEers) zurückführt.

Ihr steht die (**‚spiritistische'**) These der **Dualität** von Körper und Seele gegenüber, die davon ausgeht, dass sich die Seele entweder vorübergehend in einer außerkörperlichen Erfahrung (AKE) vom Körper trennen oder dauerhaft vom sterblichen Körper lösen und den Tod überdauern kann.

Alle Erfahrung lehrt, dass der Streit zwischen den Vertretern beider Lager nicht mit Sachargumenten, z.B. aus Laborexperimenten (Kapitel 7.1.9.1, S. 146 und 7.1.9.2, S. 150), beigelegt werden kann – vor allem, weil der ‚modus operandi' oder ein **Wirkprinzip** unbekannt ist. Die animistische Deutung des wissenschaftlichen Mainstream ist die in den Medien mit Abstand meistverbreitete Sicht. Daher beschränkt sich die Argumentation im vorliegenden Buch schwerpunktmäßig auf die spirituelle Seite und hier mangels wissenschaftlicher Forschung und deren Ergebnisse notgedrungen auf die Schilderung von Erfahrungen, die die Hypothese der **Dualität** unterstützen (ab Kapitel 7.1.9.2, S. 150).

Größerer Raum wird in Kapitel 7.1.9.3, S. 162 mit 5 Unterkapiteln und 16 Beispielen (Nr. (20), S. 163 bis (35), S. 191) der Frage eingeräumt, welche Beispiele es für die Behauptung gibt, die Seele könne den Körper verlassen (und so dem Tod entgehen). Darunter sind zwei Fälle, in denen die Erfahrungsträger den Weg beschreiben, den ihre ausgetretene Seele genommen haben soll. Auch die ‚Silberschnur' als Verbindung zwischen Körper und außerkörperlichem ‚Etwas' stellt ein Argument für die Trennung von Körper und Seele dar. Es wird behauptet, Berichte darüber seien eine Modeerscheinung. Sie gäbe es heutzutage nicht mehr. Ich weise nach, dass das so nicht stimmt und bringe zusätzlich drei Beispiele. Fallbeispiele sollen nicht isoliert für sich als Beweisstücke für die Dualität angesehen werden, sondern als Ergänzung zum Material der Bände 1, 2a und 2b.

Selbst wenn man die Dualität akzeptiert, gibt es noch zwei scheinbar ‚schlagende' Argumente der Skeptiker, die sich dagegen wenden, aus NTEs Schlüsse auf das Sterben oder die Zeit danach zu ziehen:

1. NTEs könnten nichts über Sterben, Tod und das Jenseits aussagen, weil die NTEer nicht wirklich gestorben sind.
2. Es sei noch nie jemand aus dem Jenseits oder Totenreich zurückgekommen, um berichten zu können.

Auch dem wird mit 21 Beispielen nachgegangen, die zumindest nachdenklich machen sollten (Kapitel 7.1.10, S. 194 Einwand 10 der Mainstream-Wissenschaftler: NTEer seien unwissend, weil nie wirklich gestorben mit 4 Beispielen und Kapitel 7.1.11, S. 207 Einwand 11 der Mainstream-Wissenschaftler: Nie sei jemand aus dem Jenseits zurückgekehrt und habe berichtet mit 17 Beispielen).

Als besondere Form der **Nachwirkung einer NTE** wird von teilweise wundersamen Heilungen und neu erworbener Heilerfähigkeit berichtet. Nach der spiritistischen Auslegung bedeutet das, dass **Jenseitige** genau beobachten, was auf der Erde geschieht, sich bemerkbar machen und in irdisches Geschehen eingreifen können. Darum geht es in Kapitel 7.2, S. 244 mit 5 Beispielen.

Aussagen über den **Sterbeprozess**, das Dasein im **Jenseits** und über die Rückkehr zur Erde, die aus Nahtoderlebnissen in 52 Büchern stammen, werden in Kapitel 7.3, S. 260 zusammengestellt und mit 140 entsprechenden **Kernaussagen** aus den Bänden 1 und 2b verglichen (**Vergleich**, **Gegenüberstellung**)). Es werden Maßzahlen gebildet und graphisch veranschaulicht, die angeben, wie stark die jeweilige der 140 Aussagen durch NTEs unterstützt wird. Alle dazu verwendeten externen Quellen werden bis zu den dortigen Seitenzahlen dokumentiert. Das Ergebnis zeigt eine weitgehende Übereinstimmung der Aussagen, was gegen die Annahme spricht, es könne sich in dem nicht nachprüfbaren Bereich nur um Phantasievorstellungen handeln. Phantasien müssten nach meiner Einschätzung zu mehr Ungleichheit und Unvereinbarkeiten führen, als tatsächlich gefunden wurden. Es gibt kaum nennenswerte unauflösliche Widersprüche.

In allen Unterkapiteln finden sich Hinweise auf Literatur mit weiteren, vergleichbaren Fallbeispielen.

Kapitel 8, Mediale Durchgaben und Reinkarnation, ab S. 278:

Angebliche **m**ediale **M**itteilungen (und Erscheinungen) von **V**erstorbenen aus dem Jenseits (**MMV**) sind das Hauptthema der psychischen Forschung in der Zeit bis 1939. Auf die darum herum kreisende umfangreiche Diskussion muss in diesem Buch nicht näher eingegangen werden, weil sie in deutscher Sprache ausführlich z.B. im genannten Buch von Mattiesen enthalten ist (***269***). Sie hat bis heute zu keiner Entscheidung zwischen **animistischer** und **spiritistischer** Erklärung geführt. Die Mehrheitsmeinung präferiert die animistische Deutung, welche die Psyche Lebender als verantwortlich für die Phänomene hält. Hier soll gezeigt werden, dass es Neues und auch gute Gründe für die spiritistische Erklärung gibt.

Zu Beginn wird die **Glaubwürdigkeit** von mentalen **Medien** (Kapitel 8.1, S. 280) diskutiert. Dazu schildere ich die Leistungen des legendären amerikanischen Mediums Leonora Piper und deren Überprüfungen (Kap. 8.1.1, S. 280). In neuerer Zeit hat Prof. Gary Schwartz Medien überprüft (Kap. 8.1.2, S. 287). Beides führt zu dem Schluss, dass die Fähigkeiten guter Medien nicht pauschal in Abrede gestellt werden dürfen.

Allerdings ist damit die Streitfrage nicht gelöst, ob das Phänomen als Super-PSI der Lebenden oder als Mitwirkung Verstorbener interpretiert werden sollte. Zur Erörterung dieser Frage werden solche Fälle angesprochen, die eine Hürde für die animistische Erklärung darstellen. Das sind:

Kap. 8.2.1, ‚Verstreute Quellen und Spezialwissen'
Kap. 8.2.2, ‚Motivation auf Seiten des jenseitigen Kommunikators'
Kap. 8.2.2.2, ‚Drop-ins'
Kap. 8.2.3, ‚Verhalten des Mediums typisch für den Verstorbenen'

Insbesondere Fälle von nie erlernten **Fähigkeiten** sind eine Herausforderung für die animistische Erklärung. Sie können nicht ohne längeres Üben erworben werden. Da die Medien den erforderlichen Lernprozess nachweislich nicht vollzogen haben, bleibt Raum für eine paranormale Erklärung. Sechs Arten von Fähigkeiten, darunter eine aus neuer Zeit, werden in 7 Beispielen gebracht (Kapitel 8.2.4, S. 295).

Dazu kommen noch 4 spezielle Fälle als ‚Stolpersteine' für die animistische Erklärung (Kapitel 7.2.58.2.5, S. 311 bis 8.2.8, S. 315). Der erste ist gegeben, wenn eine angebliche Kommunikation aus dem Jenseits Richtiges vermittelt, für das es weder Zeugen, noch Dokumente gibt, die den Sachverhalt darstellen. Vielmehr lässt sich die Richtigkeit nur aus verborgenen Tatsachen schlussfolgern, wenn das dazu nötige Fachwissen vorhanden ist (Kap. 8.2.5.1, Bsp. (72) Wissen um Fehler im Dokument, S. 312). Ähnlichen Schwierigkeiten sehen sich Alternativerklärungen gegenüber, wenn zweideutige Dokumente vorliegen (Kap. 8.2.6.1, Bsp. (73) Trotz zweideutiger Dokumente richtige Angaben, S. 313) oder Missverständnisse zwischen Sitter und Kommunikator vorkommen (Kap. 8.2.7). Den vierten ‚Stolperstein' bilden die sog. ‚Kreuzkorrespondenzen'. Auf sie wird nur kurz eingegangen, weil sie kein neues Thema sind.

Als besonderer ‚Stolperstein' aus neuer Zeit wird der Fall des Schachspiels eines Lebenden mit einem verstorbenen Schach-Großmeister geschildert, den ich erstmals 2006 in ausführlicher Form mitveröffentlicht habe ***(124)***. Darin geht es nicht nur um eine nie erlernte Fähigkeit des Mediums (**Schachspiel** auf hohem Niveau), sondern auch um verstecktes Spezialwissen, das in einer Weise gebracht wird, die nur verständlich ist, wenn man akzeptiert, dass die Toten weiterleben (Kapitel 8.2.9, S. 316).

Auch hier gilt: Die Fallbeispiele sollen nicht isoliert für sich als Beweisstücke für die spiritistische Interpretation angesehen werden, sondern als Ergänzung zum Material der Bände 1 und 2a/b. Und selbstverständlich muss anerkannt werden, dass es auch Beispiele gibt, bei denen die animistische Erklärung gleich überzeugend oder überzeugender als die spiritistische ist (Bsp. in Kap. 4.3, S. 36).

Wie analog schon für NTEs werden mediale Rückmeldungen von Verstorbenen über ihr Sterben und das Dasein im Jenseits (**M**ediale **M**itteilungen **V**erstorbener; **MMV**) aus 41 Büchern zusammengetragen. Auch sie werden mit 140 **Kernaussagen** von Kindern aus Band 1, die sich an ein früheres Leben und an ein Dasein im Jenseits erinnern, und von Erwachsenen aus Band 2b, die in die Zwischenlebenszeit zurückgeführt worden sind, verglichen (**Vergleich**) (Kap. 8.3.1, S. 334). Wie für NTEs werden auch hier Maßzahlen gebildet und graphisch veranschaulicht, die angeben, wie stark die jeweilige der 140 Aussagen durch MMVs unterstützt wird. Alle dazu verwendeten externen Quellen sind bis zu den dortigen Seitenzahlen dokumentiert. Auch hier sticht hervor, dass sich die Aussagen aus allen diesen Erfahrungsbereichen gegenseitig stützen. Es gibt kaum nennenswerte unauflösliche Widersprüche.

In älteren medialen Mitteilungen bis in den Anfang des 20. Jahrhunderts findet sich höchst selten eine Aussage über **Reinkarnation**. Im Kapitel 8.4, ab S. 360 wird daher untersucht, wie stark mentale Medien die Existenz der Reinkarnation heute unterstützen. Über die Zeitspanne der letzten hundert Jahre fand ich in der einschlägigen Literatur 22 Medien, welche die Idee der Reinkarnation stützen und nur zwei mit gegenteiliger Meinung.

Kapitel 9, Vierfach bestätigte Kernaussagen über den Tod und das Jenseits, S. 362

An dieser Stelle im Buch liegen nun numerisch bewertete Aussagen aus vier Erfahrungsbereichen über den Tod und das Jenseits vor. Dies wird genutzt, um der Frage nachzugehen, welche Aussagen von allen vieren gleichermaßen bestätigt werden. Für sie darf man eine erhöhte Glaubwürdigkeit annehmen. Siebzehn dürfen als 'vierfach bestätigt' gelten (Kap. 9, S. 362).

Kapitel 10, Träume, Überleben des Todes und Reinkarnation, S. 365

Auch das Kapitel über **Träume** gewinnt seine Berechtigung, in diesem Buch aufgegriffen zu werden, durch neue Fälle. Zwei Beispiele werden ausgeführt, welche die Annahme nahe legen, dass das Leben nach dem Tod in irgendeiner Form weitergeht. Erklärungen, die ohne diese Annahme auskommen, sind nämlich sehr kompliziert gedrechselt und wirken daher nicht sehr überzeugend.

Zwei weitere Fallbeispiele stützen die Reinkarnationshypothese. In einem der Beispiele reichte die geträumte Information aus, um ein früheres Leben zu rekonstruieren und nachzuprüfen.

Kapitel 11, Flashbacks als Erinnerung an frühere Leben, S. 376)

Zwei Beispiele zeigen, dass auch auf der Basis von **Flashbacks** frühere Leben aufgedeckt werden können. Darunter ist der sehr starke Fall ‚**Seelenvermächtnis**' der Autoren Wieczorek und Bomm aus neuer Zeit, in dem die Kombination aus Träumen und Flashbacks dazu geführt hat, das Leben eines Österreichisch-Ungarischen Soldaten aufzuspüren, der 1915 in Südtirol gefallen ist. Er schrieb kurz vor seinem Tod einen Brief an sich selbst im nächsten Leben. Die heutige Person, der Träumer, fand diesen Brief zum Zeitpunkt, der im Brief vorhergesagt ist. Des Weiteren entdeckte er ein Schreiben seines Jugendfreundes im früheren Leben an ihn, den damaligen Soldaten, der aus dessen Sicht auf der Feindesseite kämpfte. Der Fall ist so unglaublich, dass ich ihn erst akzeptieren konnte, nachdem ich ihn persönlich nachgeprüft hatte. Er ist kaum anders als durch Reinkarnation zu erklären. Weil dieser Fall von mir bisher nur in einer englischen Fachzeitschrift veröffentlicht wurde, und einzigartig ist, bringe ich ihn hier in aller Ausführlichkeit *(**191**, **192**)*.

Kapitel 12, Déjà-vus, S. 410

Obwohl **Déjà-vus** meist nicht ausreichend informativ sind, um ein früheres Leben rekonstruieren zu können, und sich andere Erklärungen oft geradezu aufdrängen, gibt es auch Beispiele, bei denen die **Wiedergeburt** als die natürlichste Erklärung wirkt. Dafür biete ich je ein Beispiel für eine Wiedererkennung eines Ortes und einer Person aus dem früheren Leben an.

Kapitel 13, Erscheinungen, S. 419

Erscheinungen werden aufgegriffen, weil es neue Fälle gibt, auch solche mit Bezug zur Reinkarnation. Erscheinungen sprechen selten, so dass sie nur schwer einer Erklärung zuzuordnen sind. Zu neun im Buch bereits geschilderten Fallbeschreibungen (Fälle Nr. (1), S. 36, Nr. (46), S. 220, Nr. (47), S. 223, Nr. (48), S. 228, (49), S. 229, (50), S. 231, (51), S. 233, (52), S. 235 und (55), S. 240) füge ich je eine Fallgeschichte hinzu, die das Weiterleben nach dem Tod bzw. die Wiedergeburt zu bestätigen scheinen. Auf Quellen zu Fällen, die bestimmte Bedingungen erfüllen, wird hingewiesen.

Kapitel 14, Instrumentelle Transkommunikation (ITK), S. 427

Die **ITK** ist das jüngste Erfahrungsfeld. Viele der Transkommunikationen bestehen nur aus einem bis drei Worten, so dass es auch hier schwierig ist, komplexere Sachverhalte zu behandeln. Nach einer Erörterung, ob es sich überhaupt um paranormale Phänomene handelt und ob animistische Erklärungen befriedigende Deutungen abgeben (Kap. 14.2, S. 429), zeige ich anhand von zwei Beispielen, dass sich dennoch auch hier Hinweise auf das Überleben des Todes finden lassen (Kap.14.3, S. 433). Zur Frage nach der **Reinkarnation** werden Zitate aus einschlägigen Büchern zusammengetragen, welche diese Vorstellung unterstützen..

Wie schon für NTEs und MMVs werden Aussagen der ITK zu Sterben, Tod und Jenseits in Tabellenform jenen **Kernaussagen** gegenübergestellt (**Vergleich**), die von kleinen Kindern und rückgeführten Erwachsenen erhalten wurden. Die Tabellen fallen zwar kürzer aus und enthalten weniger Beispiele als in den vorstehend genannten Feldern, zeigen aber, dass auch die ITK einen Teil der bisherigen Aussagen zu Tod und Jenseits bestätigt.

Kapitel 15, Spuk, S. 445

Obwohl **Spukfälle** nicht zu den neuen Erfahrungsfeldern zählen, gehe ich kurz darauf ein, weil sich auch hier Hinweise auf das Überleben des Todes finden lassen. Dies trotz der Tatsache, dass in Spukfällen sehr wenig verbal kommuniziert wird, so dass deren Ursache besonders schwierig herauszufinden ist. Lesen Sie zusätzlich zu zwei in vorangegangenen Kapiteln dargestellten Fällen (Nr. (49), S. 229 und Nr. (53), S. 237) das eindrucksvolle Beispiel Nr. (87), S. 445 eines Spiels mit einem Poltergeist. Für die Unterstützung der **Reinkarnationshypothese** kenne ich allerdings keine Spuk-Beispiele.

4.2. Methodik

Auch dieses Buch ist, wie die vorhergehenden, eine umfangreiche Literaturarbeit. Es basiert auf der Auswertung von ca. 350 zumeist englischsprachigen Fachbüchern, ca. 500 Literaturstellen und wenigen Internetseiten. Da es kein bekanntes Qualitätsmaß zur Beurteilung und Selektion der Bücher gibt, wurden die meisten Bücher in Literaturlisten einiger bekannter zeitgenössischer Fachbücher und im Schneeballsystem der daraus folgenden Literatur gefunden. Dabei interessierten mich nicht die Anschauungen und Auslegungen der jeweiligen Autoren, sondern nur die dort zu findenden Fallberichte. Dass diese in der Regel viele Fragen unberücksichtigt lassen, musste ich, bzw. müssen Sie als Leser[2] leider hinnehmen. Das Material stammt aus dem täglichen Leben, nicht aus dem Labor, das leider zum Thema wenig beizutragen hat. Wo immer mir möglich, griff ich auf die Originalschriften zurück. Auf diesen Fallbeispielen aufbauend, versuchte ich, mir ein eigenes Bild zu verschaffen, das ich mit diesem Band meinen geneigten Lesern vermitteln will. Ich vermied bewusst langwierige eigene philosophische Überlegungen. Sie als Leser sind aufgefordert, sich eine eigene Meinung aufgrund der Fallberichte zu bilden.

[2] ‚Leser' steht im Buch immer für ‚Leser oder Leserin'.

Theorien zur Erklärung paranormaler Phänomene wurden kurz in Band 1 behandelt, werden aber aus folgenden Gründen nicht im vorliegenden Band diskutiert: Für eine Wiederholung ist hier kein Platz. Es ist auch nicht absehbar, ob und wann einer der vielen Vorschläge allgemeine Anerkennung finden wird. Mir ist bisher auch keine Theorie begegnet, die mir den Schleier von den Augen gezogen und zu anderem oder mehr Verständnis geführt hätte.

Von meinen Korrespondenten wurden mir auch deren eigene Erfahrungen mitgeteilt. Als ‚Auftakt' bringe ich hier ein Beispiel aus eigener Sammlung:

4.3. Bsp. (1) Krisenerscheinung (NTE, AKE-fern)

(1) Das Folgende schrieb mir eine meiner Korrespondentinnen am 8.8.2015 in einer privaten E-Mail:

„Ende der neunziger Jahre war ich als Physiotherapeutin in einer Reha-Klinik in Bad Nauheim (Hessen) beschäftigt.

Im Hochsommer kam ein etwa 70 jähriger, gebrochen wirkender Mann, als Reha-Patient zu uns, der gerade seine zweite Herzoperation überstanden hatte. Er war viel zu schwach, um an Gruppentherapien teilzunehmen. Deshalb wurde er als Einzelpatient – rein zufällig von mir – betreut.

In den vier Wochen seines Aufenthaltes in unserer Reha-Klinik konnten wir ein sehr vertrauensvolles Patient-Therapeuten-Verhältnis aufbauen.

Eines Tages, gegen Ende seiner erfolgreichen Reha, erzählte er mir folgendes:

„Meine erste Herzoperation verlief zunächst gut. Zwei Herzklappen wurden ersetzt und eine rekonstruiert. Mir ging es den Umständen entsprechend gut. Doch dann gab es Komplikationen. Eine Klappe war undicht - ich musste ein zweites Mal operiert werden und kam anschließend auf die Intensivstation.

Mein ‚Einzelzimmer' dort war angenehm klimatisiert, die Rollläden an den beiden Fenstern leicht herunter gelassen, sodass die grelle Sonne nicht herein scheinen konnte. Natürlich war ich von Kopf bis Fuß verkabelt, konnte mich nicht bewegen, hielt die Augen geschlossen. Durch die vielen Medikamente empfand ich keinerlei Schmerzen.

Und dann habe ich gespürt - ich bin nicht alleine in diesem Zimmer. Ich fühlte mich beobachtet, von einer kleinen ***Gestalt*** *auf dem linken Fenstersims sitzend. Sie sah aus wie ein* ***Engelchen*** *und glich meiner vierjährigen Enkelin, die ich über alles liebe. Ihre Statur, die lockigen blonden Haare, der* *süße Mund. Sie hatte die Beine übereinander geschlagen - diese Pose kannte ich nur allzu gut....*

Meine Enkelin und ich haben ein wunderbares Verhältnis zueinander. Sie ist mein Sonnenschein! Sie wusste, wie krank ich war. Wenn es mir besonders schlecht ging, tröstete sie mich immer mit den Worten: „Opa, ich hab dich soo lieb und werde dich immer beschützen!“

Die Gestalt auf dem Fenstersims saß einfach nur regungslos da und sah zu mir herüber. Ich fühlte mich ausgesprochen wohl in ihrer Nähe, beschützt und eingeladen. Als ob sie sagen würde: Ich bin bei dir und warte auf dich - dann gehen wir gemeinsam ....Dieses Ritual hat sich mehrmals wiederholt. Immer derselbe Platz, immer die gleiche Pose.

Ich erinnere mich, dass ich auch einmal meinen Körper verlassen habe. Ohne Emotionen sah ich mich in meinem Bett liegen, immer noch total verkabelt. Und plötzlich ‚schwebte' ich auf dem Flur der Intensivstation. Ich konnte nichts hören, aber sehen, wie ein Arzt mit meiner Tochter und meinem Schwiegersohn – beide dunkel gekleidet – ein ernstes Gespräch führte. (**AKE-fern**) *Ich ‚schwebte' zurück und nahm wieder mein Engelchen auf dem Fenstersims wahr, das meiner Enkelin so sehr glich....*

Irgendwann ging es mir wieder besser; ich war wohl ‚über den Berg' und bei vollem Bewusstsein. Meine Freude war riesengroß, als mich bald meine Tochter mit ihrem Ehemann im Krankenhaus besuchte. Ich erzählte ihnen natürlich, was ich erlebt hatte. Beide begannen zu weinen und berichteten mir unter Tränen, dass meine kleine Enkelin am Tag meiner zweiten Herzoperation zu Hause im Swimmingpool ertrunken sei.

Ich habe mein ‚Engelchen' nie wieder gespürt oder gefühlt....“

<u>Meine Beurteilung</u>

Auf meine Nachfrage nach einer Bestätigung des Arztgesprächs auf dem Flur erhielt ich von der Korrespondentin folgende Antwort:

„Leider kann ich dieses Arztgespräch nicht persönlich bestätigen, da der Patient in einer speziellen Herzklinik operiert worden ist und erst anschließend in unsere Rehaklinik verlegt wurde. Aber ich habe seinerzeit mit der Tochter gesprochen, die ihren Vater in der Reha fast täglich besuchte. Sie bestätigte mir, dass dieses Arztgespräch mit ihr und ihrem Ehemann tatsächlich stattgefunden hatte. Sie und ihr Mann trugen bei dem Gespräch mit einem Arzt in der Herzklinik auf dem Flur der Intensivstation Trauerkleidung.“

Ich habe keine Veranlassung, den Wahrheitsgehalt dieser Schilderung anzuzweifeln. Das Geschilderte passt gut in Berichte von **Erscheinungen**, **NTEs** mit AKEs.

Dieser Fall, wie auch alle übrigen, können sowohl in Kombination **materialistisch** und **animistisch** als auch **spiritistisch** interpretiert werden.

Die materialistisch-animistische Erklärung baut ausschließlich auf den (normalen oder paranormalen) Fähigkeiten von lebenden Personen auf; die spiritistische anerkennt im Gegensatz dazu die Möglichkeit der vorübergehenden oder dauerhaften Loslösung der Seele vom Körper und die Existenz einer Jenseitswelt, in der Verstorbene weiterexistieren, die oder mit denen die Lebenden interagieren können.

Materialistisch-animistische Erklärung im vorliegenden Beispiel:

Die Liebe des Reha-Patienten zu seiner Enkeltochter brachte ihn dazu, die Erscheinung zu halluzinieren. Seine verifizierte AKE betrifft eine alltägliche Situation, die man auch vermuten konnte oder stellt eine Super-ASW-Leistung dar.

Spiritistische Erklärung:

Die verstorbene Enkeltochter lebt immateriell weiter und hält ihr Versprechen, sich um den geliebten Opa zu kümmern, und hält Wache bei ihm. Er hat die Fähigkeit, Geistwesen zu sehen und obendrein aus seinem Körper auszutreten, wobei er das Arztgespräch auf dem Flur mitbekommen hat.

Im vorstehenden Beispiel erscheinen beide Erklärungsalternativen etwa gleich überzeugend. Ich muss auf die internationale Literatur zurückgreifen, um Beispiele finden zu können, in denen die beiden Erklärungsmöglichkeiten nicht so gleichwertig sind. Da es in dieser Buchreihe um die Frage geht, ob die spiritistische Erklärung von Beispielfällen glaubhaft unterstützt wird, werde ich solche Beispiele aufgreifen, welche eine besondere Herausforderung für die vorherrschende animistische Theorie darstellen.

5. Häufig gestellte Fragen (FAQs)

Für eilige Leser, die nicht lange ‚studieren'', sondern möglichst rasch Antworten erhalten möchten, behandle ich hier, wie schon in Band 1 und 2a/b, häufig gestellte Fragen (abgekürzt FAQs, was für engl. ‚frequently asked questions' steht). In den Antworten finden sich auch Verweise auf entsprechende Kapitel, in denen die jeweilige Frage ausführlicher behandelt wird. Sofern jemand also lieber von den ihn besonders interessierenden Fragen zu den vertiefenden Informationen gelangen möchte, so wäre das sicher ein gangbarer Weg, sich den Inhalt dieses Buches zu erschließen. Da die Fragen bei aller Unterschiedlichkeit oft auf ähnliche Problemstellungen hinauslaufen, kann es dem Leser passieren, dass er – zumal er selbst die Reihenfolge im Frage-Antwort-Schema bestimmt – wiederholt auf gleiche oder ähnliche Argumente trifft.

Im ersten Teil (5.1, S. 39) gehe ich auf 10 typische Fragen und Argumente sowohl von ‚Einsteigern' als auch von mit dieser Materie hinlänglich vertrauten Skeptikern ein.

Im zweiten Teil (5.2, S. 44) behandle ich 10 Verständnis- und Sachfragen.

Die FAQs der Bände 1 und 2a, 2b (über Spontanerinnerungen kleiner Kinder an ihr früheres Leben bzw. über Rückführungen in frühere Leben) wiederhole ich hier aus Platzgründen nicht.

5.1. Fragen von skeptischen Lesern

1. **Frage:** Ein großer Teil des Buches beschäftigt sich mit Nahtoderfahrungen (NTEs). Über dieses Thema gibt es inzwischen so viele Bücher, dass die Frage erlaubt sein muss, warum Sie es erneut aufwärmen, zumal Sie – bis auf einen – keine neuen, selbst recherchierten Fälle einbringen.

Antwort:

Weil ich das Thema unter zwei bisher kaum beachteten Gesichtspunkten betrachte, wofür es keine neuen, selbst recherchierten Fälle braucht:

- Welche Aussagen zur Wiedergeburt findet man in NTEs (Kapitel 6.3, S. 57 bis 6.6, S. 98)?
- Wie reihen sich Transzendenzerfahrungen (**TZEs**) als Teil einer NTE in entsprechende aus anderen Erfahrungsfeldern, wie Kindererinnerungen (**CORT**, Band 1), Rückführungen in frühere Leben (Band 2a/b) oder mediale Mitteilungen von Verstorbenen ein? (Kapitel 7.3, S. 260).

2. **Frage:** Es gibt so viele Einwendungen dagegen, in NTEs etwas Besonderes, Übernatürliches zu sehen, so dass ich fagen möchte: Ficht Sie das nicht an?

Antwort:

Ich nehme das ernst und formuliere 11 der wichtigsten Einwendungen in Kapitel 7.1, S. 100. Auf jede einzelne gehe ich – meist mit Bezug auf Beispiele – in den folgenden Kapiteln von 7.1.1, S. 102 bis 7.1.11, S. 207 ein.

3. **Frage:** Ein Schwerpunkt des Buches liegt auf NTEs. Dazu liegt doch eines auf der Hand: Wenn z.B. bei Kammerflimmern das EEG auf die Nulllinie verschwindet, ist das Gehirn nicht mehr zu geistigen Leistungen fähig. Die sog. Erinnerungen können folglich nur Halluzinationen aus der Zeit davor oder danach sein. Warum soll man sich damit überhaupt beschäftigen oder gar unterstellen, ein Blick ins sog. Jenseits sei möglich?

Antwort:

In Ihrer Frage steckt bereits eine Interpretation des Geschehens. Ob es sich so verhält, wie Sie implizit unterstellen, wissen wir nicht. Es handelt sich um ein Vorurteil. Man sollte stattdessen zu Beginn offen für jedwede Erklärung sein, in alle Richtungen forschen und erst dann eine Interpretation versuchen. ‚Erst wissen und dann urteilen' heißt im konkreten Fall von Buch 3, dass die spiritistische Interpretation anhand von Beispielen der animistischen und materialistischen (natürlichen) Erklärung gegenüber gestellt wird. In Kapitel 7.1.6, S. 132 gehe ich auf Ihre Interpretation explizit ein.

4. **Frage:** Das Konzept Ihres Buches, bzw. die Argumentation darin basiert auf Fallbeispielen. Sie wissen doch selbst, dass man anhand von ein paar Beispielen alles, aber auch nichts beweisen kann.

Antwort:

Da handelt es sich um ein Missverständnis. Ich will natürlich nichts mit einem Beispiel beweisen. Nicht nur, weil wenige Beispiele dazu natürlich nicht ausreichend sind, sondern auch, weil man zwar in der Mathematik Beweise führen kann, nicht aber in einer empirischen Feldforschung. Darum handelt es sich hier: Ich schaue mir an, was es im ‚Feld' an Erfahrungen zu finden gibt, dokumentiere, selektiere, bewerte und interpretiere sie. Wenn ich beim Interpretieren Erklärungsmodelle anbiete, so ist die richtige Wahl des Modells prinzipiell nicht beweisbar. Wäre ein allgemeiner Wirkmechanismus für dieses Modell bekannt, stünde es um die Sicherheit der Wahl wesentlich besser. Aber ein ‚Beweis', wie in der Mathematik, wäre das auch nicht.

Was man mit Beispielen tun kann, und was ich mit einigen Fallgeschichten auch versuche, ist Folgendes: Man kann aufzeigen, wie fragwürdig es ist, quasi wie selbstverständlich die meistvertretene materialistische oder animistische Deutung für alle Phänomene und für jeden Einzelfall gelten zu lassen. Ein einziger Fall, der weder materialistisch noch animistisch erklärt werden kann, reicht aus, um zu zeigen, dass die spiritistische Auslegung ihre Berechtigung hat. Prof. **William James** (1842-1910), einer der Pioniere der modernen Psychologie, hat das Prinzip mal so ausgedrückt: *„Wenn du das Gesetz, dass alle Krähen schwarz sind, widerlegen willst, brauchst du nicht zu beweisen, dass keine (einzige) Krähe schwarz ist. Es genügt zu zeigen, dass es eine einzige **weiße Krähe** gibt"* *(**229**, S. 359).*

Im Fall der NTEs lassen sich die materialistischen (‚normalen', physiologischen) Erklärungsversuche, wie ‚Sauerstoffmangel' oder ‚Medikamenten-Nebenwirkungen', die für allgemeingültig erklärt werden, durch klinisches Erfahrungswissen und die Standardelemente von NTEs, die auf Beispielen fußen, eindrucksvoll entkräften. **Pim van Lommel** zeigt dies sehr überzeugend in seinem Buch ‚Endloses Bewusstsein' *(**253**, S. 121-131).*

Die von Animisten meist angeführte **Super-ASW**-Erklärung ist jedoch so definiert, dass sie prinzipiell nicht widerlegbar ist (siehe den Begriff im Glossar). Die einzige ‚weiße Krähe' kann es so also niemals geben. Das ist ein Hauptgrund für die o.g. Fragwürdigkeit. Ich verberge zwar nicht meine eigene Einschätzung der Erklärung der Fallbeispiele, fordere jedoch meine Leser auf, sich jeweils eine eigene Meinung zu bilden.

5. **Frage:** Ihre drei Beispiele für frühere Leben, die im Rahmen einer NTE erinnert wurden, sind zwar beeindruckend (Fälle (2), S. 57; (3), S. 68; (4), S. 71), aber zwei davon bleiben ungelöst, Die früheren Personen wurden zwar benannt, aber nicht als ehemals existent nachgewiesen. Der eine gelöste Fall entspringt keiner NTE, sondern bewusst herbeigeführten Flashbacks. So etwas kann mich nicht ins Lager der Reinkarnationgläubigen locken.

Antwort:

Das ist auch nicht meine Absicht. Es gibt offensichtlich nur ganz wenige Beispiele für Erinnerungen an frühere Leben, die aus einer NTE stammen (siehe die Kapitel 6.4, S. 91; 6.5, S. 94; 6.6, S. 98). Da kann man nicht erwarten, Top-Fälle darunter zu finden. Ohne Stevensons Kinderfälle (Band 1), als die überzeugendsten Hinweise auf Reinkarnation, würde ich mich auch nicht mit der Thematik beschäftigen. Aber als bestätigende Ergänzung zu Stevensons Fällen können die o.g. drei Fälle schon dienen.

6. **Frage**: Sie schreiben sogar über mediale Kommunikation mit Verstorbenen, obwohl man doch weiß, was man von so etwas zu halten hat. Woher nehmen Sie den Mut dazu?

Antwort:

Bevor ich mich mit Medien und deren Aussagen beschäftigt hatte, habe ich ähnlich skeptisch bis ablehnend darüber gedacht. Was mich zum Umdenken gebracht hat, ist die Tatsache, dass eine kleine Anzahl von begabten Medien strengstens überprüft worden ist, ohne Betrug aufdecken zu können. Natürliche Erklärungen für die außergewöhnlichen Leistungen wurden nicht gefunden, so dass man von unerklärlichen, paranormalen Fähigkeiten ausgehen muss. Das rekapituliere ich in Kapitel 8.1, ab S. 280.

Es bleibt noch die entscheidende Frage zu klären, ob Medien tatsächlich mit Verstorbenen kommunizieren. Diese Frage kann ich nicht endgültig beantworten, habe aber eine ganze Reihe von Indizien dafür gefunden und breite das anhand von Beispielfällen in Kapitel 8.2, ab S. 289 aus.

7. **Frage**: Gehen Sie nicht zu weit, wenn Sie sogar über Instrumentelle Kommunikation (**ITK**) schreiben? Man kann doch in die verrauschten Stimmen alles hineinhören, was man will oder man hört Fetzen aus einem Radioprogramm – nur keine Stimmen aus dem Jenseits.

Antwort:

Wenn man sich genauer mit der ITK befasst, kommt man zur Erkenntnis, dass es ein Vorurteil ist, diese Techniken so pauschal abzubügeln, wie es in Ihrer Frage klingt. Auf die Einwendungen der Skeptiker gehe ich in Kapitel 14.2, S. 429 ein.

8. **Frage**: Es ist ja lobenswert, hier so viele Beispiele lesen zu können, aber woher nehmen Sie die Gewissheit, nicht Literaten auf den Leim zu gehen, deren angebliche Fallerzählungen Sie übernehmen, die jedoch ihre Geschichten einfach nur erfunden haben?

Antwort:

In Kapitel 4.2, ‚Methodik', S. 35 schildere ich, wie ich meine Literatur ausgewählt habe, um möglichst nicht in die geschilderte Falle zu tappen. Zudem habe ich zwei der überzeugendsten hier gebrachten Fälle selbst überprüft, so dass ich für deren Echtheit bürgen kann *(Bsp. (74) Schachspiel zwischen einem lebenden und einem verstorbenen Schachgroßmeister, S. 316 und Bsp. (80) ‚Seelenver-*

mächtnis' von Vinz 1915 an Udo Wieczorek 1997, S. 378). In vielen Beispielen sind die Quellen von Haus aus als vertrauenswürdig einzuschätzen. Für die übrigen Fallbeispiele kann ich nicht mit Sicherheit ausschließen, einem Geschichtenerfinder aufgesessen zu sein. Ich gehe aber davon aus, dass das höchstens in Einzelfällen zutreffen kann.

9. **Frage:** Woher beziehen Sie den Mut, Aussagen aus NTEs (Kapitel 7.3, S. 260), von mentalen Medien (Kapitel 8.3, S. 334) und aus Instrumenteller Transkommunikation (Kapitel 14.5, S. 439) über das **Jenseits** ernst zu nehmen und hier zu präsentieren? Da ist doch nichts nachprüfbar und Sie legen doch sonst so viel Wert auf **Nachprüfungen**.

Antwort:

Mein ‚Mut', wie Sie das nennen, stammt von Untersuchungen, die ich in Band 1 über entsprechende Aussagen von Kindern und in Band 2b über rückgeführte Erwachsene angestellt habe. Natürlich haben Sie recht, dass man solche Aussagen über das Leben in einer Jenseitswelt nicht an einer bekannten Wirklichkeit messen kann. Aber man kann das Material auf ‚Stimmigkeit' testen, d.h. prüfen, ob es überhaupt ‚stimmen' (zutreffen) könnte. Wenn nicht, wäre es zu verwerfen. Die **Prüfungen** habe ich durchgeführt und gefunden, dass es keinen Grund gibt, die Aussagen a priori als Phantasieprodukte einzustufen und zu ignorieren.

Mittels einer **Konsistenzprüfung** konnte ich nachweisen, dass die Aussagen sehr wahrscheinlich nicht auf **Phantasie** beruhen. Dazu wurden alle Aussagen inhaltlich gewertet und passenden ‚**Kernaussagen**' zugeordnet. Bei Phantasieaussagen sollte das nur schwer gelingen, weil sie inhaltlich weit streuen. Tatsächlich konnte ich das Material der Kinderfälle (**CORT**) drastisch auf 1/8 stauchen, und das der Rückführungen auf 1/5 *(**189**, Kapitel 7.2.7.2.2, S. 595, 596)*. Das interpretiere ich als Argument gegen die Annahme von Phantasie als Ursprung der Aussagen. Das Ergebnis spricht eher dafür, dass es eine gemeinsame Basis für die Äußerungen gibt.

Die Aussagen von Kindern habe ich natürlich mit den Kernaussagen der rückgeführten Erwachsenen **verglichen** und eine Übereinstimmung von 97% gefunden, was ebenfalls gegen die Annahme von Phantasie als Ursache spricht *(**189**, Kapitel 7.2.7.2.2, S. 597)*. Das Ergebnis kann auch nicht durch gleichartigen kulturellen Hintergrund erklärt werden, weil die Kinderfälle mehrheitlich aus süd-asiatischen Ländern, die Rückführungen fast nur aus dem westlichen Kulturkreis stammen.

Diese Faktenlage gibt mir die sachliche Berechtigung, danach zu schauen, ob es auch Übereinstimmungen mit Aussagen aus NTEs und solchen von Medien gibt, die (angeblich) Verstorbene ‚zu Wort kommen' lassen. Auch hier kann nicht leicht mit einem Kultureffekt dagegen argumentiert werden, weil Medien mehrheitlich eine spiritistische Weltanschauung vertreten, was sicher nicht für die Personen aus anderen Erfahrungsfeldern gilt. In Kapitel 9, S. 362 finden Sie die Abhandlung über ‚Vierfach bestätigte Kernaussagen über den Tod und das Jenseits', womit eine erhöhte Glaubwürdigkeit erreicht wird.

10. **Frage:** Skeptiker wie **Gerald Woerlee** oder **Keith Augustine** ziehen Fallbeschreibungen, die Sie in Ihrem Buch auch heranziehen (Bsp. Nr. (9), S. 108 und (11), S. 121 und (12), S. 126), und die daran geknüpften Schlussfolgerungen in Zweifel. Warum sollte ich Ihnen und nicht den Kritikern folgen?

Antwort:

In der Tat kann Woerlee verwirren. Er ist ein streng materialistisch argumentierender Skeptiker. Erst wenn man in die Details geht, stellt man fest, dass er argumentativ nur die Fälle berücksichtigt, die in seine vorgefasste Meinung passen und andere Beispiele ignoriert. Selbst vor Verunglimpfungen seiner Gegner scheut er nicht zurück. Titus Rivas hat sich sehr ausführlich mit Woerlees Argumenten auseinandergesetzt *(369)*. Er hat in Interviews gewonnene Zusatzinformation von Beteiligten herangezogen und Woerlees Argumente Zug um Zug kenntnisreich entkräftet. Im Buch gehe ich auch auf Woerlee und Keith Augustine, einen anderen Kritiker, ein, allerdings nicht so ausführlich wie Rivas. Wer sich für die Kniffe interessiert, mit denen Skeptiker arbeiten, um Unsicherheit bezüglich paranormaler Phänomene zu verbreiten, findet auch das in der Literatur *(271)*.

5.2. Fragen zur Sache

Zu den Argumenten der Zweifler und Skeptiker ist nun genug gesagt. Leser mit weitgehend offener Haltung oder gar einem Glauben an das Überleben des Todes oder die Reinkarnation haben erfahrungsgemäß dennoch zuweilen nicht wenige Verständnis- oder Sachfragen. Im Rahmen meiner Möglichkeiten will ich Antworten versuchen:

11. **Frage:** Kann man sich erklären, warum es nur so wenige Fälle gibt, in welchen Erinnerungen an frühere Leben vorkommen, die aus einer NTE stammen (siehe die Kapitel 6.4, S. 91; 6.5, S. 94; 6.6, S. 98)?

Antwort:

Wenn in der NTE die Seele für einen kurzen Moment den Körper verlässt, darf man annehmen, dass der Fokus des Interesses auf den zunächst naheliegenden Dingen liegt, wie dem Geschehen um den gerade verlassenen Körper, dem Gemütszustand der Angehörigen und danach vielleicht auch noch der Begegnung mit dem Lichtwesen und Verstorbenen. Allenfalls bei gesteigertem Interesse an der Reinkarnationsfrage könnte man erwarten, dass entsprechende Fragen gestellt und Antworten ins Tagesbewusstsein hinübergerettet werden. Auch bei der Betrachtung des Lebensfilms, so dieses Element überhaupt vorkommt, könnte der Vergleich mit früheren Leben aufkeimen, wie bei Stefan von Jankovich (Kap. 6.3.1, S. 57). Nur wenn dieser Vergleich auch noch emotional bedeutsam ist, darf man eine ausführlichere Erinnerung erwarten. Hinzu kommt, dass man nicht wissen kann, wieviele solcher Erinnerungen nicht an die Öffentlichkeit gedrungen sind, weil sich die Erfahrungsträger nicht getraut haben, darüber zu sprechen. Ich denke, dies alles kann die geringe Anzahl von Beispielfällen verständlich werden lassen.

Man kann noch ein spekulatives Argument hinzunehmen. Man liest immer wieder, dass man im Zustand ohne materiellen Körper ein unbegrenztes Wissen haben könne, dieses aber nicht zurück auf die Erde mitnehmen dürfe (siehe ‚Geheimwissen' S. 57 und S. 161).

12. **Frage**: Die vielen **Erklärungsarten**, die genannt werden, verwirren mich. Bitte bringen Sie Übersicht in die Vielfalt!

Antwort:

Es gibt drei Hauptarten, die zu unterscheiden sind. Im Glossar finden sich die Erklärungen unter folgenden drei Begriffen:

- ‚materialistische Erklärung' (gleichbedeutend mit ‚normalen Erklärungen')
- ‚animistische Erklärung'
- ‚spiritistische Erklärung'
- Oberbegriff für die beiden letzteren: ‚paranormale Erklärung'.

13. **Frage**: Welche Hinweise auf die Dualität, also darauf, dass es eine Seele gibt, die sich vom Leib trennen kann, haben Sie gefunden?

Antwort:

Da gibt es eine Menge an Hinweisen.

- Menschen, die eine außerkörperliche Erfahrung (**AKE**) gemacht haben, schildern den Weg, den sie in der AKE genommen haben. Das macht es recht anschaulich, wirklich ‚aus der Haut gefahren' zu sein, und spricht gegen die Annahme von außersinnlicher Wahrnehmung (**ASW**) (Kapitel 7.1.9.3.1, S. 162).

- Insbesondere beim Sterbeprozess wird von Außenstehenden gelegentlich beobachtet, dass sich eine ‚**Wolke**' vom Körper löst und aufsteigt (Kapitel 7.1.9.3.2, S. 168).
- Beim Sterbeprozess beobachten hin und wieder Außenstehende, dass der Sterbende **abgeholt** wird (Kapitel 7.1.9.3.3, S. 173).
- Die ausgetretene Seele wird am fernen Ort gesehen (Kapitel 7.1.9.3.4, S. 177).
- Immer wieder wird von einer ‚**Silberschnur**' berichtet, die als Verbindungsfaden zwischen Körper und Seele dient, solange der Tod noch nicht eingetreten ist. Das macht nur Sinn, wenn es sich um zwei getrennte Dinge handelt (Kapitel 7.1.9.3.5, S. 185).
- Die Wiedergeburt kann es nicht geben, ohne eine vom Leib trennbare Seele, die unsterblich ist (siehe Bände 1 und 2a, 2b und Frage Nr. 15, S. 46).

14. <u>Frage</u>: Welche Hinweise haben Sie dafür gefunden, dass es eine Seele gibt, die den Tod überlebt?

<u>Antwort:</u>

Es gibt keine Beweise, aber zahlreiche Hinweise:

- Einen ersten Hinweis kann man darin sehen, dass Sterbende anscheinend von Verstorbenen oder Engelwesen ins Jenseits **abgeholt** werden und dass dies gelegentlich von Außenstehenden beobachtet wird (Kapitel 7.1.9.3.3, S. 173).
- Es gibt Nahtoderlebnisse (**NTEs**), welche die Annahme nahe legen, dass man in einem NTE tatsächlich vorübergehend das Jenseits betritt (Kapitel 7.1.10, S. 194).
- Verstorbene berichten über mentale **Medien**, wie es ihnen beim Übergang ins Jenseits ergangen ist (Kapitel 7.1.11, S. 207; 7.3, S. 260; 8.3, S. 334).
- Das Überleben des Todes können bestätigen: **Träume** (Kapitel 10.1, S. 365), **Erscheinungen** (Kapitel 13.1, S. 420), **Instrumentelle Kommunikation (ITK)** (Kapitel 14.3, S. 433) und sogar **Spukphänomene** (Kapitel 15, S. 445).

15. <u>Frage</u>: Welche Hinweise haben Sie dafür gefunden, dass es die Wiedergeburt gibt?

<u>Antwort:</u>

Die überzeugendsten Hinweise auf die Existenz von Reinkarnation habe ich in Band 1 dieser Trilogie ausführlich dargestellt. Quasi als Bestätigung kann man die Aussagen von Menschen ansehen, die in ihre früheren Leben zurückgeführt worden sind, was in den Bänden 2a und 2b ausgebreitet wird.

Was an Hinweisen darüber hinaus aus anderen Erfahrungsfeldern dazu kommt, wird im vorliegenden Buch zusammengetragen:

- Nahtoderfahrungen (**NTEs**) mit konkreten Erinnerungen und Andeutungen an frühere Leben (Kapitel 6.3, S. 57 bis 6.6, S. 98).
- Mentale **Medien** übermitteln Berichte von Verstorbenen und bestätigen die Reinkarnation (Kapitel 8.4, S. 360).
- **Träume** können so wirklichkeitsnah sein, dass ein früheres Leben rekonstruiert werden kann (Kapitel 10.2, S. 368).
- **Flashbacks** können so deutlich sein, dass ein früheres Leben rekonstruiert werden kann (Kapitel 11, S. 376).
- In **Déjà-vus** können Personen oder Orte aus einem früheren Leben erkannt werden (Kapitel 12, S. 410).
- **Erscheinungen** können von früheren Leben sprechen (Kapitel 13.2, S. 424).
- Mittels Instrumenteller Kommunikation (**ITK**) scheinen sich Jenseitige zur Reinkarnation zu äußern und sie zu bestätigen (Kapitel 14.4, S. 436).

16. Frage: Nahtoderfahrungen (NTEs) lesen sich teilweise wie Berichte aus dem Jenseits. Was ist davon zu halten?

Antwort:

Das wollte ich auch wissen und habe daher solche Aussagen sowohl mit denen verglichen, die ich schon in Band 1 von Kindern gesammelt habe, die über ihre **Zwischenlebenszeit** gesprochen haben, als auch mit Aussagen aus Band 2b von Erwachsenen, die in ihre früheren Leben und in deren Zwischenlebenszeiten rückgeführt worden sind. Im Ergebnis kann man sagen, dass NTEs die bisher gemachten Aussagen von Kindern und rückgeführten Erwachsenen hauptsächlich über den Sterbeprozess aber auch über das Dasein im Jenseits überzeugend unterstützen.

Die Feststellung, dass NTEs die Jenseitsaussagen aus Band 2b fast einhellig unterstützen und keine nennenswerten Gegenaussagen bringen, lässt die Vermutung aufkommen, dass hier nicht der Zufall herrscht, sondern eine allen gemeinsame Grundlage ursächlich zu Tage tritt (Kapitel 7.3, S. 260). In Kapitel 9 Vierfach bestätigte Kernaussagen über den Tod und das Jenseits, S. 362 wird eine erhöhte Glaubwürdigkeit angestrebt.

17. Frage: Sie haben zusammengetragen, was mentale Medien angeblich von Verstorbenen über deren Übergang ins Jenseits (Sterben und Tod) und die Erfahrungen dort rückmelden. Wie beurteilen Sie das Ergebnis?

Antwort:

Ich bin im Prinzip genauso vorgegangen, wie in Frage 16 für NTEs beschrieben. Das summarische Ergebnis: Die bisher in den Bänden 1 und 2 wiedergegebenen Aussagen von Kindern und rückgeführten Erwachsenen über den Sterbeprozess und das Dasein im Jenseits werden durch mediale ‚Rückmeldungen' von Verstorbenen überzeugend unterstützt. Die gute Übereinstimmung könnte auch hier daher rühren, dass es eine für Jedermann ähnliche Realität des Jenseits gibt (Kapitel 8.3, S. 334). Auch hier gilt der obige Hinweis auf Kapitel 9.

18. Frage: Welche der 87 Fallbeschreibungen in Ihrem Buch sind so interessant, dass ich sie unbedingt gelesen haben sollte (**Favoriten**)?

Antwort:

Die Auswahl fällt mir nicht leicht. In aufsteigender Nummerierung:

Bsp. (2) Nahtoderfahrung von Stefan von Jankovich S. 57
Bsp. (4) Nahtoderlebnis und Erinnerungen von Rand Jameson Shields S. 71
Bsp. (20) Wegbeschreibung; Begegnung im Jenseits bestätigt S. 163
Bsp. (33) Silberschnur und Reinkarnation S. 186
Bsp. (36) NTE im früheren Leben S. 194
Bsp. (47) Erscheinung aus Angst S. 223
Bsp. (61) Befreiung von intermittierenden Besetzungen S. 254
Bsp. (67) Das komponierende Medium Rosemary Brown S. 297
Bsp. (74) Schachspiel zwischen einem lebenden und einem verstorbenen Schachgroßmeister S. 316
Bsp. (80) ‚Seelenvermächtnis' von Vinz 1915 an Udo Wieczorek S. 378
Bsp. (82) Die Begegnung in Orly S. 412
Bsp. (83) Das Gespenst von Flug Nr. 401 S. 421
Bsp. (87) Spielen Spukforscher mit verstorbenem Jungen? S. 445

19. Frage: Mich interessiert keine Diskussion um Glaubwürdigkeiten oder alternative Erklärungen. Ich glaube an Wiedergeburt und möchte Herzerfrischendes dazu lesen. Wo finde ich das in Ihrem Buch?

Antwort:

Lesen Sie folgende Fallbeispiele:

Bsp. (2) Nahtoderfahrung von Stefan von Jankovich S. 57
Bsp. (3) Nahtoderfahrung von Serge Lama S. 68
Bsp. (4) Nahtoderlebnis und Erinnerungen von Rand Jameson Shields S. 71

20. Frage: Mich interessiert keine Diskussion um Glaubwürdigkeiten oder alternative Erklärungen. Ich glaube an ein Weiterleben nach dem leiblichen Tod und möchte etwas dazu lesen. Wo finde ich das in Ihrem Buch?

Antwort:

Lesen Sie folgende Fallbeispiele:

Beispielfälle, für die sich im Buch nicht genügend Platz fand, werde ich auf meiner Homepage www.reinkarnation.de, frei für jedermann anbieten.

6. Nahtoderfahrungen/Nahtoderlebnisse (NTEs) und Hinweise auf Reinkarnation

Die inzwischen erschienene Menge an Büchern und Artikeln zu Nahtoderlebnissen (**NTE**s) ist Legion (riesig) und übersteigt die Zahlen von 350 Büchern, bzw. 500 Literaturstellen, die diesem Buch zugrunde liegen. Es gibt auch zahlreiche Bücher in deutscher Sprache (***126**; **253**; **255**; **280**; **285**; **301**; **341**; **342**; **363**; **379**; **384***) und einen deutschen Verein für NTEs als ‚Ableger' des amerikanischen Vereins IANDS *(**320**)*. (siehe auch meine Homepage www.reinkarnation.de). Daher ist es aus Platzgründen nicht möglich, aber auch nicht nötig, die ganze Diskussion über Nahtodberichte hier zu wiederholen.

Der vorliegende Band beschränkt sich auf die folgenden Fragen:

1. Welche Hinweise auf die Wiedergeburt ergeben sich aus Nahtodberichten (Kapitel 6.3, S. 57; 6.4, S. 91; 6.5, S. 94)?

2. Welche Hinweise findet man in Nahtoderfahrungen auf ein Überleben des Todes, d.h. in Bezug auf die Überlebensfrage (Kapitel 7, S. 99)?

3. Ergeben sich außergewöhnliche Heilungen aus NTEs (Kapitel 7.2, S. 244)?

4. Welche Aussagen über Sterben, Tod und Jenseits kommen von NTEs (Kapitel 7.3, S. 260)?

Nahtoderlebnisse (NTEs) treten in der Regel auf, wenn ein Mensch in Lebensgefahr schwebt, bei Herzstillstand (genauer Herzkammerflimmern) bewusstlos ist, aber wiederbelebt werden kann, so dass er anschließend seine Erlebnisse zu schildern in der Lage ist. Manchmal reicht schon eine tödliche Gefahr, um ein solches Erlebnis auszulösen. Es gibt auch der NTE sehr ähnliche Erfahrungen, die ohne eine tödliche Gefahr entstehen, z.B. bei längerem Aufenthalt in Dunkelheit *(**225**)*. Manche Menschen können eine AKE sogar willentlich herbeiführen *(**297**, S. 76)*.

6.1. Die Elemente von Nahtoderfahrungen (NTEs)

Der Literatur entnimmt man folgende **Elemente**, die in einer positiv empfundenen NTE in der westlichen Bevölkerung vorkommen können (***126***, *S. 27-62;* ***285***, *S. 27-115;* ***301***, *S. 10-14;* ***342***, *S. 123-128;* ***379***, *S. 24-47;* ***384***, *S. 31-78*). Sie sind von 1 bis 21 durchnummeriert. Nicht alle treten vollzählig bei derselben Erfahrung auf und nicht unbedingt in der genannten Reihenfolge.

1. Unbeschreiblichkeit der Erfahrung, weil geeignete Worte fehlen.

2. Hören der sie betreffenden Todesnachricht von Personen aus ihrer Umgebung.

3. Gefühl des Friedens und der Ruhe; als erlösend empfundene **Schmerzfreiheit**.

4. Wahrnehmen von angenehmen (z.B. Musik) oder unangenehmen Geräuschen.

5. Durchschweben eines dunklen **Tunnels** in hoher Geschwindigkeit.

6. Außerkörperliche Erfahrung (**AKE**) (engl. OBE = Out of Body Experience): Die Erfahrungsträger haben das Gefühl, ihren Körper verlassen zu haben, und in einem schwerelosen Körper oder manchmal ohne Körpergefühl – oft aus einer Ecke an der Zimmerdecke – ihren leblosen irdischen Körper und was um ihn herum geschieht zu beobachten. Umliegende Objekte werden perspektivisch richtig gesehen (z.B. der Blick auf den Hinterkopf eines Operateurs, wodurch die Sicht auf das Operationsfeld behindert ist). Manchmal berichten sie auch von Orten **außerhalb der sensorischen Reichweite** des Körpers, an den sie rein durch Gedankenkraft geschwebt sein wollen. Die Gesetze der Schwerkraft scheinen aufgehoben zu sein. Bei Sehbehinderten scheint die Sehkraft wieder hergestellt zu sein. Die Berichte lassen wegen ihrer Exaktheit Verwunderung seitens Außenstehender aufkommen.

Wenn sich die aus dem Körper getretenen Personen an die Lebenden in ihrer Umgebung wenden, stellen sie fest, von diesen nicht gehört und nicht gesehen zu werden, obwohl sie selbst hören und sehen können. Sie können die Lebenden auch nicht berühren, ihre Hände scheinen durch die Körper hindurch zu greifen. Diese Situation bringt dann oft, aber auch nicht immer, die Erkenntnis, gestorben zu sein.

AKEs kommen häufig vor, auch ohne drohende Todesgefahr. Einzelne Begabte können sie auch willentlich herbeiführen.

7. **Transzendenzerfahrung** (**TZE**s): Begegnung mit (dem Rezipienten meist bekannten) Verstorbenen oder spirituellen Wesen (Wegbegleitern oder **Schutzengeln**), die manchmal leuchten und die den vom Tod bedrohten Patienten begrüßen, unterstützen oder manchmal abholen wollen, was normalerweise als beglückend empfunden wird. Kaum jemals trifft man noch lebende Menschen. Sichtbare körperliche Gebrechen, welche die Verstorbenen vor ihrem Tod hatten, sind verschwunden. Zum Ende der Erfahrung teilen diese Geistwesen oft quasi telepathisch mit, dass die Zeit zum Sterben noch nicht gekommen ist, noch **Aufgaben** auf der Erde zu erledigen sind und der Rückweg in den Körper angetreten werden muss. Manchmal wird diese Entscheidung frei gestellt, aber bei NTEern wurde die Rückkehr natürlich (freiwillig oder widerstrebend) akzeptiert. Schließlich gelang ja die Wiederbelebung.

8. Begegnung mit einem als sehr hell empfundenen, aber nicht blendenden Licht, das auch als unendliche Liebe ausstrahlendes **Lichtwesen**, auch als **Engel**, Jesus oder Gott, geschildert wird, wenn das Bewusstsein des Perzipienten in das Licht eintaucht. Häufig sieht man das Licht zuerst als kleinen Lichtpunkt am Ende des **Tunnels**, auf den man rasend schnell zuschwebt. Oft entsteht eine telepathische, von Liebe getragene Kommunikation mit dem Lichtwesen, in der es um das geht, was man im Leben erreicht hat (ohne Anklage) und ob man auf Erden weiterleben oder sterben möchte. Die Entscheidung, auf Erden weiterzuleben, führt dann zur gelungenen Wiederbelebung.

9. Eine **Lebensrückschau** nach Art eines Films im Schnelldurchlauf, in dem wichtige, aber auch unbedeutende Stationen des Lebens chronologisch und oft lebensecht, dreidimensional auftauchen. Man verspürt die damit verbundenen eigenen Emotionen und diejenigen betroffener Mitmenschen, was schmerzvoll oder beglückend sein kann. Dies führt zu einer **Selbstbeurteilung** nach eigenen, meist strengen moralischen Regeln, die man kurz auf den einfachen Nenner bringen kann: „*Ihr sollt lieben und lernen*“. Es gibt keine Verurteilung durch Richter im Fall von Fehlverhalten. Gelegentlich wird der weitere Fortgang des Lebens richtig vorhergesehen.

10. Fortbestehen des Gefühls der eigenen **Identität**. Denken und Bewusstsein sind dasselbe wie im Leben kurz vor dem NTE.

11. Das Gefühl, auf alle Fragen des Lebens und über das Universum unmittelbar eine Antwort erhalten und so quasi unumschränktes Wissen erlangt zu haben, das man jedoch nicht oder nur teilweise zurück ins irdische Leben mitnehmen kann.

12. Gesteigerte intellektuelle Fähigkeiten während der NTE.

13. Aufenthalt in wunderschönen **Landschaften** mit Blumen und Wiesen in ungekannter Farbenpracht bis hin zum Erblicken tempelartiger Gebäude oder einer großen Lichtstadt.

14. Verändertes **Zeitgefühl**.

15. Das Empfinden, mit dem Kosmos und allen Wesen verbunden oder eins zu sein.

16. Das Erreichen einer symbolischen Grenze, deren Überschreitung den (unwiderruflichen) Tod im Diesseits bedeuten würde. Das Symbol kann ein Fluss, ein Zaun, eine Türe, ein Nebel oder anderes sein. Jenseits der Grenze werden gelegentlich Verstorbene gesehen, die zuwinken.

17. Die (freiwillige oder oft widerstrebende) Rückkehr in den Körper geschieht, nachdem gesagt wurde, dass ‚die Zeit noch nicht gekommen sei', und noch **Aufgaben** auf Erden zu erledigen seien. Manchmal kehrt man auf demselben Weg durch den **Tunnel** zurück, auf dem man gekommen war, manchmal wird man wie gewaltsam heruntergesaugt. Meist setzen die alten Schmerzen wieder ein und führen bei manchen Menschen dazu, sich über die Tatsache, wiederbelebt worden zu sein, bei den Ärzten zu beschweren.

Nachwirkungen

18. Scheu, das Erlebte zu berichten. Diejenigen, die von einem NTE berichten können, zeichnen sich dadurch aus, dass sie ihr Erlebnis nach dem Aufwachen nicht vergessen haben und als lebensprägend und unvergesslich empfinden. Weil das Erlebte aber so außergewöhnlich ist, getrauen sich viele nicht, anderen darüber zu berichten, weil sie fürchten, für verrückt gehalten zu werden.

19. Eine bedeutende Reaktion besteht darin, dass die meisten Erfahrungsträger ihre **Todesangst** verlieren.

20. Die Erfahrungsträger richten ihr Leben moralisch und spirituell neu aus. Materielle Dinge und der gesellschaftliche Rang verlieren an Bedeutung.

21. Eine große Zahl von Erfahrungsträgern entwickeln nach der NTE parapsychologische Fähigkeiten, wie **Telepathie**, **Hellsehen**, Fernwahrnehmung oder Prophetie.

Häufigkeit von NTEs (Inzidenz; Prävalenz):

Wie häufig treten Nahtoderlebnisse auf? Angaben dazu hängen davon ab, auf welches Kollektiv (Bevölkerungsgruppe) in welchem Zeitraum und anhand welchen Kriteriums zur Anerkennung einer NTE Bezug genommen wird (Inzidenz). Meist werden diese Rahmenbedingungen nicht alle spezifiziert. Die Ärztin Dr. Rommer z.B. schreibt dazu 2004 (Prävalenz): *„Gegenwärtige Studien lassen vermuten, dass zwischen 9 und 15 Prozent der Menschen, die dem Tod nahe kommen, eine NTE erleben“ (**381**, S. 23)*. Hier fehlt die Angabe, um welche Bevölkerung es sich handelt (vermutlich US-Amerikaner), und welche Kriterien verwendet wurden. In 6 Studien, die Patienten umfassen, welche einen Herzstillstand erlitten hatten, schwanken die Häufigkeitsangaben für das Erleben einer NTE zwischen 6% und 23% (***202**, S. 35*).

Die Häufigkeiten, mit denen die oben genannten einzelnen Elemente einer NTE auftreten, schwanken je nach Studie ebenfalls stark. Daher werden hier keine entsprechenden Zahlenangaben gemacht. Wer mehr dazu wissen will, findet das bei **Holden** (***202**, S. 18-24*) oder **Lommel** (***253**, S. 153*).

6.2. Sogenannte negative Nahtoderfahrungen (NPE-NTEs)

Es gibt neben den oben genannten positiven **NTE**s auch solche, die negativ, oder wie Frau Dr. Rommer sagt, **n**icht **p**ositiv **e**mpfunden werden (**NPE-NTE**). Diese machen unter den über 300 NTEern, die Rommer erfasst hat, nur 17,7% aus *(**381**, S. 45)*. Sie lassen sich nach Rommer in 4 Gruppen untergliedern:

1. Eine Gruppe, in der die oben aufgeführten typischen Elemente einer NTE als furchteinflößend empfunden werden.

2. Ein Gefühl der Verdammnis ins ewige Nichts wird genannt.

3. Von Höllenerfahrungen über bedrohliche Dämonen wird berichtet. Bei Rommer macht dies den größten Prozentsatz von 41,7% der NPE-NTE aus. In knapp der Hälfte dieser Fälle wiederum verwandelte sich die Erfahrung aber in eine positiv erlebte NTE *(**381**, S. 79)*. Auch nach Lindley und Rawlings lösen sich viele NPE-NTE in positive NTEs auf (***202***, *S. 67;* ***17***, *S. 151*). In den Fällen von Holden ist dies die kleinste Gruppe, bei der sich die Erfahrung jedoch nicht in eine erfreuliche NTE wandelt (***202***, *S. 71-72*).

4. Eine Furcht auslösende **Lebensrückschau** wird erlebt, die nicht durch sich selbst, sondern von einer höheren Macht beurteilt wird und Schuldgefühle auslöst.

Die literarischen Ersterscheinungen der Pioniere der Nahtodforschung berichten nichts von sog. negativen NTE (***285****;* ***362***, ***363****;* ***452****;* ***384***). Vier klinikbasierte Studien bis 2003 erwähnen sie ebenfalls nicht (***202***, *S. 66*). Dennoch berichten andere Autoren in der gleichen Zeitspanne von NPE-NTEs[3]. Alle Studien zusammengenommen, wurden unter 1369 NTEs ein Anteil von 23% negative und höllische NTEs vorgefunden (***202***, *S. 70*).

In der genannten Literatur findet sich keine Liste von Kernelementen, die eigens nur negative oder höllische NTEs beschreiben würde. Die gleichen archetypischen Elemente, wie für positive NTEs oben aufgeführt, kommen in NPE-NTEs vom Typ 1 oder 3 vor, werden hier jedoch als erschreckend, dämonisch, qualvoll oder trostlos empfunden. So kann das Licht am Ende eines Tunnels, der Anblick eines **Lichtwesens** oder das Eintreten in eine **Landschaft**, anstatt einladend, als angsteinflößend empfunden werden. Es wird von furchtbaren Geräuschen, von Eiseskälte oder Hitze, von dämoni-

---

[3] *(**17**, von 700 NTEs 14% neg.; **58**, 6-jähriger Junge; **80**, 17 Kinder-NTEs; **153**, von 47 NTEs 50% neg.; **170**, S. 58-72, von 39 NTEs 12% neg.; **236**, von 82NTEs 29% neg. in Westdeutschland; **248**, Evergreen Study von 55 NTEs 20% neg., 1 Bsp. höllisch; **359**; **360**; **410**).*

schen Kreaturen und gelegentlich von Teufeln berichtet, die einen verfolgen oder angreifen.

Es lässt sich beim Typ 3 nicht entscheiden, ob es sich um einen Ort wie die ‚klassische' **Hölle** handelt, wohin die Erfahrungsträger gehen, oder eher um einen seelischen Zustand, in dem sie sich befinden. Auf jeden Fall wurde bisher keine Ursache, wie ‚falscher' Glaube oder unethisches Verhalten im vorausgegangenen Leben ausgemacht, die als Bestrafung zum ‚Gang in die Hölle' geführt hätten. Allenfalls kann eine negative Beurteilung des eigenen Lebens, mit der man in die NTE eintritt, ein NPE-NTE bewirken, wie Rommer meint *(**381**, S. 48)*.

6.3. NTEs mit konkreter Erinnerung an frühere Leben

Band 1 *(186)* befasst sich mit Kindern, die Spontanerinnerungen an **frühere Leben** haben. Sie bilden Ausnahmefälle von der allgemeinen Regel, die besagt, dass wir Menschen uns nicht bewusst an unsere vorherigen Leben erinnern. Von solchen Ausnahmefällen kann man eine Menge lernen.

Menschen, die eine NTE hinter sich haben, sind ebenfalls Ausnahmefälle, gemessen an der überwiegenden Mehrheit, die kein solches Erlebnis hatte. Gemäß Punkt 11, S. 52 der archetypischen Elemente einer NTE kann man unumschränktes Wissen erhalten, das man aber nicht oder nur teilweise zurück ins irdische Leben mitnehmen kann (**Geheimwissen**). Zu dieser Frage des Vergessens gibt es Aussagen in anderen Fällen (*__54__, S. 114; __126__, S. 93; __286__, S. 25; __363__, S. 58; __453__; aus Rückführung: __224__, S. 58; von Medium: __462__, S. 47*). Demnach darf man vermuten, dass einige NTEer so weitsichtig waren, in ihrem außergewöhnlichen Bewusstseinszustand auch auf ihre früheren Leben zu schauen. Erinnerungen daran könnten sie bis nach der Rückkehr ausnahmsweise behalten haben.

Nach solchen ungewöhnlichen Ausnahmen habe ich Ausschau gehalten, weil davon auch etwas zu lernen ist. Ich habe 3 Beispiele dafür gefunden, die ich nun schildern will:

6.3.1. Bsp. (2) Nahtoderfahrung von Stefan von Jankovich (NTE-R, HSS, AKE-nah, NTE-NW)

(2) Der ungarische Architekt **Stefan von Jankovich** floh 1956, im Jahr des ungarischen Volksaufstandes, vor den Truppen der sowjetischen Invasionsarmee in die Schweiz. Seine damalige Lebenseinstellung nennt er ichbezogen und von Leistungsdenken geprägt, Kennzeichen einer Haltung, die es ihm ermöglichte, sich eine neue Existenz aufzubauen. (*__220__, S. 19*)

Am 16. September 1964 nahm ihn sein Geschäftsfreund Veress in dessen Alfa Romeo Cabriolet mit zu einer Fahrt von Zürich nach Lugano, um dort ein Grundstück zu besichtigen. Für dessen Bebauung war Jankovich als Architekt vorgesehen. Bei Claro vor Bellinzona (Tessin) kam ihnen ein Lastwagen entgegen, der nicht rechtzeitig in eine Kolonne von Militärfahrzeugen einscherte. Es kam zum Zusammenstoß, wobei Jankovich als Beifahrer durch die Windschutzscheibe aus dem Auto und in hohem Bogen auf die Straße geschleudert wurde. Er war nicht angeschnallt, da es damals noch keine Sicherheitsgurte gab (*__220__, S. 39f*).

Jankovich blieb bewusstlos auf der Straße liegen und erlitt einen **Herzstillstand**. Zufällig war der deutsche Zahnarzt Dr. Dindinger Zeuge des Unfalls und konnte erste Hilfe leisten. Wenig später stieß ein weiterer Arzt hinzu, dem es gelang, den Verunglückten etwa nach 5 ½ bis 6 Minuten wiederzubeleben. Anschließend wurde Jankovich ins Ospedale San Giovanni, eine Klinik in Bellinzona, gebracht, wo man feststellte, dass er sich bei dem Unfall 18 Knochenbrüche und zahlreiche andere Verletzungen zugezogen hatte. Er wurde dort operiert und weiter versorgt.

Aus der Zeit seines Herzstillstands berichtet Jankovich von Eindrücken und Erlebnissen, die man heute (*nach 1975;* ***285***) als Nahtod-Erfahrungen bezeichnet. Noch in der Klinik hielt er diese schriftlich fest, um sie vor dem Vergessen zu bewahren.

6.3.1.1. Die Nahtoderfahrung

Unmittelbar nach seinem Sturz auf die Straße kommt Jankovich wieder zu Bewusstsein und fühlt sich von einem ihn einengenden Zustand befreit. Erleichtert darüber, überlebt zu haben, spürt er zugleich, dass er jetzt stirbt. Das macht ihm aber keine **Angst**. Er denkt sogar: *„Ich bin glücklich, dass ich nun sterbe."* Neugierig wartet er ab, was noch passieren wird. Er fühlt sich schwebend, hört wunderschöne Klänge und nimmt bewegte Formen und Farben wahr. Er hat das Gefühl, nicht allein zu sein, sieht jedoch niemanden. Er ist restlos glücklich und schwebt empor, immer näher zu einem Licht. (***220****, S. 50f*)

6.3.1.1.1. Die außerkörperliche Erfahrung (AKE, OBE)

Danach befindet sich Jankovich, immer noch schwebend, über der Unfallstelle und sieht dort seinen schwerverletzten, leblosen Körper liegen – genau in jener Lage, von der dann auch im Polizeibericht zu lesen ist. Er sieht die gesamte Szene gleichzeitig aus unterschiedlichen Perspektiven und registriert dabei diverse Einzelheiten, die er später in seiner eigenen Darstellung zwar aufführt (***220****, S. 53*), allerdings – bis auf eine einzige – nicht verifiziert.

So sieht er das ramponierte Cabrio, die umstehenden Leute und den Stau, den der Unfall verursacht hat. Zwei Personen befreien ihn von seinen Kleidern. Ein Arzt, ein kleiner, stämmiger Mann im Alter von etwa 55 Jahren, kniet an seiner rechten Seite und gibt ihm eine Spritze in den linken Arm. Dann spreizt er mit einem Holzklotz Jankovichs Mund auf, um daraus Glasscherben zu entfernen. Rechts neben dem noch immer leblosen Körper breitet sich eine Blutlache aus. Jankovichs Rippen sind gebrochen, und der Arzt konstatiert: *„Ich kann keine Herzmassage machen."* Wenig später fügt er in

Berner Deutsch resigniert hinzu: *„Man kann nichts mehr machen. Er ist tot."* Darüber muss Jankovich fast lachen, denn er weiß, dass er lebt. Er versucht, den Umstehenden ‚von oben' zuzurufen: *„Hallo, ich bin hier, ich lebe, ich fühle mich wohl!"* Aber er kann keinen Ton von sich geben.

Jankovich findet es erstaunlich, dass er nicht nur hören kann, was all die Leute um ihn herum sagen, sondern auch, dass er deren **Gedanken** zu lesen vermag. (Die Fähigkeit zur **Telepathie** während einer NTE wird auch noch von vielen anderen Fällen berichtet[4]). Unter anderen ist eine Bauersfrau aus dem Tessin mit ihrer damals 7-jährigen Tochter in einem roten Auto zur Unglücksstelle gekommen. Beim Anblick des geschundenen Körpers ist sie zutiefst schockiert und spricht lautlos ein Vaterunser und weitere **Gebete** für seine Seele. Das macht ihn sehr glücklich. Zugleich nimmt er wahr, wie ein älterer Mann mit Schnurrbart denkt: *„Er ist sicher selber schuld. Wahrscheinlich ist er mit seinem Sportwagen rücksichtslos herumgebrettert."* Deshalb versucht Jankovich ihm zuzurufen, mit dem Quatsch aufzuhören. Ist er doch gar nicht selbst gefahren, sondern war nur Beifahrer! Doch der Mann hört ihn nicht.

Drei Jahre später macht Jankovich jene Bauersfrau aus dem Tessin ausfindig (**Nachprüfung**). Dies gelang ihm anhand einer Reklameschrift auf ihrem roten Auto, an die er sich genau erinnern konnte. Bei einem ersten Zusammentreffen fragte er sie, ob sie ein rotes Auto besitze, eine inzwischen sicherlich 10-jährige Tochter habe und sich vielleicht entsinne, auf der Straße nach Bellinzona vor 3 Jahren einen Autounfall mit einem dabei tödlich verwundeten Mann gesehen zu haben. Nachdem sie das bejaht hatte, wollte er von ihr wissen, ob sie damals für ihn auch gebetet habe. Erst als die Frau auch dies bestätigte, stellte sich von Jankovich ihr als das ehemalige Verkehrsopfer vor.

6.3.1.1.2. Der Lebensfilm und dessen Bewertung

Doch zurück zum damaligen Geschehen: Jankovich, der dies alles registriert hat, interessiert sich nun nicht mehr für die Vorgänge um die Rettung seines Körpers. Er will von hier weg. Und dieser Gedanke allein reicht schon aus, um auf eine immer stärker strahlende Sonne zuzufliegen. Dabei hat er das Gefühl, von guten Wesen umgeben zu sein (***220**, S. 55*).

[4] *(In diesem Buch: Bsp. (15), S. 135 und in der Literatur: **18**, S. 65, 84; **22**, S. 257; **45**, S. 166; **47**, S. 112; **100**, S. 22; **109**, S. 37, 38; **125**, S. 28; **128**, S. 39, 75, 76; **235**, S. 115; **243**, S. 42; **253**, S. 49, 109; **256**, S. 25; **268**, S. 38; **285**, S. 59, 60; **288**, S. 176; **302**, S. 187; **309**, S. 61; **369**, S. 45, 80, 128-129, 129-132); (**330**; **369**, S. 30-31; 45; 128-129; **395**, S. 159; **430**; **478**, S. 35, 130, 133).*

Fast gleichzeitig hiermit startet gewissermaßen sein **Lebensfilm** mit ungezählten Episoden. Er beginnt beim Unfalltod auf der Straße und endet mit seiner Geburt bei Kerzenlicht in Budapest. In diesem Film ist Jankovich Hauptdarsteller und Beobachter zugleich. Das Geschehen kann er von allen Seiten gleichzeitig betrachten. Er ‚hört', was er damals sagt, ‚weiß', was er jeweils denkt und ‚erkennt' zugleich, was ihn in diesem Moment dazu veranlasst, so und nicht anders zu handeln (***220**, S. 57*).

Bei jeder Szene **beurteilt er selbst**, ob diese oder jene Tat gut oder schlecht war (***220**, S. 57; **221**, S. 35f*). Dabei findet es Jankovich als äußerst bemerkenswert, dass weder staatliche Gesetze noch religiöse Verbote und Gebote oder gesellschaftliche Gewohnheiten darüber entscheiden, was gut und böse ist. Einzig ausschlaggebend ist, wie er es nennt, das allgemeine kosmische Harmoniegesetz der **Liebe**. Immer kommt es darauf an, ob die Beweggründe für das Handeln von bedingungsloser Liebe geprägt sind, ohne egoistische Hintergedanken.

Bei guten Gedanken und Taten spürt Jankovich eine angenehme Zufriedenheit, bei negativen eine Art ‚**höllischen**' Zustand. Er **tadelt** sich für begangene Fehler und bereut diese aufrichtig. Diese tiefe Reue hat unmittelbar zur Folge, dass ihm vergeben wird und schlechte Gedanken und Taten quasi ausgelöscht werden.

6.3.1.1.3. Einige frühere Leben

Während Jankovich die Szenen seines eben erst zurückliegenden Lebens betrachtet und bewertet, wird ihm klar, dass er bestimmte Fehler offenbar schon einmal oder sogar mehrmals in weit früheren Leben begangen haben muss. Dazu gehörten Schwächen wie beispielsweise Neid, Hass, Rache, Macht- und Geldgier, Unehrlichkeit, Eitelkeit, Herrschsucht oder Unterdrückung anderer Meinungen. Gleichsam als Dokumentationen ‚sieht' er Szenen, die nicht aus seinem jetzigen Leben stammen. Er erlebt sich in anderen Rollen, an unbekannten Orten und zu anderen Zeiten. Dabei entsteht der Eindruck, über diese verschiedenen Leben hinweg nichts dazugelernt zu haben.

Jankovich unterscheidet acht frühere Leben, aus denen ihm in dem ‚Film' Szenen gezeigt wurden, in denen er die gleichen Fehler gemacht hat wie im heutigen (***221**, S. 36*). Von diesen acht Leben seien hier nur jene zwei angesprochen, bei denen Jankovich für einzelne Elemente später, wenn auch bescheidene, so doch immerhin stimmige Belege anführen kann.

6.3.1.1.3.1. Der Fischer Pietro Mulnar oder Mulinar

Aus seinem Lebensfilm bringt Jankovich das Folgende mit (***221***, *S. 39f, 48f*):

Pietro Mulinar oder Mulnar lebte von 1856 bis 1918[5] als armer italienischer Fischer in einem kleinen Fischerdorf an der Adriaküste Dalmatiens. Im Dorf gab es eine im provinzialen Barockstil erbaute Kirche ohne Turm. Pietros kleines, gelbes Haus war das fünfte nahe einer Steinbrücke über eine Bucht. Er besaß ein bescheidenes Ruderboot mit kleinen Segeln.

Mulinars bester Freund, mit dem er zusammen aufgewachsen war, wurde später ein Mönch. Als Erwachsene gingen beide oft miteinander spazieren oder saßen auf jener kleinen Brücke, beobachteten den Sonnenuntergang und diskutierten, wie man so sagt ‚über Gott und die Welt', über die Natur, den Menschen oder das Leben. Er, der Mönch, wollte Pietro, den Atheisten, bekehren – was ihm jedoch nicht gelang. Dennoch bewunderte Pietro ihn. Jankovich erkannte in dem Mönch aus jenem früheren Leben einen guten Freund aus dem jetzigen wieder. Dieser war heute Direktor einer der größten Schweizer Banken sowie Vizepräsident der Niederlassung im New Yorker Rockefeller Center geworden und galt als ein international anerkannter und allseits respektierter Börsenfachmann.

Drei **Belege** für eine Existenz als Pietro

1. Beleg (Vorstufe einer **Xenoglossie**)

Nach dem Unfall im Spital bemerkte Jankovich bei sich selbst, dass er die italienische Sprache auf einmal irgendwie problemlos verstand. Er lernte sie mit Leichtigkeit auch aktiv zu gebrauchen. So konnte er später mühelos im italienischen Fernsehen auftreten und Vorträge in Italienisch halten, ohne je ein Wörterbuch benutzt oder die italienische Grammatik studiert zu haben. Das alles empfindet Jankovich als ein ‚Erbstück' aus seinem Leben als Pietro (***221***, *S. 39*).

2. Beleg (medial)

Jahre nach seinem Unfall erzählt Jankovich seinem Freund, dem besagten Börsenfachmann, ausführlich von seinen Erlebnissen im klinisch toten Zustand. Dabei erwähnt er auch ihre Begegnung in jenem vor etwa 100 Jahren in einem italienischen Fischerdorf angesiedelten Leben. Der heutige Bankdirektor jedoch sieht in dieser Geschichte nur ein Phantasiegebilde oder unrealistische Hirngespinste. Er erinnert sich an nichts und will nichts von solch verworrenen Halluzinationen wissen (***221***, *S. 40*).

[5] Die Jahreszahlen hat Jankovich in meditativer Versenkung erfahren (**221**, S. 24).

Dennoch schlossen beide ein ‚Gentlemans **Agreement**'. Darin einigten sie sich darauf, dass derjenige, der einmal zuerst sterben würde, verpflichtet ist, dem anderen auf irgendeine Art und Weise eine Mitteilung über den Ausgang dieser ihrer Streitfrage zukommen zu lassen. Es sollte dem jeweils anderen also übermittelt werden, ob Jankovichs Behauptungen über Tod, **Reinkarnation** etc. reine Phantasiegebilde sind oder ob sie stimmten und beide tatsächlich zu jener Zeit in einem früheren Leben in einem kleinen Fischerdörfchen an der Adria-Küste befreundet gewesen waren.

Der Bankdirektor starb als erster, und zwar im Herbst 1970 in New York an einem Herzinfarkt.

Im Januar des Folgejahrs besuchte Jankovich eine Bekannte in Zürich, die hervorragende **mediale** Fähigkeiten besaß, teilte ihr aber nichts über besagte Abmachung der beiden mit. Während des Gesprächs mit ihr fiel die Frau jedoch spontan in **Trance** und teilte ihrem Besucher unerwartet mit, dass sich jemand durch ihren Kontakt- oder Kontrollgeist (s. Glossar)) aus dem Jenseits beharrlich aufdränge und ihm etwas Wichtiges mitzuteilen habe (**drop-in** communicator). Er bezeichne sich selbst als den verstorbenen Freund von Jankovich. Dieser nun versuchte, die fragliche Person durch entsprechende Fangfragen zu identifizieren – Fragen, die sie, respektive der Geist, samt und sonders präzise beantwortete. Dennoch zweifelte zunächst Jankovich weiter und hielt es für möglich, dass die Antworten auf seine Fragen von seinem eigenen Unterbewusstsein ‚abgezapft' sein konnten und damit ihr Wahrheitsgehalt auch animistisch zu erklären wäre. Doch dann schlug das Medium plötzlich heftig auf den Tisch, und aus dieser Frau schrie ihn eine unerwartet kräftige Männerstimme an: *"Hör auf mit Deinen blöden Zweifeln. Ich habe keine Zeit für solche Spiele! Ich will dir vier Messages durchsagen!"* Dann überbrachte der Jenseitige, der sich damit offensichtlich als jener verstorbene Freund zu erkennen geben wollte, durch das Medium vier Nachrichten bzw. Instruktionen. Zwei davon betrafen die Frau des Freundes, die noch in den USA lebte, die anderen zwei galten Jankovich.

1. Er beauftragte Jankovich, seiner Frau mitzuteilen, sie möge mit dem Verkauf des Hauses in New Jersey noch warten.

   Er **sagte voraus**, dass sie in sechs Monaten das Haus an einen neuen Käufer um $ 300'000 besser verkaufen könne, als sie es derzeit im Sinn habe. Der jetzige Interessent sei eine Liegenschaftshyäne und wolle die Situation der Witwe nur ausnutzen.

2. Die zweite Mitteilung an die Frau betraf deren seit zwei Jahren vermisste, angeblich entführte und anschließend mit 17 Jahren vermutlich ermordete Tochter ‚Mini'. Er versicherte, diese Tochter sei noch am Leben

und werde in Kürze wieder zu Hause auftauchen. Man möge sie doch wieder liebevoll aufnehmen.

Dann wandte er sich an Jankovich selbst:

3. Ihm gegenüber bekannte er, alles habe sich wirklich so zugetragen, wie dieser es ihm seinerzeit erklärt habe: d.h. beide hatten sich aus einem früheren **Leben** gekannt, in dem sie Freunde gewesen waren. Er selbst habe tatsächlich als Mönch gelebt und Jankovich als Fischer in Dalmatien, in ...

   Er nannte auch den Namen jener Ortschaft. Jankovich verstand ihn leider nicht richtig, weshalb er ihn nicht notierte und schließlich auch vergaß.

4. Er bezeugte auch die Echtheit all jener Erlebnisse, die Jankovich im Zustand des klinischen Todes gehabt hatte. Das Manuskript, das dieser ihm damals zu lesen gegeben habe – und das er nie gelesen hatte – sei völlig o.k. Er erklärte sich auch mit Jankovichs Formulierungen einverstanden und ermunterte ihn nun dazu, all diese seine Erlebnisse zu veröffentlichen und sie damit möglichst vielen Menschen zugänglich zu machen.

Jankovich schrieb noch am selben Tag der Witwe seines Freundes einen Brief in die USA. Darin berichtete er ihr, dass er die o.g. Nachrichten ‚im Traum' von ihrem verstorbenen Mann erhalten habe.

Postwendend erhielt er Antwort:

"Es ist sehr schön, lieber Stefan, dass du von meinem Mann geträumt hast und immer noch träumst. Aber wir beide wissen, dass diese Träume völlig irrealistisch und unmöglich sind. Der Verkauf des Hauses wird in vier Wochen getätigt, das Geld ist schon deponiert, und der Käufer hat dem Vertrag bereits zugestimmt. Sobald er von Hongkong zurückkehrt, wird das Geschäft unter Dach und Fach gebracht. Ich freue mich, bald in die Schweiz zurückkommen zu können.

Was meine Tochter Mini betrifft so weißt du genau, dass dieses Kapitel für uns und für die Polizei seit geraumer Zeit endgültig erledigt ist. Ich möchte nicht mehr darüber reden, reiße alte Wunden nicht auf."

Zehn Tage später jedoch kam ein Telegramm von ihr mit der freudigen Nachricht: *„Tochter Mini ist heil nach Hause gekommen. Ich verkaufe unser Haus nicht mehr! Brief folgt."*

Und tatsächlich verkaufte sie nach den vorhergesagten sechs Monaten das Haus einem neuen Interessenten für den Preis, der um $ 290'000 höher lag und so seinem eigentlichen Wert entsprach.

Derartige Bestätigungen und eine in der Meditation gespürte innere Stimme ermutigten Jankovich nunmehr, mit seinen Erfahrungen an die Öffentlichkeit zu gehen. Dabei wurde ihm klar, wie wichtig entsprechende Nachprüfungen sein würden, wenn er seine Zuhörer überzeugen wollte.

Jankovich hat allerdings nicht auf jene Weise geforscht, wie man sie von Prof. Stevenson bei seinen Fällen spontaner Erinnerungen kleiner Kinder an vermutlich frühere Leben kennt (***186***). Er wartete einfach nur ab, was mit ihm geschehen würde, wenn er in die Länder reiste, in denen er glaubte, schon einmal gelebt zu haben (***221***, *S. 47*).

3. Beleg (örtlich): Leben als Fischer in Dalmatien

Eine innere Stimme ‚riet' ihm 1988, seinen Urlaub an Bord einer Yacht in dalmatischen Gewässern zu verbringen, um dem in seiner Nahtod-Erfahrung erinnerten Leben als Pietro nachzuspüren. Da er keinen dafür in Frage kommenden Ortsnamen kannte, pendelte er auf einer Landkarte aus, in welcher Gegend er vom Segelboot aus zu suchen anfangen sollte. Eindeutig zeigte sich dabei Zadar als Ausgangshafen. In einer Meditation erhielt er zudem den Hinweis, nach Süden zu fahren. Auf der Fahrt, die er dann auch dementsprechend antrat, segelte er an einem Dorf vorbei, das zwei Kirchen hatte – eine Barockkirche ohne Turm und eine Friedhofskapelle – und er konnte dort auch die charakteristische Brücke ausmachen, die eine Bucht überspannt. Das Bild, das sich ihm bot, entsprach gut der Skizze, die er 1964 im Spital aus der Erinnerung heraus angefertigt hatte. Er befand sich vor dem Fischerdorf ‚Tribuni' (***221***, *S. 48*).

Dort, nun an Land gegangen, meinte er, jene Stelle des ehemaligen Strandes wiederzuerkennen, an der einst das bescheidene Haus von Pietro gestanden hatte. Der Strand war jetzt allerdings durch eine Quaimauer ersetzt worden, an der heute die Fischkutter festmachen. Doch auf der besagten Steinbrücke hatte er ein **Déjà-vu**-Gefühl.

Er besuchte auch die Kirche. Der Pfarrer konnte ihm aber in seiner weiteren Suche nicht mehr viel helfen, weil alle Zeitdokumente während der kommunistischen Herrschaft unter Tito vernichtet worden waren. Der Geistliche meinte sich jedoch daran zu erinnern, dass es vor dem 2. Weltkrieg mindestens zwei Familien mit Namen wie Mulnar oder Mulinar gegeben hatte. Noch lebende Bewohner mit diesen Namen gab es keine mehr. Die Kirche, sagte er, wurde zu Pietros Zeit von Mönchen betreut. Auf eigene Faust suchte nun Jankovich auf dem alten, verwilderten Friedhof des Dorfes und fand einen umgekippten Grabstein, auf dem zwar schon etwas undeutlich, aber doch noch hinreichend gut lesbar, der Name ‚Mulnar' stand.

6.3.1.1.3.2. Ein Leben als Bianca in Venedig

Jankovich zog es seit seiner Jugend u.a. auch immer wieder nach Venedig. Auf seinen drei Reisen dorthin, die er vor seinem Unfall 1964 unternahm, konnte er sich diesen inneren Drang nicht erklären – danach sehr wohl. Jetzt hatte er zudem einen städteplanerischen Auftrag nahe Venedig, sodass er eben öfter dort sein konnte, wo er sich so wohl fühlte. Immer wieder durchstreifte er die schmalen Gassen der Stadtteile zwischen der Piazza Roma und Rialto. Während einer Meditation hatte er die Eingebung, zu versuchen, ‚sein' ehemaliges Haus in Venedig zu finden. In diesem Zusammenhang tauchte wiederholt die Zahl 1727 auf, was er jedoch nicht zu deuten wusste. Er besaß zwar ein inneres Bild der Hausfassade und hielt es auch in einer primitiven Skizze fest. Das allein reichte aber nicht aus, um in dem Häusermeer fündig zu werden. Daher bediente er sich wieder des Pendels (diesmal über einem Stadtplan von Venedig) und engte so das Gebiet ein, in dem er offenbar intensiver suchen musste. Als er in die kleine Gasse ‚Salizida' einbog, erkannte er ‚sein' Haus mit den zwei Balkonen. Es lag nicht an einem Kanal, sondern, wie erwartet, in einer Gasse. Er fand auch die Kirche und den kleinen Kanal, die er beide im Lebensfilm gesehen hatte. Das Gebäude trug die Hausnummer 1727. Nun wusste er, was es mit dieser ominösen Zahl auf sich hatte (*221*, *S. 56*).

Hier, an diesem Ort, hatte er als Bianca gelebt, seiner Erinnerung nach eine schöne, lebenslustige Frau, die drei Kinder hatte und unzählig vielen Männern den Kopf verdrehte. Diese Triebhaftigkeit war im Lebensfilm Gegenstand einer Art Tadel und Belehrung gewesen, wahrscheinlich weil er im heutigen Leben bislang ähnliche Fehler gemacht hatte. Jankovich hatte damals auch ein Loch in der Mauer neben dem rechten Balkon ‚gesehen', das ihm bzw. ihr damals als geheimer Briefkasten für Liebesbriefe gedient hatte. Sogar dieses fand er jetzt wieder.

Weitere Nachforschungen zu dem während der Nahtod-Erfahrung Erlebten hat Jankovich jedoch nicht angestellt. Die bisher gefundenen Belege reichten ihm aus.

6.3.1.1.4. Die Rückkehr in den Körper

Nun doch noch einmal zurück zur Situation während des schlimmen Unfalls. Jankovich wurde nicht, wie in vielen anderen Fällen, darauf hingewiesen, aus seinem himmlischen Zustand zurückkehren zu müssen bzw. sich zwischen Bleiben und Gehen entscheiden zu können. Stattdessen geriet ihm erneut das aktuelle irdische Geschehen voll ins Blickfeld: Ein schlanker Mann in schwarzer Badehose rannte barfuss mit einer kleinen Tasche in der

Hand auf seinen leblosen Körper zu. Er stellte in hochdeutscher Sprache den Tod fest, markierte die Lage des Körpers mit Kreide, und ließ den Leichnam an den Straßenrand legen. Anwesende Militärangehörige fragte er um eine Decke zum Zudecken des Toten. Mit Zustimmung eines weiteren Arztes, der offenbar zufällig ebenfalls zugegen war, gab er ihm trotz allem eine Adrenalinspritze, und zwar direkt ins Herz.

Leider gibt Jankovich für all das keine Bestätigung durch eventuelle Zeugen an (*220, S. 61*). Allerdings erkannte er den besagten ‚Arzt in Badehose' spontan am Gesicht und auch an der Stimme, als dieser einige Tage später und jetzt in normalem Straßenanzug das Unfallopfer im Hospital besuchte.

Die Adrenalinspritze hatte damals sofort bewirkt, dass das Herz des Verunglückten wieder zu schlagen begann. Jankovich schreibt, er sei in diesem Moment in eine ‚schwarze Tiefe' gestürzt. Mit einem unheimlichen ‚Ruck' und einem ‚Schock' sei er in seinen schwer verletzten Körper ‚zurückgeschlüpft'. Alles zuvor gerade erlebte Schöne sei plötzlich weg gewesen. Er kam wieder zu Bewusstsein und spürte derart unbeschreiblich schlimme Schmerzen, dass er augenblicklich in eine tiefe Ohnmacht fiel.

6.3.1.2. Folgerungen aus der Nahtod-Erfahrung

Bedauerlicherweise unterscheidet Jankovich in seinen beiden Büchern, aus denen der obige Bericht zusammengestellt ist, nicht zwischen den Einsichten, die er unmittelbar in oder aus seiner Nahtod-Erfahrung heraus gewann, und solchen, die bei ihm durch Meditation oder Überlegungen in den langen Stunden seines Klinikaufenthalts oder vielleicht gar nach dem Studium esoterischer Literatur entstanden sind. Denn als Reinkarnationsforscher sind für mich nur unmittelbar gewonnene Erkenntnisse von Interesse, da ich prinzipiell gehalten bin, nur solche anzuerkennen, die nicht durch Glauben, Meinungen oder Ideologien verändert oder verfälscht sind. Daher stelle ich im Folgenden einmal jene Einsichten Jankovichs zusammen, die – jedenfalls nach meinem Ermessen – von ihm direkt im Nahtoderlebnis gewonnen wurden, wenn ich mir bei deren Auswahl auch nicht zu hundert Prozent sicher sein kann (*220, S. 69 - 100*).

- Jankovich spürte deutlich, dass sein ICH nicht sein **Körper** ist.
- Nach dem Austritt des ICHs konnte er immer noch als Subjekt wahrnehmen, denken und entscheiden (**Identität**). Daraus schließt er, dass der Körper nicht der Träger des ICHs ist und folglich das ICH auch nicht mit dem Tod endet.

- Jankovich hat deswegen seither auch definitiv keine **Angst** mehr vor dem Tod.
- Seit seinem Unfall hat er die durch entsprechende Erinnerungsbilder gestützte Ahnung, bereits mehrfach gelebt zu haben.
- Sein Lebensziel ist jetzt verstärkt eine geistige Entwicklung, nicht jedoch irdischer Reichtum, Erfolg oder Ruhm.
- Das ganze Leben erscheint ihm als eine Art Probe. Bisher nicht gelöste Aufgaben werden ihm in neuen Leben erneut gestellt.
- Er erkennt: Für alle Taten und Gedanken tragen wir selbst die Verantwortung.[6]
- Im **Lebensfilm** hatte er selbst Bilanz zu ziehen. Es gab also keinen irgendwie Außenstehenden, der als gestrenger Richter über Jankovichs Taten urteilte.
- Er spürte, dass von allen Taten und Gedanken solche als gut gelten, die bedingungsloser **Liebe** und dabei zugleich der Freiwilligkeit entspringen.
- Als negativ erweisen sich Taten und Gedanken, die durch egoistische Motive entstanden sind. Selbst ‚gute Taten', die aber nur aus einem Pflichtbewusstsein resultieren, werden als negativ gewertet.
- Echte Reue bewirkt Vergebung.

6.3.1.3. Meine Beurteilung

Jankovichs erster Bericht über seine Nahtoderfahrung erschien 20 Jahre nach seinem Unfall; sein zweiter sogar weitere 9 Jahre später. Er hatte also viel Zeit, um darüber nachzudenken, und das merkt man den Berichten auch an. Sie sind keine ‚nackten', von spontanen Reaktionen getragenen Beschreibungen, sondern sind durchsetzt mit Gedanken und Interpretationen, die er im Laufe der Zeit entwickelt hat. Es fällt daher schwer, die originäre Erfahrung von Aussagen zu trennen, die aus anderen Quellen stammen (wie Meditation, Nachdenken, esoterische Literatur). Jankovichs Schlussfolgerungen sind zwar durchaus lesenswert, doch in dem Ihnen, liebe Leser, vorliegenden Buch geht es eben vor allem um die *nicht* interpretierten, ursprünglichen Erfahrungen als Quelle der Erkenntnis. Diese liegen bei Jankovich leider nicht so ‚jungfräulich' vor, wie man sich das als Forscher wünschen würde.

[6] Jankovich sagt auch, wie das viele in frühere Leben Rückgeführte tun, dass man sich die Aufgaben des Lebens selbst stellt und daher für sein Schicksal selbst verantwortlich ist (***220***, S. 103). Das hat er aber wohl nicht direkt im Nahtoderlebnis erfahren, sondern später geschlussfolgert.

Jankovich wurde streng katholisch erzogen. Er entwickelte sich nach eigener Angabe sehr ichbezogen. Erfolg, Anerkennung, Wohlstand und Vergnügen waren seine Ziele (***220**, S. 19 - 20*). Vor seinem Unfall beschäftigten ihn Fragen zum Tod und zu dem, was danach kommt, überhaupt nicht. Reinkarnation betrachtete er als eine bizarre Idee (***221**, S. 13*). Jankovichs Erfahrung und seine Schlussfolgerungen daraus lassen sich also nicht als Ergebnis schon vorab vorhandener Überzeugungen interpretieren. Sie passen nahtlos in das allgemeine Bild von Nahtoderfahrungen und dürfen daher ernst genommen werden. Ihr Alleinstellungsmerkmal ist der klare Hinweis auf Reinkarnation. Es gibt nur ganz wenige Berichte von solchen Erfahrungen, die diesen Bezug enthalten[7].

Das größte Manko in Jankovichs Geschichte besteht darin, dass er nicht die Absicht hatte, allem, was durchaus nachprüfbar gewesen wäre, auch nachzugehen. Viele Einzelheiten aus dem Umfeld des Unfalls bleiben somit ungeprüfte Behauptungen. Dabei wäre es von hohem Interesse zu zeigen, dass bzw. ob im Zustand seines klinischen Todes von den Betreffenden Beobachtungen gemacht wurden, die auf normale Art und Weise gar nicht hätten gemacht werden können. Die zwei oben geschilderten Szenarien aus früheren Leben sind nicht als einstmals real gelebte Leben nachgewiesen worden. Es wurde nur mehr oder weniger überzeugend dargelegt, dass sie durchaus wie geschildert stattgefunden haben könnten. Das aber ist zu wenig.

Bei aller Kritik muss man Jankovich zugestehen, bei seinen Recherchen sehr kreativ vorgegangen zu sein, indem er Informationslücken durch Pendeln, Meditation und mediale Kontakte ausgeglichen hat. Es wäre sehr interessant gewesen, mehr darüber zu erfahren, ob und wie dies, auch stärker hinterfragt und nachgewiesen, tatsächlich funktionierte.

6.3.2. Bsp. (3) Nahtoderfahrung von Serge Lama (NTE-R, AKE, Déjà-vu)

(3) Im Sommer 1965 fährt der französische Sänger **Serge Lama** zusammen mit seiner Verlobten Madeleine und seinem Freund Enrico Macias in einem PKW von Marseille nach Aix-en-Provence. Der Wagen ist erheblich zu schnell, wird aus der Kurve getragen und prallt gegen einen Baum. Serge fühlt noch, wie sein Körper vom Sitz gerissen wird, dann aber verliert er das Bewusstsein. Erst drei Tage später wacht er im Krankenhaus wieder auf.

[7] Jankovich sagt, er kenne seriöse, glaubwürdige Personen, die einmal wiederbelebt wurden und in der Zeit, als sie klinisch tot waren, ebenfalls plötzlich Kenntnis von eigenen früheren Leben erhalten hatten. Er gibt aber keine Quellen dazu an (**221**, S. 23).

Man hatte ihm inzwischen die Milz entfernt. Im Verlaufe dieses Eingriffs war sein Herz zum Stillstand gekommen, er mithin (für eine nicht genannte Zeitspanne) klinisch tot gewesen.

Während der Zeit seiner Bewusstlosigkeit hatte er mehrere Erlebnisse, von denen zwei Schriftsteller berichten (***4****; **110***).

Außerkörperlichkeit und Begegnung im Jenseits (AKE)

Zunächst nimmt Serge eine Art gewaltiger Lichtexplosion wahr, verbunden mit einem Donnergeräusch. Er spürt, wie er sich langsam von seinem **Körper löst** und über seinem geschundenen Leib zu schweben beginnt. Er hat keinerlei Schmerzen. Aber: Wo sind die beiden Mitfahrer? Er vernimmt ein Schluchzen und bemüht sich herauszufinden, wo es herkommt. Dann erkennt er plötzlich die Silhouette seiner Geliebten, die im Auto neben ihm gesessen hat. Er will sich zu ihr begeben, doch eine unsichtbare Barriere hindert ihn daran. Die Gestalt entfernt sich immer mehr, bis sie schließlich ganz verschwindet. Serge Lama dämmert es nun: Madeleine muss bei dem Unfall gestorben sein, während er noch lebt. Deshalb offenbar kann er ihr nicht folgen (***4****, S. 120;* ***110****, S. 155*).

Eindrücke von früheren Leben

Übergangslos findet sich Serge Lama nun in einer mittelalterlichen Herberge im südfranzösischen Carcassonne wieder. Hier war er im jetzigen Leben vor Jahren mit seinem Künstlerensemble während einer Tournee eingekehrt und hatte ein **Déjà-vu**-Erlebnis gehabt. Beim Eintritt in das Haus, das er zuvor nie betreten hatte, schien er sich plötzlich auszukennen: *„Jetzt geht es gleich drei Stufen abwärts, dann seht ihr ganz hinten rechts eine wunderschöne Holztreppe. Mir ist, als wäre ich nach vielen Jahren heimgekehrt."* Die Stufen, die Holztreppe, dic ebenfalls vorausgesagten, rauchgeschwärzten Deckenbalken mit Verschnörkelungen u.a.m. waren damals tatsächlich, wie von ihm angekündigt, aufgetaucht (***4****, S. 119*).

Jetzt aber, in der Bewusstlosigkeit, sieht sich Serge Lama dort in der Herberge in der Kutte eines Mönchs sitzen, zusammen mit Soldaten und mit Ordensbrüdern. Plötzlich dringen Bewaffnete in die Herberge ein. Es entsteht ein wilder Kampf. Serge, in Gestalt des Mönchs, flieht durch den Keller in einen Geheimgang, der aus der Festung hinaus hinter den Berg führt. Von dort aus sieht er auf der anderen Seite des Flusses die Scheiterhaufen brennen. Ende der Szene.

Der geschichtliche Hintergrund lässt diese Erinnerung realistisch erscheinen. Während der Albigenser-Kriege wurde um das Jahr 1209 in Carcassonne in

Süd-Frankreich ein heftiger Krieg gegen die Glaubensgemeinschaft der Katharer geführt. Die auch ‚Albigenser' genannten wurden blutig verfolgt, weil sie sich von der Kirche losgesagt hatten. Graf Simon von Montfort belagerte damals, im Jahr 1210, wochenlang die Festung in Carcassonne.

Der bewusstlose Serge Lama sah nun vor seinem inneren Auge noch weitere Szenen, die nicht aus seinem heutigen Leben stammen konnten (***4**, S. 122;* ***110**, S. 157*). So sieht er sich, wie er am 10. August 1792 (***6**, S. 293*) im alten Pariser Quartier de Marais im Innenhof eines Hotels steht und eine sehr schöne junge Frau umarmt. Sie trägt eine lange Krinolinenrobe und sieht seiner heutigen Verlobten Madeleine ähnlich. In der Ferne vernimmt er das Geschrei jener Volksmassen, die sich um die Bastille versammelt haben. Die Umarmung und der Kuss gehören zu einer Abschiedsszene. Die junge Frau, eine Aristokratin, ist vom Tode bedroht. Sie flüstert ihrem Geliebten zu: *„Wenn man mich verhaftet, werde ich hier auf diesem Stein ein Kreuzzeichen einritzen. Entdeckst Du es, weißt du, dass sie mich zum Schafott geführt haben."* Dabei zeigt sie auf eine Mauer nahe einer Fensterbank.

Zwei Jahre nach dem oben geschilderten Unfall kann Serge Lama wieder gehen, wenn auch nur an Krücken. Einer seiner ersten Wege führt ihn ins Quartier de Marais und dort in den besagten Innenhof des Hotels, das ganz seiner ‚Erinnerung' entspricht. Er findet auch jene Fensterbank. Und: Auf einem grauen schmutzigen Eckstein ist ein Kreuzzeichen eingeritzt! (**Nachprüfung**)

Rückkehr ins Leben

Serge Lamas Bewusstlosigkeit endet damit, dass seine Knochen und Muskeln heftig zu schmerzen beginnen. Er findet sich in einem Krankenhausbett und rundum eingepackt in Gips. Es wird ihm klar, dass er den Unfall überlebt hat und erfährt: Freund Enrico und Madeleine sind ihren Verletzungen erlegen.

Meine Beurteilung

Leider handelt es sich nicht um einen Bericht, der von Serge Lama persönlich geschrieben wurde, sondern um eine schriftstellerische Erzählung. So bleibt unklar, welche Details der dichterischen Freiheit entspringen und welche authentisch sind.

Die hier dennoch vorgestellte Geschichte legt die Annahme nahe, Serge Lama habe im Rahmen einer Nahtod-Erfahrung in zwei seiner früheren Leben geblickt. Nachgewiesen ist dies allerdings nicht. Wer war der Mönch bzw. der Mann im Hotel? Lebten sie wirklich? Und wer hat das Kreuz in den Mauerstein geritzt?

6.3.3. Bsp. (4) Nahtoderlebnis und Erinnerungen von Rand Jameson Shields (NTE-NW, AKE, Silberschnur, Flashbacks)

(4) Das nun folgende Beispiel beruht auf Erinnerungen, die als **Nachwirkung einer NTE** aufzufassen sind. Es liest sich wie die Wiederentdeckung eines früheren Lebens *(417)*.

6.3.3.1. Der Unfall

Der amerikanische Journalist **Rand Jameson Shields** ging, als er 6 Jahre alt war, an einem Augustmorgen 1960 mit seiner Mutter und seiner Schwester Diane ins Glengary Freibad nahe Columbus, Ohio, USA. Sie kamen so früh dort an, dass die Wasserwacht ihren Dienst noch nicht angetreten hatte, und nur zwei oder drei Erwachsene im Wasser waren. Obwohl der kleine Junge noch nicht schwimmen konnte, tauchte er mehrfach mutig unter Wasser und hüpfte wie eine Rakete wieder an die Oberfläche. In dem Moment, in dem er einmal auftauchte, sprang ein anderer Badegast ins Wasser und stieß mit Rand so zusammen, dass dessen Kopf zur Seite und der Junge wieder unter Wasser gedrückt wurden. In dem nicht sehr tiefen Wasser konnte er sich zwar wieder auf den Boden stellen, fühlte sich aber benommen mit Kopfschmerzen und aus dem Gleichgewicht geraten. Als er versuchte, an den Rand des Schwimmbeckens zu waten, gelang ihm das nicht. Er stapfte unfreiwillig immer mehr ins Tiefe, bis ihm das Wasser bis zum Hals stand. Der abschüssige Boden unter seinen Füßen und Wellen auf dem Wasser führten dazu, dass seine Arme ohne sein Zutun in Panik wild um sich schlugen. Er konnte diese Bewegung nicht stoppen und kam so auf dem Wasser zu liegen, wobei sich sein Körper drehte, so dass sein Gesicht mal unter, mal über Wasser war. Für einen kurzen Moment konnte er diese gefährliche Situation in den Griff bekommen und wieder aufstehen. Aber als er mit den Armen an den Beckenrand zu rudern versuchte, gerieten diese wieder außer Kontrolle. Diesmal war sein Gesicht viel länger unter Wasser, so dass er in Panik und Luftnot geriet. Als er den Atem nicht länger anhalten konnte, spürte er das Brennen, das beim Eindringen von Wasser in die Lungen entsteht *(**417**; **20**, S. 140-141)*.

6.3.3.2. Nahtod-Erlebnis

In dem Moment hörte er auf zu atmen, sein Körper bewegte sich nicht mehr, und ihm wurde bewusst, dass er mit dem Gesicht nach unten auf dem Wasser lag. Die Schmerzen in der Lunge vergingen und Rand fühlte sich warm und ruhig, leicht und wohlig. Dann hatte er den Eindruck, als lösten sich sein

Körper und die Erde unter ihm auf und machten einer grenzenlosen Helligkeit Platz. Er selbst schien auch ganz aus **Licht** zu bestehen. In Hochstimmung fühlte er sich wahrhaftig wach, erstmals in seinem Leben, und begabt mit purer Intuition. Alles kam ihm bekannt vor, so als wäre er nun in seinem eigentlichen **Zuhause**.

Für einen kurzen Moment erinnerte er sich daran, eine Seele zu sein und daran, was seine **Aufgabe** in diesem Leben ist: Nämlich, tapfer durchs Leben zu gehen, aus vollem Herzen zu lachen, anderen die Idee von der Unsterblichkeit der Seele nahe zu bringen und seine Seele so weiter zu entwickeln und zu reinigen, dass sie in den Himmel eingehen kann. Bevor er geboren wurde, war er fest entschlossen, es diesmal richtig zu machen. Er haderte mit dem Gedanken, bisher nicht viel von seinen Aufgaben erledigt zu haben. Die Enttäuschung darüber führte dazu, dass er bzw. seine Seele kurz in seinen Körper zurückkehrte, aber sogleich rückwärts wieder austrat und über seinem Rücken schwebte. Der Körper fühlte sich nicht mehr wie sein eigener an. Er wusste, dass dies den Tod bedeutete.

Seine Sicht trübte sich, aber zwei flackernde Lichter glitzerten wie Juwelen. In ihnen erkannte er seine **Führungsengel**, die seit Äonen schon immer bei ihm waren. Mit der Geburt ins heutige Leben hatte er sie vergessen. Nun wollte er sich wieder mit ihnen vereinigen und begann, sich durch einen **Tunnel** auf sie hin zu bewegen. Auf halbem Weg dorthin wurde ihm aber klar, dass sie diese Vereinigung nicht wollten. Sie schickten ihn in seinen Körper zurück. Sofort spürte er wieder das Brennen in der Brust und stechende Kopfschmerzen. Er hustete Wasser aus der Lunge und schnappte nach Luft. Wieder im Körper zu sein ärgerte ihn. Als seine Sehfähigkeit zurückgekehrt war, bemerkte er, dass er von einer fremden Frau gerettet worden war, die sich für ihr Einschreiten sogar entschuldigte, weil sie glaubte, alles sei nur ein Spiel gewesen. Weder seine Schwester, noch die Wasserwacht, noch seine Mutter hatten den Ernst der Situation bemerkt.

Seit seinem Nahtod-Erlebnis hatte Rand eine Phobie vor Schwimmbädern. Jedes mal, wenn er am Glengary-Schwimmbad vorbeifuhr, befürchtete er, seine Seele könnte sich erneut vom **Körper** lösen. Das erlebte er zwar nicht, aber wenn er sich tief entspannte, konnten sich die Erde, sein Körper und der Himmel scheinbar auflösen, wonach er in jenem unendlichen Licht schwebte, das er von seinem Erlebnis im Schwimmbad her kannte und als ‚Clear Light' bezeichnete. Rand glaubt, dass die Erfahrung, beinahe ertrunken zu sein, die Verbindung von ihm bzw. seiner Seele zu seinem Körper und materiellen Dingen gelockert hat. Das ‚Clear Light' um ihn herum machte ihn sorgenfrei und erlaubte es ihm, sein Herz zu öffnen, so dass ein liebendes, nährendes Licht in ihn eindringen konnte, das er ‚White Light' oder ‚Heaven

Light', also himmlisches oder göttliches Licht nannte. Es schien alle Fragen beantworten zu können. Ihm war klar, dass er diesen Körper und dieses Leben nur besuchte, er also unsterblich ist.

6.3.3.3. In der Schule

Wenige Wochen nach all dem begann für Rand die Schule. Der Frontalunterricht, den seine Lehrerin abhielt, forderte von ihm mehr und längere Aufmerksamkeit, als er zu leisten im Stande war. Ab 10 Uhr morgens begannen seine Gedanken abzuschweifen. Gelangweilt stützte er dann oft einen Ellenbogen auf den Tisch und sein Kinn auf eine Hand. Dabei entdeckte er, dass es ihn sehr beruhigte und ihm angenehm war, wenn er seine linke Augenbraue streichelte. Als er damit fortfuhr, verschwand die Stimme der Lehrerin und Stille trat ein. Wenig später drehte sich sein Verstand wie in einem Wirbel und er hatte das Gefühl, dass sich seine Seele aus dem Körper löst und zur Decke des Klassenzimmers schwebt. Dort schien sie über den ganzen Raum wie Rauch ausgebreitet zu sein. Von dort oben schaute er herab und sah seinen auf die Hand gestützten Kopf in Schlaf gefallen (**AKE**). Er betrachtete seine Mitschüler und die dozierende Lehrerin. Aber alle sahen ihn nicht, weil er unsichtbar war. Rand spürte die Decke und die Wände, die ihn aber nicht wirklich einengten. Er war auf das Wesentliche seiner Existenz reduziert, so wie im Schwimmbad, als er außerhalb seines Körpers war.

Von seiner Position unterhalb der Decke wurde er in einem Wirbel durch den Kopf wieder in seinen Körper gezogen, was ihn jedoch nicht in sein normales Wachbewusstsein brachte, sondern in eine andere Dimension. Hier war er nicht mehr gestaltlos wie Rauch. Er war eine kleine glänzende Kugel aus Licht, die von Wolken liebenden, weißen Lichts umschmeichelt wird. Aus dem Licht schälten sich heilige **Lichtwesen** oder **Engel**, die tief in seine Seele blickten und ihn an einen anderen Ort entführten.

Der 6-Jährige sah nun Szenen eines 10-Jährigen, die nicht in die heutige Zeit passten. Aus diesen wurde er jäh herausgerissen, weil ihn die Lehrerin rief und ermahnte, im Unterricht aufzupassen.

Rand führte in dem Schuljahr noch viele solche Zustände eines außerordentlichen Bewusstseins herbei, indem er seine Augenbraue streichelte. Jedes mal wurde er an die Decke transportiert, um sogleich in seinen Kopf zurück zu schießen, wo Engel aus dem Licht traten, die ihn in eine andere Zeit brachten. Die Szenen aus einer anderen Zeit empfand, verstand und akzeptierte der kleine Junge nicht als bloße Erinnerungen an frühere Leben, sondern als Nach-Erleben (re-experiences) von Situationen aus früheren Leben mit allen seinen Sinnen. Das entspricht bewusst selbst herbeigeführten

Flashbacks. Zum Ende des Schuljahrs 1960/61 hatte er 80 solch seltsamer Erfahrungen ausgelöst, die 68 Ereignisse aus sieben früheren Leben zeigten. Davon betrafen 34 das unmittelbar vor seinem heutigen liegende Erdendasein. Damit endete Rands Nacherleben. Die gesehenen Geschehnisse konnten eine lange Zeit von Stunden umfassen, obwohl der besondere Bewusstseinszustand im Klassenzimmer nur Minuten dauerte.

Ich gebe nun wieder, was Rand Shields nacherlebte, und anschließend berichte ich von den zugehörigen Nachprüfungen.

6.3.3.4. Das letzte Leben

Ein Hinweis vorab: Für besonders skeptische oder gründliche Leser habe ich in diesem Fallbeispiel Kontrollhilfen in Form von Zahlen in den Text genommen. Das erleichtert es nachzuprüfen, ob meine Darstellung der vielen Elemente des Falles korrekt ist. Der ‚Normalleser' kann diese Zahlen und die hier folgende Erklärung dazu einfach überlesen. Die Zahlen sind folgendermaßen angeordnet und formatiert (Erklärung anhand eines Beispiels):

{20} Seitenzahl im amerik. Buch von Shields ***(417)***, auf der das zu finden ist, was inhaltlich in meinem Text nah der Stelle ausgedrückt ist, an der die Zahl {20} steht. So lässt sich bequem kontrollieren, ob meine Darstellung jener im Quelltext von Shields entspricht.

[1] (50) weiter unten im hiesigen Kapitel 6.3.3.4 markiert die erste [1] interessante, weil nachgeprüfte Erinnerung von Rand – das Schieben von Kohlenwagen. Die zugehörige Nachprüfung wird im nächsten Kapitel 6.3.3.5 an der (50)-ten Stelle (Kapitel 6.3.3.5.8, S. 87) beschrieben. Zahlen in runden Klammern sind dort in aufsteigender Reihenfolge vergeben, so dass man die Stellen der Nachprüfung leicht finden kann.

(1) [14] markiert im nachfolgenden Kapitel 6.3.3.5 die erste (1) Nachprüfung, wobei es um den Campus der Ohio Staatsuniversität geht. Die zugehörige Erinnerung daran steht im hiesigen Kapitel 6.3.3.4 an [14]-ter Stelle. Hier sind die Zahlen in eckigen Klammern in aufsteigender Reihenfolge vergeben, so dass man die entsprechende Stelle im Text leicht auffinden kann.

[4] (42): Fett gedruckte Zahlen markieren die überzeugenderen Elemente des Falles.

In seinem Buch ***(417)*** widmet sich der Autor Rand Jameson Shields hauptsächlich dem unmittelbar letzten Leben, weil hier die reelle Chance der Nachprüfung noch gegeben ist. Er schildert seine Episoden des Nacherlebens in chronologisch korrigierter Reihenfolge auf 46 Seiten im Buch. Davon werden hier nur jene Episoden stark gekürzt wiedergegeben, die er Jahre und Jahrzehnte später, meist auf der Basis von Wiedererkennungen, bestätigt fand.

Es beginnt damit, dass sich der 6-jährige Rand als 10-jährigen Jungen erlebt, der am Ausgang einer Kohlenmine voll beladene Kohlenwagen (Loren) zu der Stelle schiebt, an der sie auf eine Schütte ausgekippt werden {20} [1] (50). Die Mine liegt an einem Hang oberhalb eines Flusses {20} [2] (8). Die Kohle wird mittels einfacher Pferdewagen auf Kähne geladen und auf dem Fluss abtransportiert. Der Junge arbeitet dort einige Jahre lang täglich außer an Sonntagen. Er schläft jenseits des Flusses bei einem Mann und einer Frau in einer primitiven Baracke [3] (58). Nach einiger Zeit wird er von dort vertrieben. Wie es danach mit ihm weitergeht, wird nicht berichtet.

In der nächsten Situation findet er sich als junger Mann in einem Laboratorium, der dort als Hilfskraft arbeitet {24} **[4] (42)**. Zur Mittagszeit verdrückt er sein etwas geschmackloses Käsebrötchen und geht auf die mit Backsteinen gepflasterte Straße in der Stadt, die von Pferdewagen und vielen Menschen belebt ist **[5] (54)**. Er kreuzt die Straße zu einer Buchhandlung, die er bisher nie von innen gesehen hat, weil Bücher für ihn einen Luxusartikel darstellten. Heute ist es anders. Es ist sein letzter Arbeitstag, weil er einen neuen Job angenommen hat. Er betritt die Buchhandlung und findet dort ein Buch besonders herausgestellt, dessen Vorderseite ihn fasziniert **[6] (51)**: In schwarz-weiß ist eine wunderschöne junge Frau abgebildet, die teilweise von einem Vorhang verdeckt ist und deren Blick ihn nicht los lässt. Neben ihrem Kopf steht der Buchtitel ‚There is no Death' (Es gibt keinen Tod). Darunter steht der Name der Autorin: Florence Marryat **[7] (30)**.

In einer anderen Reminiszenz sieht Rand einen großen steinernen Bogen, der die Hauptstraße der Stadt überspannt. Er ist mit Fahnen behangen {27} **[8] (52)**.

Ein andermal geht Rand als junger Mann auf der Hauptstraße, die von neu aussehenden Gebäuden im Stil der Jahrhundertwende gesäumt wird {27}. Sie sind beflaggt. Er fühlt sich hier zu Hause. Es ist die Gegend seiner Jugend. Nah dem Ende der Stadt und unweit eines breiten Flusses lehnt er sich an die Ecke eines Gebäudes, das gegenüber dem Gerichtsgebäude liegt. Dort sind Bänke und eine erhöhte Bühne aufgebaut [9] (53). Im oberen Teil des Gerichtsgebäudes steht eine eiserne Statue, die eine Waage in ihrer linken Hand hochhält. Sie wird ‚Our Lady of Justice' genannt (Unsere Frau der Gerechtigkeit) **[10] (11)**. Rand bewundert diese schöne Frau mit dem Gefühl der Sehnsucht nach seiner Mutter [11] (57).

Nun ist er ein erwachsener Mann, der zusammen mit seinem Schwiegervater um das neue, weiß beplankte Haus geht {30}. Es liegt nahe der Eisenbahnlinie. Familienangehörige haben beim Umzug geholfen und werden von seiner hübschen, schlanken braunhaarigen Frau verabschiedet [12] (43); **[13] (44)**. Er ist schon lange mit ihr verheiratet und schaut sie mit Glücksgefühlen über seine Ehe mit ihr an.

Nicht viel älter lebt er nun in einer Pension {31}. Von dort rennt er über den Universitätscampus zu einer Vorlesung [14] (1). Er kommt immer zu spät, weil er scheu ist und den Kontakt mit seinen Kommilitonen vermeiden will. Aber er hat auch einen Freund. Mit ihm und dessen Freundin liegt er am Sonntagnachmittag auf dem Campus nah einem See {32}; [15] (2); [16] (4) und ist glücklich.

Als er zur Vorlesung rennt und einen Flügel der Holztüre mit darin eingelassenen Milchglasscheiben öffnet, sieht er Dias, die auf die ihm gegenüberliegende Wand projiziert werden {33}; **[17] (5)**. Der Raum ist wie ein Amphitheater mit hufeisenförmig angeordneten Sitzen aufgebaut [18] (3). Er schleicht auf seinen Sitzplatz [19] (59). Der einzige Freund, den er hat, grüßt ihn still. Der Spätkommer macht aber mit seinen Utensilien so viel Lärm, dass der Professor seine Rede unterbricht und ihn anbrüllt: „*Störe nicht! Du gehörst nicht hier her!*". Er schämt sich. Nicht einmal sein Freund schaut unterstützend zu ihm rüber. Am Ende der Vorlesung, als alle gegangen sind, geht er in eine Nische des Ganges, wo es kühles Trinkwasser gibt. Dort holt er einen kleinen braunen Lederzylinder aus seiner Tasche, der eine silberne Prägung trägt. Es ist das Abschiedsgeschenk von seinen Lieben. Er öffnet den Zylinder und schüttelt Silberringe herunter, so dass sich ein Trinkbecher formt. Mit etwas Wasser schluckt er seine Beruhigungspillen. Dann rennt er zur nächsten Vorlesung. Es ist Kunstunterricht, der diesmal im Freien abgehalten wird. Er leidet darunter, im Unterricht nicht mithalten zu können. Aber er hat ein Mittel gegen seine Ängste gefunden: Er macht nächtliche Spaziergänge, alleine, auch auf dem Campus, wo es des Nachts aber nicht erlaubt ist.

Nun steht er in einem backsteinernen Stall {35}. Er kümmert sich um das Pferd eines Professors. Das ist sein neuer Job. Er geht nicht mehr zu den Vorlesungen.

Gerade ist er in die Stadt zurückgekehrt {36}. Er braucht einen neuen Job. In einer Nebenstraße stößt er auf ein neu errichtetes Gebäude, über dessen Eingangstüre ‚YMCA' steht (deutsch: CVJM) **[20] (21)**. Er geht in die Lobby, wo er auf der rechten Seite eine Theke findet **[21] (22)**. Er fragt dort nach einem Job, erhält aber eine Absage.

Als Mann mittleren Alters geht er in das YMCA-Gebäude, um dort bei einer Vorstellung Hilfsdienste zu verrichten. Er steigt die Treppe hoch in den zweiten Stock und kommt in einen bestuhlten Saal, der auf der rechten Seite eine Bühne hat **[22] (23)**. Von dort geht er durch eine Türe auf der linken Seite in einen Nebenraum **[23] (24)**, wo sich viele Kleider und Kästen von Musikinstrumenten befinden, die er bewacht.

Er ist sehr traurig, weil ein ihm Nahestehender gestorben ist und nun **beerdigt** werden soll {37}. Obwohl er davon überzeugt ist, dass wir alle unsterblich sind, will er nicht zur Beerdigungszeremonie gehen. Er schickt seine Familie voraus. Als er schließlich doch zum Bestattungsunternehmen kommt, entschließt er sich, spazieren zu gehen, statt an der Trauerfeier teilzunehmen[8] [24] (29).

Als Mann mittleren Alters, der etwas übergewichtig ist, hat er es geschafft, ein neues zweistöckiges Einfamilienhaus zu erwerben {38}. Es ist weiß beplankt und liegt in einer Neubausiedlung auf einem Hügel. Er ist gerade mitsamt seiner Familie von dem Haus an den Eisenbahngleisen hier hinauf umgezogen. Er hat so viele Kinder[9], dass alle Räume belegt sind und der Esstisch in den vorderen linken Wohnraum gestellt werden musste. Seine Frau ist inzwischen die dominierende Person, der er sich unterwirft. In der Küche, die in der Mitte der rechten Seite des Hauses liegt, befindet sich an der Innenwand eine hässliche hohe schwarze Eisenkiste, auf der ein Schränkchen steht **[25] (41)**. Die Vorderseite des Hauses hat einen Vorbau mit Vordach, der bis an den Straßenrand reicht. Die Straße ist eine Sackgasse, an deren Ende ein Steilabhang liegt. Die Straße hinauf, am Ende des Gevierts, liegt der Einkaufsladen [26] (31). Deren Besitzer haben einen Sohn, dem er sich besonders nahe fühlt [27] (32).

In einem seiner besonderen Bewusstseinszustände erlebt sich Rand als Briefträger in seiner Stadt (downtown) {40}; **[28] (39)**. Er ist körperlich stark und übt diesen Beruf nun schon lange aus.

Rand erlebt sich noch immer als Mann mittleren Alters, der sich von einem Freund eine Pferdekutsche leiht, um zu einem Ort zu fahren, an dem er einen anderen Freund treffen will, der gerade aus dem großen Krieg in Europa zurückkehrt {40}; **[29] (7)**. Das Lokal, welches sie als Treffpunkt ausgemacht haben, ist ein elegantes Etablissement. Es liegt an der Hauptstraße und hat seinen Eingang an der Seite des Hauses. Er geht einen langen Gang zu der dortigen Taverne und wartet am Kamin auf seinen Freund. Er wartet bis zum Abend; der Freund kreuzt jedoch nicht auf. Sehr enttäuscht kehrt er wieder nach Hause zurück.

Eines Tages geht er auf einem Spaziergang zum Ende der Straße, in der er wohnt, um dort den Fußweg am Rande des Steilabhangs zur Stadt zu nehmen {43}; **[30] (27)**; **[31] (35)**. Zu seinem großen Bedauern muss er feststellen, dass der Zugang zu dem Fußweg nun gesperrt ist. Von einem Freund

[8] Shields gibt Gründe dafür an, weshalb es um den Tod seiner Tochter Laura ging.

[9] Später fanden sich Dokumente, die 9 Kinder nachweisen.

lässt er sich überzeugen, dass er umkehren muss **[32] (33)**. Dabei kommt er an einem unbebauten Grundstück vorbei, das ihn verlockt, eine Abkürzung zu suchen [33] (26). Es gelingt ihm, so auf die untere Hälfte des Fußwegs zu stoßen. Mit diesem leichten Umweg kann er sich auf Dauer anfreunden. Einmal biegt er ein paar Häuser früher ab und geht zwischen zwei Häusern durch, um einen noch kürzeren Weg in die Stadt zu finden. Dabei bemerkt er einen schwarzhaarigen italienischen Jungen, der in Knickerbockern vor dem Haus sitzt und eine Trommel schlägt [34] (6); [35] (10); **[36] (45)**; **[37] (56)**. Er winkt ihm zu und erhält ein Winken als Antwort. Das wiederholt sich noch viele Male. Später, als der Junge 18 oder 19 Jahre alt ist, kennt ihn jeder in der Stadt als einen talentierten Sänger und Musiker. Ein Nachbar erzählt, dass alle glauben, der Italiener werde einmal berühmt, vielleicht ein Filmschauspieler.

Rand Shields hat wieder begonnen, nächtliche Spaziergänge zu unternehmen, weil er sich damit von dem Ärger mit seiner Frau und Problemen bei der Arbeit Entlastung verschaffen kann {45}.

Er und seine Frau sind es überdrüssig, immer im gleichen Haus zu wohnen und überlegen, ein neues, größeres zu kaufen {47}. Er ist nicht bereit, das mühsam ersparte Geld dafür auszugeben, um dann nur noch ärmlich leben zu können. Er schlägt daher vor, eine neue Methode der Renovierung anzuwenden, auf die es sogar eine lebenslange Garantie gibt. Das Neue besteht darin, eine ‚falsche' Backsteinmauer vor die Hauswand zu setzen, so dass der Eindruck eines Steinhauses entsteht, das mehr hermacht [38] (25); **[39] (40)**; **[40] (49)**. Man einigt sich auf diese Lösung und erhält in wenigen Wochen ein teuer aussehendes Steinhaus.

Als seine Frau übers Wochenende zu ihren Verwandten fährt, nutzt er die Zeit, um seiner Frau eine Überraschung zu bereiten {49}. Er erhofft sich davon eine Verbesserung ihrer Beziehung zueinander. Er überstreicht den hässlichen Eisenkasten in der Küche mit weißer Farbe. Vorher hatte er beobachtet, dass ihr ein Tapetenmuster in einem Tapetenbuch besonders gefiel, das ein buntes Bündel aus Früchten darstellt. Dies schneidet er mehrfach aus und klebt es auf die Vorderseite des neu gestrichenen Küchenschranks. Als seine Frau wieder nach Hause kommt, würdigt sie diese Überraschung in keiner Weise, was ihn tief enttäuscht.

Als Mann im mittleren Alter geht er seine Route als Briefträger und spürt, dass es ihm nicht mehr so leicht fällt, die schwere Tasche mit der Post zu tragen {52}. Er wird alt und weiß, dass er diesen Beruf nicht mehr lange wird ausüben können. Er wird für eine körperlich weniger anstrengende Tätigkeit umgeschult. Er soll die Briefe sortieren. Aber es fällt ihm schwer, die neue Aufgabe zu erlernen.

Er hat das Gefühl, ein älterer, etwas pummeliger Mann zu sein. Er schwitzt und atmet schwer, als er die große Wendeltreppe aus schwarzem Eisen in einem Kaufhaus hinaufeilt {52}; [41] (9); **[42] (12)**; **[43] (13)**. Er trägt einen Stapel Hutschachteln **[44] (14)**. Er arbeitet hart, um seinen Job nicht zu verlieren, den er nun schon eine lange Zeit inne hat.

Um 17 Uhr ist für ihn Arbeitsschluss {53}. Er tritt wie gewohnt vor die große Eingangstüre des Warenhauses und vergleicht die Anzeige auf seiner hübsch verzierten silbernen Taschenuhr mit der der Wanduhr rechts neben dem Eingang **[45] (15)**. Als er sich zum Kaufhaus hin umdreht, liest er oben an der Wand die Worte ‚The Hub' (der Mittelpunkt).

Ein andermal, als er nach Feierabend vor die Kaufhaustüre tritt, hört er Leute sagen: „*Da ist das neue Reklameschild, das heute Abend beleuchtet werden soll.*" {54}. Auf der gegenüberliegenden, gefleckt gefliesten Hausfassade **[46] (17)** sieht er eine in sich verdrehte Skulptur aus blauem und schwarzem Glas – eine Neonreklame **[47] (16)**, die heute erstmals eingeschaltet werden soll. Er muss sehr lange warten, bis es so dunkel geworden ist, dass die Reklame aufleuchtet. Nun erkennt er, dass es sich um zwei Hunde **[48] (18)** handelt, die an einem Stück blauen Stoffs **[49] (19)** zerren.

Auf einem seiner regelmäßigen Abendspaziergänge durch die Stadt kommt er an einem Straßenlokal vorbei, hinter dessen Tresen eine hübsche Bedienung steht, die ihm sehr gefällt, und die ihm manchmal zulächelt oder sogar zuwinkt {58}; [50] (20).

Er ist inzwischen alt geworden und fürchtet um seinen Job im Kaufhaus; denn was ihm an Kenntnissen fehlt, gleicht er durch Behändigkeit aus, die ihm zunehmend schwerer fällt {60}. Einmal kommt er die große eiserne Wendeltreppe herunter und trifft dort seinen Chef **[51] (37)**. Der lädt ihn und seine Frau zu einem Dinner in sein Privathaus ein. Das hat Tradition. Fast immer wird der eingeladene Mitarbeiter danach beruflich befördert. Er stimmt freundlich zu, hat aber sofort Ängste, denn mit seiner Frau spricht er kaum noch. Er fürchtet, dass sie ihn vor seinem Boss herabsetzen könnte. Zu Hause findet er bis zur letzten Minute keine Gelegenheit, die Einladung seiner Frau zu überbringen. Er geht zur angegebenen Stunde alleine zum Haus seines Chefs, wo ihn allerdings der Mut verlässt **[52] (34)**. Er könnte lügen und seine Frau damit entschuldigen, dass sie krank sei. Aber er weiß, was für ein schlechter Lügner er ist. Wenn ihn sein Boss entlarvt, ist die Chance auf eine dringend erwünschte Gehaltserhöhung vertan. Also entschließt er sich, den üblichen Abendspaziergang zu machen und der Einladung nicht zu folgen. – Kurz danach verliert er seinen Job beim Kaufhaus ‚The Hub'.

Als nun schon älterer Mann sucht er einen neuen Job {62}. Als er runter in die Stadt geht, kommt er an einem alten großen roten Backsteinstall vorbei, dessen Tore weit offen stehen. Dort arbeitet einer seiner Freunde als Schweißer [53] (36). Den fragt er nach einem Job, erhält aber eine Absage.

In der Stadt steigt er eine Treppe hoch, die zu einem Raum führt, der hoch oben auf dem Dach eines Gebäudes steht {62} **[54] (28)**. Dort sitzt ein guter Freund mit Kopfhörern vor einem großen Mikrophon. Den Radiomacher fragt er nach einem Job, erhält aber nur ein Kopfschütteln.

Als er auf der hinteren Sitzbank im Auto seines Sohnes mitfährt, fühlt er sich alt und gebrechlich {63}. Alles um ihn herum ändert sich zu schnell.

Nun lebt er nicht mehr in seinem bisherigen Haus, sondern an einem anderen Ort {63}; [55] (46); [56] (48). Er hat geistig abgebaut und leidet unter wiederkehrenden Anfällen. Seine Familienangehörigen besuchen ihn, reden aber nicht mehr mit ihm, weil er zu alt ist.

Er sitzt im Wohnzimmer seines neuen Heims, als seine Brust immer mehr zu schmerzen beginnt {64}; [57] (47). Sein Herz schlägt unregelmäßig. Er fällt erneut in Ohnmacht, diesmal aber tiefer als sonst. Er weiß, dass sich sein Sohn, den er nicht mag, sich über ihn beugt und fragt: „*Ist er tot?*". Das findet er herzlos, ärgert sich sehr darüber und fühlt sich wie erdrosselt. Er hat keine Verbindungsschnur (**Silberschnur**, s. Kapitel 7.1.9.3.5, S. 185) zu seinem Körper mehr, um zurückkehren zu können (bedeutet Tod).

Bald darauf spürt er **Wesenheiten** um sich {65}. Er meint zunächst, von ihnen gerichtet zu werden. Aber es sind keine Richter, die über sein Leben urteilen. Die Verantwortung über seine Lebensführung liegt bei ihm selbst (**Selbstbeurteilung**). Er stellt den Wesenheiten die Frage, die ihn schon sein ganzes Leben lang umgetrieben hat: „*Gibt es die Unsterblichkeit*?", was ihm telepathisch bestätigt wird. Die Antwort zeigt ihm, dass er weiter fragen kann: „*Werde ich zurückkommen?*" und erhält auch dies bestätigt (**Reinkarnation**). „*Kann ich jetzt zurückkommen und den Leuten über die Unsterblichkeit berichten?*" Das wird ihm bejaht. Dazu ist ihm bewusst, dass er Schmerzen haben würde und nicht lange bleiben könnte, wenn er sofort zurückginge, weil sein Körper so alt und krank ist. Seine nächste Frage: „*Werde ich in einem neuen, gesunden Körper zurückkommen?*". Auch darauf ist die Antwort positiv.

6.3.3.5. Wiedererkennungen und Nachprüfung

Zu den hier eingestreuten Zahlen siehe die Erklärung am Anfang des Kapitels 6.3.3.4, S. 74.

Nach der ‚high school' begann für Rand im September 1971 das College. Nun betrat er erstmals den ‚Ohio State Campus' (Campus der Ohio Staatsuniversität) und war sehr überrascht, wie bekannt ihm der alte Teil der Anlage vorkam {92}. Diese Gebäude entsprachen in Aussehen und Lage zueinander seinem Wiedererleben als kleiner Junge (1) [14]. In seiner Erinnerung lagen sie auf weitläufigem Farmland. Heute sahen sie älter aus und waren von alten Bäumen umgeben. Den backsteinernen Pferdestall gab es nicht mehr. Aber bei anderen Gebäuden wusste er, wie sie von innen aussahen, bevor er hineinging (**Déjà-vu**). Auch einen See gab es auf dem Campus (Mirror Lake) (2) [15]. An einem solchen hat er in seinem Rückerleben zusammen mit seinem damaligen Freund und dessen Freundin gelegen.

Die ersten drei Jahre im College interessierte sich Rand besonders für das Fach Philosophie, weil ihn nichts mehr beschäftigte, als etwas über sein früheres Leben herauszufinden {95}. Da es aber kaum Verdienstmöglichkeiten für Philosophen gibt, entschloss er sich, Journalistik als Hauptfach zu wählen. In diesem Rahmen wurde er 1974 Photograph für die Universitätszeitschrift ‚The Lantern' und wurde u.a. damit beauftragt, ein Foto vom Second Hand Laden der Uni zu machen. Er musste sich erklären lassen, wo dieser liegt, denn er war bisher noch nicht dort gewesen. Als er die ausgetretenen Stufen zum Eingang hoch ging, lief ihm ein Schauer über den Rücken. Als ob sich ein Vorhang vor ihm öffnete, wusste er, dass dies das Gebäude war, in das er in seiner Rückerinnerung immer zu spät kam und einmal vom Professor vor allen Studenten gerüffelt worden war (3) [18]. Als er in das Gebäude eintrat, öffnete sich vor ihm die Lobby, genau wie er sie kannte. In der Mitte lagen die Treppenstufen, die zur zweiflügeligen Türe mit Milchglas führen. Zur Linken die Nische, in der früher einmal gut der Wasserspender gewesen sein konnte, an dem er seine Beruhigungspillen geschluckt hatte. Das Innere des Vorlesungssaales war unverändert. Die Holzsitze gab es noch. Nur der Diaprojektor fehlte und überall lagen gebrauchte Dinge zum Verkauf aus. Rands Überzeugung wuchs, dass er hier einmal eine kurze Zeit seines früheren Lebens verbracht hat.

Im Jahr 1975 schloss Rand sein Studium ab und nahm – nun als gelernter Journalist – eine Stelle in der Abteilung für Öffentlichkeitsarbeit des Ohio State University Hospitals an {97}. Es war das 100-jährige Jubiläumsjahr der Universitätsklinik. Rand erklärte sich bereit, eine Festschrift über die vergangenen 100 Jahre zu verfassen. Das eröffnete ihm die Möglichkeit, einige Zeit in dem Photoarchiv der Universität zu verbringen. Dort fand er mit Hilfe der Archivarin ein historisches Foto vom Mirror Lake aus dem 19. Jahrhundert, das genau seiner Erinnerung entsprach (4) [16]. Ein anderes Foto zeigte den Vorlesungssaal mit der Milchglastüre wie erinnert. Auf diesem Bild ist auch der Diaprojektor zu sehen, den es heute dort nicht mehr gibt **(5) [17]**.

Noch als Student fiel Rand in der Zeitung ‚Columbus Dispatch' ein Artikel über die kleine Stadt Steubenville, Ohio, auf {95}. Warum, wusste er nicht, aber bei dem Namen ‚Steubenville' lief ihm ein Schauer über den Rücken und er brach die Lektüre nach dem ersten Absatz ab. Der Ort liegt am Ohio-Fluss gegenüber West-Virginia. Von solch einer geographischen Lage hatte er eine Erfahrung aus seinen Kindertagen. Sollte dies die Stadt seiner Erinnerungen sein?

Viel später, als er schon als Journalist tätig war, lernte er Richard und dessen Frau kennen, die beide aus Steubenville stammten {99}. Er versetzte beide in ungläubiges Staunen, als er – ohne jemals in Steubenville gewesen zu sein – ihnen die Orte der Stadt beschrieb, die er von seinem Nacherleben als Sechsjähriger her kannte. Wie zu erwarten, nahmen die beiden ihm nicht ab, noch nie in dieser Stadt gewesen zu sein. Aber Rand konnte durch diese Unterhaltung noch etwas hinzulernen. Richard erklärte, bei dem italienischen Musiker könne es sich nur um Dean Martin gehandelt haben (6) [34]. (Dean Martin (*1917 als Dino Crocetti in Steubenville, Ohio; † 1995) war ein US-amerikanischer Sänger, Schauspieler und Entertainer italienischer Abstammung).

6.3.3.5.1. Besuch in Granville

Carolyn, Rands damalige Freundin, bat ihn eines Tages, sie in ein nobles Restaurant in Granville, Ohio, einem Ort, in dem er noch nie gewesen war, zum Essen auszuführen {100}. An der Anordnung der Straßen glaubte er, den Ort wiederzuerkennen, an den er im früheren Leben gefahren war, um seinen Freund zu treffen, der aus dem Ersten Weltkrieg zurückkehrte. Daraufhin prophezeite er, dass der Eingang des Restaurants, in das sie gehen wollten, auf der linken Seite des Gebäudes sein würde **(7) [29]**. Als sich das als richtig zeigte, führte er Carolyn selbstsicher durch einen langen Gang zu einer Taverne, von der er sagte, sie habe, wenn man reinkommt, links gegenüber der Bar einen Kamin, an dem er ehemals vergebens gewartet hatte. Die beiden fanden Kamin und Bar, wie beschrieben. Auf dem Rückweg zum Restaurant, in das sie ja gehen wollten, machte Carolyn ihren Freund auf ein Foto aufmerksam, das rückkehrende Soldaten des Ersten Weltkriegs zeigte.

6.3.3.5.2. Erster Besuch in Steubenville (1976)

Im Jahr 1976 besuchte Rand einen Freund in Baltimore {104}. Auf der Rückreise kam ihm die Idee, einen Abstecher nach Steubenville zu machen, das fast auf dem Weg lag. Die Straße führte am Ohio-Fluss entlang. Das erste, was ihm bekannt vorkam, war ein Bergwerk auf halber Hanghöhe auf der gegenüber liegenden Seite des Flusses (8) [2]. Als er in die Stadt kam, war es bereits dunkel geworden. Dennoch kam ihm die Lage der Straßen und einiger Gebäude – einschließlich des Kaufhauses (9) [41] – sehr vertraut vor. Einbahnstraßen zwangen ihn zu Umwegen, auf denen er den Berg hinauf in die Wohngebiete fahren musste, die ihm ebenfalls bekannt erschienen. Er meinte, die Straße befahren zu haben, in der er einst den italienischen Musiker gesehen hatte (10) [35]. Als er sogar in die Straße kam, in der das Familienheim seiner Erinnerungen gestanden haben musste, musste er an seine ehemalige Frau, Kinder und Freunde denken und brach in Tränen aus. Das schmerzte ihn so sehr, dass er die Stadt so schnell verließ, wie er nur konnte.

Diese **Wiedererkennungen** machten ihm unausweichlich bewusst, dass er schon einmal gelebt haben musste, und die Lehre seiner Kirche, der er immer noch anhing, falsch sein muss. Es gibt nicht nur ein einziges Leben und dann das Himmelreich. Um das verarbeiten zu können, brauchte Rand zwei Jahre, in denen er nicht mehr nach Steubenville fuhr.

6.3.3.5.3. Zweiter Besuch in Steubenville (1978)

Sein Interesse am früheren Leben kehrte aber zurück, als er wieder zur Ohio State University zurückkehrte, um sein ‚Master's degree' zu machen {107}. Shirley, einer Freundin, hatte er von seinen Erfahrungen und Wiedererkennungen erzählt, woraufhin sie ihn 1978 herausforderte, ihr Steubenville zu zeigen. Diesmal kam er bei Tageslicht an. Der Weg führte ihn direkt vor das Gerichtsgebäude, das in der Nähe des Ohio-Flusses liegt. Die Statue ‚Our Lady of Justice' schaute von oben auf ihn herab **(11) [10]**. Alles genau so wie er es aus Kindheitstagen im Kopf hatte.

Er fuhr die Hauptstraße weiter und las auf der gegenüberliegenden Straßenseite ‚The Hub' {109}; **(12) [42]**. Es war das Kaufhaus, in dem er Hutschachteln die Wendeltreppe hinaufgetragen hatte, als er älter war. Jetzt wettete Rand, dass im Inneren eine große schwarze Wendeltreppe zu finden sei **(13) [43]**. Genau das fanden die beiden; und als sie die Treppe hochstiegen, kamen sie zur Hutabteilung, die offensichtlich nicht verlagert worden ist **(14) [44]**. Beim Hinausgehen entdeckte Rand die Wanduhr rechts neben der Eingangstüre, mit der er seinerzeit die Anzeige seiner Taschenuhr verglichen hatte **(15) [45]**. Als Rand zur anderen Straßenseite schaute, fielen ihm die

Reste einer Neonreklame **(16) [47]** auf, die an einer gesprenkelt gefliesten Fassade **(17) [46]** hingen. Er erkannte darin zwei schwarze Hunde **(18) [48]**, die an einem blauen Tuch **(19) [49]** zerren. Das entsprach genau seiner Erinnerung.

Auf dem Rückweg zum Gerichtsgebäude kamen Rand und Shirley an einem Gebäude vorbei, dessen Fassade genau so aussah wie die des Hauses, in dem das Straßenlokal war, dessen hübsche Bedienung es Rand in seinem Nacherleben so angetan hatte {110}; (20) [50].

Beim Weitergehen kündigte Rand an, man werde am YMCA-Gebäude vorbeikommen {110}; **(21) [20]**. So kam es auch. Als Gründungsjahr stand die Zahl 1908 über der Eingangstüre. Beim Eintreten fanden sie die Empfangstheke auf der rechten Seite und die Treppe in den ersten Stock. So hatte es Rand erwartet **(22) [21]**. Als sie die Treppe hochstiegen kündigte Rand an, dass sie eine Bühne **(23) [22]** mit einem Nebenraum auf der linken Seite **(24) [23]** vorfinden würden. Auch diese Prophezeiung trat ein.

Nun wollte Rand seine alte Wohngegend einmal bei Tageslicht besuchen {110}. Er hatte keine Ängste mehr davor, weil er inzwischen den Gedanken der Wiedergeburt voll akzeptiert hatte. Die Topographie der Straßenzüge passte zu seinem Erinnerungsbild. Die Häuser waren stärker heruntergekommen, als er erwartet hatte. Die Straße, in der er die längste Zeit seines vergangenen Lebens gewohnt hatte, war immer noch eine Fußgängerzone. Statt des weiß beplankten Holzhauses aus seiner Erinnerung fand er zu seiner Enttäuschung nur ein altes Backsteinhaus (25) [38]. Am toten Ende der Straße gab es auch keinen Fußweg, der den Hang hinunter in die Stadt führt. Aber den ehemaligen Umweg durch ein unbebautes Grundstück (26) [33] fand er nach einigem Suchen und stieß auf Reste des Fußweges **(27) [30]**. Auf dem gingen die beiden nun zur Stadt hinunter. Dabei sahen sie von oben auf das Dach eines Hotels, auf dem ein Einzelraum hoch aufragte. Eine seitlich angebrachte Treppe führte dort hinauf **(28) [54]**. Das Ensemble erinnerte ihn an die Radiostation, in der ein Freund einst arbeitete, den er nach einer Arbeitsmöglichkeit gefragt hatte. Beim weiteren Abstieg in die Stadt kamen sie an einem Bestattungsunternehmen (29) [24] vorbei, das Rand als jenes erkannte, in dem einst eine Bestattungszeremonie stattfand, an der er in seiner Trauer nicht teilnahm.

Während seines Aufbaustudiums verbrachte Rand viel Zeit in der Abteilung für mystische Literatur der Ohio State University, weil er alles über Reinkarnation lesen wollte, das er nur finden konnte {113}. Es beeindruckte ihn sehr, als er dabei auf das Buch von Florence Marryat mit dem Titel ‚There is no Death' stieß **(30) [7]**, das in seinem Nacherleben vorgekommen war und dessen Titelbild mit einer Frauengestalt ihn so gefesselt hatte {114}.

Im Sommer 1979 formulierte Rand das Thema für seine zweite Examensarbeit, die sich mit Mystik befasste {117}. Sie wurde angenommen und die Professoren bestärkten ihn darin, weitere Nachprüfungen über sein früheres Leben anzustellen und gegebenenfalls ein Buch darüber zu schreiben.

6.3.3.5.4. Dritter Besuch in Steubenville (1979)

Im September 1979 machte er seine dritte Fahrt nach Steubenville {117}. Zuerst fuhr er wieder in seine ehemalige Wohngegend und an das Ende der Straße, in der er einstmals gewohnt hatte. Dort befindet sich noch 1979 ein Einkaufsladen, der mit ‚McGrew Grocery' überschrieben ist und von der Lage her seiner Erinnerung entspricht (31) [26]. Im Gespräch mit dem Ladenbesitzer hatte er das bestimmte Gefühl, demjenigen gegenüber zu stehen, dem er früher so nahe gestanden hatte, als jener noch ein Junge war (32) [27].

Am Ende der Straße entdeckte er auch das Haus seines ehemaligen Freundes ‚Milo' {121}; **(33) [32]**; (38) [58]; (55) [59]. Was Rands eigenes früheres Haus anbelangt, konnte er sich nicht zwischen drei Häusern entscheiden, weil sie sich zu sehr ähnelten. Sie lagen in der ‚Claire Avenue', wie das Straßenschild anzeigte. Nicht weit von dort entdeckte er auch das Haus seines einstigen Chefs, dessen Einladung er ausgeschlagen hatte. Es lag in der ‚Lawson Avenue' Hausnummer 661 **(34) [52]**.

Rand betrat auch wieder den Fußweg und verfolgte ihn bergauf {122}. Dieser endete nicht weit vom Ende der Claire Avenue, wie es seiner Erinnerung entsprach **(35) [31]**. Abwärts in Richtung Stadt kam er dann an einem alten Gebäude vorbei, das er als jenes erkannte, in dem sein Freund als Schweißer einst arbeitete (36) [53].

Rand forschte nun in alten Personenverzeichnissen nach und fand für die Jahre 1949/50 und davor in der Lawson Avenue Nr. 661 einen ‚Wm J. Lewis (Dorothy), Dept. Manager The Hub' {123}; **(37) [51]**. Rand zweifelte nicht daran, dass dies sein ehemaliger Chef war, dessen Einladung er nicht wahrgenommen hatte.

In der Grandview Nr. 642 musste sein ehemaliger Freund Milo gewohnt haben. Das Verzeichnis nennt dort einen ‚Grubich Milan (Mary) Wheeling Steel Corporation' {123}; (38) [58].

Nach diesen beiden Erfolgen machte sich Rand daran, nach seinem eigenen Namen zu fahnden {123}. Dazu suchte er nach Bewohnern der drei Häuser, die in die engere Wahl kamen, und unter denen er sich nicht entscheiden konnte. Für das mittlere Haus (Nr. 1104) fand er, dass ein gewisser H. J. Goodman in den späten 1920er Jahren eingezogen war. Er war Briefträger gewesen **(39) [28]**. Für das Jahr 1950, drei Jahre vor Rands Geburt, endeten die Einträge für Goodman.

In den Jahren 1982, 1992 und 2001 kehrte Rand noch weitere Male nach Steubenville zurück, um Nachprüfungen anzustellen {141}.

6.3.3.5.5. Vierter Besuch in Steubenville (1982)

1982 stand er wieder vor dem Haus, in dem die Goodmans gewohnt hatten, und wunderte sich darüber, dass es seitlich Backsteinwände statt Holzwände hatte, was seiner Erinnerung nicht entsprach {141}; **(40) [39]**. Seine Freundin Louisa, die ihn begleitete, machte ihn darauf aufmerksam, dass die seitlichen Backsteinwände nur Verblendungen der Holzwände waren. Da erst erinnerte sich Rand daran, dass er ja wusste, dass das Haus nachträglich durch ‚falsche' Steinwände ‚aufgehübscht' worden war.

6.3.3.5.6. Fünfter Besuch in Steubenville (1992)

1992 fasste Rand den Mut, die heutigen Hausbesitzer von Claire Avenue Nr. 1104 zu bitten, einmal das Haus von innen ansehen zu dürfen {142}. Natürlich war vieles renoviert worden. Aber in der Küche stand noch immer die hässliche Eisenkiste mit aufgesetztem Schränkchen – weiß gestrichen, genau wie er es in Erinnerung hatte **(41) [25]**. Sogar die aus Papier ausgeschnittenen Früchtebouquets klebten noch an den Schranktüren und das Möbelstück stand an der Innenwand, wo es auch früher schon gestanden hat. So viel Bestätigung trieb ihm die Tränen in die Augen.

Rand fand noch weitere Telefonbücher, aus denen hervorging, dass H. J. Goodman für <u>Humphrey James Goodman</u> stand, der von 1926 bis 1947 in der Claire Avenue Nr. 1104 gewohnt hat {143}. Von 1892 bis 1894 war er Laborarbeiter gewesen **(42) [4]**. Von 1897 bis 1947 lebte er mit seiner Frau Laura Mary Goodman in Steubenville (43) [12]. Für die Zeit danach gibt es keine Einträge mehr. Als er noch in einem Haus an der Eisenbahnlinie wohnte, ist er einmal von der Hausnummer 507 zur Nr. 503 umgezogen **(44) [13]**. All dies deckt sich mit Rands Erinnerungen bzw. seinem Nacherleben. Er schaute sich auch das Äußere des Hauses Nr. 503 an und fand es exakt wie erwartet.

6.3.3.5.7. Sechster Besuch in Steubenville (2001)

2001 fand Rand auf Dean Martins Webseite, dass dessen Geburtsname Dino Crocetti ist {144}. Allerdings wurde als Wohnort für seine Jugendjahre eine Straße genannt, die nicht in der Wohngegend von Goodman lag. Auch eine Biographie nannte keine andere Adresse. Das wäre die erste Unstimmigkeit in all den bisherigen Nachprüfungsergebnissen. Es zerrte sehr an den Nerven, bis Rand schließlich in einem Telefonbuch von 1931/32 den Eintrag fand: Crocetti Guy (angela) Friseur (barber) h 630 Grandview Avenue. So löste sich der scheinbare Widerspruch auf **(45) [36]** (Grandview Avenue s. Kapitel 6.3.3.5.4, S.85).

Schließlich fanden sich noch die Todesanzeige und der Geburts- und Totenschein von Goodman. Daraus ging hervor {145, 147}:

- Geburt: 8.5.1874
- Tod: 13.6.1951 (genau 28 Monate vor Rands Geburt)
- Sterbeort: Seine letzte Wohnung 544 South Fourth Street (46) [55]
- Todesursache: Herzinfarkt (47) [57]
- Heirat 5.12.1897 mit Laura Wright
- 4 Söhne und 2 Töchter überlebten ihn; 3 Töchter überlebten ihn nicht.

Rand schaute sich auch das Haus an, in dem Goodman gestorben war und erkannte es noch bevor er die Hausnummer lesen konnte {148} (48) [56]. An Goodmans Grab überkamen ihn keine sentimentalen Gefühle. Schließlich handelte es sich nur um die Reste eines Körpers. Er ist nicht sein Körper, sondern seine Seele; und die ist nicht gestorben.

Rand stand auch in dem Büro, in dem das Ehepaar Goodman gemäß einem Traum, den er 1979 hatte, die Grabstelle gekauft hatte, und erkannte es wieder {148}.

6.3.3.5.8. Weitere Bestätigungen

Jeff, ein lokaler Historiker, trug zu all den bisherigen Bestätigungen die folgenden Details bei {149}:

- In den 1930er Jahren kamen Backsteinverkleidungen der Hauswände mit lebenslanger Garantie auf **(49) [40]**.
- Für das Jahr 1870 wird bestätigt, dass Jungen angestellt wurden, um Kohlenwagen von der Mine zu den Maultieren zu schieben, die sie weiterzogen (50) [1].

- Es gab Ende des 19. Jahrhunderts eine Buchhandlung an der Stelle, an die sich Rand erinnerte, und wo er das Buch ‚There is no Death' fand. Das Foto der Fassade entsprach seiner Erinnerung **(51) [6]**.
- Es gab 1897 zur Jahrhundertfeier einen steinernen Bogen über die Market Street, der Rands Erinnerung entsprach **(52) [8]**.
- Vor dem Gerichtsgebäude waren zum Jahrhundertfest Sitzreihen installiert (53) [9].
- Die Hauptstraße von Steubenville war mit Backsteinen gepflastert, wie es Rand angegeben hatte **(54) [5]**.

Folgendes fand Rand noch aus historischen Quellen {149}:

- Im Jahr 1893 oder 1894 wechselte Goodman von seinem Job als Laborarbeiter in die Töpferei von Steubenville. Von seiner Tätigkeit in einer Töpferei träumte Rand, dass er dort von ausländischen Aufsehern ungerechtfertigt kritisiert worden sei. Dokumente wiesen nach, dass die Aufseher Engländer und Waliser waren.
- Milan Gubrich war der Sohn von Milovan Gubrich. Dazu passt der Spitzname ‚Milo', den Rand genannt hatte (55) [59].
- In der Zeitung ‚Herald Star' von Steubenville fand Rand ein Foto, das Dean Martin mit einer kleinen Trommel und in Knickerbocker gekleidet zeigt **(56) [37]**. Das bestätigt Rands Aussage.
- Humphrey Goodmans Stiefmutter ließ sich 1895 von ihrem Mann, Humphreys Vater, scheiden. Also muss Humphreys leibliche Mutter Jahre vorher gestorben sein. Das passt zu den Sehnsuchtsgefühlen, die Goodman beim Anblick der Statue ‚Our Lady of Justice' hatte (57) [11], und zu der Angabe, als Hilfsarbeiter in der Kohlenmine bei fremden Leuten gewohnt zu haben (58) [3].
- 1896 war Goodman ein Pensionsgast bei der Familie Wright, deren Tochter Laura 1879 geboren ist {153}. Sie gebar im März 1898 ein Kind. Bei der Hochzeit am 5. 12.1897 mit Goodman war sie also schon im 6. Monat schwanger. Diese Tatsachen passen gut zu einem Traum, den Rand hatte. Darin sieht er sich als Gast bei einer Familie herzlich aufgenommen. Deren junge Tochter verliebt sich in ihn und schlüpft heimlich in sein Bett. Sie wird schwanger und es kommt zu einer überstürzten Heirat.
- Schon 1870 bot die Ohio State University kostenlose Vorlesungen über Agrarwissenschaften an. Das passt gut mit einem von Rands Träumen zusammen, in denen er plante, Tierarzt zu werden, weil es dazu kostenlo-

se Studiengänge gab. Sein Schwiegervater würde ihn finanziell unterstützen. Es passt auch zu Rands Nacherleben seiner Zeit an der Universität. Er war ein krasser Außenseiter, der nur einen einzigen studentischen Freund hatte, nicht auf dem Campus schlief und sich vom Professor als ‚nicht hierher gehörig' abkanzeln lassen musste (59) [19].

6.3.3.6. Meine Beurteilung

Der Autor Shields gibt an, 36 Orte in Steubenville gefunden zu haben, die seinen inneren Bildern entsprachen {158}. Auch habe er 104 Verifikationen vorgelegt {157}. Meine Zählung fällt bescheidener aus. Von rund 60 Wiedererkennungen und Belegen, die in die vorliegende Kurzfassung aufgenommen wurden, zähle ich 33 zu den überzeugenden. Die zugehörigen Ziffern sind fett gedruckt. Das ist immer noch eine Zahl, die einen guten Fall ausmacht. Darunter sind viele Fakten, die ein noch nicht eingeschulter Sechsjähriger kaum normal wissen kann.

Im Nacherlebten finden sich fast keine Daten und Namen, so dass man beim Lesen den Eindruck gewinnt, es werde unmöglich sein, nur anhand persönlicher und unbedeutender Begebenheiten eine bestimmte frühere Person aufzuspüren. Es ist daher eine Besonderheit dieses Falles, dass die Lösung fast ausschließlich auf der Basis von **Wiedererkennungen** gelungen ist – überzeugend, wie ich finde.

Skeptiker werden vermuten, Shields habe seine Erlebnisse in den Jahrzehnten bis zur Lösung des Falles sukzessive ‚aufgebessert'. Um dem entgegenzutreten bringt Shields eine notariell beglaubigte Versicherung von seiner Schwester {162}, in der gesagt wird, Rand habe ihr viele Einzelheiten aus seinem Nacherleben 1974 - 1976, und nach seiner Wiedererkennung des Vorlesungssaales, geschildert (welche? Erwähnt wird nur das Buch ‚There is no Death' und Dean Martin). Das fände sich auch genau so im Buch wieder {162}. Während des Besuchs in Steubenville 1992 habe sie ihn begleitet und bestätige die dazugehörige Schilderung im Buch.

Man mag dies für unzureichend halten und sich wünschen, Shields hätte seine Nachprüfungen in Begleitung kritischer Mitautoren gemacht. So etwas kann man aber nur erwarten, wenn solche Untersuchungen nicht in Privatinitiative durchgeführt werden, sondern in (zukünftigen) finanziell abgesicherten Forschungsprojekten, die sich endlich den Fragen des Überlebens des Todes und der Wiedergeburt stellen. Das Buch wirkt auf mich wie eine ehrliche Bestandsaufnahme, weshalb ich dem Autor vertraue (ohne ihn zu kennen), die Dinge so wahrheitsgemäß geschildert zu haben, wie er sie selbst erlebt hat. Dazu passt sein den Wesenheiten gegenüber geäußerter Wunsch, in einem neuen gesunden Körper auf die Erde zurückkehren zu wollen, um den Leuten über die Unsterblichkeit zu berichten.

Ich überlasse es meinen Lesern, sich eine Erklärung dieses Falles auszudenken, die ohne Shields Deutung als Reinkarnation auskommt, und nicht Betrug unterstellt. Es wird nicht einfach werden. Wie kann es sein, dass Shields außersinnliche Wahrnehmung (**ASW**) zeigt, die nur auf ein bestimmtes früheres Leben fokussiert ist? Wenn es sich um Besessenheit handelt, warum gerade durch Goodman? Viele Fragen mehr wären zu beantworten.

Einen anderen Fall der Erinnerung an ein früheres Leben, den man ebenfalls als Nachwirkung von NTEs auffassen kann, schildert Frau **Beatrix Keller** in einem YouTube-Video (https://youtu.be/dAmDpenXOaA). In einer E-Mail vom 20.4.2020 bestätigte sie mir, die Erinnerungen nach zwei ausgeprägten NTEs zu haben.

6.4. NTEs mit Andeutungen über frühere Leben

Stefan von Jankovichs Erfahrung (Kap. 6.3.1, S. 57) und die von Serge Lama (Kap. 6.3.2, S. 68) kenne ich schon seit Jahrzehnten. Vor Beginn der Untersuchungen zum vorliegenden Buch habe ich daher erwartet, noch viele ähnliche Berichte zu finden, in denen eine NTE unmittelbar genauere Erinnerungen an frühere Leben hervorgerufen hat. Dem war aber nicht so. Was ich fand, sind Schilderungen von NTEs, in welchen Erinnerungen an frühere Leben mit wenigen Worten nur angedeutet werden.

Warum das so ist, ist unbekannt. Als Erklärung bietet es sich an, darauf hinzuweisen, dass es sich um Seltenheiten, nämlich Ausnahmefälle von Ausnahmen handelt, wie oben dargelegt (Kap. 6.3, S. 57). Ein psychologisches Argument kommt hinzu: In der NTE wird, so darf man annehmen, der Fokus des Interesses auf den zunächst naheliegenden Dingen liegen, wie dem Geschehen um den Körper, dem Gemütszustand der Angehörigen und danach vielleicht auch noch der Begegnung mit dem Lichtwesen und Verstorbenen. Allenfalls bei gesteigertem Interesse an der Reinkarnationsfrage könnte man erwarten, dass entsprechende Fragen gestellt und Antworten ins Tagesbewusstsein hinübergerettet werden. Oder auch bei der Betrachtung des Lebensfilms, so dieses Element überhaupt vorkommt, könnte der Vergleich mit früheren Leben aufkeimen, wie bei Stefan von Jankovich (Kap. 6.3.1, S. 57). Nur wenn dieser Vergleich auch noch emotional bedeutsam ist, darf man eine ausführlichere Erinnerung erwarten. Hinzu kommt, dass man nicht wissen kann, wie viele solcher Erinnerungen nicht an die Öffentlichkeit gedrungen sind, weil sich die Erfahrungsträger nicht getraut haben, darüber zu sprechen. Ich denke, dies alles kann die geringe Anzahl von Beispielfällen verständlich werden lassen.

NTE-Fachbücher

Die in Büchern vorliegenden Fälle mit nur angedeuteten früheren Leben stelle ich hier zusammen, um zu zeigen, wie häufig dies vorkommt. Aber zunächst möchte ich ein kurzes Beispiel zur Illustration dazwischenschieben:

6.4.1. Bsp. (5) Medinger: Frühere Leben in der Nahtoderfahrung gesehen (NTE-R, AKE)

(5) Der Buchautor, Karl Muller, fand die folgende Geschichte von **Hermann Medinger** 1958 in einer deutschen Monatszeitschrift, verkehrte brieflich mit Medinger und traf sich mit ihm persönlich (***310***, *S. 127-128*). Folgendes hatte Medinger zu berichten:

Er war Rennfahrer und hatte im August 1924 einen schweren Unfall. Zuerst empfand er furchtbare Schmerzen, trat dann aber aus seinem Körper heraus und sah die Unfallszene mit seinem daliegenden Körper. Er spürte, wie jemand ihn berührte, den er in einem blauen Dunstschleier sah. Er dachte, es müsse sich um seinen **Schutzengel** handeln, und meinte daher, nun gestorben zu sein.

In mehreren Spiegeln sah er sodann Szenen aus unterschiedlichen **früheren Leben, die bis in die Antike zurück reichten**. Manchmal war er ein Mann, manchmal eine Frau. Manchmal schien er mit der Person im Spiegel verheiratet gewesen zu sein, oder es handelte sich um einen früheren Freund oder Feind. Die Zeitepoche erkannte er an der Kleidermode. Das einzige Detail, an das er sich später noch erinnerte, bestand darin, dass er **einmal ein buddhistischer Mönch in gelber Robe war.**

Medinger setzte seine **AKE** fort und beobachtete, wie er zum Krankenhaus gefahren wurde. Dort sah er seinen Körper auf dem Operationstisch liegen. Erst als er in seinem Bett lag, kehrte sein normales Wachbewusstsein zurück.

Vier Monate später traf er während seiner Erholungsphase eine Frau, die genau so aussah wie die Gestalt, die er für seinen Schutzengel gehalten hatte. Es war Liebe auf den ersten Blick und die Hochzeit folgte nicht lange danach.

Seit seinem NTE sieht Herr Medinger im Halbschlaf unzusammenhängende Szenen aus früheren Leben in fremden Ländern, die er nicht aus dem heutigen Leben kennt.

Meine Beurteilung

Es gibt auch Beispiele, in denen mehr Einzelheiten über frühere Leben und die Umgebungsbedingungen berichtet werden. Aber dieses ist typisch für die meisten, die so kurz gehalten sind, dass eine Beurteilung kaum möglich ist. Man wüsste gerne, mit welcher Einstellung zur Reinkarnation Medinger in seine NTE gegangen ist und wie er danach darüber gedacht hat. Über seinen körperlichen Zustand während der NTE erfährt man leider auch nichts.

6.4.2. Für Fachleute: Weitere Beispiele mit Andeutungen zur Reinkarnation

Weitere Beispiele mit Andeutungen zur Reinkarnation sind in den Fällen Nr. (33), S. 186 und (60), S. 250 zu finden.

Unter insgesamt 175 reinen NTE-Büchern, die ich ausgewertet habe, fand ich 17 Bücher, in denen Erinnerungen an frühere Leben in wenigen Worten angedeutet werden[10]. Da ein und derselbe Fall in zweien der genannten Bücher vorkommt *(**104**, **283**)*[11], ist die prozentuale Häufigkeit also 16/175 = 9%.

Darunter befinden sich nur 4 Bücher oder 2% mit der expliziten Angabe, dass die Erfahrungsträger vor der NTE nicht an Reinkarnation geglaubt haben *(**78**, **310**, **342**, **420**)*[12].

Herausgestellt seien noch zwei Fälle, in denen einmal 18 frühere Leben *(**450**, S. 76)*, das andere Mal 16 *(**109**, S. 147-148)* kurz angedeutet werden. Ein Buch mit ausführlicher Darstellung eines früheren Lebens sei noch erwähnt, das in Träumen erinnert wurde, die als Nachwirkung eines NTE zu verstehen sind *(**93**)*.

Fachzeitschriften

In Fachzeitschriften sind mir noch weitere 3 Fallberichte in die Hände gefallen, bei denen ebenfalls frühere Leben angedeutet werden *(**248**; **259**; **380**)*.

Internet www.nderf.org

Im Internet sind online viele Fallbeispiele von NTEs abrufbar. Anfang Febr. 2018 gab es unter 4528 angebotenen NTE-Fällen auf der Seite www.nderf.org insgesamt 131 Fälle oder 3% mit Bezug zur Reinkarnation. Darunter sind 9 Fälle mit in wenigen Worten angedeuteten früheren Leben. 9/131 = 7% bzw. 9/4528 = 0,2%. Die 9 Fälle sind in Anhang 1, S. 454 aufgeführt.

Internet IANDS.org

Auf iands.org habe ich 754 Fälle gefunden. Darunter nur 2 (2/754 = 0,27%), in denen ein früheres Leben mit wenigen Worten angedeutet wird[13]. Die Link-Adressen finden sich in Anhang 2, S. 456.

Internet aleroy.com

Unter 300 Fällen, von denen allerdings nicht alle echte NTEs sind, findet sich nur einer mit sporadischen Angaben zu früheren Leben 1/300 = 0,3 %.

[10] *(Lit.: **18**, **20**, **78**, **93**, **104**, **109**, **128**, **233**, **253**, **277**, **283**, **291**, **310**, **342**, **381**, **420**, **450**)* Kennzeichen ‚RR' in der Literaturliste.

[11] Kennzeichen ‚*' vor der Jahreszahl in der Literaturliste: Mehrfachnennung desselben Falles

[12] Kennzeichen ‚RGV-, in der Literaturliste.

[13] Kennzeichen: ‚RR' nach der Definition im Literaturverzeichnis.

6.5. NTEs mit Erwähnung der Reinkarnation als Tatsache

NTE-Fachbücher

Zusätzlich zu den oben genannten Fällen gibt es noch solche, in denen im Rahmen einer NTE auf die Tatsache der Wiedergeburt hingewiesen wird, ohne irgendeine Angabe zu einem früheren Leben zu machen. Im Fall Nr. (4), S. 71 kam dies schon vor und taucht im Fall Nr. (13), S. 129 nochmals auf, wo Tony erzählt, dass er in seinem Lebensfilm mehrere frühere Leben gesehen habe.

Auch hierzu sei ein Beispiel aus der unten angegebenen Reihe eingefügt.

6.5.1. Bsp. (6) Erin: Wiedergeburt als Wahlmöglichkeit (NTE-R, HSS, AKE, TZE)

(6) Den folgenden Bericht hat die Professorin für Soziologie an der University of New South Wales in Australien, **Cherie Sutherland**, neben vielen anderen Fällen 1996 veröffentlicht. Nachdem sie selbst ein NTE durchlebt hatte, begann sie, sich für das Thema zu interessieren und entsprechende Berichte zu sammeln *(**453**, S. 87-95).*

Die neunjährige Erin hatte 1991 einen Asthmaanfall, der zu Atemstillständen führte. Sie wurde umgehend in eine Klinik gebracht, wo sie ca. 3 Minuten lang einen **Herzstillstand** erlitt. Sie konnte wiederbelebt werden, war aber für ein paar Tage danach blind und bewegte sich nicht. Anschließend war ihre linke Hand behindert und sie hatte Schwierigkeiten zu laufen. Drei Monate später besuchte sie in einem Rollstuhl wieder ihre Schule.

Als Erin 10 Jahre alt war, machte ein Brief ihres Vaters an Frau Prof. Sutherland auf den Fall aufmerksam. Die Autorin telefonierte mit Erin und traf sie auch persönlich, um sich ihre Geschichte anzuhören und auf Tonträger mitzuschneiden.

„Als ich im Rettungswagen lag, schaute ich auf mich herab und dachte: ‚Oh mein Gott, was geht hier ab'?", erzählte ihr Erin. *„Dann passierte irgendetwas und ich befand mich an der Zimmerdecke und schaute auf mich herunter. Plötzlich sah ich meine Eltern, die sich die Augen ausweinten. Anschließend zog mich etwas durch die Decke und ich flog durch einen wolkigen, weißen **Tunnel**. Ich sah ein wundervolles **Licht**, stoppte davor und jemand sprach mich an. Es war Vanessa, eine meiner besten **Freundinnen**, die bei einem Unfall mit einem Traktor gestorben war. Sie war in Licht eingehüllt. Sie sah aus wie 15 Jahre **alt**, obwohl sie nach irdischer Rechnung erst 10*

sein dürfte. Sie trug langes, rotes Haar und sah mit ihren goldenen Flügeln sehr hübsch aus. Ich erkannte sie an ihrer Stimme. Ich hatte keine Flügel."

Erin erzählte weiter: *„Dann sah ich Gott im Licht stehen. Er war weder männlich noch weiblich. Er hatte Trillionen von Köpfen aus der ganzen Galaxie. Mein Kopf befand sich nicht darunter, weil er heraus fällt, wenn man stirbt. Gott bot mir 3 Wahlmöglichkeiten an:* ***Entweder wiedergeboren zu werden,*** *im Himmel zu bleiben oder in den Körper zurück zu gehen. Aber mein Körper wäre beschädigt und hätte daher zu kämpfen. Ich entschied mich zu kämpfen - eine schlechte Wahl. Aber ich wollte nicht wiedergeboren werden, sondern zu meiner Familie zurück. Ich hatte auch einen Boyfriend, Menschen, die mich alle sehr liebten".*

„Es gab da Abermillionen von Leuten, die in Reihe standen. Eine war die ***Reinkarnationsreihe,*** *die zweite die ‚Bleiben-Schlange' und die dritte die ‚Kämpfer-Reihe'. Ich befand mich in der Letzteren, in der ich 666 Dämonen unten in der Hölle bekämpfen musste. Sechshundersechsundsechzig, das ist die Lieblingszahl des Teufels. Vanessa bot mir an zu helfen und übernahm 333 davon. Die Teufel hatten Waffen, ich nicht. Ich kämpfte mit meinem Herzen und kam danach wieder aus der* ***Hölle*** *zurück".*

„Wenn du dir eine Katze vorstellst, schwups ist sie da. Und wenn du sie sacht berührst, beginnt sie zu sprechen. Auch die Bäume und Wolken können sprechen".

Gott ließ sie angeblich wissen, dass sich in ihrer Familie bald ein Sterbefall ereignen würde. Dies traf dann auf ihren Großvater zu.

Frau Sutherland wollte auch noch wissen, ob Erin das Konzept der Wiedergeburt vor ihrem NTE schon kannte und daran glaubte. Das hat Erin verneint.

Meine Beurteilung

Engelsflügel, 666 Dämonen oder eine Warteschlange für Bleibewillige kann Erin kaum von anderen NTE-Berichten übernommen haben, weil sie dort in der Form so gut wie nicht vorkommen. Es ist auch eher unwahrscheinlich, dass eine 10-jährige solche Erfahrungsberichte kennt. Leider hat die Professorin dazu keine Frage gestellt. Man muss wohl von Elementen der Phantasie ausgehen, die in solche Erinnerungen mitunter einfließen können. Muss man das Konzept der Reinkarnation auch zu den Elementen der Phantasie hinzurechnen? Ich neige dazu, die Frage zu verneinen, weil die Idee dem Kind unbekannt war und sich in anderen NTEs nicht in der hier geschilderten Form wiederfindet.

6.5.2. Für Fachleute: Weitere Beispiele für die Erwähnung von Reinkarnation

Die Behauptung, dass es Reinkarnation gibt, fand ich in 35[14] von insgesamt 175 ausgewerteten reinen NTE-Büchern. Da gleiche Behauptungen von ein und demselben Fall in zwei oder drei der genannten Bücher vorkommen (**288**, **298**, **378**; **326**, **478**; **311**, **461**; **29**, **48**; **18**, **478**), sind zur Berechnung der Häufigkeit fünf Bücher (**298**, **378**, **478**, **461**, **48**) abzuziehen. So ergibt sich die prozentuale Häufigkeit für die Erwähnung der Reinkarnation von (35-5)/175 = 17%.

Fachzeitschriften

Dazu kommt ein Artikel in der Fachzeitschrift ‚Current Problems in Pediatrics' ***(300)***.

Internet www.nderf.org

Auf der Seite www.nderf.org finden sich 116 NTE-Fälle, in denen Kenntnis von der Reinkarnation geäußert wird, ohne dass jedoch Genaueres dazu gesagt wird. Das ergibt 116/4528 = 2,6% aller 4528 Fallberichte. Alle 116 Fälle sind in Anhang 1, ab S. 454 aufgeführt.

Internet IANDS.org

In 17 weiteren Internet-Berichten aus der Gesamtzahl von 754 wird die Reinkarnation als Tatsache erwähnt (17/754 = 2,26%). Darunter sind 5 Fälle, in denen diese Aussage als Nachwirkung der NTE zu verstehen ist[15]. Zusammen mit den 2 Fällen von IANDS.org über angedeutete frühere Leben aus dem vorhergehenden Kapitel 6.4.1, S. 91 ergibt sich eine Häufigkeit von 19/754 = 2,5%.

In 2 Fällen wird gesagt, es gäbe keine Reinkarnation. Die Herkunft dieser zwei und aller übrigen Fälle ist in Anhang 2, ab S. 456 aufgeführt.

Internet www.near-death.com

Im Jahr 2018 fand ich auf der Internetseite https://www.near-death.com/ fünf Fälle mit Hinweisen auf die Wiedergeburt; ohne Angaben zu früheren Leben. Nur der Fall Arthur Yensen ist nach meiner Einschätzung unbelastet

---

[14] Kennzeichen „NR einschließlich RGNW" nach der Definition im Literaturverzeichnis: ***6***, ***14***, *3x**18***, ***23***, *2x**29***, ***48***, ***78***, ***95***, ***107***, ***109***, *2x**170***, ***178***, ***253***, ***255***, ***288***, ***291***, ***298***, ***302***, ***311***, ***326***, ***341***, ***342***, ***350***, ***363***, ***378***, *2x**381***, ***386***, ***420***, ***435***, ***437***, *2x**452***, *3x**453***, ***459***, ***461***, *4x**478***.

[15] Kennzeichen ‚RGNW' nach der Definition im Literaturverzeichnis.

durch anfänglichen Glauben an die Reinkarnation[16]. Die Link-Adressen sind im Anhang 3, ab S. 458 zu finden.

Internet aleroy.com

Unter insgesamt 300 Fällen auf ‚aleroy.com', von denen allerdings nicht alle echte NTEs sind, finden sich lediglich 3 mit Bezug zur Reinkarnation. 3/300 = 1 %:

- Theo de Backer, http://aleroy.com/board12.htm RGV-, NR
- Bad Car Wreck, http://aleroy.com/board119.htm, RGV-, NR
- Swimming in the Ocean, http://aleroy.com/board280.htm RGV0, NR.

YouTube

Eine Frau entscheidet sich im NTE für das Zurückkommen in den alten Körper, weil es so mühsam wäre, im neuen Körper heranzuwachsen.

https://www.youtube.com/watch?v=PF5ImlBr2Ec bei der Zeitmarke 10:00 Minuten, (Kennzeichen RGV(-), NR, nach der Definition im Literaturverzeichnis).

[16] Kennzeichen ‚RGV-, nach der Definition zu Beginn des Literaturverzeichnisses.

6.6. Zwischenergebnis NTE und Reinkarnation

Bis zu dieser Stelle im Buch ging es darum zu ergründen, welchen Beitrag **NTEs** zur Frage der **Reinkarnation** beitragen können.

Es fanden sich 2 Beispiele, in denen Erinnerungen an frühere Leben in der NTE aufkeimten (Stefan von Jankovich Kap. 6.3.1, S. 57; Serge Lama Kap. 6.3.2, S. 68), eines, in dem diese Erinnerungen als Nachwirkung einer NTE aufgefasst werden muss (Rand Shields Kap. 6.3.3, S. 71) und Bsp. (36) NTE im früheren Leben, S. 194 – ein typisches NTE wird erinnert, das sich beim Tod im früheren Leben ereignet hat. In allen vier Fällen waren Nachprüfungen möglich und sind auch mit leidlich positivem Ergebnis durchgeführt worden. Dieses legt die Erklärung durch Reinkarnation nahe. Es ist vergleichbar mit entsprechenden Ergebnissen von Nachprüfungen bei Kinderfällen nach Band 1 (***186***) und von Rückführungen nach Band 2a (***188***). Dort zeigte sich, dass die Erklärung durch Reinkarnation zwar nicht bewiesen werden kann, aber überzeugender abschneidet als alternative Erklärungen. Ich denke, das gilt auch hier, obwohl der Vergleich der Erklärungsmethoden aus Platzgründen nicht ausgeführt worden ist.

Weil kaum weitere nachprüfbare Fälle vorliegen, können die 3 oben genannten nicht für sich alleine überzeugen, wohl aber als Ergänzung und Unterstützung der bisher gewonnenen Erkenntnisse zur Reinkarnationshypothese dienen.

Das Gleiche gilt für die Fälle, in denen frühere Leben (Hermann Medinger Kap. 6.4, S. 91) oder die blanke Tatsache der Reinkarnation (Erin Kap. 6.5, S. 94) nur angedeutet werden, und die in den Anhängen gelistet sind. Alle diese Fälle sind per se nur schwache Hinweise auf die Reinkarnation, die obendrein in der Auftretenshäufigkeit nur im einstelligen Prozentbereich bleiben.

In Büchern ist mir nur ein einziger Bericht einer NTE begegnet, in der die Existenz der Reinkarnation rundheraus verneint wird (***120**, S. 109*) – im Internet fand ich zwei solcher Feststellungen (s. Kapitel 17.2, S. 456).

7. Nahtoderfahrungen als Hinweis auf ein Weiterleben nach dem Tod

Nach dem zwar positiven, aber bescheidenen Ergebnis in der Reinkarnationsfrage soll hier noch der Aussagekraft von NTEs bezüglich der Überlebensfrage nachgegangen werden. Sie steht als ‚Leben nach dem Tod' im Titel des Buches und ist quasi als Nebenbedingung für die Reinkarnation angesprochen. Ohne ein Weiterleben nach dem Tod könnte es keine Wiedergeburt geben.

Mit der ‚**Überlebensfrage**' ist die Vorstellung gemeint, dass es den absoluten Tod nicht gibt, sondern dass die Essenz des Menschen – alles, was die Persönlichkeit ausmacht – in Form einer immateriellen ‚**Seele**' nach dem Tod des Körpers fortbesteht und in einem ‚**Jenseits**' weiterlebt. In vielen Berichten über NTEs wird davon gesprochen, dass der Erfahrungsträger **Verstorbene** angetroffen, gesehen und mit ihnen gesprochen habe. Auch psychische (mentale) Medien (Sensitive) behaupten, eine zweiseitige Kommunikation zwischen ‚hüben' und ‚drüben' sei möglich und werde von ihnen vermittelt. Je nach Standpunkt werden auch Spukphänomene, Erscheinungen oder Instrumentelle Transkommunikation (ITK) als eine Art Mitteilung aus dem Jenseits oder eine Beeinflussung der Lebenden durch die Toten aufgefasst.

Die Erfahrungsträger einer NTE sind nach ihrem Erlebnis in ihrer überwiegenden Mehrheit davon überzeugt, dass man den Tod nicht fürchten muss, weil es, wie sie nun zu wissen glauben, danach weiter geht, und man sich schmerzfrei und wohl, wie zu Hause fühlt. Drei Elemente der archetypischen NTE tragen zu dieser Überzeugung am stärksten bei:

1. Die außerkörperliche Erfahrung (AKE) (Punkt 6 in Kapitel 6.1, S. 51);
2. Das Fortbestehen des Gefühls der eigenen Identität (Punkt 10, S. 52);
3. Die Begegnung mit dem Liebe ausstrahlenden Licht und mit Verstorbenen (Punkt 7, S. 52; Punkt 8, S. 52).

Naturwissenschaftlich denkende Kritiker sind sich sicher, dass NTEs nicht ohne die Mitwirkung des Gehirns möglich sind. Dementsprechend warten sie mit vielen materialistischen Erklärungen auf, die ich im folgenden Kapitel aufzählen werde. Diese Listung soll mir als Leitlinie für meine Argumente dagegen, bzw. für Beispiele dienen, welche die Fragwürdigkeit dieser ‚wissenschaftlichen' Interpretation deutlich machen.

Rat an meine Leser für die folgenden Kapitel 7.1 bis 7.1.11

Meinen Lesern, die nicht so sehr an den Argumenten der Kritiker und meinen Gegendarstellungen dazu interessiert sind, empfehle ich, sich nicht an der von mir gewählten Leitlinie (S. 29 u. S. 101) bzw. den zugehörigen Gegenargumenten zu stören. Lesen Sie nur die durch seitliche durchgezogene Linien kenntlich gemachten Beispiele für spannende Nahtoderfahrungen, die ganz unterschiedliche Elemente enthalten.

7.1. Materialistische Erklärungen der Mainstream-Wissenschaftler für Nahtoderfahrungen (NTEs) und deren Einwendungen gegen spirituelle Interpretationen

Naturwissenschaftlich geprägte Kritiker argumentieren folgendermaßen:

Alles ließe sich **normal** (**materialistisch**) erklären: Sowohl die als paranormal eingestuften besonderen Leistungen während einer außerkörperlichen Erfahrung (**AKE**), als auch die transzendenten oder angeblichen Jenseitserfahrungen (**TZE**s) einer NTE. Dazu lägen mindestens 11 natürliche Erklärungen bzw. Argumente vor, welche ‚übernatürliche' Erklärungen überflüssig machen und als Einwendungen gegen ‚esoterische Deutungen' aufgefasst werden könnten.

Die Elemente einer Nahtoderfahrung (NTE) (Kapitel 6.1, S. 51) könnten gemäß naturwissenschaftlicher Sicht vorkommen, weil folgende natürliche Erklärungen bzw. Argumente nahe lägen:

1. **Physiologische** Auslöser, wie Sauerstoffmangel, halluzinogene Medikamente, körpereigene Endorphine o.a.m. könnten dies hervorrufen (Behandlung in Kapitel 7.1.1, S. 102).
2. **Psychologische** Gegebenheiten, wie Angst vor dem Tod oder unbewusste Wunschvorstellungen spielten eine entscheidende Rolle (Kapitel 7.1.2, S. 107).
3. Die **Bewusstlosigkeit** sei u. U. nicht sehr tief, und das Gehör könne als letztes Organ abschalten. Aus **Mitgehörtem** könnten Schlussfolgerungen gezogen werden (Kapitel 7.1.3, S. 116).
4. Wenn der Nachweis eines **Herzstillstands** fehle, seien noch Aktivitäten des Gehirns denkbar (Kapitel 7.1.4, S. 120).
5. Trotz Herzstillstands bleibe dem Gehirn ein **Resthörvermögen**, das Schlussfolgerungen erlaube (Kapitel 7.1.5, S. 125).

6. Natürliche Erklärungen lägen nahe, wenn das **Gehirn** während einer NTE bzw. AKE **nicht abgeschaltet** sei. Solange nicht nachgewiesen sei, dass sich NTEs genau dann entwickeln, wenn das Gehirn abgeschaltet sei (flaches EEG), gäbe es keine Berechtigung für spirituelle Erklärungen (Kapitel 7.1.6, S. 132).

7. **Restaktivitäten** könnten in tieferen Bezirken des Gehirns vorhanden sein und außersinnliche Wahrnehmung (ASW) ermöglichen, obwohl das EEG kein Signal anzeige. Das EEG sei nicht empfindlich genug, um Aktivität im tiefen Hirnstamm anzuzeigen. (Kapitel 7.1.7, S. 143).

8. Die erstaunlichen Leistungen des Bewusstseins könnten nur fälschlich der Phase zugeordnet werden, in der das Gehirn z.B. wegen eines Herzstillstandes abgeschaltet sei. Beispielsweise könne die NTE aus der Zeit kurz **vor oder nach dem Herzstillstand** stammen (Kapitel 7.1.8, S. 144).

   Skeptiker gehen von ihrer jeweiligen Weltanschauung aus und argumentieren grundsätzlicher mit folgenden Einwendungen:

9. Nichts könne sich vom Körper gelöst haben, weil es **keine Seele** gebe, die sich lösen könne (Kapitel 7.1.9, S. 145).

10. NTEs könnten nichts über den Tod und die Zeit danach aussagen, weil die NTEer **nie wirklich gestorben** seien (Kapitel 7.1.10, S. 194).

11. Über den Tod und ein eventuelles Bewusstsein danach könnten wir Menschen prinzipiell nichts wissen, weil noch **nie jemand aus dem Totenreich zurückgekehrt** sei, um uns etwas darüber zu berichten (Kapitel 7.1.11, S. 207).

Ich will diese materialistisch-animistischen Einwendungen der Mainstream-Wissenschaft ernst nehmen und ihnen so gut es geht anhand von Sachargumenten quasi als **Leitlinie** nachgehen. Laborexperimente haben dazu nicht zu eindeutigen Antworten geführt, wie weiter unten noch dargelegt wird. Deshalb muss ich mich dabei – soweit vorhanden – auf Fallbeispiele stützen und prüfen, ob sie die Thesen untermauern oder nicht. Die Beispiele stammen aus dem täglichen Leben oder aus Feldstudien und besitzen alle irgendwelche Unzulänglichkeiten. Weil es den idealen Fall nicht gibt, versuche ich, diesen Mangel dadurch auszugleichen, dass ich nicht nur ein einziges Beispiel anführe, sondern mehrere – insgesamt 55 – für oder gegen die gleiche These zu NTEs. Da nicht jeder Fall die gleichen, sondern unterschiedliche Unzulänglichkeiten aufweist, sollte sich so ein ausgewogeneres Bild ergeben. Diese Vorgehensweise ist mir in keinem anderen Buch begegnet.

Hinweis an meine Leser: Obwohl die Diskussion für oder gegen eine natürliche Erklärung von NTEs in den Kapiteln zwischen den Beispielen knapp gehalten ist, wird es Leser geben, die diese Argumentation nicht interessiert. Diesen Lesern empfehle ich, die folgenden 55 Fallbeispiele als Fallsammlung für eine spannende Lektüre über Nahtoderfahrungen (NTEs), Transzendenzerfahrungen (TZEs), Nachwirkung von Nahtoderfahrungen (NTE-NW), außerkörperliche Erfahrungen (AKEs), Beobachtungen am Sterbebett (BSBs), Nachtodkommunikationen (NTKs), mediale Mitteilungen Verstorbener (MMVs) u.a.m. anzunehmen. Das Inhaltsverzeichnis liefert einen Überblick durch die Titel der Beispiele. Im Titel der Fallberichte sind die wesentlichen Merkmale aufgeührt.

7.1.1. Meine Gegenargumente zu ‚physiologische Auslöser'

Im Punkt 1, Kap. 7.1, S. 100 der materialistischen Erklärungen geht es um **physiologische** Erklärungen, wie **Sauerstoffmangel**, halluzinogene Medikamente, körpereigene **Endorphine** u.a.m. als Auslöser für **AKEs** oder **TZEs**.

Diese Erklärung werde ich nur kurz abhandeln, weil sie z.B. durch Experten, wie Pim van Lommel und andere hinreichend abgedeckt und für unzureichend befunden worden ist *(**202**, S. 217-220, 225-234; **229**, S. 378-385; **253**, S. 119-143)*. Deren wichtigstes Gegenargument, dem ich mich anschließe, besagt, dass es keinen Sinn macht, ausgerechnet dann außergewöhnliche Gehirnleistungen, wie verifizierte AKEs oder ASW anzunehmen, wenn das Gehirn wegen Sauerstoffmangels nicht richtig arbeiten kann. Von Seiten der Mainstream-Wissenschaftler als Erklärung angebotene Halluzinationen sind wirklichkeitsfremde Vorstellungen, die verifizierte AKE nicht erklären können. Dazu werden im weiteren Verlauf meiner Argumentation Beispiele gebracht.

TZEs könnte man allenfalls als Halluzinationen auffassen und damit die Erklärung wenigstens für TZEs gelten lassen. Wie aber kann diese Erklärung Bestand haben, wenn die naturgemäß subjektive TZE eine Bestätigung erfährt, wie im folgenden Fall?

7.1.1.1. Bsp. (7) Transzendenzerfahrung schriftmedial bestätigt (Koma, TZE)

(7) Die italienische Journalistin und Autorin für psychische Forschung, **Paola Giovetti**, berichtet von einem jungen Mann Folgendes (***162***):

Der 27-jährige Alassio hatte vor 3 Jahren einen schweren Motorradunfall, der dazu geführt hat, dass er gelähmt ist und nicht mehr gehen kann. Nach seinem Unfall lag er eine Woche lang im **Koma**. Aus dieser Zeit berichtete er, eine ihm unbekannte junge Frau namens Mara gesehen zu haben, die ihm sagte, er habe die Wahl, zurück in den Körper zu gehen, oder im wundervollen Licht hier zu bleiben. Sie warnte ihn, dass der Weg zurück ins irdische Leben sehr schwierig werden würde. Alassio aber wollte unbedingt zu seinen Eltern und Geschwistern zurückkehren. Mara begleitete ihn auf der beschwerlichen Reise. Als er aus dem Koma aufwachte, war er allerdings alleine.

Man mag dies als eine Wunscherfüllungsphantasie betrachten, muss aber mit in Betracht ziehen, was sich parallel dazu ereignete:

Eine medial begabte Frau, die zwar Freunden von Alassios Familie, nicht aber Alassio und seiner Familie bekannt war, erhielt schriftmediale Mitteilungen für Alassio, die mit ‚Mara' unterschrieben waren. Niemand kannte eine Mara. Diese sprach in ihren Schriften über Alassios Wahlmöglichkeiten, seine Rückkehr, seine schwierige Zukunft und seine Mission.

Meine Beurteilung

Die Erinnerungen aus der Zeit des Komas sind nicht von der wirren Art, die man in einer Halluzination erwarten kann. Die Warnung vor der schwierigen Rückkehr ist auch nicht von der Art einer Wunscherfüllungsphantasie. Diese Erinnerungen entsprechen aber dem, was man von vielen anderen NTEs her kennt. Normalerweise bleiben solche Erinnerungen subjektiv und damit nicht nachprüfbar. Hier aber findet man eine gewisse Bestätigung dieser Erinnerungen auf medialem Weg. Da keine direkte Beziehung zwischen Alassio und der medial begabten Frau besteht, ist es schwer, eine befriedigende Erklärung durch Telepathie heranzuziehen. Als Alternative bietet es sich an, die Motivation eines Schutz gebenden Geistwesens zu betrachten, das Alassio nach seinem Koma nicht mehr direkt erreichen kann, wohl aber über ein Medium, das auf dem Umweg über Freunde der Familie indirekten Kontakt zu ihm hat.

Hält man die Deutung als Halluzination dennoch aufrecht, wäre zu erklären, wie es sein kann, dass immer die gleichen Elemente in TZEs vorkommen, die durchaus logische Zusammenhänge darstellen. Wir werden das an Beispielen im weiteren Verlauf noch sehen. Ganz deutlich wird das in den sog. ‚**Peak-in-Darien-Fällen**' (PID), bei denen man nicht von wirklichkeitsfernen Halluzinationen sprechen kann. Ein Beispiel dazu und die Erklärung für den Begriff ‚PID' folgen sogleich (Bsp. Nr. (8), S. 104).

Es sei vorher noch darauf hingewiesen, wie schwierig es für die physiologische Erklärung wird, wenn ein ‚Peak in Darien Fall' bei einem Alzheimer-Patienten im Endstadium auftritt, der sich seit ca. 2 Monaten in einem vegetativen Zustand befindet und unerwartet eine sog. ‚**terminale Geistesklarheit**' *(**315**)* zeigt, in welcher er mit seinem gerade verstorbenen Bruder kommuniziert, ohne von dessen Tod zu wissen *(**289**, S. 25-27)*.

7.1.1.2. Bsp. (8) Cuomo: Bsp. vom Typ ‚Peak in Darien' (TZE, PID)

(8) Der Arzt K. M. Dale erzählte die Geschichte des 9-jährigen **Eddie Cuomo** *(**171**; **369**, S. 151-152; **437**, S. 42-46)*. Der Junge lag in der Klinik in schwerem Fieber, das sich erst nach 36 Stunden legte. Es war ständig jemand bei ihm. Als er nachts um 3 Uhr aufwachte, erzählte er sofort seinen Eltern, dass er – begleitet von seinem Schutz- oder **Führungsengel** – im Himmel gewesen sei, und dort den verstorbenen Großvater Cuomo, seine Tante Rosa und Onkel Lorenzo gesehen habe (**TZE**). Eddies Vater tat das als Fieberphantasien ab. Daraufhin ergänzte der Junge seine Aussage, indem er behauptete, er habe auch seine 19-jährige Schwester Teresa gesehen. Die habe ihm gesagt, er müsse zurückgehen.

Das regte den Vater sehr auf, weil er gerade erst vor 2 Tagen mit Teresa gesprochen hatte, die in Vermont das College besuchte – also nicht gestorben war. Er bat sogar Dr. Dale dem Jungen ein Beruhigungsmittel zu verabreichen.

Am Morgen desselben Tages riefen die Eltern im College an und erfuhren zu ihrem Entsetzen, dass Teresa kurz nach Mitternacht einen Autounfall hatte, in dem sie zu Tode kam. Die Angestellten des Colleges hatten die Eltern zwar unmittelbar informieren wollen, sie aber zu Hause nicht erreichen können.

<u>Meine Beurteilung</u>

Der Junge sagt zwar nicht, dass seine Schwester gestorben ist, aber an der Reaktion seines Vaters erkennt man, dass dieser die Aussage sehr wohl als Todesnachricht interpretiert. Das ist durchaus begründet, denn die Begegnung mit Verstorbenen ist bei NTEs 5 Mal häufiger als mit noch lebenden Personen. Unter 665 NTEs fand Greyson 21% Verstorbene, aber nur 4% noch Lebende (***171***, *S. 161*).

Der Junge phantasiert offensichtlich nicht irgendetwas Irreales, sondern hat Kenntnis von einer Realität, die noch keiner in seiner Umgebung hat. Seine Geschichte ist nicht halluzinatorisch wirr, sondern vernünftig und entspricht vielen ähnlich gelagerten Fällen, von denen Greyson im angegebenen Artikel einige aufführt.

7.1.1.3. Peak in Darien

Man spricht von sog. ‚**Peak in Darien**'-Fällen (Gipfel in Darien), wenn im Sterbeprozess oder nach einer NTE die Begegnung mit einem tatsächlich Verstorbenen geschildert wird, der aber vom Erfahrungsträger als noch lebend angesehen wird. Oft drückt sich das darin aus, dass er erstaunt ist, den für lebend gehaltenen neben Verstorbenen zu sehen bzw. gesehen zu haben.

Die Bezeichnung rührt von einem berühmten Sonnet von John Keats her, in dem die Überraschung der Spanier beschrieben wird, die bei der Ankunft auf der Spitze eines Berges in Darien (heute Panama) statt des erwarteten neuen Kontinents einen Ozean, den Pazifik, erblicken *(**329**)*. Diese Überraschung entspricht jener der Erfahrungsträger, die eine Person, die sie für lebend halten, unter Toten sehen. Die besagte Bezeichnung entstand nach dem Titel eines Buches der Irin Frances Power Cobbe, das 1882 Beispiele von NTEs brachte *(**86**, S. 261-262)*.

Fälle vom Typ ‚Peak in Darien' sind gar nicht so selten. Hier im Buch ist noch ein Fall zu finden, der bei einer medialen Kommunikation aufgetreten ist (Fall Nr. (66), S. 295). In meiner Literatursammlung habe ich unter denjenigen, die im Rahmen einer NTE aufgetreten sind, immerhin 29 Beispiele gefunden[17]. Nimmt man die 40 hinzu, die bei einer Totenbetterfahrung aufgetreten sind, und addiert die jeweils 7 Fälle, bei denen ein Koma oder eine Vision eine Rolle gespielt haben, so sind es zusammen 83. Auch bei paranormalen Telefonanrufen weiß der Angerufene oft nicht, dass der Anrufer bereits gestorben ist *(**89**, S. 46)*.

Obwohl die meisten Fälle nicht ausreichend genau beschrieben sind, will ich eine vorläufige Bewertung wagen: Kein ernst zu nehmender Kritiker wird unterstellen, dass in all diesen Fällen die Todesnachricht schon vor der paranormalen Erkenntnis (bzw. Äußerung) den Betreffenden auf normalem Weg erreicht hat. Mit Sicherheit kann dieser Informationsweg in den Fällen nicht

---

[17] *Im Rahmen einer NTE aufgetretene weitere ‚Peak in Darien'-Fälle; # = Herzstillstand; Unterstreichung = Todesnachricht spät nach paranormaler Erkenntnis des Todes; doppelt unterstrichen = normale Erkenntnis besonders unwahrscheinlich:*

__22__, S. 164#, 260#; __110__, S. 164-165#; __126__, S. 117; __170__, S. 54-55; 80-81; __171__, S. 165; __218__, S. 12-13; __235__, S. 119; __240__, S. 36; __254__, S. 21# = __253__, S. 60; __255__, S. 73#, 192-193#, 193-194, 196; __278__, S. 180-181; __288__, S. 176-177; __301__, S. 166-167; __359__, S. 21; __365__, S. 81-82; __362__, S. 208; __369__, S. 150-151#, 152-154#; __381__, S. 27; __423__, S. 29-30; __437__, S. 33-35#?; __457__, S. 137-138; __483__, S. 163-164; Summe: 29 Fälle).

zutreffen, in denen die Todesnachricht erklärtermaßen erst kurz oder lang nach der Äußerung eingetroffen ist, wie z.B. im vorstehenden Fall Nr. (8). In der Literaturangabe in der Fußnote 17, S. 105 sind Fälle mit nachträglicher Bestätigung unterstrichen und doppelt unterstrichen, wenn eine normale Erkenntnis über den Todesfall besonders unwahrscheinlich erscheint. Obwohl sich immer ein unbewiesener Verdacht auf eine normale Erkenntnis konstruieren lässt, ist damit einigermaßen sicher, dass es sich im Fall Nr. (8) und in den doppelt unterstrichenen Beispielen in der o.g. Literaturliste um paranormale Leistungen handelt. Fällt diese mit einem Herzstillstand und in der Folge davon mit einem flachen EEG bzw. nicht mehr arbeitendem **Gehirn** zusammen *(**253**, S. 173*[18]*)*, so wird es für die materialistische Erklärung als Leistung des Gehirns eng.

- Macht es aus materialistischer Anschauung Sinn anzunehmen, dass die besondere **ASW** des Wissens um einen Todesfall just dann stattfindet, wenn das Gehirn gerade abgeschaltet ist? Wohl kaum. Mit irgendwelchen unentdeckten Restaktivitäten des Gehirns zu argumentieren, die Bewusstsein erzeugen könnten, verbietet sich auf der Grundlage von EEG-Untersuchungen (***253**, S. 174*) (zu ‚Restaktivitäten' siehe Kapitel 7.1.7, S. 143).
- Oder ist es überzeugender, diese Leistung zu erwarten, wenn dem Gehirn eine Blockade durch Herzkammerflimmern bevorsteht? Viele nachweislich richtige Beobachtungen stammen aus der Zeit danach, z.B. über die Reanimierung, so dass diese Erklärung versagt.
- Oder findet die ASW statt, wenn das Gehirn sich in der **Erholungsphase** befindet? Die Erholungsphase bis zur Wiedererlangung des Bewusstseins dauert jedoch viel länger als die Zeitspanne, aus der nachprüfbare Erfahrungen berichtet werden (***253**, S. 175*). **Michael Nahm** weist darauf hin, dass es keine empirischen Befunde für diese These gibt *(**316**)*. Auch diese Annahme rettet also die ‚natürliche' Erklärung nicht.

Es drängt sich die Spekulation auf, die **ASW** könne freigesetzt worden sein, gerade weil die Gehirnfunktion dem nicht mehr im Wege steht. Ganz abwegig ist dieser Gedanke nicht. In der Trance arbeitende mentale Medien haben schließlich gelernt, ihr Tagesbewusstsein auszuschalten, um arbeiten zu können. In Hypnose und im Schlaf ereignen sich auch paranormale Dinge bei ausgeschaltetem Tagesbewusstsein.

[18] Max. 20 Sek., im Mittel 15 Sek. nach Beginn eines Herzstillstandes zeigt das EEG eine Nulllinie, d.h. das Großhirn ist ‚ausgeschaltet'.

7.1.2. Meine Gegenargumente zu ‚psychologische Auslöser'

Im Punkt 2, Kap. 7.1, S. 100 der materialistischen Erklärungen werden denkbare **psychologische** Gründe für das Entstehen von **AKEs** oder **TZEs** angesprochen. Die Angst vor dem drohenden Tod oder unbewusste Wunschvorstellungen könnten dazu führen, sich nach Art einer Fluchtstrategie eine Welt ohne Tod vorzugaukeln.

Auch diesen Punkt muss ich hier nicht ausführlich diskutieren, weil andernorts von kompetenter Seite darüber und über Weiteres geschrieben worden ist *(**202**, S. 214-217**229**, S. 374-378; **253**, S. 131-143)*. Als kurzes Beispiel kann man hier ergänzend den Fall eines dreieinhalbjährigen Jungen anführen, der am offenen Herzen operiert werden musste. Er beschrieb 2 Wochen nach der OP eine wunderschöne helle Landschaft, durch die er mit einer netten Frau schwebte, die ihn führte, so dass er gar keine Angst hatte. Sehr viel später erkannte er auf einer Fotographie, dass jene Frau seine Großmutter war, die er jedoch nicht gekannt hatte, weil sie lange vor ihm verstorben war. Der kleine Mann hatte keinen Grund, die ihm unbekannte Oma als Wunschprojektion in seine Geschichte einzubauen *(**341**, S. 168-170)*. Warum taucht sie also auf?

Eine ähnliche Geschichte schildert der Neurochirurg **Eben Alexander** *(**1**)*. Er wurde in seiner NTE von einer Frau geführt, die ihm unbekannt war, und die sich später als seine vor ihm verstorbene Schweser herausstellte, die er im Leben nicht kannte. Wie kann es sein, dass Alexander als seine jenseitige Begleiterin eine Person phantasiert, die einen Bezug zu ihm hat, deren Gesicht er aber gar nicht kennt und kennen kann, weil die Person vor der NTE bereits verstorben war? – Dieser Fall hat übrigens viel Beachtung erfahren, weil hier ein Neurochirurg ursprünglich fest zu wissen glaubte, im **Koma** sei sein Gehirn abgeschaltet und nicht zur Produktion von Bewusstsein – nicht einmal zu Halluzinationen – im Stande gewesen. Durch die NTE ist ihm bewiesen worden, dass seine bisherige ‚wissenschaftliche' Sicht vorurteilsbeladen oder falsch sein muss. Heute glaubt er an ein Leben nach dem Tod.

Aus **Todesangst** entstandene Wunschvorstellungen können nicht erklären, wie verifizierte AKEs zustande kommen sollen. Diese Theorie kann auch nicht erklären, wie NTEs entstehen können, ohne dass eine lebensbedrohliche Situation vorliegt oder vom Klienten angenommen wird. Es passt auch nicht ins Bild, dass Menschen mit einem Glauben an ein Weiterleben nach dem Tod so starke Angst entwickeln müssten, dass auch sie NTEs erleben.

Ich will hierzu einen bekannten und viel diskutierten Fall als Beispiel dafür einfügen, dass in einer AKE Tatsachen wahrgenommen wurden, die auf normalem Weg nicht hätten erkannt werden können. Darüber hinaus ging es um ein TZE, das den Ängsten und Wünschen der Erfahrungsträgerin zuwider lief. Es geht um **Pamela Reynolds**, die eine so lebensgefährliche Gehirnoperation vor sich hatte, dass sie allen Grund zu Todesängsten hatte. Das Beispiel hat die Merkmale ‚Herzstillstand ist nicht ausschlaggebend' und ‚AKE innerhalb der sensorischen Reichweite' oder kurz ‚**AKE-nah**'. Zumindest die AKE liegt zeitlich vor dem Herzstillstand, weshalb er als ‚nicht ausschlaggebend' bezeichnet wird. ‚AKE-nah' bedeutet, dass Dinge gesehen werden, die ein wacher Patient mit seinen Sinnen vielleicht hätte wahrnehmen können.

7.1.2.1. Bsp. (9) Pam Reynolds (NTE, Herzstillstand HSS nicht relevant, AKE-nah, TZE)

(9) Das Nahtoderlebnis von Pam Reynolds ereignete sich während einer Operation an ihrem Gehirn. Dieser Eingriff und seine gesamte Konstellation können allein schon deshalb als sensationell gelten, weil bei der Patientin nicht nur der Herzschlag angehalten, sondern auch das Hirn tiefgekühlt und sogar eine Zeit lang blutleer gemacht wurde. Überdies gab es eine Rundumüberwachung aller ihrer relevanten Körperfunktionen, sodass für die gesamte Zeit der Operation die messbaren Aktivitäten sowohl der Hirnrinde als auch des Hirnstamms exakt dokumentiert sind. Somit ließe sich an diesem Beispiel aufzeigen, dass Bewusstseinsprozesse auch dann stattfinden können, wenn das Gehirn vollständig abgeschaltet ist. Dies wäre ein wichtiges Indiz für die These, wonach sich Bewusstsein eben nicht allein auf letztlich physikalisch-chemische Hirnvorgänge zurückführen lässt. Um dieser Frage ein wenig fundierter nachgehen zu können, sollen im Folgenden die von Pam Reynolds erinnerten Elemente ihres Nahtod-Erlebnisses den jeweiligen physiologischen Parametern gegenübergestellt werden.

Der Mediziner **Dr. Michael Sabom** beschreibt diesen Fall ausführlich in seinem Buch ‚Light and Death' (***385***, *S. 37-51, 184-191*). Andere haben dies übernommen (***83***, *S. 220-229;* ***369***, *S. 95, 213, 219*).

Fallbericht

Die amerikanische Musikerin Pam Reynolds (1956 – 2010) musste sich 1991 mit 35 Jahren einer schweren Hirnoperation unterziehen. Tief im Inneren des Gehirns hatte man ein großes Aneurysma diagnostiziert, die Aussackung einer Ader, die zu platzen drohte, was den sicheren Tod bedeutet hätte. Eine Operation (OP) war unumgänglich. Von den Experten, die für einen solch schwierigen Eingriff in Frage kamen, traute es sich allein der Neurochirurg

Dr. Robert Spetzler zu, Direktor eines Neurologischen Instituts in Phoenix, Arizona, sie zu operieren.

In der folgenden Tabelle wird das Geschehen während der OP der **NTE** gegenüber gestellt.

Tabelle 7-1: Gegenüberstellung von OP und NTE

Operation (Uhrzeit u. Beschreibung)	Nahtoderlebnis (NTE)
7:15 Pam Reynolds wird in wachem Zustand in den Operationsraum gebracht. Durch intravenöse Gabe von Penthathol wird sie anästhesiert. Ihre Augen werden mit Pflastern zugeklebt, um Verletzungen durch herumfliegende Knochensplitter zu vermeiden. Sie wird für eine künstliche Beatmung intubiert. Instrumente werden appliziert (angebracht), um Blutdruck und Temperatur an mehreren Körperstellen, Blutfluss, Herzschlag und Sauerstoffsättigung des Blutes zu messen. Mittels EEG soll die Aktivität der Hirnrinde überwacht werden. Zu diesem Zweck werden anatomisch angepasste Ohrhörer in beide Gehörgänge geschoben, die dann von außen zugeklebt werden. Alle drei Minuten werden nun in die Ohren, abwechselnd rechts und links, jeweils etwa 100 Dezibel starke, mithin sehr laute Klickgeräusche mit einer Wiederholfrequenz von 11 Herz gegeben. Die Klicks bewirken, wie erwartet, im EEG Spikes (Zacken als **evozierte, bewusst hervorgerufene Potenziale**), wodurch sich der tief sitzende Gehirnstamm auf seine Funktion hin testen lässt. Das jeweils andere Ohr erhält weißes Rauschen von 40 Dezibel Lautstärke (leise).	

8:40 Mehr als 20 Personen stehen bereit, um mit der Operation zu beginnen. Dr. Spetzler schneidet in die Kopfschwarte und klappt diese vom Schädeldach ab. In den nun freiliegenden Knochen bohrt er Löcher *(**487**, S. 18)*, um die pneumatisch betriebene Knochensäge ansetzen zu können. Mit deren Hilfe schneidet er ein großes Segment aus dem Schädeldach und legt so die Haut frei, die das Gehirn umgibt (lat. dura mater). Diese Haut wird aufgeschnitten, sodass das Gehirn nun zugänglich ist. Ein Operationsmikroskop wird in Position gebracht, und damit sucht Dr. Spetzler nach dem Aneurysma.

Während der Chirurg den Schädel öffnet, sucht die Kardiologin Dr. Murray über die Leistenarterie und Leistenvene (Arteria/Vena femoralis) nach einem Zugang zum Blutkreislauf. Dies zunächst am rechten Oberschenkel. Die Gefäße dort erweisen sich jedoch als zu dünn, um den Blutfluss über die Herz-Lungen-Maschine sicherzustellen. Also werden auch die Gefäße der linken Seite präpariert, und darüber wird mit dem Neurochirurgen gesprochen *(**385**, S. 185)*.

Pams Erinnerung an die Operation beginnt damit, dass sie ein unangenehmes Geräusch (wie beim Zahnarzt!) wahrnimmt, und das Gefühl hat, irgendwie aus ihrem Kopf herauszurutschen. Je mehr sie sich aus ihrem Körper entfernt, desto deutlicher wird dieses Geräusch. Als sie ‚nach unten' sieht, erkennt sie in für sie erstaunlicher Klarheit im Operationssaal eine beachtliche Anzahl von Personen, alle möglichen Gegenstände sowie ihren eigenen Körper. Sie wundert sich, dass ihr Kopf entgegen ihrer Erwartung nicht kahl geschoren ist. Aus einer Position etwa in Schulterhöhe des Operateurs sieht sie ein chirurgisches Instrument, das dieser in der Hand hält. Es sieht aus wie der Griff einer elektrischen Zahnbürste. Es wird von einer Säge gesprochen. Was sie da sieht, gleicht aber eher einem Bohrer. In einem Kästchen, das aussieht wie jenes, in dem früher ihr Vater Steckschlüssel aufbewahrte, befinden sich offenbar Ersatzbohrer. Dann vernimmt sie einen hohen surrenden Ton.

Eine Frauenstimme sagt: *„Wir haben ein Problem. Ihre Arterien sind zu eng."* Eine Männerstimme erwidert vom unteren Teil des Operationstisches her: *„Versuch es an der anderen Seite!"* Pam versteht nicht, warum Gefäße in ihrer Leiste geöffnet werden, wo es doch um eine Gehirnoperation geht.

Bei Pim van Lommel liest es sich so, als ginge Pams Erfahrung hier weiter

	(*253*, *S. 184*), während Sabom sie der Zeit 11:25 zuordnet (s. dort) (*385*, *S. 43*). Ersterer berichtet sinngemäß: Pam Reynolds spürt eine Präsenz und versucht, sie optisch zu orten. Sie sieht einen kleinen Lichtfleck, der sie magisch anzieht – immer schneller und schneller, wie in einem Fahrstuhl nach oben. Je mehr sie sich dem Licht nähert, desto deutlicher kann sie verschiedene Gestalten erkennen. Sie hört sehr klar die Stimme ihrer Großmutter, die sie ruft. Fortsetzung bei 11:25.
10:50 Die Herz-Lungen-Maschine ist angeschlossen und beginnt, das warme Blut aus Pams Körper zu pumpen, zu kühlen und wieder in den Kreislauf zurückzugeben.	
11:00 Pams Kerntemperatur ist auf 22^0 C gefallen. Es setzt ein Kammerflimmern ein.	
11:05 Intravenöse Gabe von Kaliumchlorid führt zum beabsichtigten kompletten **Herzstillstand**. Das EEG zeigt mit der Nulllinie an, dass das Großhirn nicht mehr arbeitet. Die evozierten Potenziale (EEG-Zacken) werden schwächer, was darauf hinweist, dass auch das Stammhirn langsam abschaltet.	
11:20 Die Kerntemperatur ist bis auf 16° C gefallen. Das EEG reagiert nicht mehr auf die Klicks der Ohrhörer. Auch das Stammhirn ist also abgeschaltet.	
11:25 Die Herz-Lungen-Maschine wird abgeschaltet. Der Operationstisch wird so angekippt, dass das	Sabom ordnet den weiteren Fortgang von Pams NTE diesem Stadium der Operation zu, ohne dies genauer zu

Blut aus Pams Kopf abfließen kann. Nachdem damit auch das Aneurysma blutleer ist, wird es von Dr. Spetzler operativ entfernt. Danach schaltet man die Herz-Lungen-Maschine wieder ein, und warmes Blut fließt in Körper und Kopf. Kurz danach beginnt nun das EEG erneut eine Aktivität des Gehirns anzuzeigen. Es setzen auch die evozierten Potenziale als Antwort auf die in den Gehörgängen erzeugten Klicks ein. Die Gehirnfunktion lebt also wieder auf. Das Herz schlägt aber noch nicht.	begründen. Die Gestalten, die Pam in dem über alle Maßen hellen Licht erkennt, bestehen selbst aus Licht. Eine davon ist ihre Großmutter, eine andere ihr Onkel Gene, der mit 39 Jahren verstorben war. Er hatte ihr einst ihre ersten Gitarrenstunden gegeben. Auch ihre Urgroßtante Maggie ist da und der Großvater väterlicherseits. Pam sieht Leute, die sie kannte und auch solche, die sie nicht kannte. Aber alle waren und sind irgendwie mit ihr verbunden. Sie zeigen sich in jener Gestalt, die sie auf dem Höhepunkt ihres Lebens hatten. Sie alle geben Pam zu verstehen, sie solle nicht weiter in das Licht hineingehen. Es könnte sonst etwas geschehen, das sie daran hindert, wieder zurück in ihr jetziges Leben zu gehen. Pam zieht es einerseits weiter ins Licht, andererseits aber auch zurück, denn sie hat noch Kinder großzuziehen. Pam fragt, ob das Licht Gott sei. Als Antwort erfährt sie: *„Nein, das Licht erscheint, wenn Gott atmet."* Die verstorbenen Verwandten ‚füttern' Pam mit etwas Funkelndem, offenbar um sie zu stärken.
12:00 Herzkammerflimmern tritt auf und erfordert elektrische Defibrillation. Nach dem zweiten Stromstoß, diesmal mit einer (doppelten) Stärke von 100 Joule, arbeitet das Herz wieder normal. Pam Reynolds' Leben ist gerettet.	Pam wird nun daran erinnert, zurückkehren zu müssen. Anders als von ihr erwartet, wird sie nicht von ihrer Großmutter begleitet, sondern von Onkel Gene. Der Weg führt durch einen Tunnel zurück zu ihrem Körper. Als sie diesen leblos vor sich sieht, bekommt sie Angst und

	will diesen Schritt nicht gehen. Ihr Onkel fordert sie jedoch auf: *„Spring einfach wie im Schwimmbad und denke an deine Kinder!“* Als Pam noch zögert, gibt er ihr einen Schubs, und im gleichen Moment sieht sie, wie ihr Körper in die Höhe schnellt. Pam erstarrt innerlich vor Kälte. Es schmerzt. Noch in Narkose, hört sie, wie das Lied ‚Hotel California' gespielt wird und erinnert daraus die Zeile: *„Du kannst jederzeit aussteigen, aber niemals gänzlich abreisen.“*
12:32 Die Herz-Lungen-Maschine wird abgeschaltet, weil die Körpertemperatur 32^0 C erreicht hat. Das ist zwar noch zu wenig, reicht aber zunächst für ein Überleben aus. Zahlreiche Instrumente an Pams Körper werden entfernt und Operationswunden versorgt. Im Hintergrund spielt Rockmusik.	
14:10 Pam Reynolds wird in den Überwachungsraum gebracht. Sie ist noch immer für künstliche Beatmung intubiert, aber in stabilem Zustand.	

Meine Beurteilung

Die hier dokumentierte Operation darf man ohne jede Einschränkung als sensationell bezeichnen. Gilt das aber auch für Pams Nahtod-Erlebnis?

Beobachtung irdischen Geschehens

Voranzuschicken wäre, dass Pam Reynolds angab, bis dahin nichts über Nahtoderfahrungen gelesen zu haben. Zudem stand sie ihrem eigenen Erlebnis anfangs eher skeptisch gegenüber. Alle Umstände und Vorgänge der realen Umwelt, die sie meinte während ihrer außerkörperlichen Erfahrung wahrgenommen zu haben, können im Prinzip auf ihre Echtheit geprüft werden. Darunter sind jedoch nur jene ihrer Beobachtungen von Interesse, die nicht aus den doch weithin verbreiteten Kenntnissen über chirurgische Operationen gespeist werden können, also gewissermaßen nicht ‚auf der Hand liegen'.

Die nachfolgend aufgeführten Wahrnehmungen fanden zu einem Zeitpunkt statt, als Pam Reynolds bereits 90 Minuten in tiefer Narkose lag.

Rasur der Haare

Ob die Rasur der Haare dem entsprach, was Pam gesehen haben will, wird an keiner Stelle in der Literatur angesprochen.

Knochensäge

Wie Dr. Sabom schreibt, wusste er selbst nicht, wie eine Knochensäge aussieht. Er ließ sich daher Zeichnungen vom Hersteller schicken und war sehr erstaunt, wie gut Pam Reynolds diese Säge beschrieben hatte. Auch Dr. Spetzler drückte darüber seine Verwunderung aus. Schließlich waren Pams Augen mit Pflastern zugeklebt. Allerdings gab es auch Unstimmigkeiten, über die bei Sabom nachgelesen werden kann (***385**, S. 187*). Jedenfalls versichert Dr. Spetzler, dass die Patientin die besagte Säge nicht vor der Narkose im Operationssaal hat sehen können; denn das Gerät wird immer bis kurz vor seinem Einsatz verschlossen aufbewahrt, um Sterilität zu gewährleisten (***369**, S. 98*). Es gab auch keine Veranlassung, ihr etwa vor der OP dieses Instrument zu beschreiben. Die Behauptung seitens einiger Kritiker, Pam habe von dem Geräusch, das ‚wie beim Zahnarzt' klang, auf eine elektrische Zahnbürste schließen können, klingt sehr konstruiert. Die trotz verbundener Augen ziemlich genaue Beschreibung der Knochensäge darf mithin durchaus als nicht normal erklärlich gelten.

Enge Femoral- (Oberschenkel-)gefäße

Der skeptische Anästhesist **Gerald Woerlee**, der ausschließlich natürliche Erklärungen akzeptiert und der nicht bei der Operation zugegen war, hat einen Artikel zum Fall Pam Reynolds geschrieben. In ihm liefert er zwar keine solche Erklärung für die richtige Beschreibung der Knochensäge, wohl aber für das Hören des Wortwechsels zwischen der Kardiologin und dem Chirurgen über die zu engen Femoralgefäße. Woerlee und sein Skeptikerkollege Augustine unterstellen in diesem Zusammenhang, dass die Patientin trotz Narkose hören konnte, auch wenn anatomisch angepasste Ohrhörer in ihren Gehörgängen steckten und die Ohren überdies zugeklebt waren. Er argumentiert damit, dass jeweils ein Ohr immer nur mit wenig (40 dB) weißem Rauschen beaufschlagt war, während das jeweils andere in 88% der Zeit von Klicks verschont blieb (**487**; **28**).

Chris Carter, ein kenntnisreicher amerikanischer Autor über Parapsychologie und NTE-Forschung, hält dieser Position entgegen, dass nur in 1 oder 2 von 1000 Fällen in Narkose Anzeichen von Bewusstsein auftreten und die dabei gemachten Erfahrungen dann nicht denen von Pam entsprechen (**84**, *S. 39*). Carter lässt auch den Operateur Dr. Spetzler und den Techniker zu Wort kommen, der für die Ohrhörer zuständig war. Beide bestreiten, dass Pam eine Unterhaltung hat mithören können, zumal während dieser Zeit aus einem Lautsprecher Musik ertönte (**84**, *S. 46, 47*). Rivas und Smit zitieren drei Personen, die Pams Situation, die Akustik betreffend, nachgestellt haben. Zwei von denen bekannten, dass sie (sogar bei normalem Bewusstsein) nur Gesprächsfetzen, nicht aber zusammenhängende Unterhaltung mitbekommen konnten (**369**, *S. 97*; **419**). Smit berichtet, dass die 100dB-Klicks so schmerzhaft laut seien, dass Pam Reynolds sicher verrückt geworden wäre, wenn sie diese während der gesamten OP ganz normal wahrgenommen hätte. Sie erwähnt die Klicks an keiner Stelle ihres Berichts, woraus Smit und Carter schließen, dass Pam nicht mit ihren physischen Ohren und nicht bei normalem Bewusstsein gehört haben kann. Andernfalls hätte sie sich nach der OP über die belästigenden Ohrgeräusche bestimmt beschwert.

Zusammenfassend kann man sagen: Die Einwände der Kritiker sind insofern hilfreich, als sie eine im Sinne der Dualisten (Körper und unsterbliche Seele sind getrennte Entitäten; getrennt existierende Dinge) beschönigende Darstellung des Falls korrigieren. Andererseits schütten sie in ihrem verbissenen Festhalten an einer rein materialistischen Erklärung das ‚Kind mit dem Bade aus'. Woerlees normale Erklärung ist unvollständig, weil sie die Deutung von Pams zutreffender Beschreibung der Knochensäge nicht überzeugend einschließt. Gerade diese unterstützt meine Vermutung, dass man in diesem Fall doch von einem paranormalen Vorgang ausgehen muss.

Transzendenzerfahrung (**TZE**)

Was Pam Reynolds von ihrer Jenseitserfahrung berichtet, entspricht ganz dem, was auch von anderen derartigen Fällen her bekannt ist. Während ihre Beobachtung irdischen Geschehens definitiv nicht in die Zeit fällt, in der ihr Gehirn infolge der Blutleere abgeschaltet war, lässt sich für die Transzendenzerfahrung der genaue Zeitpunkt nicht bestimmen. So jedenfalls lese ich die Berichte, auch wenn Pim van Lommel anderes behauptet (**253**, *S. 187*). Pams Fall kann also nicht als Indizienbeweis dafür dienen, dass Bewusstsein auch ohne jegliche Gehirnaktivität möglich ist. Eine unerklärliche Leistung bleibt Pams Erfahrung dennoch, weil sie während der Narkose im bewusstlosen Zustand gemacht wurde.

Nebenbei sei vermerkt, dass Wikipedia.org, die amerikanische Version des Internetlexikons, in diesem Fall ausschließlich Kritiker wie Woerlee zu Wort kommen lässt, und nicht die von mir angegebene Literatur nennt, in der die vorliegende Problematik zwar ebenfalls kritisch, aber ‚ohne Scheuklappen' hinterfragt wird (***369***, *S. 272-281, 290-292, 311-315;* ***476***).

Die als zutreffend bestätigten Beobachtungen des Geschehens im OP-Saal lassen sich schwerlich durch eine auf Todesangst begründete Phantasie erklären. Dasselbe gilt für die TZE. Pam erwartet, von der Großmutter zurück begleitet zu werden, wird aber vom Onkel durch den Tunnel geführt. Der schubst sie noch zurück in den Körper, weil sie Angst hat, diesen Schritt zu gehen. Demnach hätte Pam eine Geschichte gegen ihre eigene Erwartungshaltung und gegen ihre eigene Angst konstruiert. Das klingt nicht überzeugend für die These der psychologischen Verursachung von AKEs und TZEs.

7.1.2.2. Weitere Fälle (ohne Herzstillstand, AKE-nah)

Es gibt noch eine Reihe weiterer Fälle, in denen die **AKEs** als zutreffende Beobachtungen nachgewiesen und nicht logisch gefolgert werden konnten. Sie sind in der Fußnote[19] aufgeführt.

7.1.3. Meine Gegenargumente zu ‚Schlussfolgerungen aus Mitgehörtem im bewusstlosen Zustand'

Der Punkt 3 der materialistischen Erklärungen in Kapitel 7.1, S. 100 betrifft die Annahme, eine Narkose oder **Bewusstlosigkeit könne nicht tief** gewesen sein, so dass das Gehör noch gearbeitet habe, weil es als letztes Organ ‚abschalte', wenn man bewusstlos werde. Aus dem **Mitgehörten** könne der Patient sich ein Bild von seiner Umgebung gemacht und so eine außerkörperliche Erfahrung (AKE) konstruiert haben.

Das Argument wirkt erst einmal stichhaltig. Der NTE-Forscher der ersten Stunde, Sabom, berichtet von Untersuchungen an Patienten, die hypnotisiert wurden, um sie in die Zeit ihrer Operation bzw. Anästhesie zurück zu führen

[19] Der Gang durch eine Unfallszene *(**47**, S. 177-183; **369**, S. 49-51)*; Der Operateur, der mit den Ellbogen winkt *(**83**, S. 219-220; **88**, S. 377-406; **235**, S. 120; **322**; **369**, S. 9-12)*; Die Schmetterlingskappe des Anästhesisten *(**363**, S. 35-37; **365**, S. 77-78; **366**, S. 173-174; **483**, S. 131)*; Die karierten Schuhbänder *(**365**, S. 86)*; Die gelbe Bluse *(**365**, S. 86)*; Die Beobachtung des Defibrillators *(**384**, S. 132-138)*.

und nach Erinnerungen aus dieser Zeit zu fragen. Das Ergebnis der Studie lautet: *„...., dass im Zustand der Anästhesie der Gehörsinn auch dann noch erhalten ist, wenn alle anderen Wahrnehmungen, sowie alle gemeinhin nachgewiesenen Reflexe ausgeschaltet sind“* *(**384**, S. 109)*. Der Autor van Lommel bestätigt die Aussage zu Hypnotisierten *(**253**, S. 137)*.

Die Aussage unter Hypnose, denke ich, kann allerdings nicht auf einen Patienten unter Narkose übertragen werden. Beide, Holden und van Lommel machen klar, dass Wahrnehmungen während einer Narkose nur vorkommen können, wenn sie unzureichend ausgeführt wurde. Ein unerwünschtes Erwachen aus der Narkose kommt zwar vor, aber so viel seltener (0,1 - 0,3%) als AKEs, dass dies keine allgemeingültige Erklärung abgeben kann (***202**, S. 230*). Dass zumindest in Fällen mit Herzstillstand nicht von einer nur flachen Bewusstlosigkeit auszugehen ist, zeigt Pim van Lommel in seinem sehr informativen Buch *(**253**, S. 172-175)*. Nur in flacher Bewustlosigkeit ist ein Resthörvermögen denkbar.

Aber wir wollen hier mit Fallbeispielen argumentieren, die zeigen, dass Mitgehörtes keine Erklärung abgeben kann. Es reicht schon, den oben geschilderte Fall des Stefan von Jankovich (Kap. 6.3.1, S. 57) zu betrachten. Was Jankovich nachgewiesenermaßen an der Unfallstelle gesehen hat, wird er kaum aus Gehörtem rückgeschlossen haben. Denken Sie z.B. an die Aufschrift auf dem Lieferwagen, die er gesehen hatte, und anhand derer er später die Frau ausfindig gemacht hat, die für ihn gebetet hatte. Es ließen sich sehr viele weitere Beispiele hinzufügen, in welchen Gehörtes sicher keine Rolle gespielt haben kann. Das trifft speziell auf die Fälle zu, in denen Zutreffendes von Dingen außerhalb der sensorischen Reichweite, speziell der Hörreichweite, des Patienten berichtet wird. Ein Beispiel mit den Merkmalen ‚kein Herzstillstand berichtet’ und ‚AKE außerhalb der sensorischen Reichweite’ oder kurz ‚**AKE-fern**’ ist Folgendes:

7.1.3.1. Bsp. (10) Blick hinter den Hügel (NTE, kein HSS, AKE-fern) OBE_53

(10) Dr. X, ein englischer Militärarzt des Royal Flying Corps (später der Royal Air Force) wurde 1916 gebeten, möglichst sofort zu einem Flughafen zu fliegen, in dessen unmittelbarer Nähe ein Flugzeug abgestürzt war und der Pilot deshalb dringend ärztlicher Hilfe bedurfte. Ausgerechnet der Pilot, der Dr. X dorthin fliegen sollte, war noch ziemlich unerfahren und es kam deshalb beim Start dieser Maschine am Ende der Rollbahn ebenfalls zu einer Bruchlandung. Der Unglückspilot blieb dabei zwar unverletzt, Dr. X jedoch wurde aus der Maschine geschleudert und zog sich gefährliche Verletzungen am Rücken zu, weshalb man ihn nach den notwendigen Sofortmaßnahmen auf schnellstem Wege in ein Krankenhaus brachte. Noch in der Klinik diktierte der Verletzte seinem kommandierenden Offizier über die fragliche Zeit des Unfalls nachfolgenden Erfahrungsbericht:

„Plötzlich schaute ich aus ungefähr 200 Fuß Höhe auf meinen Körper herab. Ich sah, wie der Brigadegeneral, der Oberstleutnant und auch der Pilot zu meinem Körper rannten. Ich, d.h. mein Geist oder wie immer man das bezeichnen soll, wunderte mich darüber, dass sich diese Leute um meinen Körper kümmerten. Mir wäre es am liebsten gewesen, sie hätten mich in Ruhe gelassen. Ich fühlte mich glücklich, obwohl mir klar war, dass ich gerade eben noch in diesem Körper war. Doch interessierte der mich nun nicht mehr.“

Zwischen dem Absturzort und den Hangars lag eine Anhöhe, so dass keine direkte Sichtverbindung zwischen der aktuellen Absturzstelle und den Hangars bestand (***449***, *S. 92-97;* ***88***). Ein Wachtposten auf der Kuppe der Anhöhe sorgte dafür, dass startende und landende Flugzeuge nicht miteinander kollidierten.

Im Bericht von Dr. X heißt es weiter:

„Ich war dabei jedoch gar nicht verwundert, dass ich auch das Geschehen am Hangar beobachten konnte. Ein Rettungsfahrzeug, das dort stationiert war, startete. Kaum, dass es eine Autolänge draußen war, blieb sein Motor stehen. Der Fahrer sprang aus dem Wagen, drehte die Starterkurbel durch, raste zurück auf den Fahrersitz und fuhr wieder weiter. Währenddessen war mein diensthabender Arzt aus meiner nahe gelegenen Medizinerhütte gerannt und von hinten auf den Ambulanzwagen aufgesprungen. Kurz darauf hielt das Auto aber erneut an. Diesmal war es der Arzt, der vom Wagen sprang. Er rannte nochmals in die Medizinerhütte zurück, kam mit irgendetwas in der Hand wieder heraus und sprang erneut ins Rettungsauto, das dann endlich losfuhr.“

Im weiteren berichtete Dr. X über eine Art außerkörperlichen Ausflug in die Umgebung des Flughafens, eine Aktivität, die allerdings nicht nachprüfbar ist. Er betonte, dass er es selbst war, der da ‚reiste', nicht irgendjemand oder irgendetwas anderes. Er beschrieb das so:

„Danach wurde ich zu einem Aussichtspunkt direkt über meinem Körper zurückgezogen und sah, dass mir der diensthabende Arzt Ammoniumkarbonat einflößte. Das ist ein Stoff, den man benutzt, um Bewusstlose wieder zu sich zu bringen. Ich sagte ihm, dass er dies doch unterlassen soll. Aber im

gleichen Augenblick erlangte ich das Bewusstsein wieder, und ich spürte, dass ich weder meine Arme noch meine Beine bewegen konnte."

Im Krankenhaus wurde es Dr. X bald klar, dass er die Vorgänge am Hangar gar nicht auf normale Weise hatte wahrnehmen können. Das äußerte er auch gegenüber dem kommandierenden Offizier, der diese Erlebnisse zu Protokoll nahm und später auch nachprüfte. Der zweimalige Halt des Ambulanzwagens, das Zurückrennen des Arztes und die sonstigen, oben geschilderten Abläufe hatten tatsächlich so stattgefunden. Das alles war von Dr. X ‚gesehen' worden, obwohl er zu der Zeit am Unglücksort hinter dem besagten Hügel bewusstlos auf dem Rücken gelegen hatte. Ein Arzt des Krankenhauses bestätigte dann auch, dass der Mann infolge des Sturzes aktuell an allen vier Gliedmaßen gelähmt war.

Als eine positive Nachwirkung dieses Unfallgeschehens sah es der Betroffene an, dass er seitdem keine Angst mehr vor dem Tod verspürte. Er kenne jetzt jenes ‚angenehme Gefühl', das man habe, wenn man nicht mehr im Körper sei.

Meine Beurteilung

Niemand wird in diesem Beispiel ‚Mithören' als Erklärung anbieten. Da Dr. X vermutlich nicht bewusstlos war, lässt sich der nachprüfbare Teil des Falls problemlos animistisch erklären, und zwar durch Hellsichtigkeit im Sinne des ‚**remote viewing**' (s. Glossar). (Ob Dr. X bei Normalbewusstsein Hellsichtigkeit zeigte, wird nicht angesprochen.)

Man fragt sich aber, warum Dr. X hellsichtig nicht einfach nur das Geschehen am Hangar gesehen und wiedergegeben, sondern zusätzlich beschrieben hat, schon zu Beginn des Ganzen auf die Höhe von etwa 200 Fuß aufgestiegen zu sein, sodass er den Hangar, der ja jenseits jener Kuppe lag, und all das sehen konnte, was sich dort abspielte. Er betonte dabei ja auch, sich als vom Körper getrennt empfunden zu haben. Solche Details bleiben üblicherweise bei einer animistisch-materialistischen Erklärung des Falles zwangsläufig unberücksichtigt oder müssen ‚wegerklärt' werden, wenn sie nicht zu verschweigen sind.

7.1.3.2. Weitere Fälle (kein Herzstillstand, AKE-fern)

Auf eine Reihe weiterer Fallbeispiele mit Erkenntnissen von Orten **jenseits der sinnlichen, speziell akustischen Reichweite** wird in der Fußnote[20] hingewiesen.

Auch von endgültig Gestorbenen kann man über mentale Medien eine Rückmeldung über ihren Sterbeprozess erhalten, in welcher davon berichtet wird, aus dem engeren Sterberaum heraus durch Wände in Nachbarräume geschaut zu haben *(**198**, S. 25)*.

7.1.4. Nahtoderfahrungen (NTEs) ohne Herzstillstand animistisch erklärbar

Mit dem Einwand Nr. 4 aus Kapitel 7.1, S. 100 ist Folgendes gemeint: Viele Beispiele für NTEs enthalten keine Aussage über einen Herzstillstand (HSS). Damit bleibt der Zustand des Gehirns während einer AKE oder TZE unbestimmt. Solange das Herz noch schlage, könne möglicherweise das Gehirn also trotz **Narkose** oder **Koma** noch aktiv und zu **ASW** (oder einem Resthörvermögen, s. nächstes Kapitel) fähig sein. Dann bestehe kein Anlass, spiritistische Vorgänge anzunehmen.

Für diese Fälle muss allerdings die Frage erlaubt sein und beantwortet werden, warum sich ausgerechnet unter Narkose oder im Koma eine ASW-Fähigkeit einstellen sollte, die im Normalbewusstsein nicht vorhanden ist. Dazu gibt es nach meiner Kenntnis keine Untersuchungen oder gar Nachweise. Es handelt sich um eine reine Vermutung. Aber solange darüber Unklarheit besteht, muss man diese Interpretation als möglicherweise berechtigt gelten lassen.

Glücklicherweise gibt es nicht nur Beispiele, in denen der Zustand des Gehirns unbekannt ist, sondern auch solche mit klarer Beschreibung eines

[20] Brief in der Ferne mitgelesen *(**330**; **369**, S. 30-31; **430**)*; Durch Wände geschaut *(**88**; **328**, S. 221-223; **465**, S. 199-201)*; Unkörperlicher Spaziergang außer Haus *(**178**, S. 50-51)*; Kurzsichtige liest eine Gerätenummer *(**363**, S. 35-37; **483**, S. 131)*; Blinde Frau sieht im Nahtod-Zustand *(**112**, S. 17-18; **201**, S. 23-24)*; Das Zeugnis auf dem Schrank *(**164**)*; Spaziergang im Krankenhaus während der NTE *(**183**, S. 114-115)*; Besuch zu Hause während des **Komas** *(**302**, S. 17-23)*; Flug aus dem Krankenzimmer *(**331**)*; Durch Wände auf den Flur und nach Hause gegangen *(**196**, S. 132-136)*; Freundin besucht *(**160**, S. 225-226)*; Aus Krankenhaus nach Hause, zum Nachbarkind und dessen Krankheit erkannt *(**301**, S. 139-143)*; Freundin im anderen Bundestaat gehen gesehen *(**301**, S. 135-137)*; Fundort des NTEers in Traum eingegeben *(**437**, S. 158-164)*; Münzen hoch auf Schrank gesehen und bestätigt *(**100**, S. 18-19)*.

Herzstillstandes. Laut van Lommel folgt dem Aussetzen des Herzschlags nach nur 10 bis max. 20 Sekunden eine Nulllinie im EEG, d.h. die Gehirnaktivität, die für Denkprozesse zuständig ist, kommt kurz nach einem Herzstillstand regelmäßig zum Erliegen *(**253**, S. 172-176)*. In diesen Fällen greift der obige Erklärungsversuch nicht. Er ist nicht allgemeingültig.

Erst ein **relevanter Herzstillstand** in Kombination mit einer AKE in der Ferne stellt die materialistische Erklärung vor ein ernstes Problem (Beispiele in Kapitel 7.1.5, S. 125). Der Zusatz ‚relevant' soll daran erinnern, dass die Erfahrung tatsächlich während des Herzstillstands gemacht worden sein muss, was schwer abzusichern ist.

Um die möglicherweise materialistisch erklärbaren Fälle vom Rest abgrenzen zu können, müssen also die zwei Eigenschaften ‚relevanter **Herzstillstand** ja/nein' und ‚AKE nah/fern' bekannt sein. Die bisher beschriebenen Fälle Nr. (9) und (10) sind jedoch durch ‚keinen für eine AKE relevanten Herzstillstand' und ‚AKE-nah' bzw. ‚AKE-fern' gekennzeichnet. Für beide Fälle gibt es dementsprechend keine klare Entscheidung für eine der beiden rivalisierenden Erklärungen.

Als Beispiel für eine Alternative zu Fällen ohne Wissen über den physiologischen Zustand des Gehirns soll der folgende Fall dienen, der die Merkmale ‚relevanter Herzstillstand (HSS)' und ‚AKE innerhalb der sensorischen Reichweite' oder kurz ‚**AKE-nah**' kombiniert. Auf weitere Fälle dieser Kategorie – auch solche mit der Kombination ‚relevanter HSS' und ‚AKE-fern' kommen wir im Kapitel 7.1.6, S. 132 zurück.

7.1.4.1. Bsp. (11) Beekhuisens Zahnprothese (NTE, relevanter HSS, AKE-nah)

(11) Ende 1979 erhält der Krankenpfleger TG[21] am alten Canisius Wilhelma Krankenhaus in Nijmegen (Niederlande) einen Anruf aus einem Rettungswagen: Man bringe gerade einen etwa 44 Jahre alten Mann namens **Beekhuisen** zur Rettungsstation des Hospitals. Der Mann sei bewusstlos auf einer Wiese gefunden worden, bereits eiskalt gewesen und anscheinend klinisch tot (**Herzstillstand**). Noch auf der Fahrt versucht man mittels künstlicher Beatmung und Defibrillieren eine Wiederbelebung, allerdings ohne Erfolg. In der Notfallaufnahme angekommen, ist der Patient weiterhin ohne Pulsschlag, aschgrau, mit blauen Lippen und Fingernägeln sowie mit den für

[21] Zur Wahrung der Anonymität wird in der Literatur kein voller Name genannt.

einen Leichnam typischen blau-schwarzen Hautverfärbungen. TG übernimmt hier nun zusammen mit zwei in Ausbildung befindlichen Krankenschwestern die weiteren Rettungsmaßnamen.

Beekhuisen wird unter ein Gerät zur mechanischen Herzmassage gelegt und soll mit Sauerstoff beatmet werden. Zu diesem Zweck will TG ein kurzes Kunststoffrohr in den Mund einführen (Mayo-tube), um sicherzustellen, dass die Zunge nicht zurückfällt und den Atemweg versperrt. Dabei entdeckt er, dass die obere Zahnprothese sich noch immer im Mund befindet. Das verwundert ihn sehr, da man eigentlich erwarten konnte, dass sie bereits von den Rettungs-Sanitätern herausgenommen wurde, als diese versuchten, den Mann zu beatmen. Noch bevor die mechanische Herzmassage eingeschaltet wird, entnimmt nun TG dem bewusstlosen Mann das Gebiss und legt es zwischen viele Flaschen mit Infusionsflüssigkeiten sowie diverse Bestecke auf ein Regalbrett, das aus einem rollbaren Servicewagen herausgezogen ist.

Unterstützt von zwei hinzugekommenen Ärzten kämpft das Team mit Herzmassage, künstlicher Beatmung und Elektroschocks um das Leben des Patienten. Immer wieder leuchtet man mit einer Taschenlampe in seine Augen, um die Gehirnfunktion zu testen. Aber mindestens in den ersten 15 Minuten der klinischen Rettungsaktion zeigen sich dabei keine Pupillenreflexe. Die Retter halten deshalb den Mann bereits für endgültig tot und beginnen, an der Sinnhaftigkeit ihrer Anstrengungen zu zweifeln. Da sich jedoch niemand dazu entschließen will, im Fall dieses noch relativ jungen Menschen ‚stopp' zu sagen, geben sie nicht auf.

Dies zum Glück; denn nach ungefähr einer halben Stunde zeigen sich doch noch erste Anzeichen eines autonomen Herzschlags, und nach über einer Stunde ist zur Überraschung aller die Blutzirkulation bereits so weit wiederhergestellt, dass Beekhuisen in die Intensivstation überführt werden kann. Er ist noch immer bewusstlos und bekommt jetzt Medikamente, die ihn in ein künstliches **Koma** versetzen. Ungefähr eine Woche später hat sich sein Zustand so weit stabilisiert, dass er auf die Kardiologie verlegt werden kann. Dort hat besagter Pfleger TG die Aufgabe, den Patienten die Medikamente zuzuteilen und sieht so Herrn Beekhuisen wieder.

Als TG in das Patientenzimmer kommt, sieht ihn der Mann sichtlich überrascht an, deutet auf ihn und sagt: *„Hey, Sie wissen wo mein* ***Gebiss*** *ist!“* Erstaunt fragt TG zurück: *„Wieso?“* und bekommt zur Antwort: *“Sie waren da, als ich in die Klinik kam.” „Das ist richtig. Aber ich weiß nicht, wo die* ***Prothese*** *ist. Ich werde sie suchen.“* Damit endet zunächst die Unterhaltung, und TG muss zu den anderen Patienten weitergehen.

Am Abend kommt TG zurück zu Herrn Beekhuisen und fragt ihn: *„Sagen Sie, woher wissen Sie das alles?“* Daraufhin erzählt dieser: *„Ich sah Sie von der Ecke des Zimmers aus, wie sie mich wiederbelebt haben. Ich wurde unter ein Gerät gelegt, das mir sehr weh getan hat. Sie nahmen mir das Gebiss aus dem Mund, und ich sah, wie Sie es in eine Schublade eines Servicewagens legten, auf dem viele Flaschen standen.“* (Tatsächlich war es keine Schublade, sondern ein herausziehbares Brett (***418***).) TG fragt nach: *„Haben Sie das wirklich gesehen?“ „Ja, ja, ich habe es gesehen und auch gefühlt, weil es unglaublich schmerzhaft war. Ich wollte ‚stopp' sagen, weil Sie mir weh taten und ich lebte.“* Damit war er aber nicht zu seinen Rettern durchgedrungen.

Beekhuisen beschreibt nun auch den kleinen Rettungsraum mit einem Schrank, den er angeblich von oben sah. Er erwähnt eine kleine Arbeitsplatte (bei *Smit (2008)* ***418*** ein Waschbecken und ein Spiegel) in einer Mauernische, die er gesehen habe, obwohl er dies aus seiner Position normalerweise nicht hätte sehen können, denn sie war hinter einem Vorhang versteckt, und außerdem waren seine Augen verschlossen. Natürlich habe er auch TG und die zwei Assistentinnen gesehen, ja sogar die Zweifel mitbekommen, die das Rettungsteam hatte und auch darüber äußerte, ob die Wiederbelebung überhaupt weitergeführt werden sollte. Das habe ihm Angst gemacht und er habe vergeblich versucht, sich mit den Worten *„Jungs, hört nicht auf, ich bin noch da!“* bemerkbar zu machen.

Meine Beurteilung

Dieser Fall ist vor allem durch den Kardiologen Pim van Lommel bekannt geworden (***252***, ***253***, *S. 48-49*). Andere haben auch darüber berichtet (***83***, *S. 217-219*). Da der Fall durch den Anästhesisten und Skeptiker **Woerlee** (***486***) angegriffen worden ist, habe ich mich in meiner Darstellung auf die ausführlichsten Abhandlungen gestützt, die ich finden konnte (***367*** *und* ***369***, *S. 62*) und die ich für glaubwürdig halte, weil sie auf zwei Befragungen von TG beruhen, die unabhängig voneinander durchgeführt worden sind.

Woerlees Hauptargument besagt, der Patient müsse aufgrund der Herzmassage halbwegs bei Bewusstsein gewesen sein, da er nach seinen eigenen Worten das Herausnehmen der Zahnprothese beobachtet bzw. gefühlt habe. Er habe zudem während der Augenkontrollen die Umgebung und TGs Gesicht sehen und aus Gehörtem die Szene rekonstruieren können. Zu dieser Sichtweise mag man kommen, wenn man sich nur auf den kurzen Bericht von van Lommel (***252***) bezieht, der die Sachlage nicht ausführlich und genau genug beschreibt. Mit den Informationen, die TG in späteren Interviews gegeben hat, muss Woerlees Erklärung jedoch als unhaltbar gelten. Schließlich war er kein Zeuge, hat den vorhandenen Bericht nicht weiter nachgeprüft und ganz in seinem eigenen Sinne ausgelegt. Die zentrale Beobachtung des Vorgangs ‚Herausnehmen des Gebisses' ist seitens des Patienten laut TG definitiv nicht bei ‚halbem Bewusstsein' gemacht worden und bleibt damit ein ‚Wunder' (***367****; **418*). Der Kardiologe van Lommel sagt dazu, dass noch nie jemand mit Herzstillstand während einer äußeren Reanimation wieder zu Bewusstsein gekommen ist *(**253**, S. 178)*.

Woerlee ist aber trotz der ausführlichen Aussagen von TG nicht von seiner Sichtweise abzubringen. Wenn Beekhuisen unter der Herzmassagemaschine Schmerzen empfinden konnte, so argumentiert der Kritiker, zeige das, dass der Patient teilweise bei Bewusstsein gewesen sein muss. Dieses Argument würde dann greifen, wenn die Herzmassage lange genug vor dem Herausnehmen der Zahnprothese stattgefunden hätte, so dass gerade genug Blut in Beekhuisens Gehirn gelangt wäre, um ein rudimentäres Bewusstsein zu ermöglichen. Dem war aber nicht so. TG entnahm die Zahnprothese vor Beginn der Herzmassage. Es handelt sich also um einen ‚**relevanten Herzstillstand**'. Woerlee behauptet daher, um seine Sichtweise aufrecht erhalten zu können, TG sage nicht die Wahrheit, wenn er angibt, die Massagemaschine erst nach der Intubation eingeschaltet zu haben. In dieser Frage bleibt TG aber unbeirrt. Deshalb sei der Wahrheit zuliebe gesagt, dass sich in TGs Aussagen auch folgendes anscheinend Widersprüchliche findet: Einmal sah Beekhuisen angeblich eine Arbeitsplatte in einer Niesche (***367**, S. 16*), ein andermal stattdessen ein Waschbecken mit Spiegel (***418**, S. 55*). Beides kann allerdings zugleich zutreffend sein. Am Kern des Geschehens um das Gebiss ändert das nichts. Es zeigt aber, dass die Erinnerung daran nicht unbedingt perfekt sein muss, obwohl TG sagt, er erinnere sich so, als sei alles erst kürzlich passiert. Es bleibt theoretisch möglich, dass TG sich irrt. Da es neben diesem keinen zweiten Zeugen gibt, lässt sich das auch nicht ausschließen. (Ich persönlich neige allerdings dazu, einem direkten Zeugen mehr zu glauben, als einem Außenstehenden, der deutlich ideologisch geprägt ist.)

In diesem Zusammenhang sei noch erwähnt, dass von Seiten der Animisten in Zweifel gezogen wird, dass das Gehirn bei einem flachen **EEG** abgeschaltet oder untätig ist. Wäre es möglich, nicht nur mit Elektroden auf der Kopfhaut zu messen, sondern direkt im Gehirn, könnte sich zeigen, dass doch noch Aktivität herrscht, welche ein NTE auf normale Weise erklärlich machen würde (**Restaktivität**). Da solche Untersuchungen an Menschen nicht gemacht werden können, wurden entsprechende Versuche an Ratten vorgenommen (***85**; **253**, S. 173*). Dabei zeigte sich, dass bis zu 30 Sekunden nach dem Stopp des Blutflusses zum Gehirn im gesamten EEG-Frequenzspektrum noch schwache Signale gemessen werden konnten. Das überraschende Ergebnis wird nun auf den Menschen extrapoliert und gemutmaßt, es könne im Zentralhirn nach dem Herzstillstand noch eine Restaktivität geben, die bisher unentdeckt ist, so dass sich NTEs natürlich erklären ließen. Dieser Argumentation wird von Greyson et. al. und Rivas mit guten Argumenten widersprochen (***172**; **371***).

Mir scheint, dass diese Versuche nicht auf den Menschen übertragbar sind, also nichts beweisen, sondern nur Verdachtsmomente streuen. Selbst wenn es beim Menschen noch eine Restaktivität gäbe, wäre nachzuweisen, dass sie für NTEs ursächlich ist und nicht nur ein Begleitsymptom. Ich werde auf diese Problematik in den Kapiteln 7.1.6, S. 132 und 7.1.7, S. 143 zurückkommen.

7.1.4.2. Liste weiterer Fälle (Herzstillstand, AKE-nah)

Das vorstehende Beispiel steht nicht alleine. Weitere, in denen der Herzstillstand dokumentiert ist, und eine AKE im Nahbereich verifiziert werden konnte, habe ich gefunden. Siehe Fußnote[22].

7.1.5. Meine Gegenargumente zu ‚Rest-Hörvermögen erklärt verifizierte außerkörperliche Erfahrungen (AKEs)'

Mit dem Einwand Nr. 5, aus Kapitel 7.1, S. 100 ist gemeint, dass Beispiele, wie das vorstehende, immer noch die Annahme erlauben, der Patient könne trotz des Herzstillstandes und der daran geknüpften Abschaltung des Gehirns ein **verbliebenes Hörvermögen** gehabt haben. Dieses könne, so die Annahme, es ihm erlaubt haben, aus Mitgehörtem Schlussfolgerungen zu ziehen und sich ein AKE selbst zu konstruieren. Damit bliebe die Erklärung ganz im weltlichen Bereich (siehe dazu die Beurteilung von Beispielfall Nr. (11), fett gedrucktes Stichwort ‚EEG', S. 124).

Es gibt jedoch in den Beispielen Aussagen, die nicht durch Gehörtes erklärbar sind. Im Beispiel von Pam Reynolds (Nr. (9), S. 108) wurde während tiefer Narkose das Aussehen der Knochensäge gesehen und später zutreffend beschrieben. Das Äußere der Säge war vorher sicher nicht verbal geschildert worden.

---

[22] Die zertretene Haarspange *(**369**, S. 68-70; **482**)*; Der verlorene Schlüsselanhänger *(**369**, S. 84-86);* Die Wiederbelebung genau beobachtet *(**384**, S. 123-127, 127-132, 132-138, 139-145)*; Fußboden aus s/w Fließen gesehen *(**384**, S. 119-123);* Kind erkennt Bypass-Maschine *(**341**, S. 168-170)*.

Dieser Erklärungsversuch ‚Rest-Hörvermögen' kann nicht für die Fälle gelten, in denen der Erfahrungsträger während eines Herzstillstandes in seiner AKE Dinge und Ereignisse beobachtet hat, die außerhalb seiner sensorischen, insbesondere akustischen Reichweite liegen. Dafür stehen folgende Beispiele mit den Merkmalen ‚**Herzstillstand'** und ‚**AKE-fern**':

7.1.5.1. Bsp. (12) Maria: Tennisschuh gesehen (NTE, HSS, AKE-fern)

(12) Maria, eine spanisch sprechende Gastarbeiterin aus dem Yakima Valley, einem Weinbaugebiet im Süden des US-Bundesstaats Washington, besucht im April 1977 Freunde in Seattle, US-Staat Washington. Ohne Vorwarnung erleidet sie dort eine Herzattacke und wird in die Kardiologie des Harborview Medical Center eingeliefert. Bereits wieder auf dem Wege der Besserung, hört jedoch am Morgen des 4. Tages in der Intensivstation ihr **Herz auf zu schlagen** und es tritt Atemstillstand ein. Mit nur wenigen Elektroschocks gelingt es den Ärzten, sie zu reanimieren. Indes dauert es noch einige Stunden, bis die Patientin ihr Bewusstsein wiedererlangt und auch wieder selbstständig atmen kann.

Gegen 17 Uhr sieht sich jedoch die diensthabende Nachtschwester gezwungen, die Sozialarbeiterin **Kimberly Clark Sharp** zu Hilfe zu rufen. Maria ist nämlich plötzlich derart aufgeregt und unruhig, dass man befürchten muss, sie könne erneut einen Herzanfall erleiden. Sie will unbedingt über etwas für sie Wichtiges sprechen. Der Hinzugerufenen, die auch bei der Wiederbelebung zugegen gewesen war und zu der Maria schon seit ihrer Einlieferung Vertrauen gefasst hatte, gelingt es, diese zu beruhigen, indem sie ihr verspricht, ihr so lange zuzuhören, bis sie auch wirklich alles verstanden hat. Das ist nämlich nicht ganz einfach, weil Maria nur wenig Englisch spricht und Frau Sharp lediglich einige Brocken Spanisch in der Schule gelernt hat.

Dennoch wird die Sozialarbeiterin später in ihrem 1996 erschienenen Buch (***411***) bzw. an anderer Stelle (***413****; s. a.* ***369****, S. 32-34*) ausführlich darüber berichten können. Was ihr seinerzeit Maria in einem Mischmasch aus Englisch und Spanisch anvertraut hatte, sei hier sinngemäß wiedergegeben:

Sie deutete auf eine der Ecken der Zimmerdecke und sagte, sie sei da oben gewesen und habe von dort aus gesehen, was die Leute mit ihrem Körper anstellten. Sie habe genau beobachtet, wer bei ihrer Wiederbelebung dabei war, wo genau wer im Raum stand und was die Betreffenden dort machten. Zudem habe sie auch mitbekommen, was sie sagten. Sie beschrieb außerdem die Aufstellungsorte der verschiedenen Apparaturen und meinte, auf dem Fußboden wären eine Menge Papierstreifen herumgekickt worden. Offenbar waren das jene, die vom EKG-Gerät stammten, mit dem man ihre Herzfunktion überwacht hatte.

Unvermittelt habe sie sich dann plötzlich außerhalb des Krankenzimmers wiedergefunden und von dort auf den Eingang der Notfallaufnahme herabgeschaut. Recht genau beschrieb sie der ihr aufmerksam zuhörenden Sozialarbeiterin das Geschehen dort: Die auf einem gekrümmten Fahrweg hereinkommenden Krankenwagen und die sich automatisch öffnenden Türen.

Dazu muss gesagt werden, dass Maria von ihrer Position aus normalerweise nicht auf den besagten Eingang blicken konnte, da ein großes Vordach die Sicht darauf versperrt. Besonders interessant in ihrem Fall ist jedoch nachfolgende Aussage: In ihrem außerkörperlichen Zustand habe sich ihre Aufmerksamkeit einem Gegenstand zugewandt, der drei Stockwerke über Grund auf einem Fensterbrett lag. Es habe sich um einen dunkelblauen, ziemlich abgetragenen Herren-**Tennisschuh** gehandelt, der an der linken Seite, da, wo der kleine Zeh hingehöre, abgestoßen gewesen sei. Das Ende eines der Schnürbändel habe unter dem Absatz gesteckt.

Nachdem Maria der Frau Sharp davon erzählt hatte, bat sie diese, nach jenem Schuh zu suchen, um so der Welt zu beweisen, dass sie durchaus nicht ‚spinne'. Die Sozialarbeiterin glaubte die Geschichte zwar fürs Erste nicht, wollte Maria aber diese Bitte nicht abschlagen. Sie lief um das ganze Gebäude herum, ohne jedoch zunächst einen Schuh auf einem der Fensterbretter entdecken zu können. Damit musste sie allerdings auch rechnen, da man von unten ja nicht auf die Fensterbretter sehen kann. Sie beschließt daher, von Raum zu Raum zu gehen, und von da auf die Fensterbretter zu schauen. Als sie im vierten auf der Westseite des Gebäudes gelegenen Raum ihre Stirn an die Fensterscheibe presst, findet sie zu ihrer Verblüffung den besagten Tennisschuh – genau wie beschrieben. Die abgestoßene Stelle ‚am kleinen Zeh' kann sie von ihrer Position aus jedoch nicht sehen, weil sie nach außen zeigt.

Frau Sharp nimmt den Schuh an sich und sieht nun auch die abgewetzte Stelle am kleinen Zeh. Als sie mit ihrem Fundstück in Marias Zimmer tritt, verbirgt sie den Schuh zunächst hinter ihrem Rücken. Sie will von ihr wissen, ob sie sagen kann, wie der Schuh innen aussieht. *„Nein"*, sagt Maria. *„Ich war dafür nicht hoch genug, nur auf gleicher Höhe wie der Schuh."*

Meine Beurteilung

Dieser Fall erlangte im Rahmen der Nahtod-Berichterstattung deshalb eine gewisse Berühmtheit, weil es als sehr unwahrscheinlich gelten kann, dass Maria ihr Wissen um den Schuh auf normalem Weg hat erwerben können.

Sie war zu krank, um außerhalb oder innerhalb des Klinikgebäudes herumzuwandern und dabei – vielleicht auch nur zufällig – den besagten Schuh zu sehen. So drängt sich hier die Vermutung auf, man könne oder müsse Marias Aussage ernst nehmen, wonach sie im körperlosen Zustand außerhalb ihres Krankenzimmers ‚herumgeschwebt' sei und so in der Lage war, Sinneswahrnehmungen zu tätigen, ohne ihre Sinne zu gebrauchen. Dann könnte man von einer sogenannten außerkörperlichen Erfahrung (AKE) sprechen.

Natürlich hat eine solche Deutung einigen Widerspruch ausgelöst. Das heftigste Kontra kam von **Keith Augustine**, dem Leiter von ‚Internet Infidels' (Internet-Ungläubige), einer gemeinnützigen Organisation für Bildung. Er beruft sich in einem Artikel (***27***) auf einen weiteren kritischen Beitrag, der von drei Autoren für die Zeitschrift ‚Skeptical Inquirer' (***122***) geschrieben wurde. Wie der Titel schon sagt, ist dies eine Zeitschrift für Leute, die fest daran glauben, dass es paranormale Vorgänge nicht gibt bzw. gar nicht geben kann, sodass ihrer Meinung nach unerklärlich Scheinendes grundsätzlich ‚normal' oder ‚naturwissenschaftlich' erklärt werden kann und muss.

Dementsprechend gehen die Autoren davon aus, dass Maria ihr Wissen um den Turnschuh irgendwie auf normalem Weg erhalten haben muss. Da sie allerdings zugeben müssen, dass Maria viel zu krank war, um den Schuh selbst entdeckt haben zu können, unterstellen sie, Maria müsse – vielleicht unbewusst – mitgehört haben, wie andere über den Turnschuh sprachen. Das habe sie dann wieder vergessen oder verdrängt und – wenn auch unbeabsichtigt – als eigenes Wissen kolportiert. Man spricht in einem solchen Fall von **Kryptomnesie**. Die Autoren sagen jedoch nichts über Frau Sharps Argument, dass Maria viel zu schlecht Englisch verstand, um eine von wem auch immer gemachte Beschreibung des Schuhs ganz nebenbei mithören und den Inhalt eines solchen Gesprächs vollumfänglich begreifen zu können (***412***).

Besagte Autoren bemühen sich dann zu zeigen, dass es für jedermann ein Leichtes gewesen sein muss, über den Turnschuh mit allen seinen Besonderheiten Bescheid zu wissen. Sie haben nach Angaben, die ihnen Frau Sharp gab, die Situation im Krankenhaus nachgestellt und kamen dabei zu folgendem Ergebnis: Schaut man aus größerer Distanz auf die Fassade der Klinik, so ist es durchaus möglich, einen solchen Gegenstand wie diesen Schuh zu sehen. Ob man die abgewetzte Stelle und das Schnürbändel unter dem Absatz ohne Fernglas erkennen kann, wird aber, obwohl es bezweifelt werden kann, nicht diskutiert. Von dem betreffenden Zimmer aus habe man nach Auffassung der Autoren den Schuh problemlos sehen können. Das aber wird in einer Entgegnung von Frau Sharp nachdrücklich bestritten (***412***). Nach ihrer Auffassung entsprach das Szenario der späteren Nachstellung nicht der realen Situation von damals. Wenn, wie ihr von Maria berichtet, die abgewetzte Stelle vom Fenster abgewandt nach draußen gerichtet war, konnte sie auch nicht vom Zimmer aus eingesehen werden. Zu diesem Argument sagen die Autoren nichts. Sie müssten also eigentlich unterstellen, dass der Schuh in das Gebäude hereingeholt, hier besichtigt und danach wieder auf seinen alten Platz zurückgestellt worden ist.

Übrigens: Marias weiter oben nur kurz erwähntes Wissen um bestimmte Umstände ihrer Wiederbelebung, vor allem um das Geschehen im Eingang zur Notaufnahme, erklären die genannten Autoren für ‚auf normalem Wege erworben'.

Es geht in dieser Kritik also letztlich nicht um Tatsachen, sondern mehr um Spekulationen bzw. Unterstellungen, die offensichtlich dem Ziel dienen, Zweifel zu säen. Deshalb vertraue ich eher der Ehrlichkeit von Maria und ihrer Sozialarbeiterin als den berufsmäßigen ‚Entlarvern'.

Bedauerlich ist jedoch, dass, wie so oft, auch in diesem Fall der genaue Zeitpunkt der vermutlich paranormalen Wahrnehmung nicht festgehalten wurde bzw. werden konnte. Man weiß mithin nicht, in welchem Zustand sich Marias Gehirn befand, als sie den Schuh entdeckte, kann also auch nichts über die Rolle von Gehirnaktivitäten bei diesem ‚Wunder' sagen. Daher die Fall-Kennzeichnung ‚HSS' ohne den Zusatz ‚relevant'.

Weil im obigen Beispiel Zweifel an der Paranormalität der vermuteten AKE geäußert wurden, blicken wir im Folgenden noch auf ein zweites Beispiel mit den Merkmalen ‚**Herzstillstand**' und ‚AKE außerhalb der sensorischen Reichweite' oder kurz ‚**AKE-fern**'.

7.1.5.2. Bsp. (13) Tony: Besuch zu Hause (NTE-R, HSS, Koma, AKE-fern, TZE)

(13) Der folgende Bericht wurde aus Fallschilderungen zusammengestellt, die von zwei Forscherinnen stammen, die unabhängig voneinander ermittelt haben. Es geht einmal um Frau **Atwater**, einer Nahtod-Forscherin seit 1978, die rund 3000 NTE-Fälle überblickt, sowie um Frau Dr. **Barbara Rommer**, einer Internistin, die am Holy Cross Hospital in Fort Lauderdale, Florida, USA praktizierte († 2004 mit 60 Jahren). Von Letzterer wurden etwa 300 Personen befragt, die Nahtod-Erfahrungen gemacht hatten und darüber noch von niemand anderem interviewt worden waren. Einer von ihnen ist Tony (***19***, *S. 140-141*, ***22***, *S. 141-143;* ***369***, *S. 42-43;* ***381***, *S. 25-27*), dessen Fall im Folgenden vorgestellt wird.

Tony ist mit Pat Meo verheiratet, einer Oberschwester am erwähnten Holy Cross Hospital. Beide reisen 1993 in das 2000 Kilometer entfernte Milwaukee, Wisconsin, weil sich Tony dort einer Operation am offenen Herzen unterziehen muss.

Nach dem zunächst erfolgreich verlaufenen Eingriff kommt es zu einer Nachblutung, die eine erneute OP erfordert. Während der Vorbereitung dazu erleidet Tony einen **Herz- und Atemstillstand**. Die sofort einsetzende Herzmassage zeitigt zwar nach 30 Minuten Erfolg, für die nächsten zwei Wochen aber verharrt der Patient noch im **Koma** (***24***).

Während dieser halben Stunde, so berichtet Tony später, habe er zunächst neben dem Chirurgen gestanden und dabei mitbekommen, wie dieser ihn wiederzubeleben versuchte. Dann sei er *„hinauf an die Decke"* des Operationssaals geschwebt. Dabei habe er sich in Gedanken gefragt, ob seine Frau wohl ahnt, was sich hier gerade abspielt, woraufhin er sich augenblicklich im Wartezimmer befand. Dort sah er angeblich Pat weinend telefonieren. Danach sei in ihm der Wunsch aufgekommen, zu Hause in Florida zu sein. Und wiederum urplötzlich sei er nun dort im Esszimmer gewesen. Auf dem Tisch habe verstreut die Post gelegen, die der Betreuer des Hauses hereingeholt hatte: Briefe, Rechnungen, Werbesendungen und Zeitschriften, darunter auch ein dänischer Katalog für Büromaterialien. Er sei dort übrigens auch Zeuge davon geworden, wie der Hausbetreuer Sex mit seiner Freundin hatte.

Tony beschrieb das Aussehen dieser Frau. Weder er noch Pat kannten sie, ja sie wussten noch nicht einmal etwas über deren Existenz. Einen Büromaterialien-Katalog hatten sie auch nie bestellt. Tony konnte also auch davon nichts wissen.

All diese Beobachtungen wurden später als der Realität entsprechend bestätigt. Erst diese Bestätigungen überzeugten die anfangs außerordentlich skeptische Pat davon, dass ihr Mann nicht nur phantasiert oder geträumt hatte.

Tony erzählte auch von einem **Lebensfilm**, der nach seiner Interpretation sogar von **mehreren früheren Leben** gehandelt habe (**TZE**). In Begleitung eines **Engels** sei er dann auf ein Tor zu gegangen, wo er eingelassen wurde, nachdem ‚ein Mann mit einem **Gesicht aus Licht**' seine Identität überprüft habe. So sei er, wie er es ausdrückte, an den *„**schönsten Ort**, den ich je gesehen hatte"* gelangt: Blumen in leuchtenden Farben und, von einem Berg herabfließend, ein Strom kristallklaren Wassers. Vier in Roben gekleidete Personen und ein Mann, den er für ‚Petrus' hielt, hätten ihn bei seinem Gang begleitet. Und als er dabei einmal stolperte, habe ihn Petrus gefragt, ob er wieder zurückkehren möchte. Das sei von ihm, Tony, bejaht worden, denn Pat und seine ganze Familie hätten ihn doch noch gebraucht. Petrus habe ihm daraufhin gesagt, er könne zurückgehen, müsse aber zu einem bestimmten Datum wieder da sein und inzwischen eine bestimmte Mission erfüllen.

Tony hat zwar seiner Frau weder dieses Datum genannt, noch die ihm angeblich aufgetragene Mission beschrieben, jedoch starb er zweieinhalb Jahre danach, am 29. August. Zwei weitere Jahre später fand Pat in der hintersten Ecke einer Schublade zu ihrer Überraschung einen Zettel, auf dem in Tonys Handschrift geschrieben stand: „*Tag der Rückkehr: 29. August*" (**Präkognition**).

Meine Beurteilung

Dieser Bericht leidet unter den Mängeln, die für viele Nahtod-Berichte gelten. Genaue Zeitangaben fehlen, so dass man nur vermuten kann, dass die AKE zur Zeit des Herzstillstands statt fand. Daher die Fall-Kennzeichnung ‚HSS' ohne den Zusatz ‚relevant'. Für die nachprüfbaren Aussagen fehlen auch hier unabhängige Zeugen. Man muss sich in diesem Fall ganz auf eine einzige Berichterstatterin verlassen. (Die Autoren Rommer und Atwater erfuhren von all dem ausschließlich durch Tonys Ehefrau Pat.) Es fehlen außerdem genauere Angaben, beispielsweise zum Zustand des Gehirns von Tony während des NTE und darüber, welche Postsendungen in Florida außer dem Bürokatalog noch auf dem Tisch gelegen hatten. Lapidar heißt es nur, alles sei erfolgreich nachgeprüft worden. Aber: wie genau und bis in welches Detail?

Gerade Details sind in einem solchen Fall wichtig, denn je präziser über alle seine Einzelheiten berichtet wird, umso überzeugender ist er und umso weniger greifen dann die sogenannten normalen Erklärungen wie ‚logische Schlussfolgerung', ‚Kryptomnesie', ‚Zufall' oder ‚Betrug'.

Auf der Positiv-Seite steht in diesem Fall jedoch, dass die Informantin Pat anfangs ihrem Mann durchaus keinen Glauben schenken wollte, und daher wohl nicht dazu neigte, die Dinge übertrieben positiv darzustellen. Die Berichterstatterin, Dr. Rommer, ist zudem eine renommierte Internistin, welche die Zweigorganisation der IANDS (International Association for Near-Death Studies) für Süd-Florida gegründet hat. Sie kann als glaubwürdig gelten. Dasselbe gilt für Frau Atwater, die Autorin mehrerer einschlägiger Bücher über NTE.

Der Fall enthält typische Merkmale, die auch in vielen anderen Fällen auftreten, und stützt so das darüber vorhandene Wissen.

7.1.5.3. Liste weiterer Fälle (Herzstillstand, AKE-fern)

Neben den vorstehend erzählten beiden Beispielen gibt es weitere mit dem Merkmal ‚**Herzstillstand**' und ‚**AKE in der Ferne**'[23]:

Zumindest die in der Fußnote Nr. 23 genannten Beispielfälle können nicht als Konstruktion aus Mitgehörtem erklärt werden, weil Dinge oder Ereignisse weit jenseits der Hör- oder Sichtreichweite wahrgenommen wurden. Jedoch ist nicht sicher, ob die Erfahrungen genau während des Herzstillstands gemacht wurden (relevanter HSS). Wenn man nicht alles in Bausch und Bogen als unwahr verwerfen will, muss man zumindest hier und in den Beispielen aus Kapitel 7.1.4, S. 120 anerkennen, dass es sich höchst wahrscheinlich um unerklärliche oder paranormale Erfahrungen handelt.

7.1.6. Nahtoderfahrungen (NTEs) außerhalb oder während eines flachen EEGs?

Wir kommen zur Einwendung Nr. 6 der materialistischen Erklärungen in Kapitel 7.1, S. 101, die besagt: Natürliche Erklärungen lägen nahe, wenn das **Gehirn** während einer NTE bzw. AKE **nicht abgeschaltet** sei. Solange nicht nachgewiesen sei, dass sich NTEs genau dann entwickeln, wenn das Gehirn abgeschaltet sei (flaches EEG), gäbe es keine Berechtigung für spirituelle Erklärungen.

Die komplexen Bewusstseinsvorgänge während einer NTE können nach herkömmlichem Verständnis nicht von einem nicht mehr aktiven (ausgeschalteten) Gehirn hervorgebracht werden. Wenn es diese Vorgänge aber dennoch gäbe, müsste man anerkennen, dass Bewusstsein kein Nebenprodukt der Gehirntätigkeit ist. Dann wäre die Vorstellung eines den Tod überlebenden Bewusstseins sehr nahe liegend.

Als Zeichen für den Tod und damit ein nicht mehr funktionierendes Gehirn gilt allgemein ein Nulllinien-EEG (flaches **E**lektro-**E**nzephalo**G**ramm = Gehirnstromkurve).

Weil man während einer Wiederbelebung keine Zeit hat, ein EEG zu schreiben, gibt es kaum Beispiele für NTEs mit flachem EEG. Hilfsweise muss

---

[23] Eine Münze hoch auf dem Schrank gesehen und bestätigt *(**246**, S. 12-15)*; Die Unterhaltung auf dem Flur und **Gedanken lesen** *(**341**, S. 273-275; **369**, S. 80)*; Die Krankenschwester auf den Korridor begleitet und durch sie hindurchgelaufen *(**288**, S. 174-175)*; Die Familie auf dem Gang gesehen *(**384**, S. 145-148)*; Im Wartezimmer Gespräch mitgehört *(**160**, S. 225);* Geschehen im Krankenhaus, aber außerhalb des Krankenzimmers beobachtet *(**301**, S. 169-172).*

man auf Fälle mit flachem EKG, also Herzstillstand zurückgreifen, weil dann ein Nulllinien-EEG angenommen werden darf, wie wir von van Lommel ***(253**, S. 170-176)* wissen. Aber leider lässt sich in den allermeisten Fällen mit Herzstillstand, die mir bekannt sind, nicht festmachen, ob die AKE oder TZE genau in die **Spanne des flachen EKGs** hineinfällt (relevanter HSS). Den Mangel an solchen Fällen bestätigt auch der bekannte Nahtodforscher Melvin Morse *(**304**)*.

Dort und an anderer Stelle (**57**) heißt es, der Kardiologe Fred Schoonmaker aus Denver habe (leider nur mündlich) angegeben, 300 Fälle dokumentiert zu haben, in denen ein flaches EEG vorlag und dennoch NTEs berichtet wurden. In mindestens 55 Fällen habe das Nulllinien-EEG von 30 Minuten Dauer bis zu 3 Stunden die Abschaltung des Gehirns gezeigt. Obwohl diese Patienten wieder zu Bewusstsein gekommen seien, betrachte er, Schoonmaker, diese als vorübergehend klinisch tot. Ob die NTEs in diese Zeitspanne fielen, wird nicht weiter ausgeführt. Das bringt uns also nicht weiter.

Wir wollen hier stattdessen mit gut dokumentierten Beispielen argumentieren. Es gibt eine Kategorie von Fällen, in denen unmissverständlich gesagt wird, dass die **AKE** während der Zeit des **Herzstillstands** und ohne Beeinflussung durch eine Herzmassage stattgefunden hat. Das sind jene Fälle, in denen der Perzipient die Vorgänge um seine Wiederbelebung beschreibt. Ein solches Beispiel haben wir im Fall von Beekhuisen, Fall Nr. (11) ab S. 121 (die verlegte Zahnprothese) schon kennen gelernt. Dort wird klar gesagt, dass die Wiederbelebung durch kardio-pulmonale Reanimation (KPR) oder Herzmassage (mit Beatmung) erst begonnen wurde, nachdem dem Patienten das künstliche Gebiss aus dem Mund genommen und weggelegt worden ist. Nach erfolgreicher Wiederbelebung berichtet der Patient, beobachtet zu haben, dass und wohin seine Zahnprothese verstaut wurde. Diese Aussage wurde als zutreffend bestätigt. Der Patient hat also eine normal nicht mögliche Beobachtung während des Zeitfensters eines flachen EEGs bzw. einer funktionsunfähigen Großhirnrinde gemacht. Da in dieser Zeit auch der Pupillenreflex negativ getestet wurde, kann man davon ausgehen, dass tiefe Hirnschichten (das Stammhirn) ebenfalls außer Funktion waren.

Weil dieser Fall darauf hinaus läuft, den Beweis dafür anzutreten, dass geistige Leistungen (wie Beobachtung und Speicherung) bzw. Bewusstsein ohne Beteiligung des Gehirns möglich sind, sollten weitere Beispiele diese bedeutungsvolle Aussage erhärten.

7.1.6.1. Bsp. (14) Rudy: Außerkörperliche Erfahrung während des Herzstillstands (NTE, relevanter HSS, AKE-nah)

(14) Der amerikanische Herzchirurg **Lloyd W. Rudy** (1934-2012) operierte an Weihnachten um die Jahrtausendwende zusammen mit einem Partner einen Patienten am offenen Herzen. Als die Arbeit getan war, wurde die Leistung der Herz-Lungen-Maschine heruntergefahren. Das Herz des Patienten übernahm aber seinen Teil der Pumpleistung nicht, so dass die Maschine wieder hochgefahren werden musste. So oft die Ärzte es auch probierten, es gelang nicht, den Patienten von der Herz-Lungen-Maschine zu lösen. Ihnen blieb nach vielen Versuchen keine andere Wahl, als den Patienten für tot zu erklären (**Herzstillstand**) *(**368**; **369**, S. 71-78)*.

Sowohl die Herz-Lungen-Maschine als auch die künstliche Beatmung wurden abgestellt. Der für diese Geräte zuständige Anästhesist ging zum Essen. Der Assistenzarzt nähte den Patienten behelfsmäßig wieder zu, wie es für die vorgeschriebene Obduktion erforderlich ist. Die Putztruppe kam in den Operationssaal. Aus einem unerfindlichen Grund blieb die Überwachung für Blutdruck und Puls eingeschaltet und produzierte endlose Papierstreifen auf dem Fußboden. Auch die Ösophagussonde, von der aus man gute Herzschallbilder erhalten kann, lieferte ihr Ultraschallbild eines nicht schlagenden Herzens. Die beiden Chirurgen hatten ihre Arbeitskleidung abgelegt und standen hemdsärmelig diskutierend in der Eingangstüre zum Operationssaal. Es waren 20 oder 25 Minuten seit dem Abstellen der Herz-Lungen-Maschine vergangen, als sich zur größten Überraschung der Mediziner Lebenszeichen auf den Monitoren zeigten. Sofort riefen sie nach dem Anästhesisten und den Hilfskräften, um die Beatmung wieder einschalten zu lassen, und gaben dem Patienten das Herz unterstützende Medizin, ohne aber die Herz-Lungen-Maschine wieder anlaufen zu lassen. Das Wunder trat ein. Der Patient erholte sich, ohne bleibende neurologische Schäden zurückzubehalten.

Während seiner Rekonvaleszenz erzählte er Dr. Rudy von einem hellen **Licht**, das er während der Operation am Ende eines **Tunnels** gesehen habe. Was Dr. Rudy aber mehr interessierte war, dass der Patient behauptete, ihn und seinen Assistenten, Dr. **Cattaneo**, mit verschränkten Armen in der Türe stehen und diskutieren gesehen zu haben. Der Patient sagte auch: *„Ich weiß nicht, wo der Anästhesist war, aber er kam zurück gerannt. Ich bemerkte auch viele Benachrichtigungszettel, die auf den Monitor geklebt waren.“* Dr. Rudy erklärte dazu, dass die Pflegekräfte ihm mit den Stickern nach und nach während der OP die Telefonnummern mitteilten, die er nach der OP anrufen sollte. Diese Zettel konnte der Patient nicht vor der Operation gesehen haben, weil es sie zu Beginn noch nicht gab. Abgesehen davon werden die Augen der Patienten routinemäßig vor der Operation zugeklebt, um sie vor Schäden zu schützen. Er hätte sie also auch dann nicht sehen können, wenn er bei Bewusstsein gewesen wäre. Dr. Cattaneo hat diese Darstellung der Ereignisse später bestätigt.

Der Skeptiker, Dr. **Woerlee**, versuchte den Fall als bekanntes ‚Lazarus-Phänomen[24]' für normal zu erklären. Damit bekommt das ‚Kind' allerdings nur einen Namen. Erklärt ist damit jedoch nichts, weil man das Phänomen nicht versteht.

Meine Beurteilung

Mir fehlt die Phantasie, um eine normale Erklärung zu konstruieren, die den Schluss vermeidet, dass hier eine geistige Leistung hervorgebracht wurde, während das Gehirn außer Funktion war.

Hier folgt nun ein drittes Beispiel zu dieser Kategorie von AKEs, die sich während eines nachgewiesenen Herzstillstandes ereignen, der mit einem flachen EEG oder einem nicht arbeitenden Gehirn einhergeht:

7.1.6.2. Bsp. (15) Dr. Aufderheides Gedanken im Herzstillstand gelesen (NTE, relevanter HSS, AKE-fern, TZE)

(15) Dr. **Tom Aufderheide**, inzwischen ein bekannter Reanimationswissenschaftler, berichtete 2012 in der Diskussionsrunde einer Fachtagung von seinem ersten Patienten, den er vor vielen Jahren noch als Arzt im Praktikum reanimiert hatte. Aufderheide war damals erst seit fünf Tagen Arzt, als er von seinen Vorgesetzten um 5 Uhr morgens in die Intensivstation geschickt wurde, um nach einem Patienten zu schauen, der gerade einen Herzinfarkt überstanden hatte. Doch kaum, dass sich Arzt und Patient am Krankenbett miteinander bekannt gemacht hatten, verdrehte Letzterer die Augen nach hinten in den Kopf und fiel zurück aufs Bett. Der noch wenig erfahrene Doktor wusste nicht, ob es sich dabei ‚nur' um eine Ohnmacht handelte oder ob nicht doch schon ein **Herzstillstand** eingetreten war. Das klärte sich jedoch rasch auf, als nur kurze Zeit später fünf Krankenschwestern mit entsetzten Gesichtern in das Zimmer stürmten (***369***, *S. 80;* ***341***, *S. 273-275*).

[24] spontanes Wiedereinsetzen einer Kreislauffunktion bei bereits für tot gehaltenen Patienten.

Dr. Aufderheide hatte damals noch nie zuvor einen Herzstillstand behandelt und war nun als Mediziner ganz auf sich allein gestellt. Kein Kollege, der ihm hätte helfen können, war in diesem Moment zugegen. Sein erster Gedanke in dieser Situation wurde von einer Mischung aus Verzweiflung und Zorn geprägt: *„Wie konntet ihr mir das bloß antun?“* Damit zielte er auf seine Vorgesetzten, die ihn unvorbereitet in diese Situation geschickt hatten.

Aufderheide verabreichte dem Patienten sofort mit dem Defibrillator Elektroschocks und führte eine Herz-Lungen-Wiederbelebung durch, alles zum Glück mit Erfolg. Nach 10 Minuten kamen ihm dann endlich weitere fachkundige Personen zur Hilfe. Aber damals gab es noch keine hinreichend erprobte Therapie bei Herzinfarkten, und so blieb das Herz des Patienten zeitweise immer wieder stehen. Deshalb musste der Arzt die ganze Zeit über bei jenem Patienten bleiben, um ihn bei einem erneuten Stillstand immer wieder reanimieren zu können. Auf diese Weise befand er sich acht Stunden später, als gegen 13 Uhr das Mittagessen gebracht wurde, noch immer am Krankenbett. Dem inzwischen hungrig gewordenen Dr. Aufderheide war klar, dass sein noch immer bewusstloser Patient das Essen garantiert nicht anrühren würde. Und da auch er das Patientenzimmer keinesfalls verlassen konnte, aß er die für den Kranken bestimmte Portion einfach selbst. Schließlich würde es noch weitere Stunden dauern, bis der Patient stabilisiert war.

Etwa 30 Tage später, einen Tag vor seiner Entlassung aus dem Krankenhaus, beschrieb jener Patient seinem Retter ein Nahtod-Erlebnis, das er im Verlauf der kritischen Zeit gehabt haben musste. Nach seiner Schilderung war er dabei durch einen **Tunnel** gegangen, hatte das **Licht** gesehen, mit **verstorbenen Verwandten** und einem ‚**höheren Wesen**' gesprochen (**TZE**). Er war aber, so behauptete er jedenfalls, zugleich Zeuge einer Unterhaltung gewesen, die nachweislich zwischen seiner Frau und Dr. Aufderheide auf dem angrenzenden Flur stattfand (‚**AKE-fern**'). Zudem habe er einen EKG-Monitor beobachtet, der sich außerhalb seines physisch möglichen Gesichtsfeldes befunden hatte (***369**, S. 80*). Gegen Ende seines Nahtod-Erlebnisses sei ihm ‚gesagt' worden, er müsse jetzt zurückkehren.

Trotz aller Außergewöhnlichkeit dieser spirituellen Erfahrung entbehrte die Situation für den Patienten nicht einer gewissen Komik. Er meinte dazu: *„Hier starb ich vor Ihren Augen, und Sie dachten bei sich: ‚Wie konntet ihr mir das bloß antun?' Und dann haben Sie mein Mittagessen gegessen!“*

Meine Beurteilung

Entsprechend dieser Schilderung muss man davon ausgehen, dass dem noch unerfahrenen Arzt damals nicht sofort, sondern erst nach Minuten klar wurde, in welcher prekären und für den ihm Anvertrauten gefährlichen Lage er sich befand. Folglich kam es auch erst dann zu dem oben zitierten gedanklichen Aufschrei. Er hatte diesen Gedanken also zu einem Zeitpunkt, da der Herzschlag des Patienten lange genug ausgesetzt hatte, um sicher schlussfolgern zu können, dass sich dessen Gehirn wegen Sauerstoffmangels ‚abgeschaltet' hatte. Damit stellt sich die Frage, wie die telepathische Leistung, den **Gedanken** eines anderen Menschen zu ‚lesen', von einem, physisch bedingt, völlig inaktiven Gehirn vollbracht werden kann. Oder ist etwa dieses Abschalten des Hirns vielmehr der Telepathie förderlich? Auf jeden Fall bleibt die Frage im Raum, ob Wahrnehmung und Denken auch ohne Gehirn möglich sind.

Die Darstellung des Falls durch Parnia wurde dem Forscher Titus Rivas zwar in einer E-Mail von 2013 als korrekt bestätigt. Sie bleibt dennoch anekdotisch und unvollständig. Man hätte gern weit mehr Einzelheiten dieses Nahtod-Erlebnisses erfahren, und zwar möglichst jeweils in Relation zur konkreten medizinischen Situation, verbunden mit exakten Aussagen dazu, welche Elemente der Erfahrung durch wen zuverlässig bestätigt werden konnten.

Von einem Gedankenlesen während einer NTE wird auch in Kapitel 6.3.1 auf S. 59 berichtet.

Weil es nur wenige Beispiele gibt, die zeigen, dass eine AKE tatsächlich während des Herzstillstands stattfindet, sei hier noch eines gebracht, welches bei flachem EKG den Austritt der Seele zu bezeugen scheint und eine reichhaltige TZE mitbringt.

7.1.6.3. Bsp. (16) Austritt der Seele bei flachem EKG beobachtet (NTE, relevanter HSS, AKE-nah, TZE, Erscheinung)

(16) Die Amerikanerin **Jan Price** († 2. 4. 2011) ging am Morgen des 30. Dezember 1993 mit ihrem Mann John in der Nähe ihres Hauses in Boerne, Texas, nahe San Antonio spazieren. Ohne ersichtlichen Grund lief ein kleiner Hund auf die beiden zu und biss der Frau ins Bein. Obwohl der Vierbeiner, jedenfalls wie sein Besitzer versicherte, vollumfänglich geimpft war, fühlte sich Frau Price bereits wenige Stunden später zunehmend krank. Um 13:15 Uhr stand dann ihr Entschluss fest, den ärztlichen Rettungsdienst des Bezirks Kendall anzurufen. Als der Sanitätswagen 10 Minuten später ankam, konnte sich Jan noch selbst auf die Tragbahre legen. Sie wurde angeschnallt und an ein EKG-Gerät angeschlossen. Aber bereits weitere 10 Minuten später, um 13:35 Uhr, bekam sie Herzkammerflimmern (**Herzstillstand**) und wurde bewusstlos. Da der Versuch einer mechanischen Wiederbelebung scheiterte, musste Jan defibrilliert werden. Nach dem dritten Elektroschock endlich begann ihr Herz wieder zu schlagen, zunächst noch etwas langsam, nach vier Minuten jedoch wieder ganz normal. Die Frau atmete auch wieder. Bald danach flog man sie mit einem Rettungshubschrauber nach San Antonio ins Baptist Hospital (***350****;* ***351****;* ***369****, S. 109-112;* ***479***).

John, ihr Mann, war Zeuge des ganzen Geschehens. Er ließ dabei auch den EKG-Monitor nicht aus den Augen und bemerkte, dass darauf plötzlich nur noch eine horizontale Linie geschrieben wurde. Genau zu diesem Zeitpunkt will er gesehen haben, wie sich von Jans Körper gleichsam ein zweiter Körper löste, der, in ein grünes Gewand gekleidet, nach oben zu steigen schien (**Körperaustritt**). John habe, wie er später sagte, seinen Sinnen nicht getraut und daher die Augen kurz zu und wieder auf gemacht, um festzustellen, ob er etwa nicht doch träume. Der mysteriöse visuelle Eindruck sei jedoch zunächst geblieben. Erst wenig später sei er verschwunden, wobei das **EKG** noch immer die für einen Herzstillstand typische flache Linie gezeigt habe.

Damit sei aber, so John, seine mysteriöse Vision als der eines außenstehenden Beobachters noch nicht beendet gewesen. Völlig unerwartet habe für einen Augenblick die drei Wochen zuvor gestorbene **Hündin** des Ehepaars, Maggy, neben der Krankentrage gestanden, dann aber sehr bald insgesamt fünf menschlichen Gestalten Platz gemacht. Diese schienen ‚hauchzart materialisiert' und wurden offensichtlich von den anwesenden Sanitätern gar nicht bemerkt. Bei diesen **Erscheinungen** habe es sich um zwei Frauen und drei Männer gehandelt, die sich am Körper der noch Bewusstlosen irgendwie zu schaffen gemacht hätten. Ohne diesen direkt zu berühren, hätten sie diesen auf seltsame Weise massiert und ihm offenbar Energie ‚zugefächelt'. In einer der Frauengestalten erkannte John, wie er sagte, eine, die mit ihm in den frühen Siebzigern in Houston in der Werbebranche zusammengearbeitet hatte. Als diese Frau 1975 starb, war sie erst 35 Jahre alt gewesen. Auch die zweite Frau will John wiedererkannt, sich aber an ihren Namen nicht mehr erinnert haben. Die drei männlichen Wesen habe er nicht identifizieren können, da sie mit dem Rücken zu ihm gestanden hätten. Als Jan wieder zu atmen angefangen habe, seien alle fünf Figuren sofort wieder verschwunden.

Jan ihrerseits gab später an, zeitlich parallel zu dem, was ihr Mann beobachtet haben will, die gesamte Rettungsaktion ‚von oben aus' miterlebt zu haben (**AKE-nah**). (Wie einer der daran beteiligten Sanitäter im Video (***351****, 7:35*) zu Protokoll gab, entsprachen diese ihre Schilderungen exakt der Realität, und dies bis hin zu den Worten, die dabei von den Einsatzkräften gesprochen worden waren.) In der besagten Zeitspanne, so Jan, sei sie sehr verwundert darüber gewesen, wie realistisch sie das alles habe wahrnehmen können, ganz anders als etwa in einem Traum. Zugleich habe sie den Eindruck gehabt, gerade im Begriff zu sein zu sterben, und sie habe gestaunt, wie leicht das vonstatten geht. Obwohl sie gewusst habe, sich jetzt schon außerhalb ihres Körpers zu befinden (**AKE**), habe sie in dieser Zeit nicht anders gefühlt und gedacht als sonst auch. So habe sie sich beispielsweise Sorgen um John gemacht, der nun sicher ohne sie zurechtzukommen hatte. Bestimmt werde er jetzt nicht immer wissen, wo die Dinge seines Alltags zu finden sind. Und dabei sei ihr eingefallen, dass sie ja auch die Wäsche noch nicht gewaschen hatte.

In jenen Augenblicken, so ‚erinnerte' sich Jan ziemlich genau, habe sie plötzlich die Gegenwart mehrerer **Wesenheiten** gespürt, helfender **Engelwesen**, deren Licht sie als eine Art Energie wahrnahm. Dann sei sie mit einer deutlichen Aufwärtsbewegung in einen Ozean aus leuchtendem Blau eingetaucht, in dem sie Ruhe, Frieden, Freude und eine unendliche **Liebe** empfunden habe. Sie sei dort glücklich gewesen, weil sie sich Eins mit Gott gefühlt habe (**TZE**). Goldene **Lichtstrahlen** hätten sie durchdrungen und alle körperliche Schwere und jegliche Belastungen aus der Vergangenheit seien verflogen gewesen.

Jans Bericht zufolge waren nun Erinnerungen an ihre Geburt aufgetaucht. Sie habe in unglaublicher Geschwindigkeit einen **Lebensfilm** vor sich ablaufen sehen, und ihr sei dabei klar geworden, dass sie in vielen Situationen ihres Lebens Schuldgefühle entwickelt hatte. Nach dieser Rückschau jedoch habe sie sich gleichsam auf einer höheren Bewusstseinsebene wiedergefunden. Dann sei ihre geliebte, vor weniger als einem Monat verstorbene **Hündin** Maggy zu ihr gekommen. Sie habe jünger ausgesehen, so wie ‚in ihren besten Jahren', und habe zu ihr ‚gesagt': *„Weißt du, dass Daddy nicht damit umgehen kann, dass wir beide jetzt schon gegangen sind?"* Jan habe daraufhin gesagt: *„Ja, deshalb werde ich auch wieder zurück gehen. Wirst auch du bald zurückkommen?"*. *„Wenn es so weit ist, werden wir es wissen"*, habe Hündin Maggy ‚geantwortet' und hinzugefügt: *„Jetzt aber will ich dir wundersame Dinge zeigen. Lass uns gemeinsam gehen."*

Nach Jans Schilderung wurde sie von Maggy zunächst in einen Bereich von entzückender Farbenpracht geführt. Diese Farben hätten auf sie den Eindruck einer Art flüssiger Energie gemacht, die noch darauf wartete, ‚geformt' zu werden. Maggy habe ihr auch gezeigt, wie man die jeweiligen Formen willentlich dadurch festlegt, dass man sich mit einer geistigen Anstrengung ein bestimmtes Bild von der gewünschten künftigen Gestalt macht, gewissermaßen seine **gedankliche Vorstellung** darauf fokussiert.

Beim ‚Weitergehen' hätten sie, so Jan, im Hintergrund eine wunderbare **Musik** vernommen. Sie seien auf eine **blumenübersäte Wiese** gekommen. Immer dann, wenn sie dort eine der Blüten gepflückt habe, sei an ihrer Stelle augenblicklich eine neue entstanden.

Maggy habe dann Jan zu einem Platz geführt, wo man quasi auf alle Fragen gleich die entsprechenden Antworten erhielt. Ein Gebäude, das wie ein griechischer **Tempel** aussah, habe die Inschrift ‚Tempel des Wissens' getragen. Viele Menschen in weißen Gewändern seien dort gekommen und gegangen, hätten in Gruppen zusammen gestanden und miteinander diskutiert. Ihrem Aussehen nach seien auch sie alle im besten **Alter** gewesen. Sie, Jan, habe Teile dieser Gespräche angehört und dabei erfahren, dass die neuen Ideen, die in jenen Diskussionsgruppen zur Sprache kamen, auf irgendeine Weise als **Intuitionen** zur Erde ‚gefunkt' würden und bestimmte Menschen zu Erfindungen, wissenschaftlichen Entdeckungen oder auch zu Kunstwerken **inspirierten**. Im Inneren des Tempels habe sie Personen dabei beobachten können, wie sie ihrer Kreativität freien Lauf ließen. Einige von ihnen hätten an Staffeleien gestanden und gemalt, einer habe auf einer Art Flöte gespielt, andere hingegen getanzt oder einfach so etwas wie Sport getrieben. Ein Blick nach draußen habe ihr Kinder gezeigt, die auf einer grünen Wiese spielten.

Im Zentrum dieses Tempels aber, so Jan weiter, sei sie einigen ‚bärtigen, **weisen Männern** in weißen Roben' begegnet, die ihr angeboten hätten, all ihre Fragen zu beantworten. Sie habe diese noch nicht einmal formulieren müssen, weil die Weisen schon genau wussten, was sie fragen wollte. So hätten sie ihr auch sogleich erklärt, warum sie nicht durch einen **Tunnel**, sondern direkt ins Licht gegangen war. Sie sei nämlich früher schon einmal hier gewesen und habe deshalb den Weg ins Licht bereits gekannt. So habe sie auch nicht mehr durch den Tunnel geleitet werden müssen. Auch erfuhr sie von den Weisen, warum sie außer Erwachsenen in ihren besten Jahren hier auch Kinder gesehen habe. Diese Seelen seien eben mit der Vorstellung in die Jenseitswelt gekommen, Kinder zu sein. Hier würden sie nun so lange ‚gepflegt' und ‚genährt', bis sie ihr Erwachsensein annähmen. Der Glaube, mit dem man die Erde verlasse, so erfuhr es Jan, bestimme anfänglich jene **Wirklichkeit**, in der man sich nach dem Tod wiederfinde. Niemand aber sei auf Dauer darin gefangen, sondern könne sich zu immer höheren Formen des Seins **entwickeln**. Unser tief empfundener Glaube beeinflusse dabei nicht nur uns selbst, sondern auch andere. Denn wir seien auf komplizierte Weise mit allem verbunden, was existiert.

Wie Jan berichtet, hat man ihr gewissermaßen als Beispiel für diese Erkenntnis die Skyline einer großen **Stadt** gezeigt – ein Panorama, das sie gleichzeitig in drei ‚Dimensionen' habe sehen können. Die erste habe quasi die niedrigste Form der Existenz dargestellt, in der Bösartigkeit, Hoffnungslosigkeit und Schmutz herrschen. Die zweite sei geprägt gewesen von der Dualität nebeneinander existierender Gegensätze wie Liebe und Hass, Freude und Sorge oder Glücklich- und Unglücklich-Sein, ganz wie wir dies von unserem irdischen Leben her kennen. In der dritten ‚Dimension' habe sich jene Stadt in einem Glanz reinen Golds gezeigt. Ihre Einwohner verliehen ihr Ruhm und Ehre, da sie in Frieden, in Harmonie und Freude lebten, was zu Schönheit und Erfüllung führe. Die Weisen hätten Jan auch gesagt, der Geist Gottes drücke sich sowohl in ihr als auch in allen anderen Wesen aus, einfach in allem, was existiert.

Als sich Jan im Inneren des Tempels befand, hatte sie, wie sie berichtete, das Gefühl, **allwissend** zu sein und mit Gott in inniger Verbindung zu stehen. Zugleich sei ihr die eigene Seele in Gestalt einer wunderschönen Frau begegnet. Dann habe sie gespürt, wie sie – ohne dass sie es noch kontrollieren konnte – von einem ‚Wirbel' zurückgezogen wurde, mit den Füßen voran. Sie sei an weiß gekleideten Leuten vorbeigekommen, die sie zum Teil wiedererkannt habe. Sie hätten gewinkt und ihr etwas zugerufen, was sie jedoch nicht habe verstehen können. Das bis zu diesem Moment sehr lebendige Bild all dieser ihrer Wahrnehmungen sei nun gleichsam ‚eingefroren'. Als sie sich ihrem physischen Körper genähert habe, hätten dort fünf Individuen offenbar auf sie gewartet, um ihr Hilfestellung zu geben. Zuletzt habe sie noch Maggys Hundegesicht gesehen, bevor sie sich wieder mit verschwommenem Bewusstsein in ihrem physischen Körper befunden habe.

Meine Beurteilung

Weder beim sogenannten Hellsehen in die Ferne (**remote viewing**, früher ‚traveling clairvoyance') noch bei Nahtod-Erlebnissen ließ sich bisher zweifelsfrei feststellen, ob und wie sich das Bewusstsein – in welcher Form auch immer – wirklich vom Körper löst und sich dann jeweils ‚vor Ort' begibt. Vorliegendes Beispiel liefert mit Johns Wahrnehmung wenigstens einen Zeugen dafür, dass es sich tatsächlich so verhalten könnte, wie es von den betreffenden Erfahrungsträgern nicht selten wahrgenommen wird: In Todesnähe löst sich etwas vom fleischlichen Körper – konkret sogar eine diesem ähnelnde Gestalt – und schwebt ‚nach oben'. Je mehr Zeugen gefunden werden, die von einem derartigen Geschehensmuster berichten, umso glaubhafter kann dieses auch werden (siehe dazu Kapitel 7.1.9.3, S. 162).

Allerdings reicht der eine hier vorgestellte Fall allein dafür nicht aus. Das berichtende Ehepaar Jan und John Price ist nämlich, wie man in der entsprechenden Literatur nachlesen konnte, sehr spirituell eingestellt, sodass ein starker Einfluss ihrer Glaubensvorstellungen auf das Erlebte denkbar ist. Um diesen weitgehend ausschließen zu können, müssten auch (möglichst viele) entsprechende Berichte von Erfahrungsträgern analysiert werden, die eher oder sogar konsequent materialistisch voreingestellt sind (siehe dazu Kapitel 7.1.9.3, S. 162).

Ein anderer Punkt, der bei diesem Fall Zweifel aufkommen lässt, ist die Rolle der Hündin Maggy. Ein Tier soll menschliche Fähigkeiten besitzen, und dies noch dazu im Jenseits? Ich war deshalb geneigt, den vorstehenden Bericht nicht in das Buch aufzunehmen, auch nicht teilweise. Doch dann kamen mir Fernsehbilder von Intelligenzleistungen von Vöglen und Affen in den Sinn und die Arbeit von **Rupert Sheldrake**. Darin wird die paranormale Fähigkeit des Hundes ‚Jaytee' nachgewiesen, zu wissen, wann sein Herrchen nach Hause kommen wird ***(414)***. Dann gibt es da in meiner Literatursammlung noch 5 Bücher, in denen unglaubliche Intelligenzleistungen von Tieren dokumentiert sind und über Kommunikationen mit verstorbenen Haustieren berichtet wird ***(16, 34, 401, 415, 421)***. Papier ist geduldig, dachte ich mir im Stillen, als ich eine E-Mail von einer meiner Korrespondentinnen bekam, die schon lange Zeit mit Tieren telepathisch verkehrt. Sie bestätigte anhand selbst erlebter Vorkommnisse all das, was ich gelesen hatte, einschließlich der Reinkarnation von Haustieren. Das stimmte mich um. Ich wollte auch keine Meinungszensur ausüben. Schließlich könnte ja auch noch folgende alternative Erklärung zutreffen:

Die Vorstellungen, die man in den Tod mitnimmt, ändern sich mit dem Sterben keinesfalls schlagartig. War doch die Hündin Maggy für die Prices wie ein Familienmitglied, mit dem man sich im gewohnten täglichen Miteinander gleichsam ebenso ‚unterhielt' wie mit einem kleinen Kind. Man sollte also die von Jan wiedergegebenen jenseitigen ‚Gespräche' mit dieser Kreatur nicht so verstehen, als ob generell auch Tiere nach ihrem Ableben und Erwachen im Jenseits wie Menschen denken und sprechen können. Der Hund könnte als Symbolfigur für einen Führer durch das Jenseits gestanden haben.

Noch eine Bemerkung zur Wichtung der verschiedenen Elemente des vorliegenden Falles: Über die im Prinzip nachprüfbaren Beobachtungen der Wiederbelebung berichte ich darin nur knapp und oberflächlich, denn sie spielen hier nur eine untergeordnete Rolle. Andererseits habe ich die prinzipiell nicht nachprüfbaren ‚Erinnerungen' über den kurzen Aufenthalt im Jenseits recht ausführlich vorgestellt. Dies in der Absicht, sie später mit gleichartigen und/oder ähnlichen Fällen, die von anderen Autoren vorgestellt werden, kritisch vergleichen zu können. Bemerkenswert ist bei dem vorliegenden Beispiel zumindest, dass im Hinblick auf die Loslösung vom Körper, die Rolle der Hündin sowie die fünf ‚Helfer' die entsprechenden Aussagen des Ehepaars auffallend übereinstimmen.

Es gibt weitere Beispiele zu AKEs während eines Herzstillstandes *(**339** S. 92-94 = **369**, S. 82-83; **369**, S. 90-91)*.

Mit diesen Indizienbeweisen dafür, dass Gedanken und Erinnerungen ohne Beteiligung des Gehirns möglich sind, geben sich hartgesottene Skeptiker nicht zufrieden.

7.1.7. Restaktivitäten des Gehirns während eines flachen EEGs?

Der materialistische Erklärungsversuch Nr. 7, S. 101 aus Kapitel 7.1 besagt Folgendes: Skeptiker – in die Enge getrieben durch Belege von der Art des vorstehenden Kapitels 7.1.6, S. 132 - retten sich in die Behauptung, das Stammhirn könne auch bei **flachem EEG** (Nulllinien-EEG) **noch aktiv** sein. Das EEG erfasse – erstens – nur die Aktivität des Großhirns oder der Hirnrinde. Das werde durch folgende zweite, weitere Behauptung ergänzt: Bewusstsein, Gedanken und Erinnerungen könnten auch durch das Stammhirn ermöglicht werden.

(Siehe dazu auch meine Beurteilung in Beispielfall (11), fett gedrucktes Stichwort ‚EEG', S. 124).

Zum ersten Punkt schreibt der Nahtodforscher van Lommel *(**253**, S. 172)*:

„Aus zahlreichen Studien mit Menschen und Tieren wissen wir, dass bei einem vorsätzlich erzeugten Herzstillstand durch den Funktionsverlust der Hirnrinde und des Hirnstamms innerhalb weniger Sekunden Bewusstlosigkeit eintritt. Der Ausfall der Hirnstammreflexe bedeutet: Es gibt weder einen Kornealreflex (Lidschlussreflex bei Berührung des Auges) noch einen Schluckreflex und die Pupillen sind lichtstarr. Bei einem Atemstillstand muss man auch von einem Ausfall des Atmungszentrums in der Nähe des Hirnstamms ausgehen."

Zusammen mit der Aussage, dass innerhalb von 10 bis 20 Sekunden nach einem Herzstillstand auch keine Hirnströme mehr messbar sind (‚flaches EEG'), bedeutet das, dass nicht nur das Großhirn, sondern auch das Kleinhirn (Stammhirn) seine Funktion einstellt, kurz nachdem das Herz zu schlagen aufgehört hat *(**253**, S. 173)*.

Dies ist keine Einzelmeinung, sondern wird von anderen Forschern bestätigt:

Der Nahtodforscher Parnia schreibt: *„Während eines Herzstillstands geht die Aktivität des Stammhirns rasch verloren, was dazu führt, dass der Pupillen-*

reflex auch ausbleibt, sogar dann, wenn Arzneien gegeben worden sind" (**338**, S. 6, Fußnote).

Bei zwei italienischen Forschern aus Padua lesen wir: *„Evozierte Potentiale, künstlich hervorgerufene Signale im EEG, wie wir sie vom Fall der Pam Reynolds kennen (Kapitel 7.1.2.1, S. 109, Fall Nr. (9)), prüfen den Signalweg durch das Stammhirn bis hinauf zu den sensorischen Arealen der Großhirnrinde. Sie sind beständiger gegen Blutarmut (Blutleere, Fachwort: Ischämie) als das EEG, verschwinden aber bei Herzstillstand"* (**132**, S. 4).

Wenden wir uns nun der zweiten Behauptung zu, Bewusstsein, Gedanken und Erinnerungen könnten auch durch das Stammhirn ermöglicht werden.

Pim van Lommel schreibt dazu (**253**, S. 176): *„Aus Studien, die unter anderem mit Hilfe der Magnet-Resonanz-Tomographie (MRT) durchgeführt wurden, ging hervor, dass die gemeinsame und gleichzeitige Aktivität von Hirnrinde, Hirnstamm und den Verbindungsbahnen Hippocampus und Thalamus eine notwendige Voraussetzung für bewusste Erfahrungen darstellt."*

Die genannten italienischen Wissenschaftler bestätigen das. Sie sagen sinngemäß (**132**, S. 4): Die Beweise mehren sich dafür, dass Bewusstsein durch eine starke Kohärenz (Zusammenhang) im Gamma-Frequenzband des EEG vermittelt wird, die unterschiedliche Bereiche der Hirnrinde zusammenbindet. Wo es kein EEG-Signal gibt, kann es auch die genannte Bindung nicht geben, die Bewusstsein ausmacht.

Pim van Lommel dazu noch einmal sinngemäß: Bei Patienten mit Herzstillstand lassen sich die spezifischen Formen von Gehirnaktivität, die nach Auffassung moderner Neurowissenschaften für eine bewusste Erfahrung notwendig sind, nicht mehr erkennen (**253**, S. 174).

Als Resümee können wir also sagen, dass beide eingangs genannten Behauptungen dem Stand des Wissens widersprechen. Wer also behauptet, es könne bei Herzstillstand Restaktivitäten im Kleinhirn geben, die Bewusstsein hervorbringen, muss Belege dafür vorweisen, wenn er dem Vorwurf entgehen will, mit unbelegten Vermutungen zu argumentieren.

Für den hier erläuterten Erklärungsversuch Nr. 7, S. 101 aus Kapitel 7.1, gibt es kein Beispiel aus der NTE-Forschung.

7.1.8. NTEs kurz vor oder nach einem Herzstillstand?

Die materialistische Erklärung Nr. 8, S. 101 in Kapitel 7.1 besagt: Die erstaunlichen Leistungen des Bewusstseins während einer NTE könnten nur fälschlich der Phase zugeordnet sein, in der das Gehirn z.B. wegen eines

Herzstillstandes abgeschaltet sei. Die NTE könne aus der Zeit kurz **vor oder nach dem Herzstillstand** stammen, wenn das Gehirn normal arbeite. In diesem Fall würden sich spirituelle Erklärungen verbieten.

Darauf will ich nur kurz eingehen.

Schon die Beispiele in Kapitel 7.1.6, S. 132 zeigen, dass hier Dinge und Ereignisse erkannt wurden, die während des Herzstillstands und nicht nur an dessen Beginn oder Ende lagen. Der Lösungsvorschlag läuft hier ins Leere.

Eine AKE zu erwarten, wenn dem Gehirn eine Blockade durch Herzkammerflimmern bevorsteht, macht keinen Sinn, weil viele nachweislich richtige Beobachtungen aus der Zeit danach stammen; wie z.B. über die Reanimierung. Diese Erklärung versagt, wenn sie verallgemeinert wird.

Die Frage, ob NTEs aus der Zeit der Erholungsphase nach einem Herzstillstand stammen könnten, wurde bereits in Kapitel 7.1.1, S. 106 angesprochen und verneint *(**316**)*. Zur Rettung dieses Einwands wird angeführt, dass unerklärliches Wissen über die Zukunft (Präkognition) oder die Vergangenheit (Retrokognition) in diesen Übergangsphasen eine Rolle spielen könnte. Dafür gibt es allerdings keine Belege, so dass ich diese Erklärung nicht weiter verfolgen möchte *(**316**)*.

7.1.9. Die Behauptung: ‚Außerkörperliche Erfahrungen (AKEs) seien Einbildung. Es gebe keine Seele'

Der Einwand fundamentalistischer Skeptiker lautet nach Nr. 9, S. 101 der Liste in Kapitel 7.1: Nichts könne sich vom Körper gelöst und von der Decke auf die Operationsszene hinabgeschaut haben, weil es keine Seele gebe, die sich vom Körper lösen könnte.

Mit vorgefasster Meinung, wie hier, wollen wir nicht an eine so schwierige Thematik herangehen. Es gilt vielmehr, die offene Frage zu beantworten, ob es Hinweise darauf gibt, dass die Berichte über AKEs tatsächlich wörtlich zu nehmen sind. Kann sich etwas vom Körper lösen und von einem getrennten Ort aus Beobachtungen anstellen (**Körperaustritt**)?

Erste Hinweise auf die Möglichkeit der Loslösung ergeben sich aus der immer stimmigen Perspektive der Schilderungen. Da kann von oben in die geöffnete Operationswunde des eigenen Körpers oder auf die staubige Oberseite einer Hängelampe geschaut werden oder es können Körperteile die Sicht von der Seite versperren *(**235**, S. 192; **453**, S. 168)*. Da man dies als erstaunliche Leistungen der Vorstellungskraft in Verbindung mit ASW auffassen könnte, muss hier tiefer nachgeforscht werden.

7.1.9.1. Laborexperimente zu außerkörperlichen Erfahrungen (AKEs)

Es gibt bestimmte Menschen, die behaupten, mit gewisser Regelmäßigkeit spontane außerkörperliche Erfahrungen (AKE) zu machen. Andere meinen sogar, willentlich aus ihrem Körper austreten zu können. Beide Personenkreise eignen sich deshalb für **Labor-Experimente** zur Erforschung dieser außergewöhnlichen Bewusstseinszustände, was verschiedene Wissenschaftler auch bereits genutzt haben. In unserem Kontext ergibt sich die Frage: Können Laborexperimente Klarheit darüber bringen, ob sich irgendetwas vom Körper lösen und ob es Beobachtungen aus neuer Perspektive machen kann.

7.1.9.1.1. Bsp. (17) Prof. Tart experimentiert mit ‚Frau Z' (AKE-nah)

(17) Als erstes Beispiel hierfür sei ein Versuch beschrieben, den der Amerikaner **Charles Tart** 1965 mit einer jungen Frau unternommen hat, der er das Pseudonym ‚Frau Z' gab (***374***). Tart ist Professor der Psychologie und befasst sich bis heute mit den Grenzgebieten der Psychologie, mit der Überlebensfrage und auch mit den AKEs.

Frau Z, eine seiner guten Bekannten, erzählte ihm, sie trete zwei- bis viermal wöchentlich spontan aus ihrem Körper aus und sei bereit, sich diesbezüglich testen zu lassen (**AKE**). Prof. Tart nahm sie daraufhin für vier aufeinanderfolgende Nächte zu entsprechenden Versuchen in seinem Schlaflabor auf.

Frau Z hatte dem Professor berichtet, dass sie in der Regel ein- oder zweimal pro Nacht aufwache und sich bei vollem Bewusstsein unterhalb der Zimmerdecke schwebend erlebe. Von dort aus sehe sie oft ihren Körper im Bett liegen. Als eine Art Vorversuch wurde sie deshalb von Prof. Tart gebeten, zunächst einmal bei sich zu Hause Zettel mit den Zahlen 1 bis 10 zu beschriften. Vor dem Schlafengehen sollte sie jeweils einen davon nach dem Zufallsprinzip auswählen und – ohne jedoch einen Blick darauf zu werfen – auf ein Möbelstück legen, wo man ihn nur von oben, d.h. keinesfalls von der Ebene des Bettes aus sehen konnte. Wenn sie dann nachts während einer ihrer AKE von der Decke schaue, solle sie sich die betreffende Zahl ansehen und möglichst auch bis zum nächsten Morgen merken. Zwei Wochen später berichtete die Frau, während 7 Nächten exakt so vorgegangen zu sein und jedes Mal am Morgen tatsächlich die richtige Zahl gewusst zu haben. Das war zwar kein wirklich ‚wasserdichter' Test, aber schien doch ein gutes Omen für die geplanten Versuche im Labor zu sein.

Im Schlaflabor wurde Frau Z in ihrem Bett liegend fürs Erste ‚verkabelt', um bei ihr das **EEG**, die Augenbewegungen (REM), den Hautwiderstand und anderes mehr messen zu können. Dadurch wollte man herausfinden, ob und inwieweit sich der von ihr behauptete Zustand der Außerkörperlichkeit auch in den entsprechenden Messdaten zeigt. Ein wichtiger Nebeneffekt dieser Maßnahme bestand darin, dass Frau Z durch die Kabel daran gehindert wurde aufzustehen, um etwa – bewusst oder unbewusst – nachzusehen, was sich über ihrer Liegestatt befindet. Ungefähr 1,65 m über ihrem Kopf war nämlich ein Brett an der Wand befestigt worden, auf das Prof. Tart jede Nacht ein Schild, beschriftet mit einer jeweils anderen fünfstelligen **Zufallszahl**, so positionierte, dass es nur von oben gut sichtbar war. Frau Z's Aufgabe bestand nun darin, immer dann, wenn sie das Gefühl hatte, aus ihrem Körper ausgetreten zu sein, zu versuchen, die betreffende Zahl zu lesen, und gleich danach aufzuwachen, um sie zu nennen oder zu notieren.

Die ersten drei Nächte verliefen völlig ergebnislos. Frau Z war ärgerlich darüber, dass es ihr, wie sie sagte, nicht gelungen war, hoch genug zu schweben, um jene Zahl auch lesen zu können. Am Morgen nach der vierten Versuchsnacht jedoch wachte Frau Z um 6:04 Uhr auf und nannte die von Prof. Tart nach dem Zufallsprinzip zusammengestellte Zahl: 25132. Dieses Testergebnis war richtig und nun seinerseits kaum durch Zufall erklärbar. Bemerkenswert hieran ist vielleicht noch, dass Frau Z aus irgendeinem Grund erwartet hatte, dass das Schild mit der jeweiligen Zahl stets hochkant auf das Brett über ihrem Kopf gestellt werde. Sie habe aber während ihrer AKE genau gesehen, dass es dort in der Horizontale lag; und so hatte es der Professor auch tatsächlich hingelegt.

Gegen diesen Versuch wurde eingewendet, Frau Z könne die zu erkennende Zahl als Spiegelung am schwarz glänzenden Gehäuse einer Wanduhr gesehen haben, die oberhalb des Bretts bzw. des Schildes hing. Prof. Tart und Dr. Hastings überprüften diese Möglichkeit und kamen dabei zu dem Ergebnis, dass sie bei der ausgesprochen schwachen Beleuchtung, die nachts im Schlafraum herrschte, offensichtlich nicht bestanden hatte. Zumindest den beiden Forschern selbst war eine auch nur annähernde Entzifferung nicht gelungen. Um dem Argument mit der Spiegelung am Uhrgehäuse überhaupt eine Chance einzuräumen, müsste man wenigstens eine Art unterschwellige Wahrnehmung durch Frau Z für möglich halten. Ein weiterer Einwand bezog sich darauf, dass Prof. Tart die fragliche Zahl ja kannte, und man sie deshalb im Prinzip hätte telepathisch von ihm ‚abzapfen' können. Abgesehen davon bleibt natürlich immer die Möglichkeit, das überraschende Wissen dieser Frau um die richtige Zahl damit zu erklären, dass es von ihr hellsichtig erworben wurde.

Ein eindeutiger Zusammenhang zwischen physiologischen Messdaten wurde übrigens nicht gefunden. Es blieb bei einigen unterschiedlichen Auffälligkeiten.

Meine Beurteilung

Um die Aussagekraft der Ergebnisse des Experiments von Prof. Tart seriös bewerten zu können, möchte ich auf weitere Versuche dieser Art verweisen:

7.1.9.1.2. Bsp. (18) Außerkörperliche Erfahrung bei Ingo Swann (AKE-nah)

(18) So wurde Anfang der 1970er Jahre in der amerikanischen parapsychologischen Gesellschaft (American Society for Psychical Research) ein ähnliches Experiment mit **Ingo Swann** gemacht, einem Mann, der angab, willentlich aus dem Körper austreten zu können (**AKE**). Von einer nicht weiter an diesem Versuch beteiligten Person wurden bestimmte Objekte zufällig ausgewählt und auf ein Brett gelegt, das im Versuchsraum weit oben an der Decke aufgehängt worden war. Mit entsprechendem zeitlichem Abstand legte sich dann Herr Swann auf eine Liege unter dem Brett und wurde dort von Frau Mitchell zur Messung physiologischer Parameter verkabelt. Gewissermaßen als ein beabsichtigter Nebeneffekt konnte der Mann so nicht mehr unbemerkt aufstehen, um sich vielleicht einen Blick auf das Brett zu verschaffen. Er hätte dazu freilich eine Leiter benötigt, die ihm ohnehin nicht zur Verfügung stand.

Nach dieser Absicherung wurde Swann gebeten, nun im Schlaf außerkörperlich auf das besagte Brett bzw. auf die darauf positionierten Objekte zu schauen, und nach dem Aufwachen seinen Eindruck davon zeichnerisch festzuhalten. Ein unabhängiger Juror wurde gebeten, danach dem jeweiligen Objekt die entsprechende Zeichnung zuzuordnen. Das gelang bei 8 Paarungen bestens – eine Übereinstimmung, für die eine Zufallswahrscheinlichkeit von 1:40.000 berechnet wurde (***9***; ***282***, *S. 5*). Weil hier aber ein Mensch die verwendeten Objekte auswählte und kannte, also in seinem Gehirn gespeichert hatte, ist eine Erklärung dieses außergewöhnlichen Erkennens durch Telepathie nicht ausgeschlossen. Ähnliche Versuche wurden in fünf prospektiven Studien unternommen. In keiner trat aber eine verifizierte paranormale Wahrnehmung auf (***202***, *S. 203-209*).

7.1.9.1.3. Bsp. (19) Die AWARE-Studie (HSS, AKE-nah)

(19) Die neueste prospektive[25] Studie von Medizinern, die sog. **AWARE-Studie** (**AWA**reness during **RE**suscitation), ist zwar sehr breit angelegt (***340***), ihr bisheriges Ergebnis jedoch sehr ernüchternd:

An den 15 daran teilnehmenden Kliniken aus Großbritannien, USA und Österreich ereigneten sich innerhalb von vier Jahren 2060 **Herzstillstände**. Infolge von Reanimationsmaßnahmen überlebten 330 Patienten. Davon konnten 101 Überlebende ausführlich über die für unser Thema relevante Zeit befragt werden. Es stellte sich heraus, dass nur 9 von ihnen ein Nahtod-Erlebnis hatten. Zwei nahmen angeblich während ihres klinischen Todes ihre irdische Umgebung wahr. Nur einer war vernehmungsfähig. Bei ihm konnten auch audio-visuelle Eindrücke verifiziert werden.

Für diese Studie waren insgesamt rund 1.000 Bildtafeln so installiert worden, dass man sie nur von der Decke aus sehen konnte. Allerdings befanden sich 78 % der entsprechenden Patienten während der Wiederbelebungsbemühungen in Räumlichkeiten ohne solche Tafeln. Dies galt leider auch für jene beiden einzigen Studienteilnehmer, die angaben, in dieser Zeit visuelle Wahrnehmungen gehabt zu haben.

Selbst dann, wenn Bildtafeln oder **Zufallszahlen** nachweislich richtig erkannt worden wären, bliebe für Skeptiker immer noch das Argument der hellsichtigen Wahrnehmung. Dabei müsste jedoch unterstellt werden, dass diese Fähigkeit auch bei einem Herzstillstand und flachem EEG erhalten bleibt (was jedoch alles andere als geklärt ist).

Mein Resümee: Trotz zahlreicher Versuche konnte bisher mit keinem von ihnen bewiesen werden, dass der von den jeweiligen Erfahrungsträgern berichtete Austritt des Bewusstseins aus dem Körper auch tatsächlich erfolgt ist. Eine gelegentliche Außerkörperlichkeit als gegeben anzunehmen, wird eben bisher lediglich von episodischen Berichten aus dem Alltag nahegelegt.

Daher wollen wir noch tiefer schürfen und sehen, zu welchen Ergebnissen die parapsychologische Forschung seit Beginn bis heute gekommen ist.

[25] Prospektiv meint, dass nicht NTEs aus der Vergangenheit betrachtet werden, sondern kommende, auf deren Beobachtung man sich vorbereitet.

7.1.9.2. Außerkörperliche Erfahrung (AKE) oder Außersinnliche Wahrnehmung (ASW)?

Seit dem Beginn der parapsychologischen Forschung, den man in der Gründung der englischen Gesellschaft (Society for Psychical Reseaerch, SPR) im Jahr 1882 sehen kann, ‚tobt' der Streit darüber, ob als außerkörperlich empfundene Erfahrungen (**AKE**) animistisch durch **ASW** oder eher spirituell als Austritt der Seele aus dem leiblichen Körper verstanden werden sollen (**Körperaustritt**). Die Unterscheidung zwischen ASW und AKE ist bedeutungsvoll für unser aller Weltbild. Wenn sich nämlich zeigen ließe, dass tatsächlich ein ‚Etwas' (die Seele, ein Astralkörper?) vorübergehend aus dem Körper austreten kann, so würde der Gedanke sehr gestützt anzunehmen, dass nicht alles, was den Menschen (oder Lebewesen) ausmacht, mit dem Tod untergehen muss. Es sei aber sogleich betont, dass diese Annahme keineswegs zwingend ist. Solange wir die Leben und Tod bestimmenden Prinzipien, die Wirkmechanismen, nicht kennen und nur auf empirische Befunde blicken können (das Ergebnis der Wirkmechanismen), wäre es auch denkbar, dass das ausgetretene ‚Etwas' nicht auf Dauer fortbesteht.

Die bisher beschriebenen Experimente mit hoch im Raum angebrachten Tafeln zielen auf einen Beleg dafür, dass in der außerkörperlichen Erfahrung außersinnliche Wahrnehmungen gemacht werden können. Darüber hinaus sollen sie zeigen, dass das Bewusstsein (oder ein Astralkörper oder die Seele) den Körper verlässt, um eine Perspektive einzunehmen, aus der heraus die Tafel gelesen werden kann. Dies ist allerdings nicht die einzig mögliche Deutung derartiger Versuche, wenn sie denn gelingen. Man kann auch unterstellen, dass die Tafel hellsichtig gelesen wurde, wobei nichts den Körper verlässt, um an Ort und Stelle zu reisen.

7.1.9.2.1. Ossis' Arbeit mit Ingo Swann und Alexander Tanous

Um zwischen Hellsicht bzw. Telepathie (bzw. allgemein ASW) und einer Außerkörperlichkeit zu unterscheiden, hat sich **Karlis Osis** trickreiche Experimente ausgedacht und sie auch durchgeführt. Darüber soll hier kurz berichtet werden (**Labor-Experimente**).

Der aus Lettland stammende Karlis Osis (1917-1997) war einer der letzten akademischen Parapsychologen, die sich mit der Frage nach dem persönlichen Überleben des Todes befasst haben. Er promovierte 1951 an der Münchner Universität in Psychologie mit einer Arbeit über außersinnliche Wahrnehmung (ASW). Von 1951 bis 1957 arbeitete er zusammen mit dem berühmten **J. B. Rhine** an der Duke University, bis 1962 war er Forschungsleiter bei der Parapsychology Foundation (1951 vom Medium **Eileen Garrett** gegründet) und bis 1983 in gleicher Funktion bei der American Society for Psychical Research (ASPR) tätig (***148***, ***336***).

Osis ließ zwei unterschiedliche Apparate bauen, die er als ‚optisches Instrument' und ‚Farbrad' bezeichnete. Beide erzeugten ein zufällig zusammengesetztes Bild, das z.T. aus einer mit Spiegeln und Linsen erzeugten optischen Illusion bestand. Die als Ziel für AKE-Versuche gedachte Bildkomposition war nur zu erkennen, wenn man durch ein kleines optisches Fenster in der Wand der Apparate schaute (***9***). Wenn also die optische Illusion außersinnlich gesehen wird, spricht das für eine Beobachtung, die von einem Ort vor dem optischen Fenster gemacht wurde, bzw. für eine außerkörperliche Wahrnehmung. Handelt es sich dagegen ‚nur' um außersinnliche Wahrnehmung, so wäre zu erwarten, dass kein zusammengesetztes Bild gesehen wird, sondern nur Spiegel und Linsen und sonstige Teile des Apparates.

Im Herbst 1972 wurde das optische Instrument für Versuche mit **Ingo Swann** eingesetzt. Ingo Douglas Swann (1933 – 2013) war ein Medium, das willentlich eine außerkörperliche Erfahrung einleiten konnte (**AKE**) und sich für parapsychologische Versuche zur Verfügung stellte. Die Mitarbeiterin bei der ASPR, **Janet Mitchell**, arbeitete mit Swann zusammen und berichtet, er habe einige Zeit benötigt, bis ihm statistisch signifikante Ergebnisse gelangen. Letztlich konnte er aber unter 144 Versuchsblöcken so viele Bildkompositionen (mit allen drei Aspekten ‚Farbe', ‚Symbol' und ‚Quadrant') richtig erkennen, dass eine Wahrscheinlichkeit von 1:100 gegen puren Zufall als Ergebnis zustande kam (***282***).

Osis arbeitete ab 1974 auch mit dem begabten Medium **Alexander Tanous** (1926 - 1990) zusammen, der über Jahrzehnte an parapsychologischer Forschung aktiv mitwirkte und darüber auch lehrte (University of Southern Maine) (***90***). Er wurde gebeten, willentlich außerkörperlich aus einem akustisch und gegen elektromagnetische Wellen abgeschirmten Raum in einen anderen Raum zu gehen, der am anderen Ende des Gebäudes lag. In diesem war einer der Apparate aufgestellt (***9***, ***332***, ***333***, ***455***, *S. 133-147*). Dort sollte er außerkörperlich durch das Sichtfenster blicken, um das zusammengesetzte Bild zu sehen. Über die Sprechverbindung konnte er es dem Versuchsleiter im Kontrollraum beschreiben.

In der nachträglichen Analyse der Versuchsergebnisse zeigten sich vom Zufall abweichende Erfolge nur für besondere Sichtungen der optischen Illusion. Das waren jene, für die Tanous ausreichend geübt war und ein ‚gutes Gefühl' oder hohe Zuversicht für einen Erfolg signalisiert hatte. Dann empfand er sich in der **AKE** entweder als Licht- oder Bewusstseinspunkt oder als

'Einssein mit allem Bestehenden'. Der beste Wert für richtige Treffer lag bei nur 1:125 gegen den Zufall. Über alle Versuche gemittelte Werte waren statistisch nicht signifikant. Ein anderer Proband erreichte nach erheblicher Anstrengung 1:200, hatte aber zunächst nach Anfangserfolgen nur Zufallsergebnisse. Osis sagt, seine Probanden zeigten einen Wechsel zwischen außersinnlicher und außerkörperlicher Wahrnehmung. Man darf das Ergebnis also als nur sehr 'mäßige' Bestätigung für 'echte' AKEs bezeichnen. Diese Art von Experimenten wurde bisher leider nicht von anderen wiederholt (repliziert).

In diesem Zusammenhang ist erwähnenswert, was Tanous als der Erfahrungsträger in seinem Buch über die Versuche berichtet: Anfangs konnte er die optische Illusion nicht sehen, weil sein ausgetretener Astralkörper nicht groß genug war, um das Guckloch zu erreichen, das sich in Augenhöhe eines durchschnittlich großen Menschen befand. Schließlich empfand er sich im ausgetretenen Zustand als kleinen Lichtball geringen Durchmessers. Um dieser Schwierigkeit abzuhelfen, ließ Osis ein kleines Brett wie einen Balkon unter der Einblicköffnung anbringen. Seither, sagt Tanous, konnte er das optisch komponierte Bild erkennen. Das klingt zwar seltsam, passt aber gut zur AKE-Hypothese, kaum jedoch zur Erklärung mittels **ASW** (***455***, *S. 133-147*).

Man muss jedoch auch sehen, dass durch solcherart Versuche, wenn sie denn gelingen, die außerkörperliche Wahrnehmung als Erklärung zwar nahe gelegt wird, eine außersinnliche Wahrnehmung aber nicht sicher ausgeschlossen ist, weil die Grenzen der ASW-Fähigkeit nicht bekannt sind. Vielleicht kann die ASW sich so verhalten, als wäre etwas aus dem Körper ausgetreten und vor das Guckloch getreten?

Deshalb ist es interessant, sich weitere Experimente anzuschauen, mit denen versucht wurde, die Anwesenheit eines ausgetretenen Teils des Körpers nachzuweisen.

Osis hängte zu diesem Zweck einen elektrisch und magnetisch abgeschirmten Kasten vor das optische Fenster, in dem Sensorplatten an Dehnmessstreifen frei beweglich aufgehängt waren (***334***). Die Messstreifen konnten kleinste Bewegungen der Platten erfassen und an einen Schreiber weitergeben. Bewegungen jenseits der Rauschgrenze, die in der Zeit auftreten, in der Tanous die optische Illusion zu sehen glaubt und beschreibt, können als Hinweis auf Außerkörperlichkeit aufgefasst werden. Um eine willentliche psychokinetische Bewegung der Platten auszuschließen, wurde Tanous im Glauben gelassen, es ginge in den Experimenten ausschließlich um die richtige Erkennung des Zielbildes. Tatsächlich wurde bei dieserart Versuchen die Messlatte für die Erkennung niedriger gelegt, indem schon ein Erfolg verbucht wurde, wenn nur eines von drei Elementen der Bildkomposition richtig erkannt wurde. Tanous erfuhr nichts über die Ausschläge des Bewegungssensors.

In 197 brauchbaren Versuchen traten 114 richtige Erkennungen einer Bildkomponente auf und 83 Fehltreffer. Die Ausschläge des Bewegungssensors waren um die 60% höher, wenn Tanous einen Treffer erzielte, als bei seinen Misserfolgen.

Dieses Ergebnis spricht für die Annahme einer Außerkörperlichkeit (**Körperaustritt**). Da Versuchswiederholungen aber fehlen und Psychokinese als Erklärung nicht sicher ausgeschlossen werden kann, bleibt auch dieses Experiment nur ein ‚Hinweis' auf ‚echte' AKE, kein Beweis dafür.

7.1.9.2.2. Stuart Blue Harary an der Duke-University

Neben Tanous gab es eine weitere Person, die mehrjährige Erfahrung mit **AKEs** hatte und angab, willentlich aus ihrem Körper treten zu können. Es geht um den Psychologiestudenten **Stuart Blue Harary** an der Duke-University (USA), der, wie Tanous, parapsychologisch interessiert war und an Experimenten und deren Design teilnahm.

Mit seiner Mithilfe wurden 1973/74 zahlreiche physikalische Detektoren daraufhin getestet, ob sie ein Signal abgeben, wenn sich Harary ihnen außerkörperlich nähert. Die Untersuchung erfasste niederfrequente elektromagnetische Felder und solche im Bereich von 10 bis 500 MHz. Drei Photomultiplier (Photonenvervielfacher, Lichtverstärker) erfassten den Infrarot-, den sichtbaren und den ultravioletten Bereich des elektromagnetischen Spektrums. Ferner wurde die magnetische Permeabilität (Durchlässigkeit) und elektrische Leitfähigkeit in einem Luftvolumen überwacht. Mittels Thermistor (temperaturabhängiger elektrischer Widerstand) wurde die Temperatur in der Umgebung des Zielobjekts gemessen. Von Einzelergebnissen abgesehen, wurde nichts gefunden, was ein Austreten aus dem Körper bestätigen würde (***296***).

Bei allen Versuchen zur AKE mit Blue Harary wurden auch physiologische Daten gemessen: Das **EEG**, Hautpotentiale, Atmung, Herzfrequenz, Pulsvolumen, Muskel- und Augenbewegungen. Die Muster der gemessenen Werte zeigen, dass es sich nicht um Schlafen oder Träumen handelt, wenn der Proband ein außerkörperliches Erlebnis hat (***9****; **374**, S. 104-122)*.

7.1.9.2.3. Wiegeversuche

Schon Anfang des 20. Jahrhunderts waren **Wiegeversuche** unternommen worden, um das Gewicht der Seele zu bestimmen. Die französischen Parapsychologen **Durville** und **Dubois** magnetisierten (hypnotisierten) 1908 Versuchspersonen und gaben ihnen die Anweisung, aus dem Körper auszutreten, und zu versuchen, ihren Astralkörper auf eine Waage zu lenken, die ab einem Gewicht von 2 Gramm eine Glocke läuten ließ. Die beiden Forscher verspürten bei einem Probanden einen kalten Hauch, sahen die Waage leicht wackeln und hörten nach einigen Sekunden die Glocke läuten. Mehrere Versuche waren erfolgreich. Einmal wurde ein Gewicht von 25 bis 30 Gramm gemessen (***8***).

Der englische Physiker **Sir William Crookes** experimentierte seit 1873 mit dem Medium **Florence Cook**, die Materialisierungen der verstorbenen Katie King hervorbringen konnte. Crookes platzierte das Medium auf eine Waage und stellte fest, dass dieses fast die Hälfte ihres Gewichts verlor, wenn Katie sich materialisierte (***460***, *S. 336, 350*).

Der Autor **Hollander** erwähnt Wiegeversuche an zwei Medien, die versuchten zu levitieren (hoch zu steigen) und aus dem Körper zu gehen. Bei einer der Versuchspersonen wurden dreimal geringe Gewichtsveränderungen beobachtet; bei der anderen jedoch keine Effekte. Dr. **Angela Thompson** soll bei ‚remote-viewing-Versuchen' ebenfalls gemessen haben, allerdings ohne Erfolg (***203***). Bei der Levitation (Anhebung) von Objekten soll der englische Lehrbeauftragte für Engineering an der Uni Belfast, Dr. **Crawford**, fünfzig Pfund Gewichtsverlust des Mediums **Kathleen Golligher** gemessen haben (***460***, *S. 350*).

Den Hinweis auf eine mögliche Erklärung liefern Versuche des Berliner Ingenieurs **Grunewald** im Jahr 1920. Er setzte ein Medium, in dessen Beisein ohne Trancezustand paranormale mechanische Kräfte beobachtet werden konnten, auf eine Registrierwaage, die Gewichtsänderungen fortlaufend photoelektrisch aufzeichnen konnte. Als Versuchsbeobachter trat ein Hellseher hinzu, der **Wesenheiten** sehen konnte, die für den normalen Zuschauer unsichtbar sind. Der Hellseher gab seine Beobachtungen zu Protokoll, ohne die Messergebnisse der Waage beobachten zu können. Er berichtete: Wenn die Erscheinung von menschlicher Gestalt und Größe dem Medium unter die Arme griff, ging das Gewicht – zeitgleich, wie erst später nach Entwicklung des Aufzeichnungpapiers nachgewiesen wurde – um bis zu 25 kg zurück. Umgekehrt stieg das Gewicht um bis zu 10 kg, wenn das Phantom das Medium niederdrückte oder auf die Waage aufsprang. Dieser Wechsel geschah mehrfach, auch wenn das Wesen eine zweite unbesetzte Waage betrat, bzw.

von ihr abstieg (***390***, *S. 43-51*). Das Ergebnis wird durch Abbildungen gut erläutert. Von Zeugen ist bei diesem Versuch allerdings nicht die Rede.

Im Jahr 1904 begannen Versuche, die physikalischen Eigenschaften eines Geistwesens zu messen, das als **Verstorbener** mit einem Medium korrespondierte. Der Geist wurde gebeten, in ein abgeschlossenes Luftvolumen von 22 Liter einzudringen. Der Luftdruck wurde durch ein Manometer festgestellt und mit dem in einem Kontrollbehälter verglichen. Im Ergebnis errechnete man eine Gewichtserhöhung von 54 Gramm (***8***). **Hereward Carrington** wiederholte diese Versuche Anfang der 1930er Jahre am American Psychical Institute. Anfangserfolge konnten hier aber normal erklärt werden.

Das Gegenstück zu diesen historischen Messungen ist der bekannte Versuch des amerikanischen Arztes Dr. **Duncan MacDougall** (1866 - 1920), den Gewichtsunterschied von Personen vor und unmittelbar nach dem Tod zu bestimmen.

MacDougall ließ sterbenskranke Patienten Stunden vor ihrem Tod in ein Bett legen, das auf einer Waage stand. Bei vier von 6 Patienten gelang die Messung. Er erfasste Gewichtsverluste im Bereich zwischen 10,6 und 45,8 Gramm, die entweder innerhalb weniger Sekunden oder max. 18 Minuten nach dem Tod eintraten und dauerhaft blieben. Beim erstuntersuchten Fall fand sich ein Verlust von 21 Gramm, der am 11.3.1907 in einem Artikel der Zeitung New York Times einem breiten Publikum bekannt gemacht wurde. Anschließende Diskussionen um dieses Sensationsergebnis haben dafür gesorgt, dass dieser Wert bis heute in vielen Köpfen präsent ist.

MacDougall zeigt in seiner wissenschaftlichen Veröffentlichung auf, dass weder Flüssigkeitsverluste noch der aussetzende Atem oder technische Messfehler der Waage die bleibenden Gewichtsreduktionen erklären können. Für ihn gab es keine weitere natürliche Erklärungsmöglichkeit, so dass er annahm, es müsse sich um das Gewicht der Seele handeln, die den Körper nach dem Tod verlässt (***261***; ***279***, *S. 110-111*).

Das wollten materialistisch eingestellte Wissenschaftler und Kritiker natürlich nicht hinnehmen. Sie warteten mit einer Batterie von Einwänden bzw. unberücksichtigt gebliebener natürlicher Effekte auf, die darin münden, dem Arzt ‚schlampige' Wissenschaft vorzuwerfen und die Messergebnisse als nicht ernst zu nehmend darzustellen. Über 100 Jahre nach MacDougalls Veröffentlichung ist der japanische Forscher **Ishida** 2010 jedem einzelnen der Kritikpunkte nachgegangen und hat durch Computersimulationen mit realistischen Parametern nachgeprüft, ob der Gewichtsverlust anhand der bisher ungenügend berücksichtigten Effekte erklärt werden kann. Sein leider weitgehend unbekanntes Ergebnis: Keiner der Einwände reicht aus, um den

Gewichtsverlust natürlich zu erklären (*8; 213*). Bedauerlicherweise blieb es bis heute bei den 6 Messungen von MacDougall. Er konnte nach der Zeitungsveröffentlichung seinen Plan nicht mehr verwirklichen, weitere Freiwillige für mehr Messungen zu gewinnen. Heute wagt sich niemand mehr, solche Versuche zu wiederholen[26].

MacDougall hat außerdem an 15 Hunden vergleichbare Messungen angestellt. In allen Versuchen zeigten sich lediglich Verluste, die durch allmähliche Verdampfung von Flüssigkeiten erklärlich sind.

Der Leiter der physikalischen und elektrotechnischen Abteilung der polytechnischen Hochschule in Los Angeles, **H. LaVerne Twining**, stellte analoge Experimente mit Mäusen an, die er für die Versuche vergiftete. In seinem 1915 veröffentlichten Artikel darüber berichtet er, zunächst Verluste von 1 bis 2 Milligramm gefunden zu haben. Als er die Tiere jedoch in mit Baumwolle verschlossene Glasbehälter steckte, blieben die Gewichtsverluste aus (*8*).

Gleichartige Versuche an Schafen stellte der amerikanische Wissenschaftler **Lewis Hollander** an. Er berichtet über vorübergehende, kurzzeitige Gewichtserhöhungen zum Zeitpunkt des Todes, die gemäß einer Nachuntersuchung durch Ishida vermutlich auf physiologische Ursachen zurückgehen. Bleibende Gewichtsverluste wurden auch hier nicht registriert (*203, 212*).

Sollen uns diese Untersuchungen sagen, dass nur Menschen eine Seele haben, die nach dem Tod aus dem Körper auszieht?

Dem scheint ein Versuch des promovierten Physiko-Chemikers Dr. **Klaus Volkamer** (geb. 1939) zu widersprechen. Er machte ab 1985 als Privatforscher zahlreiche Wiegeversuche an abgeschlossenen Systemen und stieß dabei auf reproduzierbare Anomalien, die ihn zur Entwicklung einer Theorie zur feinstofflichen Erweiterung der Naturwissenschaften führten. Er maß die Masseveränderung beim Absterben eines kurz zuvor gepflückten Fliederblattes und fand nach 15 Stunden innerhalb von 5 Minuten eine bleibende Erhöhung um 3 Mikrogramm (*469, S. 111*). Dies interpretiert er als die Abgabe von negativen (daher Erhöhung), Ordnung schaffenden, feinstofflichen Quanten, die das Leben in dem Blatt ausgemacht haben.

---

[26] Volkamer berichtet von ähnlichen Messungen 1908 durch Matla, J.L.W.P. / G.J. Zaalberg van Zelst: „Het geheim van den dood“ (*469 S. 100*). Die Autoren messen in spiritistischen Sitzungen erzeugte Volumenänderungen von Luft mit einem Rechenergebnis von 65 bis 70 Gramm für die Seele. Die Messmethode ist aber in keiner Weise mit McDougalls Methode vergleichbar und sachlich nicht nachvollziehbar.

Dr. Klaus Volkamer berichtet u.a. auch von Wiegeversuchen an einer schlafenden Person. Regelmäßig beobachtete er einen stetigen Gewichtsverlust, der durch Verdampfung von Wasser aus der Atemluft erklärlich ist. Dem ist ein Störsignal von 20 Gramm Amplitude überlagert, das von der Herztätigkeit herrührt. Das Besondere sind aber einmal kurzfristige positive und negative Masseänderungen von bis zu 300 Gramm, die nicht durch die Bewegung des Probanden erklärt werden können. Noch erstaunlicher ist die Messung einer kontinuierlichen Gewichtsabnahme von 650 Gramm, die mit dem Einschlafen beginnt und beim Aufwachen sofort wieder rückgängig gemacht wird. Ein andermal zeigte sich kurz nach dem Einschlafen ein plötzlicher Gewichtsverlust von 100 gr, der beim Aufwachen des Schläfers sofort wieder ausgeglichen wurde. Hier liegt die Vermutung nahe, die Seele könne nächtlich auf Wanderschaft gegangen sein, ohne dass dies dem Probanden bewusst geworden ist (***469***, *S. 108-109*). Leider gibt es keine Versuche mit Probanden, die behaupten, den Körper willentlich verlassen zu können. Ebenso erstaunliche Gewichtssprünge fand Klaus Volkamer bei Bewusstlosigkeit durch einen Ohnmachtsanfall und bei Meditation (***469***, *S, 107, 160*).

7.1.9.2.4. Geist weht überall

Volkamer nennt auch Beispiele dafür, dass geistige Leistungen nicht auf das Individuum beschränkt bleiben, sondern darüber hinausgreifen können. **William McDougall** (1871 – 1938) trainierte Ratten in den USA Anfang der 1920er Jahre über 15 Jahre und 32 Generationen lang darin, den Ausgang aus einem Wasserbecken zu finden. Die Tiere lernten dies umso schneller, je später sie in der Generationenfolge geboren waren. Das kann man mit genetischem Lernen erklären. Dieselben Versuche wurden jedoch auch von Agar 1933 bis 1951 in Australien mit untrainierten Ratten durchgeführt, die genetisch unabhängig von McDougalls Ratten waren. Sie begannen beim letzten Lernstand von McDougalls Ratten und setzten deren Lernkurve fort. Experimente von **Crew** in England bestätigten dieses Verhalten. Daraus wird der Schluss gezogen, die Tiere müssten irgendwie das Lernergebnis ihrer fernen Mitgeschöpfe z.B. aus einem globalen Bewusstseinsfeld übernommen haben (***469***, *S. 77-79*). In diesem Zusammenhang ist es von Interesse in der aktuellen Literatur zu lesen, dass – im Gegensatz zu MacDougals Versuchsergebnissen an Ratten – eine genetische Vererbung kultureller Praktiken bei Menschen nicht stattfindet ***(473)***.

Solch ein Bewusstseinsprozess, der über die bisher bekannten Verbindungen unter Individuen hinausgreift, scheint sich im sog. ‚Global Consciousness Project' von **Roger Nelson** in Princeton, USA, zu bestätigen. Nelson hat weltweit über 50 elektronisch arbeitende Zufallsgeneratoren aufgestellt. Sie sind alle über das Internet mit einem Server in Princeton verbunden. Dort können die kumulierten (aufaddierten) Gesamtdaten aller Zufallsgeneratoren ausgewertet werden. Manchmal beginnen sie signifikant oder sogar höchstsignifikant von der Nulllinie abzuweichen. Das ist dann der Fall, wenn emotional erregende Ereignisse stattfinden, über die von den Medien häufig life und weltweit berichtet wird. Gelegentlich beobachtet man sogar ein Herausdriften noch über die rein statistisch zu erwartende Begrenzungslinie, die eigentlich die Werte mit einer Sicherheit von 99,9% einschließen sollte (***469**, S. 83*).

Das Hinausgreifen des Geistes konnte **Volkamer** in einem Versuch mit einem Geistheiler messtechnisch erfassen. Dem Heiler gelang es, einen Messkolben durch ‚Bestrahlung' mit beiden Händen und durch Blickkontakt innerhalb von 90 Sekunden um 30 Mikrogramm schwerer bzw. massereicher werden zu lassen. Im Anschluss daran entschloss sich der Proband, den Versuch zu wagen, aus einem Nachbarraum heraus nur durch Gedankenkraft diesen Massezuwachs wieder abzubauen. Das gelang innerhalb von 8 ½ Minuten (***469**, S. 124-125*).

In diesem Zusammenhang sei an Hirngeschädigte erinnert, die einen großen Teil ihrer Hirnmasse verloren haben, ohne dadurch intellektuelle Einbußen erlitten zu haben *(**186**, Kapitel 5.5.2.2.1, S. 328; **279**, S. 110-111; **374**, S. 29-31; **454**, S. 94-97)*. Wie das sein kann, ist bis heute unerklärlich. Es deutet darauf hin, dass die Rolle des Gehirns als Sitz des Verstandes und der Emotionen überschätzt werden könnte. Eine gute Zusammenstellung der Argumente dafür findet sich bei **Craig Hogan** *(**201**)*.

7.1.9.2.5. Tiere und Menschen als ‚Messinstrumente'

Die Liste der Versuche, mittels physikalischer Detektoren die ausgetretene Seele nachzuweisen, kann fortgesetzt werden. Der Autor **Alvarado** berichtet von Versuchen, den Astralkörper von Sterbenden zu photographieren, sowie von entsprechenden Experimenten mit einer Nebelkammer. Obwohl einzelne positive Resultate erzielt werden konnten, blieben die Ergebnisse ebenso widersprüchlich, wie die bisher bereits berichteten (***8***).

Weil physikalische Detektoren keine eindeutigen Ergebnisse erbrachten, lag es nahe, **Tiere** und Menschen versuchsweise als ‚Messinstrumente' zu verwenden.

Versuche dazu wurden von der gleichen Forschergruppe an der Duke-University in USA durchgeführt, die auch schon die oben erwähnten Experimente mit physikalischen Detektoren gemacht hatten. **Stuart Blue Harary**, der angeblich willentlich aus seinem Körper austreten konnte, projizierte sich aus der Ferne in die Nähe von unterschiedlichen Tieren, deren Verhalten überwacht wurde. Verschiedene Nagetiere zeigten keinerlei Verhaltensänderung während der außerkörperlichen Phase von Blue Harary. Signifikante Ergebnisse kamen jedoch in 6 Versuchen mit einem Kätzchen zustande, mit dem er eine enge Beziehung aufgebaut hatte. Regelmäßig, wenn er sich mental in der Nähe des Tieres glaubte, das in einem Käfig saß, zeigte es eine Verhaltensänderung, indem es sich markant weniger bewegte und aufhörte zu miauen. Beispielsweise gab das Kätzchen in den Kontrollperioden, in denen Harary nicht aus dem Körper getreten war, 37 Mal Laute von sich, während es in den Zeiten von Hararys Projektion kein einziges Mal miaute. Wenn Harary einmal lediglich daran dachte, bei der Katze zu sein, beruhigte sie sich auch nicht. Die Katze orientierte sich auch nicht in die Richtung auf den Ort zu, an den sich Blue Harary externalisiert (nach außen verlagert) hatte (***296***).

Im Team der Forschergruppe waren viele Mitglieder feinfühlig und konnten erkennen, wenn Harary sich zu ihnen ‚beamte'. Mit diesen Mitgliedern wurden formale Versuche durchgeführt, in denen festgehalten wurde, ob sie die Anwesenheit des feinstofflichen Körpers von Harary in seiner AKE-Phase spüren konnten. In einer ersten Versuchsreihe wurde ein Ergebnis an der Grenze der Zufallswahrscheinlichkeit erzielt. Bei der zweiten Testreihe fand man nur das Zufallsergebnis (***296***).

Mit **Alex Tanous** konnte wenigstens ein beeindruckendes Einzelexperiment abgeschlossen werden: Der Forscher **Osis** machte ab 1972 zur Rekrutierung geeigneter AKE-Probanden sogenannte ‚Fly-ins'. Die Bewerber sollten außerkörperlich aus der Ferne ‚einschweben' und erkennen, welche Gegenstände auf einem Tisch im Büro von Dr. Osis in der ASPR in New York ausgelegt waren. Zeichnungen des Gesehenen waren anzufertigen und ein telefonischer Bericht wurde erwartet. Als Tanous an der Reihe war, hielt er sich gerade in Portland, Maine auf; mehr als eine Flugstunde vom Sitz der ASPR entfernt. Tanous berichtet in seinem Buch (***455**, S. 125*), er habe in allen von insgesamt 5 Einfliege-Versuchen nachweislich Richtiges gesehen. So beeindruckend das auch sein mag, ist es doch hier von geringer Bedeutung, weil die Erklärung durch Hellsicht oder Telepathie nahe liegt. Ob Tanous wirklich ‚eingeflogen' war, lässt sich so nicht entscheiden. Ganz anders in einem Versuch, bei dem ein Medium, **Christine Whiting**, körperlich im Büro von Dr. Osis zugegen war, von dessen Anwesenheit Tanous keine Kenntnis hatte. Wie bisher schon bei den Fly-ins, blickte er außerkörperlich von oben auf den Tisch, diesmal in gebeugter Körperhaltung. Zugleich, wie sich später feststellen ließ, sah die medial begabte Frau eine Person über dem Tisch schweben, die wie ein Taschenmesser eingeknickt war. Die Frau konnte die Erscheinung noch genauer beschreiben. Demnach trug sie eine Kordhose und ein Hemd mit hochgekrempelten Ärmeln. Tanous bestätigte seine Kleidung und die Körperhaltung als richtig, bis auf den Kordstoff der Hose. Der Stoff der Hose war nicht aus Kord, sondern längsgestreift, so dass er aus der Ferne betrachtet wie Kord aussehen konnte. Das klingt wie eine Bestätigung der Außerkörperlichkeit von Tanous. Jedoch auch hier kann man eine Erklärung mittels ASW finden.

Der französische Oberst **Albert de Rochas d'Aiglun** (1837 - 1914) gibt an, er habe die Fähigkeit, den ausgetretenen Astralkörper sehen zu können. In einer Sitzung an der Medizinischen Schule in Grenoble versetzte er 1904 seine Versuchsperson (Eugenie) in ‚magnetischen Schlaf' – wir würden heute sagen, er hypnotisierte sie – und befahl ihr, den ‚fluidalen Körper' (flüchtigen K.) austreten zu lassen. Nachdem er den Astralkörper neben dem stofflichen Körper sehen konnte, berührte er den immateriellen Körper an mehreren Stellen und fragte die Probandin, ob sie etwas verspüre. Das bejahte sie. Dr. Bordier, der an dem Experiment teilnahm, berührte nun einige Stellen im Inneren des Phantoms und ließ sich von Eugenie (bei deren geschlossenen Augen) sagen, welches innere Organ er berührt hat. Ihre Antworten stimmten. (***373***).

An anderer Stelle berichtet Rochas von einem ähnlichen Experiment, bei dem zwei Versuchspersonen gleichzeitig in Trance versetzt wurden. Person A sah ein nebelhaftes Gebilde aus der zweiten hypnotisierten Person austreten, das sich zu einem ätherischen Dualkörper formte, welcher dem leiblichen Körper glich. Berührte nun Person A diesen Astralkörper in der Luft mit einer spitzen Nadel, so zuckte B jedes Mal an der entsprechenden Stelle seines physischen Körpers. Rochas hielt auch ein Fläschchen mit Salmiakgeist unter die Nase des Phantoms und erntete ein heftiges Niesen der Versuchsperson. Das Fläschchen unter der Nase des leiblichen Körpers löste kein Niesen aus. Ohne genauere Angabe wird behauptet, das Experiment sei erfolgreich wiederholt worden (***219****, S. 29-30*). Diese Versuche zeigen, so Rochas, dass nicht der Körper, sondern ein geheimnisvoller Seelenäther Träger der Empfindungsfähigkeit ist und aus dem leiblichen Körper austreten kann.

7.1.9.2.6. Ergebnis der Forschung aus meiner Sicht

Wurde durch die oben dargestellten Untersuchungen das Ziel erreicht, zwischen **ASW** und **AKE** unterscheiden zu können?

Obwohl sehr begabte und kooperative Probanden zur Verfügung standen, und ausgeklügelte Untersuchungsmethoden im Labor, d.h. unter kontrollierten Bedingungen angewendet wurden, sind keine eindeutigen Ergebnisse erzielt worden. Dem Eindruck der Erfahrungsträger, eine ‚echte' AKE erlebt zu haben, kann immer der Einwand entgegengehalten werden, eine grenzenlos leistungsfähige ASW könne ebenfalls als Erklärung dienen. Die Grenze der Leistungsfähigkeit wird nicht in dem gesehen, was in Laborexperimenten gefunden wurde. Das sind nämlich in der Regel nur kleine Erfolge, die nur in großen Versuchsreihen statistisch nachgewiesen werden können. Parapsychologen beziehen alle Spontanereignisse in die Kategorie ‚**ASW**' mit ein. Damit ist die Grenze nach oben offen und unbestimmbar. Allein anhand empirischer Befunde kann es also nie eine Entscheidung zwischen den Erklärungen ‚ASW' oder ‚AKE' geben.

Vielleicht ist ja doch etwas daran, was ein schwedischer Mann gegen Ende seines Nahtod-Erlebnisses gehört haben will (**Geheimwissen**). Er berichtet: *„Mir wurden alle Fragen beantwortet, die ein Mensch überhaupt nur stellen kann. Ich wusste nun alles, und durch die Kenntnisse, die ich bekommen hatte, wurde mir unbeschreiblich leicht zumute. Denn sie erfüllten mich mit Frieden und Glück. Ich hatte die Erklärung meines Lebens in der Hand: Alles war einfach, logisch und selbstverständlich. Die Stimme sagte: ‚Wenn du erwachst, wird alles, was du gehört hast, aus deinem Gedächtnis gelöscht sein, denn kein Mensch darf auf Erden leben, der solche Kenntnisse besitzt.'"* (***178**, S. 89*).

Dieses ‚verbotene' Wissen betraf sicher auch das Leben im Jenseits und evtl. auch die Wiedergeburt.

Solch eine Aussage über ‚nicht erlaubtes Wissen' findet sich auch noch an anderen Stellen: Im Rahmen einer NTE (***267**, S. 92*), bei einer Erscheinung (***267**, S. 236*) und bei einer Sterbebetterfahrung (***246**, S. 155*) sowie hier im Buch unter dem Stichwort ‚Geheimwissen' auf S. 57.

In der Tat ist eine solche ‚Wissenssperre' notwendig, um uns vor einer Überflutung durch Erinnerungen zu bewahren und nicht von unserer Lebensaufgabe abzulenken. Wenn außerdem alle Menschen ohne den Hauch eines Zweifels wüssten, dass es nach dem Tod ein paradiesisches Weiterleben und vielleicht auch eine Wiedergeburt auf Erden gibt, muss man damit rechnen, dass viele sich wie dschihadistische Mörder und Selbstmörder aufführen würden, die sich auf ein nachtodliches Leben mit 72 Jungfrauen freuen. Das wäre eine auf Zerstörung ausgerichtete Weltordnung, von der ich annehme, dass sie nicht gewollt sein kann, weil sie nicht zum häufig genannten Entwicklungsziel der Liebe passt.

Man könnte hier einwenden, dass viele NTEer nach ihrem Erlebnis fest an ein (angenehmes) Weiterleben nach dem Tod glauben und daher extrem selbstmordgefährdet sein müssten. Tatsächlich gibt es viele Berichte, wonach die beinahe Gestorbenen nicht auf die Erde zurückkehren (d.h. überleben) wollten. Aber sie ließen sich umstimmen, als sie erfuhren, noch eine Aufgabe für eine Rest-Lebenszeit zu haben. Die Rückkehr war in aller Regel sehr schmerzhaft. Der Wunsch auf eine selbst herbeigeführte, baldige Wiederholung des Prozesses dürfte damit stark gedämpft sein.

Mehr zu Alternativerklärungen findet sich in der Literatur (***65****;* ***10***).

Solange das tiefere Verständnis für paranormale Phänomene fehlt, bleibt nur die ‚Hilfslösung', sich möglichst viele Beispiele anzuschauen und aus persönlicher Sicht zu beurteilen.

7.1.9.3. Austritt der Seele in Fallbeispielen

Im vorigen Kapitel haben wir erfahren, dass alle bisherigen wissenschaftlichen Untersuchungen nur Hinweise, aber keine Beweise dafür gebracht haben, dass sich bei AKEs tatsächlich etwas (die Seele?) vom Körper lösen kann. Vielleicht muss das ja sogar so sein, wie oben vermutet, so dass wir nie zu endgültigen Erkenntnissen diesbezüglich kommen werden. Es ist aber immer möglich, sich Beispielfälle anzuschauen, die Hinweise auf die Möglichkeit der **Trennung** geben. Es bleibt dann eine persönliche Entscheidung, welche Erklärung man bevorzugt. Akzeptiert man die **Dualität**, also die Trennbarkeit von Körper und Seele, so ist der Schritt nicht mehr groß, sich vorzustellen, dass die Seele weiterbesteht, auch wenn der Körper zerfällt. Lassen wir also im Weiteren Beispiele für sich sprechen.

Naheliegend sind hier die zahlreichen Beschreibungen in NTEs über den Austritt aus und den Wiedereintritt in den Körper. Die Erfahrungsträger sind sich dessen bewusst. Sie spüren einen ‚Klick', ‚Ruck', einen ‚Schlag' oder sogar mehr sowie anschließende Schmerzlosigkeit beim Austritt aus dem Körper *(**100**, S. 148)*, jedoch Schmerzen beim Wiedereintritt ins Diesseits. Das sind Zeichen, die bei einer ASW der Umgebung nicht typischerweise auftreten dürften.

7.1.9.3.1. Wegbeschreibung der ausgetretenen Seele

Hier möchte ich solche Beispielfälle bringen, in denen der **Weg beschrieben** wird, den die ausgetretene Seele (oder was immer es ist) auf ihrer Wanderung genommen hat. Wenn es sich um ‚**remote viewing**' (zielgerichtetes Hellsehen) handelte, würde nichts aus dem Körper austreten. Es würde ein Zielort mental angesteuert, und es gäbe keinen Grund, sich auch den Weg dorthin anzuschauen und ihn zu beschreiben. Anders bei einem echten **Körperaustritt**, bei dem zwangsläufig ein Weg zurückgelegt werden muss, um ans Ziel zu gelangen. Es ist nur natürlich, dass dann gelegentlich auch dieser Weg beobachtet und geschildert wird.

So ist es z.B. im Fall des George Ritchie gewesen, der erklärtermaßen die Stadt Richmond erreichen wollte und auf seinem unkörperlichen Flug dorthin Beobachtungen machte, die sich später als stimmig erwiesen *(**189**, Kap. 7.2.8.2.5, S. 709)*.

Im Folgenden ein Beispiel, in dem die AKE durch eine lebensbedrohliche Situation ausgelöst wurde:

7.1.9.3.1.1. Bsp. (20) Wegbeschreibung; Begegnung im Jenseits bestätigt (NTE, Koma, AKE-nah, TZE)

(20) Dr. **Laurin Bellg**, amerikanische Ärztin für Risikopatienten, hörte mit großem Erstaunen in der gemeinsamen Mittagspause folgende Geschichte von der Krankenschwester Marlene (***47***, *S. 45-56*):

Marlene entstammt einer Familie der Ureinwohner Amerikas. Sie war mit dem zweiten Kind schwanger. Die Geburt eines Sohnes verlief zunächst problemlos. Allerdings erlitt sie kurz nach der Geburt eine Embolie durch Fruchtwasser. Sie durchlitt mehrere Herzstillstände. Nach etwa einer Stunde vergeblicher Wiederbelebungsversuche wurde sie für tot erklärt. Einige Minuten danach entdeckte eine Krankenschwester bei Marlene doch Herzschlag und Puls. Die Rettungsversuche wurden sofort wieder aufgenommen und waren diesmal erfolgreich. Ungefähr vier Tage danach wachte sie dauerhaft aus dem **Koma** auf und hatte ihr Martyrium erstaunlicherweise einigermaßen unbeschadet überstanden. Sie war imstande, Folgendes zu erzählen:

Kurz nach der Entbindung betrachtete sie von der oberen Ecke des Kreissaals aus das Rettungsteam, das ihre Brust zusammendrückte. Sie hörte die Kommandos, die geschrien wurden, fühlte sich dabei aber seltsam ruhig und unbeteiligt. Auf der gegenüberliegenden Seite des Raumes bemerkte sie einen blauen, kugelförmigen Lichtball (erinnert an ‚**Orbs**', unerklärliche Leuchtpunkte auf Digitalphotos). Während sie diesen anvisierte, kam er immer näher auf sie zu und die übrige Szene entschwand in die Ferne. Er hatte die Größe eines Wasserballs, als er vor ihr stehen blieb. Dabei hatte sie das starke Gefühl von Frieden, **Liebe** und absoluter Sicherheit. In dieser Situation glaubte sie zu wissen, dass sie wieder gesund würde, dass aber vorher noch etwas geschehen müsse.

Nach einiger Zeit meinte sie aufwärts zu fliegen. Als sie die Zimmerdecke durchquerte, hatte sie das Gefühl eines Dichteunterschiedes. Sie sah lange silberne Röhren und industrielle Verkabelungen. Im nächsten Raum angekommen, machte sie eine kurze Pause. Sie sah dort einen Mann im Krankenhausbett sitzen und eine Mahlzeit zu sich nehmen, die auf einem schmalen Tabletttisch stand. Daneben saß eine Frau im Lehnstuhl und las eine Zeitschrift. Vasen mit Blumen standen auf dem Fensterbrett. Sie konnte den Duft der Blumen riechen, die in lebhafteren Farben erstrahlten, als sie es jemals gesehen hat.

Der Lichtball und Marlene durchquerten noch weitere Zimmer, bis sie auf das Hausdach kamen. Sie sah dort die Kiesoberfläche und die Teerabdichtungen. Auf dem Parkplatz unter ihr gewahrte sie Lieferwagen mit blinkenden Lichtern.

Als die beiden vom Dach aus weiter aufstiegen, bemerkte sie, dass sich der Lichtball in eine wolkenartige längliche Substanz verwandelte. Sie überquerten eine weite Wasserfläche und Marlene wunderte sich, wie sie da hingekommen sein können. Auf diese innere Frage erhielt sie die Antwort: *„Wir haben uns* ***dorthin gedacht****. In dieser Dimension sind wir nicht durch physikalische Materie beschränkt."*

Nach einem weiteren Flug über Kornfelder hielten sie in ihrem Flug abrupt an. Marlenes Aufmerksamkeit wurde auf eine Szene gelenkt, in der sie sowohl ihre **verstorbene** Großmutter, als auch ihre Mutter und den Lieblingsonkel erblickte. Komischerweise kam noch ein hinkender Mann mit dazu, den sie zunächst nicht erkannte. Aber sie erinnerte sich schließlich daran, dass er einst in derselben Gegend gewohnt hatte, in der sie als Jungverheiratete lebte. Es wunderte sie, ihm hier zu begegnen, weil sie meinte, keine besondere Verbindung zu ihm gehabt zu haben. Sie hatte ihm mit gelegentlichen Hilfsdiensten unter die Arme gegriffen, wie sie das auch bei anderen zu tun pflegte. Offensichtlich, kam ihr in den Sinn, bedeutete ihm dies so viel, dass er hier auftauchte.

Als sie ihre Verwandten umarmte, war sie erstaunt darüber, wie realistisch sich das anfühlte. Die große Enttäuschung kam, als ihre Mutter sagte: „*Du kannst hier nicht bleiben*". „*Warum denn nicht?*", fragte sie entsetzt zurück und bettelte darum, bleiben zu dürfen. „*Du durftest hier herkommen, um zu lernen, manches anders zu sehen und zu verstehen. Du wirst anders sein, wenn du zurückkommst.*", erfuhr sie.

Dann wurde ein kleines, ca. vierjähriges Mädchen gebracht und dazu gesagt: „*Die ist sehr speziell und wird deine Hilfe benötigen.*". Man sagte ihr, das Kind werde ‚Crystal' heißen und werde kommen, um den Menschen in ihrer nächsten Umgebung eine Lehre über **Liebe** und Akzeptanz zu erteilen. Das Mädchen schien ihrer Aufgabe mit Freude entgegen zu sehen. Telepathisch erfuhr Marlene noch: Es handelt sich um eine vorherbestimmte **Aufgabe**, die zwischen dem Kind und seinen **Beratern** abgestimmt ist.

Ab diesem Moment wurde Marlene wieder von der Szene zurückgezogen. Ihre Angehörigen winkten ihr zum Abschied. Mit unheimlicher Geschwindigkeit wurde sie in ihren Körper zurückgebracht und empfand nun den Schmerz, der von den Rippen herrührt, die bei der Wiederbelebung gedrückt und gebrochen worden waren.

Marlene berichtete in der Mittagspause, wie die Geschichte danach weiter ging: Einundzwanzig Jahre später bekam ihre Tochter ein Kind. Es war ein Mädchen, das von seinen Eltern ‚Crystal' genannt wurde. Diesen Namen, den sie in ihrer NTE gehört hatte, hatte Marlene absichtlich niemandem genannt – auch nicht den nächsten Verwandten. Was das Mädchen, wie im NTE angekündigt, ‚speziell' machte, war, dass es unter Autismus litt und seine Sinnesorgane, vor allem die Augen, überempfindlich und dadurch behandlungsbedürftig waren. Wurde jemand mit ihr ungeduldig oder ärgerlich, so reagierte sie typischerweise damit, den Kopf ihres Gegenübers zwischen ihre Hände zu nehmen und ruhig zu sagen: „*Liebe, **Liebe**.*". Dem konnte niemand widerstehen. Üblicherweise löste sich dann die gespannte Situation mit einer Umarmung.

Marlene hatte eine enge Verbindung zu ihrer Enkeltochter. Als diese ungefähr vier Jahre alt war und von Marlene zu Bett gebracht wurde sagte sie mit verklärtem Blick: „*Ich hab dich vorher gesehen, Oma. Erinnerst du dich?*". Ihre Großmutter verstand das nicht sofort, fragte nach und bekam die Antwort: „*Als du früher gestorben und in den Himmel gekommen bist; da sah ich dich. Erinnerst du dich?*". Jetzt erinnerte sich Marlene wieder an ihr jahrzehnte zurückliegendes Nahtoderlebnis, über das sie mit der Vierjährigen allerdings nie gesprochen hatte. Die Kleine legte noch nach: „*Du warst sehr traurig, dass du in deinen Körper zurückgehen musstest.*". Das brachte die Oma zum Weinen und sie wurde prompt gefragt: „*Bist du immer noch traurig darüber?*" Als die Oma das verneinte, nahm das Mädchen das Gesicht ihrer Großmutter in ihre kleinen Hände und sagte: „*Liebe. Liebe.*".

<u>Meine Beurteilung</u>

Dieser Fall ist in zweierlei Hinsicht bedeutsam.

1. Marlene beschreibt nicht ein in der Ferne liegendes Objekt, das sie hellsichtig erfasst, sondern einen Weg, den sie bei ihrem Austritt aus dem Körper zurückgelegt haben will. Das spricht dafür, dass tatsächlich ein Austritt stattgefunden hat. Sie hatte kein auszukundschaftendes Ziel wie bei ‚**remote-viewing**-Experimenten'. Was sollte sie motivieren, sich die Innenkonstrukti-

on der Gebäudedecke anzuschauen, wenn sie dort nicht vorbei gekommen ist?

2. Ein kleines Kind bestätigt Marlenes subjektiven Eindruck einer Begegnung mit der Seele einer noch Ungeborenen. Da Kinder im Alter von 4 Jahren normalerweise noch kein spiritistisches Weltbild verinnerlicht haben, können die kindlichen Aussagen eine gewisse Glaubwürdigkeit dafür beanspruchen, dass das Geschehen nicht nur im Kopf der Komapatientin stattgefunden hat.

Natürlich wird die hier sehr nahe liegende spiritistische Deutung den Materialisten und Skeptikern nicht gefallen. Sie können mit vielen unbestätigten Vermutungen Zweifel streuen:

- Die Krankenschwester könnte die Geschichte entsprechend ihrem Glauben erfunden haben.
- Marlene könnte ihrer Enkeltochter mehr von ihrer NTE erzählt haben, als sie angibt.
- Das Mädchen könnte das Wissen um die Begegnung im angeblichen Jenseits telepathisch empfangen und ‚ausgeschlachtet' haben.

Da auf solche Möglichkeiten im Bericht nicht näher eingegangen wird, muss die Interpretation im Ungewissen bleiben.

Im nächsten Beispiel ereignet sich die AKE im Schlaf.

7.1.9.3.1.2. Bsp. (21) Zufallsfund (AKE-fern)

(21) Der amerikanische Schriftsteller **Michael Talbot** (1953-1992), der durch sein Buch ‚Das holographische Universum' bekannt geworden ist, berichtet in einem weiteren Buch (***454***, *S. 91-93; s. a.* ***139***, *S. 100-102*) von einer eigenen außerkörperlichen Erfahrung noch als Schüler, die ich hier in meinen Worten wiedergebe:

In einem nächtlichen ‚**Traum**', wie er es bezeichnet, schwebte er über seinem Körper und blickte auf diesen herab. Das Schlafzimmer sah er deutlich, wie er es kannte, und nicht irreal, wie in einem Traum. Er beschloss, sich körperlos zu bewegen, und schwebte ins Wohnzimmer (ob die Türe offen stand, er sie öffnete oder er hindurchflog, wird nicht gesagt). Das Gefühl des Schwebens empfand er als so beglückend, dass er weiterflog, und dabei auf ein großes Panoramafenster zusteuerte. Ehe er noch anhalten oder ausweichen konnte, durchstieß er die Glasscheibe mühelos und glitt ins Freie. Er sah zurück und überzeugte sich davon, dass das Fenster keinen Schaden genommen hatte. Im Weiterfliegen schaute er nach unten auf nasses Gras, auf dem ihm ein Buch auffiel. Er erkannte es als die Kurzgeschichtensammlung von Guy de Maupassant. Für diesen Autor hatte er sich nie interessiert. So kam es ihm wie die typische Absurdität von Träumen vor, gerade dieses Buch zu sehen. Damit endete der Ausflug. Über die Rückkehr in den Körper wird nichts gesagt.

Auf dem Weg zur Schule am nächsten Morgen wurde er von einer Nachbarin angesprochen. Diese sagte, sie habe auf einem Spaziergang im nahen Wald ein Buch aus der Leihbücherei verloren, das ziemlich wertvoll sei. Ob er es zufällig gesehen habe. Es handele sich um die Kurzgeschichten von Guy de Maupassant. Michael brauchte einen Moment, um sich von seiner Verblüffung zu erholen. Dann führte er die Frau zu der Stelle, an der er das Buch in seiner Traumreise gesehen hatte. Dort lag es dann auch. Seit dem Zeitpunkt, zu dem die Frau das Buch verloren hatte, war er nicht mehr in dem betreffenden Waldgebiet gewesen. Auch hatte er die Nachbarin in diesem Zeitraum nicht gesehen.

Meine Beurteilung

Natürliche Erklärungen scheiden aus, wenn das Geschehen ohne Auslassungen geschildert wurde. Talbot konnte auch keine Motivation haben, das Buch unterbewusst und außersinnlich zu suchen. Schließlich wusste er nichts von dem Verlust. Man könnte dennoch unterstellen, er habe mittels ASW von dem verlorenen Buch gewusst und mittels Präkognition die Begegnung mit der Nachbarin vorhergesehen. Das erklärt aber nicht, warum er eine unkörperliche Flugreise ‚phantasiert', auf der er das Buch scheinbar zufällig sieht, statt das Verlieren des Buches außersinnlich zu erfassen.

Mir scheint dieser Fall eher zu zeigen, dass sich das Bewusstsein vom Körper getrennt bewegen und Sinneswahrnehmungen haben kann. Angesichts unserer Unkenntnis über PSI-Phänomene bleibt aber sogar folgende phantasievolle Erklärung auch denkbar: Ein **Schutzengel** wollte der Frau helfen, das Buch zu finden. Weil sie jedoch spirituell nicht empfänglich war, gab er statt ihr dem spirituell sensiblen Schüler Michael seine Eindrücke ein. Was stützt diese Vorstellung?

7.1.9.3.1.3. Ähnliche Beispiele von AKEs mit Wegbeschreibung

Es ist mir wichtig aufzuzeigen, dass die angeführten Beispiele nicht die einzigen dieser Kategorie sind. Daher habe ich eine ungeordnete Liste von AKEs unterschiedlicher Entstehungsursache mit Wegbeschreibungen angefertigt, die in der Fußnote zu finden ist[27]. Ich erhebe keinen Anspruch auf Vollständigkeit:

In einem Fall wurde die ‚Abreise' in England und die ‚Ankunft' in USA von unterschiedlichen Zeugen beobachtet *(**308**, S. 96)*. Der Fall ist aber zu kurz beschrieben, um ihn hier stärker herauszustellen.

7.1.9.3.2. Wolke oder Astralkörper bei Sterbenden

Deutlicher noch als durch die oben erwähnten Wegbeschreibungen wird die **Trennung von Seele und Körper** bei Sterbenden bezeugt. In der Literatur wird häufig beschrieben, dass sich kurz vor dem Tod eine Art ‚**Wolke'** aus dem Körper löst und gelegentlich zur Zimmerdecke aufsteigt und dort verschwindet. Dies entspricht dem Empfinden von AKEern, die praktisch alle behaupten, aus dem Körper ausgetreten zu sein und von oben oder der Zimmerdecke aus nach unten geschaut zu haben.

Es kommt aber auch vor, dass der austretende Astralkörper selbst gesehen wird, wie im Beispiel Nr. (16), S. 137 und in der Literatur *(**99**, S. 35; **362**, S. 42; **374**, S. 37, 47-50; **379**, S. 135-136; **426**, S. 44; **472**, S. 109-113)*.

Die folgenden Beispiele sollen das verdeutlichen:

7.1.9.3.2.1. Bsp. (22) Acht Zeugen für das Erscheinen einer Wolke (BSB, Koma, Wolke)

(22) Frau Dorothy Monks Mutter lag Anfang Januar 1922 nach längerer Krankheit im Sterben. Gegen 19 Uhr waren Frau Monk und fünf ihrer Geschwister am Sterbebett zugegen, als die bereits im **Koma** liegende Frau ihren Mund öffnete. Aus ihm stieg eine kleine, dicke weiße **Wolke** auf und formte sich über ihrem Körper als längliche Gestalt. Das Gebilde veränderte unablässig seine Dichte, sodass es zeitweilig undurchsichtig wurde und für Umstehende die dahinter befindliche Bettlehne nicht mehr zu sehen war. Ein bläuliches Licht erhellte die Wolke und blaue Lichtblitze durchzuckten sie immer wieder. Ein Kranz gelblicher Strahlen umgab dabei den Kopf der Sterbenden.

Inzwischen betraten noch Frau Monks Bruder und Schwager den Raum. Alle inzwischen 8 Anwesenden konnten über mehrere Stunden hinweg die hier skizzierten Phänomene beobachten, bis diese dann gegen Mitternacht ver-

---

[27] *(**47**, S. 33-42 = **369**, S. 112-113; **285**, S. 108-115; **78**, S. 24-25, 35-39; **283**, S. 172; **311**, S. 160-161 = **95**, S. 79; **154**, S. 83, S. 48-50 = **41**, S. 19-20; **106** = **65**; **167**, S. 151-152; **274**, S. 179-181; **364**; **147**, S. 96-99; **160**, S. 225-226; **453**, S. 23, 168; **425**, S. 79, 86, 91; **309**, S. 83-84 bestätigt, S. 115 bestätigt; **437**, S. 168; **406**, S. 26-27.*

schwanden. Der physische Tod der Mutter trat am unmittelbar darauf folgenden Tag kurz nach 7 Uhr morgens ein.

Etwa um 6:15 Uhr noch, also eine Dreiviertelstunde zuvor, vernahm eine der Krankenschwestern, die im Nebenzimmer ruhte, eine Stimme mit nachstehenden Worten: *„Noch eine Stunde zu leben, eine Stunde länger."* Und wirklich, eine Stunde und zwei Minuten danach verstarb die Mutter (*__64__, S. 118-121; __269__, Band 2, S. 355-356; __309__, S. 107-108; __422__, S. 133; __425__, S. 174-175*).

Meine Beurteilung

Mit diesem Beispiel soll gezeigt werden, dass die sogenannten Emanationen (Ausströmungen) Sterbender, die in den allermeisten der entsprechenden Berichte nur von einer einzigen Person gesehen werden, nicht generell als Halluzinationen abgetan werden können. Wenn, wie in diesem Fall, immerhin acht im Sterbezimmer Anwesende das Gleiche sehen, ist es höchst unwahrscheinlich, dass diese Wahrnehmung bei allen in gleicher Weise nur auf Halluzination beruhte. Man mag anzweifeln, ob es gerechtfertigt ist, die erwähnte Wolke als Manifestation der aus dem Körper austretenden Seele der Sterbenden zu sehen. Schließlich hat sie sich nicht bis zu einem Double der Sterbenden ausbildet. Das nächste Beispiel ist geeignet, diesen Zweifel zu zerstreuen.

In der Literatur finden sich weitere vergleichbare Berichte mit mehr als einem Beobachter (kollektive Fälle) *(__425__, S. 173-174, 175).*

Und nun ein Beispiel, in dem nicht nur eine mysteriöse Wolke gesehen wird, sondern der voll ausgebildete ausgetretene Astralkörper.

7.1.9.3.2.2. Bsp. (23) Körperaustritt von außen beobachtet (BSB)

(23) Eine Ärztin steht am Bett eines Sterbenden, von dem sie weiß, dass er nur noch wenige Augenblicke zu leben hat. Plötzlich hat sie das Gefühl einer ‚Präsenz' neben sich und schaut unwillkürlich zur Seite. Sie verharrt wie vom Blitz getroffen, denn sie sieht den sterbenden Mann stehend noch einmal und in ganzer Größe vor sich. Die mysteriöse Gestalt ihrerseits scheint die total erschrockene Frau gar nicht zu beachten, denn sie schaut unentwegt mit dem Ausdruck großer Betroffenheit auf den eigenen, offenbar in diesem Moment gestorbenen Körper. Die Ärztin folgt kurz diesem Blick, doch als sie wieder zu dem Phantom zurückschaut, ist es verschwunden *(__269__, Band 2, S. 359)*.

Meine Beurteilung

Hier spiegelt sich das wieder, was wir aus Nahtod-Berichten über außerkörperliche Erfahrungen kennen. Hier allerdings bei einem (endgültig) Sterbenden und deshalb in der Betrachtung von außen. Von einer Ärztin nimmt man nun nicht unbedingt an, dass sie ein solches Phänomen erwartet und insofern vielleicht dafür prädestiniert ist, es zu halluzinieren. Ihre Überraschung bestätigt diese Einschätzung zudem. Um in der Beurteilung sicherer sein zu können wünschte man sich, dass solch eine Erfahrung kollektiv, d.h. von mehreren Augenzeugen gemacht worden wäre.

Hier noch ein Beispiel, das ebenfalls von einem Dunst über dem Sterbenden berichtet. Gleichzeitig leitet es zu den Sterbebettvisionen des nächsten Kapitels über, bei denen Geistwesen die Seele des Sterbenden abholen.

7.1.9.3.2.3. Bsp. (24) Kollektive Sterbebettvision (BSB, Erscheinung, Wolke)

(24) In diesem Beispiel geht es um ein sogenanntes **kollektives empathisches Sterbebetterlebnis**. So bezeichnet man eine Situation, von der mehr als eine Person angeben, etwa zeitgleich an den Visionen eines Sterbenden oder gerade Verstorbenen teilgehabt zu haben. Dem Autor **Peter Roitzsch** wurde 1977 von Frau Hedwig S. über ein solches Erlebnis berichtet. Es ist in seinem Buch nachzulesen und soll hier nur gekürzt (und geringfügig redigiert) wiedergegeben werden (***379**, S. 129-130*).

Hedwig S. und ihre Schwester Anna saßen am Sterbetag ihrer 83-jährigen Tante Frieda schon länger an deren Bett. Über das, was sie da in der Abendstunde erlebt haben, erzählt Frau Hedwig Folgendes:

*„Es muss so gegen 20 Uhr gewesen sein, als Anna erschrocken auf das Bett von Tante Frieda deutete. Dort hatte sich über deren Körper ein weißlicher **Dunst** gebildet, der sich bewegte und dabei mehr und mehr in sich zusammenzog. Wir verhielten uns beide sehr still und waren wohl mehr erstaunt als erschrocken. Plötzlich wurde mir irgendwie anders, ich würde sagen: leicht schwindlig, obwohl dies nicht das richtige Wort dafür ist. Ich hatte eher das Gefühl, als würde sich vor meinen Augen alles leicht verzerren. Dann erblickte ich die nur schwach erkennbaren Umrisse einer etwas abseits vom Bett stehenden menschlichen Gestalt. Was ich da sah, schien nicht materiell zu sein, sondern ähnelte eher einer Projektion, so wie wir sie vom Kino her kennen, allerdings dreidimensional, zugleich aber durchscheinend. Als die Gesichtszüge dieser Gestalt immer deutlicher wurden, erkannte ich mit einem Mal in ihr Onkel Richard, den verstorbenen Mann von Tante Frieda. Ich sah ihn ganz deutlich und bemerkte auch, dass er lächelnd zu*

uns herüberschaute. Nur wenig später war jedoch plötzlich alles wieder verschwunden: Der Dunst über Tante Friedas Bett und ebenso die ***Erscheinung*** *von Onkel Richard. Auch meine Art Schwindelgefühl war schlagartig verflogen. Anna und ich traten nun sofort an Tante Friedas Bett. Sie war gestorben. Ich habe mich später noch oft mit meiner Schwester über diesen Vorfall unterhalten. Sie hatte das* **Gleiche gesehen wie ich***: jenen Dunst und auch die Erscheinung des Onkels. Wir beide können uns immer noch keinen rechten Reim auf diese Geschichte machen. Wir haben es auch bisher niemandem erzählt, weil wir dachten, man hält uns dann für verrückt. ...“*

Meine Beurteilung

Das Besondere an diesem Bericht ist in der Tatsache zu sehen, dass zwei Personen die gleiche subjektive Beobachtung gemacht haben, sodass ihre Erfahrung nicht ohne weiteres als Halluzination abgetan werden kann. Der weißliche Dunst formte sich zwar nicht zur Gestalt der Sterbenden, wie das von anderen Fällen berichtet wird, dürfte aber als Vorbote des austretenden Seelenkörpers verstanden werden, von dem NTEer häufig erzählen. Diese erwähnen auch oft, dass sie während ihres außerkörperlichen Zustands Verwandten begegnet seien. Ferner liest man auch von Sterbebettvisionen, bei denen die Sterbenden von ihren Verwandten ins Jenseits abgeholt werden (s. Kapitel 7.1.9.3.3, S. 173). Es ist dann oft von ausgestreckten Armen und verzückten Blicken an die Decke die Rede, was im Fall von Tante Frieda jedoch nicht beobachtet wurde. Der Bericht von einer Erscheinung ihres bereits verstorbenen Mannes lässt aber vermuten, dass auch sie im Tod abgeholt wurde. Bei NTEs geht es allerdings naturgemäß nicht ums Abholen, sondern um eine Begrüßung und das Zurückschicken des Erfahrungsträgers. Wie sich die Dinge doch entsprechen! (Ein zweites vergleichbares Beispiel findet sich ebenfalls im Buch von Peter Roitzsch.)

Natürlich hätten wir als kritische Bewerter gern etwas über den Glaubenshintergrund der beiden Beobachterinnen erfahren. Hatten sie beide in etwa jene Vorstellungen vom Sterben, wie sie sich in den Schilderungen Hedwigs widerspiegelten? Waren sie beide vielleicht ‚übersinnlich‘ begabt? Wird es jemals den perfekten Fall geben?

Bei Sterbenden werden nicht nur Wolken beobachtet, sondern auch Astralkörper oder **Lichtgestalten**, die dem Leib ähnlich sehen. Ein Beispiel dafür folgt hier:

7.1.9.3.2.4. Bsp. (25) Lichtgestalt entweicht nach dem Tod (BSB)

(25) Wilhelm Roesenmueller berichtet von der Sichtung eines leuchtenden Astralkörpers einer Sterbenden *(**374**, S. 13)*:

Dompropst **D. H. Martensen-Larsen** berichtet in ‚Ein Schimmer durch den Vorhang' einen Vorgang, der ihm von einem bekannten Missionar, der als Delegierter der schottischen Freikirche in Roskilde weilte, aufgezeichnet wurde. *„Es war vor einigen Jahren in Schottland. Eine fromme, sehr liebe Tante von mir lag im Sterben. Wenn jemals ein Mensch die Bezeichnung ‚eine Heilige' verdiente, so würde sie es gewesen sein. Was ich nun erzähle, wurde von* ***elf Menschen gleichzeitig*** *erlebt, neun davon waren im Sterbezimmer versammelt, zwei waren draußen. Als meine Tante den letzten Atemzug getan hatte, und ihre Tochter, die ihre Hand in der ihren hielt, sagte: "Jetzt ist sie hinübergegangen", sahen alle, die im Sterbezimmer anwesend waren – ihr Mann, ihre Kinder und die Dienstboten – wie eine* ***Lichtgestalt*** *vom Kopfende des Bettes durch das Zimmer zum Fenster und durch dieses hinaus ins Freie schwebte. Ein junges Ehepaar aus der Nachbarschaft, das an dem warmen Sommerabend im Garten spazieren ging, sah die hell leuchtende Gestalt aus dem Fenster des Sterbezimmers herauskommen und sah sie dann in der Luft verschwinden."*

Meine Beurteilung

Wenn alles so verlaufen ist, wie geschildert, ist kein Zweifel an der **Dualität** des Menschen mehr möglich. Aber leider liegen keine Zeugnisse der 11 Beobachter vor, sondern nur die Aussage eines Erzählers. Mir fehlt auch eine genauere Beschreibung der Lichtgestalt. Es bleibt jedem überlassen, wie er die Glaubwürdigkeit des Erzählers einschätzen will.

Es sei noch vermerkt, dass die beim Sterben austretende Wolke sogar photographiert wurde *(**116**, S. 183)*. Mir ist aber nur eine Quelle dazu bekannt, so dass mögliche Zweifel bleiben.

In mediumistischen Séancen treten auch Wolkengebilde auf, hinter denen sich Personen bzw. Geistwesen verbergen *(**290**, S. 55, 194,209)*.

7.1.9.3.2.5. Mehr Beispiele zu ‚Wolke oder Astralkörper bei Sterbenden'

Im Beipiel Nr. (44), S. 216 wird von einem Hauch weißen Rauches gesprochen, der aus dem geöffneten Mund der Sterbenden stieg.

Es gibt viele weitere Literaturstellen, in welchen zumeist von einer Wolke oder einem Dunst berichtet wird, der sich beim Tod vom Körper löst. Die in meiner Literatursammlung aufgetretenen habe ich in ungeordneter Reihung in der Fußnote zusammengestellt[28]. **Michael Nahm** berichtet, dass dieses Element in 113 von insgesamt 142 Fällen (80%) seiner Sammlung vorkam *(**313**, S. 468)*. Bei einer Minderheit der Fälle wird von einem Geistkörper gesprochen.

Nebenbei sei vermerkt, dass auch bei Lebenden deren Geistkörper gesehen werden kann *(**100**, S. 40, 58, 73, 117)*.

7.1.9.3.3. Abholen der Seele beobachtet

Von der Beobachtung einer AKE durch einen Außenstehenden haben wir schon im Bsp. (16), S. 137 gelesen.

In vielen Sterbebettvisionen wird davon berichtet, dass der Sterbende - z.B. durch seine Gestik – zeigt, dass er von normalerweise unsichtbaren Geistwesen ins Jenseits abgeholt wird. Dafür gibt es auch Zeugen, welche die abholenden Geistwesen gesehen haben wollen. Nachfolgend Beispiele für Beobachtungen der Seele des Sterbenden beim Austritt aus dem Körper.

7.1.9.3.3.1. Bsp. (26) Die Seele verlässt den Körper (BSB, SBV, Erscheinung)

(26) Frau **Atwater**, Nahtod-Forscherin seit 1978, berichtet von einem Fall, bei dem offenbar Mitgefühl oder innere Teilnahme (empathic or shared experience) eine Rolle spielte:

Eine Frau saß am Sterbebett ihres Bruders und hörte plötzlich sanfte, sehr melodiöse **Musik**. Sie drehte sich um, weil sie wissen wollte, wo das Radio steht, das hier offensichtlich zu spielen begonnen hatte. Sie konnte es aber nirgends entdecken. In diesem Moment begann sich jedoch der ganze Raum mit einem strahlenden **Licht** zu füllen. Gerade noch rechtzeitig wandte sie sich wieder ihrem bewusstlosen Bruder zu und bemerkte, wie dieser seine Augen öffnete, lächelte und seine **Arme nach oben streckte**. Dann meinte

[28] ***246**, S. 158-166; **289**, S. 22-24, 34-37, Lichtball 46-48, Licht 52-53, Licht 54-55, Erscheinung 55-56, 105-106, Licht 109, 121-122, 127-128, 129-130, 137-138, 160-161, 161, 169, Erscheinung 213-214; Exkursion bestätigt: **23**, S. 241-242; **350=369**, S. 47=**479**; **301**, S. 222; **425**, S. 88-89, 173-174, 175=**279**, S. 156, 3 Zeugen; **154**, S. 71-72, 72; **98**, S. 7-8, 8, 9, 12, 15, 16, 18, 19; **101**, S. 35, 47-48; **95**, S. 17, 55, 58, 72, 194; **99**, S. 102; **228**, S. 141; **196**, S. 257; **481**, S. 215; **309**, S. 70 Geistkörper, 104-105, 106-107, 217-218; 107-108, 108-109; **308**, S. 42; **472**, S. 109-113; S. 135-136 Rauch zu Gesicht; **374**, S. 63-64; **457**, S. 56; **488**, S. 35; **136**, S. 160-163; **426**, S. 7-8, 18, 22; **77**, S. 101; **355**, S. 201); **100**, S. 159.*

sie die Erscheinung einer **Lichtgestalt** zu sehen, die den Bruder sanft an dessen Handgelenken ergriff und ‚hinaufzog'. Es schien ihr, als ob auf diese Weise ein zweiter Körper, der sogenannte **Astralkörper**, aus dem auf der Liegestatt verbleibenden Leib regelrecht **herausgezogen** wurde und durch einen nebelartigen Bogen zur Zimmerdecke und aus dem Krankenzimmer schwebte. In der Nähe des nun wahrscheinlich toten Körpers des Bruders will die Frau dabei den **Duft** von Rosen gerochen haben *(**19**, S. 48; **21**, S. 109; **22**, S. 48)*.

Meine Beurteilung

Berichte dieser Art soll es zahlreiche geben, behauptet Frau Atwater, ohne jedoch weitere zu nennen. Sie meint damit offenbar sogenannte Sterbebettvisionen. Diese wären ein weiterer Hinweis auf einen Seelenkörper, der sich vom leiblichen Körper zu lösen vermag. Der vorstehende Bericht lässt jedoch viele Details vermissen, die dabei von Interesse gewesen wären. Man wünschte sich, dass derartige Erscheinungen von weiteren anwesenden Personen bestätigt werden könnten.

Weil in diesem Fall die Bestätigung durch Zeugen fehlt, lasse ich noch einen vergleichbaren Fallbericht folgen:

7.1.9.3.3.2. Bsp. (27) Abholung in den Tod (BSB, SBV)

(27) Die seit Kindesbeinen medial veranlagte englische Krankenschwester **Joy Snell** berichtet in ihrem Büchlein über eine ganze Reihe von Beobachtungen, die sie bei Sterbenden gemacht hat. Ich nehme ein Beispiel heraus, in dem die Seele beim Tod abgeholt wird, und gebe es gekürzt hier wieder (*__426__, S. 19-20*).

Etwa sechs Monate nach Antritt ihres Dienstes im Spital betreute die Krankenschwester eine 17-jährige junge Frau, die schon von der Auszehrung ganz hinfällig geworden war und sich nach dem Ende ihres Leidens, d.h. dem Tod sehnte. Sie war Joy auch zur Freundin geworden. Kurz vor dem Ableben der Kranken bemerkte Joy zwei Gestalten, die zu beiden Seiten des Bettes standen. Sie sah diese so deutlich wie jede andere Person und erkannte in ihnen zwei enge Freundinnen der jungen Frau. Sie waren im selben Alter wie die Patientin, waren aber vor ca. einem Jahr verstorben. Die Kranke erkannte die Besucherinnen sofort. Mit einem Lächeln im Gesicht streckte sie ihre Hände aus und rief erfreut: *„Oh, ihr seid gekommen, mich **abzuholen**! Ich freue mich, denn ich bin so müde."*

Jede der beiden Besucherinnen, die Joy als **Engel** bezeichnet, weil sie **leuchtende Gesichter** hatten, ergriff eine der ausgestreckten Hände des Mädchens und hielt sie ungefähr eine Minute lang. Dann ließen sie die Hände der Sterbenden auf das Bett zurückfallen. Mit einem Seufzer verschied sie; ihr Lächeln blieb aber im Gesicht bestehen. Die Engel verweilten am Bett, bis sich eine **Geistform über dem toten Körper gebildet** hatte. Dann verließen drei Engel den Raum, wo vorher nur zwei gewesen waren.

Neugierig, wohin wohl die drei Gestalten gegangen sein mögen, und sehnsüchtig, auch dorthin zu gehen, hörte Joy eine innere Stimme, die sagte: *„Noch nicht, dein Werk auf Erden ist noch nicht beendigt“*.

Meine Beurteilung

Die Geschichte klingt sehr ‚esoterisch', so dass man geneigt ist, sie als Erfindung einzustufen. **Rudolf Passian** berichtet aber, ein Professor **Haraldur Nielsson** habe Snell 1919 besucht, um sich einen persönlichen Eindruck von der Autorin zu verschaffen. Er sei von ihr sehr angetan gewesen und berichtete, sie sei zu den gleichen Resultaten gekommen wie **A. J. Davis** (***344***, *S. 64*). Da auch **Sir William Barrett** (***36***, *S. 109-114*) und **Ian Currie** (***104***, *S. 171*) von ihr berichten, und weil es viele ähnliche Geschichten gibt, würde ich diese hier nicht unumwunden ins Reich der Phantasie schieben. Aber natürlich finde ich es schade, dass die ebenfalls beim Tod des Mädchens anwesenden Verwandten die Engel nicht gesehen haben. Es fehlen also Zeugen. Das Besondere an dieser Erzählung liegt darin, dass nicht nur, wie meist, die Abholer gesehen und beschrieben werden, sondern auch der aus dem Leib austretende Seelenkörper wenigstens erwähnt wird. Mir fehlt eine genauere Beschreibung.

Die Gesten und Äußerungen der Sterbenden werden durch die Krankenschwester bestätigt. Damit ist es nicht leicht, das Geschehen als Halluzination abzutun. Man müsste unterstellen, Joy Snell habe die Halluzination der Sterbenden telepathisch übernommen.

Die innere Stimme entspricht dem, was sehr viele NTEer auch berichten: Sie werden mit ähnlichen Worten ins Leben zurückgeschickt.

Auch wenn der Körperaustritt nicht explizit beschrieben wird, ist es ein Hinweis auf die **Dualität** von Körper und Seele, wenn die Abholung beim Sterbeprozess kollektiv gesehen wird, wie im folgenden Fallbeispiel:

7.1.9.3.3.3. Bsp. (28) Kollektiv bestätigte Abholung ins Jenseits (BSB, Erscheinung, SBV)

(28) Im Jahr 1889 erschien in der englischen Zeitschrift ‚Proceedings of the SPR' nachfolgender, gestrafft wiedergegebener Bericht von Frau **Emma Pearson** über den Tod ihrer Tante Harriet Pearson (*__36__, S. 35-36; __269__, Band 1, S. 91; __289__, S. 143; __423__, S. 68-69*):

Tante Harriet ging es von Tag zu Tag schlechter. Am späten Nachmittag des 23. Dezember 1864 wachte ihre Nichte, Frau John Pearson, direkt an ihrem Bett, während eine weitere Nichte, Frau Coppinger, sowie Emma Pearson, die erwähnte Berichterstatterin, sich im Nachbarzimmer etwas hingelegt hatten. Die Tür zwischen beiden Räumen war nur angelehnt. Plötzlich sahen die beiden, die nur ruhten und noch nicht schliefen, eine Gestalt durch die geöffnete Tür gehen. Sie trug ein Schultertuch, eine Perücke mit je drei Locken auf beiden Seiten und eine schwarze Haube. Frau Coppinger reagierte darauf und sagte zu Emma Pearson: *„Emma, steh auf, Tante Ann ist da!"* und bekam zur Antwort: *„Tatsächlich, dann wird Tante Harriet heute sterben."* Als beide Frauen nun aufsprangen, kam ihnen Frau John Pearson aus dem Zimmer der Kranken entgegen und sagte: *„Da war die alte Tante Ann. Wo ist sie hingegangen?"*(**Erscheinung**) Alle Zimmer wurden durchsucht. Aber man fand nur das Dienstmädchen Eliza schlafend in ihrer Kammer. Tante Harriet jedoch erzählte jetzt ihrerseits allen, sie habe ihre **verstorbene** Schwester Ann gesehen, die gekommen sei, um sie **abzuholen**. Diese ihre Aussage wurde übrigens später sowohl von Eliza als auch von Emma Pearson bezeugt. Die Tante starb noch am gleichen Tag gegen 18 Uhr.

Meine Beurteilung

Auch hier handelt es sich nicht um ein Nahtod-Erlebnis, sondern um eine **kollektiv** bestätigte Totenbettvision. Ich stelle sie im Rahmen der NTEs mit vor, weil oft argumentiert wird, man dürfe die Aussagen von NTEern nicht für bare Münze nehmen, da diese ja noch nicht wirklich gestorben sind. Das Beispiel zeigt, dass auch bei irreversibel im Sterben Liegenden (und dann auch tatsächlich Gestorbenen) das Gleiche vonstatten geht, was uns auch NTEer, die ja letztlich am Leben blieben oder reanimiert wurden, immer wieder berichtet haben. Der Unterschied besteht darin, dass der Sterbende von Verwandten abgeholt wird, während der Überlebende zurückgeschickt wird. Und weil bei den kollektiven Sterbebettvisionen sowohl Sterbende als auch sich in deren Nähe aufhaltende Beobachter das Gleiche sehen und bekunden, darf das Geschehen als glaubhaft gelten.

Ein Mangel bei diesem Bericht ist, dass man über den Zustand des Gehirns der Kranken nichts Genaues wissen kann und der Leser auch darüber im Unklaren gelassen wird, welche Einstellung die Zeugen und die Sterbende dem Tod gegenüber hatten. Skeptiker werden – ohne es allerdings beweisen zu können – behaupten, alle Beteiligten hätten ihre Glaubensüberzeugungen halluziniert. Erstaunlich nur, das sich alle das Gleiche ‚vorgemacht' haben.

7.1.9.3.3.4. Weitere Beispiele zu ‚Abholen der Seele beobachtet'

Es gibt weitere ähnliche Beispiele[29].

Psychische oder mentale Medien behaupten, mit Jenseitigen in Kontakt treten zu können. Von jenen gibt es ähnliche Sterbebettbeobachtungen, wie wir sie von irdischen Beobachtern her kennen gelernt haben oder es wird von der **Abholung** berichtet[30].

7.1.9.3.4. Die ausgetretene Seele erscheint am fernen Ort

Nach so vielen Belegen für die Annahme, dass sich ein ‚Etwas', das ich trotz der Vorbelastung des Begriffs auch als Seele bezeichne, vom Körper loslösen kann, muss man geradezu fordern, dass es auch Fälle geben muss, in welchen dieses ‚Etwas' an ferne Orte reist und dort gesichtet wird. Vier solcher Fälle will ich hier anführen. Der erste betrifft eine Exkursion im Traum.

7.1.9.3.4.1. Bsp. (29) Ein unkörperlicher Besuch (Traum, AKE-fern, Erscheinung, Wolke) OBE_52

(29) Aus dem Bericht einer in Plains, USA-Staat Illinois, wohnhaften Martha Johnson (Pseudonym), den sie 1957 der amerikanischen parapsychologischen Gesellschaft (ASPR) gab, geht Folgendes hervor (***106***):

In der Nacht vom 26. zum 27.1.1957 hatte diese Frau einen **Traum**, in dem sie über eine ihre Pferde betreffende Angelegenheit dermaßen ärgerlich wurde, dass sie noch im Traum beschloss, ihre Mutter aufzusuchen, um ihr davon zu

---

[29] ***302***, *S. 152-153;* ***457***, *S. 59;* ***64***, *S. 169-170;* ***426***, *S. 21-22=****309***, *S. 106-107;*

Nur Abholer gesehen: ***64***, *kollektiv, S. 181-184=****87***, *S. 71-72=****461***, *S. 57;* ***426***, *S. 31-33; 33-36;* ***64***, *S. 175-177 kollektiv;* ***5***, *S. 80, 85-86;* ***289***, *S. 142-143, 149-150;* ***268***, *S. 19, 23-24, 28-29, 43;* ***30***, *S. 64-65, 79-80 medial bestätigt, 81.*

[30] ***12***, *S. 25;* ***42***, *S. 57-59;* ***59***, *S. 16;* ***43***, *S. 81, 83;* ***44***, *S. 259;* ***60***, *S. 11-17, 145;* ***103***, *S. 34;* ***113***, *S. 39-41;* ***137***, *S. 25, 29, 141;* ***165***, *S. 21;* ***198***, *S. 21,22, 24, 26, 27;* ***307***, *S. 78, 79, 81;* ***290***, *S. 115;* ***337***, *S. 45;* ***353***, *S. 184, 185, 205;* ***354***, *S. 76;* ***355***, *S. 72, 73;* ***356***, *S. 179-182;* ***456***, *S. 9, 10;* ***464***, *S. 43, 47, 61.*

erzählen. Die Mutter lebte allerdings nicht in ihrer Nähe, sondern, berufsbedingt, 926 Meilen von ihr entfernt im Staate Minnesota. Martha träumte also, wie sie loslief, und hatte während dieses ‚Gehens' das Gefühl, mit hoher Geschwindigkeit zu schweben. Ihr Weg schien seitlich von braunen Wolken begrenzt. Rechts und links standen oder saßen Leute, die sich unterhielten und auf irgendetwas zu warten schienen. Jemand fragte sie etwas, worauf sie, mit den Armen gestikulierend, antwortete: „*Ich will ihr nur mitteilen, was mich ganz verrückt macht.*" Dann lachte sie und ging einfach weiter.

Nach einer Weile war es ihr so, als ob sie sich ganz allein durch eine große Dunkelheit bewegte. Dann erblickte sie plötzlich aus großer Höhe unter sich eine Oase aus Licht und nahm sofort Kurs darauf. So gelangte sie zu dem kleinen Haus, in dem ihre Mutter wohnte. Als sie es betrat, sah sie, dass die Möbel darin alle an ihrem ihr altbekannten Platz standen. Sie lehnte sich in gewohnter Pose mit verschränkten Armen an den Geschirrschrank und beobachtete ihre Mutter, die sich über etwas Weißes beugte und damit hantierte. Sie schien sie nicht gleich zu bemerken, schaute dann aber doch auf und sah sie an. Martha fühlte sich zufrieden, drehte sich nach einigen Sekunden um und ging vier Schritte.

Dann ereignete sich wieder genau das, was sie in vorhergehenden Träumen schon mehrfach erlebt hatte: Acht Fuß über ihr erscheint ein schwarzer vibrierender Nebel, vier Fuß lang und zwei Fuß im Durchmesser. Das Innere der **Wolke** bewegt sich ständig, so dass man den Eindruck hat, es handele sich um etwas Lebendiges. Immer wenn dieser Nebel erscheint, kann sie nicht anders, als zum Nebel aufzusteigen. Im selben Moment wacht sie dann auf. Diesmal war es nachts um 2:10 Uhr (1:10 Uhr in Minnesota). Dass sie dabei auf die Uhr schaute, wurde später ein wichtiges Element einer Erklärung.

Dieser Traum beschäftigte sie noch die nächsten Tage, weil er so klar in allen Details war. Wenig später erhielt sie von ihrer Mutter einen Brief, datiert auf den 29.1.1957. Darin war u.a. zu lesen:

„Weißt Du eigentlich, dass Du für ein paar Sekunden hier warst? Ich glaube, es war der 26.1. um 1:10 Uhr, also um 2:10 Eurer Zeit. Ich bügelte eine Bluse in der Küche. Als ich aufschaute, standst Du am Geschirrschrank und lächeltest mich an. Noch bevor ich zu sprechen begann, warst Du jedoch wieder verschwunden. Ich denke, die ***Hunde*** *haben Dich auch bemerkt."*

Martha schrieb ihrer Mutter zurück und berichtete ihr von dem besagten Traum. In einem weiteren Brief der Mutter, der auf den 7.2.1957 datiert ist, berichtete diese noch etwas ausführlicher vom Verhalten der Tiere:

„Die Hunde sahen Dich an. Als Du wieder weg warst, machte ich kehrt, um ins Schlafzimmer zu gehen. Vermutlich gingst Du in diesem Moment gerade zur Tür hinaus; denn da wurden die Tiere ganz wild. Blackie kratzte mit den Pfoten an der Tür und Cuddles winselte. Dann rannten sie andauernd zwischen dem Platz, an dem Du gestanden hast, und der Tür hin und her und schnüffelten. Sie rannten zu mir, sprangen an mir hoch und wollten offensichtlich rausgelassen werden.“

Martha hatte ihre Mutter im Brief auch danach gefragt, wie sie denn als Erscheinung ausgesehen habe und wie sie bekleidet gewesen sei. So erfuhr sie Folgendes: Marthas **Erscheinung** habe absolut lebensecht ausgesehen. Die untere Körperhälfte sei nicht sichtbar gewesen. Frisur und Kleidung hätten dem entsprochen, wie Martha gern auszugehen pflege. Sie wurde von der Mutter also gar nicht im Schlafanzug gesehen, den sie aber zu der fraglichen Zeit in Wirklichkeit anhatte.

Meine Beurteilung

Interpretiert man dieses Geschehen als AKE, so macht die Kleidung der Erscheinung klar, dass dabei offenbar Gedanken ausgeschickt werden und nicht unbedingt ein äußeres Abbild der Person. Martha hatte auf Fragen hin geäußert, sie käme nie auf den Gedanken, im Schlafanzug außer Haus zu gehen. Das geschilderte Verhalten der Hunde unterstützt ebenfalls die Vorstellung eines ‚reisenden Bewusstseins'; denn die Hunde reagierten so, als ob auch sie die Erscheinung wahrgenommen hätten. Auch die **Beschreibung der Reise** bzw. des Weges bis zur Mutter unterstützt die Vorstellung einer austretenden Seele.

Versucht man, um den Gedanken einer Exkursion der Seele zu vermeiden, eine Erklärung durch ASW, so wird es kompliziert: Nach dieser Vorstellung hätte Martha die Situation ihrer Mutter hellsichtig erfahren. Die Mutter wiederum wäre telepathisch mit ihrer Tochter verbunden gewesen und hätte in deren Traum ‚geschaut'. Ähnliches gilt für das Verhalten der beiden Hunde. Bei ASW gibt es auch keinen Grund, die Reise zu träumen, weil ASW den direkten Zugang zum Zielobjekt erlaubt.

Es gibt jedoch Wissenschaftler, wie z.B. den amerikanischen Philosophen **Stephen Braude**, die selbst in einem solchen Fall eine ASW-Erklärung bevorzugen (***65***).

Im zweiten Beispiel dieser Reihe geht es um eine Exkursion im Rahmen einer NTE:

7.1.9.3.4.2. Bsp. (30) Die Exkursion während einer Nahtoderfahrung wird bestätigt (NTE, AKE-nah, AKE-fern, Erscheinung)

(30) Willy, der heutige Inhaber eines Supermarktes in Deutschland, war 1944 als 18-jähriger nach kurzer Ausbildung mit seiner Kompanie an die Ostfront kommandiert worden. Auf einem Fußmarsch schlug eine Granate neben ihm ein. Er verspürte einen Stoß und etwas Warmes über den Körper rieseln und merkte, dass er verschüttet war. Er wollte schreien, konnte aber nicht und verlor das Bewusstsein *(**116**, S. 174-176).*

Aber Willy erwachte gleich wieder und schwebte über die Straßenkreuzung empor, auf der er getroffen worden war. Er konnte seinen gekrümmten Leib blutend unter der Erde liegen sehen. Seine rechte Hand krallte sich um den Stahlhelm, der ihm durch den Luftdruck vom Kopf gerissen worden war. Er sah das alles verwundert, aber ohne Angst an.

Dann fand Willy sich in der Landschaft seiner Schlesischen Heimat. Er kam zum Haus seiner Eltern. Seine Mutter hob ihre Hände zu ihm empor und rief ihm etwas zu, was er aber nicht verstehen konnte. Er winkte ihr zu und sie winkte zurück. Ganz in der Nähe bemerkte er die blonde Ursel, seine Geliebte, in der Bismarckstraße mit wehendem Rock und nackten Beinen auf dem Fahrrad strampeln. Nur durch sein Denken konnte er über ihr schweben und sie ansehen. Da blickte sie plötzlich ebenfalls auf, lächelte ihm zu und nickte. Dann verschwand sie wie im Spuk.

Nun umflutete ihn glänzend helles Licht. Er stieg wie ein Vogel in die Höhe und genoss die Leichtigkeit des Fliegens. Aber plötzlich zog ihn etwas wieder hinab zu seinem Körper. Darüber schwebend beobachtete er, wie zwei Sanitäter die Erde über seinem Körper wegschaufelten, ihn herauszogen und auf eine Bahre legten. Einer der Helfer öffnete die blutdurchtränkte Uniformjacke. Im Bauch klaffte ein blutendes Loch. Diese Verwundung tat ihm aber nicht weh. Ein Notverband wurde ihm angelegt, er wurde aufgehoben und nach hinten getragen. Dabei wollte er rufen: *„Nehmt mich mit! Lasst mich nicht zurück!"* Und seltsamerweise schauten die Träger auf und lauschten, obwohl sie keinen Ruf vernommen haben können. In diesem Augenblick kehrte er in seinen Körper zurück und merkte, dass er auf einer schaukelnden Bahre zum Hauptverbandsplatz getragen wurde. Sein Körper fühlte sich ganz schwer an und schmerzte unerträglich.

Nach Wochen erhielt Willy einen Feldpostbrief von seiner Mutter. Darin teilte sie ihrem Sohn mit, dass sie **ihn gesehen** habe. Gleich darauf sei Ursel mit dem Rad zu ihr gekommen und habe gesagt, sie hätte ihn ebenfalls gesehen. In einer brieflichen Rückfrage bestätigte sich, dass dies an jenem Morgen seiner Verwundung passierte. **Ursel schrieb** mit separatem Brief, ihn ohne Stahlhelm mit geöffneter Uniformjacke und zerzaustem Haar gesehen zu haben.

Meine Beurteilung

Der häufig berichtete subjektive Eindruck, sich in einer NTE vom Körper getrennt und das Geschehen von erhöhter Position betrachtet zu haben, wird hier verstärkt durch Willys Sorge, nicht mit dem Körper mitgenommen zu werden und dadurch, dass die Träger auf diese Sorge reagierten. Deutlicher noch kann man das Austreten der Seele aus dem Körper durch die Beobachtung je einer Erscheinung durch Mutter und Geliebte bestätigt sehen.

Freilich kann man die paranormalen Ereignisse auch animistisch als Hellsicht des verwundeten Soldaten und Telepathie seitens der Mutter, der Geliebten und der Träger zu interpretieren versuchen. Dann wäre zu erklären, welche Motivation anstelle des ‚einfachen Wissens' dazu geführt hat, die Art der Erkenntnis in die Form von Erscheinungen und eines **Körperaustritts** der Seele zu kleiden. Diese Frage kann anhand eines episodischen Berichts, wie hier, niemals geklärt werden. Ob dies jemals anhand kontrollierter Versuche möglich sein wird, sei dahingestellt. Es bleibt nur, sein jeweils persönliches Gefühl als Entscheidungsinstanz einzusetzen.

Das dritte Beispiel kreist noch einmal um eine NTE:

7.1.9.3.4.3. Bsp. (31) Eine Reise der Seele (NTE, HSS, AKE-nah, AKE-fern)

(31) Olga Gearhardt, ‚Matriarchin' einer Großfamilie in San Diego, musste sich Anfang 1989 einer Herztransplantation unterziehen, nachdem ihr Herz 1988 durch eine Virusinfektion stark angegriffen war. Nach erfolgreicher Operation kam es bei ihr nachts um 2:15 Uhr zu einer schweren Komplikation. Das neue Herz schlug nicht mehr richtig und kam schließlich ganz **zum Stehen**. Die sofort begonnene Reanimation dauerte zwar ziemlich lange, verlief aber letztlich erfolgreich.

Den im Krankenhaus wartenden zahlreichen Familienmitgliedern wurde dieser glückliche Ausgang erst gegen 6 Uhr morgens mitgeteilt (***289***, *S. 77-80;* ***303***, *S. 22-24*). Sofort nahm dort Olgas Tochter das Telefon zur Hand und teilte die gute Nachricht ihrem Mann mit, der wegen seiner Krankenhausphobie zu Hause geblieben war. Dieser aber meinte nun nur: *„Ich weiß schon, dass es ihr gut geht. Sie hat es mir bereits selbst erzählt."* Natürlich war das erklärungsbedürftig, und auf ihre Nachfrage bekam die Tochter von ihrem Mann Folgendes zu hören:

Um 2:15 Uhr nachts sei er wach geworden und habe seine Schwiegermutter **am Fußende seines Bettes stehen sehen**. Sie habe geradezu quicklebendig gewirkt, was ihn vermuten ließ, sie sei gar nicht operiert worden und daher zu ihm in die Wohnung gekommen – schließlich hatten die beiden ein gutes Verhältnis zueinander. Er habe sie dann gefragt, wie es ihr gehe, und zur Antwort erhalten: *„Es geht mir gut. Ich werde gesund werden. Wir brauchen uns alle keine Sorgen zu machen."* Danach sei die Gestalt verschwunden. Den Schwiegersohn hatte das nicht erschreckt. Er machte sich lediglich ein paar Notizen, u.a. zur Uhrzeit.

Als die Angehörigen später zur Patientin ins Krankenzimmer gelassen wurden, erzählte Olga sogleich von einem seltsamen ‚**Traum**', den sie während der Operation gehabt haben will. Sie sagte, sie habe ihren **Körper verlassen** und dabei beobachtet, wie sich die Ärzte ein paar Minuten an ihr zu schaffen machten. Dann sei sie ins Wartezimmer ‚gegangen', wo sie ihre Familienangehörigen gesehen habe. Aber da sie nicht mit ihnen habe kommunizieren können und deshalb frustriert gewesen sei, habe sie beschlossen, sich zum etwa 50 Kilometer entfernten **Haus ihrer Tochter zu begeben**, um mit deren Mann in Verbindung zu treten. Sie sei sich ganz sicher, am Fußende von dessen Bett gestanden und ihm gesagt zu haben, alles würde gut ausgehen.

<u>Meine Beurteilung</u>

Morse und Perry, die Autoren dieses Falles, führten zahlreiche Interviews mit den hier erwähnten Angehören, um herauszufinden, ob es Unstimmigkeiten gab, die den Fall als unglaubwürdig hätten dastehen lassen. Sie fanden allerdings keine. Dennoch fehlen einige nähere Angaben. Wie verlief die Wiederbelebung? Und wie lange dauerte sie? Wie lange währte die Erscheinung Olgas beim Schwiegersohn, und wie im Einzelnen verhielt sie sich dabei? Wussten die Angehörigen darüber Bescheid, bevor ihnen Olga beim Krankenbesuch davon erzählte?

Man kann also nur vermuten, dass die hier geschilderte Reise der Seele stattfand, als das Gehirn Olgas aufgrund des Herzstillstandes nicht mehr mit frischem Blut versorgt wurde und daher die Hirnrinde außer Funktion war. Dieser Teil des Gehirns wird von der Wissenschaft als der Ort angesehen, an dem komplexe Denkvorgänge erzeugt werden, die eben auch für eine Unterhaltung erforderlich sind.

Gibt es eine Erklärung, welche *ohne* die Annahme einer letztlich vom Gehirn unabhängigen Seele auskommt, die sich vom Körper trennen und weit reisen kann? Sie könnte folgendermaßen aussehen:

Olga sieht trotz ihrer prekären gesundheitlichen Situation hellsichtig ihre Ärzte arbeiten und die Angehörigen im Wartezimmer sitzen und bildet sich ein, sich selbst dort aufzuhalten. Dann ‚wünscht' sie sich ins Schlafzimmer ihres Schwiegersohnes und hört per Fern-Hellsicht (**remote viewing**), was dieser sie fragt, und antwortet ihm im Geiste. Der Schwiegersohn ‚klinkt' sich telepathisch in die Gedanken der Schwiegermutter ein, wird durch deren Wunsch geweckt, halluziniert das Erscheinungsbild von ihr und hört ihre Antwort.

Die meiner Ansicht nach näherliegende Alternative dazu liegt auch hier darin, das Geschehen so anzunehmen, wie es geschildert ist: als Reise einer Seele, die sich vom Körper entfernen und auch wieder in ihn zurückkehren kann.

Das vierte Beispiel in dieser Reihe betrifft eine mediale Verbindung:

7.1.9.3.4.4. Bsp. (32) Eine Astralprojektion scheint sich zu bestätigen (AKE-fern, Spuk, Erscheinung)

(32) Der englische Spiritist **Ernest Walter Oaten** (1875-1952) war medial begabt und hatte mit seiner Frau einen ausgezeichneten telepathischen Rapport entwickelt (***327**, S. 107-109*).

Einmal war er bei regnerischem und kühlem Wetter auf der Rückreise von einer Tagung. Weil er einen falschen Zug bestiegen hatte, zog sich die Reise hin. Er war durchnässt, fror und war besorgt, krank zu werden. Ein Telefon oder ein Telegraphenamt waren zu später Stunde nicht mehr erreichbar. So konnte er seine Frau nicht über sein Missgeschick informieren und nicht darum bitten, für seine Rückkehr ein heißes Bad und eine warme Mahlzeit vorzubereiten. In dieser Zwangslage kam er auf die Idee, seine Frau telepathisch zu informieren.

In Gedanken stellte er sich den ganzen Heimweg in allen Einzelheiten vor und **‚reiste' so nach Hause**. Dort drehte er am Türknopf, um die Türe zu öffnen. Als er in die Wohnstube eintrat, sah er seine Frau in einem Liegestuhl sitzen, der normalerweise im Garten steht, und das Buch mit dem Titel ‚Before Adam' lesen. Dieses Buch hatte sich noch nicht im Haus befunden, als er wegfuhr. Seine Schwiegermutter saß auf ihrem gewohnten Platz. Oaten pflanzte sich vor seiner Frau auf und sagte unter Aufbietung all seiner Kräfte: *„Ich habe meinen Zug verpasst. Ich werde erst gegen 3 Uhr nachts ankommen. Geh zu Bett und richte mir bitte ein heißes Abendessen, ein warmes Bad und Handtücher her.“* Gleich darauf lief sein Zug in den Bahnhof ein.

Schon um halb zwei Uhr kam Oaten zu Hause an und fand eine schriftliche Nachricht von seiner Frau vor, die schon zu Bett gegangen war: *„Die Handtücher sind auf dem Handtuchhalter. Genug heißes Badewasser. Essen auf dem Ofen.“*

Am nächsten Morgen erzählte ihm seine Frau, dass sie mit ihrem Buch in der Stube saß, als sie und ihre Mutter hörten, wie der Türknopf gedreht wurde und dass sie **sahen**, **wie die Türe sich von selbst öffnete**. In dem Moment, bestätigten beide Frauen, habe die **Perserkatze** ihren Lieblingsplatz verlassen, sei zur Türe gelaufen und habe sich drohend auf die Hinterbeine gestellt. Auf diese Weise verteidigte sie für gewöhnlich ihren Liegeplatz auf dem Stuhl des Hausherren. Frau Oaten sagte, sie habe die Gestalt ihres **Mannes hereinkommen sehen** und seine Botschaft vernommen.

Der Titel des Buches und der Liegestuhl aus dem Garten werden nicht ausdrücklich als richtig gesehen herausgestellt.

Meine Beurteilung

Ich habe keinen Hinweis darauf, dass diese ungewöhnliche Geschichte nur erdichtet sein könnte. Unterstellen wir also, dass sie auf Wahrheit beruht. Um alle Elemente erklären zu können muss angenommen werden, dass ein Teil von Herrn Oaten wirklich vor Ort gewesen ist. Die Erklärung auf Basis von Telepathie, Hellsicht und Psychokinese ist möglich, aber kompliziert. Sie stößt auf die Schwierigkeit, eine Motivation für solche Leistungen auf Seiten von Frau Oaten und ihrer Mutter zu finden.

7.1.9.3.4.5. Mehr zu ‚Die ausgetretene Seele erscheint am fernen Ort'

Eine große Zahl von Beispielen (99), die in die Zeit vor 1953 fallen, findet man in einem Artikel von Hornell Hart *(**184**)*.

Auf weitere, überwiegend aus neuer Zeit stammende Beispiele bin ich gestoßen[31].

[31] in ungeordneter Reihenfolge: ***99**, S. 52 Hund bestätigt;* ***184**, S. 133;* ***241**, 2 Fälle S. 126-128=**374**, S. 307-309;* ***178**, S. 50-51;* ***167**, S. 151-152;* ***147**, S. 56-60;* ***416**, S. 38-55;* ***289**, S. 137-138;* ***425**, S. 77-78, 79-81, 81-83 Hypnose, 84-85 Hypnose, 88-89, 89, 90 kollektiv, 91-92, 92-94 Wilmot Schiffsreise;* ***308**, S. 32 Hypnose, 59-60 kollektiv, 68-69 kollektiv, 83-84 kollektiv, 96, 113-114 Wilmot, 145-146 kollektiv;* ***309**, S. 83-84 bestätigt, 87-88 bestätigt, 95, 115 bestätigt, 174 bestätigt, 174-175 bestätigt, 201-202 bestätigt;* ***472**, S. 25-27;* ***366**, S. 112-114;* ***160**, S. 226.*

7.1.9.3.5. Die Silberschnur

In vielen, vor allem älteren Berichten, wird von einer Art silbrig glänzender Schnur, kurz **Silberschnur** berichtet, die auch in der Bibel erwähnt wird (Buch Kohelet: Prediger Salomo, Kapitel 12, Vers 6). Sie verbindet beim **Austritt der Seele** aus dem Körper (im Sterbeprozess, aber auch bei AKEs) diesen mit dem Geist- oder Seelenkörper. Mit Eintritt des Todes reißt sie. Diese Verbindungsschnur ist ein deutlicher Hinweis darauf, dass es für ihre beiden Enden je einen, also insgesamt zwei Körper geben muss: den materiellen Leib und den feinstofflichen **Astralkörper** als etwas objektiv Gesehenes *(**101**, S. 144)*. Andernfalls müsste man annehmen, dass ein halluziniertes Bild mit realer Sicht kombiniert ist. Für diese Interpretation wäre zu erklären, warum von Erfahrungsträgern so Gleichartiges halluziniert wird, auch von solchen, die das Konzept von der Silberschnur nicht vorab kennen (s. übernächster Abschnitt Poynton).

Der englische Autor **Crookall** (1890-1981) hat sich am intensivsten mit der Silberschnur auseinandergesetzt. Fast zwei ganze Bücher handeln davon *(**98**; **95**, S. 5-134)*. In seiner Sammlung taucht das Phänomen in 16 bis 20% der Fälle auf *(**97**, S. 146)*. **Alvarado** korrigiert diese Zahl auf 11% *(**11**, S. 186)*. In 6 Studien fand Alvarado zudem einen Mittelwert der Häufigkeit von 7%. Die Forscherin **Celia Green** von der Universität Oxford fand in ihrer Fallsammlung 29,6% Anteil der Teilnehmer, die angaben, eine Verbindung zwischen den beiden Körpern empfunden zu haben. Nur 3,5% hatten geäußert, die Verbindungsschnur tatsächlich gesehen zu haben *(**167**, S. 112)*. Der australische Psychologieprofessor **Irwin** fand eine Häufigkeit von 14% unter seinen 81 Fällen, und berichtet von 21% bei dem Autor **Twemlow** und 9% beim Süd-Afrikaner **Poynton** *(**211**, S. 125)*. In einem Forschungsbericht der Universität Halle-Wittenberg wird ein Anteil von 3 Personen (9,4%) aus den 32 Befragten genannt, die ein Verbindungsband wahrgenommen haben wollen *(**488**, S. 36)*. **Susan Blackmore** fügt als Häufigkeitsangabe noch 8% von 44 SPR-Fällen hinzu *(**56**, S. 61)*.

Skeptiker erklären die Berichte über die Verbindungsschnur als Folge dessen, dass die Berichterstatter vor dem Erlebnis von der Silberschnur gelesen haben. Der südafrikanische Autor Poynton hat dies an seinem Kollektiv untersucht und gefunden, dass vorheriges Lesen keinen Einfluss auf die Berichte über eine Silberschnur hatte *(**56**, S. 67)*.

Die Silberschnur als Hinweis auf die **Dualität** des Menschen würde an Bedeutung sehr gewinnen, wenn gezeigt werden könnte, dass über sie weltweit in allen Kulturen berichtet wird. Das Wissen dazu ist leider noch rudimentär. Irwin berichtet von 4 nicht-westlichen Kulturen, in denen die Silberschnur in

Berichten auftaucht. Andererseits hat der Autor **Sheils** nur eine einzige solche Kultur unter 64 gefunden, wobei es allerdings nur um den Glauben daran ging *(**211**, S. 130-133)*.

Mehr zur Silberschnur bei **Crookall** *(**99**, S. 113-133)*, **Dack** *(**105**, S. 123, 124, 126, 134, 135, 137, 153, 154, 194, 206, 213, 218, 221, 222, 239, 240, 241, 242, 283, 286-288)*, **Irwin** *(**211**, S. 124-133)* und auf einer Internetseite *(**31**)*.

Von Kritikern wird eingewendet, es handele sich bei der Silberschnur um eine Modeerscheinung, weil es heute kaum noch solche Berichte gäbe *(**167**, S. viii; **313**, S. 467; **374**, S. 351)*. Aus diesem Grund beginne ich im Folgenden mit einem neueren Fallbeispiel, das auf einer NTE beruht. Gleiches kann man im Fall Nr. (57), S. 244 nachlesen. Später nenne ich weitere Beispiele aus neuerer Zeit.

7.1.9.3.5.1. Bsp. (33) Silberschnur und Reinkarnation (NTE-R, AKE-nah, TZE, Silberschnur)

(33) Der amerikanische Reanimationsmediziner Dr. **Sam Parnia**, Leiter der **AWARE-Studie**[32], begann im Jahr 1997 Erfahrungsberichte von Menschen zu sammeln, die klinisch tot waren und erfolgreich reanimiert werden konnten. Einen der bisher wohl vollständigsten Berichte über dabei gemachte Nahtod-Erfahrungen erhielt er von einer Frau, bei der es infolge einer Eileiterschwangerschaft zu schwersten inneren Blutungen gekommen war. Nachdem sie im Beisein einer Freundin zusammengebrochen war, hatte man sie in Dr. Parnias Klinik gebracht (***341***, *S. 160-162;* ***339***, *S. 74-77*). Es folgt hier ihr späterer Bericht in gekürzter und redaktionell leicht überarbeiteter Form:

*„Ich stand plötzlich neben mir und erblickte eine **Schnur**, die mich mit meinem Körper verband. Ich dachte dabei: Wie dünn und zart sie doch ist! Auch war da irgendjemand neben mir. Ich fühlte mich sicher und ermutigt, diesem meinem Begleiter zu vertrauen. Er gab mir zu verstehen, jene Schnur habe keine Bedeutung, und ich solle mir keine Gedanken darüber machen, dass sie vielleicht zerreißen könne."*

*„Ich wurde ins **Licht** geführt. Es war eine Art Leere, in der ich plötzlich fliegen konnte. Ich hatte kein Gewicht – eine sehr eigenartige Erfahrung. Als ich das Licht erreicht hatte, wurde ich dort von anderen **Lichtwesen** begrüßt und sehr freundlich aufgefordert, mir einen **Rückblick auf mein Leben anzuschauen**. Bei dieser Erfahrung wurden meine Handlungen nicht von anderen beurteilt, vielmehr beurteilte ich mich selbst. Mein Begleiter konnte*

[32] empirische Langzeitstudie an 15 Krankenhäusern in USA, England und Australien über Nahtod-Erlebnisse; siehe Kapitel 7.1.9.1.3.

gleichsam in meinen Geist schauen. Ich hatte keine Möglichkeit, meine ***Gedanken zu verbergen****. Auf sanfte Weise wurde mir klar gemacht, wie meine Fehler andere verletzt hatten. Ich spürte jetzt selbst, was andere als Folge meiner Handlungen erleiden mussten. Ich war verwirrt, weil mir dies alles so seltsam vorkam. Dabei fiel nie das Wort ‚Tod', obwohl ich doch irgendwie begriff, dass ich mich an jenem geistigen Ort befand, an dem sich gerade Verstorbene aufhalten.“*

„Viele Fragen kamen mir jetzt in den Sinn: Wie ist mir das passiert? Und warum? Ich hatte doch nur Bauchschmerzen gehabt - nichts, was man normalerweise für lebensbedrohlich hält. Von den Geistwesen wurde mir bedeutet, ich sei schwanger gewesen. Bislang hatte ich davon gar nichts gewusst und lediglich gedacht, ich hätte eben nur Bauchschmerzen. Nun wurde mir hier gesagt, die Seele des Kindes sei ursprünglich einverstanden gewesen, geboren zu werden, habe dann aber ihre Meinung geändert. Früher einmal habe diese Seele ein sehr traumatisches Leben gehabt und es jetzt doch nicht ertragen, sich so rasch ***wieder in ein irdisches Leben zu stürzen****. Mit Liebe und Ermutigung wäre das vielleicht in Zukunft wieder möglich. Ich bat darum, diese Seele sehen und ihr erklären zu dürfen, dass sie von meinem Mann und mir Liebe bekommen hätte. Wir hatten uns nämlich schon seit längerer Zeit ein weiteres Baby gewünscht. Auf diese Bitte hin folgte so etwas wie eine Zeit der Unschlüssigkeit, und man kann nur annehmen, dass die betreffende Seele derweil konsultiert wurde. Nach einer kleinen Pause sprachen wir miteinander. Die Angst der armen Seele war deutlich zu spüren. Doch umgeben von den Brüdern des Lichts, die sie mit ihrer Liebe unterstützten, fühlte sie sich offenbar sicher. ‚Eines Tages', so lautete die Botschaft der Brüder an mich. ‚Hab' Geduld mit ihr!' Ich musste dabei gar nicht sprechen –* ***Gedanken waren völlig ausreichend****“.*

„Ich war sehr betrübt, und es machte mir Sorgen, mein erst 18 Monate altes Baby zurückzulassen, wenn ich nun doch in der jenseitigen Welt bliebe. Wer würde sich um es kümmern? Mein Mann war oft weg, und vom Rest meiner Familie lebte keiner in meiner Nähe. Aber Gottes Mitgefühl war so stark, seine Liebe und Fürsorge waren so groß, und durch seine Gnade bekam ich schließlich doch die Erlaubnis, ins irdische Leben zurückzukehren. Mir wurde gesagt, ich hätte zu einem späteren Zeitpunkt, wenn meine Kinder erwachsen seien, eine ganz besondere Mission zu erfüllen. Also wusste Er auch schon, dass ich irgendwann doch noch ein weiteres Kind haben würde.“

„An meine Rückkehr ins Leben erinnere ich mich nur sehr schwach. Lediglich weiß ich davon noch, dass ich plötzlich an der Decke des Klinikraumes schwebte und beobachtete, wie zwei Krankenschwestern rechts und links von

meinem Körper, der ‚da unten' lag, mit Infusionen und Kanülen hantierten. Dann gab es in mir einen Ruck, und ich driftete ab in etwas, das ich nur als Schlaf beschreiben kann.“

Später bekannte sie noch auf entsprechende Anfragen hin:

„Ich hatte bis dahin noch nie etwas über Nahtoderlebnisse oder außerkörperliche Erfahrungen gelesen. Seit diesem meinem Erlebnis aber habe ich keine Angst mehr vor dem Tod und glaube ganz fest an ein Jenseits.“

Meine Beurteilung

Dieser Bericht ist bedeutsam, weil er relativ viele typische Elemente von Nahtod-Erfahrungen beinhaltet und aus neuerer Zeit stammt. Er sagt etwas zu jener ‚Schnur' aus, die den physischen und den ätherischen Körper vermutlich miteinander verbindet und enthält einen Hinweis auf die Reinkarnation des ungeborenen Kindes. Die erwähnte Schnur, oft auch als Silberschnur bezeichnet, kommt zwar in älteren derartigen Berichten (z.B. *(98)*) häufig vor, nicht jedoch in neueren *(313, S. 467)*. Auch Hinweise auf die Wiedergeburt sind vergleichsweise selten.

Leider erfahren wir nichts über die Einstellung der hier vorgestellten Frau zur Frage der Reinkarnation und auch nichts Genaues über ihren körperlichen Zustand während ihres geschilderten Erlebnisses. Dies wäre aber für eine Einschätzung besonders wichtig gewesen. Wenn man für die Zeit, auf die sich ihre Erinnerungen beziehen, zweifelsfrei einen Herzstillstand festgestellt und auch dokumentiert hätte, wäre die Ausführlichkeit ihrer Reminiszenzen umso erstaunlicher gewesen. Schließlich hätte dann ihr Großhirn keine Wahrnehmung mehr verarbeiten, nichts speichern und auch keine Phantasien erzeugen können. Trotz dieser Lücke in der Dokumentation der physischen Umstände bleibt es in diesem Fall aber immer noch verwunderlich, einen derart typischen Bericht von jemandem zu erhalten, der nie vorher etwas über Nahtod-Erfahrungen gelesen hatte.

Viele Beispiele stammen von Sterbenden (im Gegensatz zum vorstehenden Fall einer NTE), wie z.B. das folgende:

7.1.9.3.5.2. Bsp. (34) Wolkige Gestalten und die Silberschnur (BSB, Erscheinung, Wolke, Silberschnur)

(34) Herr G., ein Geschäftsmann, dessen Identität nicht näher angegeben ist, verfasste kurz nach dem Tod seiner Frau einen Bericht über seine Erlebnisse an ihrem Sterbebett. Sein Schreiben wurde durch seinen Hausarzt Dr. **Renz** über Dr. Burgess, einem Mitglied der amerikanischen Sektion der englischen

Society for Psychical Research, schließlich an Dr. **Richard Hodgson** (1855–1905) geschickt, der in dieser Organisation für solche Erfahrungsberichte und deren Prüfung zuständig ist (*__79__; __144__, S. 27-28; __166__, S. 246-249; __269__, Band 2, S. 359; __279__, S. 158-159; __361__ S. 475-478; __457__, S. 57-59*). Der Bericht wird hier leicht gekürzt wiedergegeben.

Herr G. saß am 23.5.1902 zusammen mit engen Freunden, dazu zwei gelernten Pflegern und dem Arzt am Bett seiner sterbenskranken Frau und hielt ihre Hand. Es waren schon gut zwei Stunden vergangen, als Herr G. zufällig zur Tür sah und bemerkte, wie drei **Wolkenschichten** horizontal im Abstand von ca. 15 cm übereinander durch den Türeingang schwebten; die unterste ungefähr 5 cm über dem Boden. Sie waren ungefähr 1,20 m lang und 15 bis 20 cm breit (keine Angabe zur Dicke). Sein erster Gedanke war, dass wohl einige der Freunde draußen Zigarre rauchten und der Rauch von da kam. Er stand deshalb auf und ging zur Tür, um die vermeintlichen Raucher zurechtzuweisen. Doch da war niemand! Inzwischen hatten sich jene undefinierbaren Nebelgebilde dem Bett der Sterbenden genähert, bis sie dieses gänzlich einhüllten. Hinter dieser Art Nebelschleier zeichnete sich nahe am Kopf seiner Frau eine ungefähr 90 cm große, transparente weibliche Figur ab (**Erscheinung**), von der ein goldglänzender Schimmer ausging. So jedenfalls glaubte es Herr G. zu sehen. Sie trug ein griechisches Gewand mit langen, weiten Ärmeln und eine leuchtende Krone auf dem Kopf. In all ihrer Pracht verharrte sie bewegungslos und hielt ihre Hände, in einer Art Willkommensgeste, ausgebreitet über die Sterbende. An deren Seiten kniete jetzt auch jeweils eine weiß gekleidete Gestalt. Weitere solche **Wesen** schwebten über dem Bett. Dort erblickte Herr G. auf einmal auch eine nackte, **weiße Gestalt**, die sich unmittelbar über dem Körper seiner Frau in der Horizontale hielt (**Austritt der Seele**). Sie schien mit ihr durch eine **Schnur** verbunden zu sein, und zwar an der Stirn, etwa über dem linken Auge. Herr G. vermutete, dies könne ihr Astralkörper sein – mit klar erkennbarem Kopf und Rumpf, Armen und Beinen. Zeitweise ohne jede Bewegung, schien der jedoch zu schrumpfen, bis er in der Länge nur noch rund 50 Zentimeter maß. Immer dann, wenn er sich wieder ‚verkürzte', sah es so aus, als kämpfe er heftig, indem er mit Armen und Beinen um sich schlug, so als wolle er sich von etwas befreien. Die Phasen zwischen langer Ausdehnung in Ruhe und Verkürzung im Kampf wechselten sich stetig ab.

Die so geschilderte Vision hatte Herr G. während der letzten fünf Stunden vor dem Tod seiner Frau permanent vor Augen. Auch wenn er die Augen schloss und wieder öffnete oder seinen Blick für kurze oder längere Momente abgewandt hatte und dann wieder hinschaute, änderte sich nichts an diesem Bild. Dabei registrierte er in sich ein eigenartiges Gefühl der Unterdrückung und spürte ein Gewicht auf seinem Kopf und in seinen Gliedmaßen. Er rechnete damit, wenn das so weiterginge, auf diese Weise regelrecht geisteskrank zu werden und fragte deshalb den anwesenden Arzt wiederholt, ob er dies wohl befürchten müsse.

Dann war der Moment des Sterbens gekommen. Während der nebelartige Astralleib von Frau G. noch gegen irgendetwas ankämpfte, schnappte der sterbende Körper noch zweimal nach Luft und hörte dann schließlich ganz auf zu atmen. Mit dem letzten Atemzug riss auch die besagte Schnur. Der Astralleib, aber auch all die anderen, ihn offenbar **empfangenden Geistwesen** verschwanden. In diesem Moment wich bei Herrn G. auch jenes Gefühl des ‚Beschwert-Seins'. Jetzt war er wieder vollauf in der Lage, in aller Ruhe und Überlegtheit die nun notwendigen organisatorischen Maßnamen zu veranlassen.

Herr G. betont zu Anfang seines recht spektakulären Berichts, dass er bis dahin Esoterisches betreffend nicht nur ein Ungläubiger war, sondern sich dem gegenüber sogar feindlich verhielt. Sein Arzt, Dr. Renz, gibt schriftlich zu Protokoll, dass Herr G. in keiner Weise als geisteskrank angesehen werden könne. Er beschreibt ihn als einen ruhigen, vernünftigen Geschäftsmann, der nie zu Halluzinationen neigte und niemals okkulte Literatur las. Was nicht bewiesen ist, glaube Herr G. auch nicht, schrieb Dr. Renz. Der Arzt bestätigte ferner, dass Herr G. in der besagten Zeitspanne, also während der Sterbephase seiner Frau, ihn wiederholt gefragt hatte, ob er denn noch recht bei Ver-stande sei. Erst nach dem von Herrn G. später gegebenen Bericht verstand der Doktor, warum dieser ihm solche Fragen gestellt hatte.

Meine Beurteilung

Man sollte diesen Bericht nicht als ‚veraltet' abtun, weil er mehr als 115 Jahre alt ist. Die damaligen Forscher der ‚Society for Psychical Research' waren durchaus sehr kritische Leute. Auch der Name Hodgson steht dafür. Hodgson hat das berühmte Medium Eleonore Piper über 15 Jahre intensiv und nach allen Regeln der damaligen Kunst, geprüft (Kapitel 8.1.1, S. 280). Wenn der vorliegende Bericht von zweifelhaften Personen gestammt hätte, würde er ihn sicherlich nicht veröffentlicht haben.

Ein Manko dieser Geschichte ist darin zu sehen, dass nur Herr G. allein die von ihm berichteten Erscheinungen gesehen hat. Es gibt keine Bestätigung durch die übrigen Anwesenden, auch liegt nichts darüber vor, ob sich seine Frau während der letzten Stunden vielleicht noch in diesem Sinne geäußert hatte. Bemerkenswert ist allerdings, dass Herr G. die von ihm geschilderte Vision extrem lange vor Augen gehabt haben will.

Herrn G.s Beobachtung ist kein Nahtod-Erlebnis, deckt sich aber erstaunlich gut mit Aussagen anderer Erfahrungsträger von Nahtod-Erlebnissen, speziell solcher mit außerkörperlichen Erfahrungen. Natürlich sind die Umstände unterschiedlich: Im vorliegenden Fall geht es darum, ins Jenseits abgeholt, bei einer NTE indes darum, in den Körper zurückgebracht zu werden. Aber in beiden Fällen geht es um Kontakte mit Verstorbenen oder Geistwesen und um die Trennung von Körper und Seele.

In obigem Beispiel wird klar bezeugt, dass sich offensichtlich ‚irgendetwas' vom Körper löst, wenn dieser stirbt. Die auch hier bemerkte Verbindungsschnur zwischen fleischlichem Körper und Astralleib, die mit dem Tod reißt, steht dafür.

Als drittes Beispiel wähle ich eines, bei dem die AKE durch Meditation ausgelöst wurde:

7.1.9.3.5.3. Bsp. (35) Austritt der Seele bezeugt (Meditation, AKE-nah, Wolke, Silberschnur)

(35) Michael Grosso, ein Professor der Philosophie, der sich auch mit Parapsychologie und AKEs beschäftigt, berichtet folgenden Fall aus seiner eigenen Sammlung (***374***, *S. 63-64*):

Eine junge Frau, die regelmäßig meditierte, hielt sich zusammen mit ihrem Ehemann Jack, einem Studenten der Psychologie, in ihrem gemeinsamen Wohnzimmer auf. Während sie in Yogahaltung, auf dem Fußboden sitzend meditierte, hatte es sich ihr Mann auf dem Sofa bequem gemacht und schaute ihr zu.

Was sie im Verlaufe dieser Meditation erlebte, beschreibt die Frau so:

„Ich begann plötzlich, mich in den Füßen und Fußgelenken unwohl zu fühlen. Ich wollte die Füße bewegen, konnte dies aber nicht. Dann hatte ich den Eindruck, irgendwie geistig emporgehoben zu werden. Ich fühlte meinen Körper nicht mehr, so als gäbe es ihn nicht, und wähnte mich ganz in meine Gedanken eingehüllt.

Plötzlich nahm ich mich über meinem Körper wahr und schaute auf diesen herab. Ich sah mich auf dem Boden sitzen, sah meine Knie, meine Oberschenkel, meine Brust und meine Schultern. Ich fühlte mich dabei derart wohl, dass ich mich nicht einmal über diese ungewohnte Situation wunderte. Dann hörte ich ein grunzendes Geräusch, und in dem Moment war auch jener außergewöhnliche Zustand beendet."

Jack schildert diese Szene aus seiner Sicht wie folgt:

„Ich sah, wie sich das Gesicht meiner Frau plötzlich in die Länge zog. Dann begann eine ***dampfähnliche Substanz*** *über ihr* ***aufzusteigen****, welche die Form ihres Gesichts und ihrer Schultern annahm. Ich konnte auf einmal nicht mehr sprechen, allenfalls grunzende Geräusche von mir geben. Ich wollte meine Frau aufhalten, war aber so fassungslos, dass ich auch nicht mehr fähig war, mich zu bewegen. Als jene Substanz höher stieg, sah ich einen leuchtenden Stoff, der wie eine* ***Schnur*** *die dampfartige* ***Nachbildung meiner Frau*** *mit ihrem Nacken verband. In diesem Stadium versuchte ich, meine Frau mit Worten aus ihrer Meditation herauszuholen, konnte aber, wie gesagt, nur völlig unartikulierte Geräusche hervorbringen. Daraufhin endete jedoch der Spuk so plötzlich, wie er angefangen hatte. Das Ganze dauerte nur 15 bis 20 Sekunden, aber das war lange genug, um mich fast zu Tode zu erschrecken.“*

Meine Beurteilung

Jack wird von Professor Grosso als ein Skeptiker geschildert, der sich den Meditationsübungen seiner Frau gegenüber stets recht kritisch verhielt. Als solcher wird er sich die Beobachtung der Externalisierung seiner Frau nicht gerade herbeigewünscht haben. Man könnte allenfalls mutmaßen, er habe eine bildliche Vorstellung von Attributen einer möglichen Außerkörperlichkeit (Wolke und Silberschnur) gehabt und diese vor dem Hintergrund seiner wiederholten Befürchtungen sich regelrecht einsuggeriert. Weil er – wollten wir diesem Erklärungsversuch folgen – zudem telepathisch um den aktuellen Zustand seiner Frau wusste, geschieht die Autosuggestion genau dann, als seine Frau annimmt, eine außerkörperliche Erfahrung zu machen. Leider wird in dem Bericht über die damalige psychische Verfassung von Jack nichts gesagt. Hatte er zu Beginn seiner Beobachtung vielleicht ein Bild vor Augen, das seiner Schilderung entspricht? Und war er auch wirklich telepathisch begabt? Seine generelle Skepsis, aber auch die Überraschung, die er ob des Gesehenen zeigte, sprechen eher gegen eine solche Erklärung.

Gäbe es die hier nur kurz skizzierte Deutungsmöglichkeit nicht, wäre dieser Fall sicherlich ein gutes Beispiel dafür, dass eine außerkörperliche Erfahrung nicht nur Einbildung oder ein Traum (mit oder ohne ASW) ist, sondern tatsächlich auf die Möglichkeit der Loslösung eines Geistkörpers vom leiblichen Körper hinweist.

7.1.9.3.5.4. Weitere Beispiele zu ‚Silberschnur'

Im Beispielfall Nr. (4), S. 71 war schon von einer ‚Verbindungsschnur' die Rede. In den unten folgenden Beispielen Nr. (39), S. 205; Nr. (41), S. 209,

Nr. (42), S. 211 und Nr. (57), S. 244 wird ebenfalls Bezug auf die Silberschnur genommen.

Sind die Fälle, in denen von einer Verbindungsschnur zwischen zwei Körpern gesprochen wird, nur eine Modeerscheinung der frühen Forscherjahre, gar nur ein ‚Steckenpferd' des engl. Autors Crookall, der die meisten Altfälle beigesteuert und mehrere Bücher darüber geschrieben hat?

Um diese Frage zu klären, habe ich geduldig in Büchern und in einschlägigen Internetforen gesucht. Die genauen Angaben zu beidem finden sich im Anhang 4, S. 459. Hier das summarische Ergebnis:

Tabelle 7-2: Zahl der Fälle mit Erwähnung der Silberschnur

Zeitraum	**Zahl der Fälle mit Erwähnung der Silberschnur**
Ca. 1880 bis 1950	106 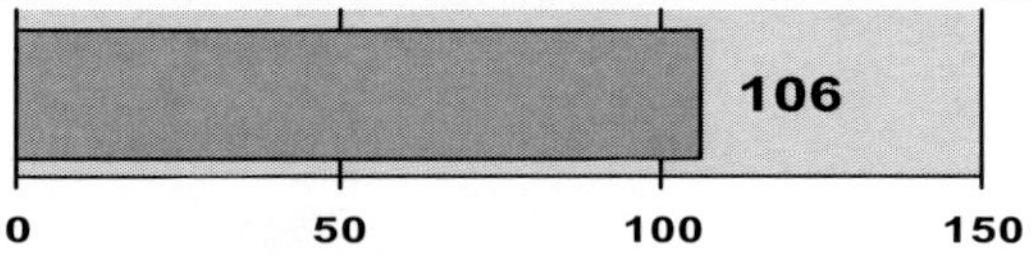
1950 bis 2020	89 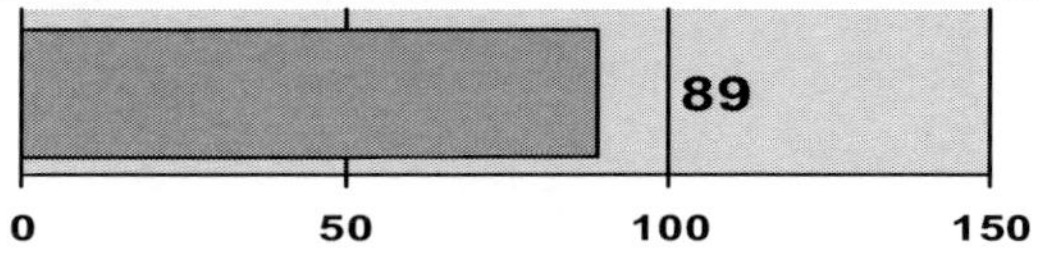

Die Fallzahlen sind also mit der Zeit weniger geworden, aber nicht so dramatisch stark, dass man sie nicht mehr berücksichtigen müsste. Vielleicht hängt der Rückgang damit zusammen, dass es für die Erfahrungszeit nach 1981 (Todesjahr von Crookall) keinen so engagierten Forscher mit Interesse an der ‚Silberschnur' mehr gab, wie mit Crookall vorher.

Als Fazit kann man festhalten, dass die Silberschnur als ein Indiz für die **Dualität** des Menschnen auch heute noch bestehen bleibt, auch wenn dieses Element im Internet nur mit einer Häufigkeit von knapp 21/5399 = 0,4% auftritt. Aus Abweichungen von der Norm gilt es zu lernen.

Zu den genannten Quellen mit Hinweisen auf die Silberschnur darf man auch die Äußerungen Erwachsener zählen, die in die Zeit um ihren Tod im früheren Leben hypnotisch zurückgeführt worden sind. Sie berichten, dass die Silberschnur getrennt wird, wenn der Tod eintritt *(**189**, S. 598-601)*. Die gleiche Aussage findet sich in vielen von Crookalls Fällen und auch in medialen Durchgaben[33].

7.1.10. Einwand 10 der Mainstream-Wissenschaftler: NTEer seien unwissend, weil nie wirklich gestorben

Ein kaum zu widerlegender Einwand von Skeptikern gegen spirituelle Erklärungen besagt, NTEs könnten nichts über den Tod und die Zeit danach aussagen, weil die NTEer nie wirklich gestorben seien (Einwand Nr. 10, S. 101 in Kapitel 7.1). Dazu könne nur jemand eine Aussage machen, der tatsächlich gestorben sei und der uns anschließend berichte, wie es gewesen sei zu sterben. War es vergleichbar mit dem, was wir eine NTE nennen?

Diese Forderung klingt zunächst wohlfeil, ist aber nicht so unrealistisch, wie der folgende Erlebnisbericht zeigt:

7.1.10.1. Bsp. (36) NTE im früheren Leben (Stimmen, Traum, Wiedererkennung, Verhaltensweisen, NTE-R, Spontanerinnerung, Spuk)

(36) Die folgende Nacherzählung eines Berichts des brasilianischen Forschers **Andrade** bringe ich, weil hier ein kleiner Junge nicht nur die irdischen Geschehnisse um den Tod im früheren Leben nachweislich richtig erzählt hat, sondern auch ein typisches **NTE** erinnert, das sich bei seinem Tod im früheren Leben ereignet hat. Wenn die Erinnerung an ein NTE ins nächste Leben mitgenommen werden kann, schwächt das die Argumentation von Kritikern, die behaupten, NTEs sagten nichts über die wahre Natur des Sterbens und des Todes aus, weil entsprechende Berichte von Menschen stammen, die nicht endgültig gestorben seien. Hier also die Geschichte, gekürzt und in meinen Worten formuliert (***13**; **181**, S. 204-208; **346**, S. 64-67*):

Die Brasilianerin Marine Waterloo (Pseudonym) war 1968 als Internats-Schülerin beim Salesianerorden, als ein neuer Pfarrer namens **Vater Jonathan** dort seinen Dienst antrat. Anders als sein Vorgänger, war er auf Nähe zu allen Schülern bemüht. Als Fußball-Fan kickte er mit den Jungs sehr gerne. Marine und er entwickelten eine besondere Beziehung zueinander, die sich zu einer beiderseitigen Verliebtheit steigerte. Sie kamen überein, ihn als ‚Alexander' anzureden. Es musste aber bei einer unerfüllten Liebe bleiben, weil der Pater einerseits durch das Zölibat gebunden war und andererseits

[33] ***59**, S. 214; **60**, S. 14; **102**, S. 102, 118; **137**, S. 28, 124, 145; **337**, S. 45; **456**, S. 10, 89, 94.*

die Wege der beiden sich trennten. Das Internat schloss seine Türen und Marine musste in eine andere Schule wechseln. Die beiden tauschten viele Briefe und Pater Jonathan besuchte seine ehemalige Schülerin auch einmal in ihrer Heimatstadt. Aber die Verbindung löste sich auf, als Marine 1971 Marcinho heiratete und 1972 ihr erstes Kind mit ihm bekam.

Stimme hören:

Marine bereitete am 31. Mai 1972 in der Küche gerade das Fläschchen für ihr Baby vor, als sie hinter sich ihren Namen mit der **Stimme** von Pater Jonathan rufen hörte. Sie drehte sich um und sah, wie sich ein Vorhang bewegte (**Spuk**), als ob jemand durchgegangen wäre. Sie sah allerdings niemanden. Alle Türen und Fenster waren geschlossen, so dass der Wind als Ursache nicht in Betracht kam.

Traum:

In der Nacht träumte Marine von einem großen Lilienfeld, an dessen gegenüberliegender Seite Pater Jonathan seine Hände ihr entgegenstreckte. Sie versuchte ihrerseits seine Hände zu erreichen. Als das nicht gelang, lief sie um das Feld herum, um auf die andere Seite zu kommen, kam aber nicht bis zu ihm, weil ihre Füße in Morast stecken blieben. Der Pater rief ihr zu: *„Komm hierher, hier ist es besser! Komm, Marine, komm zu mir. Dort ist alles so traurig.“* Seine Arme wurden furchtbar lang und versuchten, sie hinüber zu ziehen, aber es gelang ihm nicht. Dann wachte sie auf. – Hier sei eingefügt, dass verstorbene Verwandte, die in vielen NTEs auftreten, ebenfalls versuchen, den Neuankömmling (den Erfahrungsträger) ins Jenseits zu locken.

Am nächsten Tag, dem 1. Juni 1972 hörte Marine noch einmal die Stimme des Paters. Bald danach berichtete ihr Mann, im Radio habe man gerade durchgegeben, dass der bekannte Pater Jonathan auf einer Notfallstation gestorben sei. Er hatte einen Verkehrsunfall und sein Zustand hatte sich von gestern auf heute so verschlechtert, dass er verstarb. Marine war entsetzlich betroffen und betete jede Nacht darum, dass Jonathan ihr erscheinen möge.

Schwangerschaftsgelüste:

Mehr als 7 Jahre später, im Herbst 1979 wurde Marine mit ihrem 4. Kind schwanger. Sie entwickelte **Schwangerschaftsgelüste**, die sich im Nachhinein als die Lieblingsspeisen des Paters herausstellten (ähnliche Fälle findet man in der Literatur von Prof. Stevenson bzw. in Band 1, **186;** besonders interessant finde ich einen Bericht, den mir **Claus Speer** mitteilte[34]). Am 25. Mai 1980 wurde ihr Sohn geboren, den sie Kilden Alexander nannte.

Spontanerinnerung:

Als Kilden 2 Jahre alt war, begann er, sich zu beschweren, wenn er Kilden gerufen wurde: *„Ich bin nicht Kilden, du Dumme, ich bin Alexander!"* Das weckte bei der Mutter noch keinen Verdacht, denn Kilden hieß mit seinem zweiten Namen Alexander. Auch als Kilden sagte: *„Ich bin nicht Kilden, ich bin der Pater. Ich bin Alexander"*, wurde sie nicht hellhörig, sondern fragte nur: *„Ach, du willst Pater werden?"* und bekam die Antwort: *„Nein! Ich will nicht Pater werden, ich bin der Pater."* Ihr anerzogener Glaube ließ auch jetzt noch nicht zu, an **Wiedergeburt** zu denken.

Eines Tages Ende 1982 scherzte Marine mit ihrem zweidreivierteljährigen Söhnchen, indem sie fragte: *„Wo hat Mutti bloß diesen lieben Kerl her? Kannst du mir das sagen?"* Kildens Antwort: *„Ich war mit meinem Moped unterwegs, da warf mich ein Lastwagen um, ich schlug mit dem Kopf auf und war tot. Ich fiel tief hinunter; doch du hast mir ein neues Ich besorgt."* Schockiert fragte die Mutter nach: *„Wann ist das denn passiert?"* *„Als ich Pfarrer war! Mein Moped wurde zerstört und ich fiel in ein tiefes Loch. Und du hast für mich ein anderes Ich besorgt."* Diese Unterhaltung erkannte sie doch als so bedeutsam, dass sie den Inhalt sofort danach aufschrieb. Erst viel später, nachdem sie Kontakt mit erfahrenen Spiritisten aufgenommen hatte, gewöhnte sie sich an den Gedanken der Reinkarnation und akzeptierte ihn als die beste Erklärung.

Diese Aussage stimmte nicht exakt mit der Meldung aus dem Radio überein, wo nur allgemein von einem Verkehrsunfall die Rede war. Deshalb sei an dieser Stelle schon vermerkt, was Marine viele Jahre später aus einer Biographie über Pater Jonathans Tod erfuhr: Danach war er mit seinem Moped auf dem Weg zur Stadtverwaltung, ..., als er auf der Amazonienallee von einem Lastwagen angefahren wurde. Er kam ins Schleudern, prallte gegen einen an der Ampel haltenden VW, fiel mit dem Kopf aufs Pflaster und erlitt einen Schädelbruch. Einige Tage verweilte er im **Koma** und am Morgen des 1. Juni verließ er die Welt. Der o.g. Traum vom Lilienfeld und das Hören der

[34] Ein Freund von mir (Claus Speer) wusste von einem Geschäftskollegen Folgendes zu berichten. Als dessen Frau schwanger wurde entwickelte diese eine unerklärliches Interesse für Mathematik und Physik, was ihr zuvor völlig fern lag. Ihr Mann war als Ingenieur der Elektrotechnik bei der Fa. Telefunken beschäftigt und musste seiner Frau immer neue einschlägige Fachbücher aus der Werksbibliothek mitbringen, die sie mit Heißhunger verschlang. Nach der Geburt des Mädchens war das Interesse wieder verschwunden. Das Mädchen ist heute Professorin für Mathematik.

Stimme ereigneten sich also zum Zeitpunkt, als der Pfarrer im Koma lag. Die Darstellung des kleinen Jungen war exakter als die Radiomeldung, obwohl er in seinem jungen Alter keine Möglichkeit hatte, die Einzelheiten des Unfallgeschehens auf normalem Weg in Erfahrung zu bringen.

Kildens Spontanerinnerungen verblassten beginnend mit seinem 6. Lebensjahr. Dinge aus seinem früheren Leben erkannte er jedoch auch noch mit 12 Jahren.

Wiedererkennungen:

Marine stieß beim Packen von Koffern unter vielen Papieren auf eine Postkarte, die sich Kilden dann anschaute. Nach einiger Zeit sagte er: *„Sieh, hier habe ich gearbeitet und dort unten war die Mutti."* Er zeigte im Bild auf die Pfarrschule und das Internat, wo seine Mutter früher zur Schule gegangen war, und wo sie 1968 Pater Jonathan kennen gelernt hatte. Neugierig fragte Marine, was er denn dort so alles gemacht hätte, und bekam zur Antwort: *„Du weißt doch ganz genau, dass ich mit den Jungs Ball gespielt habe!" „Wann hast du mit den Jungs Ball gespielt?" „Na, als ich Pater war!"* antwortete er ungnädig. Wir haben oben bereits gelesen, dass diese Aussagen richtig sind.

Ein andermal, es muss Ende 1992 gewesen sein, zeigte Kilden beim Betrachten eines entsprechenden Fotos ganz korrekt die Wegabkürzung, die der Pater zu nehmen pflegte, um schneller von einer Schule zur anderen zu gelangen.

Als Kildens Vater eine CD von dem Sänger Paulo Sergio auflegte, und das Lied mit dem Titel ‚Das letzte Lied' erklang, musste Kilden weinen. Gefragt warum, antwortete er: *„Die Musik macht mich so traurig." „Du kennst sie aber doch gar nicht"*, wandte die Mutter ein. *„Natürlich kenne ich sie, ich bin doch Pater Alexander!"*, schrie er laut. Das Lied war einst ein großer Hit und Marine und Alexander, wie Pater Jonathan nach ihrer Vereinbarung hieß, hörten es oft zur Blütezeit ihrer aufkommenden Liebe zueinander.

Es war Anfang 1992, Kilden saß in der Schule, als ein Krankenwagen mit heulender Sirene auf der Straße vorbeifuhr. Kilden rief: *„Wie traurig, ich zittere direkt!"* Hier darf man vermuten, dass der Pater seinerzeit anlässlich des Unfalls eine NTE hatte, und in einer außerkörperlichen Erfahrung (AKE) das Geschehen nach dem Aufprall von oben beobachtet hat – u.a. vermutlich den seinerzeit heranrasenden Krankenwagen. Anders als in üblichen NTEs, muss ihn das doch beeindruckt haben und zu der Wiedererkennung geführt haben. Dass diese Interpretation nicht aus der Luft gegriffen ist, wird sich weiter unten zeigen.

Marine erzählte ihren Kindern 1993 von Jugendgruppen, in denen sie selbst bis 1968 indirekt mit aktiv war, und erwähnte dabei den Namen ‚Orneles'. Kilden rief dazwischen: *„Der war Sänger!"*, was tatsächlich stimmte.

Verhaltensweisen:

- Die Leidenschaft, Fußball zu spielen teilt Kilden mit dem Pater.
- Sonntags ist Kilden der erste, der aufsteht, um zum Religionsunterricht und zur Messe zu gehen. Er geht auch mit seiner Mutter ins spiritistische Zentrum.
- Pater Jonathan liebte es, Worte zu reimen, und Kilden neigt 1990 genauso dazu.
- Kildens Späße werden immer schlimmer. Sie sind geschmacklos, wie auch bei Pater Jonathan.
- Kilden verehrt 1991 den Heiligen Don Bosco ebenso, wie dies auch Pater Jonathan getan hatte.
- Kilden diskutiert 1991 mit seiner Religionslehrerin im Unterricht über die Wiedergeburt, verteidigt den Gedanken und behauptet, selbst wiedergeboren zu sein.
- Mit 10 Jahren beantwortet er prompt und richtig die Frage nach zwei früheren Bekannten des Paters.
- Kilden äußert 1991 den Wunsch, auf eine Pfarrschule im Internat gehen zu wollen, obwohl alle gleichaltrigen Kameraden sich nicht vorstellen können, sich in einem Internat einsperren zu lassen. Später präzisiert er seinen Wunsch dahingehend, dass es das Internat der salesianischen Pfarrer sein sollte.
- Kilden erklärt 1992 seiner Mutter, dass er den Namen ‚Lara' nicht mag. Marine erinnert sich daraufhin, dass eine Internatskollegin des Paters diesen Namen trug und sich immer über ihn lustig gemacht hatte. Er sagte zu Marine, die Frau habe nichts im Schädel. Kilden benutzt dieses Wort ‚Schädel' oft, obwohl seine Familie diesen Begriff nie verwendete.
- Eine Frucht vom Eugenia-Baum, Pitanga, ist in der Wohngegend der Waterloos nicht bekannt, wächst aber in Mengen an den Orten, in denen Pater Jonathan gelebt hat. Vater Marcinho kennt die Frucht nicht, bringt aber 1992 einige Exemplare von einer Reise mit, um sie seinen Kindern zu zeigen. Am nächsten Morgen sagt Kilden: *„Ich erinnere mich, dass ich die Früchte, die Vati uns schenkte, vor langer, langer Zeit gegessen habe."*
- Kilden hasst Koteletten bei der Frisur, genau wie Pater Jonathan.

NTE im früheren Leben:

Mitte 1993 unterhielten sich Kildens Eltern über den Todesfall eines Bekannten, der von der Leiter gefallen war, und sich einen vierfachen Schädelbruch zugezogen hatte. Er war sofort ins Koma gefallen und fünf Tage darauf gestorben. Die Eltern überlegten, wie wohl die letzten Minuten eines Menschen hier auf der Erde verlaufen könnten.

Kilden schaltete sich in die Unterhaltung ein und erklärte: *„Das ist so: Der Verunglückte wird in einen Raum voller Apparate gebracht und die Ärzte schalten dann die Apparate ein. Die Apparate werden an der Brust und am Kopf des Verunglückten befestigt und die Ärzte versuchen sein Leben zu retten. Der Verletzte jedoch schwebt an der Zimmerdecke und sieht den Anstrengungen der Ärzte zu, die sein Leben retten wollen. Plötzlich erschien ein großes Loch in Trichterform vor mir und wollte mich aufsaugen."*

„Dich oder die verunglückte Person?", fragte die Mutter.

„Ach, ich glaube, ich war es selbst! Ich sah da unten meinen Körper liegen und die Ärzte versuchten mich zu retten!"(**AKE**)

„Das wird wohl irgendein Film sein, den du gesehen hast oder du hast das alles geträumt."

Er aber meinte, nie so eine Art Film gesehen zu haben und sie solle doch Kessi (seine Schwester) fragen (die beiden sehen sich immer nur zusammen Filme an, weil sie sehr ängstlich sind).

„Und was ist dann mit dem Verunglückten passiert?"

„Als er von diesem Loch aufgesaugt wurde, befand er sich in einem ***Tunnel*** *und am Ende des Tunnels sah er einen starken, hellen Lichtschein, ich musste zur Seite schauen, so stark und so hell war das* ***Licht****; das Loch schloss sich hinter mir, oben an der Decke. Im gleichen Moment sahen die Ärzte, wie auf dem Bildschirm des Apparates alles still stand, kein Apparat funktionierte mehr."*

Kilden fertigte noch eine stimmige Zeichnung des Operationsraumes an.

Marine bemerkt zu Kildens Aussagen, dass er nicht gut und nicht gerne liest – schon gar nicht Sachbücher, wie solche über NTEs. Sie ist auch überzeugt davon, dass Kilden nichts Einschlägiges im Fernsehen gesehen hat, das ihn in die Lage versetzt haben könnte, so detailliert zu berichten.

Meine Beurteilung

Andrade, der Erforscher des Falles, weist darauf hin, dass die Berichterstatterin (Marine) darauf gedrängt habe, alle Bezüge zu den realen Personen zu streichen und Pseudonyme zu verwenden. Sie wollte also offensichtlich nicht mit der Geschichte berühmt werden. Sie wollte damit auch kein Geld verdienen, denn sie trat das Veröffentlichungsrecht an Andrade ab, ohne eine Bezahlung dafür zu erwarten oder zu erhalten.

Sie blieb ihrem katholischen Glauben treu. Da die Kirche die Reinkarnationslehre ablehnt, ist nicht anzunehmen, dass Marine die Absicht hatte, die Wiedergeburtslehre durch eine erfundene Geschichte zu unterstützen.

Mögliche andere Erklärungen statt der Reinkarnation lässt Andrade nur jeweils für Teile der Geschichte gelten, nicht für die Gesamtheit der Ereignisse. Die Reinkarnation hält er für die am besten passende Hypothese in diesem Fall.

Kritiker behaupten, NTEs könnten nichts über das Sterben und den Tod aussagen, weil die Erfahrungsträger nicht endgültig gestorben sind. Hier haben wir die gleiche Erzählung von einem Verstorbenen und Wiedergeborenen, wie wir sie sehr oft als NTE von Wiederbelebten zu hören bekommen haben. Den Teil, der eine AKE, den Eintritt in den Tunnel und das Lichterlebnis betrifft, nimmt man – glaubt man Kilden – tatsächlich in den Tod mit. Über ein Treffen mit anderen Verstorbenen, mit Geistführern, über einen Lebensfilm usw., das Dasein im Jenseits also, sagt uns Kilden leider nichts.

Von anderen kleinen Kindern, die etwas über ihr Sterben im vorherigen Leben erzählt haben, kann man ein wenig in meinem 1. Buch in den Kapiteln 6.3.1. und 6.3.2 lesen *(**186**, S. 391)*. Dort berichten kleine Kinder zusätzlich von ihren Erinnerungen an das Jenseits.

Viel ausführlicher als bei den Kindern kann man in Rückführungen von Erwachsenen ihre jeweiligen vergangenen Todeserlebnisse zurückholen. Es ist verblüffend, wie diese den NTEs gleichen, die im vorliegenden Buch behandelt werden. Das ist in meinem Buch 2b im Kapitel 7.2.7.2.3.1 ausführlich dargestellt *(**189**, S. 598-606)*.

Auf ganz andere Weise, nämlich durch medialen Kontakt mit dem Jenseits, kann ebenfalls eine Bestätigung dafür erhalten werden, dass ein NTE einen Kurzbesuch im Jenseits darstellen kann. Das zeigt das folgende Beispiel:

7.1.10.2. Bsp. (37) Besuch im Jenseits schriftmedial bestätigt? (NTE, AKE, TZE, MMV, Stimme)

(37) (NTE, AKE, TZE, MMV) Die amerikanische Krankenschwester **Virginia D. Randall** betreute 1950 ein Mädchen, das seit sechs Monaten wegen ihrer Kinderlähmung an die eiserne Lunge gefesselt war. Als Frau Randall eines Morgens in die Klinik kam, erfuhr sie vom behandelnden Arzt, dass ihre Patientin in der Nacht zuvor gegen 23:15 Uhr eine schwere Krise durchgemacht hat. Er wusste zeitweise nicht, ob das Mädchen im Sterben lag oder bereits gestorben war. Der Arzt gab ihr eine Injektion, woraufhin sich die Patientin erholte und am folgenden Tag nachmittags der Krankenschwester berichten konnte, was sie während ihrer Krise empfunden hatte (***279**, S. 161-163*).

Sie erzählte Frau Randall, dass sie ein wundervolles Gefühl des Schwebens gehabt habe. Sie habe wieder gehen können, weil ihr ihre Muskeln gehorchten, habe keinerlei **Schmerzen** mehr gespürt und sich vollständig glücklich gefühlt. Ihren funktionsunfähigen **Körper habe sie verlassen** und dadurch frei sein können (**AKE, NTE**). Ein helles **Licht** habe ihre Aufmerksamkeit auf sich gezogen und sie veranlasst, auf das Licht zuzuschweben. Dort fand sie sich in einer neuen Welt wieder, in der nicht blendendes Licht und eine fröhliche Grundstimmung vorherrschten. Wunderschöne Blumen dufteten, erzählte sie, farbenfroh gefiederte Vögel sangen und Schmetterlinge flogen über **grünes Gras**. **Musik** von einem nicht sichtbaren Orchester sei zu hören gewesen und alle Leute, die sie sah, wirkten glücklich und lächelten (**TZE**).

In dieser Welt habe sie sich an einen bestimmten **Ort denken** können und sei sofort dort gewesen. So habe sie auch an ihre **verstorbene** Großmutter gedacht und sich sogleich in deren Gegenwart befunden. Auf die gleiche Weise habe sie ihre verstorbenen Tanten, lang vermisste Freunde und ihren toten **Hund** wiedergesehen. Alle schienen sie erwartet zu haben, so als folge das Geschehen einem vorher festgelegten Plan.

Plötzlich sei ein großes, golden glänzendes Licht erschienen und vor dem Hintergrund der Musik habe sie eine **Stimme** vernommen, die sagte: *„Es tut mir leid, Dorothy, aber es ist nicht deine Zeit. Du hast noch mehr **zu tun dort unten**.“*

Die Krankenschwester berichtet, sie habe zum Zeitpunkt von Dorothys Krise, um 23:15 Uhr, zu Hause am Schreibtisch gesessen und eine Notiz verfasst. Dabei überkam sie ein komisches Gefühl in der Hand und im Unterarm. Ihre Finger fühlten sich von einer unsichtbaren Kraft wie besessen an und sie **schrieb Worte** auf, die nicht aus ihren eigenen Gedanken flossen: *„Dorothy ist hier bei uns, aber sie wird zurückkehren.“*

Meine Beurteilung

Dieser Fall enthält ‚klassische Elemente' einer Nahtoderfahrung. Das Besondere liegt in der Verbindung mit einer offensichtlich schriftmedialen Mitteilung, die zu bestätigen scheint, dass Dorothy tatsächlich für eine kurze Zeitspanne bei Verstorbenen im Jenseits gewesen sein könnte, und wieder zurückkehrte. Das widerspricht der Anschauung von Kritikern, die argumentieren, NTEer könnten nichts von einem Jenseits zu berichten haben, da sie nicht gestorben sind.

Als Nächstes folgt der Bericht eines Verstorbenen über sein Sterben und die Zeit kurz danach.

7.1.10.3. Bsp. (38) Jenseitiger beschreibt seinen irdischen Tod (MMV, NTE, AKE, TZE)

(38) Der Nervenarzt, Privatdozent Dr. **Karl Nowotny** (1895 - April 1965) aus Wien, meldete sich im Sommer 1965, wenige Monate nach seinem Tod, bei dem Sprechmedium Berta, welches den Arzt nicht kannte. Ab April 1967 gab der Jenseitige dem Medium Grete, einer seiner früheren Patientinnen, schriftmediale Texte durch, die in 6 kleinen Buchbänden unter dem Titel ‚Mediale Schriften' veröffentlicht wurden. Im ersten Band schildert er, wie er seinen irdischen Tod erlebt hat, und schreibt wörtlich *(**100**, S. 63-65; **325**, S. 98-101)*:

*„Ich will nun davon erzählen, wie ich **herüberkam** und wie es mir ergangen ist.*

Es war an einem Frühlingstag, und ich befand mich auf dem Lande in meinem Haus, das ich nur selten bewohnte. Meine Gesundheit ließ wohl zu wünschen übrig, aber ich war nicht bettlägerig, sondern ging spazieren mit guten Freunden. Es war an einem schönen Abend.

Als wir weggingen war ich müde und glaubte, nicht gehen zu können. Ich zwang mich aber dazu und siehe da, plötzlich fühlte ich mich ganz gesund und frisch. Ich lief davon und atmete tief die frische Luft, und ich war so froh, wie schon lange nicht.

*Was ist mit mir geschehen, dachte ich, dass ich plötzlich **keine Beschwerden** hatte, keine Müdigkeit und keine Atemnot?*

*Ich kam zu meiner Begleitung zurück, und siehe da, was war das? Ich stand da und gleichzeitig sah ich mich auf dem Boden liegen (**AKE**). Die Umstehenden waren verzweifelt und aufgeregt, riefen nach dem Arzt und holten ein Auto, um mich heimzufahren.*

*Aber ich war doch gesund geworden und fühlte keine Schmerzen. Ich konnte es nicht verstehen. Ich befühlte das Herz des Liegenden, ja es stand still - ich war tot (**NTE**). Aber ich lebe doch! Ich sprach die Freunde an, aber sie sahen mich nicht und gaben keine Antwort.*

Da wurde ich ärgerlich und ging weg. Aber immer wieder kam ich zurück. Es war kein schöner Anblick für mich, die weinenden, traurigen Freunde, die nicht auf mich hören wollten und der tote Körper vor mir, obwohl ich mich ganz gesund fühlte.

*Dazu mein **Hund**, der verzweifelt schrie und nicht wußte, zu wem er gehen sollte. Er sah mich hier und dort.*

Nachdem alle Formalitäten erledigt waren und man meinen Körper in einen Sarg legte, da wußte ich, dass ich gestorben sein musste. Ich wollte es trotzdem nicht glauben. Ich ging zu meinen Kollegen auf der Universität, sie sahen mich aber nicht und erwiderten nicht meinen Gruß. Ich war sehr beleidigt. Was sollte ich tun? Ich ging auf den Berg, wo Grete wohnt. Sie saß traurig da, hörte mich auch nicht. Es half alles nichts, ich mußte die Wahrheit erkennen.

*In dem Augenblick, da mir bewusst wurde, dass ich die irdische Welt verlassen hatte, sah ich meine gute **Mutter**. Strahlend kam sie mir entgegen und sagte mir, dass ich nun im Jenseits sei. Nicht mit dem Wort, denn dieses gibt es nur im Irdischen. Für uns ist es das Diesseits, die wunderbare Welt, für die es lohnt, die Leiden der materiellen Welt zu ertragen. Ich konnte aber noch nicht glauben, dass es so sei und meinte, geträumt zu haben.*

Die Verbundenheit mit der materiellen Welt ist so stark, oder besser gesagt, ich war so stark mit der irdischen Welt verbunden, dass ich noch lange nachher, als ich schon durch Berta - unser erstes Medium - die Möglichkeit hatte, zu sprechen, der Meinung war, es sei alles ein Traum. Langsam nur konnte ich meine Irrtümer erkennen, die ich restlos und klar ersichtlich alle mitgebracht hatte. Ich kämpfte geradezu dagegen, dass das, was ich sah, Wahrheit sein könnte. Ich war recht unglücklich in diesem Dilemma.

*Wie jeder Mensch, so hatte auch ich einen guten **Führergeist**. Er hat mich eingeführt in die jenseitigen Herrlichkeiten, hat mich einen Blick nach oben tun lassen und mir gezeigt, wie hoch ich die Möglichkeit habe zu gelangen, wenn ich gegen meine eingefleischten Irrtümer ankämpfe und mein Dasein dem Fortschritt weihe.*

Es ist mir nicht möglich, zu schildern, welcherart die Herrlichkeiten sind und wie ich sie, mit irdischen Augen gesehen, wiedergeben sollte. Es gibt im Irdischen nichts Vergleichbares; nur armselige Vergleiche wären möglich.

Nicht lange habe ich gezögert und mich der Wahrheit widersetzt. Nicht lange im Vergleich zu solchen, die kein Vertrauen zu ihrem Führer haben und die das irdische Leben für das erstrebenswerteste Dasein halten. Sie nehmen oft jahrzehntelang nicht Vernunft an, bleiben mit allem Denken und Fühlen in der ***materiellen Welt hängen*** *und verzögern so ihren Fortschritt. Auch sie können ihn nicht verhindern oder unmöglich machen, nur verzögern.*

Das Leben in diesem Zustand ist aber qualvoll, weil sie - nicht gesehen und gehört von ihren irdischen Freunden und geliebten Wesen - unter ihnen sind und weder irdischen Genüssen noch geistigem Zuspruch sich hingeben können. Ein Mensch, der über das Weiterleben nach dem irdischen Tod unterrichtet ist und gläubig darauf wartet, hinüber geleitet und empfangen zu werden, hat es wesentlich leichter, und es bleibt ihm qualvolle Warte- oder Übergangszeit erspart. Dass ich trotzdem nun mit Grete in Verbindung bin und mich ihrer Hand bedienen darf, um einige aufklärende Worte zu Papier zu bringen, das beruht auf einer besonderen Erlaubnis. Denn auch wir hier dürfen nicht tun und **lassen was wir wollen**. *Die ewigen, unendlichen Naturgesetze haben alles genau geregelt. Wer dagegen verstößt, ob im Diesseits oder Jenseits, muß es schwer büßen, aber nicht auf Grund eines Richterspruchs, sondern als einfache Reaktion auf die ungehörige Tat.*

Wenn ein Mensch sich in unrechter und unerlaubter Weise mit Jenseitigen einläßt, ihren Verkehr sucht, ohne dazu berufen zu sein, so wird er es ebenso büßen, durch Krankheit und Elend, wie der Geist aus dem Jenseits, der sich in unerlaubter Weise eines irdischen Wesens bedient, um seinen Süchten zu frönen oder nur um sich bemerkbar zu machen und in Szene zu setzen.“

Meine Beurteilung

Da es keine unumstößlichen Beweise dafür gibt, dass mediale Durchgaben wirklich als das genommen werden dürfen, als was sie ausgegeben werden – nämlich Kommunikationen mit Jenseitigen – wüsste man wenigstens gerne, ob es jenen Dr. Nowotny wirklich gab. Dies lässt sich leicht im Internet bestätigen und wird z.B. durch einen kurzen Lebenslauf in unverdächtiger Literatur bestätigt (***230***).

Das Medium Grete berichtet darüber hinaus, dass sie in einem **Traum** zwei Tage vorher vom Tod Dr. Nowotnys erfahren habe. Sie habe gewusst, dass er die Ostertage in seinem Landhaus verbringen wollte, seit längerer Zeit leidend war, aber keine unmittelbare Todesgefahr bestand. In der o.g. Biographie heißt es, er sei am 18.4.1965 während eines Urlaubs in Waldegg in Niederösterreich gestorben. Im Nachruf von Dreikurs wird bestätigt, dass er in den Ferien auf der Straße nahe Wien zusammengebrochen ist (***117***). Insoweit stimmen die Dinge zusammen und stärken damit die Glaubwürdigkeit.

Es ist erstaunlich, wie gut die jenseitige Schilderung des Todeserlebnisses mit Nahtodberichten harmoniert – lange bevor Moodys Buch über NTEs herausgekommen war.

Und was den Einwand Nr. 10, S. 101 (‚Nie wirklich gestorben und daher inkompetent, etwas über Sterben und Tod auszusagen') angeht: Je nach Interpretation ist Nowotny noch immer irgendwie lebendig, wenn er sich so ausführlich aus dem Zustand des Todes zurückmelden kann, und widerlegt somit die zitierte Argumentation.

Kenntnisreichere Kritiker können an dieser Stelle einwenden, dass es auch schon vor Moody (1975) Nahtodberichte gab, z.B. von **Sylvan Muldoon** und **Hereward Carrington** oder von **Robert Crookall**. Damals sprach man von Astralprojektionen oder auch vom Pseudo-Tod. Solche Berichte könnten Medien bekannt gewesen sein und deren Äußerungen geprägt haben. Um diesem Argument etwas entgegen zu setzen, folgt nun ein Bericht aus einer Zeit ca. 90 Jahre vor Muldoon und Carringtons Buch *(**309**, Ersterscheinung 1951)* und 100 Jahre vor Crookalls frühestem Buch *(**95** von 1960)*.

7.1.10.4. Bsp. (39) Verstorbener berichtet über seinen Tod (MMV, AKE, Silberschnur)

(39) Das spirituelle Medium **Samuel Paist** aus Philadelphia, USA, erhielt von dem verstorbenen Dr. Horace Abraham Ackley eine medial übermittelte Beschreibung darüber, wie er seinen Tod erlebt habe. Paist berichtete 1861 darüber in einer Schrift mit dem Titel: ‘A narrative of the experience of Horace Abraham Ackley, M.D., late of Cleveland, Ohio, since his entrance into spirit-life’. Der Inhalt wurde von nachfolgenden Schriftstellern übernommen *(**111**, S. 148-151; **457**, S. 139-140; **461**, S. 67-68)*. Ich bringe hier eine freie Übersetzung der medialen Durchgabe.

*„Ich hatte **keine Schmerzen**, aber ich konnte meinen Körper nicht sofort verlassen. Ich fühlte, wie mein Ich sich in einem halb-bewussten Zustand allmählich über den Körper erhob (**AKE**). Ich schien in **zwei Teile aufgetrennt** zu werden, obwohl es da eine **unlösbare Verbindung** zu geben schien. Eine kurze Zeit, nachdem die Organe meines Körpers zu funktionieren aufgehört hatten, wurde mein Geist frei. Ich wurde eine kurze Distanz über den Körper emporgehoben und stand da, ohne zu wissen, welche Kraft hier wirkte.*

Ich konnte nun diejenigen sehen, die sich im Raum um mich herum befanden. Aus dem, was dort vor sich ging, konnte ich schließen, dass ich eine ganze Weile bewusstlos gewesen sein muss. Als mein Bewusstsein zurückkehrte, schienen ***Szenen meines ganzen Lebens*** *vor mir abzulaufen. Jede Handlung wurde in Lebensgröße gezeigt und wirkte lebensecht. Alles wurde gezeigt bis zum letzten Moment. Das lief so schnell ab, dass ich kaum Zeit zum Nachdenken hatte. Ich befand mich in einem Strudel der Aufregung. So plötzlich, wie es kam, so schnell hörte das Panorama wieder auf. Ich blieb ohne einen Gedanken an die Vergangenheit oder Zukunft zurück und war unfähig, meine momentane Situation zu überdenken. Ich schaute mich um, und dachte: Wenn sich die Geister den Lebenden zeigen könnten, würde ich das jetzt gerne tun, um meine Freunde und andere über meine aktuelle Lage zu informieren – wenigstens so weit ich sie selbst verstand, was zugegebenermaßen sehr begrenzt war. Alles schien in wirbelnder Bewegung zu sein. Ein Wunsch jagte den anderen. Der Tod, sagte ich mir, ist nicht so eine üble Sache. Ich bin gespannt, das Land zu sehen, in das ich gehe, wenn ich ein Geist bin.*

Ich hatte von den Spiritualisten gehört, dass die neu geborenen Geister immer von liebenden ***Schutzengeln*** *empfangen werden. Weil ich niemanden um mich sah, dachte ich, dass diese Behauptung nicht wahr sein könne. Kaum war mir dieser Gedanke durch den Kopf gegangen, schon erschienen zwei dieser Wesen vor mir. Ich kannte sie nicht, fühlte mich aber zu ihnen hingezogen. Sie kannten meinen Namen, obwohl ich den nicht genannt hatte. Sie gaben mir die Hand leger, wie unter Freunden, was mir gefiel. Sie führten mich aus dem Raum, in dem ich gestorben, und in dem ich bis zu diesem Moment geblieben war, durch eine dämmerige Gegend zu einem Platz, wo einige Geister schon versammelt waren. Diese waren schon länger in der geistigen Welt. Mit ihnen unterhielt ich mich eine ganze Weile. Dann wurde ich, ohne zu begreifen warum und wie, zu dem Platz zurückgezogen, an dem sich mein Geist vom Körper abgetrennt hatte. Ich muss mich dort (am Sterbeort) viel länger aufgehalten haben, als angenommen, denn ich wohnte meiner* ***Beerdigung*** *nicht bei, im Gegensatz zu den Geistern, die ich inzwischen gesprochen habe. Ich möchte anmerken, dass es normalerweise erfreulich ist, dies zu tun. Wenn der Körper für einige Zeit aufbewahrt werden kann, wird es als willkommene Gelegenheit begrüßt, dieser Feierlichkeit beizuwohnen, zuzuhören und denen beizustehen, die diese Feier ausrichten.“*

<u>Meine Beurteilung</u>

Der Wert dieser Durchgabe ist darin zu sehen, dass lange vor den Veröffentlichungen über NTEs von Muldoon und Carrington und Crookall und Moody ein Bericht anscheinend aus dem Jenseits vorliegt, der sich wie eine moderne NTE anhört. Das beweist zwar nichts, stützt aber die These, dass endgültig Gestorbene sehr wohl ähnliches erleben, wie die Wiederbelebten mit einer NTE. Es schwächt das Argument derjenigen, die behaupten, eine NTE könne nichts über den Sterbeprozess aussagen.

Die vier Beispiele in diesem Kapitel mögen ausreichen, um zu zeigen, auf welch tönernen Füßen der Einwand steht, NTEs könne man nicht als Vorahnung für das Geschehen beim Tod nehmen, weil die Erfahrungsträger nicht wirklich gestorben sind. Im folgenden Kapitel finden sich weitere Beispiele mit ‚medialen Rückmeldungen' von Verstorbenen (MMVs) über ihren **Übergang ins Jenseits**: Bsp. Nr. (41), S. 209; Nr. (42), S. 211.

7.1.11. Einwand 11 der Mainstream-Wissenschaftler: Nie sei jemand aus dem Jenseits zurückgekehrt und habe berichtet

Der letzte Einwand materialistischer Kritiker (Nr. 11, S. 101 in Kapitel 7.1) lautet: Über den Tod und ein eventuelles Bewusstsein danach können wir Menschen prinzipiell nichts wissen, weil noch nie jemand aus dem Totenreich zurückgekehrt sei, um uns etwas darüber zu berichten.

Schon die vier Berichte im vorhergehenden Kapitel sprechen gegen dieses Argument, wenn man die spiritistische Deutung akzeptiert. Der verstorbene Pater Jonathan – so die naheliegendste Interpretation – ist als Erdenmensch Kilden aus dem Jenseits zurückgekommen und hat über seinen Tod im früheren Leben berichtet (Bsp. Nr. (36), S. 194). In den drei anderen Beispielfällen des Kapitels 7.1.10, S. 194 haben sich nach Lesart der Berichterstatter Verstorbene über Medien zurückgemeldet und auch über ihren Tod berichtet.

Im folgenden Bericht kommt ein Verstorbener für einen Außenstehenden sichtbar zu einem Sterbenden.

7.1.11.1. Bsp. (40) Eine Vision auf dem Totenbett (BSB, SBV, Wolke)

(40) Der amerikanische Dichter **Horace Traubel** (1858-1919) hat sich intensiv mit dem Leben des amerikanischen Dichterkollegen **Walt Whitman** (1819-1892) nach dessen Tod beschäftigt und wurde sein Biograph. Zwei Tage vor Traubels eigenem Tod erschien Walt Whitman ihm und einem Zeugen. Ich gebe das Wesentliche aus dem Originalbericht darüber (***92***, *S.*

114-123) und aus Zweitveröffentlichungen hier mit eigenen Worten wieder (***36**, S. 72-74; **269**, Band 1, S. 89-90; **289**, S. 154-155*).

Der amerikanische Oberstleutnant **L. Moore Cosgrave** war an Traubels letzten Tagen an dessen Sterbebett zugegen. Fünf Tage vor dem Tod hörte der Leutnant Traubel sagen: „*Ich höre Walts Stimme. Er sagt ‚komm zu mir'*". Eine Weile später sagte er zu seiner Betreuerin Flora: „*Flora, ich sehe sie alle um mich herum. Bob und Bucke und Walt und alle anderen.*".

In der Nacht, zwei Tage vor seinem Tod, öffnete Traubel seine Augen und starrte an einen Punkt ca. einen Meter über dem Fußende des Bettes. Seine Lippen bewegten sich in dem vergeblichen Versuch, etwas zu sagen. Das veranlasste Cosgrave zu demselben Punkt im nur spärlich erleuchteten Raum zu schauen. Er berichtet weiter: Langsam wurde jener Bereich immer heller und ein leichter **Nebel** zeigte sich. Der formte sich zu einer menschlichen Gestalt, die Walt Whitman ähnelte. Er stand schließlich als Person aufrecht neben dem Bett, trug eine grobe Tweetjacke und einen alten Filzhut auf dem Kopf - wie man es von Walt kannte. Mit seiner rechten Hand in der Tasche sah er aus, wie auf Portraits, die es von ihm gibt. Das **Phantom** schaute mit einem freundlichen, aufmunternden Gesicht auf Traubel herunter, nickte zweimal mit dem Kopf und kam auf den Sterbenden zu. Dieser sagte hörbar: „*Da ist Walt.*". Im gleichen Moment ging Walt durch das Bett auf Cosgrave zu und berührte dessen Hand, so, als wolle er sich verabschieden. Das fühlte sich für ihn wie ein leichter elektrischer Schlag an.

Die Erscheinung dauerte ca. eine Minute und entschwand dann dem Blick. Traubel war bis zu seinem Tod gelähmt und unfähig zu sprechen. Aber seine Augen ließen erahnen, dass er noch viel zu sagen gehabt hätte.

Meine Beurteilung

Eine mögliche Erklärung des Falls beginnt damit, dass Traubels Beschäftigung mit dem Leben von Whitman zu einer emotionalen Bindung geführt hatte, die Whitman veranlasste, dem sterbenden Traubel zu erscheinen und ihn ins Jenseits abzuholen. Cosgrave hat die Fähigkeit, dies mitzuempfinden, und bestätigt die Erscheinung. Sie bleibt so nicht nur ein subjektives Erlebnis.

Die andere Möglichkeit zur Erklärung besteht darin, anzunehmen, dass Traubel träumte oder phantasierte und Cosgrave dies telepathisch mitbekam und das Geschehen in einer Vision dramatisierte. Sie, lieber Leser, müssen entscheiden, welche Erklärung Sie für die angemessenere halten.

Der folgende Bericht legt die Annahme nahe, der Verstorbene sei als Unsichtbarer aus dem Jenseits zurückgekehrt, habe sich manifestiert, indem er die Schreibhand eines Lebenden führte, und habe schriftmedial seinen Bericht über das Sterben und das Jenseits abgeliefert.

7.1.11.2. Bsp. (41) Ein Sterbevorgang, schriftmedial erfahren? (MMV, AKE, Silberschnur)

(41) Frau E., Ehefrau eines angesehenen Rechtsanwalts in England, bemerkte eines Tages, dass ihr beim Schreiben mitunter die eigene Hand nicht mehr gehorchte, sondern offensichtlich von einer unbekannten Kraft geführt wurde. Erstmals passierte ihr das ganz unvermittelt, als sie routinemäßig, also mehr oder minder halbbewusst, Eintragungen in ihr Haushaltsbuch vornahm. Es kam ihr so vor, als habe ein ihr genau gegenüber sitzendes unsichtbares **Wesen** seine Finger auf die ihrer rechten Hand gelegt und diese beim Schreiben geführt. Denn das Ergebnis dieses ominösen Vorganges waren auf dem Kopf stehende Schriftzeilen, jeweils von rechts nach links und von ihr erst dann zu lesen, nachdem sie den entstandenen Text um 180 Grad gedreht hatte (*__37__; __269__, Band 2, S. 347*).

Frau E. versicherte, dass es ihr völlig unmöglich wäre, bei normalem Bewusstsein überhaupt auf diese verquere Weise zu schreiben, geschweige denn in einer so klaren Schrift. Sie wusste zudem auch nicht, was ihr da in die Hand diktiert wurde, solange sie das Papier nicht umgedreht und den Text gelesen hatte. Sie war überdies keine Spiritistin, die sich etwa mit dem sogenannten automatischen Schreiben beschäftigte. Sie hatte sogar eine Abneigung solchen Dingen gegenüber.

Im Laufe der Zeit fanden sich in diesen ihren ‚ungewollten' Texten Aussagen, die sich als zutreffend erwiesen. Sie stammten angeblich von einem **verstorbenen** Verwandten, der ihr offensichtlich auch die Hand führte. Frau E. selbst konnte für den Inhalt kaum verantwortlich gemacht werden, da ihr und ihrem näheren Umfeld das dafür nötige Wissen fehlte und außerdem die konkreten Inhalte ihren Gedanken fremd waren. Das alles gab dem auf diese Weise Geschriebenen nach und nach eine gewisse Glaubwürdigkeit.

Frau E. hatte erst vor kurzem ihren geliebten Bruder Y, der bis zuletzt noch an einer Hochschule in der Nähe Londons Ingenieurwissenschaften studiert hatte, durch Tod verloren. Und kurz zuvor war auch einer von dessen Freunden, nennen wir ihn einfach mal X, ebenfalls gestorben. Aber an den dachte sie nicht, als ihre Hand eines Abends schrieb:

„Ich möchte, dass Du daran glaubst, dass Deine Freunde noch immer leben und an Dich denken....“ Und ein wenig später im Text schrieb sie: *„Als ich die Augen meines spirituellen Körpers öffnete, fand ich mich* ***völlig unverändert****, keine schreckliche Angst, nur anfänglich ein komisches Gefühl, dann Frieden, ein getröstetes Herz,* ***Liebe****, Kameradschaft und Belehrtwerden. Ich bin X. (vollständiger Name des Freundes) und habe dies geschrieben. Aber auch Dein Bruder Y (Name des Bruders) ist hier und möchte zu Dir sprechen.“*

*„Ich bin hier, Y (Name des Bruders), und möchte Dir über mein Erwachen in das spirituelle Leben berichten. Am Anfang war mir nur undeutlich bewusst, dass Gestalten im Raum und um mein Bett herum liefen. Dann wurde die Türe geschlossen und alles war still. Als Nächstes wurde ich gewahr, nicht im Bett zu liegen, sondern ein bisschen darüber zu schweben (****AKE****). Im schwachen Licht sah ich den ausgestreckten Körper liegen. Das Gesicht war zugedeckt. Mein erster Gedanke war, wieder in den Körper zurückzugehen. Aber dieser Wunsch verging rasch; die Verbindung (****Schnur****) war unterbrochen.“*

„Ich stand auf dem Fußboden und schaute mich in dem Raum um, in dem ich so krank und hilflos gelegen hatte und in dem ich mich nun wieder ungehindert bewegen konnte. Der Raum war nicht leer. Nah bei mir stand der Vater meines Vaters Z (Name wurde richtig angegeben). Er war immerzu bei mir gewesen. Da gab es noch andere, die ich jetzt liebe, obwohl ich damals nicht viel von ihnen wusste.“

„Ich ging aus dem Raum und durch den nächsten, wo meine Mutter war und auch andere Verwandte, die noch leben. Ich versuchte, zu ihnen zu sprechen. Aber die nahmen nichts davon wahr, obwohl ich laut und deutlich sprach. Ich ging durch die Universitätsräume: viel Dunkelheit, aber auch ein wenig Licht. Dann ging ich unter den freien Himmel. – In einer weiteren Sitzung will ich noch mehr schreiben. Jetzt aber habe ich keine Kraft mehr!“

In der nächsten Sitzung ein oder zwei Tage später kam dann die Fortsetzung: *„Im winterlichen Sonnenaufgang sah ich die Erde dunkel und kalt zwischen den Sternen liegen. Es war die Landschaft, die ich so gut kannte und so oft angeschaut hatte. Plötzlich weitete sich meine Sicht, meine Augen öffneten sich, und ich sah, wie die spirituelle Welt über der realen wie das langsame Sich-öffnen einer Blüte heraufdämmerte. Ich habe dafür keine Worte. Mit keiner Beschreibung, die ich zu geben versuchte, könnte ich Euch das Wunder dieser Offenbarung verständlich machen. Aber ihr werdet es zu gegebener Zeit selbst erleben. Ich wurde wie durch enge Verbundenheit zu dieser Welt gezogen, die nun die Meine ist. Aber ich bin dort nicht gefangen. Mich* *zieht es sehr zur Erde, auch wenn ich keineswegs an sie gekettet bin. Ich fühle mich einfach zu denen hingezogen, die ich liebe – und zu den von mir sehr geschätzten Orten."*

Meine Beurteilung

Wie bei allen medialen Mitteilungen kann man auch hier nicht zu hundert Prozent sicher sein, dass tatsächlich Verstorbene sprechen. Es könnte sich auch um die unbewussten Gedanken der Frau E. handeln (animistische Erklärung). Da sich aber in den Schriften auch unerklärliches Wissen zeigt, muss man zu dieser Annahme noch die (versteckte) Fähigkeit des Hellsehens und/oder der Telepathie hinzunehmen. Und wie soll das Schreiben ‚auf dem Kopf' motiviert sein, wenn man nicht akzeptiert, dass hier jemand aktiv war, der gegenüber saß? Ist also die animistische Erklärung wirklich überzeugender, als die Dinge so anzunehmen, wie sie sich präsentierten? Akzeptiert man dies, so ist hier wirklich jemand aus dem Jenseits zurückgekommen, um die Hand des Mediums zu führen, womit dem Einwand Nr. 11, S. 101 in Kapitel 7.1 widersprochen wird.

Im vorstehenden Fall hatte Frau E. kein Motiv, die seltsamen Texte zu schreiben, wohl aber der Verstorbene – wenn es den gibt. Er wollte die Heilsbotschaft überbringen, dass es nach dem Tod weitergeht. Er ist nach spiritistischer Lesart aus dem Jenseits zurückgekommen, wenn auch nicht in sichtbarer, so doch in spürbarer und dokumentierter Form.

Um dieses nicht als singuläres Beispiel stehen zu lassen, möge noch ein vergleichbares aufgeführt werden, bei dem ebenfalls eine starke Motivation auf der Seite des jenseitigen Kommunikators besteht, sich bei den Lebenden zu melden.

7.1.11.3. Bsp. (42) F. W. H. Myers berichtet aus dem Jenseits? (MMV, Silberschnur)

(42) Frederic William Henry Myers (1843-1901), Mitbegründer der bekannten englischen ‚Society for Psychical Research' (SPR), leistete im ausgehenden 19. Jahrhundert den größten Einzelbeitrag zur Feldforschung über paranormale Phänomene. Ein zentrales Thema war für ihn die Frage, ob es ein Weiterleben nach dem irdischen Tod gibt. Freunden gegenüber äußerte er die Absicht, sich nach seinem Tod, wenn irgend möglich, über Medien aus dem Jenseits zu melden. Mehr als 20 Jahre nach Myers Ableben begann das irische Medium **Geraldine Cummins** in Phasen sogenannten **automatischen Schreibens** Mitteilungen zu verfassen, die anscheinend von Myers stammten (***311**, S. xiii*). Sie selbst kannte diesen Mann nicht. Er berichtete darin über seine Erfahrung des Sterbens und des Übergangs in eine nichtmaterielle Welt, und zwar, den konkreten Umständen entsprechend, aus der Perspektive eines bereits definitiv Gestorbenen. Diese Sicht rundet die wesentlich öfter dokumentierten Berichte von Sterbenden, Sterbebegleitern und Menschen mit Nahtod-Erfahrung recht gut ab. Auch wenn man nicht absolut sicher sein kann, dass es sich dabei wirklich um Mitteilungen aus einer Jenseitswelt handelt, sei hier zusammengefasst, was das Medium damals geschrieben hat:

Myers spricht von einem spirituellen Körper (bzw. von einem Double), welcher gleichsam ein Gegenstück zum physischen darstelle. (Andere Bezeichnungen für diesen zweiten Körper sind ‚ätherischer Körper', ‚Seelenkörper', ‚Astralkörper', ‚feinstofflicher Körper', ‚Himmelskörper', ‚Geistkörper', ‚Lichtkörper' oder ‚Odkörper'.) Beide seien mit einer Art ‚**Silberschnur**' miteinander verbunden, die aus mehreren Fasern bestehe und sehr elastisch sei. Eine dieser Fasern gehe vom Sonnengeflecht (Solarplexus am Übergang vom Brustkorb zur Magengrube), eine andere vom Gehirn aus. Der Tod trete ein, wenn diese beiden Haupt-Kommunikationslinien unterbrochen werden. Das verursache normalerweise keine Schmerzen. Sterben sei ein Prozess. Die Seele werde in der Regel innerhalb einiger Stunden frei. Es gebe aber auch Seelen, die eine ganze Weile in einem Übergangsstadium verharren (Myers spricht vom ‚Hades'), wobei ihnen seltsame Gestalten begegnen können, die sich in Erdnähe aufhalten und alte Sorgen und Ärger wachrufen *(**461**, S. 62, 86, 98).*

Habe man ein geordnetes Leben geführt, so biete sich einem jetzt die Möglichkeit, **Verstorbenen** zu begegnen, mit denen man früher einmal eng verbunden war. Man erhalte aber auch die Gelegenheit, sich Ereignisse aus dem eigenen **vergangenen Leben** noch einmal anzuschauen und zu beurteilen, bevor man sich dann endgültig ausruhen könne.

Nur ungefähr einen Monat nach seinem Tod hatte sich Myers über das mentale Medium **Rosalie Thompson** bei dem Physikprofessor **Sir Oliver Lodge** und dessen Frau ‚gemeldet'. Der Verstorbene schien Mühe gehabt zu haben, sich mitzuteilen. Er berichtete, nach dem Übergang anfangs verwirrt gewesen zu sein, bis ihm klar wurde, dass er gestorben war. *„Ich dachte, ich hätte mich in einer fremden Stadt verlaufen"* (Myers starb in der Fremde, in Rom). *„Selbst als ich Menschen traf, von denen ich wusste, dass sie gestorben sind, dachte ich, es handle sich nur um Visionen."*

Myers sagte, er könne hören, wie er die **Stimme** von Frau Thompson benutzt. Es fühle sich so an, als spreche nicht sein eigenes Ich. Er habe auch Schwierigkeiten, sich an Dinge zu erinnern. Er wisse nicht einmal mehr den Namen seiner Mutter. Als Prof. Lodge ihn nach der Society for Psychical

Research fragte, konnte er nichts dazu sagen. Der Kontrollgeist Nelly übernahm daraufhin die Sprechorgane des Mediums und erklärte, Myers sei (nach 1 Monat) noch im Stadium der Verwirrung. Er werde sich aber in einiger Zeit an viel mehr erinnern können.

Meine Beurteilung

Diese Aussagen eines Verstorbenen über das **Sterben** oder den ‚Übergang' harmonieren gut mit jenen, die von lebenden Menschen getätigt worden sind, die kurz vor dem Tod gestanden hatten, aber wieder zurückgeholt werden konnten (NTEer). Die Übereinstimmungen schwächen das Argument derer, die einwenden, von Nahtod-Erfahrungen könne man nicht auf das schließen, was beim eigentlichen Sterben und nach dem Tod passiert, weil die Erfahrungsträger ja nicht wirklich gestorben sind. Das gilt allerdings nur, wenn man davon ausgehen kann, dass es sich tatsächlich um Mitteilungen eines Verstorbenen handelt und nicht um Hellsehen oder Telepathie seitens des Mediums. Das aber lässt sich auch hier leider nicht mit Sicherheit feststellen.

Sicher ist nur, dass die o.g. Mitteilungen entstanden sind, bevor Autoren, wie Sylvan Muldoon, Hereward Carrington oder Raymond Moody Fallsammlungen über außerkörperliche Erfahrungen herausbrachten, in denen ähnliches wie im obigen Bericht zu lesen steht. Renommierte Autoren wie C. D. Broad oder Colin Wilson schätzten Geraldine Cummins' Fähigkeiten sehr hoch ein (***311**, S. xiii*). Sie erachten andere Durchgaben von Frau Cummins (die ‚Willett-Papiere' im Buch ‚Swan on a Black Sea') zusammen mit den Kreuzkorrespondenzen als die für ein Weiterleben nach dem Tod überzeugendsten. Indem Myers sich nach dem Tod quasi zurückgemeldet hat, ist er auch aus dem Jenseits zurückgekehrt, was dem Einwand Nr. 11, S. 101 in Kapitel 7.1 widerspricht.

Die beiden vorangegangenen Beispiele stammen aus länger zurückliegender Zeit. Deshalb soll hier noch ein ähnlich gelagertes aus jüngerer Zeit angefügt werden, das zudem die Besonderheit der **Erdgebundenheit** und der Befreiung aus dieser Lage schildert.

7.1.11.4. Bsp. (43) Medial mitgeteiltes Todeserlebnis eines erdgebundenen Verstorbenen (MMV, AKE-nah, AKE-fern, erdgebunden)

(43) Der Professor für Elektrotechnik in Ravensburg, Dr. **Werner Schiebeler** (1923-2006), war viele Jahre Mitglied in einem medialen Kreis, der **Seelsorge für Verstorbene** anbot (**Rettungsarbeit**). Das hat große Ähnlichkeit mit der Befreiungsarbeit von Dr. **Carl Wickland** und seiner medial begabten

Frau, über die ich in meinem dritten Buch (Band 2b) berichtet habe *(**189**, Kapitel 7.2.8.2.2, S. 674-679)*. Auch der englische Luftmarschall **Lord Dowding** berichtet über solches ‚rescue-work' (***114**, S. 45-67*). Von Erdgebundenheit haben wir schon in einem vorherigen Fall gelesen (Nr. (38), S. 202). Hier möchte ich ein Beispiel von Schiebeler einfügen, das einen medial empfangenen Bericht eines Verstorbenen über seinen Sterbevorgang beinhaltet, der gut mit NTEs vergleichbar ist. Im Unterschied zu den wohl meisten oder ‚normalen' Abläufen, hatte der Verstorbene hier nicht den Weg ins Licht oder in die Tiefen des Jenseits gefunden, sondern ihm musste oder konnte durch den medialen Kreis geholfen werden, seine **Erdgebundenheit** zu überwinden *(**392**, S. 46-49)*. Der mediale Kreis bestand aus 10 Personen einschließlich des Mediums, so dass man von einer Art eines **kollektiven Falls** ausgehen darf. Ich kürze den Bericht auf das hier Wesentliche und gebe ihn weitgehend mit eigenen Worten wieder.

Im April 1976 trat ein Geist in das Medium, Frau A., ein, der angab, er wolle hier wieder **Musik** hören, und er bedauere, dass heute hier kein Plattenspieler vorhanden wäre. Er wollte gleich wieder gehen, wurde aber in ein Gespräch verwickelt, das ergab, dass er 1915 mit 15 Jahren gestorben sei. Er habe die Musik sehr geliebt, verschiedene Instrumente gespielt, und den Wunsch gehabt, Musiker zu werden. Dieser habe sich aber nicht verwirklichen lassen, weil er schwer krank gewesen sei und Anämie gehabt habe.

Bei seinem Tod zu Hause sei der Arzt noch einmal gekommen. Seine Eltern hätten an seinem Bett gesessen und viele andere **Wesen**, die er nicht kannte, hätten das Zimmer gefüllt. Diese Wesen hätten sich mal über ihm, mal neben ihm befunden. Ihm sei es darüber und bei dem unverständlichen Stimmengewirr angst und bange gewesen.

Auf einmal habe er sich selbst im Bett liegen gesehen (**AKE**). Seine Mutter habe seinen Körper weinend noch einmal gerüttelt, während der Arzt nur noch den Kopf geschüttelt habe. Das Nächste, an das er sich dann noch erinnerte, ist, dass er bei seiner **Beerdigung** an seinem Grab gestanden hat (**AKE**). Während seine Eltern weinten, habe seine kleine Schwester immerzu versucht, ihn aus dem Sarg zu holen. Daran habe sie gewaltsam gehindert werden müssen. Die Musiker an seinem Sarg hätten erbärmlich falsch gespielt, und was der Pfarrer gesagt habe, habe ihm überhaupt nicht gefallen. Nach der Beerdigung leerte sich der Friedhof. Er habe alleine da gestanden und anschließend nie mehr Anschluss gefunden. Er sehe zwar ab und zu Wesen, von denen er annehme, sie seien ebenfalls gestorben, aber die traue er sich nicht anzusprechen, weil sie ihn überhaupt nicht beachteten. Er sei daher immer dorthin (auf die Erde) gegangen, wo er schöne Musik hören konnte.

Er wurde nun gefragt, ob er nicht im **Gebet** die Lösung für sein Problem gesucht hätte. Das verneinte er, weil er nicht daran gedacht hätte, dass man auch nach dem Tod noch beten solle. Gefragt, ob er nicht eine neue Heimat finden möchte, in der er auch wieder Musik hören könne, entgegnete er: *„Ich bin doch tot. Ich kann ja gar kein Musikinstrument mehr anfassen. Ich habe das (auf Erden) schon oft vergeblich versucht."* Er wurde auf die Möglichkeit aufmerksam gemacht, in eine andere, schönere Welt eintreten zu können, indem er Gott bitte, ihm einen Helfer (=**Engel**) zu schicken, der ihn dorthin mitnimmt. Die Mitglieder des medialen Kreises deuteten ihm weiterhin an, dass er Gott auch darum bitten könne, ihm im übertragenen Sinn seine Augen zu öffnen, so dass er auch andere Wesenheiten sehen kann. Mit Hilfe von Gebeten gelang es ihm. Allerdings waren die ersten Wesenheiten, die ihm begegneten, und die er um Hilfe bitten wollte, keine ihm wohl gesonnenen Helfer. Man riet ihm, diese wegzuschicken. Es erschien ein weibliches Wesen, das bereit war, auf Gott und Christus zu schwören. Es sagte, es wäre schon immer bei ihm gewesen, er hätte es nur nie gesehen. Auch bei seinem Tod sei es bei ihm gewesen und hätte ihn immer gerufen. Er habe das aber nicht gehört. Mit dieser Frau wollte er nun mitgehen. Man darf davon ausgehen, dass der Geist damit von seiner Erdgebundenheit frei kam.

Meine Beurteilung

Erstens ist zu vermerken, dass in dieser Mitteilung anscheinend aus dem Totenreich berichtete Elemente auftreten, die von NTEs bekannt sind (Kapitel 6.1, S. 51): Die AKEs am Krankenbett und beim Begräbnis, die Begegnung mit Verstorbenen und einem Engel und die Unmöglichkeit, irdische Gegenstände (Musikinstrument) anzufassen. Dies bestärkt die Vermutung, dass NTEs doch die Eintrittsphase in den Tod widerspiegeln könnten.

Zweitens sollte mit diesem Beispiel dokumentiert werden, dass es im Tod nicht unbedingt immer so wundervoll zugehen muss, wie die meist positiven NTEs vermuten lassen könnten.

In diesem Beispiel ist der Verstorbene anscheinend erst gar nicht tiefer ins Jenseits eingedrungen, sondern erdnah geblieben und hat uns berichtet, bis er von seiner Vereinsamung erlöst werden konnte. Das kann man als Widerlegung des Einwands Nr. 11, S. 101 auffassen.

Das nächst folgende Beispiel soll zeigen, dass es auch kollektive Fälle gibt, in denen nicht nur eine Person das paranormale Ereignis wahrnimmt, und dass es neben der Schriftmedialität auch andere Kanäle geben kann, wie hier: Die Instrumentelle Transkommunikation (**ITK**).

7.1.11.5. Bsp. (44) Telefonate aus dem Jenseits (ITK am Telefon, Wolke)

(44) Der amerikanische Arzt Dr. **John Lerma** berichtet aus seiner langjährigen Erfahrung mit todkranken und sterbenden Menschen einen weiteren Fall, den ich gekürzt und mit meinen eigenen Worten hier wiedergebe (*246, S. 158-166*):

Die 88 Jahre alte **Mary Esther** war kurz vor ihrem Tod stark beunruhigt, weil ihr Sohn Isaac über ihren bevorstehenden Tod ganz verzweifelt und niedergeschlagen war und er obendrein deswegen seinen Glauben an Gott zu verlieren drohte. In diesem Zustand wollte sie ihn keinesfalls alleine lassen und für immer gehen.

Der 44-jährige Isaac hing so stark an seiner Mutter, dass er niemals daran gedacht hatte zu heiraten. Er haderte mit Gott, weil dieser ihm seine über alles geliebte Mutter wegnehmen wollte. Mit Dr. Lermas Hilfe betete er dennoch zu Gott und bat darum, nach ihrem Tod ein Zeichen dafür zu bekommen, dass seine Mutter gut im Jenseits angekommen ist. Dem Arzt gelang es, Isaac so weit psychisch zu stabilisieren, dass er den bevorstehenden Tod seiner Mutter besser als bisher akzeptieren und seiner Mutter die Beruhigung geben konnte, weiterhin an Gott zu glauben. Er bat sie darum, über ihm zu wachen, wenn sie im Jenseits ist. Mary Esther war nun in der Lage, die nächsten Tage gut zu schlafen.

Eines Morgens rief Isaac im Hospiz an, um auszurichten, dass sein Auto defekt ist und er erst nachmittags seine Mutter besuchen kann. Das teilte der Arzt Mary Esther mit, die darauf sagte: *„Es ist am besten so. Für mich ist es Zeit zu gehen. Ich kann einfach nicht gehen, wenn er hier ist. Die Engel werden mich holen, bevor er kommt“*.

Kurz darauf hörte Dr. Lerma beim Hinausgehen, wie die alte Frau anscheinend ihren letzten Atemzug tat. Er drehte sich um und sah so etwas wie eine weiße **Rauchwolke** aus ihrem Mund aufsteigen. Der Arzt prüfte ihre Vitalzeichen und stellte den Tod von Mary Esther fest.

Eine Krankenschwester versuchte mehrmals, Isaac über den Tod seiner Mutter zu informieren. Das gelang jedoch nicht, weil die Telefonleitung immer besetzt war. Als sich Dr. Lerma einige Stunden später im Schwesternzimmer danach erkundigte, ob nun die Verbindung zu Isaac zustande gekommen ist, klingelte das Telefon. Im Display war zu lesen, dass der Anruf aus dem Zimmer von Mary Esther kam. Die Schwester nahm das Gespräch entgegen, weil sie dachte, Isaac könne unbemerkt ins Krankenzimmer gekommen sein. Was sie hörte, verunsicherte sie so, dass sie den Hörer an Dr. Lerma weiterreichte. Er hörte starkes Rauschen und eine wie aus weiter Ferne klingende Stimme, die mehrfach hintereinander sagte: *„Sag meinem Sohn, dass es mir gut geht.“*. Dann herrschte Stille. Die Schwester bemerkte: *„Das klang wie die* ***Stimme*** *von Mary Esther.“*. Die Beiden rannten nun sofort ins Zimmer von Mary Esther. Dort fanden sie die tote Frau im Bett liegen. Sonst war niemand zugegen. Wenn jemand nach dem Anruf das Krankenzimmer verlassen hätte, wäre das nicht unbemerkt geblieben.

Eine halbe Stunde später traf Isaac im Hospiz ein und fragte den Doktor, ob dieser seiner Mutter das Telefon gereicht hätte, damit sie mit ihm sprechen kann. Der Arzt verneinte das und wollte wissen, warum er dies fragt. Die Antwort: *„Doktor, halten sie mich nicht für verrückt, aber ich erhielt einen Anruf von meiner Mutter, die mir sagte, es ginge ihr gut. Sie antwortete mir nicht. Die Leitung war tot. Als ich versuchte, die Schwesternstation anzurufen, konnte ich niemanden erreichen.“*. Er hatte offensichtlich das gleiche Problem mit dem Telefonieren, wie die Schwestern. Dr. Lerma informierte Isaac über den Tod seiner Mutter, der vor einer Stunde eingetreten war, und erzählte von dem seltsamen Anruf. Isaac erklärte: *„Als ich vor einer Stunde den Anruf von meiner Mutter erhielt, dachte ich, sie sei noch am Leben und unsere Telefonverbindung sei nur schlecht. Ihre Stimme war von Rauschen überlagert. Sie sagte: ‚Isaac, mir geht es gut. Ich liebe dich. Mach dir keine Sorgen um mich. Ich bin ok.‘.“*.

Solchen Telefonkontakt hat Dr. Lerma nur einmal in seiner beruflichen Karriere erlebt.

Meine Beurteilung

Unerklärliche Telefonate kennt man von der Literatur über Instrumentelle Transkommunikation (***190***; ***376***). Im vorliegenden Fall haben drei Personen von unterschiedlicher emotionaler Beteiligung am Geschehen die paranormale Stimme mit sinngemäß gleichem Inhalt gehört. So ist es nicht überzeugend, das Phänomen als Wunscherfüllung verzweifelter Hinterbliebener aufzufassen.

Zumindest das erste Telefonat mit der Schwester und mit Dr. Lerma ereignete sich definitiv nachdem der Tod von Mary Esther festgestellt worden war. Sie kommt also nicht als lebende Person in Betracht, deren PK-Fähigkeiten man als Erklärung heranziehen könnte.

Als letzte natürliche Erklärung bleibt noch, die Geschichte als erfunden zu erklären. Ich habe daher Herrn Dr. Lerma angemailt und erfreulicherweise am 3.1.2018 seine Antwort erhalten, die auf solche Zweifel eingeht. Er könne zwar nicht die von mir gewünschten Zeugen benennen, weil die Erfahrungen lange zurückliegen und damals keine Zeugenaussagen erhoben wurden. Aber ich solle bedenken, dass ähnliche Erfahrungen an allen Hospizen der Welt gemacht werden. Zweiflern empfiehlt er, selbst Krankenpfleger zu befragen oder einmal ehrenamtlich in einem Hospiz mitzuarbeiten. Er habe Rückmeldungen von Leuten erhalten, in denen sie bestätigen, vergleichbare Muster bzw. Geschichten erfahren zu haben, weil sie diesem Rat gefolgt sind. Mehrere Atheisten hätten sich so selbst bekehrt.

Ein Stück Glaubwürdigkeit erhalten Dr. Lermas Geschichten auch dadurch, dass sich eine Reihe bekannter Persönlichkeiten positiv zu seinem Buch stellen. So findet man auf der Rückseite der amerikanischen Fassung des Buches z.B. lobende Worte von Prof. **Gary E. Schwartz** von der Universität in Arizona, der viel zu medialen Mitteilungen geforscht hat.

Indem sich Mary nach ihrem Tod durch ein ganz irdisches Telefon zu Wort gemeldet hat, ist sie quasi aus dem Jenseits zurückgekommen und widerlegt so den Einwand Nr. 11, S. 101.

Die Verstorbenen können noch plastischer aus dem Jenseits zurückkommen, als in den bisherigen Beispielen. Sie können sich sogar zeigen, dabei kommunizieren und erklären, was sie zur vorübergehenden Rückkehr bewegt, wie im folgenden Beispiel:

7.1.11.6. Bsp. (45) Erscheinung bittet um Wiedergeburt (Erscheinung spricht, Reinkarnation)

(45) Der amerikanische Professor für Weltreligionen an der Staatsuniversität von Kalifornien, Herr Prof. **Stafford Betty**, gilt als Experte für die Frage nach einem Weiterleben nach dem Tod. In seinem neuesten Buch von 2016 zu diesem Thema gibt er den Fall einer **Erscheinung** wieder, der ihm von Rachel erzählt wurde. Er hatte sie anlässlich eines gemeinsamen Auftritts im Radio kennengelernt (***54***, *S. 24-26*).

Rachel sagt von sich, sie sei in einem christlich dogmatischen Elternhaus aufgewachsen. Sie habe nicht zum Hinduismus oder Buddhismus konvertiert, glaube nicht an Reinkarnation und fände diesen Gedanken auch keineswegs attraktiv. Sie habe auch nie eine Rückführung in frühere Leben mitgemacht und erinnere sich nicht an eine frühere Existenz.

Vor 7 Jahren verlor die damals 23-jährige Amerikanerin ihre jüngere, sehr lebenslustige Schwester Becky bei einem Autounfall, als Becky 19 Jahre alt war. Zwei Tage nach dem Unfall fand die Beerdigung statt und nach weiteren zwei Tagen erhielt Rachel den Schlüssel zu Beckys Wohnung, um deren Habseligkeiten abzuholen. Als sie die Wohnungstüre öffnete, saß da Becky wie lebendig, aber mit traurigem Blick auf dem Sofa. Rachel wurde fast ohnmächtig. Die Haare standen ihr zu Berge, als sie fragte: „*Becky, was machst du hier?*". Sie wollte ihre tote Schwester umarmen, aber da schüttelte diese abwehrend den Kopf. Sie fragte erneut: „*Was machst du hier? Du bist doch tot!*". Darauf antwortete die Erscheinung und es entspann sich fünf Minuten lang eine höchst eigenartige Unterhaltung. Becky sagte, sie sei ganz niedergeschlagen, weil sie ihre hinterbliebenen Angehörigen sehr vermisse und überhaupt nicht auf einen so frühen Tod eingestellt war. Sie habe das Leben geliebt. Und dann erklärte sie, warum sie aus dem Totenreich zurückgekommen ist. Sie wollte nämlich Rachel bitten, ihr etwas zu versprechen. Rachel sollte ihr versprechen, so bald als möglich ein Kind zu bekommen. Sie wolle **als ihr Baby zu ihr kommen**. Zu diesem Zeitpunkt hatte Rachel noch keinen festen Freund und traf sich noch nicht einmal mit ihrem späteren Ehemann Rick. Sie wusste aber, dass Becky zu Lebzeiten an die Wiedergeburt glaubte.

Nach der Hochzeit mit Rick wurde Rachel sofort schwanger. Heute, also zum Zeitpunkt des Berichts, ist die Tochter Rebecca 4 Jahre alt. Ihre Persönlichkeit, ihre Ausdrucksweise sind wie die von Becky. Die Verstorbene aß Hüttenkäse als ihre Lieblingsspeise. Das gleiche Verhalten zeigt heute Rebecca.

Meine Beurteilung

Angekündigte Reinkarnationen kennen wir von Prof. Stevensons Forschung an kleinen Kindern, die behaupten, sich an ihr früheres Leben zu erinnern. Dort treten sie zumeist in Form von Ankündigungsträumen der Eltern des Kindes auf – Träume, deren Inhalt sich z.T. bestätigen ließ (***186***). Die Besonderheit des vorliegenden Falles liegt darin, dass hier die Ankündigung von einer lebensechten Erscheinung ausgeht und schwach bestätigt ist.

Prof. Betty fragte Rachel, was sie antworten würde, wenn man ihr vorhielte, sie habe die Erscheinung nur halluziniert. „*Diese Frage hätte auch von mir kommen können, aber nur in der Zeit* ***vor*** *meinem Erlebnis. Ich würde heute von Niemandem erwarten, mir Glauben zu schenken.*", antwortete sie. Subjektive Überzeugung lässt sich leider nicht auf andere übertragen.

Aber der Glaubenshintergrund und die Lebenssituation von Rachel legen es nicht nahe, eine Wunschprojektion ihrerseits anzunehmen. Die Initiative geht dem Augenschein nach klar von ihrem Gegenüber aus, der Erscheinung, d.h. der verstorbenen Becky, die ein klares Motiv für ihre Handlung hat. Sie unterstützt damit die Überlebenshypothese.

In diesem Beispiel ist anscheinend jemand zweifach aus dem Jenseits zurück gekommen: Zuerst als Erscheinung und dann als Baby. Das widerspricht klar dem Einwand Nr. 11, S. 101.

Nicht nur die kürzlich Verstorbenen können anscheinend aus dem Jenseits zurück auf die Erde kommen, sondern auch bekannte oder fremde langjährige ‚Einwohner' dieser unsichtbaren Welt, wie das nun folgende Beispiel ausweist:

7.1.11.7. Bsp. (46) Krankenschwester aus dem Jenseits (SBV, Erscheinung spricht, TZE)

(46) Der amerikanische Arzt Dr. **John Lerma** hat als Leiter des renommierten Medical Center Hospice of Houston in Texas sehr viele todkranke Menschen in ihren letzten Tagen und Stunden in seiner mitfühlenden Art begleitet. Über einige wundersame Ereignisse, die er dabei miterlebte, berichtet er in einem Buch (***246**, S. 99-110*). Darunter findet sich folgender Fall, der hier gekürzt und in meinen eigenen Worten wiedergegeben wird:

Der 82-jährigen Mildred war es wegen ihres Eierstockskrebses und zahlreicher Metastasen so schlecht gegangen, dass sie immer wieder bewusstlos wurde. Den Ärzten des Hospizes gelang es, ihr die Schmerzen zu nehmen und ihr so viel Flüssigkeit zurückzugeben, dass sie wieder zu guter Stimmung kam. Sie berichtete von einer Halluzination, die sie hatte, als es ihr schlecht ging, und sie erkannte dies auch als wirklichkeitsfremdes Erlebnis.

Aber sie berichtete Dr. Lerma, zu dem sie Vertrauen gefasst hatte, eine weitere seltsame Beobachtung: Nachdem die Ärzte nach der morgendlichen Visite den Raum verlassen hatten, blieben mehrere Personen zurück. Zuerst dachte sie, es handle sich um Medizinstudenten. Aber sie unterhielten sich nicht und ihre Kittel waren ungewöhnlich lang und leuchteten besonders weiß. Innerhalb weniger Sekunden waren sie schließlich verschwunden. Konnte dies eine Auswirkung ihrer Medikamente sein? *„Aber warum kann ich meine **verstorbene** Mutter, meinen verstorbenen Vater und jene leuchtenden **Personen sehen**, die neben Ihnen stehen, und die ich für **Engel** halte?"*, fragte sie den Doktor. Sie versicherte, nicht verrückt zu sein und sich das nicht nur einzubilden. Dr. Lerma wollte wissen, wie sie darauf komme, dass es sich um Engel handle. *„Es ist das weiße **Licht**, das von ihren Körpern ausgeht, und welches **Liebe** ausstrahlt."* antwortete sie. *„Und was wollen deine Eltern und wie sehen sie aus?"*, fragte der Arzt weiter. *„Die Eltern kündigten mir an, dass der Engel später am Abend kommen wird, um mir beim Übergang zu helfen. Auf mein **Gebet** hin wurde mir erlaubt, noch so lange zu leben, bis ich meine Familienmitglieder noch einmal sehen konnte.*

Beide Elternteile sahen so aus als wären sie in ihren ***frühen 30er Jahren****, obwohl sie viel älter gestorben sind. Sie wirkten gesund und trugen ihre üblichen Kleider.“*

Drei Tage später beobachtete Dr. Lerma, dass Mildred lächelnd in eine Ecke des Raumes blickte, und fragte sie, ob sie wieder Engel sähe. Das bestätigte sie und antwortete auf entsprechende Fragen, dass es momentan nur einer sei, aber manchmal zwischen 3 und 10, die alle unterschiedlich aussähen. Hinter den Engeln sähe sie mächtige Berge und ausgedehnte **Wälder**, in denen **Tiere** und Vögel sind und Kinder spielen. Bei genauerem Hinsehen erkenne sie, dass eines der Kinder sie selbst an ihrem Geburtstag in Boulder, Colorado sei. Die anderen seien inzwischen verstorbene Freundinnen und Freunde von einst. Der **Engel**, der am nächsten zu ihr stand, sagte: *„Ich bin schon immer bei dir gewesen.“*. Mildred bestätigte dies indirekt, indem sie sich erinnerte, als Kind einen Engel gesehen zu haben, was ihr damals aber niemand glauben wollte.

Mildreds Ehemann war ein Jahr zuvor gestorben. Sechs Monate später erschien er ihr wiederholt in Träumen und kündigte ihr an, dass sie bald für immer zusammen sein würden.

Wenn Dr. Lerma sich mit Mildred unterhielt, hörten des Öfteren ihre persönlichen Betreuerinnen zu. Eines Tages zog eine von ihnen den Doktor zur Seite, um zu fragen, ob es auf der Station eine im altmodischen Stil gekleidete **Krankenschwester** gäbe, die weiße Schuhe und Strümpfe und eine Haube trägt, wie man sie früher hatte. Der Arzt verneinte dies und wollte wissen, warum sie ihm diese Frage stelle. *„Nun, eine hübsche, strahlende Krankenschwester im alten Stil betrat am Morgen das Patientenzimmer, öffnete ein glänzendes Buch und sprach leise mit Mildred. Soweit ich das sehen konnte, standen in dem Buch viele Namen. Mildred schien diese zusammen mit ihr nacheinander durchzugehen. Nach ungefähr 10 Minuten schlug die Schwester das Buch wieder zu, küsste Mildred auf die Stirn, sagte ‚Gott ist immer bei dir' und ging aus dem Zimmer.“*

Die Betreuerin berichtete weiter, sie habe versucht, den Arm der Gestalt zu berühren, um sie zu fragen, worüber sie sich unterhielten. Aber ihre Hand sei direkt durch den Körper der Krankenschwester hindurchgegangen. Diese verließ das Zimmer, indem sie direkt durch die geschlossene Türe verschwand. Die Berichterstatterin wusste, dass man Dr. Lerma solche Dinge erzählen konnte, ohne Spott zu ernten. Deshalb sagte sie weiter, sie sei schnell zur Türe gerannt, habe sie geöffnet und die **Gestalt** ins Nachbarzimmer gehen sehen. Daraufhin sei sie sofort zur Schwesternstation gegangen, um sich nach der altmodisch gekleideten Krankenschwester zu erkundigen.

Eine solche Kollegin kannte dort aber niemand. So lief die Betreuerin zusammen mit zwei der diensthabenden Schwestern in das Krankenzimmer, in das die seltsame Schwester zuvor gegangen war, um nach dem Rechten zu sehen – fanden dort aber nur den Patienten Joseph in seinem Bett schlafend und mit einem Lächeln auf dem Gesicht.

Am nächsten Tag befragte Dr. Lerma Mildred bezüglich der seltsamen Krankenschwester. *„Das war ein Engel. Mit ihm habe ich mich über Leute unterhalten, die ich kannte und die vor mir gegangen sind, und dann haben wir mein Eheleben besprochen“,* antwortete sie.

Danach ging der Doktor ins nächste Krankenzimmer zu Joseph und fragte ihn, nachdem die medizinische Untersuchung beendet war, ob ihn eine altmodisch gekleidete **Krankenschwester** in der Nacht zuvor besucht hätte. Nach einigem Zögern antwortete er: *„Ja, Dr. Lerma, es kam eine schöne Frau, die wie eine Krankenschwester gekleidet war, fragte mich nach meinem Glauben und betete mit mir. Sie sagte, ich sei in ihrem Buch aufgeführt, und sie wolle mir helfen, mich auf mein neues und ewiges Leben bei Gott vorzubereiten. Sie besprach mit mir mein ganzes Leben. Die Dinge, die mich bedrückten, standen bereits in dem Buch, das sie mit sich führte.“*

Wenige Tage später starben Mildred und Joseph am gleichen Tag.

Meine Beurteilung

Die Geschichte enthält viele Elemente, die man auch von anderen Totenbetterfahrungen her kennt, und die man als subjektiv und damit als unbedeutend ansehen mag. Die Erscheinung der altmodisch gekleideten Krankenschwester wurde dagegen von drei Personen bestätigt. Dieser Teil der Geschichte klingt so phantastisch, dass man sich Zeugen wünscht, die bestätigen, dass es sich nicht um eine Erfindung des Autors handelt. Die hier nicht wiedergegebenen christlichen Inhalte können den Verdacht aufkommen lassen, Dr. Lerma arbeite möglicherweise in christlicher Mission. Solange es diese Zeugen oder andersartige Bestätigungen nicht gibt, bleibt die Geschichte Glaubenssache.

Ich habe daher Dr. Lerma angemailt und erfreulicherweise am 3.1.2018 eine Antwort erhalten. Diese ist im Beispiel Nr. (44), S. 216 in der dortigen Beurteilung zu finden.

Akzeptiert man die Geschichte als wahr, muss es als eher unwahrscheinlich gelten, dass drei Personen unabhängig voneinander dasselbe halluzinieren. Dann stellt sie eine drastische Bestätigung der Überlebenshypothese dar.

In Gestalt der Erscheinung der altmodisch gekleideten Krankenschwester zeigt sich jemand, der vermutlich aus dem Jenseits zurückgekehrt ist, wodurch die These Nr. 11, S. 101 widerlegt wird.

Wir hatten im Beispiel Nr. (43), S. 213 einen Fall von Erdgebundenheit, in welcher der Verstorbene nicht ins Jenseits gegangen zu sein scheint, sondern nach dem Tod gleich erdnah geblieben ist und dort auch gesehen wird – und das von mehreren Personen. Er schilderte seinen Sterbeprozess. Im nun folgenden Beispiel geht es auch um eine erdgebundene Seele, die uns jedoch nichts über ihr Sterben erzählt, wohl aber äußerst aktiv im Diesseits agiert.

7.1.11.8. Bsp. (47) Erscheinung aus Angst (Erscheinung, erdgebunden)

(47) Die bekannte amerikanische Journalistin **Leslie Kean**, die in einem neuen Buch der Frage nachgeht, welche Belege es für das Überleben des Todes gibt, lässt dort **Loyd Auerbach** von einem Fall berichten, den ich für so beachtenswert halte, dass ich ihn hier gekürzt wiedergeben möchte (***26**, S. 253-262; **25**, S. 134-142*). Loyd Auerbach forscht zu Erscheinungen, Spuk- und Poltergeistfällen seit über 35 Jahren. Er lehrte Parapsychologie an der John F. Kennedy University und lehrt Gleiches an der Atlantic University. Er war Berater für die American Society for Psychical Research (ASPR) und das Rhine Research Center und hat mehrere Bücher verfasst.

Anfang der 1980er Jahre erhielt Auerbach einen Anruf von der Rechtsanwältin Pat aus Livermore in Kalifornien. Diese hatte kürzlich von ihrem 12-jährigen Sohn Chris erfahren, dass er sich seit über einem Jahr fast täglich mit der **verstorbenen** früheren Eigentümerin des Hauses, in dem die Familie wohnte, unterhielt. Pat war neugierig und wollte von Loyd Auerbach als Spezialist erfahren, was sie davon halten sollte.

Pat und ihr Mann Mark wussten, dass die Vorbesitzerin ihres Heims 1980 eines natürlichen Todes gestorben war und seit ihrer Geburt 1917 in dem Haus gewohnt hatte. Bereits kurz nach dem Einzug hat Pat gelegentlich die **Erscheinung** einer älteren Frau beobachtet, die durch das Wohnzimmer meist zur Treppe hin lief und ihr manchmal sogar zuwinkte. Weil Pat in einer Familie aufgewachsen war, in der über paranormale Vorgänge offen gesprochen wurde, fürchtete sie sich nicht vor dem Geistwesen. Um aber ihren Mann, den Sohn und ihre Mutter, die hin und wieder zu Besuch da war, nicht zu ängstigen, erwähnte sie diesen gegenüber ihre Sichtungen nicht.

Das änderte sich, als Chris anfing, über den Ursprung einiger Einrichtungsgegenstände und einer Sammlung von Porzellanpuppen zu sprechen, welche die Familie beim Kauf des Hauses übernommen hatte. Als Pat ihren Sohn fragte, ob er das wisse, weil er irgendwelche Briefe oder Tagebücher gefunden hätte, die darüber Auskunft geben, erhielt sie die Antwort: *„Lois hat es mir erzählt.“ „Wer ist Lois?“*, fragte Pat zurück. *„Lois ist der Geist, den du gesehen hast, seit wir eingezogen sind. Papa und die Oma haben* ***ihn auch gesehen****.“ „Woher weist du, dass wir den Geist gesehen haben?“ „Lois hat es mir gesagt.“* ‚Lois' war der Vorname der verstorbenen Vorbesitzerin des Hauses.

Diese Unterhaltung gab den Anstoß dazu, dass alle Familienmitglieder sich schließlich gegenseitig bestätigten, den Geist ebenfalls gesehen zu haben. Keiner von ihnen hatte die anderen mit einer entsprechenden Äußerung ängstigen wollen und daher geschwiegen.

Nachprüfung

Der Forscher Auerbach fand die Geschichte höchst spannend und bat darum, Pat und ihre Familie besuchen zu dürfen. Chris übermittelte diesbezüglich allerdings Bedenken von Lois, die fürchtete, es ginge wie im Film ‚Ghostbusters' darum, sie aus dem Haus zu vertreiben. Lois wusste davon, weil sie gelegentlich mit Chris zusammen Fernsehen sah. Die Bedenken konnten ausgeräumt und ein Besuchstermin vereinbart werden. Auerbachs damalige Ehefrau Joanna Rix und der Student Kip Leyser begleiteten ihn auf der Autofahrt nach Livermore. Die Drei unterhielten sich über Alltägliches, das hier erwähnt werden muss, weil es später wieder auftaucht. Loyd sprach über ein neues Auto, das er zu kaufen beabsichtigte, Joanna überlegte, ihren Sekretärinnenjob aufzugeben und Kip erzählte von seiner Tätigkeit als berufsmäßigem Tänzer.

In Livermore angekommen, konnte Loyd Auerbach zuerst mit dem Therapeuten sprechen, der Chris auf Veranlassung seiner Mutter untersucht hat. Dieser bestätigte, nichts Pathologisches an Chris gefunden zu haben. Chris neigt nicht dazu, Dinge zu phantasieren. Er ist sozial gut integriert und frühreif.

Im Gespräch mit Chris stellte sich heraus, dass sich ihm die Erscheinung in anscheinend unterschiedlichem Alter – von der Sechsjährigen über Teenager, Dreißigjährige ‚**Bestager'** (Person im besten Alter) bis zur alten Frau – und verschieden gekleidet zeigte. Für Pat und ihre Mutter veränderte sich nur die Kleidung der alten Frau.

Loyd Auerbach wollte mehr über das vergangene Leben von Lois und ihren gegenwärtigen Zustand als Geist erfahren. Dazu setzten sich die Besucher in einem Halbkreis Chris gegenüber, der einen leeren Lehnstuhl neben sich hatte. Chris erklärte, die alte Frau säße in jenem Stuhl, weil es ihr Lieblingsplatz sei. Abgesehen von Chris sah allerdings niemand eine Gestalt dort sitzen. Loyd Auerbach richtete nun seine Fragen an den leeren Stuhl und Chris ‚übersetzte' die Antworten, die er bekam, in hörbare Sprache.

So kam heraus, dass Lois das Leben eines Partygirls geführt hatte. Als Loyd Auerbach fragte, warum Lois nach ihrem Tod immer noch in dem alten Haus herumhänge, statt ins Jenseits zu gehen, erhielt er die folgende Erklärung: Sie habe viele Partys gefeiert und nur selten eine Kirche besucht, obwohl sie an Himmel und Hölle glaubte. Nun habe sie **Angst**, das büßen zu müssen, indem sie in die **Hölle** gehen muss. Auf ihrem Sterbebett habe sie ihre Gedanken darauf gerichtet, wieder zu Hause zu sein, und habe sich daraufhin in ihrem Haus wiedergefunden. Als die neue Familie einzog, habe sie diese als nette Gesellschaft empfunden, speziell Chris, und sei daher gerne geblieben. Sie habe während des Sterbeprozesses kein Licht gesehen, wie man es von Nahtod-Erfahrungen her kennt, und könne auch nichts zum Leben nach dem Tod sagen.

Wie sie es fertig bringe, sich Lebenden als **Erscheinung** zu zeigen, wollte Loyd noch wissen. Sie empfinde sich als eine Art Energieball, der zur Kommunikation fähig ist, indem er seine **Gedanken** in andere hineinprojiziert, antwortete Lois durch Chris als Übersetzer. Diese Gedanken betreffen visuelle und verbale Information, die so projiziert wird, dass der Betreffende den Eindruck hat, zu sehen und zu hören, ganz so, als ob sie selbst zugegen wäre.

Aber warum erscheint Lois in unterschiedlichem Alter und wechselnden Kleidern, wollte Loyd nun wissen. *„Das hängt davon ab, wie sie sich gerade fühlt und entsprechend projiziert"*, kam die Erklärung.

Ob sie sich nicht auch den Besuchern zeigen könne, wurde sie gebeten. Das lehnte sie ab, weil sie ihnen noch immer nicht voll vertraue, keine Geisterjäger zu sein. Außerdem sei sie auch nicht sicher, ob es gelingen könne. Dazu gehöre eine gewisse psychische Nähe und ausreichende außersinnliche Fähigkeiten seitens der Empfänger.

Zum Schluss fragte Loyd, ob Lois nicht auch ihrerseits Fragen an die Besucher hätte. Die Reaktion war verblüffend. Sie stellte folgende drei Fragen:

„Loyd, hast du dich schon entschieden, welche Farbe dein neues Auto haben soll?"

„Joanna, weißt du schon, welchen neuen Job du annehmen willst, nachdem du deinen jetzigen gekündigt hast?"

„Kip, wie lange warst du ein professioneller Tänzer?“

Natürlich wollte nun Loyd wissen, wie sie darauf kommt, gerade diese Fragen zu stellen. Chris überbrachte die Antwort: *„Ihr werdet es nicht gerne hören. Aber ich habe euch auf der Herfahrt* ***im Auto begleitet*** *und eurer Unterhaltung zugehört, weil ich sicherstellen wollte, dass ihr keine Geisterjäger seid, die mich vertreiben wollen.“*

Kurz nach Loyd Auerbachs Rückkehr erfuhr er von Pat, dass es ihr gelungen war, den Cousin zu finden, der den Hausverkauf arrangiert hatte. Der Forscher sprach mit dem Verwandten und bekam die Angaben bestätigt, die Chris über Lois' Lebenswandel und das Haus gemacht hatte.

Im Jahr 2000 erkundigte sich Loyd Auerbach nach dem aktuellen Stand der Dinge. Lois hatte Chris gelegentlich bei den Hausaufgaben geholfen. Für ihn waren Mädchen aber längst interessanter geworden als der Kontakt zu einer alten Frau. Jedoch wurde Lois noch immer gelegentlich von Familienmitgliedern im Haus gesehen. Niemanden schien das zu stören, was als völlig unüblich gelten kann.

Dieser Fall ist so außergewöhnlich, dass er seine Ansicht über das Wesen von Erscheinungen zugunsten der Überlebenshypothese geändert hat, schreibt Auerbach. Alle normalen Erklärungen scheiden für ihn aus. Kein Familienmitglied hatte direkten Kontakt zu Lois' Verwandtem, der das Haus verkaufte. Schriftstücke, die Chris gelesen haben konnte, wurden nicht aufgefunden. Die Erklärungen, die Chris über die Art und Weise abgab, in der eine Erscheinung zustande kommt, passen gut zu der Tatsache, dass sich Erscheinungen nicht photographieren lassen. So wird auch verständlich, warum Erscheinungen immer bekleidet und oft in jungem Alter auftreten. So viel Einsicht in spirituelle Dinge traut Auerbach einem Jungen von 12 Jahren nicht zu. Pat bestätigte, dass er keine entsprechende Literatur las.

Es bleibt als Alternative nur die Annahme, der 12-jährige sei mit einer Super-Begabung in ASW und Retrokognition ausgestattet. Dafür hat Auerbach aber keine Anzeichen gefunden, weil Chris keine weiteren außergewöhnlichen Leistungen gezeigt hat. Den anderen Familienmitgliedern müsste man ebenfalls PSI-Leistungen zuerkennen.

Meine Beurteilung

Von einem derart kommunikativen Geist liest man höchst selten, so dass die Frage aufkommt, ob die Geschichte nicht nur erfunden sein könnte. Ich habe diesbezüglich bei Loyd Auerbach nach einer Bestätigung durch einen Zeugen gefragt. In einer E-Mail vom 17.10.2017 antwortete er, er habe keinen Kontakt mehr zu den Beteiligten. Er könne höchstens noch Kipp Leyser zu erreichen versuchen, sei aber nicht bereit, das für mich bzw. meine Leser zu tun. Ich verzichtete darauf, ihn mit Geld zu mehr Engagement zu motivieren. Ich vertraue darauf, dass die Journalistin Leslie Kean sorgfältig geprüft hat, wen sie zu einem Beitrag in ihrem Buch eingeladen hat. Sie will sich sicher keine Blöße geben, die einträte, wenn die Geschichte z.B. von Berufskollegen als Schwindel aufgedeckt werden würde. Leider beantwortete sie eine Anfrage von mir nicht. Das Risiko einer Enttarnung wird wohl auch Loyd Auerbach nicht auf sich genommen haben.

Dieser Bericht lässt, wie die meisten ‚aus dem Leben gegriffenen', Wünsche offen: Man wüsste gerne, wie die Erscheinungen genau aussahen und wie gleichartig sie wahrgenommen wurden. Waren sie transparent oder undurchsichtig? Wie tauchten sie auf? Lösten sie sich ‚in der Luft auf', wenn sie verschwanden? Sprachen sie einen Dialekt? Welche Aussagen über das Haus und das frühere Leben wurden verifiziert?

Wenn man den Bericht als authentisch akzeptiert, ist es bemerkenswert, wie gut er zu spirituellen Aussagen aus anderen Erfahrungsbereichen passt: Die Frau, bzw. deren Seele, bleibt aus Angst vor Strafe **erdgebunden** in dem Haus, in dem sie ein Leben lang gelebt und zahllose Partys gefeiert hatte. Die Geselligkeit setzt die Unverheiratete in der neuen Familie fort. Das entspricht dem, was in meinem Band 2b (*189, S. 603, 606, 663ff*) über erdgebundene Seelen und den Erhalt der Persönlichkeit kurz nach dem Tod zu lesen war.

Auch die Erklärung des Zwölfjährigen über die Projektionstechnik einer Erscheinung macht Sinn. Sie erklärt die für viele Kritiker unverständliche Tatsache, dass Erscheinungen immer bekleidet oder sogar mitsamt ihrer Umgebung oder in unterschiedlichem Alter gesehen werden. Wenn die Erscheinung nur in der eingegebenen inneren Vorstellung existiert, kann sie natürlich nicht photographiert werden.

Zur Erinnerung: Das Beispiel wurde ausgewählt, um zu zeigen, dass der Einwand Nr. 11, S. 101, wonach noch niemals jemand nach seinem Tod aus dem Jenseits zurückgekommen sei, so nicht für alle Fälle stimmen kann. Die verstorbene ehemalige Hausbesitzerin war zwar vermutlich nicht im Jenseits angekommen, aber zweifellos tot und dennoch im Diesseits sehr aktiv.

Es gibt so viele Berichte über Erscheinungen, die nicht nur als Halluzinationen oder freie Erfindungen abgetan werden können, dass es schwer fällt, die richtige Auswahl zu treffen. Ich will hier noch ein Beispiel für unterschiedliche Motivlagen des vermutlich jenseitigen Kommunikators bringen. Im nächsten kurzen Bericht geht es um die Wissenslücke einer Frau nach dem Tod ihres Mannes oder auch Unerledigtes nach dem Tod.

7.1.11.9. Bsp. (48) Anweisungen nach dem Tod (Erscheinung hat Motiv und spricht)

(48) Die 21-jährige amerikanische Hausfrau und Mutter, **Betty Bethards**, hantierte an irgendetwas in ihrer Küche, als ihr plötzlich ein kalter Schauer den Rücken runter lief. Sie schaute sich um und **sah ihren Freund Jerry**, auf dessen **Beerdigung** sie vor einer Woche gewesen war. „*Geh weg; du bist tot!*“, schrie sie. Aber er schien keine Eile zu haben und blieb. Er trug dieselben Kleider, die er bei der Beerdigung anhatte (***51***, *S. 23-24*).

Als fundamentalistische Baptistin meinte sie, sich diese Erscheinung nur einzubilden. Aber Jerry begann mit ihr telepatisch zu reden. Sie verstand, dass er nicht gehen würde, bevor sie bereit wäre, spezielle Dinge aufzuschreiben. Sie betrafen seine unerledigten Geschäfte. Die Niederschrift sollte seiner Frau zugeschickt werden. Sie willigte etwas widerwillig ein, schrieb auf, was ihr gesagt wurde, und schickte das an Jerrys Frau.

Eine Woche später erhielt sie einen Antwortbrief, in dem stand: „*Betty, ich weiß nicht, wie du das gemacht hast, aber du musst mit Jerry in Kontakt gestanden haben. Dein Brief beantwortete alle Fragen, die ich hatte, um seine Geschäfte abschließen zu können. Alles ließ sich so regeln.*“

Meine Beurteilung

Ist diese Geschichte nur erfunden? Wie kann Betty an das Spezialwissen über Jerrys unerledigte Geschäfte gekommen sein, nachdem er schon eine Woche tot war? Jerrys Frau war offensichtlich nicht informiert und kommt daher als paranormale Quelle nicht in Frage. Vielleicht sollte man die Geschichte so stehen lassen, wie sie geschrieben ist, und nicht versuchen, sie umzudeuten, weil nicht sein kann, was nicht sein darf.

Dieser Fall scheint aufzuzeigen, dass ein kürzlich Verstorbener das Interesse an irdischen Angelegenheiten nicht verloren haben muss. Er kam nach dem Tod zu Betty zurück, um mit ihr zu reden bzw. sie um einen Gefallen zu bitten (der seinem Interesse entsprach). Wie passt das zur Behauptung Nr. 11, S. 101, niemand sei jemals aus dem Jenseits zurückgekommen?

Die gleiche Frage kann man auch im Fall des vierjährigen Jungen stellen, der nach seiner Wiederbelebung seiner Mutter und jedem, der es hören wollte, erzählte, er habe *„da drüben seinen kleinen Bruder getroffen, der ihm erzählt habe, er sei von seiner Mutter, als sie 13 Jahre alt war, aus dem Bauch gezogen worden.“* Die Seele des Abgetriebenen beschäftigte ihr Schicksal offensichtlich noch so stark, dass sie die Gelegenheit wahr nahm, sich über den Bruder auf Erden mitteilen zu können. Die Ehe der Eltern zerbrach über dieser Offenlegung des Geheimnisses um die Abtreibung (***20***, *S. 141-142;* ***23***, *S. 37-38*).

Einen ähnlich gelagerten Fall schildert **Pim van Lommel** *(**253**, S. 60)*: Ein Holländer berichtet, er habe während eines Herzstillstands seine verstorbene Großmutter und einen ihm unbekannten Mann gesehen, der ihn liebevoll angeschaut habe. Ein Jahrzehnt später gestand ihm seine Mutter auf deren Totenbett, dass er aus einer außerehelichen Verbindung abstammt. Die Mutter zeigte ihrem Sohn eine Photographie des biologischen Vaters. Darin erkannte der Sohn sofort den unbekannten Mann, den er in seiner NTE gesehen hatte. Der Vater war ein Jude, der deportiert und während des Zweiten Weltkriegs getötet worden ist. Offensichtlich meldete er sich aus Eigeninteresse aus dem Jenseits zurück, als sich die Möglichkeit im Rahmen der NTE seines Sohnes ergab.

Lassen wir noch einen Fall folgen, bei dem wohl ein schlechtes Gewissen des Geistwesens die Triebfeder für das Geschehen gewesen sein dürfte. Hier mischt sich zudem ein Spukfall mit dem Fall einer Erscheinung.

7.1.11.10. Bsp. (49) Das versteckte Testament (Spuk, Erscheinung hat Motiv, Wolke)

(49) Die Autoren **Inge Dreecken** und **Walter Schneider** haben auf zahlreichen Reisen viele Berichte über unheimliche Erlebnisse gesammelt und in einem Büchlein veröffentlicht (***116***, *S. 191-194;* ***139***, *S. 129-132*). Dabei wurden sie von Prof. **Hans Bender**, dem bekannten Freiburger Parapsychologen beraten, so dass eine gewisse Glaubwürdigkeit gegeben ist. Der folgende Bericht ist dem Buch entnommen und in meinen eigenen Worten wiedergegeben.

Der Amtsrichter Dr. Edmund F. musste im September 1937 in einem Gasthaus in Ostpreußen übernachten, weil sich die Verhandlungen am wöchentlichen Gerichtstag länger hingezogen hatten, und er nicht mehr rechtzeitig nach Hause gelangen konnte. Er bekam im Gasthaus ‚Zum Löwen' mangels anderer Möglichkeit das Dachzimmer zugewiesen, in dem eine Woche zuvor ein alter Mann namens Lüders gestorben war, den der Richter gekannt hatte.

Gegen 23 Uhr wurde Dr. F. plötzlich durch einen lauten Knall aus dem Schlaf gerissen. Kurz darauf hörte er schlurfende Schritte auf dem Flur, hörte, dass die Türe zu seinem Zimmer geöffnet wurde und sich Schritte seinem Bett näherten (**Spuk**). Irgendetwas strich über seine Bettdecke. Dann entfernten sich die Schritte wieder. Die Türe war vorher und hinterher von innen verriegelt.

Dies alles berichtete Dr. F. am nächsten Morgen seinem Wirt, der nun gestand, dass es seit dem Tod von Lüders in dem besagten Zimmer spukt. Der Richter glaubte dennoch nicht an Geister, vereinbarte aber, bei den nächsten Besuchen wieder im gleichen Zimmer übernachten zu dürfen.

Beim nächsten Besuch wiederholte sich das Geschehen. Doch diesmal entfernten sich die Schritte nicht gleich nach dem Berühren des Deckbetts, sondern machten am Schreibtisch Halt, von wo Dr. F. seltsame Geräusche hörte, die er nicht einordnen konnte.

Es folgte noch ein weiterer Aufenthalt des Richters im Dachzimmer des Gasthauses, bei dem sich das gleiche Geschehen anbahnte. Diesmal setzte Dr. F. sich auf und versuchte, das zu fassen zu kriegen, was über seine Bettdecke strich, fasste aber ins Nichts. Daraufhin spürte er einen Stoß gegen die Brust und fiel rückwärts aufs Bett. Mitten im Zimmer bildete sich nun eine **Lichtwolke**, in deren schwachen Umrissen Dr. F. den verstorbenen Lüders zu erkennen glaubte. Die Gestalt trug ein langes, weißes Gewand, schritt zum Schreibtisch und klopfte mit dem Knöchel an ein Schubfach. Dann verblasste das Licht und die **Erscheinung** verschwand.

Dr. F. sprang aus dem Bett und untersuchte die Schublade nach einem eventuellen Geheimboden, fand allerdings nichts. Zusammen mit dem Wirt unterzog er die Schublade am nächsten Morgen noch einmal einer gründlicheren Untersuchung. Dabei sprang eine Holzplatte heraus, die ein Geheimfach freigab, in welchem ein Umschlag mit der Aufschrift ‚Mein letzter Wille' lag: Ein Testament von Lüders.

Dem Schriftstück entnahmen die Beiden das Bekenntnis, dass Lüders vor vielen Jahren ein anderes Testament gefälscht hatte, und so seine Schwester um das Erbe eines Verwandten gebracht hat. Er selbst wurde dadurch ein wohlhabender Mann. Zeitlebens hatte er deswegen ein **schlechtes Gewissen**, fand aber nicht den Mut, seine **Schuld** einzugestehen. Im Testament verfügte er, dass nicht seine gesetzlichen Erben, sondern seine Schwester und deren Tochter das Vermögen samt der Erträge daraus bekommen sollten, was ihnen ja eigentlich gehörte. Lüders Testament wurde einem Notar vorgelegt und als rechtskräftig anerkannt. Die Schwester kam so doch noch zu ihrem rechtmäßigen Erbe.

Nach diesem Ereignis erlebten weder Dr. F. noch andere Gäste einen Spuk in jenem Giebelzimmer.

Meine Beurteilung

Die Motivlage spricht für eine spiritistische Interpretation dieses Falles. Wenn Lüders Seele den Tod überlebte, hatte sie vermutlich (immer noch) ein schlechtes Gewissen, weil sie in ihrer Inkarnation die Schwester gewaltig betrogen hatte, und nun keinen Nutzen mehr daraus ziehen konnte. Dr. F. wusste von all dem nichts und hatte demgemäß kein Motiv, nach dem Testament zu forschen. Das Fehlen eines Motivs gilt auch für die Annahme, der Amtsrichter habe von dem Versteck hellsichtig erfahren. Selbst wenn er dennoch hellsichtig davon gewusst hätte, bliebe es unerfindlich, warum er das in die Geschichte eines Spukfalls gekleidet hat, statt nur die Fakten zu erkennen. Der Stoß vor die Brust wäre zusätzlich zu erklären. Warum sollte er sich den selbst versetzen?

In diesem Beispiel scheint ein Verstorbener ins Irdische zurückgekommen zu sein und zu handeln, um sein schlechtes Gewissen zu beruhigen, bzw. seine Schuld abzutragen. Das steht klar im Widerspruch zum Einwand Nr. 11, S. 101.

Es gibt weitere Fälle: Durch AKE gefundenes Dokument *(**297**, S. 76)*; medial gefundenes Dokument *(**110**, S. 185-187)*.

Die als Erscheinungen scheinbar aus dem Jenseits Zurückgekommenen können Warnungen aussprechen oder sogar Leben retten. Zunächst ein Beispiel für eine Warnung vor finanziellem Schaden:

7.1.11.11. Bsp. (50) Warnung aus dem Jenseits? (Erscheinung hat Motiv und spricht)

(50) F. W. H. Myers (1843-1901), Mitbegründer der bekannten englischen ‚Society for Psychical Research' (SPR), stellte in einem Buch von 1903 (***311**, S. 177-178; **125**, S. 180-181*) viele Fälle zusammen, die seiner Meinung nach die Hypothese eines Weiterlebens nach dem Tod stützen. Der folgende Fall einer **Warnung** aus dem Jenseits scheint mir nur schwer erklärbar, wenn man eine irgendwie geartete Kommunikation mit dem Jenseits nicht akzeptieren mag (*s.a. **64**, S. 245-249; **460**, S. 268-270*).

An Weihnachten 1869 zog sich das Ehepaar P. schon früh zur Nachtruhe zurück und verriegelte die Schlafzimmertür sorgfältig. Eine halbe Stunde später, kurz bevor die Zimmerlampe gelöscht werden sollte, **erblickte** Frau P. plötzlich einen fremden Mann, der sich mit seinen Armen auf das Brett am Fußende ihres Bettes stützte. Er trug die Uniform eines Marineoffiziers, auf dem Kopf eine Kappe mit einer auffallenden Spitze. Die Frau war viel zu überrascht, um Angst zu verspüren. Diesen Mann kannte sie nicht. Instinktiv tastete sie nach ihrem Ehemann, der, mit dem Gesicht von ihr abgewandt, in dem Doppelbett neben ihr lag, und sie rief: *„Willie, wer ist das?"* Da drehte sich ihr Mann um und **schaute** einige Sekunden völlig erstaunt auf den Eindringling. Dann rief er: *„Was um alles in der Welt machst Du denn hier?"* Die so angesprochene Person richtete sich auf und sagte mit einer sehr bestimmten, mahnenden Stimme: *„Willie, Willie!"*

Nun sprang Herr P. aus dem Bett, blieb aber – entweder aus Furcht oder vor Verblüffung – daneben stehen, und die besagte Gestalt zog sich jetzt still und langsam in Richtung einer der Zimmerwände zurück. Als sie dabei an einer Lampe vorbei kam, fiel ein kräftiger **Schatten** in den Raum, so wie dies bei einer leibhaftigen Person geschehen wäre. Anschließend verschwand sie in die Wand hinein.

Frau P. hatte die Türe gut verriegelt und war sich daher einigermaßen sicher, dass es sich bei jener Gestalt nicht um einen Menschen aus Fleisch und Blut, sondern um die Erscheinung eines solchen gehandelt hatte. Sie äußerte nun die Vermutung, es könne mit ihrem Bruder Arthur zu tun haben, der in der Marine diente und gerade nach Indien unterwegs war. *„Nein, nein!"*, sagte ihr Mann, *„das war mein Vater! In seiner Jugend war er Marineoffizier. Jetzt ist er seit 14 Jahren tot."* Frau P. hatte ihn nie kennengelernt.

Einige Wochen später wurde Herr P. sehr krank. In seinem geschwächten Zustand eröffnete er seiner Frau, dass er in große finanzielle Schwierigkeiten geraten und deshalb geneigt war, dem Rat eines Mannes zu folgen, der ihn – aus Sicht des späteren Verlaufs der Dinge – ganz klar in den Ruin getrieben hätte. Dass er davor schließlich bewahrt und so die Situation gerettet wurde, habe er der Stimme seines in jener Nacht erschienenen Vaters zu verdanken, dessen warnenden Unterton er rein intuitiv als Aufforderung verstand, von seiner ursprünglichen Absicht Abstand zu nehmen.

Meine Beurteilung

Da die Erscheinung von zwei Personen gleichzeitig gesehen und gehört wurde, kann man sie nicht als Halluzination oder ‚nur subjektiv' abtun. Schließlich ist es höchst unwahrscheinlich, dass zwei Personen exakt die gleichen Dinge mental konstruieren. Der Schatten, den nach Augenschein beider Zeugen jene Erscheinung warf, tut ein Übriges dazu, sie nicht als Fata Morgana (irreal) anzusehen. Das verträgt sich jedoch nicht mit der These aus Fall Nr. (47), S. 223, dass Erscheinungen entstehen, indem **Gedanken** in andere hineinprojiziert werden, und damit nicht materiell existieren.

Was die Motivation anbelangt, fragt es sich, wie die Frau dazu kommen könnte, sich einen ihr unbekannten Mann einzubilden, der zufällig auch noch wie ihr Schwiegervater aussieht, den sie nie kennengelernt hatte. Und wie könnte der Ehemann dazu kommen, seinen verstorbenen Vater zu halluzinieren, der ihn vor einer Entscheidung warnt, die er zu diesem Zeitpunkt für richtig hält? Die Antwort könnte lauten: Ihm war unterbewusst klar, wie gefährlich sein Vorhaben war. Aber auch damit bleibt es unerklärlich, warum er seine Befürchtungen in einen Auftritt seines verstorbenen Vaters gekleidet haben soll und dies sogar – einschließlich des Schattenwurfs – auf seine Frau übertragen konnte, sodass sie das gleiche sah und hörte wie er.

Man muss schon ein kompliziertes Konstrukt aus Telepathie und Hellsehen in Hochform und in Kombination mit perfekter Dramatisierung unterstellen, um hier eine Erklärung zu finden, die ohne die Vorstellung vom Weiterleben nach dem Tod auskommt.

Natürlich könnte die Geschichte auch erfunden sein – zu Gunsten des Spiritismus, der Mitte des 19. Jahrhunderts aufkam. Dagegen sprechen aber zwei Umstände: Zum einen sind die Society for Psychical Research und F. W. H. Myers im Speziellen dafür bekannt, Berichte, die sie publizierten, streng geprüft zu haben. Zwei Zeugen bestätigen Myers gegenüber die Echtheit der Schilderung. Zum andern sind die Elemente dieses Falles hinlänglich bekannt, denn sie treten ebenfalls in unzähligen anderen Beispielen in jeweils anderer Konstellation auf, auch nach 1869. All diese Zeugnisse wird man kaum als Erfindungen klassifizieren dürfen.

Der Vater scheint Jahre nach seinem Tod noch immer eine enge Bindung an seinen Sohn gehabt zu haben. Daher hat er nicht nur irdische Ereignisse passiv verfolgt, sondern dort sogar aktiv eingegriffen, indem er persönlich auftrat, dabei gesehen wurde und sogar einen Schatten warf. Wer kann da behaupten, noch nie sei jemand aus dem Jenseits zurückgekommen?

Es folgt noch das Beispiel für eine Lebensrettung durch einen vermutlich aus dem Jenseits zurückgekehrten ehemaligen Piloten:

7.1.11.12. Bsp. (51) Warnung vor einem Bombenangriff (Erscheinung hat Motiv, Wolke)

(51) Der Engländer **Howard B.** gehörte einer Rettungsmannschaft an, die im Oktober 1944 einen deutschen Piloten aus dem Wrack seiner Maschine holte. Der Pilot war im Luftkampf über England abgeschossen worden. Er war schwer verletzt, aber noch bei Bewusstsein, als er von Howard und seinen Kameraden in ein Londoner Militärhospital gebracht wurde. In den 10 Tagen, die er dort bis zu seinem Tod verbrachte, besuchte ihn Howard mehrmals. Der Fremde war ihm sympathisch und so kam es, dass Howard die letzten Grüße des sterbenden Piloten an seine Familie für ihn aufschrieb und dafür sorgte, dass sie nach Deutschland weitergeleitet wurden *(**116**, S. 197-199)*.

Wochen später wollte Howard mit seinen Kameraden seine Stammkneipe besuchen und machte sich daher eines Abends in seiner Stube im Militärlazarett zum Ausgehen fertig. Seine Kameraden warteten im Nachbarzimmer auf ihn, als es plötzlich an sein Fenster klopfte. Das war schon sehr seltsam, denn sein Zimmer lag im vierten Stock unter dem Dach. Es wird ein Vogel gegen das Fenster geflogen sein, dachte er bei sich, und wollte gerade seinen Mantel anziehen, als es erneut klopfte. Howard zog die Jalousie hoch, die wegen der allgemeinen Verdunkelung der Stadt heruntergelassen war. Entsetzt fuhr er zurück, denn vor dem Fenster schwebte eine milchig-weiße **Wolke**, in deren Zentrum ein Mann in deutscher Luftwaffenuniform **sichtbar** war. Howard sah deutlich blutige Verletzungen an Stirn, Mund und Schläfen, die über der Brust aufgerissene Uniformjacke und darunter ein zerrissenes blaues Hemd. Genau so sah jener Pilot aus, den er vor Wochen aus dem Flugzeugwrack geborgen hatte. Die Erscheinung blickte Howard aus weit aufgerissenen Augen an und der Mund formte immer wieder die nicht hörbaren Worte: „*Do not go out!*“ (Geh nicht aus!). Danach verschwand die Gestalt, als sich die Türe einen Spalt öffnete, und ein Kamerad fragte: „*Kommst du endlich, Howard? Bist du verrückt, die Jalousie bei Licht hochzuziehen?*“.

Howard zog seinen Mantel aus und erklärte, doch nicht mitkommen zu wollen. „*Lasst uns hier etwas trinken. Vielleicht greifen die Deutschen heute Nacht wieder an.*“, argumentierte er. Natürlich ließen sich seine Kameraden nicht umstimmen und gingen, wie geplant, aus. Zwei von ihnen starben in dieser Nacht bei einem Bombenangriff, der u.a. auch das Gasthaus zerstörte, in welches die Gruppe ohne Howard gegangen war. Die anderen wurden verletzt.

Meine Beurteilung

Die scheinbar naheliegendste Erklärung, die uns die Parapsychologie anbietet, ist hier die **Präkognition** (Vorahnung) in Verbindung mit **Psychokinese** (das Klopfen im vierten Stock). Typischerweise würde danach Howard entweder z.B. ein unerklärliches Gefühl der Angst entwickeln oder vor seinem inneren Auge die Szene des zerstörten Gasthauses sehen, die ihn abschreckt. Warum kleidet die Präkognition in diesem Fall das Geschehen in eine Erscheinung des deutschen Piloten, die von Klopfgeräuschen begleitet wird? Warum dieser Umweg?

Eine schlüssige Erklärung bietet sich an, wenn man akzeptiert, dass der Pilot eine emotionale Verbindung zu Howard aufgebaut hatte, weil dieser menschlich sehr nett zu ihm war. Er bedankte sich dafür in der Weise, die ihm nach dem Tod noch zur Verfügung stand: Er trat als Erscheinung auf und warnte

Howard vor der tödlichen Gefahr. Die Präkognition lag wohl eher beim Verstorbenen, denn beim Lebenden.

Auch hier kommt ein Verstorbener zurück und handelt auf der Erde – klar im Widerspruch zum Einwand Nr. 11, S. 101.

Ein vergleichbares Beispiel wird auch aus der Zeit des Ersten Weltkriegs berichtet:

7.1.11.13. Bsp. (52) Lebensrettende Warnung aus Dankbarkeit (Erscheinung hat Motiv und spricht, Wolke)

(52) Werner Schiebeler berichtet von einem ehemaligen ukrainischen Kosakenoffizier namens **I. Poltawetz** von Ostranitza, der aus einer angesehenen Adelsfamilie stammte, und der 1917 als Rittmeister in kaiserlich russischen Diensten war. Ich übernehme Schiebelers Text *(391, S. 103-104)*:

„Im Sommer 1915 war einer meiner Unteroffiziere in einem der Gefechte zur Deckung der zurückziehenden Truppen durch einen Bauchschuss schwer verwundet worden. Als er auf dem Sanitätsplatz verbunden wurde, hatte er offenbar selbst das Gefühl, dass er nicht durchkommen werde; denn er bat mich, falls er sterben sollte, alle seine Sachen zusammen mit seiner Leiche in die Heimat bringen zu lassen. Er würde mir dafür sehr dankbar sein und auch seinerseits einmal einen Dienst leisten. Ich versprach ihm, seinen Wunsch zu erfüllen und glaubte, er rede im Fieber, als er von dem Dienst sprach, den er mir erweisen wollte, da er nur noch ein paar Stunden zu leben hatte. Als er verschieden war, erfüllte ich seinen Wunsch.

Es war neun Monate später, etwa im Mai 1916. Wir befanden uns in Ruhestellung schon seit gut 14-16 Tagen und hatten uns recht häuslich eingerichtet. Ich bewohnte ein kleines Bauernhaus in Wollhynien, das gerade am Ufer eines Teiches stand. Um die Zeit zu verkürzen ergab ich mich meiner Liebhaberei, dem Angelsport. Als ich mich eines Morgens um 9 Uhr zu diesem Zweck wieder an das Ufer des Teiches begab, sah ich plötzlich in einer Entfernung von ungefähr 5-6 Schritt in der Luft schwebend, etwa wie einen durchsichtigen farblosen ***Nebel****, meinen gefallenen Unteroffizier daherkommen. Er erhob die Hand, als wolle er mir eine Warnung zukommen lassen. Dann vernahm ich* ***innerlich die Mitteilung****, dass ich am nächsten Tag nicht hinaus in Stellung gehen sollte, obwohl ich keinerlei Anhaltspunkte dafür hatte, dass wir aus der Ruhestellung herausgezogen werden würden. Die* ***Erscheinung*** *dauerte nur ganz kurze Zeit und verschwand ebenso plötzlich, wie sie gekommen war. Ich war sehr ergriffen von dem Ereignis und begab* *mich ins Haus zurück. Von dort ging ich zum Regimentsstab, wo ich den Regimentsadjutanten bei seiner täglichen Kanzleiarbeit antraf. Ich fragte ihn, ob irgendeine Möglichkeit bestünde, dass wir am nächsten Tag aus unserer Ruhestellung herausgezogen werden würden. Er sah mich erstaunt an und fragte, wie ich nur auf diesen Gedanken käme? Wir würden noch mindestens zwei Wochen hier bleiben. Ich unterhielt mich noch ein wenig mit ihm und begab mich dann auf den Heimweg, war aber kaum zu Hause angelangt, als ich einen Reiter hinter mir hörte, der sich mir rasch näherte. Als er mich eingeholt hatte, hielt er an und übergab mir eine Meldung, dann ritt er rasch weiter. Als ich den Meldezettel aufmachte, enthielt er den Befehl, dass wir am nächsten Morgen früh um 5 Uhr abmarschbereit zu sein hätten. Mein gefallener Unteroffizier hatte also tatsächlich besser Bescheid gewusst als wir selbst, und erst jetzt erinnerte ich mich, dass er mir noch im Sterben versprochen hatte, er wolle mir einen Dienst erweisen. Eingedenk seiner* ***Warnung****, meldete ich mich deshalb krank und blieb am nächsten Morgen im Regimentslazarett. Am selben Abend schon lief die Meldung ein, dass unser Regiment schwere Verluste erlitten hatte und mein Schwadron fast vollständig aufgerieben worden war - von 650 Reitern entkamen nur etwa 30. Ohne die Warnung meines gefallenen Unteroffiziers hätte ich also dort sicher den Tod gefunden.“*

Meine Beurteilung

Der Verstorbene – so er nach seinem Tod noch weiterexistiert - hat ein klares Motiv dafür, sich beim Rittmeister zu melden und ihn vor dem Tod zu warnen: Seine Dankbarkeit und das Einhalten des gegebenen Versprechens. Dies Verhalten zeugt von Kenntnis der nahen Zukunft.

Eine animistische Erklärung muss viele Annahmen machen: Obwohl der Rittmeister nicht davon ausging, die Ruhestellung seiner Schwadron verlassen zu müssen, könnten wir ihm unterstellen, er habe eine Vorahnung davon gehabt, die ihn veranlasste, die Erscheinung zu halluzinieren. Dies, obwohl er keinen Grund hatte, an den verstorbenen Unteroffizier und dessen Versprechen zu denken. Warum kleidet er seine Vorahnung in eine Gespenstergeschichte, statt das Vorauswissen anzunehmen und entsprechend zu handeln?

Der gestorbene Unteroffizier kam zurück, um aus Dankbarkeit zu warnen. Er wurde gesehen und seine Botschaft vernommen – anders als der Einwand Nr. 11, S. 101 besagt.

Eine Wiederbegegung mit einem Verstorbenen kann sogar durch eine Nachtodvereinbarung zustande kommen; im folgenden Beispiel in Form von Spukerscheinungen, die der Vereinbarung entsprechen.

7.1.11.14. Bsp. (53) Nach-Tod-Vereinbarung handfest ausgeführt (Spuk)

(53) Der italienische Arzt Dr. **Vincenzo Caltagirone** berichtet Anfang 1911 in einem Brief an den Herausgeber der Zeitschrift ‚Filosofia della Scienza' folgende faszinierende Begebenheit, die er selbst erlebt hat *(**64**, S. 152-156).*

Er war Freund und Hausarzt von Signor **Beniamino Sirchia**, einem Mann, der in Palermo stadtbekannt war. Im Mai 1910 besuchte Herr Sirchia wieder einmal Dr. Caltagirone und es kam zu einer Diskussion über mediumistische Phänomene. Der Gastgeber (Caltagirone) versicherte, eigene positive Erfahrungen gemacht zu haben, die ihm der strikt ungläubige Signor Sirchia aber nicht abnehmen wollte. Um die Situation zu entspannen sagte Sirchia scherzhaft: *„Ich gebe dir mein Ehrenwort, dass ich kommen und dir ein Zeichen geben werde, wenn ich den Tod überleben sollte."* Der Arzt reagierte lachend mit der Bemerkung: *„Dann wirst du kommen und dich bemerkbar machen, indem du irgendetwas in diesem Raum (dem Speisezimmer), am besten die Lampe über dem Tisch zerbrichst. Ich verspreche ein Zeichen in deinem Haus für den Fall, dass ich vor dir sterbe."*

Nach dieser Unterhaltung sah Dr. Caltagirone seinen Freund nur noch einmal ein paar Tage später am Bahnhof, als dieser für längere Zeit nach Licata verreiste.

Am ersten oder zweiten Dezember 1910 saß Dr. Caltagirone um ca. 18 Uhr zusammen **mit seiner Schwester** zu Tisch, als ihre Aufmerksamkeit auf mehrere **Klopfgeräusche** gelenkt wurde, die vom Lampenschirm über ihrem Tisch und einer Porzellanhaube über dem Abzug der Lampe herrührten. Zuerst erklärten sie sich dies als Wirkung der Hitze der Flamme und der Doktor drehte das Gas etwas zurück. Aber die Klopftöne hörten nicht auf, sondern wurden lauter und sogar rhythmisch. Der Arzt stellte sich auf den Stuhl, um das Unerklärliche näher in Augenschein zu nehmen. Es konnte nicht auf eine Wärmewirkung zurückzuführen sein. Dafür waren die Schläge zu hart, wie von einem Metallgegenstand gegen Porzellan oder Glas. Eine Erklärung fand er nicht. Nach dem Abendessen hörte das Geräusch aber auf.

Das Phänomen wiederholte sich jedoch in gleicher Weise an vier oder fünf der folgenden Abende, obwohl die Gaslampe in voller Absicht nicht brannte. Am letzten Abend zerbrach die Porzellankappe mit einem lauten Schlag in zwei Hälften, blieb aber in ihrer Metallfassung hängen. Dr. Caltagirone konnte das Zerschlagen aus nächster Nähe beobachten.

Der Berichterstatter versichert, während all dieser Ereignisse nicht an seinen Freund und auch nicht an die Diskussion mit ihm über Medien gedacht zu haben. Er hatte das vergessen.

Einen Tag danach saß Herr Caltagirone gegen acht Uhr morgens in seinem Studierzimmer, als er ein lautes Geräusch hörte, das aus dem Speisezimmer kam, und das so klang, als ob mit einem Stock kräftig auf die Tischplatte geschlagen würde. Auch seine Schwester hörte das und beide gingen nachsehen, was sich da ereignet hat. Auf dem Esstisch fanden sie eine Hälfte der Porzellankappe liegen, die dort so lag, als wäre sie von Menschenhand dorthin drapiert worden. Der Schlag war viel zu laut, als dass er vom Fallen des Porzellanteils hervorgerufen worden sein könnte. Das Bruchstück lag auch mitten unter der Lampe, wo es nicht hinfallen konnte, weil es mitten durch die Lampe hätte rutschen müssen, die aber keinen Platz dafür hergab. Obendrein hätte ein freier Fall die Porzellanhälfte in kleinere Stücke zerspringen lassen – was aber nicht der Fall war.

Dr. Catagirone brachte all das immer noch nicht in Verbindung mit dem Versprechen seines Freundes. Zwei Tage später traf er Prof. Rusci, der ihn fragte, ob er schon erfahren habe, dass der arme Beniamino Sirchia zwischen dem 27. und 28. November gestorben sei. Jetzt erst wurde ihm bewusst, dass genau das eingetreten war, was er selbst scherzhaft seinem Freund als Zeichen nach dem Tod vorgeschlagen hatte.

Meine Beurteilung

An diesem Beispiel sei einmal ausgeführt, wie eine animistische Erklärung aussieht: Man muss dem Doktor unterstellen, er habe unterbewusst vom Tod seines Freundes erfahren, sich daraufhin im Verborgenen an die Abmachung erinnert und mit Hilfe einer plötzlich entstandenen psychokinetischen Fähigkeit, die akustischen und mechanischen Effekte verursacht. Vermutlich wollte er sich damit das Weiterexistieren nach dem Tod beweisen. Dummerweise wollte sich sein Wachbewusstsein aber nicht an das Versprechen erinnern, so dass er gezwungen war, die Klopfgeräusche an mehreren Abenden zu wiederholen und ein extra lautes Geräusch beim Zerschlagen der Porzellankappe dazu zu geben.

Die spiritistische Deutung: Der verstorbene Signor Sirchia zeigte sich zwar nicht, könnte vermutlich aber – so er es war – nah der Lampe gewesen sein, um die Poltergeisteffekte und den Spuk zuwege zu bringen. Selbst wenn er die mechanischen Effekte aus der Ferne bewirken konnte, war er zumindest phänomenologisch doch aus dem Jenseits zurück.

Verstorbene können sich anscheinend auch im Traum auf der Erde zeigen, wenn die Motivation dazu stark genug ist und paranormale Fähigkeiten vorhanden sind oder geweckt werden können. So etwas verdeutlicht das folgende Beispiel:

7.1.11.15. Bsp. (54) Traum hilft zur Aufklärung eines Mordes (Verstorbener erscheint und spricht im Traum)

(54) Der bekannte holländische Nahtodforscher **Pim van Lommel** berichtet von einem **Traum**, der eine Nachtod-Kommunikation beinhaltet, und ihm von einer Frau aus USA zugeschickt worden ist (***253**, S. 336*). Ich übernehme den Text originalgetreu:

„Vor etwas mehr als zwei Jahren wurde auch mein Vater ermordet. Nach etwa drei Wochen waren die polizeilichen Ermittlungen völlig festgefahren; man startete einen Presseaufruf, in dem man um Mithilfe bat. Damals ‚träumte' ich drei Nächte hintereinander von meinem Vater. Jede Nacht erklärte er mir, ich solle in sein Archiv schauen, und gab mir genaue Instruktionen. Nach der dritten Nacht rief ich den Chef des Ermittlungsteams an, das den Fall bearbeitete. Er dachte sicher, ich sei völlig verrückt geworden. Aber ich hatte im Archiv meines Vaters nachgesehen - genau wie er es mir aufgetragen hatte - denn er hatte mir ein Datum und einen Namen genannt. Und so viel ist sicher: Ich fand dort zu meiner großen Überraschung wirklich diesen Namen! Die Kriminalpolizei nahm mit dieser Person Kontakt auf, die ihr wiederum den Namen einer anderen Person nennen konnte, die am Mord an meinem Vater beteiligt gewesen war. Da der Prozess noch im Gange ist, kann ich leider keine weiteren Details nennen. Aber die Täter wurden gefasst. Wie und warum mir das widerfahren ist, bleibt mir ein großes Rätsel. Ich habe keine hellseherischen Fähigkeiten. Aber es verblüfft mich und macht mich neugierig."

<u>Meine Beurteilung</u>

Ich gehe davon aus, dass Pim van Lommel sich vergewissert hat, dass der Bericht Tatsachen entspricht. Dann kann man das Geschehen nur ‚mit geistigen Verrenkungen' als Hellsicht der Frau erklären. Wie kommt die Hellsicht dazu, die Information über den Mörder des Vaters auf so verschlungenen Wegen offen zu legen? Warum wird nicht einfach der Name (und mehr) des Mörders hellsichtig erkannt? Das wäre doch viel direkter und weniger umständlich, als den verstorbenen Vater auftreten und Angaben über ein Archiv machen zu lassen, in dem nicht einmal der Name des Mörders angegeben ist.

Leider wird nichts dazu gesagt. Aber es könnte sein, dass der Ermordete selbst nicht einmal den Namen seines Mörders kannte, aber einen Verdacht hatte, und daher den Pfad zur Aufdeckung beschrieb. In diesem Fall läge die Annahme einer nachtodlichen Kommunikation näher, als die von Hellsicht der heute lebenden Person.

Der Vater hatte ein Motiv, um aus dem Totenreich – in diesem Fall in einen irdischen Traum – zurückzukehren.

Verstorbene melden sich anscheined auch in Séancen über psychische Medien bei den Lebenden, wie im folgenden Beispiel:

7.1.11.16. Bsp. (55) Ein ‚drop-in' Kommunikator (MMV, drop-in, Koma)

(55) Ich übernehme die Beschreibung des Falls nach **Lars Fischinger** *(**139**, S. 141)* und ergänze den Text nach **Viktor Farkas** *(**133**, S. 160-161):*

Ein denkwürdiger Fall ereignete sich im Jahr 1950 im italienischen Camerino. Einige PSI-Forscher führten Experimente mit dem **Medium Maria Bocca** durch. Die Séance war schon einige Zeit im Gange, als Maria plötzlich und unerwartet Kontakt mit einer Frau namens **Rosa Menichelli** bekam. Diese Frau übermittelte dem Medium, dass sie vor Jahren auf dem Friedhof von Camerino lebendig begraben worden sei. Nun aber wolle sie jedoch endlich auf ihr Schicksal aufmerksam machen, um anderen Scheintoten dieses schreckliche Ende zu ersparen.

Nachprüfung

Anwesend bei dieser Séance war auch der vielfach geehrte Psychologe und Anatomieprofessor Dr. **Giuseppe Stoppolini** von der Universität von Camerino, der einen internationalen Ruf besaß. Professor Stoppolini zeigte sich so beeindruckt von dem Vorfall, dass er eine Exhumierung der Toten bei den Behörden durchsetzen konnte - denn die Frau hatte tatsächlich gelebt. Anhand der Unterlagen des örtlichen Krankenhauses konnte er auch ermitteln, dass Rosa Menichelli, geborene Spadoni, im Alter von nur 39 Jahren bereits am 4. September 1939 an Kindbettfieber gestorben war.

Im Beisein von Dr. Matteo Marcello von der lokalen Gesundheitsbehörde, drei Vertretern der Behörde, einem Fotografen und dem Pathologen Dr. Alfredo Pesche wurde die Exhumierung elf Jahre nach der **Beerdigung** von

Rosa Menichelli durchgeführt. Und da zeigte sich, dass sie tatsächlich lebendig begraben worden war: Offenbar war sie zum Zeitpunkt der Bestattung in einem tiefen **Koma** gelegen, denn die Haltung der Leiche zeigte, dass sie wenig später im Sarg erwacht sein und einen grausamen Todeskampf durchlitten haben musste.

Die (anscheinende) Initiative der Verstorbenen hatte Erfolg. Viele italienische Gemeinden änderten nun ihre Bestattungspraxis und führten eine obligatorische Leicheneinbalsamierung ein, um solche Fälle zu verhindern.

Meine Beurteilung

Hier geht es eindeutig nicht um ein Medium mit wirren Einfällen, sondern um nachgeprüfte Tatsachen.

Wie könnte man das Geschehen rein mit den Mitteln der heutigen Parapsychologie, also mit ASW, PK, Präkognition etc., ohne Rückgriff auf Verstorbene erklären, die nach ihrem Tod noch agieren und sich bemerkbar machen können? Das Medium könnte das Begräbnis bei lebendigem Leib und den Namen der Unglücklichen hellsichtig erfasst haben. Aber welcher gedankliche Faden könnte es auf die Spur zu diesem 11 Jahre zurückliegenden Fall geführt haben? Dazu gibt es keinen Hinweis. Aber die Verstorbene hatte ein sehr verständliches Anliegen, das sie offensichtlich erst jetzt mit Hilfe des Mediums umsetzen konnte. Das legt die spiritistische Deutung nahe.

Es gibt noch viele andere Beispiele von überraschend in Séancen einbrechende unbekannte Kommunikatoren. Man bezeichnet sie englisch als ‚drop-in' Fälle. Sie sind von besonderer Bedeutung, weil das Medium den Kommunikator im Regelfall nicht kennt, von ihm also nichts weiß und situationsbedingt auch nichts in Erfahrung bringen kann. Ein überzeugendes Motiv ist nicht beim Medium, sondern beim Kommunikator zu finden. Ein besonders eindrucksvolles Beispiel kann man in Kapitel 8.2.2.2, S. 292 bzw. bei Haraldsson nachlesen *(**179**; **181**, S. 150-153)*; eine kritische Analyse solcher Fälle bei Stevenson *(**445**)*.

Frau Menichelli hat ein überzeugendes Motiv, um aus dem Jenseits kommend in eine irdische Séance einzubrechen.

Die Jenseitigen scheinen sich auch um die Gesundheit der Lebenden zu kümmern und dabei Wissen einzusetzen, das die Lebenden nicht besitzen. Im folgenden Beispiel erscheint ein Verstorbener im Traum und gibt einen nachweislich guten Rat für eine Operation.

7.1.11.17. Bsp. (56) Guter Rat vom verstorbenen Vater (Verstorbener erscheint und spricht im Traum)

(56) Die englische Journalistin **Emma Heathcote-James** (geb. 1977) hat eine Sammlung von Fällen in Buchform herausgebracht, die sich wie Nachtod-Kommunikationen lesen *(**195**, S. 66-67)*. Die Autorin hat 6 Jahre Theologie, Soziologie und Anthropologie der Religionen in Birmingham studiert und mit einem Doktorgrad abgeschlossen. Sie sieht sich selbst als nicht religiös und nicht einer spiritistischen Glaubensgemeinschaft anhängig.

Von **Steve Cowling**, einem englischen Studenten der Zahnmedizin am Guy's Hospital in London, berichtet die Autorin Folgendes, das ich gekürzt auf das Wesentliche hier referiere:

Als Steve 18 Jahre alt war, entdeckte man, dass er eine von Geburt an deformierte Gallenblase hatte, die nun entfernt werden sollte. In der Nacht vor dem Operationstermin hatte er einen äußerst lebhaften und realistischen **Traum**, den er nicht mehr vergisst. Darin sah er sich im Abteil eines Zuges, der von einer Dampflok gezogen wurde, zusammen mit anderen Menschen, die glücklich und erwartungsvoll wirkten. Als der Zug an einem Bahnhof anhielt, stiegen er und die anderen aus und warteten auf dem Bahnsteig. In der Ferne war ein Gebirgszug zu sehen, von dem her viele Leute winkend und lachend in Richtung auf den Bahnsteig rannten und das Tor im Zaun um den Bahnsteig öffneten. Die Menschen rannten nun vom Bahnsteig durch das Tor zu den Ankömmlingen, umarmten und grüßten sie.

Steve blieb alleine am Bahnsteig stehen und beobachtete, wie die Menschenmenge über den Gebirgskamm verschwand. Danach sah er eine einzelne Person von dort herunterkommen. Als sie näher gekommen war, **erkannte er in ihr seinen Vater**, der ca. 6 Monate zuvor gestorben war. Beide rannten aufeinander zu und umarmten sich. Steve meint, er könne noch heute die Umarmung fühlen. Er fragte seinen Vater, wie es ihm ginge. Der sagte, alles wäre wundervoll und er sei gut behandelt worden. Der Vater fügte hinzu, Steve solle seinen Chirurgen bitten, nicht nur seine Gallenblase zu entfernen, sondern auch seinen **Blinddarm**. ‚Alles' sei im Blinddarm. Daraufhin wendete er sich zum Gehen und Steve folgte ihm durch das Tor. Der Vater aber legte seine Hand auf die Brust des Sohnes und sagte: *„Bleib, wo du bist. Es ist nicht deine Zeit."* Steve befolgte den Rat, blieb stehen, sah den Vater davongehen, ging zu seinem Zugabteil zurück und wachte damit auf.

Am folgenden Tag bat Steve seinen Chirurgen, ihm auch den Blinddarm zu entfernen. Der Arzt willigte ein und sagte nach der Operation, die Entscheidung, auch den Blinddarm zu operieren, sei sehr gut gewesen, weil er kurz davor war, Probleme zu machen.

Meine Beurteilung

Sollen wir Steve die Gabe der Hellsichtigkeit attestieren, die ihn über ein drohendes Problem mit dem Blinddarm informierte? Warum verbindet Steve dieses Wissen mit seiner Trauer um den Verlust des Vaters und konstruiert diese Traumgeschichte? Leider wird uns nichts über Steves mögliche Gabe und seine Einstellung zum Tod berichtet – die übliche Schwäche all solcher Berichte über Spontanphänomene. Daher können diese Fragen nicht beantwortet werden.

Akzeptiert man den Traum als spirituelles Ereignis, so ist bemerkenswert, dass hier das Wiedersehen mit Verstorbenen ganz ähnlich geschildert wird, wie in NTEs. Als Triebfeder für den Traum muss man wohl den Vater ansehen, weil nur er vom Problem mit dem Blinddarm wusste und ein Motiv hatte, seinem Sohn zu helfen.

Er kam zurück in einen irdischen Traum.

7.1.11.18. Weitere Beispiele zu „Niemand zurück aus dem Jenseits“

Die Liste von Erfahrungen, die den Eindruck vermitteln, Verstorbene könnten tatsächlich vorübergehend körperlich als Erscheinungen aus dem Jenseits auf die Erde zurückkehren oder zumindest sich von ‚dort oben’ aus bemerkbar machen, könnte noch lange fortgesetzt werden. Dafür reicht der Platz hier nicht aus. Ich will stattdessen Literaturhinweise auf weitere Beispielfälle zusammenstellen, ohne der schieren Menge wegen Anspruch auf Vollständigkeit zu erheben. Die Listung findet sich in Anhang 5, S. 463.

Wer zu wissen behauptet, dass noch nie jemand aus dem Jenseits zurückgekehrt ist, muss diese große Zahl an evidenten Fällen verwerfen und normal oder animistisch erklären oder sich als Ignorant bekennen.

7.2. Nahtoderfahrungen (NTEs) und Heilungen

Im letzten Beispiel (Nr. (56), S. 242) sah es so aus, als hätten Verstorbene gelegentlich mehr Kenntnisse über unsere Gesundheit, als wir Lebenden selbst, und sie könnten uns diesbezüglich gute Ratschläge erteilen. Bei solchen Wundern bleibt es jedoch nicht. Es gibt sogar Fälle, in welchen Wunderheilungen passierten und von den Erfahrungsträgern den Jenseitigen zugeschrieben werden.

7.2.1. Bsp. (57) Medizinischer Rat aus dem Jenseits (TZE, Erscheinung spricht, Silberschnur)

(57) Auf der amerikanischen Internetplattform ‚nderf.org' der ‚Near Death Experience Research Foundation' kann jeder über seine Nahtoderfahrung berichten. Hinter ‚nderf.org' steht der Radioonkologe und NTE-Forscher **Jeffrey Long**. Die Holländerin Anna W. schrieb dort am 30.9.2012 ihren Bericht, den ich gekürzt mit meinen Worten wiedergebe (***15***):

Sechs Tage nach der Totaloperation ihrer Gebärmutter kam Anna von zu Hause wieder zurück in die Klinik, weil sie große Schmerzen und hohes Fieber bekommen hatte. Innere Blutungen an zwei Stellen, Bauchfellentzündung und Blutvergiftung wurden diagnostiziert. Eine Nachoperation und ein Auswaschen der entzündeten Bereiche waren unumgänglich. Fünfzehn Minuten bevor sie in den Operationssaal geschoben werden sollte, waren ihre Schmerzen so groß, dass sich ihr Bewusstsein plötzlich änderte. Das war im Jahr 2009.

Das ganze Krankenzimmer füllte sich mit einem hellen **Licht**. Ihre Großmutter und ihre Schwiegermutter, die beide bereits **verstorben** waren, schwebten auf sie zu und stellten sich neben ihr Bett. Die Schwiegermutter sagte: *„Es ist nicht deine Zeit, mit uns zu kommen, aber wir wollen dir in deinen Schmerzen helfen."*. Daraufhin zogen die beiden Annas **Seele aus dem Körper**, so dass sie nach oben schwebte und über ihrem Körper in der Luft ‚liegen' blieb. Sofort spürte sie **keine Schmerzen** mehr.

Ihre Schwiegermutter deutete auf eine weißliche, durchsichtige **Schnur**, die am einen Ende mit ihrem schwebenden Körper und am anderen mit ihrem Körper auf dem Bett verbunden war. Die Verstorbene ermahnte sie, diese Schnur nicht zu zerreißen, weil sie sie brauche, um wieder in ihren Körper zurück zu kommen. In dem Schwebezustand blieb sie, bis sie in den OP-Saal gebracht wurde. Dort verschwanden die beiden Mütter.

An deren Stelle **erschien** nun ihr verstorbener Großvater neben dem Bett. Er trug einen weißen Kittel. Sie war erst 7 Jahre alt, als er starb und ihm nie persönlich begegnet. Er war praktischer Allgemeinarzt gewesen und erklärte ihr nun in lateinischer Sprache ganz exakt, wo ihre drei Infektionsherde lokalisiert waren. Er sprach von dreien, nicht nur den zwei Herden, die **diagnostiziert** worden waren. Obwohl sie Latein nicht gelernt hatte, verstand sie, was er erklärte. Nachdem er alles Nötige gesagt hatte, verschwand auch er von ihrer Seite.

Sofort kehrte ihr Bewusstsein wieder in den Körper zurück. Sie erinnerte sich noch genau an das, was ihr der Großvater gerade gesagt hatte, und gab das an den Chirurgen und ihren ebenfalls anwesenden Mann weiter.

Die Operation verlief erfolgreich. Einige Tage später sprach sie mit ihrem Operateur und erfuhr nun, dass er noch nie jemanden mit so großen Schmerzen so klar hatte sprechen hören. Er hatte noch nie so genaue Vorinformation über das, was ihn bei der Operation erwarten würde. So war es ihm ein Leichtes, die infizierten Stellen zu finden. Insbesondere hätte es leicht passieren können, dass er die dritte Stelle nicht entdeckt hätte, weil sie hinter bestimmten Organen versteckt lag und er laut Diagnose nur von zwei Infektionsherden ausgehen musste.

Anna hatte früher von NTEs gehört, war aber bisher nicht an dem Thema interessiert. Das hat sich nach dem Erlebnis geändert.

Auf der Internetseite werden noch viele Fragen gestellt. Dort gibt Anna an, was auch viele andere Berichterstatter über den Zustand bei NTEs schon geschrieben haben:

- Erhöhtes Bewusstsein und besondere Wachheit in der Außerkörperlichkeit;
- Unglaublich beschleunigtes Denken;
- Verbessertes Sehen und Hören;
- Allumfassendes Wissen;
- Wissen um die Zukunft;
- Alles scheint zur gleichen Zeit abzulaufen;
- Erreichen einer Grenze, die nicht überschritten werden darf, weil man nach dem Überschreiten nicht mehr zurückkehren könnte;
- Das Erlebnis wird als äußerst real und nicht traumartig empfunden.

Meine Beurteilung

Bei einer so phantastischen Geschichte liegt der Verdacht nahe, es müsse sich um einen erfundenen ‚Bericht' handeln. Dr. Jeffrey Long antwortete mir diesbezüglich in einer E-mail vom 9.1.2018, dass er Berichte erst freischalte, nachdem er sich in einer Rücksprache mit dem Schreiber von der Echtheit des Berichts überzeugt habe. Er beruft sich dabei auf seine langjährige Erfahrung. Außerdem seien 150 Fragen zu beantworten, bevor ein Bericht eingereicht werden könne. Der Aufwand dafür schrecke mögliche Fälscher ab. Sie blieben anonym und hätten keine finanziellen Vorteile zu erwarten. Fake-Berichte gäbe es, sagt Dr. Long, aber höchstens einen alle paar Jahre.

Akzeptiert man den Bericht als echt, so ist die medizinische Kenntnis bemerkenswert, weil sie in keinem Gehirn gespeichert und nirgends aufgeschrieben war. Man könnte sie allenfalls als ganz außergewöhnliche Hellsicht erklären; muss sich aber dann die Frage beantworten, warum die Erkenntnis in eine spiritistische Geschichte gekleidet wurde, anstatt nur die Fakten zu nennen.

Bemerkenswert ist hier die Erwähnung der Schnur, die als ‚**Silberschnur**' vielfach in älteren Erfahrungsberichten auftaucht, aber seltener in jüngeren, wie hier. Mehr dazu in Kapitel 7.1.9.3.5.4, S. 192.

Interessant finde ich auch die angeblichen zwei Stufen der Erfahrung: Zuerst wird von einem durch die Schmerzen verursachten besonderen Bewusstseinszustand gesprochen, in dem die beiden verstorbenen Mütter erscheinen. Anschließend geschieht die Loslösung vom Körper, die zur Schmerzfreiheit führt.

Um dem Einwand zu entgehen, es handle sich im vorstehenden Beispielfall ja ‚nur' um einen Fall aus dem Internet, dem man grundsätzlich mit Zweifel begegnen müsse, folgt nun ein Fall aus der Literatur: Es geht noch nicht um eine paranormale Heilung, aber um eine unwahrscheinliche Diagnose.

7.2.2. Bsp. (58) Warnung vor Krebs (Verstorbene erscheint und spricht im Traum; Erscheinung spricht, Spuk)

(58) Den folgenden Fall entnehme ich einem der 30 Bücher, welche die Amerikanerin **Susy Smith** zumeist über spirituelle Themen geschrieben hat *(**423**, S. 78-80)*. Bis 1955 war sie als Journalistin tätig, sattelte dann aber in das weite Feld der Parapsychologie und Überlebensforschung um. Sie starb 2001 mit 89 Jahren.

Josephine Conte aus Tucson, Arizona, hatte von ihrem Arzt gesagt bekommen, dass sie niemals ein Kind bekommen könne. Damit hatte sie sich schweren Herzens abgefunden und war deshalb über den folgenden **Traum** sehr erstaunt, den sie 1952 hatte. Darin **erschien** ihr ihre 1950 verstorbene Mutter, Francesca Polizzi, die ein Baby-Deckbett häkelte. Sie fragte im Traum, wofür das sei, und erhielt die Antwort: *„Für dich. Du wirst ein Baby bekommen“*. Josephine, die nach ärztlicher Auskunft kein Kind bekommen konnte und nicht an ein Leben nach dem Tod glaubte, hielt auch nichts von der Prophezeiung ihrer Mutter. Kurz darauf verspürte sie jedoch die ersten Anzeichen einer Schwangerschaft und brachte im Januar 1953 ein Mädchen zur Welt, das sie Francine nannte.

Weil sie die Schwangerschaft schon vor ihrem Traum unterbewusst wahrgenommen haben könnte, glaubte sie nicht, dass ihr wirklich ihre Mutter erschienen war. Diese Einstellung sollte sich 1962 drastisch ändern:

Eines Nachts im Mai ging sie zur Toilette. Als sie ins Bett zurück kam, sah sie plötzlich ihre Mutter neben sich auf der Bettkante sitzen (**Erscheinung**). Josephine erschrak natürlich sehr, aber die Mutter nahm die Hand ihrer Tochter in die ihre, weil diese so zitterte. Die Mutter sah lebensecht aus und ihre **Hand fühlte sich normal und warm an**. Sie trug die für sie üblichen Kleider. Ihr Haar war am Hinterkopf in einem Knoten zusammengerollt, wie sie es trug, als sie starb. Sie wirkte zufrieden mit sich und sagte in beruhigendem Ton, dass die Tochter sich nicht fürchten müsse. *„Du hast ein schwieriges Leben gehabt“,* fuhr sie fort, *„Du verdienst eine Erholung. Komm mit mir!“*

Weil sie ihre Mutter sehr geliebt hatte, war sie versucht, dem zu folgen. Aber ihr Söhnchen war erst zwei Jahre alt und die Tochter Francine neun Jahre. Die Kinder konnte sie nicht im Stich lassen und schlug daher das Ansinnen der Mutter aus. *„Nun gut, mein Schatz“*, sagte diese und verschwand.

In den beiden folgenden Nächten erschien die Mutter wieder, brachte ihr Anliegen erneut vor und erhielt beide Male die Absage der Tochter. Beim dritten Mal lenkte die Tochter etwas ein, indem sie erklärte: *„Wenn ich die Kinder großgezogen habe, komme ich gerne zu dir“*. Darauf nahm die Mutter beide Hände der Tochter und sagte in ernstem Ton: *„Nun gut, wenn du darauf bestehst, hier zu bleiben, dann musst du zu einem Doktor gehen.* ***Du bist krank****“*.

Josephine versprach, zum Arzt zu gehen und legte sich wieder schlafen. Weil sie sich absolut gesund fühlte, wäre sie vermutlich doch nicht dem Rat der Mutter gefolgt. Aber sie fand beim Aufwachen den Telefonhörer in ihrer Hand (**Spuk**). Das Telefon stand nicht in ihrer Griffnähe und sie hat auch keine Erinnerung daran, aufgestanden zu sein, um es zu holen. Sie nahm das daher als Aufforderung von Seiten ihrer verstorbenen Mutter und machte einen Arzttermin aus.

Der Doktor fand eine Zyste unter ihrem linken Arm. Die hatte ein anderer Arzt schon 15 Jahre zuvor entdeckt, aber für ungefährlich erachtet und nichts unternommen. Josephine wollte es auch dabei belassen, wurde aber von ihrem Arzt dazu überredet, die kleine Operation gleich vornehmen zu lassen. Er motivierte sie mit dem Versprechen, ihr zu zeigen, wie eine Zyste von innen aussieht. Als er dies tat, wurde er stutzig und meinte, es wäre gut, eine Probe ins Labor zu schicken. Die Diagnose lautete auf eine sehr seltene Krebsart. Josephine musste in die Klinik, um umgebendes Gewebe und die benachbarten Lymphknoten entfernen zu lassen. Sie blieb in den folgenden Jahren frei von Krebs und glaubt seither an ein Leben nach dem Tod.

Meine Beurteilung

Der größte Stolperstein in dieser Geschichte war für mich, die körperliche Berührung mit der Erscheinung als wahr anzuerkennen. Nachdem ich aber bei anderen glaubwürdigen Autoren Ähnliches gelesen habe, traue ich mich, diesen Bericht in die Reihe der Beispiele aufzunehmen, um auch diese Sonderheit einmal zu nennen.

Was diesen Fall auszeichnet, ist vor allem die richtige Diagnose des Krebsgewebes, das wie eine Zyste aussah. Weder die Betroffene selbst, noch ihr Arzt waren darauf gefasst. Was sollte Josephine dazu bewegt haben, den Krebs hellsichtig zu erkennen? Angenommen, sie hätte unterbewusst von der Gefahr gewusst, warum kleidet sie ihre paranormale Erkenntnis in die Erscheinung ihrer Mutter, statt von der Zyste zu träumen?

Bei derselben Autorin ist noch der Fall einer medialen Warnung vor Erblindung zu lesen *(**423**, S. 80-81)*.

In den folgenden beiden Beispielen geht es um unerklärliche Heilungen, die scheinbar durch eine NTE herbeigeführt wurden.

7.2.3. Bsp. (59) Warnung und unerklärliche Heilung (Erscheinung hat Motiv)

(59) Die englische Journalistin **Emma Heathcote-James**, aus deren Buch ich hier referiere, wurde schon im Fall (56), S. 242 vorgestellt *(**195**, S. 145-147)*. Von **Pete Sangster**, einem Gemeindearbeiter, der 17 Jahre lang schwere Arbeit zu leisten hatte, berichtet die Autorin. Ich gebe es gekürzt wieder:

Im Jahr 1987 erlitt Pete einen Vorfall von drei Bandscheiben in seiner Wirbelsäule, der ihn zwang, seine Berufstätigkeit aufzugeben. In den folgenden Jahren verschlechterte sich sein Zustand immer mehr. Er bekam Arthritis, die ihm in den Gelenken Schmerzen bereitete, insbesondere in seinen Knien. Im August 2002 wurde ihm daher eine Operation angeraten. Ihm war nicht ganz wohl bei dem Gedanken an diesen Eingriff. Er glaubte aber, seine Situation dadurch nur verbessern zu können, und stimmte zu.

Am Tag vor dem Termin packte er in Vorbereitung auf die Operation seine Sachen zusammen. Danach entspannte er sich bei einer Tasse Kaffee. Er dachte an nichts Bestimmtes, als er unvermittelt das Gefühl hatte, nicht alleine zu sein. Er schaute auf und **sah seine Mutter** in einem Meter Abstand vor sich stehen. Sie war schon 1972 gestorben, sah aber so aus, wie er sie zuletzt gesehen hatte. Er war so verblüfft, dass er sie nur anstarren und kein Wort herausbringen konnte. Seine Mutter streckte ihre Hand aus und sagte: *„Tu es nicht, Sohn; mach es nicht.“* Er wendete seinen Blick im Unglauben ab. Als er wieder zu ihr hin sah, war sie verschwunden.

Um nach dem Schock dieses Erlebnisses wieder zu klaren Sinnen zu kommen und auch um sein Knie zu trainieren, schwang er sich auf sein Fahrrad, und fuhr an der Küste entlang. Bei einem Erholungsstopp kam er mit einem Bekannten ins Gespräch. Währenddessen kamen eine Frau und ein Mann vorbei, die er nicht kannte. Der Mann trug dunkle Augengläser, einen weißen Stock, zog ein Bein hinter sich her und lehnte sich stark an die Frau an. *„Wissen Sie, was ihm passiert ist?“*, fragte der Gesprächspartner, und erklärte dann: *„Er war mit 54 Jahren zu einer Routineoperation in der Klinik und bekam einen Gehirnschlag während der Narkose“*. Pete, auch 54 Jahre alt, war schockiert. Mit schweren Gedanken fuhr er weiter und kam bei einem nächsten Halt wieder mit einem Mann ins Gespräch, den er diesmal nicht kannte. Dieser deutete im Verlauf der Unterhaltung auf eine Wohnung gegenüber und erzählte von einem 54 Jahre alten Mann, der dort lebte und unter Narkose einen Gehirnschlag erlitten habe. Es war der Mann, den er vorher schon gesehen hatte.

Diese drei deutlichen Hinweise brachten Pete zum Umdenken. Er fuhr nach Hause und sagte seine Operation ab. Am nächsten Morgen konnte er zu seiner Überraschung ohne die bisher üblichen Schmerzen sein Knie ausstrecken und beugen. Er konnte sogar normal gehen. Auch nach drei Wochen kann er nun bis in den sechsten Stock die Treppe zu seiner Wohnung hinauflaufen.

Meine Beurteilung

Die offiziell anerkannte Erklärung besagt, dass Pete in seiner Angst vor der Operation eine Erscheinung seiner Mutter halluziniert hat, die ihm das rät, was er sich wünscht. Den zweifachen Hinweis auf die Gefahr eines Hirnschlages in Form des blinden Mannes kann er nicht selbst bewirkt haben. Man muss ihn als Zufall deuten.

Wie aber kommt Pete dazu, ohne an etwas Bestimmtes zu denken, die Erscheinung seiner Mutter zu halluzinieren? Könnte es nicht ebenso wahrscheinlich sein, dass die Mutter nach ihrem Tod immateriell weiterexistiert, sich Sorgen um ihren Sohn macht, und ihn warnt? Hat sie die Gespräche auf der Fahrradtour provoziert? Wer hat das Knie geheilt? Darauf habe ich keine Antwort.

In einem spektakulär zu nennenden Fall scheint sogar Krebs im Endstadium in Verbindung mit einer NTE heilbar zu sein. Lesen Sie von diesem Wunder:

7.2.4. Bsp. (60) Spontanheilung von Lympfknotenkrebs (Koma, AKE-fern, NTE-R, TZE)

(60) Anita Moorjani, Tochter indischer Eltern, wurde in Singapur geboren und wuchs in Hongkong auf. Im April 2002 erhielt sie die niederschmetternde Diagnose Morbus Hodgkin, eine Form von Lymphknotenkrebs. Vier Jahre lang wurde sie trotz großer Schwierigkeiten liebevoll zu Hause betreut bis es am 2. Februar 2006 unumgänglich war, sie ins Krankenhaus zu bringen. Schon auf dem Weg dorthin fiel sie ins **Koma**. Was sie danach erlebte, schildert sie in einem Buch *(**291**)*, in mehreren Internet-Videos *(**292**, **293**, **294**, **295**)* und in einem Internetforum *(**323**)*. Das Wesentliche daraus komprimiere ich hier auf wenige Seiten und stütze mich auch auf die Zusammenfassung von **Titus Rivas** *(**369**, S. 176-179)*:

Die Onkologin der Klinik erklärte Anitas Ehemann Danny: „*Das Herz ihrer Frau mag noch schlagen, aber sie ist nicht mehr wirklich da. Es ist zu spät, um sie noch zu retten.*“ Ein weiterer Krebsspezialist wurde zu Rate gezogen. Auf dem Flur erklärte dieser Danny: „*Wir können für Ihre Frau nichts mehr tun. Ihre Organe haben schon aufgehört zu arbeiten. Sie hat zitronengroße Tumore im Lymphsystem, vom unteren Schädelrand bis hinunter in den Unterleib. Gehirn und Lungen sind voller Flüssigkeit. Auf der Haut haben sich Wunden gebildet, aus denen Giftstoffe austreten. Sie wird nicht einmal die Nacht überleben.*“ Ihr Ehemann bestand jedoch auf einer Weiterbehandlung. Daher wurde eine für zunächst 3 Wochen geplante Chemotherapie eingeleitet.

Obwohl Anita nicht beschreibt, ihren Körper im Koma verlassen zu haben, sagte sie, sogar besser als mit ihren normalen Sinnesorganen mitbekommen zu haben, was um sie herum geschah. Sie sprach von einer **360-Grad Rundumsicht**. Selbst das o.g. Gespräch zwischen Danny und dem Arzt, das **12 Meter entfernt** stattfand, konnte sie hören und die Personen sehen. Sie konnte die Gefühle der Menschen in ihrer Nähe spüren, diese Personen aber nicht berühren (z.B. umarmen) oder mit ihnen sprechen. So wusste sie, dass ihr Bruder Anoop tausende Kilometer entfernt in einem Flugzeug saß, um sie zu besuchen. Dieser hatte die Reise angetreten, noch bevor ihm die Nachricht vom bevorstehenden Tod seiner Schwester überbracht worden war. Ohne irgendeine Hilfe konnte sie sich überall **hinbewegen**. Sie fühlte sich umgeben von bedingungsloser **Liebe** und so befreit von ihren **Schmerzen**, dass sie nicht verstehen konnte, warum ihre Angehörigen so traurig waren. Sie verspürte keine emotionale Bindung an ihren leblos da liegenden Körper.

Mit Anoop, erkannte sie, war sie in einem **früheren Leben** als dem jüngeren statt älteren Bruder verbunden. Beide lebten mit ihren damaligen Eltern in einer kärglichen Lehmhütte. Sie passte als ältere Schwester auf den Bruder auf, während die Eltern auf dem Feld arbeiteten.

Anita glaubte auch, im Koma den Grund für ihre Krebserkrankung erkannt zu haben. Den sah sie in ihren vielen Ängsten in Kombination mit ihrer großen Kraft.

Sie spürte die Präsenz ihres verstorbenen Vaters und die ihrer verstorbenen Freundin. Der Vater übermittelte ihr telepathisch, dass es für sie noch nicht Zeit sei, nach Hause zu kommen. Es sei jedoch ihre eigene Entscheidung, ob sie mit ihm kommen oder in den Körper zurückkehren wolle. Wenn sie den Tod wähle, würden die Testergebnisse ein totales Organversagen anzeigen. Andernfalls würden sie auf wieder einsetzende Organfunktionen deuten, wenn sie sich entschlösse, in den Körper zurückzukommen. Diese Entscheidung, meinte sie, hätte sie zu treffen gehabt, nachdem die medizinischen Tests bereits gemacht und schriftlich festgehalten worden seien. (Hier zeigt sich, dass der Zeitbegriff in ihrem besonderen Bewusstseinszustand verändert war. Sie erlebte nämlich alle Erinnerungen als scheinbar gleichzeitig ablaufend.)

Anita entschied sich für den Tod, bemerkte dann jedoch, bevor sie eine unsichtbare, nur gefühlte Schwelle übertrat, wie verzweifelt ihre Angehörigen über ihren bevorstehenden Tod waren. Mehrere **Gebetskreise** waren für sie gebildet worden und sie hörte ihren geliebten Mann flehen: *„Bitte, bitte, komm zurück. Ich werde hier auf dich warten, und sollte es ein ganzes Leben dauern."*

Anita wurde bewusst, dass ihr Körper binnen Tagen gesund werden würde, wenn sie doch in ihn zurückkehrte. Die Ärzte würden keine Spur von Krebs mehr finden können. Es fühlte sich so an, als hätte sie noch ein **Ziel im Leben** zu erreichen, das darin bestehen könnte, den Menschen eine Botschaft zu überbringen.

In der Nacht geriet Anita in Atemnot. Ein Arzt zog ihr mit einer Spritze ungefähr einen Liter Flüssigkeit aus der Lunge. Am Nachmittag des nächsten Tages begannen ihre Augen zu blinzeln. Alle Anwesenden begrüßten sie überglücklich. Anita meinte nach einiger Zeit zu einem anwesenden Arzt: *„Sind Sie nicht Dr. Chan, der mir mitten in der Nacht die Flüssigkeit aus meiner Lunge gezogen hat?"* Dem Doktor war anzusehen, wie stark er sich darüber wunderte, dass die Komapatientin seinen Namen kannte und über die Behandlung Bescheid wusste. Er überging die Situation damit, dass er verkündete, die Leber- und Nierenwerte wiesen darauf hin, dass die Organe wieder zu funktionieren anfingen. Als Anita die Bemerkung machte, dass sie das schon wisse, sagte der Doktor. *„Das können sie gar nicht wissen, weil das nicht zu erwarten war."* Anita wusste auch, dass es dieser Dr. Chan war, der ihrem Mann im Gespräch auf dem Flur eröffnet hatte, dass sie nur noch Stunden zu leben habe. Sie konnte noch mehrere Gespräche fast wörtlich wiedergeben, die in ihrer direkten Umgebung, aber auch **außerhalb ihrer Hörreichweite** z.B. im Wartebereich geführt worden waren. Zutreffend beschrieb sie die Behandlungsmethoden, die an ihr angewendet wurden und wer sie durchgeführt hatte.

Bereits zwei Tage nach dem Aufwachen aus dem Koma waren ihre Schwellungen erheblich zurückgegangen und sie konnte erreichen, dass ihre Magensonde entfernt wurde. Am dritten Tag brauchte sie keinen Sauerstoff mehr zum Atmen. Ein Onkologe verkündete, dass die Tumore beträchtlich kleiner geworden seien. Am fünften Tag konnte sie aus der Intensivstation in ein normales Krankenzimmer verlegt werden.

Die Ärzte setzten die Chemotherapie fort. Anita meinte zu wissen, dass es dessen nicht mehr bedurfte, duldete dies aber, weil sie sich sicher fühlte, dass ihr nichts mehr etwas anhaben konnte. Das Ärzteteam war darüber verdutzt, dass diese Behandlung mit Zellgiften ohne die sonst übliche begleitende Übelkeit verlief. Sie fühlte sich frei von ihren bisherigen Ängsten und meinte, das sei ein Beweis dafür, dass ihr Krebs aus Ängsten entstanden sei.

Mitte Februar waren die äußeren Anzeichen des Krebses weitgehend abgeklungen. Sie hatte nur drei von geplanten sieben Infusionen erhalten. Biopsien der Lymphknoten und drei Ultraschalluntersuchungen ergaben keinen Hinweis auf Krebs. Ihre Hautgeschwüre begannen von selbst abzuheilen, obwohl vorausgesagt worden war, dass sie nur mit plastischer Chirurgie zu schließen sein werden. Dennoch bestanden die Ärzte auf einer Fortsetzung der Chemotherapie, was Anita zunächst über sich ergehen ließ. Schließlich kürzten sie das Programm ab, weil kein Krebs mehr zu finden war. Weil die **Heilung** viel schneller erfolgte, als zu erwarten gewesen sei, erklärten sie, die Patientin habe besonders gut auf die Therapie angesprochen.

Am 9. März 2006, fünf Wochen nach der Einlieferung, wurde Anita aus dem Krankenhaus entlassen. Am 24. Juli zeigte ein CT-Scan keinen Krebs mehr an. Anita wurde für geheilt erklärt.

Der US-amerikanische Onkologe Peter Ko besuchte Anita Moorjani und ließ sich alle Krankenakten zu ihrem Fall geben. Anhand dieser Papiere bewerteten er und mehrere Institute, die er mit eingeschaltet hatte, den Heilverlauf. Alle bestätigten, dass sie keinen gleichartigen Fall kennen würden. Dr. Ko sagte, er könne diesen außergewöhnlichen Heilverlauf nicht auf die Wirkung der Chemotherapie zurückführen.

Meine Beurteilung

Man darf hier zweifellos von einer einzigartigen Wunderheilung ausgehen. Mediziner sprechen von einer Spontanremission (plötzliche Rückbildung des Krebses) für die es keine Erklärung gibt. Die Aussage, Anita habe auf die Chemotherapie gut angesprochen, erklärt nichts. Warum hat sie so außergewöhnlich gut angesprochen?

Das Eingreifen einer höheren Macht könnte man als Erklärung heranziehen. Dafür liefert der Bericht aber keine direkten Anzeichen.

Waren die Gebete ausschlaggebend? Hat Anita recht, wenn sie behauptet, ihre vielen Ängste hätten den Krebs verursacht und dieser sei verschwunden, weil sie in ihrer NTE alle ihre Ängste ablegen konnte? Darauf gibt es keine Antwort.

Diese Spontanheilung von Krebs in Verbindung mit einer NTE ist nicht der einzige Fall. In meiner Litaratur habe ich noch folgende 6 Fälle gefunden:

***23**, Chris Russell, S. 31-34; **29**, Mellen-Thomas Benedict, S. 39-52=**369**, S. 183-185; **170**, S. 136-137=**369** Ralf Duncan, S. 175; **255**, Geralyn S. 272-275; **301**, S. 203-204; **437**, S. 64-71.*

Was bleibt, ist der Eindruck, dass eine NTE mehr sein kann, als eine Halluzination aus Todesangst.

Ich will in dieses Kapitel noch einen Beispielfall einfügen, bei dem es auch um Heilung und um jenseitigen Einfluss geht, nicht aber um eine Krankheit im üblichen Sinn.

7.2.5. Bsp. (61) Befreiung von intermittierenden Besetzungen (Besessenheit und Heilung)

(61) Jonathan, der sechsjährige Sohn von Elaine Rundquist, einer amerikanischen Mutter, stürzte beim Spielen und fiel mit dem Kopf auf Beton. Der Kleine war kurz bewusstlos und blutete etwas an der Stirn. Der Arzt in der Klinik diagnostizierte eine leichte Gehirnerschütterung und verordnete eine Woche Ruhe, die auch eingehalten wurde. Danach ließ sich das Ehepaar **Rundquist** trotz der noch verbliebenen Sorgen um Jonathans Gesundheit dazu überreden, ihren Spross wie geplant bei der **Familie Saunders**, guten Freunden und Nachbarn, zu lassen, um den schon lange geplanten Wochenendtrip anzutreten. Schließlich ging es Jonathan wieder gut. Der reklamierte von seinen Eltern ein extra großes Mitbringsel und ließ sie gehen *(**437**, S. 223-241)*.

Als die Eltern nach drei Tagen zurückkehrten und ihren Sohn abholten, rief ihn die Nachbarin herbei. Jonathan kam und antwortete artig: *„Ja, Frau Sanders, Sie riefen mich?“ „Deine Eltern sind da“*, sagte Frau Saunders. *„Das sind meine Eltern, sagen Sie? Diese zwei? Es tut mir leid, aber ich bin mir ganz sicher, dass ich sie nicht kenne.“* Jonathan klang nicht wie ein sechsjähriger Junge, sondern eher wie ein kultivierter, fünfzigjähriger englischer Gentleman. Elaine Rundquist war verwirrt und wusste nichts Besseres zu tun, als vor ihrem Sohn niederzuknien und das versprochene Mitbringsel, einen großen Snoopy-Hund, zu überreichen. *„Ich habe in vielen Jahren nichts dergleichen gehabt, meine Liebe“*, sagte der, *„aber ich wüsste nicht, was ich mit solch einem Objekt anfangen sollte“*. Jonathan schien den Schock zu bemerken, den seine Reaktion bei Elaine ausgelöst hatte, und sagte mit einem Seufzer: *„Nun denn, ich kann mir vorstellen, dass jener kleine Junge solch eine Puppe gerne hätte“*. Elaine und ihr Mann waren rat- und sprachlos. Frau Saunders versuchte die Situation zu retten, indem sie sagte: *„Vielleicht sollten wir in die Küche gehen und eine Tasse Kaffee trinken“*. *„Ich hätte lieber Tee, wenn es Ihnen nichts ausmacht“*, echote es von Jonathan. Frau Saunders bat nun Jonathan, auf Carol, ihre Tochter, aufzupassen. *„Aber gerne, Madam. Ich habe schon immer Kinder gern gemocht“*, antwortete der kleine Junge.

In der Kaffeerunde erklärte Frau Saunders, dass das seltsame Verhalten von Jonathan begann, kurz nachdem er bei ihnen abgegeben worden war. Zuerst hielten sie das für ein Spiel, das Jonathan mit ihnen spielen wollte. Aber bald wurde offensichtlich, dass sich etwas viel Bedeutenderes ereignet hatte. Jonathan wurde eine völlig andere Person (**Besessenheit**). Er diskutierte sogar Geschäftliches mit Frau Saunders. Aber Jonathan war nicht ununterbrochen die veränderte Persönlichkeit; mitunter war er auch wieder der kleine sechsjährige Junge. Als die Rundquists sich anschickten, nach Hause zu gehen, gingen sie in Carols Zimmer, um Jonathan aufzufordern, mit ihnen nach Hause zu kommen. Ihr Junge sprang voller Wiedersehensfreude auf, umarmte die beiden und fragte sie, wann sie denn zurückgekommen seien, und ob sie ihm das versprochene Geschenk mitgebracht hätten. Er zeigte große Freude über den Snoopy und bedankte sich mit den Worten: *„Das ist genau das, was ich mir gewünscht hatte“*.

Am nächsten Morgen besuchten die Eltern mit ihrem Sohn ihren Hausarzt, Dr. Holten, um von ihm eine Erklärung für das seltsame Phänomen zu erhalten. Es dauerte nicht lange, bis sich Dr. Holten mit dem englischen Gentleman im Gespräch befand. Herr Rundquist wollte nun wissen, ob der Sturz auf den Kopf zu einer gespaltenen Persönlichkeit geführt haben könnte. Aber Jonathan begann nun auf einmal mit einer weiblichen Stimme zu sprechen und den Arzt so anzureden, als kennten sich die beiden schon lange. Dr. Holten erkannte in der Stimme und an Einzelheiten der Aussagen, dass es sich um seine Patientin, Frau **Opal Fenwick**, handeln musste, die vor ein paar Wochen erst verstorben war. Sie erzählte von den Schmerzen, die sie aufgrund ihrer Verbrennung vor ihrem Tod aushalten musste.

Das alles war für Jonathans Eltern nur schwer erträglich. Aber sie hatten Glück, in Dr. Holten einen Arzt getroffen zu haben, der sich schon seit 15 Jahren mit Parapsychologie beschäftigt hatte und mehr wusste, als normale Hausärzte. Er erklärte den Eltern, dass Jonathan körperlich völlig gesund sei und auch an keiner Geisteskrankheit leide. Er nehme an, dass die Kopferschütterung dazu geführt habe, dass sich Jonathans Bewusstsein für **Einflüsse** aus einer anderen Dimension, konkret dem Jenseits geöffnet habe. So können sich **Verstorbene** bei den Lebenden melden, indem sie einen Körper, in diesem Fall Jonathans Sprechorgane benutzen.

Nun war der Punkt erreicht, an dem Herr Rundquist den Doktor unter Protest verlassen wollte, indem er sagte, sie befänden sich in den 1960er Jahren, nicht im Jahr 1690. Dem Arzt gelang es, den aufgebrachten Vater dazu zu bringen, sich wieder hinzusetzen und sich die Argumente des Doktors in Ruhe anzuhören. Er sprach von Erfahrungen, die er und seine Kollegen gemacht hätten und kam nun auch zu einem Vorschlag darüber, was zur Lösung des Problems getan werden könnte. Er sah es als den aus einer Sicht einzig gangbaren Weg, ein gutes **Medium** aufzusuchen, und es zu bitten, sich mit Jonathan zu beschäftigen. Er schlug **Diana Willis** vor.

Das Elternpaar konnte sich durchringen, diesen ausgefallenen Rat zu befolgen. In der Zeit bis zum ersten Besuch bei Frau Willis verschwanden der englische Gentleman und Frau Fenwick, dafür kamen andere Personen hervor. Einige sprachen nur einmal durch den Kanal, den Jonathan darstellte, andere kamen öfter durch. Insgesamt manifestierten sich über 40 Persönlichkeiten in einem Zeitraum von 6 Monaten. Die Rundquists machten sich Notizen über das Geschehen. Auf dieser Grundlage konnten sie feststellen, dass sich gehäuft Personen meldeten, die erst kürzlich verstorben sind, und darunter speziell solche, die in Unfällen umgekommen waren oder die Selbstmord begangen hatten. Man kann sich leicht ausmalen, wie belastend Jonathans Äußerungen für ihn selbst und seine Eltern waren.

Neben der intermittierenden Besetzung zeigte sich bei Jonathan nach seinem Sturz auch die Fähigkeit der **Hellsicht**. Einmal rannte er durch die Wohnung und schrie nach Hilfe für Ertrinkende nach dem Kentern ihres Bootes. Auf Befragung redete er von vier Personen, die an der Golfküste von Florida in einem kleinen Boot beim Fischen waren. Am nächsten Tag lasen die Rundquists von einem Bootsunglück in einer Zeitung aus Florida.

Inzwischen war der Tag des ersten Besuchs beim Medium gekommen. Frau Willis beschrieb völlig zutreffend verschiedene Geistpersönlichkeiten, die sich durch Jonathan gemeldet hatten, und kommentierte auch die jeweiligen Fälle. Sie sagte, es handle sich vorzugsweise um erst kürzlich Verstorbene, die über ihren Zustand in Verwirrung sind. Sie sehen in Jonathan eine Möglichkeit, wieder zurück auf die Erde zu kommen. Die meisten dieser Geister sind eines gewaltsamen Todes gestorben und litten große Schmerzen. Sie sind sich nicht im Klaren darüber, gestorben zu sein.

Um den verwirrten Geistern zu helfen, versetzte sich das Medium in eine leichte Trance und drängte die Besetzungsgeister hervorzutreten. Als diese sich nun beim Medium meldeten, erklärte sie ihnen ihre Situation: Sie haben ihren Körper verloren, lebten aber ohne ihn fort.Es sei nicht in Ordnung, den Körper von Jonathan als Sprechorgan zu benutzen! Oft konnten die Rundquists mit anhören, wie sich die Verirrten entschuldigten und versprachen, Jonathan nicht mehr zu belästigen.

Das Medium konnte nicht sagen, wie viele Geister noch in Jonathan eintreten und zu belehren sein würden, bis sich Jonathans Kanal schließe. Frau Willis meinte, jedes Mal, wenn Jonathan nah an einem Unfallort mit Toten sei, wirke er wie ein Magnet auf die Seelen, die über dem Ort des Geschehens schweben. Sie warten darauf, dass jemand kommt, um ihnen ihre Situation zu erklären, und sie ins Licht zu begleiten oder ihnen zu helfen, dorthin zu gelangen.

Jonathan wurde sechs Monate lang regelmäßig zu Frau Willis gebracht, um **Besetzungsgeister ins Licht zu schicken**. Dann schien Jonathans Kanal geschlossen. Frau Willis bemerkte, Jonathan habe alle Voraussetzungen, um eines Tages ein großes natürliches Medium zu werden. Über diesen denkbaren Fortgang der Ereignisse schweigt der Bericht leider.

Meine Beurteilung

Dieser Bericht passt an diese Stelle im Buch, weil es einerseits um eine Heilung geht, und andererseits um ein außergewöhnliches Phänomen, das schwerlich anders, als durch die Beeinflussung durch Verstorbene erklärlich ist. Leser meines ersten Buches werden sich an den Fall der Inderin Sunitra Singh erinnern, die sehr wahrscheinlich eine dauerhafte Besetzung erlebte *(**186**, darin Anhang 3, S. 421-424)*. In meinem Band 2b ist ein ganzes Kapitel der Therapie durch Befreiung von Besetzungen mit einer ganzen Reihe von Beispielen gewidmet *(**189**, Kapitel 7.2.8.2, S. 663-718)*. Bei Brad Steiger kann man noch drei weitere Fallberichte von Besetzungen nachlesen *(**437**, S. 97-104, 217-219, 276-280)*. Die Möglichkeit von Besetzungen wird auch in medialen Mitteilungen Verstorbener erwähnt (F.W.H. Myers, der Mitbegründer der SPR, schreibt darüber mit der Hand von Geraldine Cummins *(**103**, S. 140)*).

7.2.6. Weitere Beispiele zu NTEs und Heilungen

Der Autor Rivas weist darauf hin, dass viele ‚normale' Fälle eine lange Zeit des Herzstillstands aufweisen, der eigentlich zu Hirnschädigungen führen müsste, die aber wundersamerweise ausblieben *(**369**, S. 171-172)*.

Die bisher genannten Fallberichte über Heilungen stehen nicht alleine. Es gibt weitere Beispiele, die ich in meiner Literatursammlung gefunden habe. Die meisten Fälle, nämlich 10 (inklusive Moorjanis Fall Nr. (60), S. 250), führt Rivas auf *(**369**, S. 171-188)*. Dazu kommen noch folgende Beispiele:

*(**18**, S. 72-75; **22**, S. 63 Krankheit vorgeburtlich gewählt; **91**, S. 39-40; **121**, S. 166-172; **134**, S. 142; **170**, S. 139; **160**, S. 44-47, 47-49, 53-55; **255**, S. 275-276, 277-278 Hand deformiert; **278**, S. 25-32; **302**, S. 17-19, 67, 112-113; **297**, S. 71, 81-82; **342**, S. 77-79, 144-145, 221-222; **365**, S. 40, 172-175; **381**, S. 27-28, 100; **478**, S. 48-55 Randolph).*

7.2.7. Mehr zu Nahtoderfahrungen (NTEs) und Heilungen

In den ersten zwei Beispielen dieses Kapitels (Nr. (57), S.244 und Nr. (58), S. 246) wird unerklärlich exaktes und hilfreiches Wissen über medizinische Aspekte eines Kranken übermittelt. Die zwei weiteren Beispiele (Nr. (59), S. 248 und Nr. (60), S. 250) zeigen, dass auch unerwartete Heilungen auftreten können, die irgendwie in Zusammenhang mit einer NTE zu stehen scheinen. Dieser Zusammenhang wird kaum einmal klar ausgesprochen. Schaut man aber alle dokumentierten Fälle an, so kristallisieren sich 3 Erklärungsmöglichkeiten heraus:

- Die Begegnung mit dem **Licht** oder das Eingehülltsein ins Licht *(**365**, S. 216-218);*
- Die Begegnung mit einem **weisen Mann**, Jesus oder Gott *(**365**, S. 219-221);*
- **Gebete** für den Patienten *(**170**, S. 140-146; **385**, S. 101-129).*

Ein weiterer Aspekt ergibt sich aus den **Nachwirkungen einer NTE**: In der Literatur findet man Beispiele für besondere Heilerfähigkeiten im Anschluss an die überstandene lebensbedrohliche Krise *(**22**, S. 258; **170**, S. 99, 140-146; **297**, S. 51-52; **309**, S. 94-95; **365**, S. 211-214; **369**, S. 190-191; **452**, S. 132-133)*. Die Beispiele für neu erworbene Heilerfähigkeiten sind wenig ausführlich beschrieben. Der Nachweis, dass die Heilung wirklich auf das Tun des Heilers zurück geht, ist schwer zu erbringen. Daher übernehme ich keines der Beispiele dazu.

Keneth Ring gibt an, dass in seiner letzten Studie 42% der NTEer eine Zunahme heilerischer Fähigkeiten angaben, während es nur 11% in einer Kontrollgruppe waren *(**365**, S. 212)*. **Cherie Sutherland** berichtet, dass nur 8% der von ihr befragten NTEern vor ihrer Erfahrung heilerische Fähigkeiten besessen haben wollen, aber 65% danach *(**452**, S. 119).*

Auch von neu entwickelten paranormalen Fähigkeiten wird berichtet *(**369**, S. 192-197; **423**, S. 81-82)*. Sutherland gibt sogar Zahlen für die prozentuale Zunahme der ASW-Fähigkeiten von NTEern nach ihrem einschneidenden Erlebnis an: **Hellsicht** steigt in ihrem Kollektiv von 38% auf 71%, **Telepathie** von 42% auf 86% und **Präkognition** von 49% auf 86% *(**452**, S. 119).*

Zu den paranormalen Fähigkeiten sei nur ein Beispiel von Kenneth Ring zitiert: Stella ging, nachdem sie ihr NTE überstanden hatte, am Abend mit ihrem Mann eine Straße entlang. Jede Straßenlaterne ging aus, wenn Stella an ihr vorbei ging (**Psychokinese**). Das ließ sich in derselben Straße einige Jahre später reproduzieren. Als Stella diese Geschichte im Hörsaal der Universität erzählte, flackerten die Lampen und gingen aus und kurz danach wieder an *(**365**, S. 215-216; vergl. dazu auch **187**).*

Was haben nun Diagnosen, Heilwissen, Heilungen, Heilerfähigkeiten und ASW-Fähigkeiten mit der Überlebensfrage zu tun? Akzeptiert man die spiritistische Erklärung, so zeigt das, dass es Jenseitige gibt, die sich nicht nur bemerkbar machen (**Spuk**) und sich sogar zeigen können (**Erscheinungen**), sondern auch in unser Leben hineinzuwirken vermögen (**Beeinflussung**). Dazu gehört, dass sie unser irdisches Leben mitverfolgen oder begleiten, um agieren zu können *(**3**, S. 221, 222, 239)*. Wem es gefällt, der mag auch von

‚**Schutzengeln**' sprechen und als Beleg Fälle anführen, in denen der oder die Engel angeblich bei ihrem Tun beobachtet wurden *(**161**, S. 175-177, 179-180, 182-183, 183-184, 184-185, 185-186; **246**, S. 47; **302**, S. 153-154; **342**, S. 209-210; **374**, S. 18; **426**, S. 24-25, 25-26).*

In den Beispielen (4), S. 71 und (38), S. 202, (43), S. 213 und in der Literatur[35] wird von Führungsgeistern für die Lebenden gesprochen. Auch in Rückführungen wird gesagt: *„Im Leben begleiten uns spirituelle Helfer, die wir um Hilfe anrufen können"*, und *„Jenseitige können Lebende beeinflussen, indem sie ihnen Gedanken, Intuitionen oder Träume eingeben"* *(**188**, S. 613, Nr. 79, 80, Kap. 7.2.7.2.3.2).*

Das fünfte Beispiel (Nr. (61), Kapitel 7.2.5, S. 254) in diesem Kapitel über NTEs und Heilungen fällt aus der obigen Systematik heraus, weil hier die Heilung nicht vom NTEer, sondern einer anderen Person, einem Medium, ausgeführt wird. Der Bezug zur Überlebensfrage bleibt aber erhalten.

Skeptiker werden diese Sicht auf die obigen Beispielfälle nicht akzeptieren und sie lieber ignorieren, weil sie nur schwer ‚normal' zu erklären sind.

[35] *(**12**, S. 33, 36, 37; **14**, S. 37; **18**, S. 56-60; **42**, S. 189; **43**, S. 31, 37, 38, 42, 71, 235; **44**, S. 104, 105, 218, 219, 245, 259; **59**, S. 245; **120**, S. 106-107, 130; **121**, S. 130; **126**, S. 31-32; **128**, S. 65; **137**, S. 70, 133; **152**, S. 130, 158; **160**, S. 53; **170**, S. 50; **197**, S. 233; **208**, S. 72; **232**, S. 130; **255**, S. 197; **307**, S. 132; **353**, S. 42, 43, 204, 233, 238; **405**, S. 124; **406**, S. 111; **420**, S. 33; **431**, S. 59; **437**, S. 19-23, 26-27, 89, 95, 166-171, 171-174, 178-187; **478**, S. 22, 116; **480**, S. 62-65)*

7.3. Nahtoderfahrungen (NTEs) und Jenseitsaussagen (Tabellen)

In diesem Kapitel soll untersucht werden, ob die **Kernaussagen** von Kindern und Erwachsenen über ihre jeweiligen Erfahrungen des Übergangs ins Totenreich bzw. im Jenseits, wie in den Bänden 1 und 2b berichtet, durch NTEs eine Bestätigung erfahren (**Vergleich**).

Zu diesem Zweck werden die ersten beiden Listen der Kernaussagen (oder **Kernelemente**) aus dem Band 2b in die unten folgenden Tabellen (Tabelle 7-3 und Tabelle 7-4) übernommen[36]. Jeder Aussage wird ein Vermerk gegenüber gestellt, ob sie sich in den Standard-Elementen von NTEs wiederfindet (Kapitel 6.1, S. 51), welche Beispiele dazu im vorliegenden Buch aufgeführt werden und – graphisch dargestellt – zu welchem Anteil in Prozent an 52 Büchern Originalberichte dazu gefunden wurden (die nicht bereits Gebrachtes wiederholen). Dies soll ein grobes Maß dafür darstellen, wie stark oder schwach die jeweilige Kernaussage unterstützt wird.

Auswahl der Bücher: Es gibt kein Qualitätsmaß für Bücher über NTEs, das erlauben würde, die Spreu vom Weizen zu trennen. Um dennoch möglichst nur gute Bücher einzubeziehen, wurde von den Standardwerken der allgemein bekannten NTE-Forscher ausgegangen, also z.B. Büchern von Moody, Ring, Greyson, Sutherland usw.. Die dort genannten Quellen wurden anschließend herangezogen. Im ‚Schneeballsystem' habe ich die in jenen Büchern genannte Literatur ebenfalls berücksichtigt. Angebote aus dem Internet wurden nicht gezielt gesucht.

Es wurden nur Berichte über konkrete Fälle von NTEs ausgewertet, also nicht die Einsichten oder Meinungen der verschiedenen Buchautoren über NTEs.

Unter rund 175 Büchern mit dem Thema NTE und ‚rund ums Sterben' fanden sich 52 mit solchen NTE-Originalberichten. Diese 52 Bücher finden Sie im Kapitel 17.6, Anhang 6: Quellen zu NTE-Jenseitsaussagen, S. 464 aufgelistet. In den dort folgenden zwei Tabellen (Tabelle 17-3, S. 465 und Tabelle 17-4, S. 469) erkennen Sie die Quellen zu NTE-Jenseitsaussagen.

Für jede Kernaussage wird angegeben, wie viele der 52 Bücher einen oder mehrere Fallberichte enthalten, welche die jeweilige Kernaussage bestätigen. Um diese Angaben nachvollziehen zu können, werden die genauen Fundstel-

[36] Die beiden restlichen Themenkomplexe in Band 2b, ‚Die Wiedergeburt' und ‚Zurück auf der Erde', werden nicht übernommen, weil dazu nur vergleichsweise wenige Aussagen von NTEern vorliegen und der Platzbedarf dies nicht erlaubt.

len zusammengestellt. Eine Auswertung auf Basis der Zahl der Fallberichte selbst (statt nur der Zahl der Bücher) wäre die bessere Vorgehensweise. Darauf wurde aber aus Gründen des Aufwands verzichtet.

Eine Übereinstimmung bezieht sich selbstverständlich auf den Inhalt einer Aussage, nicht auf die sprachliche Formulierung, die in vielfältiger Weise vorliegen kann. Die Bestätigungen habe ich recht großzügig ausgelegt. Wenn eine Kernaussage z.B. aus mehreren Elementen besteht, wurde eine Bestätigung auch dann angenommen, wenn nur ein Element betroffen ist. Beispiele für meine Auslegung:

Kernaussage 31 (Es gibt eine Hölle im Jenseits) wird auch dann als bestätigt angesehen, wenn diese Hölle kein Ort ist, sondern eine selbst gewählte Geisteshaltung.

Kernaussage 46 (Nach dem Tod wird die Seele in die Energiehülle eines Führers oder Seelengefährten eingehüllt und erlebt dies als reine Ekstase) wird auch dann als bestätigt angesehen, wenn die Einhüllung in ein Lichtwesen angezeigt wird und nicht von Ekstase geredet wird.

Kernaussage 72, in der es heißt „Man ist (wieder) jünger, meist so alt, wie in seinen ‚besten Jahren'" beinhaltet auch Fälle, in denen ein kleines Kind verstorben ist und sich als Erwachsener zeigt, der in seinen ‚besten Jahren' ist.

Kernaussage 100, wonach es kein Zeitempfinden gibt, wird auch als bestätigt angesehen, wenn es andernorts heißt ‚Zeit ist anders', ‚Zeit existiert nicht', ‚alles ist gleichzeitig'.

Doch nun zu einer tabellarischen Gegenüberstellung von **Kernaussagen** der Kinder und Erwachsenen aus Band 2b mit den Aussagen von NTEs.

Legende zu den folgenden Tabellen: Tabelle 7-3, S. 262; Tabelle 7-4, S. 267

Spalte 1: Nummerierung nach Band 2b, Kapitel 7.2.7.2.3.2 bis zur dortigen Tabellenzeile 165. Die Zeilen 166 bis 226 aus Band 2b werden nicht hierher übernommen.

Achtung: Absichtlich unterdrückte Zeilen! Aussagen, die nur von einem einzigen Autor für Rückführungen stammen, wurden herausgenommen, so dass sie nicht mehr lesbar sind (nicht jedoch, wenn es sich um Gegenaussagen handelte). So bleiben hier nur 140 von den ersten 165 Aussagen übrig.

Spalte 2: Kernaussagen von Kindern und rückgeführten Erwachsenen nach Band 2b.

Fett gedruckte Umrandung: **Kernaussagen,** die sich zu **widersprechen** scheinen oder tatsächlich unvereinbar miteinander sind.

Spalte 3: Zahl der Fälle von Kindern und der Autoren für Rückführungen aus Band 2b, untergliedert in 3 Zeilen:

K = Kinder: Zahl der Fälle, welche die jeweilige Kernaussage machen;
A = Zahl der Autoren für Rückführungen, die die jeweilige Kernaussage machen;
B = wie A, jedoch werden Autoren gleicher ‚Schule' wie nur 1 Autor gezählt

Spalte 4: NTE-Entsprechungen zu den Kernaussagen in Form der NTE-Elemente, anhand von Beispielen im vorliegenden Buch, sowie - graphisch dargestellt - als %-Anteil an den 52 Büchern, die in Kapitel 17.6, Anhang 6, S. 464 gelistet sind.

Tabelle 7-3: Übergang in den Tod, Nr. 1-60; Vergleich mit NTEs

1	**Spalte 2: Kernaussagen**	**3**	**Spalte 4: Bestätigung der Kernaussagen durch NTEs**
	kursiv: Nummern und *Aussagen von Kindern aus Band 1und 2b*; ↓ Normalschrift: Aussagen Rückgeführter aus Band 2b ↓	K A B	Quellen im vorliegenden Buch, wie NTE-Elemente aus Kapitel 6.1, S. 51 und NTE-Beispiele Graphiken: Anteil in % an 52 externen Quellen (Büchern)
	1. Der Übergang in den Tod (ins Jenseits)		
1.	*1. Außerkörperliche Erfahrung kurz vor dem Tod.*	2 0 0	**NTE-Element Nr. 6, S. 51**
2.	Mit dem Tod wird die Silberschnur getrennt, welche Körper und Seele verbunden hat.	0 5 5	NTE-Bsp. (33), S. 186 **Kapitel 7.1.9.3.5 Die Silberschnur**
3.	Um nach dem Tod leichter aus dem Körper heraustreten zu können, splittet sich die Seele in viele kleine Teile.	0 2 2	

4.	Nach dem Tod verlässt die Seele den Körper.	0 16 11	**NTE-Element Nr. 6, S. 51** **Kapitel** 7.1.9.3 Austritt der Seele in Fallbeispielen
5.	Die Seele kann bis zu 4-5 Stunden		
6.	Kurz nach dem Tod schwebt die Seele nach oben.	0 29 17	**NTE-Element Nr. 6, S. 51** 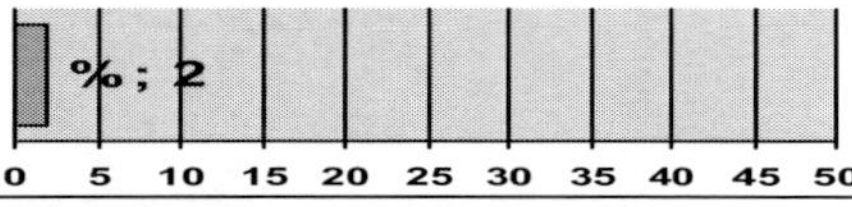 %; 2 0 5 10 15 20 25 30 35 40 45 50
7.	Nach dem Tod nimmt man Geräusche, Töne oder Musik wahr.	0 9 7	**NTE-Element Nr. 4, S. 51** 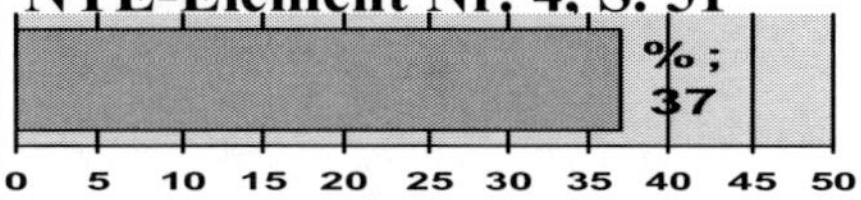 %; 37 0 5 10 15 20 25 30 35 40 45 50
8.	*9. Kurz nach dem Tod ist man (wieder) gesund und schmerzfrei.*	6 18 15	**NTE-Element Nr. 3, S. 51** 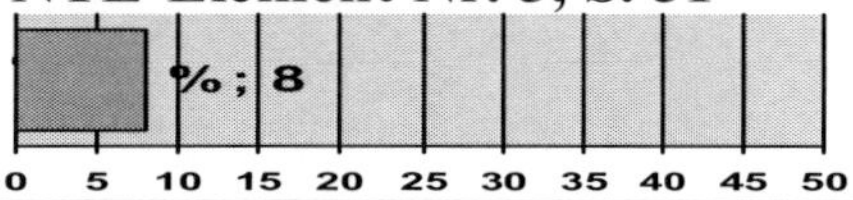 %; 8 0 5 10 15 20 25 30 35 40 45 50
9.	Nach dem Tod kann man seelisch		s173
10.	*11. Kurz nach dem Tod ist man* (zunächst) *traurig.*	2 15 12	**NPE-NTE, Kapitel 6.2**
11.	Nach dem Tod kann man Auflehnung		
12.	*10. Schon bald nach dem Tod ist man (wieder) zufrieden. Es gibt keinen Grund, den Tod zu fürchten.* Man fühlt sich frei.	5 33 22	**NTE-Element Nr. 3, S. 51** 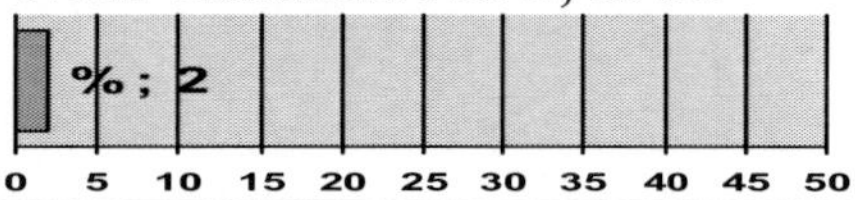 %; 2 0 5 10 15 20 25 30 35 40 45 50
13.	Die Seele kann den Körper bereits kurz vor dem Tod verlassen, um Leiden zu vermeiden.	0 10 7	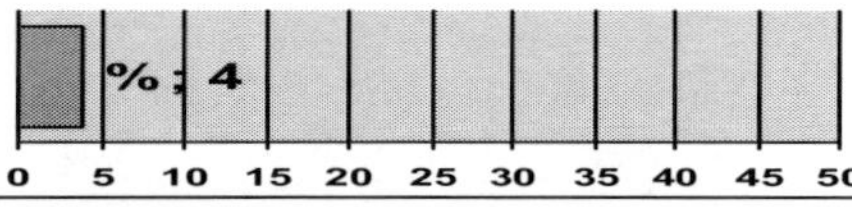 %; 4 0 5 10 15 20 25 30 35 40 45 50
14.	*3. Das Geschehen auf der Erde wird nach dem Tod* (von der Seele) *beobachtet..*	33 33 26	**NTE-Element Nr. 6, S. 51** 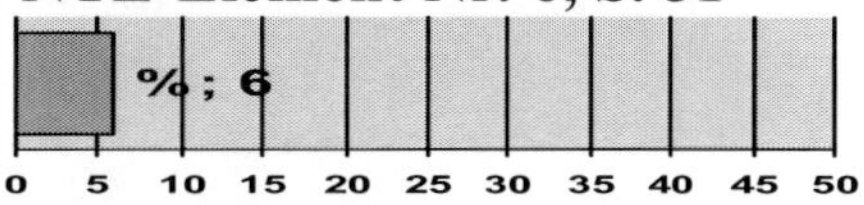 %; 6 0 5 10 15 20 25 30 35 40 45 50
15.	Nach dem Tod kann man die **Gedanken** der Lebenden lesen.	0 2 2	**AKE von Stefan von Jankovich und dort genannte 23 Literaturstellen in Kap. 6.3.1**
16.	Nach dem Tod kann man hören.	0 2 2	**NTE-Element Nr. 6, S. 51**
17.	Nach dem Tod ist die Wahrnehmung		
18.	Nach dem Tod kann man noch immer denken.	0 2 2	**NTE-Element Nr. 10, S. 52** 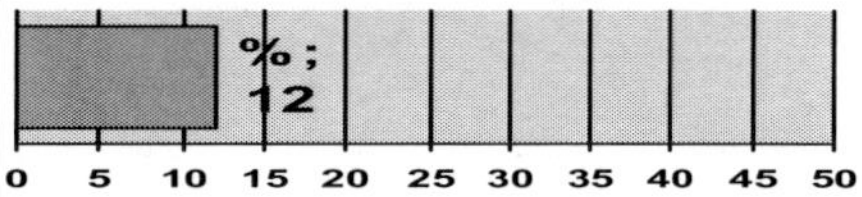 %; 12 0 5 10 15 20 25 30 35 40 45 50

19.	*4. Der Körperlose versucht, Lebende anzusprechen oder zu berühren. Dies bleibt aber unbemerkt, ohne Reaktion.*	4 10 10	**NTE-Element Nr. 6, S. 51**
20.	Nach dem Tod kann die Seele materielle Gegenstände durchdringen.	0 2 2	**NTE-Element Nr. 6, S. 51**
21.	Nach dem Tod hat man einen Körper anderer Art.	0 2 2	**NTE-Element Nr. 6, S. 51**
22.	Dieser andere Körper kann durch		
23.	Dieser andere Körper kann sich un		
24.	*5. Der Körperlose bleibt* (vorerst) *nahe der Sterbestelle* bzw. seinem Körper.	12 13 12	**NTE-Element Nr. 6, S. 51** 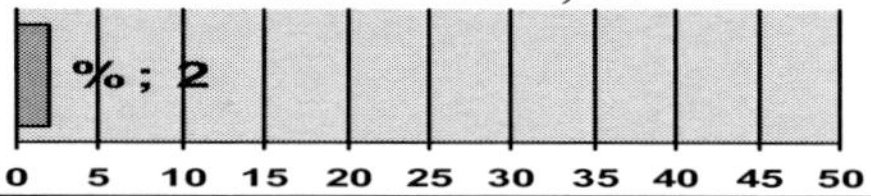 %; 2 0 5 10 15 20 25 30 35 40 45 50
25.	Nach dem Tod bleibt die Seele längere Zeit bei den Trauernden.	0 8 8	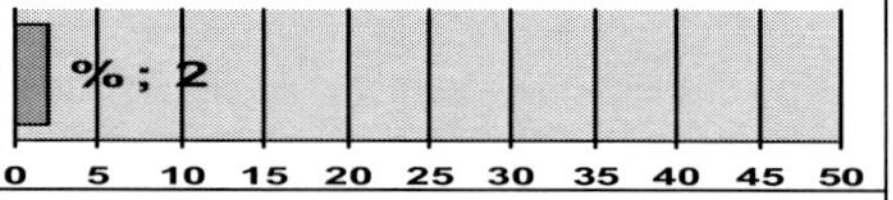 %; 2 0 5 10 15 20 25 30 35 40 45 50
26.	*6. Dem Körperlosen ist* (mitunter) *nicht klar, dass er gestorben ist.*	4 8 8	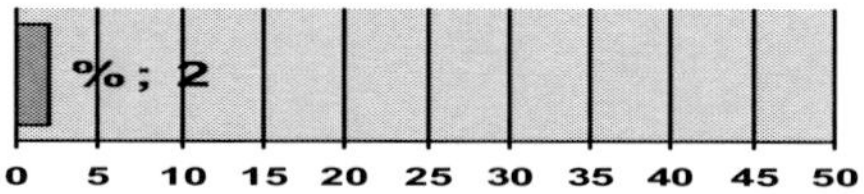 %; 2 0 5 10 15 20 25 30 35 40 45 50
27.	Es gibt erdgebundene Seelen.	0 2 2	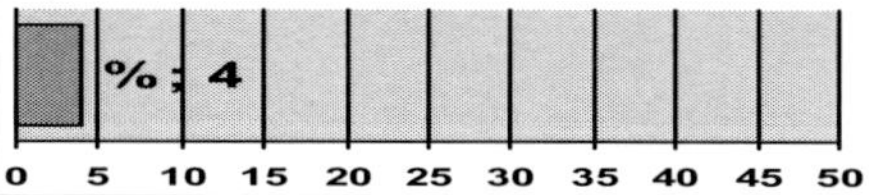 %; 4 0 5 10 15 20 25 30 35 40 45 50
28.	Es gibt erdgebundene Geister, d.h. Seelen, die sich nicht von der Erde lösen können und nicht ins Licht (Jenseits) gehen.	0 10 8	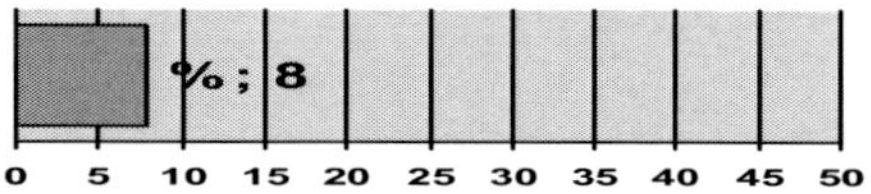 %; 8 0 5 10 15 20 25 30 35 40 45 50
29.	Es gibt erdgebundene Seelen, die		
30.	Es gibt keine (ewige) Hölle, in welche die Seele kommen könnte.	0 7 5	**NPE-NTE Kapitel 6.2, S. 55**
31.	Es gibt eine Hölle im Jenseits.	0 4 4	**NPE-NTE Kapitel 6.2, S. 55** 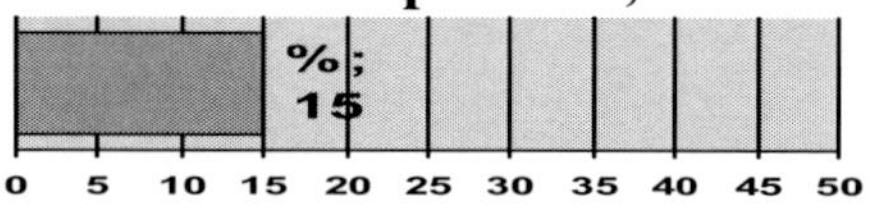 %; 15 0 5 10 15 20 25 30 35 40 45 50
32.	[illegible]		
33.	Dunkle Wesen versuchen, die Seele		
34.	Es gibt bösartige Wesenheiten.	0 2 2	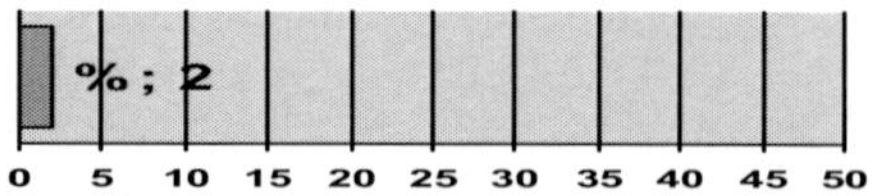 %; 2 0 5 10 15 20 25 30 35 40 45 50
35.	Dämonen und Teufel sind von Menschen gemacht. Sie existieren nicht wirklich.	0 4 3	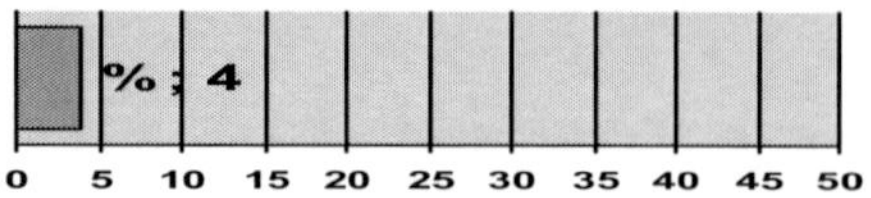 %; 4 0 5 10 15 20 25 30 35 40 45 50

36.	Negative Kräfte kommen aus uns selbst.	0 1 1	**NPE-NTE Kapitel 6.2, S. 55** %; 2 0 5 10 15 20 25 30 35 40 45 50
37.	*2. Flug durch eine Röhre oder einen Tunnel nach dem Tod.*	4 16 11	**NTE-Element Nr. 5, S. 51** %; 2 0 5 10 15 20 25 30 35 40 45 50
38.	Nach dem Tod hat man ein Lichterlebnis.	0 13 12	**NTE-Element Nr. 8**, S. **52** %; 2 0 5 10 15 20 25 30 35 40 45 50
39.	Nach dem Tod sieht man ein Licht und schwebt darauf zu.	0 9 5	**NTE-Element Nr. 8**, **S. 52** NTE Bsp. Nr. (14) Rudy NTE Bsp. Nr. (15) Aufderheide NTE Bsp. Nr. (37) Randall
40.	Nach dem Tod geht die Seele ins Licht oder wird von Lichtwesen dorthin gezogen.	0 10 9	**NTE-Element Nr. 8, S. 52** %; 2 0 5 10 15 20 25 30 35 40 45 50
41.	Die Seele ist im Kern ein intelligentes Lichtwesen.	0 2 2	NTE Bsp. Nr. (4), **S. 71**
42.	Vor Beginn der Inkarnationen waren die Seelen eins mit dem Licht.	0 2 1	
43.	Erst nachdem die Seele ins Licht gegangen ist, kann sie wiedergeboren werden.	0 2 2	
44.	Es gibt Seelen, die reinkarnieren, ohne zuvor ins Licht (Jenseits) gegangen zu sein.	0 1 1	
45.	*18. Man sieht oder kommuniziert mit Lichtgestalten. Das Licht strahlt Liebe aus. Man befindet sich an einem Platz von Licht und Liebe.*	5 23 11	**NTE-Element Nr. 8**, **S. 52** NTE Bsp. Nr. (4), S. 71; Nr. (6), S.94; NTE Bsp. (9) Reynolds, S. 108 u. (33), S. 186
46.	Nach dem Tod wird die Seele in die Energiehülle eines Führers oder Seelengefährten eingehüllt und erlebt dies als reine Ekstase.	0 4 2	%; 17 0 5 10 15 20 25 30 35 40 45 50
47.	Gott wird als ein Lichtball aus reiner		
48.	Hinterbliebene können durch ihre Trauer die Seele daran hindern, ins Licht (Jenseits) zu gehen.	0 2 2	

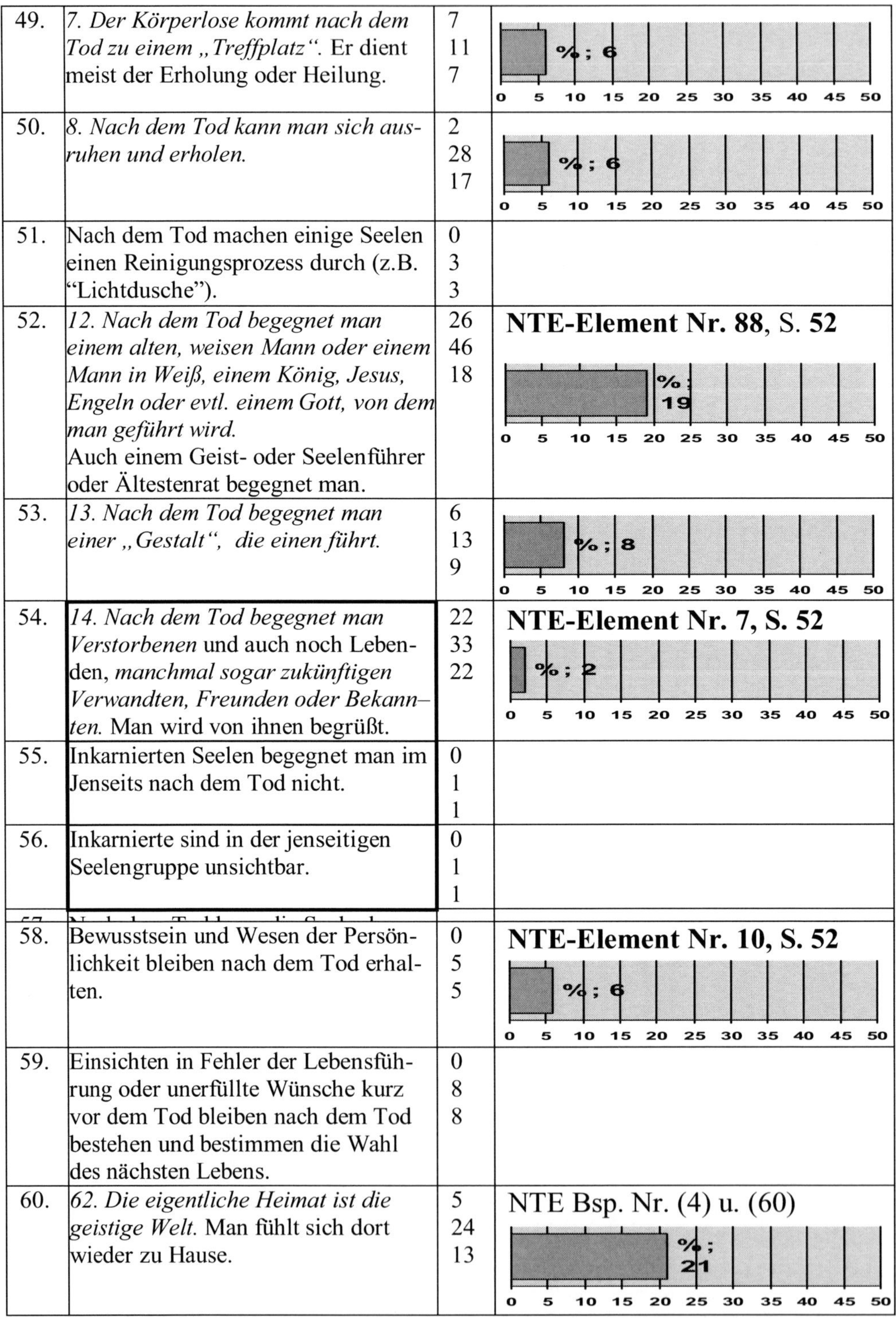

Nr.	Aussage	Anzahl	Vergleich
49.	*7. Der Körperlose kommt nach dem Tod zu einem „Treffplatz“.* Er dient meist der Erholung oder Heilung.	7 11 7	%; 6 0 5 10 15 20 25 30 35 40 45 50
50.	*8. Nach dem Tod kann man sich ausruhen und erholen.*	2 28 17	%; 6 0 5 10 15 20 25 30 35 40 45 50
51.	Nach dem Tod machen einige Seelen einen Reinigungsprozess durch (z.B. “Lichtdusche”).	0 3 3	
52.	*12. Nach dem Tod begegnet man einem alten, weisen Mann oder einem Mann in Weiß, einem König, Jesus, Engeln oder evtl. einem Gott, von dem man geführt wird.* Auch einem Geist- oder Seelenführer oder Ältestenrat begegnet man.	26 46 18	**NTE-Element Nr. 88**, S. **52** %; 19 0 5 10 15 20 25 30 35 40 45 50
53.	*13. Nach dem Tod begegnet man einer „Gestalt“, die einen führt.*	6 13 9	%; 8 0 5 10 15 20 25 30 35 40 45 50
54.	*14. Nach dem Tod begegnet man Verstorbenen* und auch noch Lebenden, *manchmal sogar zukünftigen Verwandten, Freunden oder Bekannten.* Man wird von ihnen begrüßt.	22 33 22	**NTE-Element Nr. 7, S. 52** %; 2 0 5 10 15 20 25 30 35 40 45 50
55.	Inkarnierten Seelen begegnet man im Jenseits nach dem Tod nicht.	0 1 1	
56.	Inkarnierte sind in der jenseitigen Seelengruppe unsichtbar.	0 1 1	
58.	Bewusstsein und Wesen der Persönlichkeit bleiben nach dem Tod erhalten.	0 5 5	**NTE-Element Nr. 10, S. 52** %; 6 0 5 10 15 20 25 30 35 40 45 50
59.	Einsichten in Fehler der Lebensführung oder unerfüllte Wünsche kurz vor dem Tod bleiben nach dem Tod bestehen und bestimmen die Wahl des nächsten Lebens.	0 8 8	
60.	*62. Die eigentliche Heimat ist die geistige Welt.* Man fühlt sich dort wieder zu Hause.	5 24 13	NTE Bsp. Nr. (4) u. (60) %; 21 0 5 10 15 20 25 30 35 40 45 50

Tabelle 7-4: Im Jenseits (Nr. 61 - 165); Vergleich mit NTEs

1	Spalte 2: Kernaussagen	3	Spalte 4: Bestätigung der Kernaussagen durch NTEs
	2. Im Jenseits		
61.	*17. Man befindet sich nach dem Tod in Räumen, schönen Landschaften.*	21 21 15	**NTE-Element Nr. 13, S. 53** %; 4 0 5 10 15 20 25 30 35 40 45 50
62.	*19. Man bewegt sich ganz leicht mittels „Gedankenkraft" und kann fliegen.*	8 11 10	**NTE-Element Nr. 6, S. 51** Bsp. (20), S. 163 %; 8 0 5 10 15 20 25 30 35 40 45 50
63.	*20. Man verständigt sich ohne Worte telepathisch mit anderen Wesen.*	4 18 9	**NTE-Element Nr. 7, S. 51** %; 8 0 5 10 15 20 25 30 35 40 45 50
64.	Identitäten, Gedanken und Motive können im Jenseits nicht verborgen werden.	0 5 5	%; 2 0 5 10 15 20 25 30 35 40 45 50
65.	Jenseitige Lehrer können ihre Gedanken verbergen.	0 1 1	
66.	Fortgeschrittene Seelen können ihre Gedanken verbergen.	0 1 1	
67.	Private Kommunikation geschieht durch Berührung.	0 1 1	%; 2 0 5 10 15 20 25 30 35 40 45 50
68.	*48. Man ist oder lebt im Jenseits mit anderen zusammen in Gruppen.* Gruppenmitglieder sind etwa gleich entwickelt oder haben gemeinsame Ziele.	11 32 11	%; 6 0 5 10 15 20 25 30 35 40 45 50
69.	Nach dem Tod wird die Seele in ihrer Gruppe feierlich empfangen.	6 18 15	%; 4 0 5 10 15 20 25 30 35 40 45 50
70.	Nicht alle Seelen gehen nach dem		
71.	Die Jenseitigen können die Art ihrer Erscheinung für andere Jenseitige bestimmen.	0 4 3	Bsp. (9), S. 108, Reynolds Zeitmarke 11:25 Uhr

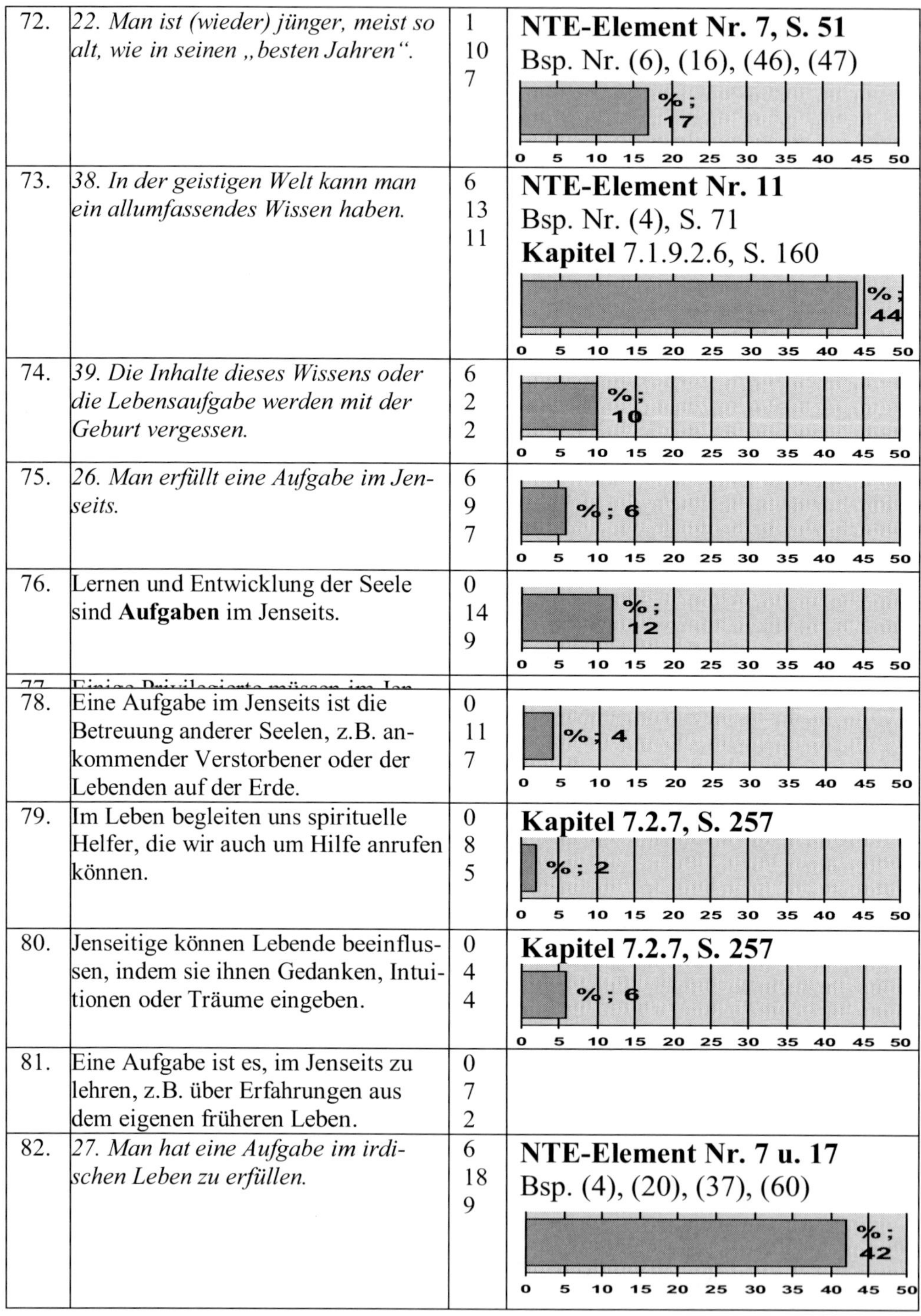

72.	*22. Man ist (wieder) jünger, meist so alt, wie in seinen „besten Jahren“.*	1 10 7	**NTE-Element Nr. 7, S. 51** Bsp. Nr. (6), (16), (46), (47) %; 17
73.	*38. In der geistigen Welt kann man ein allumfassendes Wissen haben.*	6 13 11	**NTE-Element Nr. 11** Bsp. Nr. (4), S. 71 **Kapitel** 7.1.9.2.6, S. 160 %; 44
74.	*39. Die Inhalte dieses Wissens oder die Lebensaufgabe werden mit der Geburt vergessen.*	6 2 2	%; 10
75.	*26. Man erfüllt eine Aufgabe im Jenseits.*	6 9 7	%; 6
76.	Lernen und Entwicklung der Seele sind **Aufgaben** im Jenseits.	0 14 9	%; 12
77.	Einige Privilegierte müssen im Jen-		
78.	Eine Aufgabe im Jenseits ist die Betreuung anderer Seelen, z.B. ankommender Verstorbener oder der Lebenden auf der Erde.	0 11 7	%; 4
79.	Im Leben begleiten uns spirituelle Helfer, die wir auch um Hilfe anrufen können.	0 8 5	**Kapitel 7.2.7, S. 257** %; 2
80.	Jenseitige können Lebende beeinflussen, indem sie ihnen Gedanken, Intuitionen oder Träume eingeben.	0 4 4	**Kapitel 7.2.7, S. 257** %; 6
81.	Eine Aufgabe ist es, im Jenseits zu lehren, z.B. über Erfahrungen aus dem eigenen früheren Leben.	0 7 2	
82.	*27. Man hat eine Aufgabe im irdischen Leben zu erfüllen.*	6 18 9	**NTE-Element Nr. 7 u. 17** Bsp. (4), (20), (37), (60) %; 42

83.	*47. Lernen und Weiterentwicklung ist das Ziel auf Erden.*	7 24 14	**NTE-Element Nr. 9, S. 52** Bsp. (2), S. 57 Jankovich Bsp. (4), S. 71 Shields 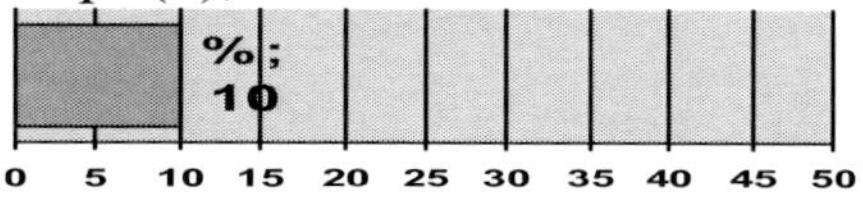 %; 10 0 5 10 15 20 25 30 35 40 45 50
84.	Schwierige Leben führen zu größeren Lernfortschritten als einfache: Lernen durch Leiden.	0 3 3	
85.	Lernen ist im Leben auch ohne Leiden und Kampf möglich.	0 4 4	
86.	Ziel des Lebens ist es, die Beziehung zu anderen Menschen zu vervollkommnen.	0 9 8	**NTE-Element Nr. 9, S. 52**
87.	Ziel des Lebens ist es, Liebe zu lernen.	0 11 8	**NTE-Element Nr. 9, S. 52** Bsp. (2), S. 57 Jankovich 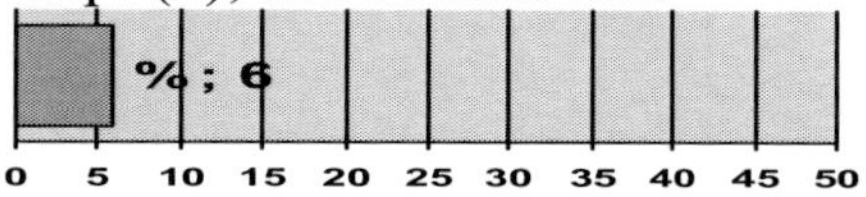 %; 6 0 5 10 15 20 25 30 35 40 45 50
88.	Ziel des Lebens ist es, die Einheit mit		
89.	Endziel aller Entwicklung ist die Verschmelzung mit Gott, das Erreichen einer Gottähnlichkeit oder von Vollkommenheit.	0 14 13	
90.	Es ist kein Ziel des Lebens, die eige		
91.	Es ist kein Ziel des Lebens, Reichtum, Macht und Status zu erreichen.	0 3 3	Bsp. (2), S. 57 Jankovich
92.	*23. Es gibt eine hierarchische Ordnung* hinsichtlich geistiger Bewusstheit.	11 11 10	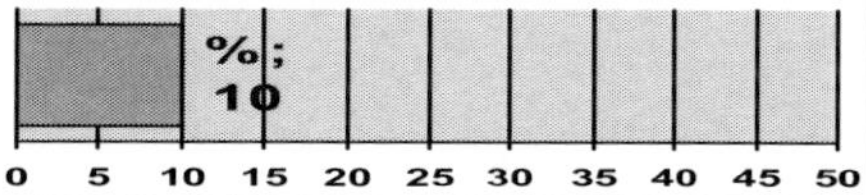 %; 10 0 5 10 15 20 25 30 35 40 45 50
93.	Im Jenseits gibt es keine hierarchische Gliederung.	0 1 1	
94.	Die Seele kann von sich aus nur in niedrigere Ebenen des Jenseits gehen oder hineinblicken; für höhere muss sie sich qualifizieren.	0 2 2	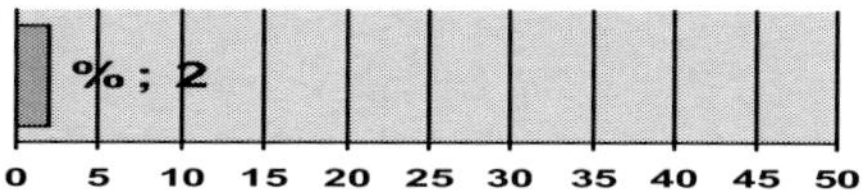 %; 2 0 5 10 15 20 25 30 35 40 45 50
95.	Weniger entwickelte Seelen sind in ihrer Bewegungsfreiheit zwar nicht auf bestimmte Ebenen im Licht eingeschränkt. Sie sammeln sich aber in unteren Schichten.	0 1 1	

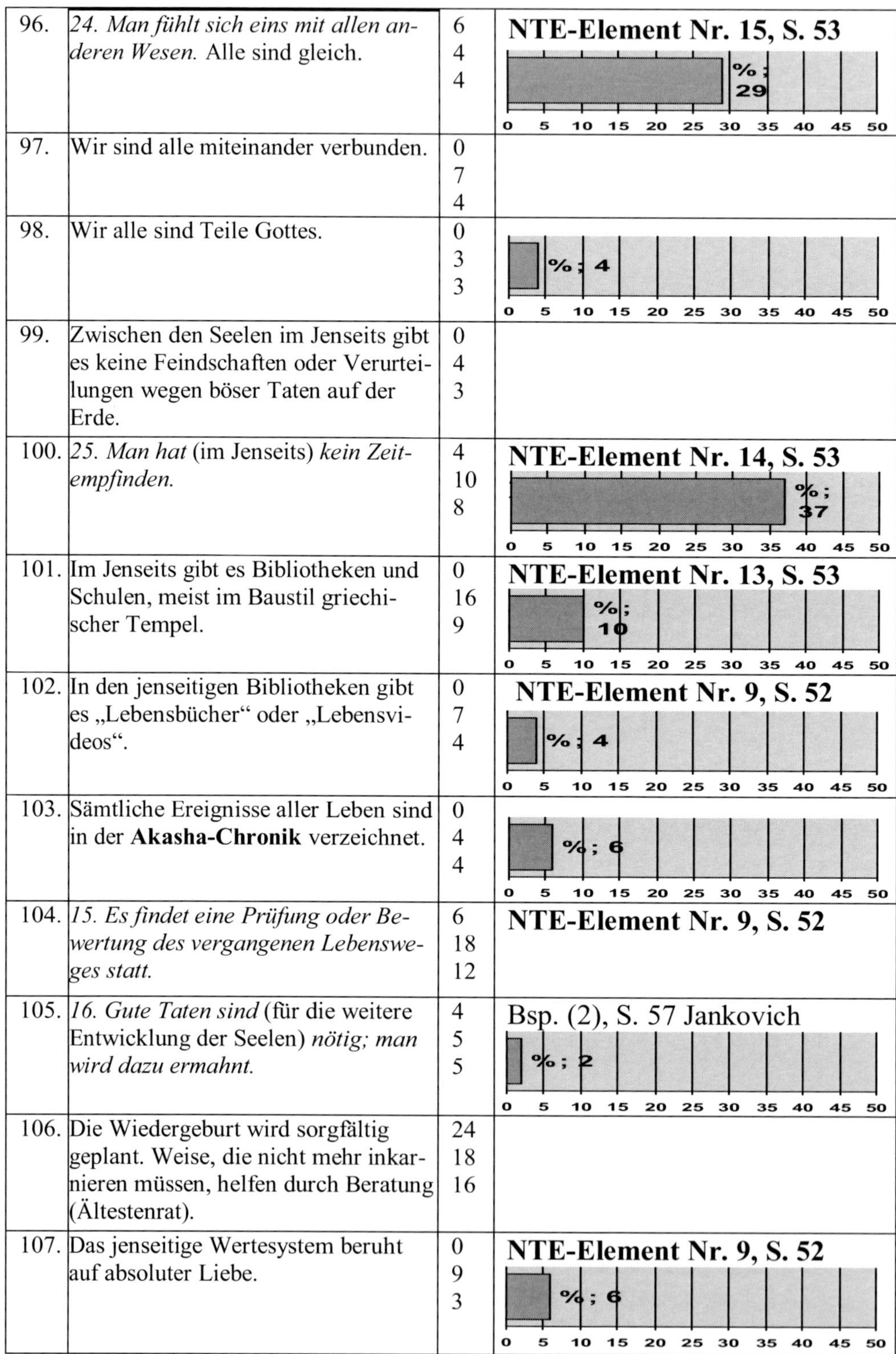

96.	*24. Man fühlt sich eins mit allen anderen Wesen.* Alle sind gleich.	6 4 4	NTE-Element Nr. 15, S. 53 %; 29
97.	Wir sind alle miteinander verbunden.	0 7 4	
98.	Wir alle sind Teile Gottes.	0 3 3	%; 4
99.	Zwischen den Seelen im Jenseits gibt es keine Feindschaften oder Verurteilungen wegen böser Taten auf der Erde.	0 4 3	
100.	*25. Man hat* (im Jenseits) *kein Zeitempfinden.*	4 10 8	NTE-Element Nr. 14, S. 53 %; 37
101.	Im Jenseits gibt es Bibliotheken und Schulen, meist im Baustil griechischer Tempel.	0 16 9	NTE-Element Nr. 13, S. 53 %; 10
102.	In den jenseitigen Bibliotheken gibt es „Lebensbücher" oder „Lebensvideos".	0 7 4	NTE-Element Nr. 9, S. 52 %; 4
103.	Sämtliche Ereignisse aller Leben sind in der **Akasha-Chronik** verzeichnet.	0 4 4	%; 6
104.	*15. Es findet eine Prüfung oder Bewertung des vergangenen Lebensweges statt.*	6 18 12	NTE-Element Nr. 9, S. 52
105.	*16. Gute Taten sind* (für die weitere Entwicklung der Seelen) *nötig; man wird dazu ermahnt.*	4 5 5	Bsp. (2), S. 57 Jankovich %; 2
106.	Die Wiedergeburt wird sorgfältig geplant. Weise, die nicht mehr inkarnieren müssen, helfen durch Beratung (Ältestenrat).	24 18 16	
107.	Das jenseitige Wertesystem beruht auf absoluter Liebe.	0 9 3	NTE-Element Nr. 9, S. 52 %; 6

Nr.	Aussage		Grafik
108.	Die Bewertung des vergangenen Lebens findet vor Richtern, Geistführern oder dem Ältestenrat statt, die aber nicht verurteilen.	0 22 8	**NTE-Element Nr. 9, S. 52** 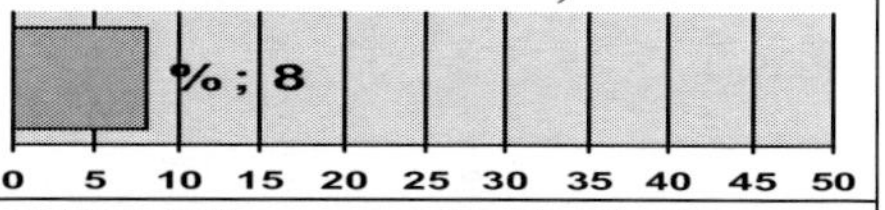 %; 8 0 5 10 15 20 25 30 35 40 45 50
109.	Die Beurteilung des vergangenen Lebens geschieht durch das eigene Gewissen und kann sehr schmerzhaft sein.	0 17 13	**NTE-Element Nr. 9, S. 52** 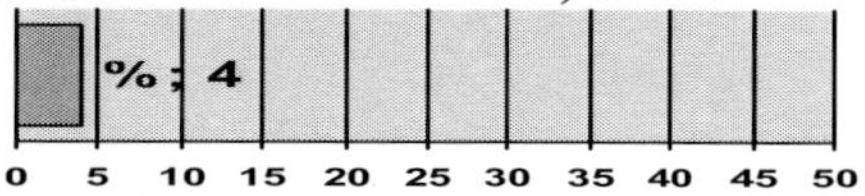 %; 4 0 5 10 15 20 25 30 35 40 45 50
110.	Das vergangene Leben wird in der Seelengruppe bewertet.	0 2 2	
111.	Man sieht einen Lebensfilm als Rückschau auf das vergangene Leben.	0 11 10	**NTE-Element Nr. 9, S. 52** 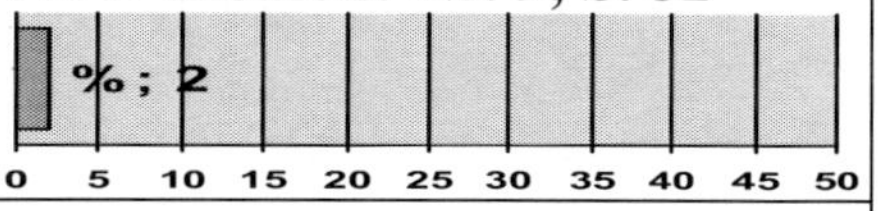 %; 2 0 5 10 15 20 25 30 35 40 45 50
112.	Der Lebensfilm muss nicht jeder		
113.	Die jenseitige Bewertung des vergangenen Lebens führt zu Schuldgefühlen, die den Wunsch nach Wiedergeburt auslösen, um die Schuld auf Erden abzutragen.	0 3 3	
114.	Im Jenseits ist die Seele nicht fähig, Emotionen zu empfinden.	0 2 2	
115.	Es gibt keine einfache Erlösung von der Schuld aus früheren Leben.	0 4 4	
116.	Die Lebensplanung berücksichtigt karmische Aspekte aus früheren Leben.	0 12 11	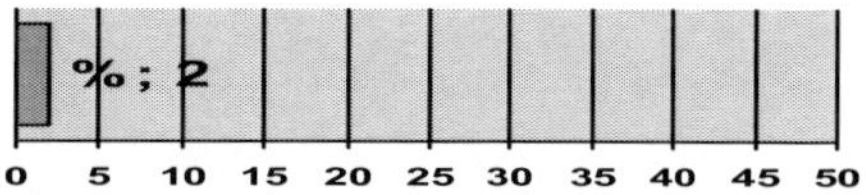 %; 2 0 5 10 15 20 25 30 35 40 45 50
117.	Nach grausamer Handlung kommt die		
118.	Nach sehr grausamen Handlungen auf		
119.	Nach einem Selbstmord wird man im Jenseits nicht bestraft, muss aber auf Erden seine verpatzte Lektion wiederholen.	6 18 15	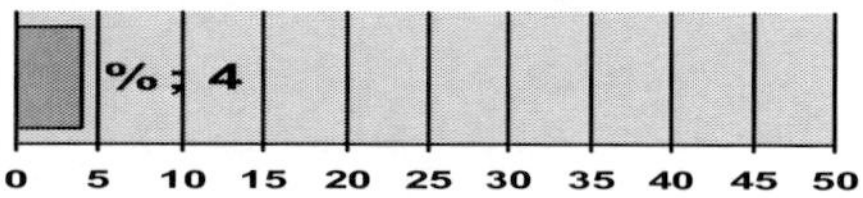 %; 4 0 5 10 15 20 25 30 35 40 45 50
120.	Selbstmörder, deren Seelen andere		
121.	Es gibt keine Erbsünde, kein in Un		
122.	Es gibt kein jüngstes Gericht und		
123.	Die Lebensplanung wird auf Erden nicht strikt eingehalten.	0 6 5	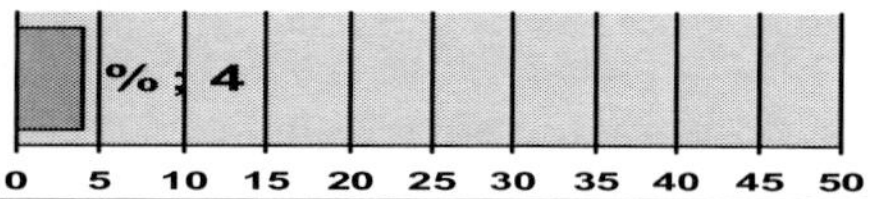 %; 4 0 5 10 15 20 25 30 35 40 45 50
124.	Die Seele weiß, in welche Familie bzw. Lebensumstände sie hineingeboren wird.	0 9 8	
125.	Die Seele kann den Zeitpunkt der Wiedergeburt wählen.	0 3 3	

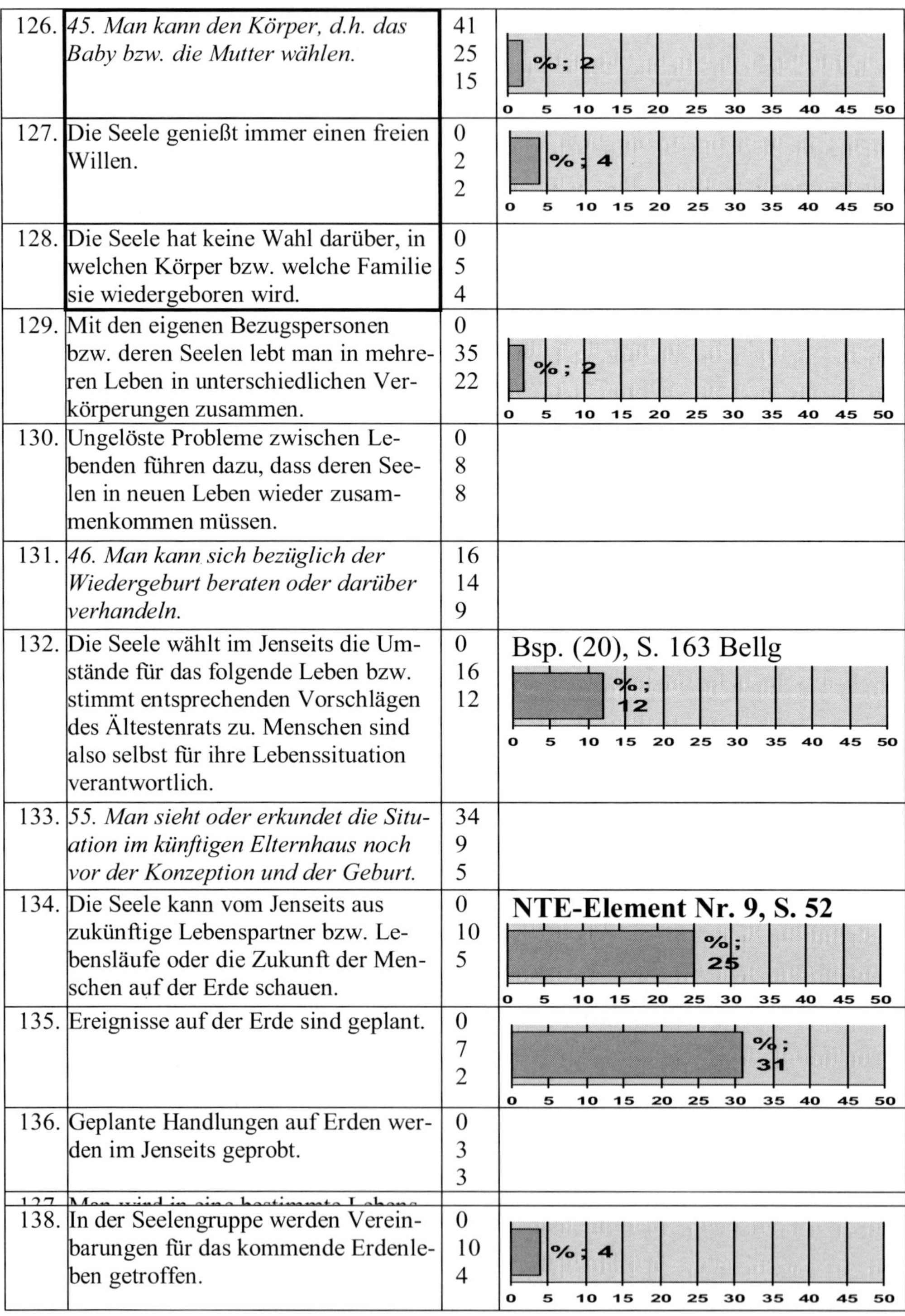

Nr.	Aussage	Werte	Diagramm
126.	*45. Man kann den Körper, d.h. das Baby bzw. die Mutter wählen.*	41 25 15	%; 2 0 5 10 15 20 25 30 35 40 45 50
127.	Die Seele genießt immer einen freien Willen.	0 2 2	%; 4 0 5 10 15 20 25 30 35 40 45 50
128.	Die Seele hat keine Wahl darüber, in welchen Körper bzw. welche Familie sie wiedergeboren wird.	0 5 4	
129.	Mit den eigenen Bezugspersonen bzw. deren Seelen lebt man in mehreren Leben in unterschiedlichen Verkörperungen zusammen.	0 35 22	%; 2 0 5 10 15 20 25 30 35 40 45 50
130.	Ungelöste Probleme zwischen Lebenden führen dazu, dass deren Seelen in neuen Leben wieder zusammenkommen müssen.	0 8 8	
131.	*46. Man kann sich bezüglich der Wiedergeburt beraten oder darüber verhandeln.*	16 14 9	
132.	Die Seele wählt im Jenseits die Umstände für das folgende Leben bzw. stimmt entsprechenden Vorschlägen des Ältestenrats zu. Menschen sind also selbst für ihre Lebenssituation verantwortlich.	0 16 12	Bsp. (20), S. 163 Bellg %; 12 0 5 10 15 20 25 30 35 40 45 50
133.	*55. Man sieht oder erkundet die Situation im künftigen Elternhaus noch vor der Konzeption und der Geburt.*	34 9 5	
134.	Die Seele kann vom Jenseits aus zukünftige Lebenspartner bzw. Lebensläufe oder die Zukunft der Menschen auf der Erde schauen.	0 10 5	**NTE-Element Nr. 9, S. 52** %; 25 0 5 10 15 20 25 30 35 40 45 50
135.	Ereignisse auf der Erde sind geplant.	0 7 2	%; 31 0 5 10 15 20 25 30 35 40 45 50
136.	Geplante Handlungen auf Erden werden im Jenseits geprobt.	0 3 3	
137.	[illegible]		
138.	In der Seelengruppe werden Vereinbarungen für das kommende Erdenleben getroffen.	0 10 4	%; 4 0 5 10 15 20 25 30 35 40 45 50

139.	*52. Man verabredet sich für ein Wiedersehen auf Erden.*	7 7 6	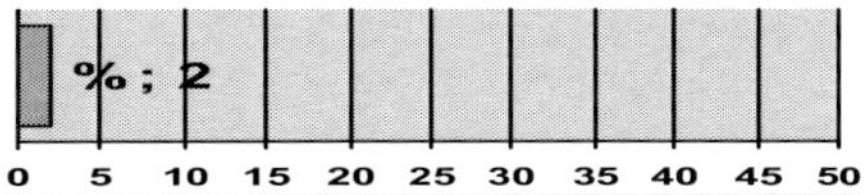 %; 2
140.	Es werden Erkennungszeichen gesetzt, damit sich verabredete Seelen im Leben finden.	0 2 1	
141.	Gruppen verabreden sich für einen gemeinsamen Tod.	0 2 2	
142.	Seelen planen auch ihren Tod.	0 5 5	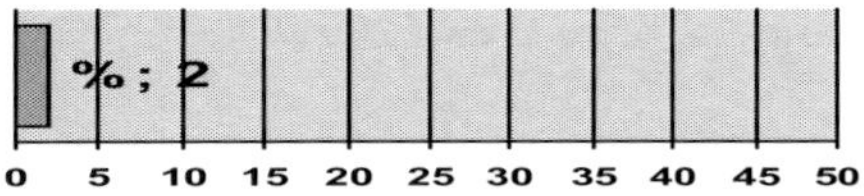 %; 2
143.	Folgt die Seele nicht dem Rat der Weisen bezüglich des nächsten Lebens, so wird man nicht bestraft, bereut es aber später.	0 2 2	
144.	Eine nicht im Jenseits geplante		
145.	Man wird viele Male wiedergeboren.	0 11 11	Kap. 6.3, S. 57 bis 6.6
146.	Es gibt mehrfache Versuche der See		
147.	*49. Die Wiedergeburt stellt eine Prüfung dar.*	4 7 4	
148.	Im Jenseits Gelerntes und der Lebensplan müssen auf der Erde praktisch umgesetzt werden, um die Seele zu vervollkommnen.	0 8 8	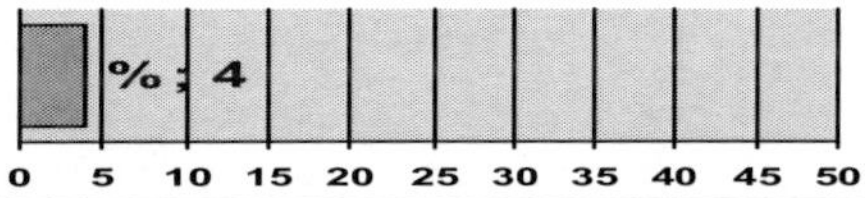 %; 4
149.	Die Gedanken der Seele bestimmen die Realität im Jenseits.	0 9 6	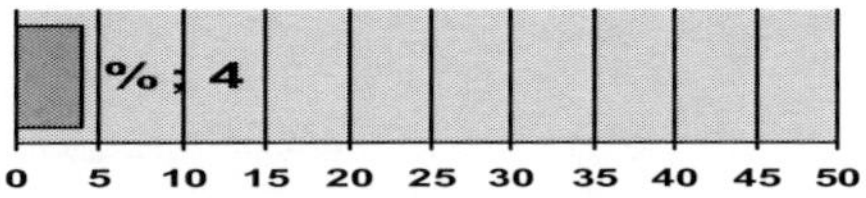 %; 4
150.	*21. Man sieht mehrere Orte oder Perspektiven zugleich (Omnipräsenz, Rundumsicht).*	1 2 2	Bsp. (60), S. 250 Moorjani 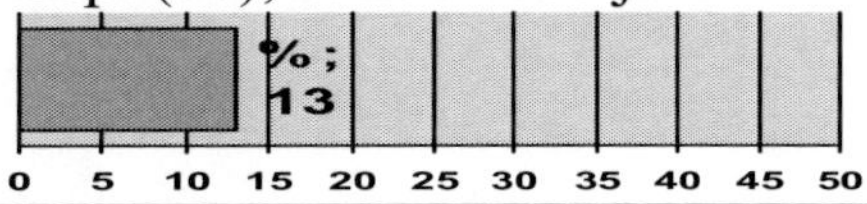 %; 13
151.	*28. Es gibt auch Tiere im Jenseits.*	2 7 3	Bsp. (16), (37) u. (46) 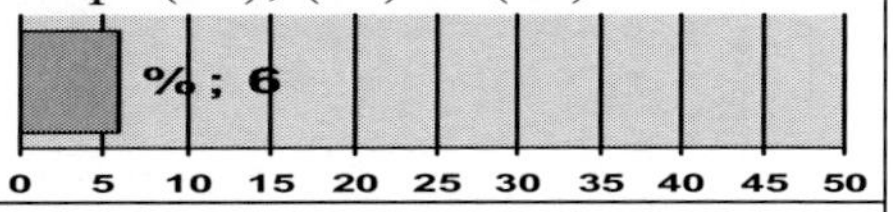 %; 6
152.	*29. Man trägt Kleider, wie auf Erden.*	2 7 6	Bsp. (46), (47), (48) u. (58) 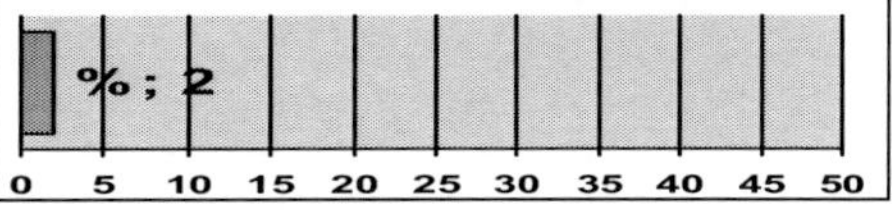 %; 2

153.	Man trägt keine Kleider, wie auf Erden	0 1 1	Bsp. (34), S. 188, (49), S. 229
154.	*30. Kleider waschen ist nicht nötig.*	1 0 0	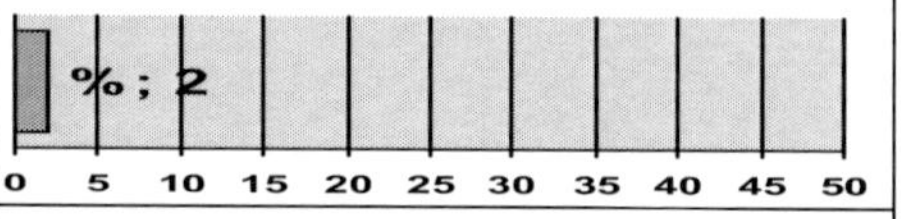 %; 2
155.	*31. Man kann Hunger und Durst empfinden, und es gibt Essen.*	6 4 3	
156.	*32. Man muss nicht unbedingt essen.*	1 2 2	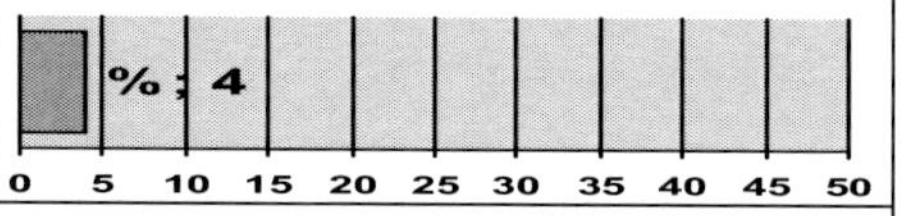 %; 4
157.	*33. Man kann arbeiten, spielen und Sport treiben;* malen, musizieren, tanzen, schreiben, forschen, bildhauern, etc.	3 8 5	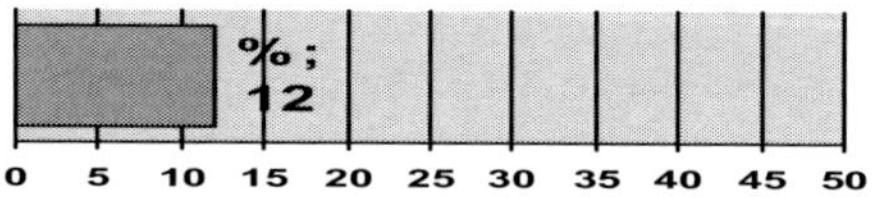 %; 12
158.	*34. Man muss aber nicht arbeiten, spielen oder Sport treiben.*	1 0 0	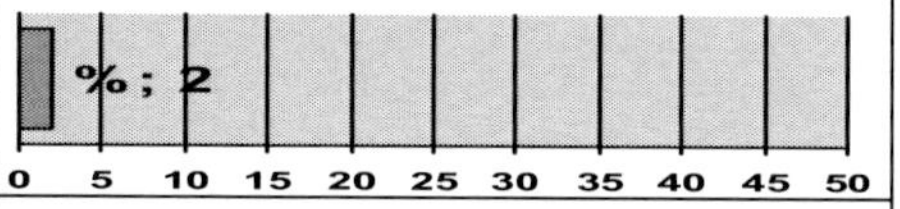 %; 2
159.	*35. Man kann schlafen.*	2 0 0	
160.	*36. Man muss nicht schlafen.*	1 1 1	
161.	*37. Wasser macht nicht nass.*	1 2 2	
162.	Ein Wassereimer leert sich nicht beim		
163.	*40. Seelen entstehen neu.*	3 2 1	
164.	Seelen gibt es schon immer.	0 1 1	
165.	Seelen sind alle zugleich entstanden.	0 1 1	

Welche Erkenntnisse können nun aus obiger tabellarischen Gegenüberstellung gezogen werden?

1. Hier nicht sichtbar: Während der Auswertung der 52 Bücher sind so selten klare Widersprüche zu den Kernelementen aufgetaucht, so dass ich

sie eine ganze Weile lang nicht ernst genommen und (ein Fehler!) nicht aufgeschrieben habe.

2. Außer den in den Kapiteln 6.3 bis 6.6 aufgeführten Hinweisen auf die Wiedergeburt wurden in der Literatur keine weiteren gefunden. Die spärliche Zahl an Hinweisen auf die Wiedergeburt wird verständlich, wenn man annimmt, dass ein NTEer hauptsächlich mit seiner aktuellen Situation beschäftigt sein dürfte, und in der Regel nicht an eine weit in der Zukunft liegende Reinkarnation denkt.

Nur ein einziger Bericht einer NTE ist mir begegnet, in der die Existenz der Reinkarnation rundheraus verneint wird (***120**, S. 109*).

3. Von den ersten 49 Kernaussagen, welche den Übergang ins Jenseits betreffen (Tabelle 7-3 bis Nr. 60), werden 26 oder 53% schon durch die Elemente einer NTE bestätigt[37]. Nimmt man solche mit hinzu, für die NTE-Beispiele gefunden wurden, steigt der Anteil auf 82% Bestätigung.

4. Von den folgenden 91 Kernaussagen, welche das Dasein im Jenseits selbst betreffen (Tabelle 7-4 Nr. 61 bis Nr. 165), werden nur noch 19 oder 21% durch die Elemente einer NTE bestätigt[38]. Nimmt man solche mit hinzu, für die einzelne NTE-Beispiele gefunden wurden, steigt der Anteil auf 64% Bestätigung. Der höhere Prozentsatz für Aussagen zum Übergang ins Jenseits (obiger Punkt 3) könnte damit erklärt werden, dass ein NTEer naturgemäß näher vom Übergang betroffen ist, als vom Dasein im Jenseits.

5. Für fast alle Elemente einer NTE gibt es entsprechende Kernaussagen von Kindern bzw. rückgeführten Erwachsenen. Ausnahmen sind die NTE-Elemente Nr. 12, 17, 19, 20, 21. Die letzten vier betreffen spezifisch nur NTEs und entfallen daher zu recht. Nur Nr. 12, die gesteigerte

---

[37] Herkunft der Zahlen aus Tabelle 7-3: 26 Bestätigungen durch NTE-Elemente, NPE-NTE und mehr als nur einzelne Beispiele. Insgesamt enthält die Tabelle 60-11 (unterdrückte) = 49 Kernelemente; 26/49=53% Bestätigung nur in Tabelle 7-3.

Dazu kommen 14 durch einzelne Beispiele bestätigte Kernaussagen (9 Zellen sind leer).

Beides zusammen ergibt: 26+14=40, 40/49=82% Bestätigung nur in Tabelle 7-3.

[38] Herkunft der Zahlen aus Tabelle 7-4: 19 Bestätigungen durch NTE-Elemente aufgeteilt auf 165-60 (Tabelle 7-3) -14 (unterdrückte) =91 Kernelemente; 19/91=21% Bestätigung nur in Tabelle 7-4.

33 Zellen sind leer; durch einzelne Beispiele belegt sind folglich 91-19-33=39.

Beide Bestätigungsformen zusammen ergeben 39+19=58, 58/91=64% Bestätigung.

intellektuelle Fähigkeit, findet sich zwar in den NTE-Elementen, nicht jedoch in den sichtbaren Kernelementen aus meinem Band 2b. Dieser ‚Ausreißer' verschwände, wenn man die unterdrückte Nr. 17 der Kernelemente gelten ließe, in der es heißt: ‚Nach dem Tod ist die Wahrnehmung erhöht.'

6. Es verwundert, viele Literaturstellen für die drei folgenden Kernelemente, Nr. 46, Nr. 60 und Nr. 135 vorzufinden, obwohl es dafür keine Entsprechung als NTE-Element gibt.

Nr. 46: Nach dem Tod wird die Seele in die Energiehülle eines Führers oder Seelengefährten eingehüllt und erlebt dies als reine Ekstase'

Nr. 60: ‚Die eigentliche Heimat ist die geistige Welt. Man fühlt sich dort wieder zu Hause' und …

Nr. 135: ‚Ereignisse auf der Erde sind geplant'.

Vielleicht sollten die drei Punkte mit in die NTE-Elemente aufgenommen werden, zumal sie in den weiter unten aufgeführten medial übermittelten Aussagen von (tatsächlich) Verstorbenen wieder unterstützend auftauchen (Nr. 46: 7%; Nr. 60: 37%; Nr. 135: 20%).

Mein Resümee

Ich bin mir sicher, etliche Aussagen der Literatur und manches Buch übersehen zu haben, so dass die Zahlen in obiger Tabelle zu klein ausgefallen sein dürften. Die Methodik der Auswertung ist andererseits nur grob, d.h. bei höherem Aufwand noch verbesserungsfähig.

Unter diesen Umständen kann man zusammenfassend festhalten, dass NTEs die bisher gemachten Aussagen von Kindern und rückgeführten Erwachsenen hauptsächlich über den Sterbeprozess aber auch über das Dasein im Jenseits überzeugend unterstützen.

Die Feststellung, dass NTEs die Jenseitsaussagen aus Band 2b fast ohne nennenswerte Gegenaussagen einhellig unterstützen, lässt die Vermutung aufkommen, dass dies kein Zufall ist, sondern eine allen gemeinsame Grundlage hat. Diese gemeinsame Basis kann bei NTEern kein gemeinsamer Glaube sein, weil sie aus allen Glaubensrichtungen oder von Ungläubigen stammen können. Die Gemeinsamkeit könnte also eher in der Realität eines Jenseits liegen, das sich für alle ähnlich darstellt.

Um das Argument ‚Zufall' zu beleuchten, müsste ein Kollektiv von Menschen zu den Kernelementen befragt werden, das wie eine Referenzgruppe von NTEern zusammengesetzt ist. Diese Testmöglichkeit habe ich nicht. Ich würde jedoch erwarten, dass die oben genannte Einheitlichkeit hierbei nicht auftreten würde, wodurch der Zufall als Erklärung ausgeschlossen wäre. Die Frage nach dem Einfluss des Glaubenshintergrunds könnte in die vorgeschlagene Befragung eingeschlossen und so auch geklärt werden.

8. Mediale Durchgaben und Reinkarnation

Die Medialität kann keineswegs zu den neuen Erfahrungsfeldern der Nach-Mattiesen-Zeit (ab 1940) gezählt werden. Dementsprechend (und aus Platzgründen) wird das Thema hier nicht vollumfänglich behandelt (weitere Info auf meiner Homepage www.reinkarnation.de). Aber es gibt Gründe, Teilbereiche hier aufzunehmen. Sie sind entweder als Basis notwendig oder neu oder erfordern den Anschluss an das bisher dargestellte Neue (NTEs).

Die Teilbereiche in Kapitel 8 sind:

1. Als Basis die Zusammenstellung von Argumenten für eine transzendente Interpretation des Mediumismus (im Gegensatz zur animistischen Deutung) 8.1, S. 280 und 8.2, S. 289;
2. Neue Prüfung von Medien 8.1.2, S. 287;
3. Neuer Fall, der die transzendente Auslegung stützt 8.2.9, S. 316;
4. Anschluss an die Jenseitsaussagen 8.3, S. 334;
5. Fortführung der vor 1940 getätigten Aussagen pro Reinkarnation 8.4, S. 360.

Meine Argumentation wird sich nicht auf theoretische Überlegungen und Erklärungsmodelle stützen, sondern auf Beispielfällen aufbauen.

In den vorstehend gebrachten Beispielen haben wir von spontanen, angeblichen direkten Kommunikationen zwischen dem Dies- und dem Jenseits gelesen (Fall Nr. (15), S. 135; (16), S. 137; (20), S. 163; (46), S. 220; (47), S. 223; (48), S. 228; (50), S. 231). Daneben gibt es sogenannte mentale Medien (Mittler), die professionell (nicht unbedingt kommerziell) und geplant eine Sprech- oder Schreibverbindung von und zum Jenseits herstellen zu können behaupten. Beispiele dafür kamen in vorausgegangenen Kapiteln schon vor (Nr. (38), S. 202; (39), S. 205; (41), S. 209; (42), S. 211; (43), S. 213; (55), S. 240; (61), S. 254; (55), S. 240).

Dabei gilt es zu unterscheiden zwischen

a) Medien, die eine Verbindung zu Verstorbenen anbieten. Hier geht es gewöhnlich um private (auch teilweise vom Jenseits aus schriftlich geführte) Gespräche. Sie zielen sehr häufig darauf ab, die Identität, das Weiterleben und das Wohlbefinden des Verstorbenen zu bestätigen, der meist ein Angehöriger oder Freund ist.

b) Medien, die zu ‚channeln' behaupten, d.h. (meist höher entwickelte) Jenseitige zu Wort kommen lassen, welche Wissen, Belehrungen und Prophezeiungen aussprechen bzw. aufschreiben.

c) Medien behaupten, in frühere Leben ihrer Klienten (ihrer Kunden oder Besucher, engl. ‚Sitter') schauen und darüber berichten zu können. Ein Fall, der nachgeprüft und bei dem der Bezug zum Sitter deutlich wurde, ist mir allerdings leider bisher nicht begegnet.

Diese Medien erklären, dass sie in der Regel einen eigenen, jenseitigen Mittler, den ‚Kontrollgeist' (engl. ‚control') hätten, der es versteht, die Organe (Sprech- oder Schreibwerkzeuge) des in Trance befindlichen irdischen Mediums zu steuern. Es geht darum, das auszudrücken, was andere Jenseitige (z.B. verstorbene Verwandte) dem Kunden des Mediums auf Erden (engl. ‚sitter') mitteilen oder antworten möchten. Manchmal, heißt es, gelinge es auch dem Jenseitigen, ohne Vermittlung direkt die Organe des Mediums zu benutzen, um zu sprechen oder zu schreiben. Das sei dann oft an der geänderten Stimme oder Schrift oder anderem Verhalten des Mediums erkennbar. Der Sitter spricht und der jenseitige Mittler hört das mit. Anders als bei physikalischen Medien[39], über die hier nicht berichtet wird, finden die Séancen der mentalen Medien bei Helligkeit statt.

Wie bei den spontanen Jenseitskommunikationen stehen auch hier bei Medien **zwei Fragen im Vordergrund**:

a) Handelt es sich tatsächlich um paranormale Leistungen?

b) Geht es wirklich um Kontakte mit Verstorbenen?

Zu a): Berichte und Diskussionen über mentale Medien, über deren Leistungen aber auch zu Alternativerklärungen gibt es seit dem Aufkommen des Spiritismus (1848 Geschwister Fox in USA) in inzwischen unüberschaubarer Zahl. Das riesige Feld kann hier nicht annähernd abgedeckt werden. Ich möchte aber als Antwort im Folgenden feststellen, dass das Totschlagsargument, man könne alle mediale Kommunikation als Humbug abschreiben, nicht gerechtfertigt ist. Dazu soll uns weiter unten der klassische Fall eines nach allen Regeln der Kunst überprüften Mediums, Leonore Piper (Kapitel 8.1.1, S. 280), sowie ein zeitgenössischer Test durch Prof. Gary Schwartz dienen (Kapitel 8.1.2, S. 287).

Zu b): Hier stehen die alternativen Erklärungen ‚Kommunikation mit der Geisterwelt', wie von den Medien behauptet, oder ‚Super-PSI' oder ‚Super-ASW' diametral gegeneinander. Dazu kommen wir in Kapitel 8.2, S. 289.

---

[39] Sie produzieren unerklärliche physikalische Effekte, wie z.B. Levitationen (Körperschweben), Ektoplasma (Stoff, aus dem sich Körperteile entwickeln können), Apporte (Gegenstände materialisieren sich in der Luft), Lichteffekte, Musikinstrumente schweben und spielen von selbst usw.

8.1. Glaubwürdigkeit von mentalen Medien

Zunächst soll es also nicht um die Frage ‚Super-ASW oder Jenseitskontakt' gehen, sondern darum, ob es Medien gibt, denen man vertrauen darf, dass sie keine geheimen Tricks anwenden oder **Betrügereien** begehen. Dazu im Folgenden zwei Beispiele.

8.1.1. Bsp. (62) Glaubwürdigkeit am Beispiel von Leonora Piper

(62) Das spätere **Medium**, die Amerikanerin Mrs. **Leonora E. Piper** (1859-1950), hatte schon als Achtjährige ein außergewöhnliches Erlebnis, das man als Vorboten ihrer Medialität ansehen kann. Sie spielte im Garten, als sie plötzlich einen scharfen Stoß auf ihr rechtes Ohr verspürte. Gleichzeitig vernahm sie einen langen Zischlaut, der sich anschließend in ein ‚S' verwandelte. Es folgte der **Satz (MMV)**: *„Tante Sara nicht tot, sondern noch bei dir."* Die Kleine rannte in Panik zu ihrer Mutter und erzählte, was vorgefallen war. Der Mutter gelang es, Leonora zu trösten, so dass sie bald wieder weiterspielen konnte. Zwei Tage später traf die Nachricht ein, dass Sara, die Schwester der Mutter, etwa zum Zeitpunkt von Leonoras Erlebnis unerwartet gestorben war *(**143**, S. 123; **185**, S. 54; **345**, S. 12; **463**, S. 2)*.

Einige Wochen später, kurz nachdem das Mädchen zu Bett gebracht und die Lampe gelöscht worden war, wurde sie von einem hellen **Licht** aufgeschreckt, in dem allerlei Gesichter zu sehen waren. Sie rief ihre Mutter zu Hilfe, erzählte von dem Licht und berichtete zusätzlich, ihr Bett habe nicht aufgehört, hin und her zu schaukeln. Es dauerte nicht lange, da war klein Leonora wieder getröstet und konnte einschlafen *(**143**, S. 123; **185**, S. 54; **345**, S. 13; **463**, S. 2)*.

Leonora Evelina Simonds heiratete 1881 im Alter von 22 Jahren William Piper aus Boston. Kurz nach der Geburt ihres ersten Kindes, Alta, 1884, überredete sie ihr Schwiegervater, wegen eines bei ihr seit längerem bestehenden Gesundheitsproblems einen blinden Hellseher aufzusuchen. Es war **J. R. Cocke**, der für seine bemerkenswerten Diagnosen und Heilungen bekannt war. Als sie ihm gegenüber saß, hatte sie den Eindruck, dass dessen Gesicht immer kleiner wurde und in die Ferne entschwand. Für wenige Minuten wurde sie ohnmächtig.

Obwohl sie dieses Erlebnis stark verunsichert hat, ließ sie sich erneut vom Schwiegervater überreden und besuchte eine Woche später eine reguläre Gruppensitzung mit Cocke. Als dieser seine Hand auf ihren Kopf legte, lief es ihr kalt über den Rücken, denn sie sah wieder eine Lichterflut, in welcher fremde Gesichter auftauchten. Leonora stand von ihrem Stuhl auf, ging zu einem Tisch in der Mitte des Raumes, nahm von dort Papier und Bleistift zur Hand und **schrieb** eilig etwas auf. Den Zettel überreichte sie einem Gruppenmitglied und setzte sich wieder auf ihren Stuhl. Nach einigen Minuten war sie wieder bei normalem Bewusstsein, konnte sich aber nicht an das soeben Geschehene erinnern. Sie war überrascht, als sich ein älterer Herr an sie wandte, sich vorstellte und sagte: *„Junge Frau, ich bin Spiritualist seit über 30 Jahren, aber die Nachricht, die sie mir soeben gaben, ist die bemerkenswerteste, die ich je erhalten habe. Sie hat mir frischen Mut gegeben, denn ich weiß nun, dass mein Junge lebt."* Der ältere Herr war der allseits geschätzte Jurist Frost aus Cambridge. Sein vor 30 Jahren bei einem Unfall verstorbener Sohn hatte ihn in dem Schriftstück als ‚Vater' angesprochen, seinen eigenen Namen genannt und versichert, dass er noch lebe und klar bei Verstand sei. Wenn der Vater es recht verstehe, werde er erkennen, dass alles zum Besten geraten sei.

Nach dem allgemeinen Bekanntwerden dieses Vorfalls wurde Frau Piper von Interessenten überrannt, die ein Date für ein ‚Sitting' bei ihr erhalten wollten. Somit begann ihre Karriere als Medium. Allerdings machte Frau Piper daraus kein Geschäft, sondern sie stellte sich ein Leben lang nur der Wissenschaft zur Verfügung. Sie akzeptierte als ‚Sitter' zunächst lediglich Mitglieder aus dem engeren Kreis der Familie und gute Freunde.

Dies änderte sich wieder, als im Herbst 1885 Prof. **William James** (1842-1910) vom Harward College in USA auf Frau Piper aufmerksam wurde. Prof. James kann als einer der Pioniere der modernen Psychologie angesehen werden. Er war Mitbegründer der amerikanischen Parapsychologischen Gesellschaft (ASPR). Frau Pipers Leistungen beeindruckten ihn so, dass er beschloss, das Phänomen genauer zu studieren. Für die folgenden 18 Monate kontrollierte er mit Einwilligung von Frau Piper, wer und unter welchen Bedingungen jemand zu Sittings bei ihr zugelassen wurde *(**143**, S. 124; **185**, S. 54; **345**, S. 25)*. Von 27 Sitzungen waren 15 in dem Sinne erfolgreich, dass Information übermittelt wurde, die nach James' Einschätzung Frau Piper nicht auf normale Weise hatte erhalten können *(**7**, S. 214; **463**, S. 5)*.

Er war von Frau Pipers Ehrlichkeit und der Echtheit ihrer Trance absolut überzeugt *(**7**, S. 214; **157**, S. 33; **345**, S. 25)*. Als er 1894 Präsident der ASPR wurde, machte er jenen Ausspruch, der in Fachkreisen inzwischen weithin bekannt wurde: *„Wenn du das Gesetz, dass alle Krähen schwarz sind, widerlegen willst, brauchst du nicht zu beweisen, dass keine Krähe schwarz ist. Es genügt zu zeigen, dass es eine einzige **weiße Krähe** gibt. Meine eigene weiße Krähe ist Frau Piper."* *(**143**, S. 121; **229**, S. 359; **345**, S. 28)*.

Prof. James' Interesse für den ‚Fall Piper' hielt 25 Jahre bis zu seinem Tod 1910 an *(7, S. 213; **345**, S. 29)*. Zur Frage, ob Frau Piper wirklich mit den Toten sprach, blieb er zeitlebens unentschieden *(7, S. 215; **143**, S. 121; **229**, S. 361)*.

Im Winter 1886/87 musste Prof. James die Kontrolle über Frau Pipers Sitzungen abgeben, weil andere Verpflichtungen ihm keine Zeit mehr dafür ließen *(**345**, S. 29)*. Sein positives Urteil über sie führte dazu, dass sich der Australier **Richard Hodgson** (1855-1905) bereit fand, die Untersuchung im Rahmen der ASPR ab Frühjahr 1887 fortzusetzen. Sie sollten bis zu seinem frühen Tod 1905 andauern. Hodgson trat diese Aufgabe in der Überzeugung an, es könne sich bei Frau Piper nur um ‚**cold reading**' (Schlussfolgerungen aus äußeren Anzeichen) oder Betrug handeln, der bisher noch nicht entdeckt worden sei *(**345**, S. 33)*. Er war schon im Auftrag der Gesellschaft nach Indien gefahren, um **Helena Petrovna Blavatsky**, die Gründerin der Theosophischen Gesellschaft[40] zu entlarven, was ihm nach einigen Monaten auch gelang *(**131**, S. 166; **463**, S. 18)*. Für ihn waren die Theosophen leichtgläubige Schwärmer. Weitere Entlarvungen gelangen ihm auch bei anderen Medien, darunter bei der berühmten **Eusapia Paladino**, einem italienischen Medium.

Hodgson bestimmte – manchmal improvisierend – wer eine Audienz bei Frau Piper erhielt *(**185**, S. 55; **345**, S. 35)*. Es handelte sich um Menschen aus allen Teilen der Welt, die dem Medium unbekannt waren. Die Sitter wurden anonym oder mit falschem Namen oder erst in die Séance gebracht, wenn Frau Piper bereits in Trance war *(**119**, S. 179; **247**, S. 570; **345**, S. 35)*. Manche Sitter wurden auch hinter das Medium gesetzt, so dass kein Sichtkontakt möglich war *(**119**, S. 179)*. Protokolle jeder Sitzung wurden angefertigt und Zeugenaussagen mussten unterschrieben werden *(**131**, S. 166)*.

Alle Bewegungen des Ehepaars Piper und seiner Hausangestellten wurden beobachtet *(**345**, S. 43)*. Die Zeitungslektüre wurde verboten *(**143**, S. 127; **345**, S. 64)* und Briefe überwacht *(**173**, S. 52)*. Für einige Wochen wurde ein Detektiv eingeschaltet *(**66**, S. 58; **119**, S. 178; **143**, S. 127; **173**, S. 52; **228**, S. 201; **247**, S. 570)*. Nichts konnte den Verdacht auf heimliche Erkundungen bestätigen.

Um sicher zu gehen, dass die Trance echt war, wurde Frau Piper gestochen, geschnitten und gebrannt *(**247**, S. 570; **345**, S. 66)*. Ihr wurde Amoniak unter die Nase gehalten *(**228**, S. 200)*. Alles ohne Reaktion *(**173**, S. 52; **247**, S. 570)*. Allerdings beschwerte sie sich anschließend und drohte damit, ihre Mitwirkung bei den Versuchen einzustellen.

[40] 1875 in New York City gegründete okkulte Organisation, die aus dem spiritistischen Zirkel ‚Miracle Club' hervorgegangen ist, dessen Zielsetzung die wissenschaftliche Erforschung spiritistischer Phänomene war.

Da Hodgson immer noch keinen Hinweis auf Betrug gefunden hatte, war er der Meinung, dass die Überwachung noch nicht perfekt genug sei. Daher entwickelte er die Idee, Frau Piper aus ihrem gewohnten Umfeld heraus zu nehmen und in ein ihr fremdes Land zu bringen *(**345**, S. 45)*. Frau Piper stimmte dem unter der Bedingung zu, ihre beiden Kinder mitnehmen zu können. Die Idee fiel bei **F. W. H. Myers** (1843-1901), Altphilologe und Mitbegründer der englischen SPR, auf fruchtbaren Boden. Er empfing seine Gäste im November 1889 in England und sorgte dafür, dass bis in den Februar 1890 dreiundachtzig Sittings *(**345**, S. 54; 88 Sitzungen nach **143**, S. 122)* abgehalten werden konnten. Sie wurden von Myers selbst und von Prof. **Lodge** (1851-1940), sowie **Walter Leaf** kontrolliert. Lodge, Physiker, war ein Pionier in der Erforschung elektromagnetischer Wellen und der Radiotechnik.

Myers wählte als persönliche Bedienstete für seine Gäste eine Frau vom Land, der er vertrauen konnte. Die Sitter wurden von ihm zufällig ausgewählt, mit falschem Namen versehen oder erst in die Séance gebracht, wenn Frau Piper bereits in Trance war *(**345**, S. 55)*. Prof. Lodge ging noch weit rigoroser vor. Alle Bediensteten des Hauses wurden für die Zeit von Frau Pipers Aufenthalt bei ihm ausgetauscht. Der Professor schloss die Familienbibel und alle Photoalben weg. Er las mit Frau Pipers Einverständnis ihre gesamte Korrespondenz und durchsuchte ihr Gepäck nach Büchern, wie Biographien oder Nachschlagewerken. Auf allen Wegen, z.B. beim Einkaufen, wurde Frau Piper begleitet *(**173**, S. 52; **143**, S. 122; **345**, S. 55-57)*.

Frau Pipers wundersame Fähigkeit nahm in England nicht ab. In 38 Sitzungen konnte Telepathie mit den anwesenden Personen ausgeschlossen werden, weil diese nichts zu dem sagen konnten, was das Medium angab. In einem Abschlussbericht zum Aufenthalt in England stellten die Untersucher fest, dass Frau Piper nicht betrogen hatte und Wissen besaß, das sie nicht normal hatte erlangen können. Selbst ein Detektiv hätte das Wissen nicht herbeischaffen können. Frau Piper hätte auch nicht das Geld gehabt, um einen Detektiv zu bezahlen. Sie habe außerdem Krankheiten diagnostizieren und psychometrisch arbeiten können (psychometrisch: Anhand von Gegenständen Aussagen über den Besitzer machen) *(**143**, S. 122-123)*.

Nach 4 Jahren Untersuchung musste Hodgson in einem Bericht bestätigen, dass die Phänomene nicht mit Schwindel und teilweise auch nicht mit ASW zu erklären waren. Allerdings konnte er sich nicht dazu durchringen, die spiritistische Erklärung anzuerkennen.

Hodgson arbeitete seit 1887 bis zu seinem Tod 1905, also 18 Jahre lang, mit Frau Piper zusammen. Anschließend fand sich Prof. **James Hyslop** (1854-1920), von 1889 bis 1902 Professor für Logik und Ethik an der Columbia

Universität in New York, bereit, die Arbeit mit Frau Piper fortzusetzen *(**143**, S. 126)*. Er war bereits 1888 erstmals mit Frau Piper in Kontakt gekommen, stand ihren angeblichen Kommunikationen aber sehr skeptisch gegenüber *(**458**, S. 227)*. Im Jahr 1901 hat er aus 15 Sitzungen mit Frau Piper 1132 Aussagen ausgewertet und 77% als richtig eingeordnet und nur 5% als definitiv falsch *(**185**, S. 55)*. Im Lauf der Arbeit mit dem Medium änderte er seine Meinung und veröffentlichte diese auch 1918. Er war nun von der Echtheit der jenseitigen Gesprächspartner überzeugt *(**143**, S. 126)*.

Die Mitschriften der medialen Kommunikationen füllen tausende von Seiten. Hier ist nur ein exemplarischer Einblick möglich. Er soll anhand von Gesprächen wiedergegeben werden, die geführt wurden, als ‚G. P.' (George Pelham Pseudonym für George Pellew) der Kontrollgeist war, der durch Frau Piper sprach und anfänglich mit ihrer Hand geschrieben hatte. G. P. war ein Freund von Hodgson gewesen und fünf Wochen vor seinem erstmaligen Auftreten bei Frau Piper 1892 im Alter von nur 32 Jahren tödlich verunglückt. Der junge Mann war zu Lebzeiten nicht davon überzeugt, dass es ein Leben nach dem Tod geben könne, hatte aber Hodgson versprochen, sein Fortleben zu beweisen, sollte er zuerst sterben und weiterleben. In den folgenden 5 Jahren, in denen ‚G. P.' 150 Sitter anonym vorgestellt wurden, erkannte er 30 darunter, die ihm aus seinem irdischen Leben bekannt waren. Er benannte noch weitere, die nicht anwesend waren, aber niemanden als früheren Bekannten, der gar nicht sein Bekannter gewesen war. Drei oder vier frühere Bekannte erkannte er nicht *(**125**, S. 173-174)*. Bei einer jungen Frau musste er sich korrigieren. Sie war noch ein Kind von 8 oder 9 Jahren, als G. P. sie kannte und hatte sich inzwischen sehr verändert *(**7**, S. 216; **66**, S. 59; **119**, S. 181; **125**, S. 173; **131**, S. 167; **143**, S. 125; **157**, S. 34; **173**, S. 54; **185**, S. 75; **228**, S. 202; **247**, S. 574; **345**, S. 79; **458**, S. 231; **463**, S. 80)*.

Kleine Einschränkungen sollten nicht verschwiegen werden: ‚G. P.' hatte 5 Jahre zuvor ein Sitting bei Frau Piper, allerdings anonym. Die 30 erkannten früheren Bekannten wurden nicht in zufälliger Reihung präsentiert. Vom Erscheinen einiger weniger wusste das Medium im Voraus oder es kannte die betreffende Person. Diese Schwachpunkte reichen allerdings nicht aus, um den Fall gänzlich zu entwerten *(**125**, S. 174)*.

G. P. unterhielt sich mit den ehemaligen Bekannten und Freunden als ob er noch auf Erden weilte. Er wusste um ihre Lebensumstände und um seine eigene Beziehung zu ihnen. G. P. **verhielt** sich als Kommunikator so, wie man ihn vom Leben her kannte. So kam es, dass viele Sitter und auch Dr. Hodgson davon überzeugt wurden, es mit dem weiterlebenden G. P. zu tun zu haben.

Die nicht erkannte junge Frau bedeutet einen Stolperstein für die Super-ASW-Hypothese: Warum sollte angesichts der unterstellten Super-Leistungsfähigkeit diese ASW Schwierigkeiten haben, die inzwischen erwachsene Person zu erkennen? Für einen Menschen ist das normal und zu erwarten.

Es gibt noch weitere Beispiele, in denen die spiritistische Erklärung näher liegt als die der Super-ASW. Im Fall der Sitterin Sutton sprach der Kontrollgeist Phinuit durch Frau Piper als Vertreter für die verstorbene Tochter der Suttons namens Katherine oder ‚**Kakie**'. Die Tochter beschrieb Spielsachen, die sie sich wünschte, welche die Mutter aber nicht richtig identifizierte. Die Tochter reklamierte mehrfach, bis das Missverständnis ausgeräumt war. Nach der Super-ASW-Vorstellung liegt es nahe anzunehmen, dass das Medium telepathisch die Sichtweise der Sitterin aufgenommen haben muss. Die Sitterin aber hatte zunächst nur die falschen, von Kakie nicht gemeinten Gegenstände im Sinn und wusste nichts von Kakies Assoziation. Wie kommt das Medium dazu, Kakies Sichtweise und das daraus resultierende Missverständnis zu konstruieren? Nimmt man die Unterhaltung spiritistisch, wie sie gemeint ist, entsteht das Problem nicht, weil Missverständnisse normal menschlich sind. Für die spiritistische Erklärung spricht auch die Tatsache, dass die Unterhaltung flüssig und schnell ablief. Das Medium musste nicht seine angenommene ASW auf die Suche schicken. Eine detailliertere Diskussion findet sich in der Literatur *(**66**, S. 61-70; **157**, S. 41-42; **247**, S. 571-573)*.

An dieser Stelle sei auch vermerkt, dass Frau Piper gelegentlich gleichzeitig durch Sprechen und Schreiben kommunizierte *(**143**, S. 124; **173**, S. 54; **247**, S. 570; **463**, S. 74)*. Ein- oder zweimal bediente sie sogar drei Sitter gleichzeitig: durch ihre Stimme und beide Hände, die unabhängig voneinander schrieben *(**345**, S. 86; **458**, S. 233)*. Dies kann man als **Fähigkeit** auffassen, die als solche erlernt worden sein muss, weil sie nicht durch ASW erworben werden kann, wie Prof. Stevenson ausgeführt hat *(**186**, S. 289)*. Frau Piper hat das sicher niemals trainiert. Was verbleibt als Erklärungsmöglichkeit? Man kann eine Sonderbegabung annehmen und damit im Grunde nichts erklären. Alternativ kann man annehmen, drei jenseitige Kommunikatoren hätten je ein Organ bzw. eine Extremität des Mediums ferngesteuert. In Kombination mit anderen Fällen, wie z.B. Fall Nr. (41), S. 209 erscheint mir das nicht abwegig zu sein und so die Überlebenshypothese (einschließlich der Einwirkungsmöglichkeit aus dem Jenseits) zu stützen. Mehr zu Fähigkeiten in Kapitel 8.2.4, S. 295.

Meine Beurteilung

Anstelle meiner eigenen Beurteilung des Falles möchte ich solche anführen, die von Personen stammen, die sich extrem gründlich und experimentell mit dem Medium Piper befasst haben (**Glaubwürdigkeit**). Die folgende Tabelle bringt dies in der Übersicht:

Tabelle 8-1: Beurteilung von Leonora Piper durch Experten

Forscher	anfangs skeptisch	Piper ehrlich	paranormale Info	Jenseitige sprechen oder schreiben	Literatur
Myers		x	x	x	*Fontana 2005, S. 126;*
James	x	x	x		*Braude 2003, S. 59; Fontana 2005, S. 126;*
Hodgson	x	x	x	x	*Braude 2003, S. 59; Fontana 2005, S. 126; Hart 1959, S. 76; Kelly 2007, S. 361*
Lodge	x	x	x	x	*Fontana 2005, S. 126; Kelly 2007, S. 361*
Hyslop	x	x	x	x	*Fontana 2005, S. 126; Hart 1959, S. 76*

Immerhin 4 von 5 Forschern sind nach zumeist anfangs skeptischer Haltung zur Überzeugung gekommen, dass sie durch Frau Piper mit Verstorbenen kommuniziert haben. Alle beurteilten deren mediale Leistungen als paranormal.

Damit ist gezeigt – wenn auch bisher nur an einem einzigen Beispiel (weiße Krähe) – dass mediale Kommunikation nicht rundheraus als Humbug abgetan werden darf. Auch dann nicht, wenn neben vielem Richtigen auch Falsches kommuniziert wird. Trotz all der positiven Beurteilung findet sich bei Wikipedia eine lange Liste von falschen Behauptungen, die Piper geäußert haben soll. Ganz im Trend der Zeit liegt Wikipedia, indem dort die Meinung aufrecht erhalten wird, Pipers Leistungen seien generell durch Betrug oder Tricks zu erklären.

In der Literatur finden sich weitere nachgeprüfte Medien mit erstaunlichen Leistungen *(**7**, S. 212; **66**, S. 71; **143**, S. 121; **157**, S. 45)*. Wenn auch die spiritistische Erklärung nicht unumstritten akzeptiert wird, so ist doch die Außergewöhnlichkeit der Leistung offensichtlich. In Kapitel 8.2.9, S. 316 wird ein

Fall von Schriftmedialität geschildert, bei dem es schwer fällt, die spiritistische Erklärung abzulehnen.

8.1.2. Bsp. (63) Glaubwürdigkeit anhand zeitgenössischer Tests (Prof. Gary Schwartz)

(63) Nach der sehr gründlichen Prüfung des mentalen Mediums Leonora Piper (voriges Kapitel 8.1.1, S. 280) vor rund 100 Jahren sollte klar sein, dass es Medien geben kann, die nicht tricksen und betrügen und dennoch – neben Falschaussagen – unglaubliches Wissen über Verstorbene zeigen können. Heutzutage wird die Meinung vertreten, die große Zeit der Medien sei vorbei. Man bezieht sich dabei auf die Zeit um die Jahrhundertwende vom 19. zum 20. Jahrhundert, als die Frage nach der Echtheit des Phänomens anhand einiger guter Vertreter dieser Begabung, z.B. Gladys Osborne Leonard, breit diskutiert wurde. Daher ist es zu begrüßen, dass gegen Ende des 20. Jahrhunderts von akademischer Seite noch einmal untersucht wurde, ob es auch heute noch Menschen mit medialer Begabung gibt, die paranormale Leistungen hervorbringen (**Glaubwürdigkeit**).

Es geht um den Professor für Psychology, Medicine, Neurology, Psychiatry, and Surgery an der University of Arizona, **Gary E. Schwartz**. Er brachte Anfang der 2000er Jahre mehrere Sitter, die eine Reihe von Verstorbenen zu beklagen hatten, mit mehreren Medien zusammen und dokumentierte deren mediale Aussagen (engl. ‚readings'). Auf diese Weise konnte die Wiederholbarkeit getestet und damit auch dem Argument entgegengetreten werden, die Ergebnisse seien dem Zufall zuzurechnen. Die Protokolle aller Readings wurden durch alle Sitter auf richtige und falsche Aussagen hin bewertet. Die Sitter wussten nicht, welches der vielen Protokolle ihnen persönlich galt. So entstanden durch die Bewertungen fremder Readings Kontrollen, die nur dem Zufall oder anderen normalen Ursachen zuzuordnen sind. Im Ergebnis waren die Treffer oder richtigen Aussagen aus dem für die betreffende Person bestimmten Reading klar zahlreicher als aus dem für eine fremde Person (im Mittel 83% Treffer im Vergleich zu 36% für die Kontrollen, *402, S. 8=403, S. 299*). Umgekehrt verhielt es sich mit den jeweils als falsch bewerteten Aussagen der Medien.

Als Prof. Schwartz seine Ergebnisse veröffentlichte *(402 = 403, S. 291-319)*, schlug ihm heftige Kritik entgegen *(485)*. Diese nahm er konstruktiv auf und änderte seine Versuchsprozedur in mehreren Schritten so, dass sie gegen möglichen Betrug, normale Informationsgewinnung u.a.m. zunehmend ‚wasserdicht' wurde *(403)*. Er ließ sich auch von Magiern beraten. So verschärfte er sein Versuchsprotokoll dahingehend, dass am Ende Sitter und Medium kilometerweit auseinander saßen, nicht miteinander kommunizieren durften, sich nicht kannten und der Sitter dem Medium gegenüber anonym blieb. Das Medium begann teilweise bereits vor Beginn des Sittings in der Meditation Informationen zu sammeln *(**403**, S. 227)*. Auch unter diesen Bedingungen ergaben sich deutlich höhere Werte für die Treffer des eigenen Readings als bei den Kontrollen: Im Mittel 12 Treffer pro Reading im Vergleich zu 6 Treffern der Kontrollen *(**403**, S. 199)*. Je nach Medium wurden 25% bis 54% Treffer erreicht. Das sind keine großartigen Werte. Sie waren aber wiederholbar, so dass der Eindruck entsteht, es müsse ein paranormaler Faktor eine Rolle spielen.

Die Ergebnisse waren besser, wenn dem Medium mit Ja-Nein-Antworten Rückmeldung gegeben wurde und wenn der Sitter selbst medial veranlagt war. Im letzteren Fall waren von 100 spezifischen Aussagen 90% korrekt *(**403**, S. 232 und Fortsetzung **404**)*. Darunter waren auch Aussagen, über die der Sitter keinerlei Wissen hatte, was Telepathie als Erklärung ausschließt, und in der Nachprüfung bis zur Bestätigung ‚tief gegraben' werden musste.

Meine Beurteilung

Mir scheint der Beleg gelungen zu sein, dass die getesteten Medien tatsächlich paranormale Information übermittelt haben. Es gibt also auch heute noch fähige Medien, wenn auch in bescheidenerem Ausmaß als vor einem Jahrhundert.

Aber zur entscheidenden Frage, ob tatsächlich Kommunikationen mit Verstorbenen zustande kamen, bringt Prof. Schwartz keine Beispiele in seinem Buch mit dem Titel ‚The Afterlife Experiments', wo man solches erwarten würde. Er sagt nur allgemein, die **sprachliche und emotionale Form**, in der die Aussagen kommen, spreche für eine echte Unterhaltung mit Verstorbenen *(**403**, S. 348)*.

Diese Lücke will ich nun zu füllen versuchen, obwohl ich weiß, wie problematisch das ist. Mir ist auch klar, dass ich nicht zu einer endgültigen Entscheidung der Streitfrage durchzustoßen vermag.

8.2. Super-PSI der Lebenden oder Mitwirkung Jenseitiger?

In der zweiten Frage b) aus Kapitel 8, S. 278 geht es um die alternativen Erklärungen ‚Kommunikation mit der Geisterwelt', wie von den Medien behauptet, oder ‚**Super-PSI**', wie der Mainstream sagt. Super-PSI erklärt jedwede mediale Kommunikation oder Handlung auf der Basis von außersinnlicher Wahrnehmung (ASW) der Lebenden in Höchstform (Super-ASW) in Verbindung mit Psychokinese (paranormale physische Bewegungen) und dramatisierter Darstellung. Super-ASW beinhaltet Telepathie, Hellsehen, Retro- und Präkognition (Schau in die Vergangenheit bzw. Zukunft) in unbegrenzter Leistungsfähigkeit. Beispiele, in denen diese Erklärung naheliegend und damit glaubwürdig erscheinen, habe ich gefunden *(**66**, S. 60)*.

Hinter der **Super-ASW-Hypothese** steckt die Argumentation, man kenne die Grenzen der ASW etc. nicht, und müsse daher alle Formen von Spontanfällen in die Theorie mit einschließen, obwohl es aus Laborversuchen keine Hinweise darauf gibt, dass die ASW der Lebenden solche Spitzenleistung überhaupt hervorbringen kann.

Mit diesem ‚Freibrief' ist eine Widerlegung (**Falsifikation**) dieser Vorstellung nicht mehr möglich, weil immer eine noch abenteuerlichere Annahme eingeschlossen werden kann, als bisher gedacht. Dementsprechend habe ich keine Fälle gefunden, die eine eindeutige Entscheidung zugunsten der spiritistischen Hypothese erlauben würden. In der Konsequenz daraus versuche ich hier auch nicht, das Unmögliche (die Eindeutigkeit) möglich zu machen. Ich biete Beispiele an, welche die Idee des **Überlebens des Todes** nahe legen, aber nicht beweisen, so lange der o.g. Freibrief allgemein anerkannt wird, bzw. ein allgemein anerkannter Wirkmechanismus unbekannt ist. Die Beurteilung bleibt also subjektiv jedem überlassen.

Im Folgenden werde ich Situationen aufzeigen, die nur schwer **animistisch**, d.h. mittels Super-ASW zu erklären sind.

8.2.1. Verstreute Quellen und Spezialwissen

Es liegt nahe anzunehmen, dass folgendes Szenario ein Problem für die animistische Erklärung mittels Super-ASW darstellt: Der angeblich jenseitige Kommunikator hat eine Aussage getätigt, die vom Sitter oder dessen Angehörigen und Freunden nicht verifiziert werden kann, weil dazu bei ihnen kein Wissen vorliegt. Eine Nachprüfung gelingt in detektivischer Manier dennoch anhand von Dokumenten, die allerdings weit **verstreut** sind und nur zusammengenommen die Lösung ergeben. Hier könnte das Medium zwar nicht mit Telepathie, wohl aber mit Hellsicht arbeiten. Die Schwierigkeit besteht für die animistische Erklärung darin, in kürzester Zeit die Detektivarbeit zu leisten, um die Teilinformationen ausfindig zu machen und zusammenzusetzen.

Wir können es uns sparen, hier ein Beispiel speziell für diesen Fall anzuführen, weil es den Verfechtern der animistischen Erklärung (Animisten genannt) unschwer gelingt, diesen Einwand zu entkräften (als Beispiele mögen die Fälle Nr. (65), S. 292 und Nr. (73), S. 313 dienen). Sie behaupten einfach, die Eigenschaft der Super-ASW sei es gerade, solche Wunder zu vollbringen. Wen das nicht überzeugt, der bekommt zu hören, es könne ja ein Dokument geben, in dem die Bestätigung der medialen Aussage vollumfänglich enthalten ist, das nur leider von den Menschen noch nicht gefunden worden sei, wohl aber von der Hellsicht des Mediums. – Ich kenne allerdings keinen Fall, in dem das Medium die hellsichtig benutzte Quelle benannt hätte, was bei Super-Psi eigentlich möglich sein sollte.

So kann man ohne Aufwand durch reines Verdächtigen ein Gegenargument aufbauen und die Gegenseite dazu zwingen, bessere Szenarien zugunsten der Jenseitshypothese zu finden. In diesem Sinn soll es ab dem nächsten Kapitel weitergehen.

Nach meiner Meinung stellt es ebenfalls ein Problem für die animistische Erklärung mittels Super-ASW dar, wenn **Spezialwissen** gefragt ist, das hellsichtig nur in schwer auffindbaren, **versteckten Dokumenten** oder telepathisch bei unbekannten oder fremden Personen aufzufinden ist. Beispiele dafür finden sich im Schachfall in den Kapiteln 8.2.9.1.3, S. 320 und 8.2.9.1.5, S. 323 und auch in der Literatur, wie z.B. bei **John G. Fuller** ***(150)***.

8.2.2. Motivation auf Seiten des jenseitigen Kommunikators

Als Argument für die Jenseitshypothese darf man werten, wenn die **Motivation** für die Kommunikation bzw. eine bestimme Form derselben klar auf Seiten der verstorbenen Person liegt, nicht jedoch auf der des Mediums oder des Sitters. Das folgende Beispiel verdeutlicht dies:

8.2.2.1. Bsp. (64) Verstorbener Sohn verhindert doppelte Zahlung (MMV mit Motiv)

(64) In einer Reihe von Sitzungen einer gewissen Mrs. **Dawson-Smith** als ‚Sitterin' mit dem berühmten Medium **Mrs. Gladys Leonard (oder Osborne Leonard)** erhielt sie von ihrem Sohn, der im Jahre 1920 in Abessinien gefallen war, Leutnant Frank Dawson-Smith, eine größere Anzahl von Angaben, die ihn als überlebenden Sohn auswiesen *(frei nach **269**, Band 1, S. 438-439)*.

In der Sitzung vom 10. Jan. 1921 sagte der Kontrollgeist 'Feda' (**MMV**): *„Ihr Sohn sagt: ... Da war eine alte Geldbörse mit einer Quittung darin, ein winziges Papier ... Ich wünschte, du könntest sie finden, alt, abgenutzt und beschmutzt, zusammengeworfen mit einer Menge anderer Dinge. Er glaubt nicht, dass Sie sie haben. Finden Sie sie bitte. Er nennt es ein Quittungsdoppel. Versuchen Sie es auszubuddeln ... Er weiß, Sie haben es, ein langer, schmaler Riemen ist dicht dabei. Er bemerkte das zufällig. Er sagt, dies sei wichtig."*

Nachprüfung

„Ich suchte nach diesem Papier", schreibt Mrs. Dawson-Smith am 23. Nov. 1924 an den englischen Physiker und Spiritisten **Sir Oliver Lodge**, *„und über einer großen Kiste in unserem Abstellraum bemerkte ich einen langen herabhängenden Riemen. Ich öffnete die Kiste, durchwühlte den Inhalt und entdeckte eine alte abgenutzte Lederbörse und darin das zerknitterte Quittungsdoppel einer Postanweisung. Ich nahm es vorsichtig heraus und legte es in meinen Schreibtisch, weil ich mir sagte, seine Wichtigkeit, von der mein Sohn gesprochen hat, könnte sich später herausstellen."*

In der Tat wurde 3 Jahre und 9 Monate nach jener Sitzung von Hamburg aus durch das Enemy Debt Clearing Office eine angeblich noch nicht beglichene Schuld des Sohnes eingefordert. Mrs. Dawson-Smith hätte sie ohne diese Quittung noch einmal bezahlen müssen. Es handelte sich um 8 Pfd. Strlg., von August F. in Hamburg eingeklagt.

Ein ähnlicher Fall, bei dem es um Geld ging, ist bei Mattiesen nachzulesen *(**269**, Band 1, S. 437-438)*. Um eine peinliche Information, die der Verstorbene noch nach seinem Tod beseitigt haben wollte, geht es in einem anderen Fall bei Mattiesen *(**269**, Band 1, S. 444)*.

Meine Beurteilung

Der verstorbene Sohn hatte ein klares **Motiv** für diese Mitteilung und Aufforderung an seine noch lebende Mutter. Er wollte ihr unnötige Kosten ersparen. Wie kommt jedoch das Medium dazu, hellsichtig das versteckte Quittungsdoppel zu erfassen, das erst in der Zukunft eine Bedeutung erlangen würde? Welches Motiv hatte das Medium, sich um die zukünftigen möglichen Sorgen der Sitterin zu kümmern? Telepathisch konnte es nicht von

Frau Dawson-Smith darauf gestoßen worden sein, weil diese kein Wissen dazu hatte.

8.2.2.2. Drop-ins

Von einem sog. ‚**Drop-in**' (‚Hereingeschneiter') spricht man, wenn ein meist Unbekannter überraschend sich in eine laufende mediale Sitzung hineindrängt. Ihn treibt ein wichtiges **Motiv** an.

Der idealtypische Fall eines solchen Überraschungsgastes im mediumistischen Jenseitskontakt, der eine Herausforderung für die Super-ASW-Erklärung darstellt, enthielte folgende Merkmale (***157**, S. 61*):

- Der überraschend aufgetauchte jenseitige Gesprächspartner (Kommunikator) hat einen einleuchtenden Grund bzw. ein starkes Motiv für seinen Wunsch, mit den Lebenden zu kommunizieren. Dieses Motiv ist stärker als denkbare Intentionen des Mediums, mit dem betreffenden, unbekannten Kommunikator in Kontakt zu kommen.
- Die Informationen, die der Kommunikator übermittelt, sind so strukturiert, dass das Medium sie nicht in ihrer Gesamtheit durch außersinnliche Wahrnehmung von einer einzigen Person oder einem einzigen Dokument (z.B. Todesanzeige) erhalten haben kann.
- Das Medium kann die Information nach menschlichem Ermessen nicht auf normalem Weg erhalten haben.

Nun ein drastisches Beispiel aus der Wirklichkeit, das die genannten Kriterien erfüllt:

8.2.2.2.1. Bsp. (65) Überraschung im mediumistischen Jenseitskontakt (MMV, drop-in)

(65) Das isländische Medium **Hafsteinn** hielt 1937/38 in Reykjavik eine Séance ab, bei der sich ein unbekannter Jenseitiger plötzlich einmischte. Dieser Kommunikator, d.h. der sich unerwartet in die Kommunikation hineindrängende Jenseitige war ein exzentrisch wirkender Alkoholiker, der nach Schnupftabak, Kaffee und Alkohol verlangte. Er weigerte sich, seinen Namen zu nennen und war auf der Suche nach seinem Bein, das angeblich irgendwo im Meer sein soll *(**66**, S. 43-51; **157**, S. 71-73; **179**; **181**, S. 150-153; **247**, Kap. 5.3.4.2.5, S. 595)*.

Im Jahr 1939 nahm Ludvik Gudmundsson, ein Fischfabrikbesitzer aus Sandgerdi (36 Meilen von Reykjavik) an einer solchen privaten Séance mit Hafsteinn teil. Der eben beschriebene, namenlose Kommunikator drängte sich wieder herein und interessierte sich auffällig für den neuen Gast in der Runde und behauptete, sein verloren gegangenes Bein befinde sich in dem Haus des Fabrikbesitzers in Sandgerdi.

Durch intensive Befragung von Seiten der Teilnehmer der Séance wurden folgende weitere Aussagen bewirkt (**MMV**): Meine Name ist **Runolfur Runolfsson** und ich bin mit 52 Jahren gestorben. Zusammen mit meiner Frau lebte ich in Kolga oder Klappakot, nahe Sandgerdi. Ich war in der 2. Tageshälfte von Keflavik kommend (6 Meilen von Sandgerdi) unterwegs und betrunken. In das Haus von Sveinbjorn Thordarson in Sandgerdi kehrte ich ein, wo ich mich erfrischte. Als ich wieder gehen wollte, war das Wetter so schlecht, dass mich die Gastgeber nicht ohne Begleitung gehen lassen wollten. Darob wurde ich ärgerlich und sagte, ich würde gar nicht gehen, wenn man mich nicht alleine gehen ließe. Mein Haus war nur 15 Gehminuten entfernt. So ging ich schließlich allein und wurde nass und müde. Ich ging über den Kieselsteinweg und erreichte den Felsen, der Flankastadaklettur genannt wird und inzwischen fast ganz verschwunden ist. Dort setzte ich mich hin, nahm meine Flasche heraus und trank weiter. Dann schlief ich ein. Die Flut kam und spülte mich hinweg. Dies geschah im Oktober 1879. Ich wurde nicht vor Januar 1880 gefunden. Durch die Flut war ich hereingespült worden, aber dann kamen Hunde und Raben und zerrissen mich in Stücke. Die Überbleibsel meines Körpers wurden gefunden und im Friedhof von Utskalar (4 Meilen von Sandgerdi) **beerdigt**. Aber damals fehlte der Oberschenkelknochen. Er war von der See hinausgetragen und später wieder bei Sandgredi an Land gespült worden. Dort wurde er herumgestoßen und jetzt ist er im Haus von Ludvik.

Bei anderer Gelegenheit sagte der Jenseitige, er sei zu Lebzeiten ein schlanker Mann gewesen.

Nun zu den Ergebnissen der **Nachprüfung**

Die Einkehr bei Sveinbjorn Thordarson konnte nicht nachgeprüft werden. Ludvik Gudmundsson wusste nichts von einem Oberschenkelknochen in seinem Haus. Aber Nachfragen bei älteren Dorfbewohnern ergaben, dass in den 20-er Jahren so ein vom Meer angeschwemmter Knochen in einer Innenwand des Hauses platziert worden ist. Er wurde tatsächlich von dort geborgen und es stellte sich heraus, dass er von einem sehr schlanken Mann stammte. Der Enkelsohn von Runolfur hatte diesen (Spitzname ‚**Runki**') zwar nicht persönlich gekannt, wusste aber, dass es sich um einen schlanken Mann handelte.

Die übrigen Aussagen konnten fast alle anhand von Eintragungen bestätigt werden, die **auf zwei Schriftstücke verteilt** waren und von denen eines zum Zeitpunkt der Séance unveröffentlicht und kaum beachtet in der Nationalbibliothek von Reykjavik lag. Die Erklärung durch Hellsichtigkeit muss also hier mit der Annahme ergänzt werden, dass das Medium alle denkbaren Quellen zusammengesucht und die Erkenntnisse daraus kombiniert hat. Oder man unterstellt, es gäbe eine von den Forschern (Haraldsson u. Stevenson) nicht aufgefundene Schrift, die alle Informationen enthält. Eine solche Unterstellung ist grundsätzlich nicht falsifizierbar (als unzutreffend nachweisbar) und daher eher als ‚Totschlagsargument' aufzufassen.

Man kann auch eine telepathische Informationsübertragung von Seiten des noch lebenden Autors der unveröffentlichten Quelle (Sigurdur B. Sivertsen) als Erklärung anführen. Allerdings kannten sich der Autor und das Medium nicht und der Autor hatte keine Kenntnis von den Ereignissen um den Oberschenkelknochen.

Die Möglichkeiten, auf normalem Weg die Information erlangt haben zu können, wurden von Haraldsson und Stevenson ausführlich geprüft und als höchst unwahrscheinlich eingestuft. Was könnte das Medium motiviert haben, plötzlich einen unbekannten, verstorbenen Runolfur zu inszenieren? Der Jenseitige hatte dagegen ein klares **Motiv** und das stützt die Jenseitshypothese.

Einen anderen Drop-in-Fall haben wir weiter vorn im Buch bereits kennen gelernt: Kapitel 7.1.11.16, S. 240, Fall Nr. (55).

Weitere Fälle vom Drop-in-Typ sind veröffentlicht worden (***156***; ***157***, *S. 62-63, 63-68, 68-71;* ***158***; ***247***, *S. 597-598;* ***357***; ***442***; ***443***; ***445***;).

8.2.3. Verhalten des Mediums typisch für den Verstorbenen

Einen Stolperstein stellt es für die Super-ASW-Erklärung dar, wenn das Medium **Verhaltensweisen** zeigt, die für den Kommunikator typisch sind, wovon dem Medium aber nichts bekannt ist. Es geht beispielsweise um die Wortwahl, Verwendung von Spitznamen, Aussprache, Sprachmelodie, bevorzugtes Thema, Gestik u.a.m. Um dies animistisch zu erklären, muss man annehmen, dass nicht nur Wissensinhalte, sondern auch Verhaltensweisen durch ASW übertragen und ausgeübt werden können. (Wenn dem Medium das typische Verhalten des nun Jenseitigen bekannt ist, muss man dem Medium unterstellen, das Wissen um Verhaltensmerkmale unbewusst schauspielerisch umzusetzen.)

Da man die Imitation von Verhalten als eine **Fähigkeit** ansehen kann, die nur durch Übung und Erlernen, nicht jedoch durch ASW erworben werden kann, darf man solches Verhalten als Zeichen für das Weiterleben nach dem Tod ansehen.

Die Verhaltensweisen lassen sich nur unzureichend in einem Beschreibungstext wiedergeben. Es soll daher ausreichen, als Beispiel das Verhalten von Leonore Piper in der Rolle als G. P. anzuführen, das sie dessen 30 Bekannten gegenüber so natürlich zeigte, dass diese vom Überleben des G. P. überzeugt wurden (siehe Bsp. (62), S. 284).

8.2.4. Fähigkeiten des Mediums als Einfluss aus dem Jenseits?

Wie bereits in Band 1 Kapitel 5.4.5.2.3 festgestellt, können Fähigkeiten nur mehr oder weniger zeitintensiv erlernt, und weder durch Vererbung noch durch ASW übertragen werden. In einem aktuellen Aufsatz aus ‚Bild der Wissenschaft' steht zu lesen:

„Es gibt jedoch keine Belege dafür, dass wir unser genetisches Programm durch Ernährung, kulturelle Praktiken oder gar Meditation und Gedanken dauerhaft umschreiben und diese Änderungen an unsere Nachkommen vererben können" (**473**).

Daher stellen nicht erlernte, unerklärliche Fähigkeiten, die plötzlich auftreten, eine große Hürde für die Erklärung durch Super-ASW dar. Der Vorstellung, dass in diesen Fällen eine Einwirkung aus dem Jenseits vorliegen könnte, kommt daher erhöhte Bedeutung zu. Schauen wir uns einige unterschiedliche Beispiele an:

8.2.4.1. Xenoglossie

Unter Xenoglossie versteht man das Sprechen einer nie erlernten Sprache.

8.2.4.1.1. Bsp. (66) Der griechische Fall von Xenoglossie (MMV, PID)

(66) In den ‚Annales des Sciences Psychiques' erschien 1905 ein Bericht über folgenden Fall *(7, S. 205-206;* ***269****, S. 259)*:

Das Medium war **Laura Edmonds**, die Tochter des angesehenen Richters John Worth Edmonds, der Senatspräsident des Staates New York und später Richter des obersten Gerichtshofs von New York war. Der Richter war weithin als Mann von fragloser Integrität und hoher Intelligenz angesehen.

Er hatte bereits eine Studie angefertigt, die belegen sollte, wie unsinnig es ist, die parapsychologischen Phänomene ernst zu nehmen, als seine Tochter, eine gläubige Katholikin, begann, mediumistische Fähigkeiten zu zeigen.

Eines Abends kam Herr Evangelides, ein Grieche, zu den Edmonds zu Besuch. Am Abend wurde eine Séance abgehalten. Laura, das Medium, war in Trance. Als Kontollgeist leitete sie ein Freund von Herrn Evangelides namens Botzaris. Botzaris war vor einiger Zeit in Griechenland gestorben.

Richter Edmonds bestätigte in einer eidesstattlichen Versicherung, dass sich Folgendes ereignete:

Der Kontrollgeist Botzaris sprach Evangelides durch Laura in modernem Griechisch an (**Xenoglossie**) und teilte ihm mit, dass sein, also Evangelides‘ Sohn kürzlich verstorben sei (**MMV**). Evangelides glaubte seinen Sohn bei bester Gesundheit, weinte nach dieser Mitteilung und konnte es kaum glauben. Aber die Tatsache des Todes seines Sohnes wurde anschließend bestätigt (**Peak in Darien**; vergleiche den Fall Nr. (8), S. 104).

Richter Edmonds bemerkt dazu noch Folgendes: Das Ereignis fand vor 10 gut ausgebildeten, intelligenten Personen statt. Keiner hatte Herrn Evangelides vorher gekannt. Er war von einem Freund am selben Abend erstmals vorgestellt worden. Laura kannte außer ihrer Muttersprache nur noch Französisch und hatte Griechisch noch nie gehört.

Der amerikanische Philosophie-Professor Almeder, der diesen Fall in seinem Buch ‚Tod und persönliches Überleben’ diskutiert, hält ihn für glaubwürdig, weil das Medium nie eines Betrugs überführt worden ist.

Weitere Fälle ähnlicher Art sind hier zu finden: *(**210**; **214**, S. 254-256; **398**, S. 195-198)*. Mehr zu Xenoglossie in Band 1, Kapitel 5.4.5.2.3.2.1 und Band 2b, Kapitel 7.2.5.

8.2.4.2. Musik aus dem Jenseits?

Ist es vorstellbar, dass eine musikalisch kaum ausgebildete Frau aus dem ‚Nichts’ heraus ihr unbekannte Klavierstücke spielt, Noten nach angeblich medial empfangenem Diktat schreibt oder anscheinend selbst komponiert und das als Super-ASW – von welcher lebenden Person? – übernimmt? Wohl kaum. Oder handelt es sich um ein unentdecktes Super-Talent?

Hier folgt die unglaubliche Geschichte der Rosemary Brown:

8.2.4.2.1. Bsp. (67) Das komponierende Medium Rosemary Brown (MMV, Beeinflussung)

(67) Die Engländerin **Rosemary Brown** (1916 – 2001) hat in ihrer Jugend ein wenig Klavier spielen gelernt, dabei aber keineswegs besondere musikalische Begabung gezeigt *(**69**; **70**; **72**; **193**, S. 19, 165-166; **391**, S. 202-215; **458**, S. 342-345)*.

Ab 1961, nach dem Tode ihres Mannes und ihrer Mutter, kam eine Medialität voll zum Ausbruch, die schon als Kind bei ihr angelegt war.

Als Rosemary etwa sieben Jahre alt war, hatte sie die **Erscheinung** eines Mannes, der ihr sagte, er wolle sie später Musik lehren lassen (Gehörhalluzination). Sie legte diesem **Traum** nicht viel Bedeutung bei, auch nicht, als sie einige Jahre später, wie sie angab, zu der Überzeugung kam, der Mann wäre **Franz Liszt** gewesen.

Eines Tages im Jahre 1964, als sie sich wieder einmal auf den Hocker bei dem alten Klavier setzte, das beinahe unbenutzt in ihrem Zimmer stand, und ein wenig spielen wollte, bemerkte sie zu ihrer großen Verwunderung, dass sie die Kontrolle über ihre Hände verloren hatte. Es war, als äußerte sich ein unsichtbares Wesen in ihr durch sie. Dieses ‚andere **Wesen**' spielte auf dem Klavier und bediente sich dabei ihrer Hände. Sie erinnerte sich der ‚Halluzination', die sie einst als Kind gehabt hatte, und wurde sich allmählich bewusst, *“dass Liszt sein Versprechen eingehalten hat und zurückgekehrt war”*.

Mrs. Brown lauschte mit Aufmerksamkeit dem, was sie automatisch spielte, und konnte sich das nur durch die Annahme erklären, Franz Liszt wäre es, der sich ihrer als **Medium** bediente. Sie stellte ‚ihm' nun die Frage, wie sie es anstellen sollte, sich das, was ‚er' spielte, zu merken. Sozusagen als Antwort wurde ein Musikstück so oft wiederholt, bis sie es in den Griff ihrer Finger bekommen hatte. In einem späteren Stadium wurde ihr **Musik** inspiriert, und sie begann, zuweilen unter großen Schwierigkeiten, automatisch Musiknoten zu schreiben.

Mrs. Brown sah die Gestalten von Liszt und anderen Verstorbenen hellsichtig und konnte sich mit ihnen in englischer Sprache unterhalten, wobei Liszt, wenn nötig, als Übersetzer fungierte. Von ihm wollte sie auch wissen, warum sie nicht in einer Familie groß geworden ist, in der sie eine bessere Musikschulung erfahren hätte, und erfuhr Folgendes: Erstens wäre es dann noch schwieriger, glaubhaft zu machen, dass die **Kompositionen** nicht von ihr selbst stammen, und zweitens hätte sie dann mit ihrem Wissen stärker selbst eingegriffen, was die Arbeit der Übermittlung erschwert hätte. Frau Brown wollte von Liszt auch wissen, warum ihr nicht ein leichteres, weniger entsagungsreiches Leben vergönnt war. Die Antwort ist im Hinblick auf das kommende Kapitel 8.3, ab S. 334 von Interesse (**MMV**): *„Ehe du geboren wurdest, und als du dich* ***einverstanden*** *erklärt hast, unsere Mittlerin zu werden* (vgl. Punkt 132, S. 351 in Tabelle 8-3, S. 344)*, hast du dich auch bereit erklärt, ein gewisses Maß an* ***Leiden*** *auf dich zu nehmen, um dadurch sensibler zu werden.“* Zur Rückkehr ins Jenseits meinte Liszt, man werde stets von anderen empfangen und eingewiesen (vgl. Punkte 53, S. 342 und 54 in Tabelle 8-2, S. 337), so dass man keine Angst haben muss. Allerdings könne man sich nicht länger weigern, auf das eigene Gewissen zu hören. Das könne zu einer selbst gemachten **Hölle** führen (vgl. Punkt 31, S. 340 in Tabelle 8-2, S. 337). Schließlich beginne man zu bereuen und den Wunsch zu verspüren, Fehler wieder gut zu machen (vgl. Punkt 24, S. 481 in Tabelle 17-7, S. 500) und jenen Menschen zu helfen, denen man geschadet hat.

U.a. erschienen bei ihr Komponisten, die früher zu Lebzeiten auf dieser Erde sehr bekannt gewesen sind. Unter den 12 hauptsächlich bei ihr auftretenden Komponisten befanden sich Liszt, Chopin, Beethoven und Brahms. Jeder von ihnen hatte eine eigene Art, sich zu verhalten.

Diese 12 Komponisten haben es sich zur Aufgabe gemacht, so geben sie durch den Mund von Mrs. Brown an, ihr persönliches Fortleben nach dem Tode zu beweisen, indem sie ihre ganz speziellen persönlichen Fähigkeiten und Merkmale künstlerischer Art durch das Medium zum Ausdruck bringen. Durch den ihnen eigenen Stil von neuen, noch unbekannten Kompositionen wollten sie ihren geistigen Fortbestand kundtun. Diese neuen Kompositionen - mittlerweile über 400 - **gaben sie Mrs. Brown ein** oder diktierten sie ihr. Sie **schrieb** diese dann auf Notenpapier nieder. Einige dieser Musikstücke sind auf zwei Schallplatten (Philips stereo 65000 049, 1970 und Intercord 160.819, 1977) und in mehreren Musikalben veröffentlicht worden.Viele Stücke findet man als YouTube auf dem Internet. Mein persönlicher Favorit ist das Nocturne As-Dur von Frédéric Chopin, 1966 übermittelt *(**73**)*. Das bekannteste Klavierstück ist die während einer Fernsehaufzeichnung 1969 übermittelte Grübelei von Franz Liszt *(**74**)*.

Nachprüfung

Aus Angst, verlacht oder für verrückt erklärt zu werden, erzählte Rosemary Brown anfangs nur wenigen Vertrauten von ihren Erlebnissen. Einer von ihnen brachte sie mit **Sir George Trevelyan** in Verbindung, dem Direktor des Shropshire Adult College of Education in Addingham Park bei Shrewsbury. Dieser interessierte sich für sie und führte sie bei dem Ehepaar George und **Mary Firth** ein, die beide in englischen musikwissenschaftlichen Kreisen sehr bekannt waren. Mrs. Firth testete Rosemary Brown genau so, wie sie es mit ihren Schülern zu tun pflegte. Dabei stellte sich zu ihrem Erstaunen heraus, dass Mrs. Browns musikalische Kenntnisse äußerst mangelhaft waren. Sie war nicht imstande, eine einfache Melodie, die man ihr vorspielte, in Notenschrift wiederzugeben.

Sir George Trevelyan und Mrs. Firth gründeten einen Fonds, aus dem Mrs. Brown eine monatliche Zuwendung erhalten konnte. Dadurch war sie in der Lage, ihre Beschäftigung aufzugeben und sich gänzlich ihrer musikalischen Tätigkeit zu widmen.

Dass diese Kompositionen mehr als bloße Nachahmungen sind, geht nicht allein aus Mrs. Firths Beurteilungen hervor, sondern auch aus den Meinungen verschiedener Experten auf musikalischem Gebiet, wie **Hebzibah Menuhin**, der Schwester Yehudi Menuhins, **Ian Parrot**, Professor für Musikwissenschaft am University College in Aberystwyth, Wales oder des Komponisten **Richard Rodney Bennet**. Dieser schreibt: "*Wir alle können zwar ein wenig Debussy am Klavier imitieren, wenn man es von uns verlangt. Aber das ist etwas ganz anderes, als ein zusammenhängendes Musikstück zu komponieren, das völlig den Stempel des betreffenden Meisters trägt ... Viele Menschen können improvisieren, aber es gehört eine jahrelange Übung dazu, einen Komponisten so nachzuahmen, wie sie spontan und auf der Stelle eine Komposition zustande bringt ...* "

Derselben Meinung sind die beiden oben zuerst Genannten. Sie rühmen Mrs. Browns Ehrlichkeit, geben zu, dass die Kompositionen hier und dort schwache Stellen aufweisen, anerkennen aber dabei auch, dass diese durch andere, wirklich schöne Stellen aufgewogen werden. Da die Melodien keinem von den dreien bekannt sind, halten sie die Möglichkeit der **Kryptomnesie** für ausgeschlossen; sie glauben also nicht, dass das Medium die Melodien normal kennen gelernt haben könnte und anschließend diese Tatsache vergessen hat.

Der bekannte Musikwissenschaftler und Lisztexperte **Humphrey Searle** sagte über das gechannelte Musikstück ‚Grübelei', „*es sähe zwar keinem existierenden Stück von Liszt ähnlich, hätte aber durchaus in den letzten fünfzehn Jahren seines Lebens von ihm geschrieben worden sein können*".

Der holländische Parapsychologe **Tenhaeff** hat die Schallplatten verschiedenen Leuten vorgespielt, wobei sich zeigte, dass jene, die der Musik vorurteilslos lauschten, eher das Selbst-eigene eines jeden Komponisten dieser Stücke entdeckten als solche, die vorher über das Entstehen unterrichtet waren. Gerade diese zweifelten an der Richtigkeit von Mrs. Browns Annahme.

Man kann sich natürlich fragen, ob Rosemary Brown vielleicht eine Komponistin ist, ohne sich dessen eigentlich bewusst zu sein, wie Braude meint *(66, S. 166-168)*. Darauf antworten Musikwissenschaftler beinahe einstimmig, man könne diese Möglichkeit ausschließen. Es gibt nichts in ihren Kompositionen, das etwa ihr ‚Selbsteigenes' enthält. Trevelyan weist in seinem Bericht darauf hin, dass er von der Tatsache betroffen ist, wie jeder Komponist, der sich angeblich durch sie äußert, völlig auf die ihm eigene Weise wirkt.

Tenhaeff hatte Gelegenheit, in Zusammenarbeit mit einem Psychiater Mrs. Brown einer kombinierten psychologisch, psychiatrischen Untersuchung zu unterziehen. Das Ergebnis war: Sie ist als eine geistig normale Frau anzusehen, seelisch im Gleichgewicht und ohne hysterische Züge.

Rosemary Brown ist, wie alle Medien, natürlich erheblicher Kritik ausgesetzt. Nun kann man zwar die Musik nicht als Täuschung erklären, denn sie ist ja für jedermann vorzeigbar. Aber das Jenseits als Quelle wird angezweifelt. Dazu äußert sich Mrs. Brown folgendermaßen:

„Leute, die der Herkunft meiner Musik misstrauen und nach einer anderen Erklärung suchen als der richtigen, nämlich, dass sie aus einer anderen Welt kommt, haben fast immer dieselbe Theorie. Sie sind überzeugt, dass ich in meiner Jugend eine gründliche musikalische Ausbildung genossen habe, die ich nun als tiefes Geheimnis hüte".

Sie halten diese Theorie für die einzig logische Erklärung der mehr als 400 Musikstücke, die in mindestens einem Dutzend verschiedener Stile geschrieben sind.

Mrs. Brown fährt fort: *„Jedem Musikkenner leuchtet es ein, dass man fast ein Musikgenie sein müsste, um das alles allein geschrieben zu haben. Aber die meisten unmusikalischen Zweifler wissen nicht, wie schwer das Komponieren ist. Die meisten guten Musiker mit einer Veranlagung fürs Extemporieren (aus dem Stegreif Musizieren) können ein einfaches Lied in einem klassischen Stil wiedergeben, aber ich brächte nicht einmal das fertig, da ich überhaupt nicht extemporieren kann. Und im Stil verschiedener Komponisten zu komponieren, das ist noch viel schwerer!*

Obwohl nicht alle von mir niedergeschriebenen Kompositionen hervorragend sind, da ja die Komponisten durch meine derzeit begrenzten Kenntnisse und die Schwierigkeiten der Übermittlung eingeschränkt sind, hätte ich sicherlich eine großartige Musikerin sein müssen, um selbst in so verschiedenen Stilen schreiben zu können.

Eine weitere dumme Annahme ist, dass ich mich nach Berühmtheit sehne. Jeder, der mich kennt, weiß, dass ich in Wahrheit viel lieber ein ruhiges Le-

ben ohne öffentliches Aufsehen will. Oft frage ich mich, warum Menschen überhaupt nach Ruhm streben, wenn man bedenkt, welche Lasten und Ärgernisse damit verbunden sind.“

Eine Gegebenheit, die nachprüfbar war, ist von Bedeutung, weil sie der ganzen Geschichte Glaubhaftigkeit verleiht:

Korrektur einer Opernpartitur

Zu Rosemary Brown kommen gelegentlich noch lebende bekannte Komponisten und Dirigenten, da sie sich für ihre Arbeit interessieren. So besuchte sie im Sommer 1976 der BBC Dirigent **Kerry Woodward**. Während seiner Anwesenheit erschien vor dem geistigen Auge von Mrs. Brown ein ihr unbekanntes Wesen, das sich als **Viktor Ullmann** vorstellte und auf einen Stoß zerlesener Musikpartituren zeigte, die er in der Hand hielt. Zugleich mit diesem Wesen erschien **Franz Liszt** im Hintergrund, da er dolmetschen mußte. Dieser Ullmann sprach nämlich nur deutsch, das Mrs. Brown damals nicht verstand.

Er erklärte, daß er ein Komponist und Dirigent gewesen und 1898 in Teschen (Ostoberschlesien) auf die Welt gekommen sei.

Im zweiten Weltkrieg sei er als Jude in das Konzentrationslager Theresienstadt eingeliefert worden. Dort habe er 1943 eine **Oper komponiert** mit dem Titel ‚Der Kaiser von Atlantis oder: Die Verweigerung'. Das Libretto zu dieser Oper habe der ebenfalls in Theresienstadt inhaftierte Schriftsteller **Peter Kien** (geb. 1919) verfaßt. Partitur und Libretto wurden auf die Rückseite von Formularen der SS geschrieben. Die Oper sei 1944 im Prinzip von ihm fertiggestellt worden. Auch die Proben für die Aufführung durch das Lagertheater hätten bereits begonnen gehabt. Doch sei es zu keiner regulären Aufführung mehr gekommen, da er und Peter Kien im September 1944 in das Konzentrationslager Auschwitz transportiert und dort vergast worden seien. Die meisten Insassen von Theresienstadt wurden dort umgebracht. Das Manuskript der Oper, so sagte Ullmann, sei aber nicht untergegangen oder vernichtet, sondern befinde sich in London bei einem Dr. **Hans Günter Adler** (geb. 1910 in Prag, gest. 1988 in London).

Woodward kenne ihn ja (seit 1974) und möge sich des Manuskriptes annehmen. Er, Ullmann, habe im Jenseits eine Vielzahl von Korrekturen, Änderungen und Ergänzungen ausgearbeitet, so daß die Oper eigentlich erst jetzt aufführungsreif geworden sei. Diese Änderungen wolle er durch Mrs. Brown medial durchgeben.

Es stellte sich heraus, daß Dr. Adler ein Mithäftling von Ullmann und Kien in Theresienstadt gewesen war. Er überlebte und konnte noch vor Kriegsende das Manuskript aus dem Lager schmuggeln und es nach dem Kriege mit nach London nehmen.

Mrs. Brown bekam dann von Ullmann bei sprachlicher Übersetzungshilfe von Franz Liszt in vier Sitzungen zu je etwa zwei Stunden eine Vielzahl von Änderungen diktiert mit genauer Seiten- und Taktangabe der Originalpartitur (**MMV**). Dabei lag Mrs. Brown die Originalpartitur aber nicht vor. Auch Kerry Woodward war nicht zugegen. Die Anzahl der Änderungen belief sich auf schätzungsweise fünfzig.

Woodward übernahm alle diese Änderungsmitteilungen und fügte sie in das Originalmanuskript ein. Die Oper ist seitdem einige Male unter Leitung von Kerry Woodward in England und am 22.11.1978 im Ersten Deutschen Fernsehprogramm aufgeführt worden.

Meine Beurteilung

Wie soll so viel Spezialwissen mit der o.g. Annahme einer Super-Begabung seitens Mrs. Brown erklärbar sein?

Die Super-ASW-Hypothese müsste andererseits hier sehr Ambitioniertes annehmen:

1. Paranormal gewonnene Kenntnisse des Mediums über Ursprung, Existenz und den Verbleib der Partitur;
2. Detailgenaue Kenntnis der Partitur von der Seitenzahl und Taktnummer bis zu jeder einzelnen Note, sonst wären Korrekturen nicht möglich;
3. Die Fähigkeit des Mediums, im Stil Ullmanns komponieren zu können.

Andere Fälle von medial vermittelter Musik gibt es *(**193**, S. 19-20, 167)*. Bei Wunderkindern liegt die Vermutung nahe, es könne sich, ähnlich wie bei Rosemary Brown, auch um eine mediale Beeinflussung aus dem Jenseits handeln *(**169**)*.

8.2.4.3. Medien zeichnen und malen künstlerisch

Wenn eine erwachsene Person – ähnlich wie Rosemary Brown aus dem vorigen Kapitel - plötzlich bisher nicht aufgetretene, unglaubliche Fähigkeiten zeigt, so ist das nicht mit Super-ASW zu erklären. Wer sollte die Quelle der Information darstellen? Ein schlummerndes Super-Talent anzunehmen, das ohne Anlass plötzlich aufbricht, ist auch nicht überzeugend, wenn entsprechende Prüfungen der aktuellen Fähigkeiten negativ ausfallen. Ist die **Beein-**

flussung aus dem Jenseits vielleicht doch eine überlegenswerte Alternative? Lesen Sie dazu das folgende Beispiel:

8.2.4.3.1. Bsp. (68) Das holländische Mal-Medium Mansveld (MMV, Beeinflussung)

(68) Der animistisch denkende Dr. **W. Kröner**, ein homöopathischer Arzt in Berlin, berichtet 1926 *(**269**, S. 246-248)*:

Mansveld ist ein Mann aus dem Handwerkerstande, der bis zu seinem 46. Lebensjahr nie den leisesten Mal- oder Zeichenversuch gemacht hat und auch heute noch nicht imstande ist, eine ihm vorgelegte, einfache Vorlage nachzuzeichnen. Seine **Medialität** entdeckte er während einer spiritistischen Sitzung, an der er teilnahm: Es meldete sich nämlich der angebliche Geist des 1899 verstorbenen **Jakob Maris**, des bekannten holländischen Landschaftmalers. Er bat Mansveld, ihm seinen Arm zur Verfügung zu stellen. Nach wenigen Versuchen entstanden Bilder, die, wie behauptet wird, von einem echten Maris nicht zu unterscheiden sind und das charakteristische Signum des verstorbenen Meisters tragen (**Malmedium**).

Was Mansveld von anderen Malmedien unterscheidet ist nun, dass diesem ersten angeblichen Inspirator Jakob Maris noch zahlreiche andere folgten, gleichfalls meist - aber nicht durchweg - bekannte, jüngst verstorbene Meister, deren Wesensart das Medium mit der gleichen Schärfe der Charakteristik traf. Daneben trat ein angeblich 'identifizierter', aber 'dem Medium unbekannter' Schweizer Arzt, Dr. Koch, auf, der nicht malte, sondern nur längere Zeit hindurch als typischer 'Führer' die gesamten Leistungen überwachte.

Dr. Kröner, der eine umfangreiche Ausstellung Mansveldscher Bilder studiert hat, bezeugt denn auch: “*Man würde nicht im Entferntesten annehmen, dass diese Bilder von ein und derselben Person herrühren, denn sie machen den Eindruck, als seien sie von mindestens 20 verschiedenen Künstlern gemalt, die weder in Auffassung und Technik, noch im Temperament, in den Motiven, in der Schulung, in ihrer künstlerischen Bedeutung, kurz in der ganzen Malweise etwas miteinander gemein haben... Es erscheint unmöglich, dass selbst ein großer Künstler von äußerster Wandlungsfähigkeit oder ein Fälschergenie imstande wäre, derartig verschiedene künstlerische Handschriften zu schreiben ... Die meisten Werke verraten den reifen Künstler, und ein großer Teil steht auf außerordentlicher künstlerischer und technischer Höhe.*”

Mansveld malt in fast völligem Trancezustand äußerst rasch und gewaltsam mit der linken Hand (er ist sonst Rechtshänder), zuweilen selbst im Dunkeln, und seine Mimik, Stimme, Sprache und sein **Temperament** verändern sich währenddessen entsprechend der jeweils malenden ‚Persönlichkeit'.

Meine Beurteilung

Dr. Kröners Bericht ist leider zu kurz gehalten, um eine sichere Beurteilung des Falls zu ermöglichen. Z.B. bedürfte die Frage vertiefter Nachprüfung, in wieweit das Medium mit der Malweise der angeblich durch seinen Pinsel wirkenden Meister bekannt war. Kröner gegenüber erklärte Mansveld, *"soweit es sich um Holländer handelte und diese Maler allgemein bekannt seien, habe er wohl die betreffenden Bilder gesehen, ohne dass sie aber besonders tiefen Eindruck hinterlassen hätten."* Von der Mehrzahl der Künstler verneint er aufs Entschiedenste, sie auch nur dem Namen nach gekannt zu haben.

Ähnliche Fälle von Malmedien finden sich in der Literatur. Weil er nah meinem Wohnort geboren wurde, dort lebte und wirkte, nenne ich zuerst den Nürnberger Maler, Kunsthändler, Antiquar und Schriftsteller **Heinrich Nüßlein** (1879 - 1947) *(**349**, S. 316-319)*. Ohne eine besondere Ausbildung zu haben, malte er seine inneren Bilder, viele davon während kompletter Dunkelheit. Seine Sehschwäche erlaubte es ihm nicht, nach Vorbildern in der Natur zu malen. Viele Bilder entstanden in kürzester Zeit, so dass er in zwei Jahren 2000 davon zustande brachte. Der englische Autor **Harry Price** berichtet noch von den Malmedien **Marjan Gruzewski** und **Augustin Lesage** *(**349**, S. 319-321)*. Erwähnt sei auch der Brasilianer **Luiz Gasparetto** *(**66**, S. 168-169; **155**; **193**, S. 20, 167)*. Einen viel intensiveren **Einfluss** aus dem Jenseits erlebte der 36-jährige Goldschmied **Frederic L. Thompson**, der künstlerisch nicht ausgebildet war. In seinem Fall geht man von Besessenheit durch den verstorbenen Maler **Robert Swain Gifford** aus, der Thompson dazu brachte, sein durch Tod unterbrochenes Werk malerisch fortzusetzen (*__66__, S. 207-216; __444__, S. 377-378)*.

Eine unerklärliche Fähigkeit kann man auch darin sehen, das Aussehen längst verstorbener Menschen zu erfassen, das dem Malmedium nicht bekannt ist. Im folgenden Fall, den **Claus Speer** Ende der 1960er Jahre im Parapsychologischen Arbeitskreis von Dr. Möller in Karlsruhe selbst erlebte und mir berichtete, kannten auch die ‚Sitter' das Aussehen der fraglichen Person nicht.

Ein englisches Medium war zu Besuch, von dem gesagt wurde, es könne Verstorbene wahrnehmen. Herr Speer stand solchen Behauptungen damals sehr skeptisch aber doch interessiert gegenüber. Dieses Medium war gleichzeitig ein ausgezeichneter Porträtmaler. Ein Ehepaar stellt sich zur Verfügung. Das Medium schaute immer neben das Paar und begann zu zeichnen. Es war ein ganz markantes Gesicht das zum Urgroßvater des Ehemanns gehören sollte. Diesen Urgroßvater hatte der Ehemann im Leben nicht mehr kennengelernt und er besaß auch kein Photo von ihm. Die Familie stammte aus dem heutigen Polen. Um zu einem Beweis zu kommen suchte der Ehemann unter dem Vorwand der Ahnenforschung Kontakt zu der Familie in Polen zu bekommen, was damals zu Zeiten des kalten Krieges nur schwer möglich war. Es gelang ihm, eingeladen zu werden und es gelang ihm, ein Photo des Urgroßvaters zurückzubringen. Es zeigte genau dieses markante Gesicht mit dem schmalen Kinn, birnenförmigen Kopf und den großen Ohren.

8.2.4.4. Mediale Dichtkunst

Nicht nur Werke der Ton- und Malkunst können durch medial veranlagte Menschen empfangen und ihrer Umgebung mitgeteilt werden. Auch bei Werken der Dichtkunst ist das möglich. Bei dem Beispiel, welches nun behandelt werden soll, war das Medium schriftstellerisch völlig unbegabt, verfügte nur über einfachste Bildung und lieferte trotzdem hochstehende literarische Werke, und das außerdem in einer Sprachform, die es zuvor nie gehört und nie gelernt hatte.

8.2.4.4.1. Bsp. (69) Die mediale Durchgabe dichterischer Werke (MMV, Beeinflussung)

(69) Die Amerikanerin **Pearl Leonore Curran** aus St. Louis im Staate Missouri (geb. 15. 2 1883) war ein durchschnittlich begabtes Kind. Nach einer oberflächlichen Ausbildung verließ sie die Schule als Vierzehnjährige. Sie besaß nur eine sehr beschränkte Allgemeinbildung und sprach lediglich das amerikanische Slang-Englisch der örtlichen Umgebung. Diese Tatsachen hat der Executive Research Officer der Boston Society for Psychic Research, Dr. **Walter Franklin Prince**, 1926 äußerst genau nachgeprüft, als Mrs. Curran durch ihre mediale literarische ‚Produktion' sehr bekannt und berühmt geworden war. Auch enge Freunde und Verwandte wurden von Dr. Prince als Zeugen vernommen. Sie alle bestätigten, daß Mrs. Curran keine nennenswerten literarischen Vorkenntnisse und Interessen gehabt hatte und dass sie auch nicht religiös eingestellt war. Mrs. Curran war ausschließlich den Dingen des täglichen Lebens zugewandt *(**66**, S. 133-161; **143**, S. 161-164; **391**, S. 216-224)*.

Mrs. Curran entdeckte ihre mediale Begabung zufällig beim Umgang mit einem sogenannten ‚**Ouija Brett**' ihrer Nachbarn. Ouija Brett ist ein Kunstwort aus französisch ‚oui' und deutsch ‚ja'. Es handelt sich dabei um ein Gerät zum Nachrichtenempfang von jenseitigen Wesenheiten, eine Art Zeigertelegraph. Auf einer Papptafel oder einem Holzbrett sind die Buchstaben des Alphabetes und Zahlen aufgezeichnet. Darauf wird ein leicht verschieblicher Gegenstand, ein Holz oder Pappzeiger oder ein Likörglas, gelegt bzw. gestellt (**Gläserrücken**). Eine oder mehrere Versuchspersonen berühren leicht mit einem oder mehreren Fingern diesen Anzeigegegenstand. Wenn unter ihnen eine oder mehrere medial veranlagte Personen sind, kann sich nach einer gewissen Zeit der Gegenstand unter dem Einfluss der aufliegenden Finger und einer jenseitigen **Wesenheit** in Bewegung setzen und nacheinander einzelne Buchstaben anzeigen. Diese müssen dann abgelesen und aufgeschrieben werden. Wenn der Vorgang nach entsprechender Übung ordnungsgemäß abläuft, können sinnvolle Nachrichten empfangen werden. Dabei liegen die eigentlichen Aufnahme- und Empfangsorgane bei der oder den medialen Versuchspersonen. Für sie unbewusst werden diese Organe von außen unsichtbar angesteuert und bewegen dann die Finger der medialen Personen und damit das Anzeigegerät. Das ist ganz ähnlich, wie bei dem Musikmedium Rosemary Brown, deren Hände beim Klavierspiel scheinbar ohne ihr Zutun von selbst zu spielen in der Lage waren oder bei Schreibmedien, die berichten, ihre Hände würden beim Schreiben geführt.

Am 22. Juni 1913 kam erstmals eine nicht banale, sogar **dichterische Botschaft**, welche zur Entscheidung führte, fortan schriftliche Notizen zu machen. Im späteren Verlauf wurden die Mitteilungen direkt diktiert. Am 8. Juli, als sie wieder einmal abends ihrem Zeitvertreib am Ouija Brett nachgingen, erfasste den Zeiger plötzlich eine ungewohnte Lebhaftigkeit, und mit großer Schnelligkeit buchstabierte er in altertümlichem Englisch (**MMV**):

*"Vor vielen Monden lebte ich. Ich komme zurück. Ich heiße **Patience Worth**."*

Mit dieser jenseitigen Kommunikatorin arbeitete Frau Curran von da an über fast 25 Jahre bis 1937 zusammen. Es zeigte sich, dass Frau Curran die eigentliche Vermittlerin der Botschaften war. Die Mitteilungen fanden nur statt, wenn sie zugegen war. Wer sonst noch anwesend war, spielte keine Rolle.

Die Angaben über jene Patience Worth waren nicht sehr ausführlich. Patience lebte angeblich im siebzehnten Jahrhundert auf einer Farm in Dorsetshire in England. Später wanderte sie nach Amerika aus und wurde bald darauf bei einem Indianerüberfall getötet. Historisch ließ sich eine ‚Patience Worth' nie nachweisen, da es ja im siebzehnten Jahrhundert noch keine Standesämter gab.

Die umfangreichen Durchgaben der ‚Patience Worth' ab 1913 zeigen aber, dass sie die altenglische Sprache und ihre Dialekte des siebzehnten Jahrhunderts beherrschte. Sie verfügte über umfassende Kenntnisse der Pflanzen und Tierwelt, sowie der Haus- und Landwirtschaft und der Lebensgewohnheiten im England der damaligen Zeit. Das waren alles Kenntnisse, die weder Mrs. Curran noch ihre nähere Umgebung besaßen oder besitzen konnten. ‚Patience Worth' gab im Verlauf einiger Jahre ein großes literarisches Gesamtwerk durch. Allein in den ersten 5 Jahren waren es sechs längere historische Romane, 2.500 Gedichte, Kurzgeschichten und Bühnenstücke, insgesamt im Umfang von rund vier Millionen Worten.

Die bei den Durchgaben anwesenden Zuschauer konnten sich mit Patience auch über beliebige Themen religiöser, philosophischer und weltlicher Art regelrecht unterhalten, d.h. auf ihre Fragen erhielten sie sofort eine schriftliche und meist sehr geistreiche Antwort.

Die Durchgaben erfolgten außerordentlich schnell. So wurde das Kapitel in dem Roman ‚The Sorry Tale', das die Kreuzigung Christi beschreibt und eine Dichtung von erstaunlicher Kraft und Lebendigkeit ist, in seinem Umfang von 5000 Wörtern an einem Abend diktiert. Nie zögerte Patience bei der Wahl eines Wortes. Es war, als flösse ein Wortstrom aus ihr heraus. Nur sehr selten erfolgten nachträgliche Änderungen. Selbst nach längeren Unterbrechungen fuhr sie ohne Zögern bei demselben Wort weiter fort, bei dem sie aufgehört hatte. Patience konnte zu einem ad hoc vorgeschlagenen Thema ohne zu zögern ein Gedicht improvisieren. Sie konnte ein Gedicht diktieren, während sie gleichzeitig einen Brief schrieb.

Die jeweilige Stilform wird während des ganzen Romans durchgehalten. Dabei ist der archaische Dialekt in der mittelalterlichen Erzählung 'Telka' eine Besonderheit, ein Kunstprodukt. Obwohl es nach Altenglisch aussah, war es kein englischer Dialekt. Er wurde niemals gesprochen.

Eine Analyse der Sprache in 'Telka' ergab, dass 90% der Wörter angelsächsisch sind, 10% altfranzösisch mit gelegentlich eingestreuten skandinavischen Wörtern und selten ein Wort keltischen oder lateinischen Ursprungs. Es wird kein Wort verwendet, das später als in der Mitte des 17. Jahrhunderts in Gebrauch kam. Grundlage ist das Englisch des 17. Jahrhunderts, aber man muss bis zu der Zeit von Wyclif zurückgehen, um ein solches Übergewicht angelsächsischer Wörter zu finden.

Der literarische Wert der Werke von ‚Patience Worth' wurde von vielen Fachleuten als hervorragend beurteilt. Eines wurde sogar mit dem Pulitzer Preis ausgezeichnet. Außerdem enthielten die Romane bezüglich ihrer historischen Hintergründe einen großen Umfang an korrektem Wissen über die Verhältnisse der damaligen Zeiten. ‚Patience' ist zum Beispiel mit der Haushaltung, wie sie vor zwei Jahrhunderten oder noch früher Sitte war, eng vertraut. Sie kennt alle Hausgeräte jener Zeit, den Gebrauch des Webstuhls und des Spinnrades, die Kunst, auf offenem Herd zu kochen und das Besanden der Fußböden. Sie kennt die Trachten, Sitten und Geographie von Palästina und die Architektur von Jerusalem mit ihren Mauern, Palästen und Wasserstellen. Dabei ist die Sprechweise und die Form des Englischen den jeweiligen Zeitumständen angepasst. Viele verwendete Wörter mussten erst in alten Wörterbüchern nachgeschlagen werden, um ihren Sinn zu erkennen.

Meine Beurteilung

Zusammenfassend kann man sagen: Es ist unmöglich, dass Mrs. Curran aus ihrem Bewusstsein oder Unterbewusstsein die Werke eigenschöpferisch hervorbringen konnte. Sie hatte nicht das Wissen und die Fähigkeiten dazu und konnte sie auch nicht unbewusst erworben haben. Brach hier ein Talent aus einem früheren Leben durch? Frau Curran unterstützt diesen Erklärungsversuch nicht. Sie sieht sich nur als Werkzeug zur Übermittlung der Dichtkunst von Patience Worth. Der Autor **Schiebeler** *(391)* neigt eher zu einer spiritistischen Erklärung, **Fontana** *(143)* äußert sich nicht eindeutig und **Braude** *(66)* tendiert zur animistischen Erklärung.

Ein deutschsprachiger Fall von möglicherweise jenseitig inspirierter Dichtkunst ist der von **Hella Zahrada** *(209)*. Die österreichische Pianistin schrieb in den 1930er Jahren insgesamt 370 Gedichte von spachlicher Schönheit, obwohl sie mit ihrem Wachbewusstsein nicht in der Lage war, vernünftige Reime zustande zu bringen. Die Verse wurden ihr vom (angeblich) jenseitigen Dichter ‚Ephides' auch zu völlig unpassenden Gelegenheiten eingegeben. Sie brachte zur Niederschrift keine eigene Gedankenarbeit auf und musste die Texte nie nacharbeiten.

Weitere möglicherweise jenseitig inspirierte schöngeistige Literatur wird bei Kelly erwähnt *(229, S. 445-446)*.

8.2.4.5. Philosophische Gespräche mit Jenseitigen

Wenn medial Gespräche bzw. philosophische Diskussionen auf so hohem geistigem Niveau zwischen Lebenden und Verstorbenen geführt werden, so dass das Medium dem nicht mehr folgen kann, wird es schwierig für animistische Erklärungen. Von welchem lebenden Kenner der besprochenen Materie soll der Part der Jenseitigen übernommen werden, den das Medium telepathisch abgreift? Das folgende Beispiel illustriert die Situation:

8.2.4.5.1. Bsp. (70) Philosophische Gespräche mit Jenseitigen (MMV mit Motiv)

(70) Die Engländerin **Mrs. Willett** (Pseudonym für Frau **Coombe-Tennant**, 1874-1956) zeigte schon als Kind **mediale Begabung**. Sie war eine gebildete Persönlichkeit, die Anfang des 20. Jahrhunderts öffentliche Ämter (Friedensrichterin) bekleidete. U.a. war sie 1922 englische Delegierte im Völkerbund, dem Vorläufer der heutigen Vereinten Nationen *(**7**, S. 217-219)*.

1908 nahm sie nach dem Tod eines nahen Angehörigen das **automatische Schreiben** wieder auf und kam dann auch als **Sprechmedium** in tiefer Trance mit zweien der bereits verstorbenen Gründer der englischen Gesellschaft für psychische Forschung (SPR) in Kontakt: **F.W.H. Myers** und **Edmund Gurney**. Diese verlangten, der noch lebende **G.W. Balfour**, der 1906-07 Präsident dieser Gesellschaft war, solle sich bei den Sitzungen einfinden.

Myers und Gurney waren zu Lebzeiten passionierte Philosophen und ihre Werke wurden viel gelesen. Balfour hatte mit beiden früher häufig diskutiert.

Am 4.6.1911 kam eine erste lebendige **philosophische Diskussion** zwischen Balfour und den beiden verstorbenen Philosophen durch das Medium Willett zustande. Viele weitere folgten. Mehrere Themen wurden in einer Weise angesprochen, die hohen intellektuellen Ansprüchen genügten, wie C. D. Broad *(**68**, S. 296-297)* berichtet. Die Kommunikatoren zeigten außerdem detaillierte Kenntnisse der Schriften von Myers. Problemlos wurden Punkte wieder aufgegriffen, die Wochen zuvor in vorangegangenen Sitzungen besprochen worden waren. **Verhalten und Sprechweise** waren charakteristisch für die von Myers und Gurney.

Mrs. Willett wird zwar als intelligente Persönlichkeit beschrieben, hatte aber keine besonderen Kenntnisse der Philosophie und hatte in ihrem Wachbewusstsein auch gar keine Geduld für solche Art der Unterhaltung. Wenn man ihr die Mitschriften der Transkommunikationen nach den Sitzungen zeigte, verstand sie deren Inhalt oft nicht.

Meine Beurteilung

Mrs. Willett war den beiden inzwischen verstorbenen Philosophen zu deren Lebzeiten nie begegnet, so dass es ein Wunder bleibt, wie sie das Wesen und Wissen dieser Menschen so überzeugend darstellen konnte. Balfour mag das

Wissen dazu gehabt haben. Von ihm könnte es telepathisch übernommen worden sein. Allerdings müsste er dann unbewusst den Part seiner Gesprächspartner mit übernommen und vertreten haben, so dass keine echte Diskussion zustande gekommen wäre. Balfour wurde jedenfalls davon überzeugt, mit seinen früheren Freunden gesprochen zu haben.

Auf ähnlich hohem geistigem Niveau bewegen sich literarische Rätsel, die das Medium bzw. Jenseitige aufgeben. Das bekannteste Beispiel dafür ist das ‚Lethe-Material' des Kommunikators F. W. H. Myers *(**247**, S. 591-592):*

8.2.4.5.2. Bsp. (71) Literarisches Rätsel, ‚Lethe-Material' (MMV mit Motiv)

(71) Am 23. 3. 1908 fragte **G. B. Dorr**, der Vize-Präsident der ASPR, einen Kommunikator, der behauptete, der verstorbene **F. W. H. Myers** zu sein und mit dem er über Mrs. Piper als Medium schon eine gewisse Zeit in Kontakt stand: *„Was fällt ihnen bei dem Wort ‚Lethe' ein?"* Dorr wollte damit prüfen, ob der Kommunikator tatsächlich der höchst gebildete Altphilologe Myers sein konnte und ob er sein Gedächtnis bewahrt hatte. Dorr erwartete eine einfache Antwort, die auf den Fluss verweist, aus dem die Seelen nach dem griechischen Mythos das Vergessen trinken.

Wenn nun der Kommunikator eine derartige Antwort gegeben hätte, könnte sie auf Telepathie zwischen dem Unbewussten Mrs. Pipers und Dorr zurückgeführt werden. Es hätte sich auch nicht ausschließen lassen, dass Mrs. Piper vielleicht einmal zufällig in einem Lexikon eine entsprechende Aussage gelesen und dann in ihrem Gedächtnis gespeichert haben könnte.

Aber der Kommunikator Myers antwortete u.a. mit fragmentarischen klassischen Anspielungen, die Dorr nicht verstand und die auch für die beiden Altphilologen Mrs. Verall und Gerald Balfour keinen echten Sinn ergaben. Erst später fand J. G Piddington eine auch ihm zuvor unbekannte Textstelle im 11. Buch der *Metamorphosen* Ovids, die den Schlüssel zu den ‚Lethe'-Mitteilungen des Kommunikators Myers liefert und im Zusammenhang mit dem Fluss Lethe steht. Die Antwort entsprach ganz der Art des verstorbenen Myers.

Der Autor Gauld macht deutlich, dass Mrs. Piper keine echte Möglichkeit gehabt hat, die übermittelten Informationen hellsichtig aus irgendwelchen Übersetzungen der *Metamorphosen* zu entnehmen und sie konnte sie auch nicht aus den Gedächtnissen Dorrs, Mrs. Veralls und Gerald Balfours entnommen haben, denn auch sie wussten mit den Mitteilungen nichts anzufangen. Auch in Nachschlagewerken war unter dem Stichwort ‚Lethe' Ovid nicht erwähnt *(**157**, S. 93-97).*

Um bei einer animistischen Deutung bleiben zu können, müsste man z.B. annehmen, die Super-ASW des Mediums habe in die Zukunft sehen können, so die Auflösung des Rätsels erfahren und mit diesem Wissen das Rätsel formuliert. Ist das glaubwürdiger als eine lebendige Intelligenz anzunehmen, die hier agiert?

8.2.4.6. Medial vermitteltes Schachspiel auf hohem Niveau

Robert Rollans (29.1.1914 – 2.3.1993), ein Komponist und Musiker, spielte in den Jahren 1985 bis 1993 eine Schachpartie gegen den weltweit drittplazierten, lebenden Schach-Großmeister **Victor Kortschnoi** (23.3.1931 - 6.6.2016). Seine Züge im Spiel dachte sich Rollans nicht selbst aus, sondern er erhielt sie schriftmedial (angeblich) vom verstorbenen ungarischen Großmeister **Gézà Maróczy** (1870-1951). Rollans spielte auf niedrigem ‚rostigem' Großmeisterniveau einen altmodischen Stil, der nicht von einem Laien oder Laienteam, und auch nicht von einem Schachcomputer stammen kann. Das **Spiel** endete am 11.2.1993, also nach 7 Jahren und 8 Monaten nach 47 Zugpaaren mit einer Niederlage für Rollans.

Rollans hatte kein Interesse an Schach und konnte dementsprechend nicht Schach spielen. Er hatte keine Ahnung von Schachgeschichte und wurde auch für seine Mitwirkung nicht bezahlt. Er war bereit teilzunehmen, weil er hoffte, damit einen Beweis für ein Leben nach dem Tod (das ‚Überleben des Todes') erbringen zu können. Woher hatte er die nie erlernte Fähigkeit, auf angemessenem Meisterniveau und im Stil, der zu Maróczys Zeit üblich war, Schach spielen zu können?

Alle Einzelheiten zu diesem Fall werden in Kapitel 8.2.9 S. 316 ausführlich dargestellt.

8.2.5. Wissen über zukünftiges Wissen?

Die **Super-ASW** muss extrem ‚clever' sein, um Fälle mit folgenden Eigenschaften erklären zu können: Zu dem vom Medium geäußerten Sachverhalt existieren weder bestätigende schriftliche Unterlagen noch gibt es Personen, die darüber etwas wissen. Wie das gemeint ist, veranschaulicht das nachfolgende Beispiel:

8.2.5.1. Bsp. (72) Wissen um Fehler im Dokument (MMV mit Motiv)

(72) Der Fall wurde von Frau Dallas (1929) persönlich erlebt. Das Medium war **Otto von Bourg** und der Kommunikator war augenscheinlich der verstorbene Onkel und Beschützer von Dallas, der sich zu Lebzeiten um ihre Angelegenheiten gekümmert hatte. Von Bourg beschrieb zuerst den betreffenden Herrn (**MMV**), offensichtlich zutreffend, und sagte dann: *„Ich bekomme das Wort ‚Onkel'*. Das Medium fragte dann Dallas, ob der Onkel (Zitat) *"mir (Frau Dallas) geholfen hätte, irgendwelche Papiere zu bearbeiten, bevor er starb. Mir wurde bewusst, dass er mir geholfen hatte, meinen letzten Willen zu Papier zu bringen.* Von Bourg sagte dann: *„Ich bekomme ‚unrichtig', so stark". „Das überraschte mich (Frau Dallas) und ich fragte, ob er meint, dass mein Onkel wünscht, dass ich mein Testament ändere".* Der Onkel antwortete durch die Stimme des Mediums: *„Nein, im Prinzip ist alles in Ordnung; aber etwas stimmt nicht und ich denke, wenn du es anschaust, wird es dich beeindrucken, worum es geht".* (Zitat Ende) *(**143**, s. 109-110).*

Nachprüfung

Frau Dallas bat daraufhin ihren Rechtsanwalt in einem Brief, ihr das Testament zu schicken. Dieses sandte sie nach Erhalt zu einem ihrer Freunde, einem pensionierten Richter, mit der Bitte, es für sie zu kontrollieren. Er antwortete prompt, dass (Zitat:) *„das **Testament**, so wie es formuliert ist, einen schweren **Fehler** enthält, der deine Absichten bis zu einem gewissen Grad durchkreuzen würde"*(Zitat Ende). Frau Dallas sagt uns nicht speziell, dass das Testament bei der ersten Hinterlegung von dem Rechtsanwalt geprüft worden war. Aber aus dem, was sie sagt, wird klar, dass dies der Fall war und dass ihm dieser Fehler nicht aufgefallen war. Sie erzählt uns, dass der Richter sie davon in Kenntnis setzte, dass er (Zitat) *„von anderen Rechtsanwälten gemachte, ähnliche Fehler ....gefunden hat"* (Zitat Ende), und sie fügt hinzu, dass weder der Rechtsanwalt, noch sie selbst sich der fehlerhaften Formulierung bewusst gewesen seien.

Meine Beurteilung

Das Besondere dieses Falls liegt darin, dass ziemlich sicher ist, dass keine schriftlichen, materiellen Belege für den Fehler im Testament vorlagen, die hellsichtig hätten aufgegriffen werden können. Es gab auch keine Personen, in deren Bewusstsein oder Unterbewusstsein das Wissen um den Fehler vorhanden war. Das schließt eine Erklärung mittels Telepathie aus. Die Super-ASW-Erklärung wäre anwendbar, wenn man annähme, die ASW des Mediums hätte entweder juristisches Fachwissen, um die problematische Situation selbst entdecken und beurteilen zu können, oder sie hätte Wissen um die zukünftige juristische Entscheidung. Hier scheiden sich die Geister: Ich persönlich neige dazu, der ASW nicht solche exorbitanten Fähigkeiten zuzubilligen.

8.2.6. Wissen bei widersprüchlichen Dokumenten

Sollte man zur Aussage eines Mediums bei der Nachprüfung finden, dass in den Dokumenten miteinander unvereinbare Angaben gemacht werden, entsteht eine Möglichkeit, zwischen animistischer und spiritistischer Erklärung zu differenzieren[41]. Stellt sich nämlich heraus, dass die Aussage des Mediums dem wahren Sachverhalt entspricht, so entsteht für die **Super-ASW-Hypothese** die Schwierigkeit, erklären zu müssen, wie sie den wahren Sachverhalt angesichts widersprüchlicher Dokumente herausfinden konnte. Dass ein Kommunikator als ehemals lebender Mensch den wahren Sachverhalt kennt, kann man dagegen als ‚normal' betrachten. Diese Situation soll der folgende Fall illustrieren:

8.2.6.1. Bsp. (73) Trotz zweideutiger Dokumente richtige Angaben (Gläserrücken)

(73) Beim **Gläserrücken**[42] meldete sich ein **Harry Stockbridge**, den keiner der Beteiligten kannte. Er machte folgende Mitteilungen *(**157**, S. 68-71; **143**, S. 158-161; **131**, S. 168-169)*:

*"Zweiter Leutnant bei den Northumberland Fusiliers. Ich starb am **14**.7.1916".*

Nachprüfung

Der Autor Gauld forschte (leider erst) 13 Jahre nach den Sitzungen nach und fand in der offiziellen Liste des ‚War-Office' den **19**.7.1916 als Todesdatum. Die Diskrepanz veranlasste ihn weiter zu suchen und dies ergab: Die Todesurkunde und eine Liste im ‚Army Records Centre' wies den **14**.7.1916 aus.

[41] Unter den nachgeprüften Rückführungsfällen findet man in Band 2a, Kapitel 7.2.3.1.3 eine Entsprechung bei Goldbergs "Grace".

[42] Erklärung siehe Bsp. (69) Die mediale Durchgabe dichterischer Werke.

Der 14. ist also das korrekte Datum, das auch vom Medium bzw. Stockbridge angegeben worden war (**zweideutige Dokumente**).

Stockbridge gab noch an: *‚Tyneside **Scottish**'*. Ein Buch über Militärgeschichte erwähnt Stockbridge aber als Angehörigen der Tyneside **Irish** Battalion der Nothumberland Fusiliers. In der Bibliothek des ‚War-Office', also an anderer Stelle, fand sich anschließend die zusätzliche Information, dass Stockbridge kurz vor seinem Tod vorübergehend zum Tyneside **Scottish** Battalion versetzt worden war. Wenn Stockbridge überlebte, ist es zu erwarten, dass er sein letztes Bataillon nennt, als dessen Angehöriger er starb. Für ein hellsichtig arbeitendes Medium ist es schon verwunderlich, dass es die letztere Datenquelle fand und sich nicht durch die erstere verwirren ließ.

Stockbridge schrieb auch, er sei *"groß, dunkel, schlank und sein besonderes Kennzeichen seien große braune Augen"*. Das wurde durch Angehörige und eine Photographie bestätigt.

"Ich lebte in Leicester", behauptete Stockbridge noch. Dies bestätigte die Todesurkunde.

"In Leicester bin ich verewigt", sagte er außerdem. Tatsächlich fand sich ein Eintrag auf einer Tafel in Stockbridges ehemaliger Schule.

Stockbridge bestätigte, dass seine Mutter bei ihm sei. Tatsächlich war seine Mutter vor dem Gläserrücken bereits gestorben.

Die Super-ASW hätte – zusätzlich zur Selektion der richtigen Quelle – für alle Aussagen aus 4 unterschiedlichen Quellen die richtige Information zusammentragen müssen.

8.2.7. Missverständnis zwischen Sitter und Kommunikator

Ein **Problem ergibt sich für die Super-ASW**-Hypothese, wenn ein **Missverständnis** zwischen Sitter und jenseitigem Kommunikator auftritt. Nehmen wir den Fall auf, wie er in Bsp. (62) auf S. 285 über ‚**Kakie**' geschildert ist. Der Jenseitige muss mehrfach reklamieren, bis der Sitter verstanden hat, was (welchen Gegenstand) er, der Kommunikator meint. Für das Medium gibt es nach der ASW-Erklärung keinen Jenseitigen. Es nimmt die Gedanken des Sitters telepathisch auf und kann deshalb nichts von einem Missverständnis wissen, weil der Sitter zunächst davon ausgeht, richtig verstanden zu haben. Wie kommt das telepathisch arbeitende Medium darauf, ein Missverständnis anzunehmen? Warum inszeniert es ein solches? Nach welcher Regel wird inszeniert?

Man kann die animistische Erklärung damit ‚retten', dass man annimmt, die Super-ASW habe präkognitiv das Ergebnis der Auflösung des Missverständnisses gekannt und damit gewusst, dass es ein Missverständnis gegeben haben muss. Auch der ‚Weg', den das Missverständnis nimmt, muss präkognitiv oder mit dem Wissen des Sitters abgestimmt sein. Man sieht, mit einfacher ASW, ohne das ‚Super', kommt man zu keiner Erklärung.

8.2.8. Kreuzkorrespondenzen

In der Absicht, einen Gegenbeleg zur ASW-Hypothese zu erbringen, ist zwischen 1901 und 1932 eine lange Reihe von Versuchen mit verteilten Botschaften (**Kreuzkorrespondenzen** oder Quer-Entsprechungen) unternommen worden *(**66**, S. 95-100; **143**, S. 175-185; **157**, S. 77-89; **173**, S. 161-165; **247**, 589-591; **269**, S. 104-190; **391**, S. 183-201; **458**, S. 237-245).*

Dabei wird die Aussage eines Kontrollgeistes oder einer Gruppe von Geistern in mehrere Teilstücke zerlegt. Jedes einzelne wird durch ein jeweils anderes Medium übertragen. Einzeln betrachtet, sind die Bruchstücke unverständlich – machen keinen Sinn. Erst wenn alle Nachrichtenteile zusammenkommen, erschließt sich der Zusammenhang und gedankliche Inhalt. Die Medien kennen sich untereinander z.T. nicht, leben z.T. weit auseinander und ahnen nichts von dem Versuch.

Die Initiative dazu ging von den angeblich Jenseitigen aus. Die Kommunikatoren geben als Grund für die Versuche an, dass die Verteilung eines einzelnen Themas unter verschiedene Medien beweisen sollte, dass ein einziger unabhängiger Geist oder eine Gruppe von Geistern hinter dem Phänomen stehen muss und für den Zusammenhalt der Teile sorgt.

Bei den Texten handelt es sich um Gedichte, Zitate und Titel mit literarischen Anspielungen in englischer, französischer, lateinischer und griechischer Sprache. Die Untersucher von der engl. Gesellschaft für psychische Forschung (SPR) mussten die Zusammenhänge der Texte untereinander und die Bezüge zu den Wesensmerkmalen der Menschen herstellen, die sich nun als Kommunikatoren (Gesprächspartner) der Medien gemeldet hatten. Dazu benötigten sie einen hohen Grad an klassischer und literarischer Bildung. Bis auf ein Medium (Verrall), hatten die übrigen 6 Beteiligten kein Latein oder Griechisch gelernt.

Die Beispiele dazu sind so kompliziert und verlangen altphilologische Sprachkenntnisse, die heute nicht mehr weit verbreitet sind, so dass aus diesem Grund hier auf ein Beispiel verzichtet wird. Ein zweiter Grund liegt in der Möglichkeit, die Kreuzkorrespondenzen als Unterstützung der Überlebenshypothese generell zu entwerten. Dies geschieht, indem die Behauptung aufgestellt wird, die verschiedenen Medien hätten untereinander telepathisch in Verbindung miteinander gestanden und so den Zusammenhalt der Teile hergestellt. Einen Nachweis für die Gültigkeit dieser Behauptung gibt es jedoch nicht.

8.2.9. Schachspiel: Schwierig für die Super-ASW

Obwohl das folgende Beispiel unglaublich und sensationsheischend erscheint, traue ich mich, darüber zu berichten. Ich kenne Dr. Eisenbeiss, den Initiator des Falles, persönlich und lege meine Hand dafür ins Feuer, dass er keinen ‚Fake', kein Lügengebäude errichtet hat. Die Veröffentlichung des Falls in allen Einzelheiten geht auf meine Initiative zurück und das zwang mich zu sorgfältiger Prüfung. Das Ergebnis: Es gab keinen Grund, irgendeinen Verdacht zu schöpfen. Natürlich wird man immer im Nachhinein Schwachstellen feststellen und Wünsche unerfüllt stehen lassen müssen. Aber das berechtigt nicht dazu, die Veröffentlichung zu unterlassen. Alle Einzelheiten sind im englischen Originalbericht ***(124)*** nachzulesen. Hier im Buch bringe ich eine aufs Wesentliche beschränkte, leichter lesbare deutsche Version. Warum dieser Fall eine **Herausforderung für die Super-ASW-Hypothese** darstellt, wird in der Schlussbetrachtung in Kapitel 8.2.9.1.6, S. 329 im nun geschilderten Fall deutlich.

8.2.9.1. Bsp. (74) Schachspiel zwischen einem lebenden und einem verstorbenen Schachgroßmeister (MMV mit Motiv, Beeinflussung)

(74) Es fällt schwer, die folgende Geschichte zu glauben: Ein Schachspiel soll zwischen einem lebenden und einem bereits verstorbenen Schachgroßmeister ausgetragen worden sein. Das konnte auch ich nicht glauben, als ich diese Geschichte das erste Mal in einem alten Video von einer SAT1-Sendung sah. Ich hielt sie für eine Erfindung oder Sensations-Mache eines Privatsenders, war aber doch neugierig geworden und suchte nach, ob sich dazu ernst zu nehmende Quellen finden ließen.

Die beste war von Prof. **Schiebeler** geschrieben *(**394**; bzw. **395**, S. 6-18)*, die aber wesentliche Teile nicht enthielt, so dass ich weitersuchte. So stieß ich schließlich auf den Organisator dieser seltsamen Unternehmung, Dr. Eisenbeiss, der mir seine Dokumente davon zur Verfügung stellte. Ich gewann den Eindruck, dass es sich hier um einen sehr bemerkenswerten Indizienbeweis für ein Leben nach dem Tod (die ‚Überlebensfrage') handelt und wurde mit Dr. **Wolfgang Eisenbeiss** einig, den Fall in seiner Gänze gemeinsam in einem international beachteten Fachorgan zu publizieren. So entstand ein 32-seitiger Beitrag *(**124**, S. 65-97)* in der englischsprachigen Zeitschrift der ältesten parapsychologischen Gesellschaft der Welt (Society for Psychical Research, JSPR, London), dessen Inhalt – wie gesagt – aufs Wesentliche gekürzt und leichter lesbar hier wiedergegeben werden soll.

8.2.9.1.1. Entstehung und Ablauf dieses Falles

Der Amateurschachspieler und Finanzanlageberater Dr. Eisenbeiss aus St. Gallen in der Schweiz hatte schon viele Jahre Erfahrung mit spiritistischen Medien. Im Jahr 1985 nahm er die Anregung des Zahnarztes Dr. Waldhorn auf, ein Schachspiel zwischen einem lebenden und einem verstorbenen Großmeister zu organisieren, um damit ein Beweisstück für das Überleben des Todes abzuliefern. Um den Fall leichter lesbar zu halten, wird er hier ohne die wiederkehrenden Einschränkungen von ‚angeblich' oder ‚anscheinend' etc. aus der Sicht des Organisators dargestellt.

Es gelang Dr. Eisenbeiss, den weltweit drittplazierten, lebenden Schach-Großmeister **Victor Kortschnoi** (23.3.1931 - 6.6.2016) für das Experiment zu gewinnen, obwohl dieser kein Anhänger des Spiritismus war und damit das Risiko einging, verlacht zu werden. Dr. Eisenbeiss bat das **Schreibmedium Robert Rollans** (29.1.1914 – 2.3.1993), das er schon länger kannte und für vertrauenswürdig hielt, in der Jenseitswelt nach einem verstorbenen Großmeister (aus einer Vorschlagsliste von 8 Personen) zu suchen, der als Gegner bereit wäre mitzumachen. Rollans, ein Komponist und Musiker, hatte kein Interesse an Schach und konnte dementsprechend nicht Schach spielen, hatte keine Ahnung von Schachgeschichte und wurde auch für seine Mitwirkung nicht bezahlt. Er war bereit teilzunehmen, weil er hoffte, damit einen Beweis für ein Leben nach dem Tod (das ‚Überleben des Todes') erbringen zu können (Foto Abbildung 1, S. 542).

Prof. Schiebeler *(**394**)* hat Rollans zur Entwicklung seiner Medialität befragt und von diesem folgende Antwort erhalten, die sich auf das Jahr 1947 bezieht: *„Ich wollte spät in der Nacht noch einen Brief schreiben. Mit einem Bleistift in der Hand saß ich vor dem Blatt Papier und wollte mit dem Schreiben beginnen. Da spürte ich, wie eine fremde Kraft sich meiner Hand* *bemächtigte und zu schreiben begann. Ich brachte folgende Worte zu Papier: 'Hab keine Angst, ich bin es, Dein Bruder Robi.' Dieser war acht Jahre zuvor als ganz junger Arzt verstorben. Durch seine von meiner Hand hervorgebrachte Mitteilung war ich tief beeindruckt, wurde aber auch außerordentlich mit Angst erfüllt, weil ich bis dahin nicht wusste, dass man auch medial schreiben kann....... Ich von mir aus hätte es aus lauter Angst nie gewagt, etwa medial schreiben zu wollen. Mein Bruder beruhigte mich aber und schrieb: 'Denk an nichts, und lass Deine Hand frei.' Dann übernahm er das Kommando über meine Hand und schrieb weiter: 'Ich bin Dein verstorbener Bruder und werde Dir viele Dinge von uns und der jenseitigen Welt mitteilen. Du musst oft zum Schreiben vorbereitet sein, und wir werden Dir dann vieles von oben berichten.'*

Das war der Anfang meiner medialen Tätigkeit, die für mich mit einem großen Schock und großer Angst begann, da ich von Natur aus ein ängstlicher Mensch bin.“

Durch die Vermittlung der Verstorbenen, mit denen Rollans seitdem (1947) Kontakt pflegte, entstand schließlich eine Verbindung zum verstorbenen ungarischen Großmeister **Gézà Maróczy** (1870-1951), der im Jenseits die Erlaubnis bekommen hatte und bereit war, das Spiel aufzunehmen (Abbildung 2, S. 542). Am 11.6.1985 schrieb die Hand von Rollans, wie von Geisterhand geführt, den ersten Zug von weiß auf: e2-e4 (Königsbauer 2 Felder vorrücken).

Dieser Zug wurde über Dr. Eisenbeiss an Victor Kortschnoi übermittelt, der seinen Gegenzug überlegte und diesen wiederum über den Mittler Eisenbeiss an Rollans weitergab. Rollans schrieb die Anweisung auf Papier und setzte die Schachfiguren auf einem Steckschach, so dass der Verstorbene den Gegenzug Kortschnois: e7-e6 (Damenbauer 1 vor) dort ablesen konnte.

Am 15.6.1985 kam dann auch eine Kommunikation zustande, in der Maróczy selbst die Hand des Mediums zu führen schien (**MMV**). Rollans brachte in großer Schrift Folgendes zu Papier (Fehler bleiben unkorrigiert, da es sich um Zitate handelt):

„Unser Lieber. Wir warten schon auf Deinen Anfang. Jetzt endlich konnten wir den Geza Maróczy mitbringen. Weil es am Anfang ist, sind 2 von uns dabei. Wir werden vermitteln. Aber zuerst wird er persönlich versuchen zu schreiben. Mit Deiner Hand. Und da ist er.“

Nun folgt in merklich ungelenkeren Buchstaben ein Text in ungarischer Sprache, der übersetzt folgendermaßen lautet:

„Ich bin Maróczy Gézà. Ich grüße Sie.“

Und dann geht es in Deutsch weiter:

„Ich kann auch Deutsch, so dass ich am Anfang die Erkennungsfrage beantworte. Es war die Königsbauer Eröffnung und auch die Französische Verteidigung. Ich kann nicht mehr, ich werde aufhören zu schreiben. Ich sage alles meinen Freunden. (Dann in ungarisch:) *Auf Wiedersehen."*

Ab hier übernimmt der bisherige Führungsgeist wieder und schreibt in kleinerer und flüssigerer Schrift:

„Wir sind es wieder, wie Du auch bemerken kannst. Unser Freund ist gar nicht gewöhnt zu schreiben mit einem Irdischen. Deshalb wird er sehr schnell müde. Er ist aber neben uns und neben Dir und sagt uns, dass wir Dir übertragen sollen die zweite Bewegung und die wäre d2 – d4." (Abbildung 3, S. 543).

Gézà Maróczy war um 1900 ebenfalls der Dritte in der Weltrangfolge der Schachgroßmeister, wie 1985 Kortschnoi. Er hatte in Zürich studiert und konnte zu Lebzeiten daher einigermaßen gut deutsch, aber sicher nicht fehlerfrei sprechen und schreiben. Dies scheint sich in der manchmal eigenwilligen Ausdrucksform der Texte zu bestätigen. Rollans beherrschte etwas ungarisch, etwa auf ‚Touristenniveau'. Die Schachbegriffe in der obigen Durchgabe sind Antworten auf Testfragen, die Dr. Eisenbeiss vorher gestellt hatte, um die Identität des Kommunikators zu überprüfen. Die Antworten waren richtig.

Maróczy hat sich am 10.7.1988 durch die Hand von Rollans zu seinen Motiven für die Teilnahme an diesem einmaligen Spiel so geäußert:

"Ich war und bin zur Verfügung Eurer Unternehmung mit dieser seltsamen Schachpartie aus zwei Gründen:

Erstens, weil ich auch etwas tun möchte, um der auf der Erde lebenden Menschheit eine grosse Hilfe zu leisten, damit sie endlich überzeugt wird, dass der Tod nicht alles beendet, sondern sich der Geist von dem karnalen [fleischlichen] ***Körper löst*** *und zu uns oben in eine neue Welt kommt, wo weiterhin das Leben des Individuums sich manifestiert in einer neuen unbekannten Dimension.*

Zweitens, als ungarischer Patriot will ich ein bisschen die Augen der Welt in die Richtung meines geliebten Ungarn lenken. Die beiden Sachen haben mich überzeugt, an diesem Spiel zu partizipieren mit dem Gedanken, dass ich allen einen Dienst leiste...".

Mit Dr. Eisenbeiss als Mittler wurden 47 Zugpaare ausgeführt. Das **Spiel** endete am 11.2.1993, also nach 7 Jahren und 8 Monaten damit, dass Maróczy im 48. Zug aufgeben musste. Es dauerte so lange, weil Kortschnoi und Rollans öfter verreist oder krank und damit in Zeiten ohne Smartphone schwer erreichbar waren. Das Medium hatte bis zum 24/25.9.1992, dem Produktionstermin für eine Fernsehsendung, also fast bis zum letzten Zug der Partie (45 von 47), keinen Kontakt zu Kortschnoi.

Das ganze Spiel lässt sich sehr einfach auf einer Internetseite nachvollziehen *(**387**)* oder in Fachartikeln nachlesen *(**124**; **319**; **394**; **395**)*.

8.2.9.1.2. Beurteilung des Schachspiels

Was ist von dem Spiel zu halten? Kortschnoi sagte dazu nach dem 27. Zug im September 1987 in der Züricher Sonntagszeitung: „*Ich gewann anfangs einen Bauern und dachte, das Spiel sei schnell vorbei. Vor allem in der Eröffnungsphase offenbarte Maróczy Schwächen. Er spielt altmodisch. Ich muss aber gestehen, dass meine letzten Züge nicht sehr überzeugend waren. Ich bin nicht mehr sicher, ob ich die Partie gewinnen kann. Die Fehler aus der Eröffnungsphase hat Maróczy mittlerweile durch ein starkes Endspiel kompensiert. Beim Endspiel zeigt sich die Begabung eines Spielers, und mein Gegner spielt sehr gut.*“ – Kortschnoi muss es wissen, hat er doch ein Buch ‚Praxis des Turmendspiels' geschrieben. Im Schachlexikon *(**250**)* steht zu lesen, dass Maróczys Spezialität Endspiele waren.

Prof. **Neppe** vom ‚Pacific Neuropsychiatric Institute', Seattle, USA *(**319**)* hat sich ausführlich mit dem Schachspiel auseinandergesetzt. Er kommt zu dem Schluss, dass das Spiel Maróczys von angemessenem Niveau, also Meister- oder, wie er sich ausdrückt, ‚niedrigem rostigem Großmeisterniveau' war, das in seinem altmodischen Stil nicht von einem Laien oder Laienteam stammen kann. Durch Computersimulation hat er nachgewiesen, dass das Spiel auch nicht mit Hilfe eines Rechners der 80-iger Jahre vorgetäuscht worden sein kann.

8.2.9.1.3. Zusatzinformation über den Lebenslauf und das Schachleben von Großmeister Maróczy

Etwa ein Jahr nach Beginn des Spiels hatte Dr. Eisenbeiss den Eindruck, dass die mediale Verbindung stabil genug war, um noch einmal intensiver nachzuprüfen, ob der vermeintlich jenseitige Spieler wirklich der bekannte ungarische Großmeister Maróczy ist. Er bat ihn daher über Rollans als Vermittler um eine Schilderung seines Lebens mit besonderer Berücksichtigung seiner Schachkarriere.

Am 31.7.1986 erhielt Rollans eine Antwort, die sich über 38 handgeschriebene Seiten hinwegzog (**MMV**). Der Text beginnt mit einer Beschwerde der

Jenseitigen darüber, dass diese Identitätsfrage so spät im Verlauf des Falls gestellt wird und angesichts der schon 40 Jahre (tatsächlich 39) lang bestehenden Verbindung zu immer den gleichen jenseitigen Kommunikatoren ein unverständliches Misstrauen darstellt. Dann übernimmt Maróczy selbst und schreibt in weniger flüssigem Schreibstil in ungarischer Sprache. Übersetzt in Deutsch heißt es da:

„Das ist wahr, mein lieber Freund. Ich habe alles vergessen, was mir nicht gefällt, ich staune aber, wenn jemand nicht glaubt, dass ich ‚persönlich' hier bin, da ich mit Sicherheit weiß, dass nicht alle hier bei uns Schach spielen können.

Darum war ich ein wenig verärgert, aber nun denke ich mir, dass es nicht so schlimm ist, wenn jemand nicht alles glaubt, was qualifizierte Geister anfangen zu erzählen. Schade, dass das ‚Interogatorium' [Befragung] *so spät anfing, es ist aber doch nicht so schlimm, wenn ich allein aus meinem Leben und über meine schönsten Schachpartien erzähle."*

Ob das Medium diesen Text auch aus seinem bewussten Alltagswissen heraus in Ungarisch hätte formulieren können, ließ sich leider nicht mehr sicher feststellen. Maróczy selbst sagte dazu am 13.6.1988 in ungarischer Sprache:

„Hier bin ich, mein lieber Freund. Ich grüße Sie. Schade, dass Du viel in ungarischer Sprache vergessen hast. Darum ist es mir sehr schwer, mit Dir was zu erklären (od. durch Dich)." Und weiter in Deutsch: *„Also, dann reden wir auf Deutsch weiter. Ja, mein Lieber, wie man sieht, fängt es an ein bisschen, die Sache sich zu rühren ..."*

Der weitere Text vom 31.7.1986 ist deutsch und behandelt das Private und das Schachleben von Maróczy in z.T. kleinsten Details. Man merkt der Wortwahl und dem Satzbau an, dass es sich nicht um einen deutschen Muttersprachler handelt. Hier kann nur ein kleiner Teil wiedergegeben werden, der einige wichtige Daten aus seinem Privatleben enthält:

„Wie Ihr bestimmt schon wisst, bin ich am 3.3.1970 in meiner letzten Reinkarnierung auf der Erde in Szegedin erschienen..... [Schreibfehler: richtiges Datum: 3.3.1870]

Nach der Beendigung der Gymnasialschule in der Heimat ging ich als Student des Polytechnikums nach Zürich. Hier studierte ich 2 Jahre, danach beendete ich mein Ingenieurstudium in Budapest.

Dann wurde ich engagiert als Zeichner bei einer Wasserleitungsbaugesellschaft in Kaposztor Meigyeri [eine Kleinstadt in Ungarn]. *Danach wurde ich Mittelschulprofessor für Mathematik und Geometrie. Nachher war ich Rechnungsrat bei einer Versicherungsgesellschaft. Wie Ihr seht, war ich einer der wenigen Spieler, die an Schachturnieren teilgenommen hatten, als Nicht-Professionist, als Amateur, der das Schachspiel nebenbei betrieben hat. Also ich war handikapiert von den anderen, die den ganzen Tag der Schachübung zur Verfügung hatten. Deshalb wurde ich auch kein Weltmeister, obwohl mir Dr. Lasker vorgeschlagen hat, eine Schachweltmeisterschaft zu organisieren und teilzunehmen.....*

Vielleicht werde ich auch mal in einer neuen ***Reinkarnierung*** *Weltmeister. Wer weiß?.....*

Aber bei mir die erste große Liebe war auch die erste große Enttäuschung. Meine schöne Zsuzsa hatte mich in meinen Schweizer Jahren vergessen und einen anderen geheiratet.

Aber auch ich konnte sie leicht vergessen, weil ich die Entdeckung machte, dass es in Budapest auch noch andere schöne Mädchen gibt, die mir auch sehr geholfen haben, diese Enttäuschung zu überwinden......

Aber das alles löste sich auf in 1904, denn ich heiratete meine neue Liebe, die Tochter eines Universitätsprofessors aus Wien.

Wir hatten 2 Kinder, einen Bub und ein Mädchen. Alle beiden hatten kein Schachtalent, leider, weil ich es mir sehr gewünscht hatte.“

Der große Rest der Niederschrift behandelt sein Schachleben, das nur für Kenner von Interesse ist. Daher hier nur ein einziges Beispiel für Maróczys Sachkenntnis:

„Rudolf Spielmann verlor gegen die Vera Menchik in 1929 in Karlsbad. Da hatte das Turnier auch sie nicht gewonnen, sondern der Turniersieger war der Großmeister Niemzowitsch, der damals ganz groß war. Trotzdem mochte ich ihn nicht, nicht wegen des Neides, den ich selbst nicht und niemals im Schachspiel hatte, aber wegen seines merkwürdigen Charakters, der ihn im allgemeinen unbeliebt machte.“

Solche **Feinheiten**, wie den Charakter einzelner Schachmatadore, sind nur ganz wenigen Schachexperten bekannt. Auch Wolfgang Eisenbeiss wusste nichts darüber, fand es aber in der Literatur eindeutig bestätigt.

8.2.9.1.4. Beurteilung der Sachmitteilungen von Maróczy

Es erhebt sich nun die Frage, wie viele der Aussagen im Text korrekt sind. Um das herauszufinden, formulierte Eisenbeiss aus den Sachangaben 39 Fragen, die er zunächst Kortschnoi zur Beantwortung vorlegte. Dieser musste allerdings zugeben, dass er keine davon aus dem Stegreif beantworten kann und es ihn zu viel Mühe kosten würde, die Antworten zu suchen.

Über den ungarischen Schachklub fand Eisenbeiss schließlich im September 1986 den ungarischen Historiker und Schachexperten **Lászlo Sebestyén** (4.12.1921 – 6.8.1996), der bereit war, die Antworten gegen Honorar zu suchen. Er war im Glauben gelassen worden, seine Recherche diene einer Veröffentlichung zum Schachleben von Maróczy. Er hatte keine Kontakte zu Rollans oder Kortschnoi. Sebestyén suchte in mehreren Bibliotheken und interviewte die damals noch lebenden Kinder von Maróczy. In über 70 Stunden Arbeit gelang es ihm, fast alle Fragen zu beantworten.

Für eine numerische Bewertung des Ergebnisses habe ich die 39 Fragen in 88 Teilfragen aufgespaltet[43]. Sieben davon waren nicht beantwortet worden. Von den verbliebenen 81 Fragen waren 79 (97,5%) richtig und 2 (2,5%) falsch[44]. Bei den falschen Angaben ging es darum, wer gegen wen in Turnieren 1896 und 1905 gewonnen hatte – sicher Angaben, in denen sich auch ein Lebender irren kann.

Die 88 Fragen wurden außerdem nach dem Schwierigkeitsgrad klassifiziert. Die beiden höchsten Stufen – 5 und 6 – betrafen **Expertenwissen**, das schwer auffindbar ist und Wissen über private Angelegenheiten, die nicht aufgeschrieben worden sind. In diese Klassen fielen 31 Teilfragen, zumeist aus seinem Privatleben. Von diesen waren alle (100%) richtig beantwortet worden[45]. Man überlege sich einmal als Beispiel, wie man den Vornamen der Frau von Maróczys großer Jugendliebe herausfinden kann, die ihn als Student einst hatte sitzen lassen oder welchen Beruf sein späterer Schwiegervater hatte. Weitere Fragen dieser Kategorie waren z.B.: Wohin ging Maróczys Hochzeitsreise? Welches von mehreren war Maróczys Lieblingskaffee anlässlich der Weltmeisterschaft in Paris 1900? Wer hat einmal Maróczy als Organisator einer Weltmeisterschaft vorgeschlagen? Wie verhielten sich seine Kinder zum Schachspielen? Was charakterisierte das Match 1930 zwischen Maróczy und Romih (Romih s. Kapitel 8.2.9.1.5.1, S. 324)? Welche Beziehung hatten die beiden zueinander? Wo heiratete Maróczys talentierteste Schülerin? Antworten darauf und auf alle 88 Teilfragen zusammen mit den zugehörigen Bewertungen finden sich bei Eisenbeiss ***(124)***.

8.2.9.1.5. Besonderheiten des Falles

Weil es so schwierig zu entscheiden ist, ob ein Fall wie dieser, besser spiritistisch (Überlebens- oder Jenseitshypothese) oder animistisch (Super-

[43] Nach Korrektur durch Neppe 2007 ***(319)***.

[44] Nach Korrektur durch Neppe 2007.

[45] Nach Korrektur durch Neppe 2007.

außersinnliche Wahrnehmung, kurz **Super-ASW** zu erklären ist, sollen hier noch Besonderheiten des Falls angeführt werden, die bei dieser Entscheidung sehr hilfreich sein können.

8.2.9.1.5.1. Romi(h)

Weil allgemein die Emotionen Ansprechendes besser erinnert wird als neutrale Fakten, hatte Eisenbeiss den Jenseitigen nach einem besonders erregenden Spiel gefragt: Dem Turnierspiel 1930 in San Remo, Italien, bei dem Maróczy völlig überraschend eine für ihn hoffnungslos erscheinende Situation in einen Gewinn hatte verwandeln können. Eisenbeiss fragte Maróczy auf dem Weg über das Medium Rollans, ob ihm der Name ‚**Romi**' etwas sage. Die Antwort kam in der Form so ‚schnippig' und zugleich kenntnisreich, wie sich herausstellen sollte, dass sie der Psyche und Interessenlage des Verstorbenen überzeugender zugeschrieben werden kann, als der des Mediums. Hier ist die Antwort von Maróczy:

„Jetzt wird es aber die Zeit, um Eure Frage, ob ich mit einem gewissen Romi eine Schachpartie spielte zu beantworten. Da muss ich Euch enttäuschen, ich kannte niemals einen Schachspieler namens Romi. Ich glaube aber, dass Ihr, was den Namen anbelangt, Euch irrt. Ich hatte einen Jugendfreund, der mich in der Jugend besiegte, er hieß aber Romih – mit h am Ende. Diesen Freund, den ich so verehrte, habe ich niemals mehr im Leben gesehen. Im Jahre 1930 in einem Turnier in San Remo – wer ist auch da?, er kam aus Italien – mein alter Freund Romih, er hatte auch teilgenommen an diesem Turnier. Und so ergab es sich, dass ich mit ihm eines der spannendsten Spiele hatte, die ich gehabt habe jemals.

Es waren Momente, wo nicht nur diejenigen, die diese Partie verfolgt haben, mich aufgegeben hatten, sondern auch ich, der immer ein Optimist gewesen bin, dachte, ‚jetzt bin ich verloren'. Aber, wie es nun mal beim Schach ist und was auch das Schönste dabei ist, sind die Überraschungen und ein bisschen Glück, dass Du einen guten Einfall hast, oder dass der Gegner einen Fehler begeht. Und das habe ich gehabt, weil bis am Ende einer sehr lebhaften Partie wurde ich der Sieger, der mit 60 Jahren nimmt seine Revanche einer in der Jugend verlorenen Partie. Es war schön, obwohl ich in dieser Partie nur der 9-te gewesen bin, der erste war Aljechin und der Letzte, der 16-te, war mein Freund Romih. Ich vermute, dass Ihr an dieselbe Person gedacht habt, nur den Namen fehlerhaft mir angezeigt habt. Sonst einen Romi, den Ihr kennt, kenn ich leider nicht."

Sebestyén konnte die Frage nach der richtigen Schreibweise des Namens nicht klären. Er fand ein Buch, in dem Romih mit ‚h' und zwei, in denen

Romi ohne ‚h' geschrieben wurde. Eisenbeiss versuchte zu klären und stieß in weiterer Suche auf zwei Bücher, welche die Schreibweise ohne ‚h' enthielten. Damit gab er sich aber noch nicht geschlagen und suchte weiter. Schließlich fand er das offizielle Turnierbuch zu San Remo 1930, in dem wieder Romih mit ‚h' stand. Das ist zwar ein starkes Argument für die Schreibweise mit ‚h', ganz sicher ist man aber erst, wenn man versteht, was hinter diesem ‚Geheimnis' steckt. Eisenbeiss ‚bohrte' also weiter und fand einen italienischen Schachexperten, der die Sache erklären konnte. ‚Romih' war slawischen Ursprungs, wo das ‚h' am Ende üblich ist und wie ‚ch' ausgesprochen wird. Romih emigrierte 1918 nach Italien, wo die Menschen mit diesem ‚h' nichts anfangen konnten und daher nicht aussprachen, so dass er nach 1930 das End-h in seinem Namen fallen ließ. Maróczy behauptete aber, Romih ab jungen Jahren gekannt und später aus den Augen verloren zu haben, so dass es nur logisch ist, dass für ihn Romih mit ‚h' geschrieben wird.

Die Super-ASW-Erklärung muss hier nun annehmen, dass das Unterbewusstsein des Mediums nicht von der **Vielzahl der unterschiedlichen Quellen** verwirrt wurde, weil ihm die Italienisierung des Namens bekannt war und diesen Wissensvorsprung dramatisierte, indem es vorgab, einen Romi nicht zu kennen. Hier treffen die beiden Eigenschaften ‚verstreute' und ‚widersprüchliche' Quellen zusammen und machen es der animistischen Erklärung besonders schwer. Oder liegt es nicht viel näher, eine gewöhnliche menschliche Reaktion anzunehmen? Dass dahinter eine Psyche steckt, die sich erinnert und es sich nicht nehmen lässt, den Stolz auf den Wissensvorsprung gegenüber dem Fragesteller auf eine leicht herablassende Weise durchblicken zu lassen?

8.2.9.1.5.2. Vera-Menchik-Club

Am 4.8.1988 veröffentlichte die Zeitschrift ‚Schachwoche', Nr. 31, eine Anzeige der Schweizerischen Volksbank, in der eine Preisfrage gestellt wurde, die Eisenbeiss auch Maróczy auf dem Weg über Rollans stellte. Sie lautete: *„Wer war der Wiener Gründer des Vera-Menchik-Clubs?"* Die Anzeige lautete wörtlich:

*„**Vera Menchik** (1906 - 1944) war die erste Weltmeisterin der Schachgeschichte und die erste Frau, die auch gegen Männer beachtliche Erfolge erzielen konnte (u.a. Siege gegen Mieses, Yates, Alexander, Colle, Euwe, Reshevsky usw.). Ihr Auftreten bei den Männern beim Turnier in Karlsbad 1929 (Capablanca, Euwe, Nimzowitsch) wurde noch belächelt und ein Spötter gründete den ‚Vera-Menchik-Klub', dem jeder beitreten sollte, der gegen die Dame verlor. Der Spötter wurde unfreiwillig das erste Mitglied! Wie hieß dieser Wiener Meister?"*

In seiner 1. Antwort am 8.8.1988 durch die Hand von Rollans spekuliert Maróczy darüber, wer wohl der Gründer gewesen sein könnte und nennt zuerst Rudolf Spielmann, später Ernst Grünfeld. Am 11.8.1988 bekennt er, immer noch nicht sicher zu sein, wer der Richtige ist und diskutiert, ob Dr. Becker derjenige gewesen sei. Er verwirft dies wieder mit der Begründung, dass Dr. Becker zwar Österreicher sei, aber nun in einem südamerikanischen Land lebe.

Über Vera Menchik weiß Maróczy gut Bescheid. Er schrieb schon am 31.7.1986:

„Ich hatte in meinem Leben auch paar Schachschüler gehabt. Natürlich nur zufällig. Und so hatte ich eine sehr begabte Schülerin, die eine Tschechin war, sie wurde in Russland geboren und war in England verheiratet. Sie war eine sehr starke Schachspielerin – natürlich durch meine Lehre – seht Ihr, dass mir die Bescheidenheit angeboren ist? Sie war eine der wenigen Frauen, die an Männerpartien teilnahm und sogar mit großem Erfolg. Sie hieß Vera Menchik. Obwohl sie nur meine Schülerin war, in Ramsgate in 1929 war sie die Zweite, hinter dem Capablanca, aber, und das ist das Ärgerliche, die Schülerin gewann vor ihrem Meister. Wäre sie nicht meine Schülerin gewesen, hätte ich mich schön fachiert, aber so war ich zufrieden und stolz auf meine gute Schülerin. Sie hatte noch andere Erfolge und hätte es noch weiter gebracht, wenn sie nicht bei einem deutschen Bombenangriff in dem zweiten Weltkrieg noch jung umgekommen wäre.“

Am 8.8.1988 schrieb er:

„Bei der zweiten Ursache kann ich nur sagen, dass als Lehrer, Schachlehrer, der Vera Menchik kannte ich ihre Fähigkeiten und ihr Schachtalent besser als viele andere. Ich schätzte sie und war stolz auf ihre Erfolge.... So dass die Idee mit dem Vera-Menschik-Klub fand ich damals als einen blöden Witz, dem ich überhaupt keine Aufmerksamkeit widmete. Ich vergaß das schon zur damaligen Zeit. Als ihr mich daran erinnert habt, versuchte ich anstrengend, diesen vergessenen Vorgang wieder in meine Erinnerung zu bringen.“

Die Auflösung der Rätselfrage brachte die ‚Schachwoche' am 18.8.1988, in der die Angaben eines Artikels von Flohr von 1982 genannt werden. Der Clubgründer war Dr. Becker. Es zeigte sich auch, dass Maróczys oben angeführte Aussagen über Vera Menchik alle richtig sind.

Danach, am 21.8.1988, gibt Maróczy zu, dass er Dr. Becker nicht finden kann, weil er keine besondere Beziehung zu ihm hatte, nicht weiß, ob er noch lebt und ggf. in welchem Land Südamerikas. Er nennt ihn nicht als den Gründer des Clubs.

Das ist hier von Bedeutung, weil es nach der Super-ASW-Hypothese erst recht nach der Auflösung des Rätsels und angesichts der unterstellten Genauigkeit der ASW eigentlich kein Problem sein sollte, Dr. Becker nun als Gründer zu benennen. Umgekehrt ist Maróczys Vergesslichkeit aber leicht nachvollziehbar, nachdem er die Gründung dieses Clubs als einen ‚blöden Witz' empfunden hatte, dem er ‚keine Aufmerksamkeit widmete'. Oder soll man Rollans, der mit Schach ‚nichts am Hut' hatte, unterstellen, er habe sich alle richtig dargestellten Fakten ‚besorgt' und die Geschichte absichtlich so zurechtgelegt? Wenn er alle diese Fakten weiß, warum gibt er dann nicht Dr. Becker als den Gründer an, um Maróczy als Kenner nachzuweisen? Hier läuft die **Unkenntnis** des Mediums bzw. des Verstorbenen auf ein Argument gegen die animistische Erklärung hinaus.

8.2.9.1.5.3. Capablanca

Wenn Maróczy sich schon nicht an den Gründer des Vera-Menchik-Clubs anlässlich des Turniers in Karlsbad 1929 erinnern konnte, so fällt ihm – quasi ersatzweise - jetzt doch eine besondere Begebenheit ein, die sich auf demselben Turnier zugetragen hat und die ihn offensichtlich bewegt hat. Er schreibt am 21.8.1988:

„So kann ich mich auch noch gut erinnern an eine für uns lustige, aber weniger lustige Situation für unseren Kollegen Capablanca in dem Karlsbader Turnier von 1929, wo ich auch gewesen bin, in die er geraten ist. Er war für mich ein geborenes Schachgenie und es war mir total unverständlich, wie ein Kind von 12 Jahren kubanischer Schachmeister werden kann, weil, wie man weiß, das Gehirn eines Kindes ist in diesem Alter noch unterentwickelt und kann sich nicht in demselben Stand eines Erwachsenen befinden. Er aber besiegte alle Konkurrenten seines Landes, die alle erwachsen waren. Erst nach meinem irdischen Tode, als ich hierher kam und die mir unbekannten Vorgänge in der Entwicklung des Lebens durch die ***Reinkarnierung*** *mir bewusst geworden sind, erst jetzt, danach, weiß ich, dass José Capablanca in seinem vorherigen irdischen Leben auch ein großer Schachspieler gewesen ist. So dass für mich das damalige Rätsel seiner anormalen* ***Fähigkeit*** *endgültig gelöst ist.....“*

Es folgen Erklärungen zur Reinkarnation und zum Beispiel Mozart. Dann geht es weiter:

„Ich sprach über die peinliche Situation des Weltmeisters Capablanca in Karlsbad. Er spielte gerade mit Sämisch eine Partie, als unerwartet erschien

seine Frau aus Kuba, die er als ein großer Frauenheld sehr vernachlässigte – er beschäftigte sich nicht nur mit dem Schachspiel und hatte nicht nur im Schach große Erfolge, sondern auch mit dem Damenhofieren, wo er auch große Erfolge zählen konnte, die mit vielen Eroberungen endeten. Da war bei ihm seine neue russische Geliebte, eine noch schönere als seine Frau, sie hatte schwarze Haare und große schwarze Augen, in denen die Augen mancher Kollegen sich verträumt spiegelten. Ich war auch von ihrer Weiblichkeit, von ihrer Schönheit beeindruckt, deswegen kann ich mich noch gut erinnern an diesen Vorfall.“

„In dem Moment, wo Capablanca sie erblickte, wurde sein Gesicht weiß und nachher rot. Ich bin dabei gewesen. Er sagte nichts, als ob nichts Unerwartetes geschah, aber sein Verhalten, das bis dann sehr leger und sogar fröhlich war, weil er tatsächlich seinem Gegner überlegen war und auch, weil seine Geliebte ihn fortwährend mit sehr lieblichen Blicken beglückte, änderte sich. Seine Geliebte fasste nicht, was geschah, weil sie vermutlich seine Frau noch nie gesehen hatte. Sie wusste nicht, wer sie eigentlich sei und glaubte, dass sie irgendeine von vielen seiner Damenbekanntschaften wäre. Als sie aber die Wirklichkeit vernommen hat, wusste sie nicht, wohin sie zuerst verschwinden soll und so ging sie aus dem Saal hinaus und machte sich aus dem Wind. Was nachher zwischen den beiden Eheleuten geschah, weiß ich nicht mehr. Ich kann mir es nur vorstellen, weil nach kurzer Zeit danach verließ Capablanca seine Frau und heiratete die schöne Russin. Das war aber für ihn, was das gewohnte Hofiererleben anbelangt, ein Reinfall für ihn, weil die Neue ihm niemals mehr die Möglichkeit zu seinem Seitensprung gab, und in allen Turnieren war sie dabei.“

„Die Partie mit Sämisch war futsch. Er verlor sie wegen dieser Aufregung durch einen falschen Zug. So glauben noch heute alle. Es mag sein, dass auch das ein Motiv des Verlustes gewesen ist. Meiner Ansicht nach bin ich nicht ganz derselben Meinung, weil, wie gesagt, ich war dabei.....“

Diese Schilderung wird durch den o.g. Artikel von Flohr in vollem Umfang bestätigt, bis auf einen Unterschied: Die russische Geliebte hat bei Maróczy schwarze Haare und bei Flohr ist es eine blonde kaukasische Prinzessin. In zwei weiteren Quellen dazu wird die Geschichte mit der Geliebten nicht erwähnt und dementsprechend nichts über die Haarfarbe der Russin gesagt. Über den Grund für das Versagen von Capablanca wird nur spekuliert.

Nach der Super-ASW-Hypothese hätte das Medium Rollans also im Artikel von Flohr ‚gelesen'. Warum wird dann von schwarzen Haaren berichtet, statt von blonden? Die wahre Haarfarbe lässt sich heute leider nicht mehr ermitteln, aber Kaukasierinnen sind zumeist schwarzhaarig.

Es ist schon erstaunlich, wie genau Maróczy über den wahren Hintergrund Bescheid weiß und es ist menschlich verständlich, dass diese amüsante Geschichte ihm stärker haften geblieben ist, als der ‚blöde Witz' des Vera-Menchik-Clubs und er sie daher beim Stichwort ‚Turnier in Karlsbad 1929' zum Besten gibt.

Welches Motiv sollte es für die ASW von Rollans gegeben haben, die Frage nach dem Clubgründer nicht zu beantworten, dafür aber eine ganz andere Geschichte zu präsentieren, die so nur in einer von drei Quellen auftaucht?

8.2.9.1.5.4. Turnier in New York 1924

Ein weiteres Beispiel soll zeigen, dass man aus einer **Angabe, die NICHT gemacht wird**, Schlussfolgerungen ziehen kann, die in der gemeinsamen Beurteilung (Zusammenschau) mit den anderen Eigenschaften des Falls Bedeutung erlangen.

Maróczy hatte gemäß Schachliteratur an dem Turnier in New York 1924 teilgenommen und gegen Aljechin unentschieden gespielt und ist ganz untypisch für Maróczy hier nur Sechster in der Gesamtwertung geworden.

In der medialen Schrift liest sich das so:

„Ich bin noch einmal nach Amerika gereist in 1924 wieder nach New York. Da hatte ich eine spannende Partie mit Aljechin – es war ein Remi. Ihr habt bestimmt meinen Trick observiert, mit dem – ‚Ich weiß nicht mehr, wer von uns gewonnen hat', - da will ich einen Misserfolg begraben, damit ich nicht zu viel zu schreiben habe, da die Misserfolge bei einem jeden Schachspieler schon ziemlich oft da sind. Es ist bloß ein Scherz, meine Lieben, es ist tatsächlich wahr, dass ich mich nicht mehr an alles erinnern kann, meistens, wenn kein Sieg bevorstand."

Keine Erwähnung der Tatsache, dass er im Gesamtergebnis erstaunlicherweise nur Sechster geworden war. Dafür aber die Erwähnung des Unentschieden gegen Aljechin, was noch achtbar und wohl auch spannend und damit leichter erinnerlich war. Nach den vielen richtigen Detailangaben zu Turnierergebnissen ist es aus Sicht der ASW-Hypothese unverständlich, dass hier nicht auch mit genauen Angaben ‚gepunktet' wird. Wie plausibel diese Unterlassung aus psychologischer Sicht erklärt werden kann, beschreibt Maróczy oben selbst.

8.2.9.1.6. Schlussbetrachtung

Angesichts eines so reichhaltigen Falles fragt man sich, ob es hier ‚mit rechten Dingen' zuging. Kann nicht alles nur eine Erfindung oder vorgetäuscht sein? - Wohl eher nicht. Wären Rollans, Kortschnoi und Eisenbeiss des Schwindels verdächtig, hätten sie wohl nicht im Privatfernsehen SAT1 am 29.12.1992 bei Rainer Holbe auftreten dürfen. Prof. Schiebeler hat Rollans persönlich besucht, interviewt und darüber veröffentlicht. Mir hat die Witwe von Rollans brieflich Fragen beantwortet. Es gibt, bzw. gab die Personen also wirklich und auch Zeugen, die sie kannten. Im Brief vom 27.11.04 bestätigt Frau Ellen Rollans auf meine Nachfrage:

„Mein Mann hat sich nicht für Schach interessiert, konnte nicht Schach spielen und hatte keine Kenntnisse über die Schach-Historie, nicht zu Beginn und nicht am Ende des Falls.

Mein Mann hat sich nicht über die Schachspielkunst mit anderen beraten, nicht darüber gelesen und nicht sonst wie informiert. Er hat auch nicht über einem Schachbrett für den nächsten Zug nachgedacht. Ich selbst konnte meinen Mann in Schachfragen nicht beraten, da ich nicht Schach spielen kann.

Mein Mann konnte die ungarischen Textpartien nach der Trance ins Deutsche übersetzen, da es sich um Umgangssprache handelte (d.h. einfache Sätze).

Mein Mann wurde für seine Leistungen nicht bezahlt."

Es gibt auch von Zeugen unabhängige, rein logische Gründe, die gegen die Vermutung sprechen, dass Rollans in seinem Bemühen um Beweise für ein Leben im Jenseits den Fall vorgetäuscht haben könnte. Dann hätte er doch sicher einen verstorbenen Großmeister gefunden, der nicht von so weit weg herkam und bei dem es leichter gewesen wäre, Informationen über sein Leben und Wirken zu erhalten. Er hätte auch nicht Informationen aus weit verstreuten und versteckten, schwer zu beschaffenden Quellen verwendet, sondern solche aus einem leichter zugänglichen deutschen Schachlexikon – ein Buch, das auch nur Wenige kennen und lesen, so dass eine große Mehrheit damit zu beeindrucken ist. Dort hätte er aber kein Wort über den Hintergrund der Namensänderung eines wenig bekannten Spielers Romih gefunden. Schon eher das Gesamtergebnis des Turniers von New York 1924, in dem Maróczy nur Sechster wurde, aber dies ausdrücklich nicht erinnert. Und wie hätte es Rollans bewerkstelligen können, das exklusive Wissen der Kinder von Maróczy über dessen Privatleben auszuforschen?

Wenn man nun dennoch unterstellt, dass sich Rollans der großen Mühe unterzogen hätte und es ihm irgendwie doch gelungen wäre, die in den Texten wiedergegebene Information zu beschaffen, so bleibt noch zu erklären, wie es ihm gelingen konnte, ein Schachspiel gegen einen Großmeister bis zum 47. Zugpaar durchzustehen und in einem Stil zu spielen, der dem von Maróczy entspricht? Schachcomputer der damaligen Zeit hätten andere Züge vorgeschlagen, schreibt Prof. Neppe.

Unterstellt man Eisenbeiss aufgrund eines übersteigerten Sendungsbewusstseins unehrliche Absichten, so hätte er es noch schwerer gehabt, weil er Rollans und Kortschnoi hätte mit „ins Boot holen“ müssen.

Weicht man angesichts dieser Erklärungsschwierigkeiten auf die Super-ASW-Theorie aus, so wird es nicht wesentlich einfacher. Das Privatwissen der Kinder von Maróczy hätte dann zwar telepathisch abgerufen worden sein können, aber die Quellen wären immer noch verstreut, versteckt und zweideutig. Kein parapsychologisches Laborexperiment hat je so exorbitante Fähigkeiten der ASW nachgewiesen, wie sie in Spontanphänomenen vorkommen können. ‚Exorbitant' bezieht sich hier auf das Zusammensuchen von Detailinformation über einen langen Zeitraum und die richtige Interpretation der Information. Folgt man dem Argument von Braude *(66)*, wonach die Grenzen der ASW-Fähigkeit unbekannt sind und die ASW vielleicht viel mehr leisten könnte, als bisher nachgewiesen ist, so bleibt das Gegenargument von Braude in diesem Fall gültig. Es lautet: Je mehr unerklärliche Fähigkeiten man der ASW zuerkennt, desto unverständlicher wird es auch, wie sich die ASW in dem zunehmenden Wust von dann erreichbaren Informationen, dem ‚Störrauschen', zurechtfinden kann. Und das Medium hatte keine emotionale Bindung an Maróczy, die ein ‚Wegweiser' hätte sein können, weil Maróczy ihm unbekannt war.

Für die besondere Ausprägung der Art, wie die Information kommt (Bsp. ‚Romih'), gibt es eine nachvollziehbare psychologische Erklärung von Seiten des Verstorbenen, nicht aber von Rollans. Im Fall ‚Romih' gab es für Rollans keinen Grund, anstelle einer sachlichen Information eine Form zu wählen, in der er sich über die Unkenntnis von Eisenbeiss lustig macht. Es gibt auch keinen Grund, warum er nach der Super-ASW relativ leicht zu findende Information (Bsp. Dr. Becker vom Vera-Menchik-Club) nicht verwendet und durch solche ersetzt, die nur für jemanden, der es miterlebt hat, emotional berührend sein konnte, also Maróczy und nicht Rollans.

Dazu kommt, dass die Super-ASW-Hypothese nicht erklären kann, wie Rollans zur hoch ausgeprägten Fähigkeit des Schachspiels kommen konnte. Er hätte allenfalls den Geist eines großen Schachkönners mit Kenntnis der Schachgeschichte dazu veranlassen müssen, sich über viele Jahre mit dem Spiel unbewusst zu befassen und in der Lage sein, dessen Gedanken anzuzapfen. Ist das eine befriedigendere Erklärung, als das Überleben der Psyche von Maróczy anzunehmen?

Mir scheint die spiritistische Deutung, d.h. als Kommunikation der Lebenden mit körperlosen Intelligenzen oder Verstorbenen näherliegend, als eine animistische, welche super-außersinnliche Wahrnehmung von Lebenden als Erklärung heranzieht. Nur die Jenseitshypothese kann die Gesamtheit der Phänomene bruchlos erklären.

Diese Beurteilung als herausragender Fall, der die Überlebenshypothese unterstützt, wird durch einen Leserbrief von Prof. Bartussek *(38)* und einen Folgeartikel von Prof. Neppe *(319)* untermauert. Auch der Autor Edward Allen *(2)* sieht das so. Er wertet auf der Internetseite (http://www.survivaltop40.com/ oder http://www.spiritsatplay.com/survivaltop40/index.shtml) diesen Fall unter 20 anderen als den überzeugendsten bezüglich der Überlebensfrage.

Natürlich – wie immer im Leben – wird das nicht jeder so sehen. Im Internet kann man neben ebenfalls zustimmenden Meinungen auch ablehnende finden *(270)*.

Wenn Sie noch einen anderen spannenden Fall von medialer Kommunikation mit Verstorbenen lesen möchten, der nur schwer animistisch zu erklären ist, so empfehle ich die Bücher über den Absturz des englischen Luftschiffes R101 in Frankreich im Jahr 1930 *(150, 349, S. 118-132)*.

8.2.10. Teilseelen

Das Bsp. (67) Das komponierende Medium Rosemary Brown, S. 297 und Bsp. (74) Schachspiel zwischen einem lebenden und einem verstorbenen Schachgroßmeister, S. 316 werfen folgende Frage auf: Wie kann es sein, dass bei medialen Kommunikationen mit Verstorbenen Kontakte zu Personen zustande kommen, die vermutlich längst wieder reinkarniert sind?

Auf diese Frage gibt es keine sichere Antwort. Eine sinnvolle Antwort könnte folgendermaßen lauten: Wir sind nicht unsere Körper. Wir sind spirituelle oder unvergängliche, feinstoffliche Wesen. Alles was uns als Menschen ausmacht, liegt in einem feinstofflichen Bewusstseinsfeld, das den Körper umgeben könnte, solange er besteht. Dass es so ein Feld tatsächlich geben könnte, untermauert Klaus Volkamer mit präzisen Wiegeversuchen (*469*). In dem Feld steckt unsere Lebendigkeit. Es enthält die komplette Vergangenheit, Gegenwart und vermutlich auch Zukunft all unserer Leben auf Erden, aber auch der Existenz als unverkörperte Geistwesen, die wir zwischen den Erdenleben darstellen.

Wenn wir reinkarnieren, schränkt unser Körper die Möglichkeiten, die in unserem Feld liegen, auf ein vorbestimmtes Maß ein. Wir können uns nicht mehr schwerelos bewegen, nicht mehr nur durch Gedankenkraft an beliebige Orte reisen und müssen uns mit den Möglichkeiten begnügen, die unsere materielle Umwelt anbietet. Das Gehirn, solange es durchblutet ist und funktioniert, verhindert bei den meisten Menschen, dass sie telepathisch kommunizieren und feinstofflich sehen können, wie bei einer AKE. Wir können uns nicht mehr an unsere Vergangenheit, die vor der Geburt liegt, bewusst erinnern. Unser Gehirn wirkt wie ein Filter, das nur bestimmte Inhalte in unser Bewusstsein und in unseren Körper durchdringen lässt. In einer **NTE** oder einem **Koma** (vermutlich auch in der Trance, in der Meditation, im Schlaf oder im Flashback) ist das Gehirn nicht mehr fähig, die **Filterfunktion** auszuüben und so kann es zu ungewöhnlichen Erinnerungen kommen. Die Information zum Aufbau des Körpers wird dagegen nicht blockiert. Sie stammt aus dem Feld einschließlich der Auswirkungen von Traumata aus früheren Leben, die sich körperlich niederschlagen können.

Mit der Wiedergeburt wird das Feld, das uns ausmacht, jedoch nicht zerstört. Es bleibt voll erhalten, erfährt aber eine für die Erdenzeit eingeschränkte Expression. Wir sind aus Sicht des Feldes mit ca. 50 - 70% unserer Aufmerksamkeit auf das irdische Leben fokussiert, wie der Reinkarnationstherapeut Newton angibt (***321****, S. 111f*). Die restliche Aufmerksamkeit erlaubt es, die **Aufgaben** zu erledigen, die in der obigen Ausgangsfrage genannt wurden. Eine im Jenseits zurückbleibende **Teilseele** bestätigen auch **NTEs** (***107****;* ***108****;* ***326****;* ***420****, S. 30*), mediale Durchgaben (***33****, S. 167;* ***165****, S. 83;* ***181****, S. 202;* ***256****, S. 162*), Medien (***468****, S. 184-189;* 3, S. 197[46]) und Traumvisionen (***99****, S. 4*).

Die Belege für ‚Teilseelen' sind allerdings noch spärlich. Die obige Erklärung muss noch als Hypothese betrachtet werden.

[46] Allens Literatur als Vergleichsobjekt für MMVs ist durch eine Einrahmung gekennzeichnet (siehe S. 336).

8.3. Mediale Aussagen über das Sterben und das Jenseits

In diesem Kapitel soll – ganz wie bei NTEs (Kapitel 7.3, S. 260) – untersucht werden, ob die **Kernaussagen**, die von Kindern und Erwachsenen über ihre jeweiligen Erfahrungen des Übergangs ins Totenreich und im Jenseits gemacht und in den Bänden 1 und 2 berichtet wurden, durch medial übermittelte Aussagen von Verstorbenen eine Bestätigung erfahren[47] (**Vergleich**).

8.3.1. Eigene Untersuchung über Sterben und Jenseits (Tabellen)

Zu diesem Zweck werden wieder die ersten beiden Listen der Kernaussagen über den Übergang ins sog. Jenseits und über das Jenseits selbst aus dem Band 2b in die unten folgenden Tabellen (**Tabelle 8-2** und **Tabelle 8-3**) übernommen. Jeder Aussage wird ein Vermerk gegenüber gestellt, ob sie sich in medialen Durchgaben von Verstorbenen wiederfindet. Es wird angegeben, welche Beispiele dazu im vorliegenden Buch schon vorhanden sind. In graphischer Form wird veranschaulicht, zu welchem Anteil in Prozent an 41 Büchern die jeweilige Aussage bestätigt wird und zu welchem Anteil anders- oder gegenteilige Aussagen in Büchern vorliegen.

Wichtige oder in mehreren Büchern aufgetretene mediale Aussagen, die keine Entsprechung in den oben aufgeführten Kernaussagen von Kindern und Erwachsenen haben, sind in weiter unten nachfolgender Tabelle gelistet (**Tabelle 8-4**, Zusatztabelle für mediale Aussagen Verstorbener, S. 355). Die genauen Quellenangaben dazu finden sich im Anhang in Kapitel 17.7, **Tabelle 17-7**, ‚Zusatztabelle über mediale Aussagen zusätzlich zu den Kernaussagen', S. 500.

Auswahl der Bücher: Es gibt kein Qualitätsmaß für Bücher über mediale Mitteilungen Verstorbener (MMVs), das erlauben würde, die Spreu vom Weizen zu trennen. Um dennoch möglichst nur gute Bücher einzubeziehen, wurde von den Standardwerken der allgemein bekannten Jenseitsforscher ausgegangen, also z.B. Büchern von Braude ***(66)***, Ducasse ***(119)***, Fontana ***(144)***, Gauld ***(157)***, Griffin ***(173)***, Kelly ***(229)*** usw.. Die dort genannten Quellen wurden anschließend herangezogen und im ‚Schneeballsystem' die wiederum in jenen Büchern genannte Literatur ebenfalls. Angebote aus dem Internet wurden nicht gezielt gesucht.

[47] Bei Crookall gibt es auch eine Zusammenstellung von Mitteilungen der Verstorbenen über ihre Sterbeerfahrungen: *(**95**, S. 187-202)*.

Es wurden nur Originalberichte von medialen Durchgaben ausgewertet, also nicht solche Bücher, in denen der Autor seine Einsichten über Medialität wiedergibt, sondern nur solche, in denen konkrete Fälle beschrieben werden.

Unter rund 175 Büchern mit dem Thema ‚Medien' fanden sich 41 mit solchen Originalberichten, die sich nicht wiederholten.

Eine weniger grobe Auswertung auf Basis der Zahl der Fallberichte statt der Bücher wurde aus Gründen des Arbeitsaufwands verzichtet. Die genauen Fundstellen finden sich in 2 entsprechenden Tabellen (Tabelle 17-5, S. 478 und **Tabelle 17-6**, S. 487) in Kapitel 17.7, Anhang 7: Quellen zu medialen Jenseitsaussagen, S. 477, so dass detaillierter nachgearbeitet werden könnte.

Eine Übereinstimmung bezieht sich selbstverständlich auf den Inhalt einer Aussage, nicht auf die sprachliche Formulierung, die in vielfältiger Weise vorliegen kann. Die Bestätigungen habe ich auch hier recht großzügig ausgelegt. Wenn eine Kernaussage z.B. aus mehreren Elementen besteht, wurde eine Bestätigung auch dann angenommen, wenn nur ein Element betroffen ist. Beispiele für meine Auslegung:

Kernaussage 12: Oft heißt es, ‚man fühle sich frei', ohne den Zusatz, dass man den Tod nicht fürchten muss. Das ließ ich gelten.

Kernaussage 31: Die Existenz einer Hölle wurde auch dann akzeptiert, wenn diese kein Ort, sondern ein Gedankenkonstrukt ist.

Kernaussage 72: Auch jung Gestorbene sind mit einbezogen, wenn sie im Jenseits älter werden, bis zu ihren ‚besten Jahren'.

Kernaussage 95: Die ‚Versammlung wenig entwickelter Seelen in unteren Schichten' wird auch ohne den Zusatz der Bewegungsfreiheit anerkannt.

Kernaussage 106: Die ‚Planung der Wiedergeburt' wird als bestätigt angesehen, auch ohne die Beratung durch die Weisen.

Kernaussage 108: Eine von beiden Aussagen reichte aus: Entweder die Bewertung vor Richtern oder die nicht verurteilende Bewertung.

Kernaussage 109: Es reicht die ‚Beurteilung durch das eigene Gewissen' auch ohne die Nebenbedingung, dass dies schmerzhaft ist.

Kernaussage 145: Literaturstellen wurden auch dann übernommen, wenn zwar die ‚Wiedergeburt bestätigt' wird, der Zusatz ‚viele Male' aber fehlt.

Man beachte die unterschiedlichen Datenarten in den Tabellen über Jenseitsaussagen: Bei den Kinderfällen nach Band 1 ist die Datenbasis der einzelne Fallbericht, bei den Rückführungen von Band 2 sind es die Autoren von Rückführungen und für Nahtoderfahrungen (NTEs) und mediale Aussagen sind es Fachbücher.

Der gleichen Fragestellung wie im vorliegenden Kapitel ist der Autor **Miles Edward Allen** mit ähnlicher Herangehensweise nachgegangen, indem er 58 Bücher über angebliche Mitteilungen aus dem Jenseits ausgewertet hat *(3)*. Sein Buch habe ich nicht in meine unten folgende eigene Auswertung einbezogen. Ich betrachte es als **Vergleichsobjekt**. Im nächsten Kapitel Nr. 8.3.2, S. 358 komme ich auf seine Ergebnisse zurück. Allens Literatur als Vergleichsobjekt wird durch eine Einrahmung gekennzeichnet.

Legende zu den 2 unten folgenden Tabellen: Tabelle 8-2, S. 337 und Tabelle 8-3, S. 344

Spalte 1: Nummerierung nach Band 2b bis zur dortigen Tabellenzeile 165 in Kapitel 7.2.7.2.3.2. Die Zeilen 166 bis 226 aus Band 2b werden nicht hierher übernommen.

Achtung: absichtlich unterdrückte Zeilen! Aussagen, die nur von einem einzigen Autor für Rückführungen stammen, wurden herausgenommen, so dass sie nicht mehr lesbar sind (nicht jedoch, wenn es sich um Gegenaussagen handelte). So bleiben hier nur 140 von den ersten 165 Aussagen übrig.

Spalte 2: Kernaussagen von Kindern und rückgeführten Erwachsenen nach Band 2b.

Fett gedruckte Umrandung: **Kernaussagen**, die sich zu **widersprechen** scheinen oder tatsächlich unvereinbar miteinander sind.

Spalte 3: Zahl der Fälle von Kindern und der Autoren für Rückführungen aus Band 2b untergliedert in 3 Zeilen:

K = Kinder: Zahl der Fälle, welche die jeweilige Kernaussage machen;
A = Zahl der Autoren für Rückführungen, die die jeweilige Kernaussage machen;
B = wie A, jedoch werden Autoren gleicher ‚Schule' wie nur 1 Autor gezählt

Spalte 4: Mediale Aussagen (MMVs), die eine Entsprechung in den **Kernaussagen** nach Band 2b haben; ihr Anteil in % an 41 Büchern.

MMV = mediale Mitteilungen Verstorbener

Zusatztabelle Tabelle 8-4, S. 355:

Spalte 1: Laufende Nummer

Spalte 2: Aussagen Verstorbener, die nicht in den 2 oben genannten Tabellen vorkommen.

Spalte 3: Anteil Bestätigungen in 41 Büchern

Tabelle 8-2: Übergang in den Tod; Vergleich mit medialen Mitteilungen Verstorbener (MMVs)

1	Spalte 2: Kernaussagen	3	Spalte 4: Bestätigung der Kernaussagen durch Medien
	kursiv: Nummern und *Aussagen von Kindern aus Band 1 und 2b*; ↓ Normalschrift: Aussagen Rückgeführter aus Band 2b ↓	K A B	Quellen im vorliegenden Buch Graphiken: Anteil Bestätigungen in % an 41 externen Quellen (Büchern) Graphiken: Anteil Abweichungen von der Kernaussage in % an 41 externen Quellen
	1. Der Übergang in den Tod (ins Jenseits)		
1.	*1. Außerkörperliche Erfahrung kurz vor dem Tod.*	2 0 0	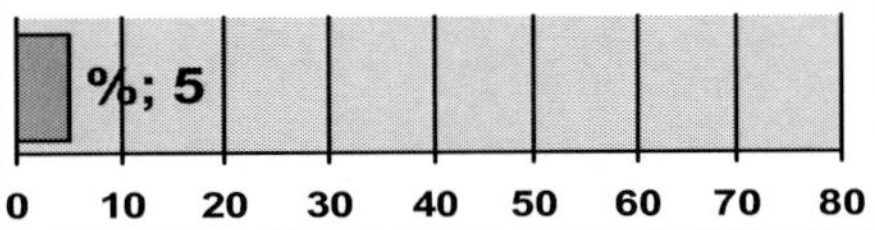 %; 5
2.	Mit dem Tod wird die Silberschnur getrennt, welche Körper und Seele verbunden hat.	0 5 5	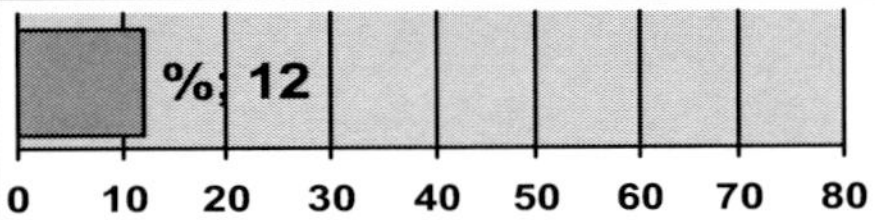 %; 12
3.	Um nach dem Tod leichter aus dem Körper heraustreten zu können, splittet sich die Seele in viele kleine Teile.	0 2 2	
4.	Nach dem Tod verlässt die Seele den Körper.	0 16 11	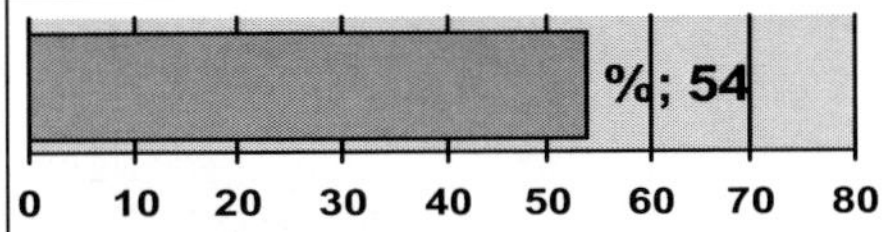 %; 54
5.	Die Seele kann bis zu 4-5 Stunden		
6.	Kurz nach dem Tod schwebt die Seele nach oben.	0 29 17	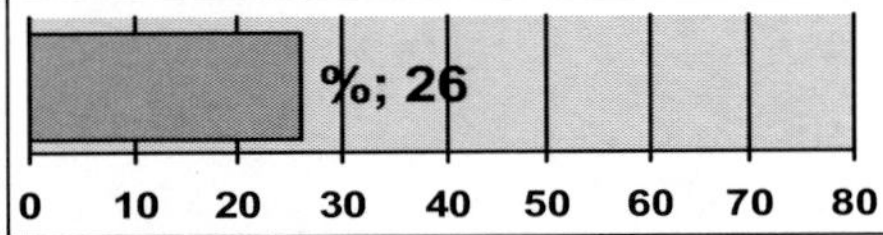 %; 26
7.	Nach dem Tod nimmt man Geräusche, Töne oder Musik wahr.	0 9 7	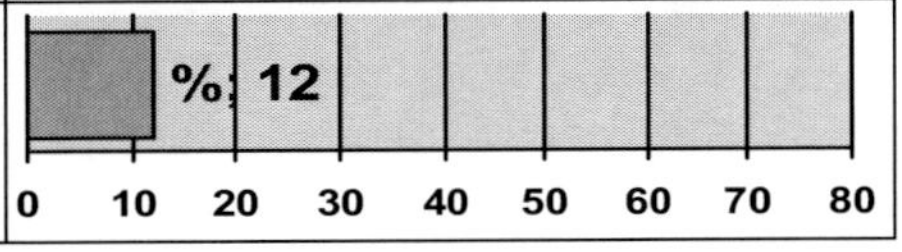 %; 12

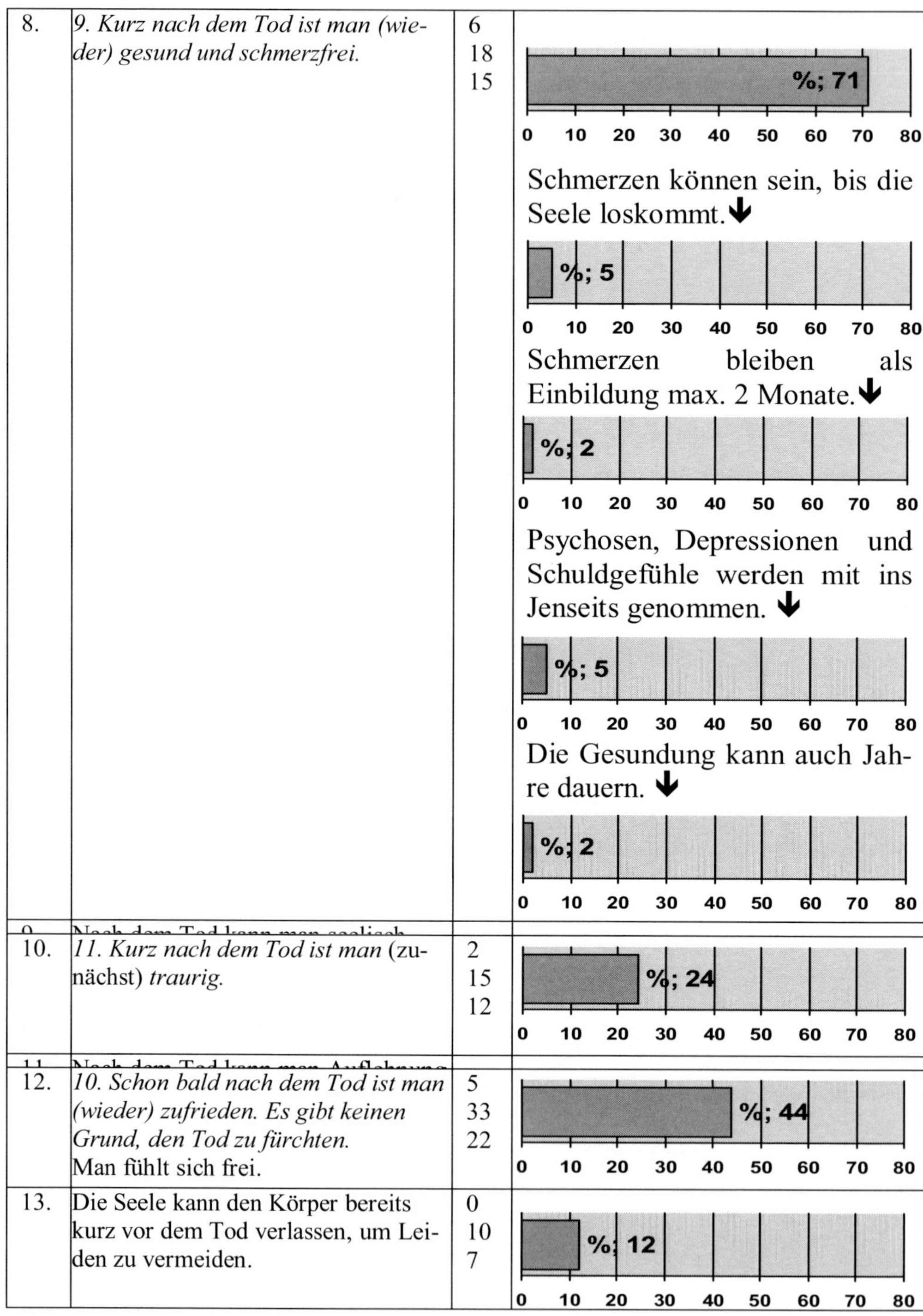

8.	*9. Kurz nach dem Tod ist man (wieder) gesund und schmerzfrei.*	6 18 15	%; 71 0 10 20 30 40 50 60 70 80 Schmerzen können sein, bis die Seele loskommt. ↓ %; 5 0 10 20 30 40 50 60 70 80 Schmerzen bleiben als Einbildung max. 2 Monate. ↓ %; 2 0 10 20 30 40 50 60 70 80 Psychosen, Depressionen und Schuldgefühle werden mit ins Jenseits genommen. ↓ %; 5 0 10 20 30 40 50 60 70 80 Die Gesundung kann auch Jahre dauern. ↓ %; 2 0 10 20 30 40 50 60 70 80
10.	*11. Kurz nach dem Tod ist man* (zunächst) *traurig.*	2 15 12	%; 24 0 10 20 30 40 50 60 70 80
12.	*10. Schon bald nach dem Tod ist man (wieder) zufrieden. Es gibt keinen Grund, den Tod zu fürchten.* Man fühlt sich frei.	5 33 22	%; 44 0 10 20 30 40 50 60 70 80
13.	Die Seele kann den Körper bereits kurz vor dem Tod verlassen, um Leiden zu vermeiden.	0 10 7	%; 12 0 10 20 30 40 50 60 70 80

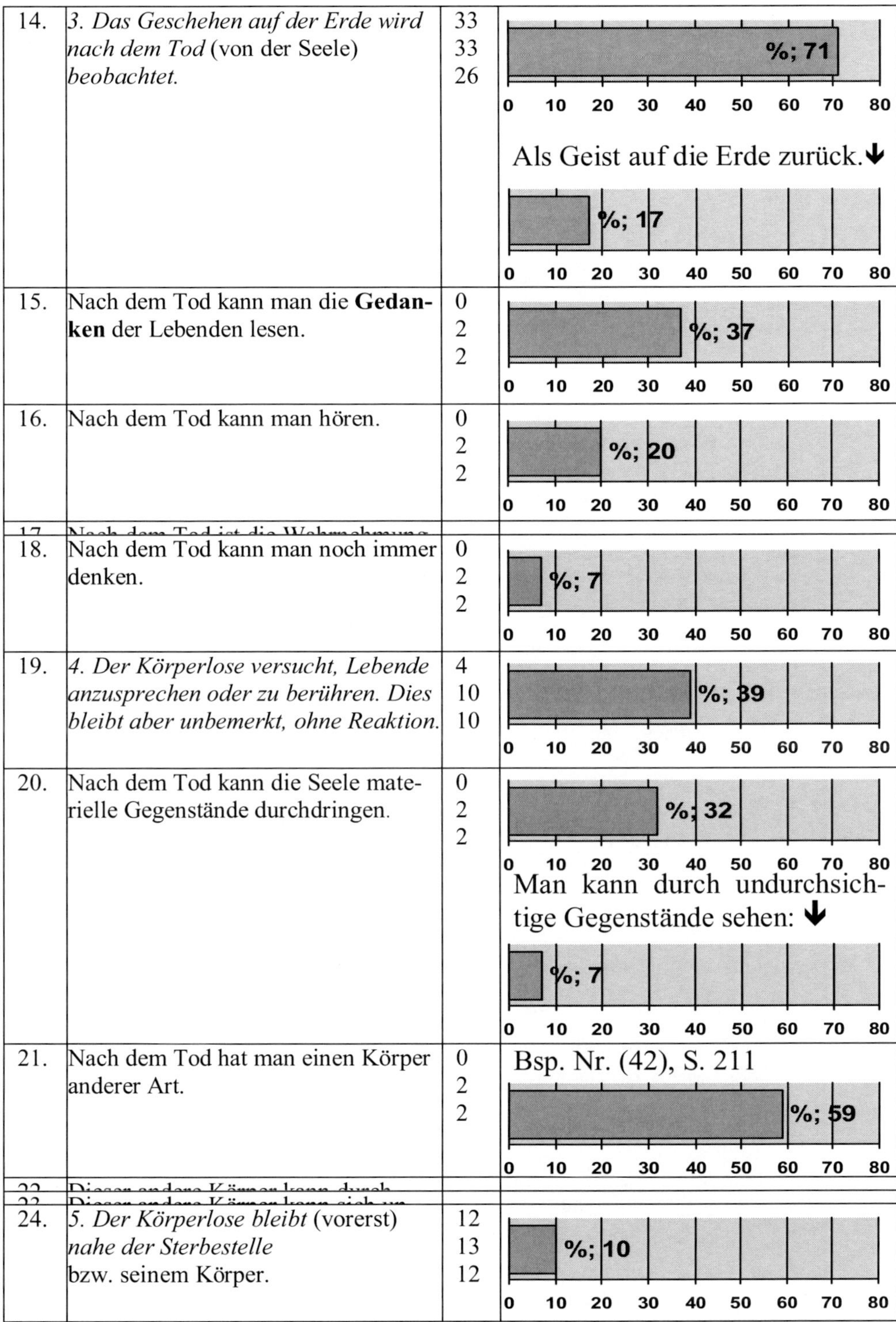

14.	*3. Das Geschehen auf der Erde wird nach dem Tod* (von der Seele) *beobachtet.*	33 33 26	%; 71 Als Geist auf die Erde zurück.↓ %; 17
15.	Nach dem Tod kann man die **Gedanken** der Lebenden lesen.	0 2 2	%; 37
16.	Nach dem Tod kann man hören.	0 2 2	%; 20
17.	Nach dem Tod ist die Wahrnehmung		
18.	Nach dem Tod kann man noch immer denken.	0 2 2	%; 7
19.	*4. Der Körperlose versucht, Lebende anzusprechen oder zu berühren. Dies bleibt aber unbemerkt, ohne Reaktion.*	4 10 10	%; 39
20.	Nach dem Tod kann die Seele materielle Gegenstände durchdringen.	0 2 2	%; 32 Man kann durch undurchsichtige Gegenstände sehen: ↓ %; 7
21.	Nach dem Tod hat man einen Körper anderer Art.	0 2 2	Bsp. Nr. (42), S. 211 %; 59
22.	Dieser andere Körper kann durch		
23.	Dieser andere Körper kann sich un		
24.	*5. Der Körperlose bleibt* (vorerst) *nahe der Sterbestelle* bzw. seinem Körper.	12 13 12	%; 10

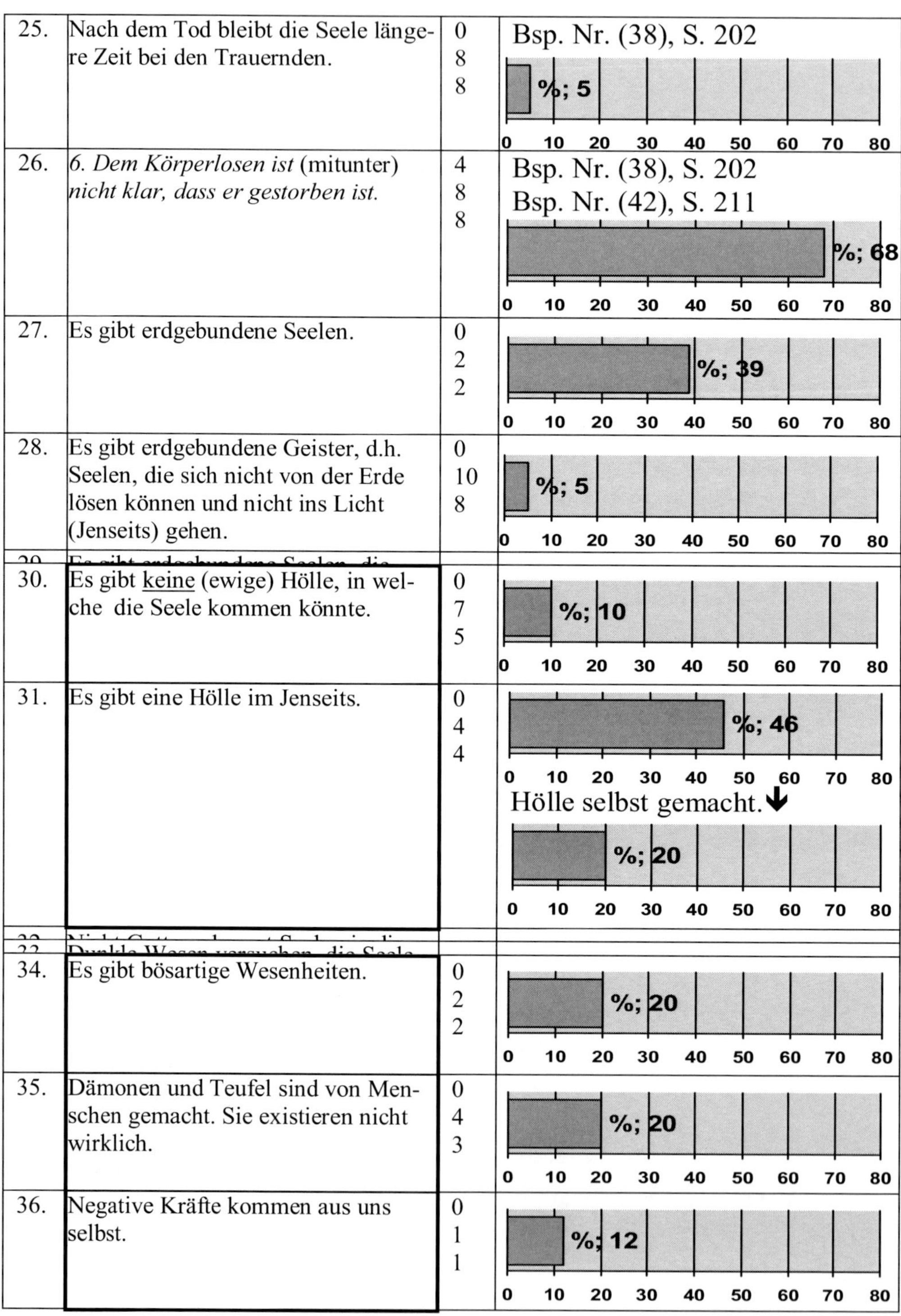

Nr.	Aussage		Diagramm
25.	Nach dem Tod bleibt die Seele längere Zeit bei den Trauernden.	0 8 8	Bsp. Nr. (38), S. 202 %; 5
26.	*6. Dem Körperlosen ist* (mitunter) *nicht klar, dass er gestorben ist.*	4 8 8	Bsp. Nr. (38), S. 202 Bsp. Nr. (42), S. 211 %; 68
27.	Es gibt erdgebundene Seelen.	0 2 2	%; 39
28.	Es gibt erdgebundene Geister, d.h. Seelen, die sich nicht von der Erde lösen können und nicht ins Licht (Jenseits) gehen.	0 10 8	%; 5
30.	Es gibt keine (ewige) Hölle, in welche die Seele kommen könnte.	0 7 5	%; 10
31.	Es gibt eine Hölle im Jenseits.	0 4 4	%; 46 Hölle selbst gemacht. %; 20
34.	Es gibt bösartige Wesenheiten.	0 2 2	%; 20
35.	Dämonen und Teufel sind von Menschen gemacht. Sie existieren nicht wirklich.	0 4 3	%; 20
36.	Negative Kräfte kommen aus uns selbst.	0 1 1	%; 12

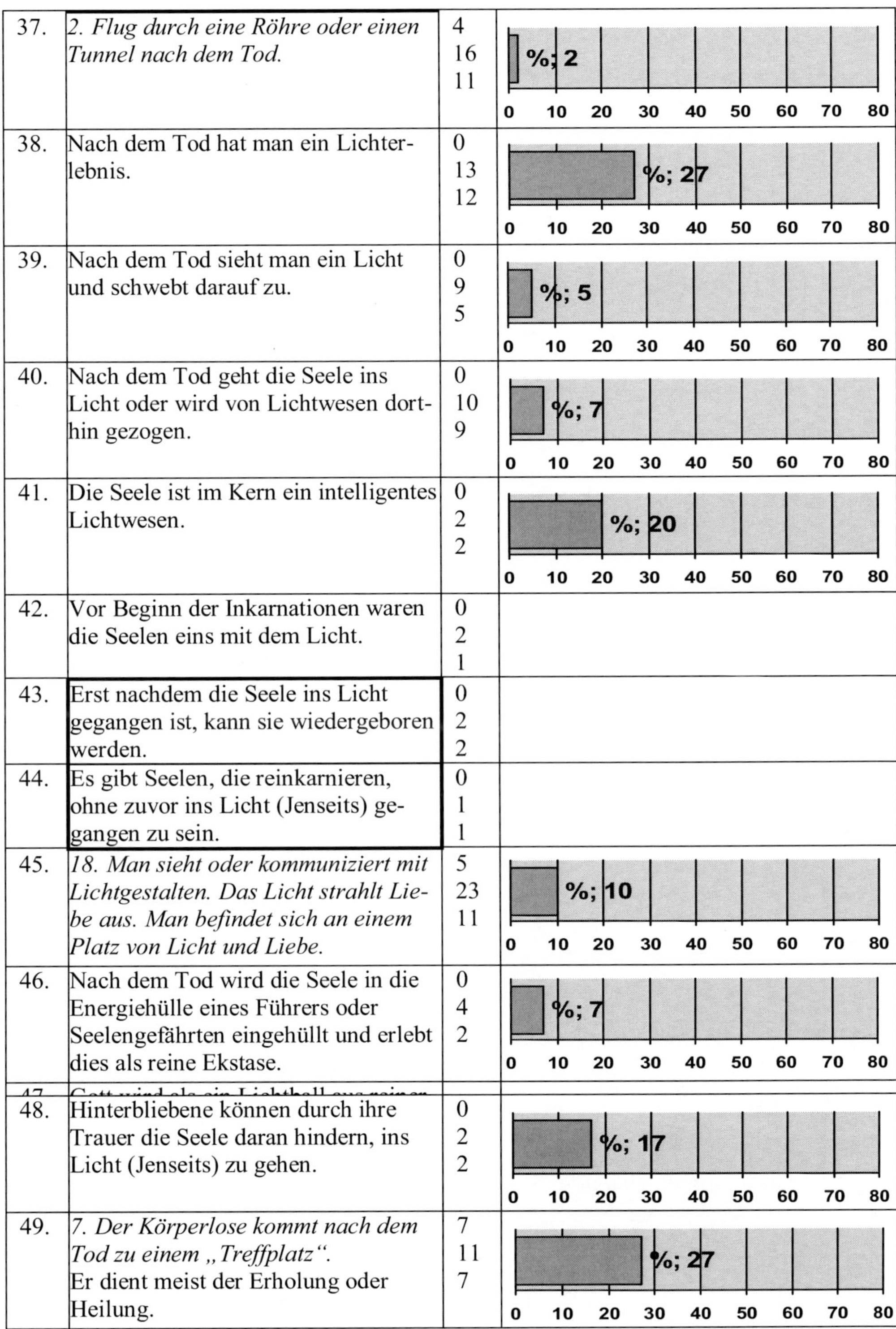

37.	*2. Flug durch eine Röhre oder einen Tunnel nach dem Tod.*	4 16 11	%; 2
38.	Nach dem Tod hat man ein Lichterlebnis.	0 13 12	%; 27
39.	Nach dem Tod sieht man ein Licht und schwebt darauf zu.	0 9 5	%; 5
40.	Nach dem Tod geht die Seele ins Licht oder wird von Lichtwesen dorthin gezogen.	0 10 9	%; 7
41.	Die Seele ist im Kern ein intelligentes Lichtwesen.	0 2 2	%; 20
42.	Vor Beginn der Inkarnationen waren die Seelen eins mit dem Licht.	0 2 1	
43.	Erst nachdem die Seele ins Licht gegangen ist, kann sie wiedergeboren werden.	0 2 2	
44.	Es gibt Seelen, die reinkarnieren, ohne zuvor ins Licht (Jenseits) gegangen zu sein.	0 1 1	
45.	*18. Man sieht oder kommuniziert mit Lichtgestalten. Das Licht strahlt Liebe aus. Man befindet sich an einem Platz von Licht und Liebe.*	5 23 11	%; 10
46.	Nach dem Tod wird die Seele in die Energiehülle eines Führers oder Seelengefährten eingehüllt und erlebt dies als reine Ekstase.	0 4 2	%; 7
48.	Hinterbliebene können durch ihre Trauer die Seele daran hindern, ins Licht (Jenseits) zu gehen.	0 2 2	%; 17
49.	*7. Der Körperlose kommt nach dem Tod zu einem „Treffplatz“.* Er dient meist der Erholung oder Heilung.	7 11 7	%; 27

Achsen der Diagramme: 0 10 20 30 40 50 60 70 80

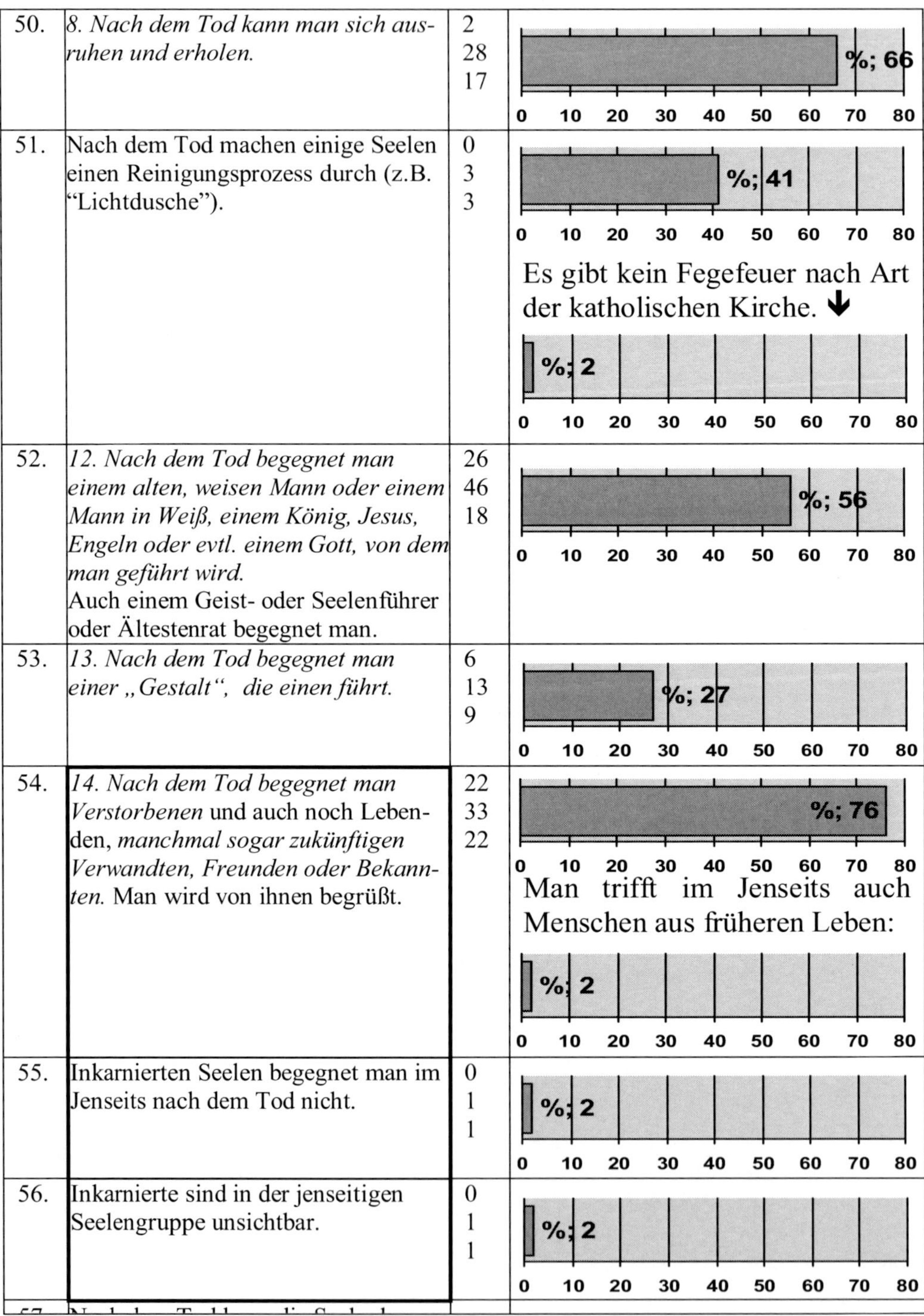

Nr.	Aussage	Anzahl	Ergebnis
50.	*8. Nach dem Tod kann man sich ausruhen und erholen.*	2 28 17	%; 66
51.	Nach dem Tod machen einige Seelen einen Reinigungsprozess durch (z.B. "Lichtdusche").	0 3 3	%; 41 Es gibt kein Fegefeuer nach Art der katholischen Kirche. ↓ %; 2
52.	*12. Nach dem Tod begegnet man einem alten, weisen Mann oder einem Mann in Weiß, einem König, Jesus, Engeln oder evtl. einem Gott, von dem man geführt wird.* Auch einem Geist- oder Seelenführer oder Ältestenrat begegnet man.	26 46 18	%; 56
53.	*13. Nach dem Tod begegnet man einer „Gestalt", die einen führt.*	6 13 9	%; 27
54.	*14. Nach dem Tod begegnet man Verstorbenen* und auch noch Lebenden, *manchmal sogar zukünftigen Verwandten, Freunden oder Bekannten.* Man wird von ihnen begrüßt.	22 33 22	%; 76 Man trifft im Jenseits auch Menschen aus früheren Leben: %; 2
55.	Inkarnierten Seelen begegnet man im Jenseits nach dem Tod nicht.	0 1 1	%; 2
56.	Inkarnierte sind in der jenseitigen Seelengruppe unsichtbar.	0 1 1	%; 2

(Skala der Balkendiagramme: 0 10 20 30 40 50 60 70 80)

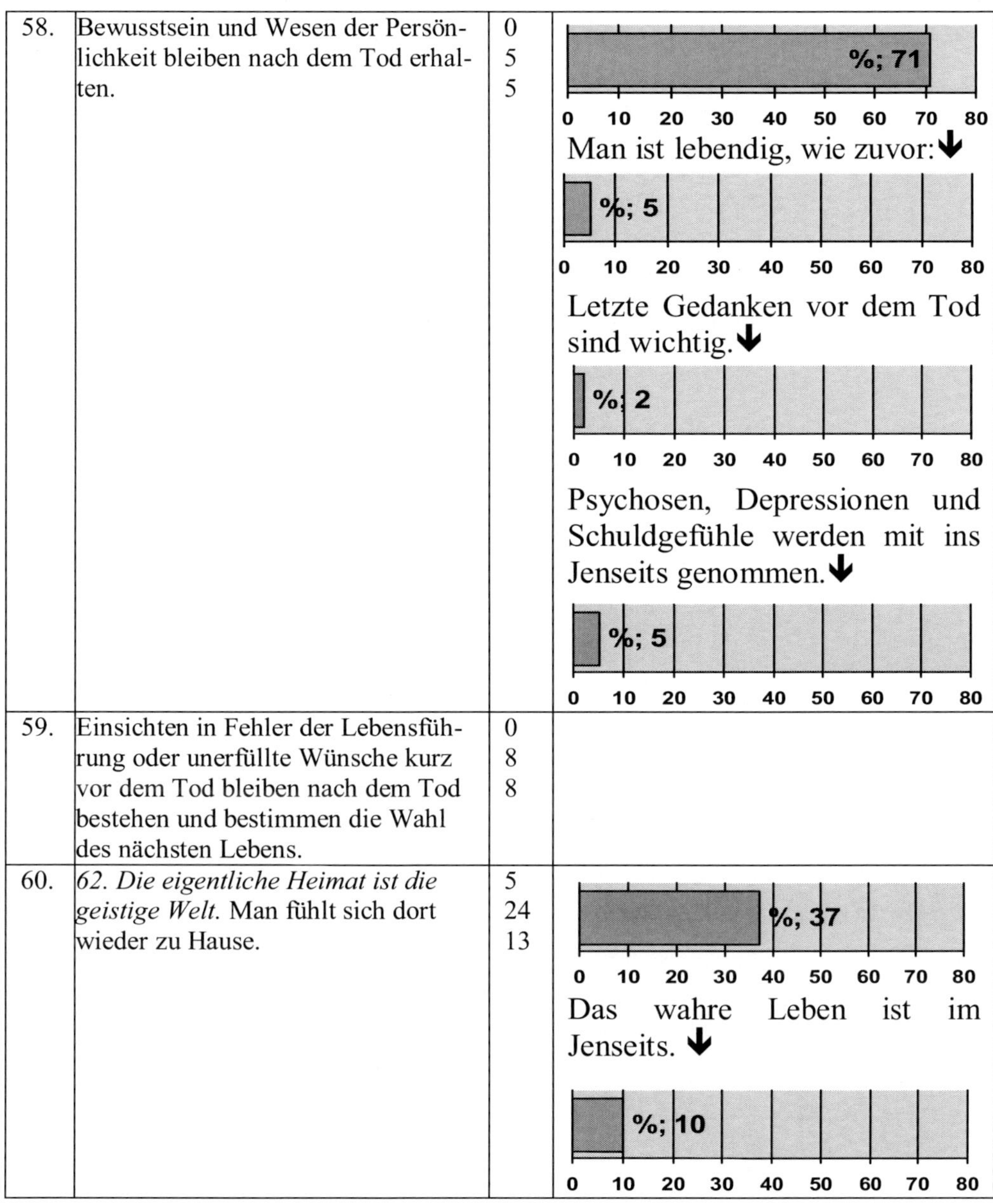

58.	Bewusstsein und Wesen der Persönlichkeit bleiben nach dem Tod erhalten.	0 5 5	Man ist lebendig, wie zuvor:🡻 Letzte Gedanken vor dem Tod sind wichtig.🡻 Psychosen, Depressionen und Schuldgefühle werden mit ins Jenseits genommen.🡻
59.	Einsichten in Fehler der Lebensführung oder unerfüllte Wünsche kurz vor dem Tod bleiben nach dem Tod bestehen und bestimmen die Wahl des nächsten Lebens.	0 8 8	
60.	*62. Die eigentliche Heimat ist die geistige Welt.* Man fühlt sich dort wieder zu Hause.	5 24 13	Das wahre Leben ist im Jenseits. 🡻

Tabelle 8-3: Im Jenseits; Vergleich mit medialen Mitteilungen Verstorbener (MMVs)

1	Spalte 2: Kernaussagen	3	Spalte 4: Bestätigung der Kernaussagen durch Medien
2. Im Jenseits			
61.	*17. Man befindet sich nach dem Tod in Räumen, schönen Landschaften.*	21 21 15	%; 66 (Skala 0 10 20 30 40 50 60 70 80) Umgebung wie auf Erden. ↓ %; 29 (Skala 0 10 20 30 40 50 60 70 80) Leben wie auf der Erde. ↓ %; 10 (Skala 0 10 20 30 40 50 60 70 80)
62.	*19. Man bewegt sich ganz leicht mittels „Gedankenkraft" und kann fliegen.*	8 11 10	%; 51 (Skala 0 10 20 30 40 50 60 70 80)
63.	*20. Man verständigt sich ohne Worte telepathisch mit anderen Wesen.*	4 18 9	%; 51 (Skala 0 10 20 30 40 50 60 70 80) Sprachen im Jenseits: %; 5 (Skala 0 10 20 30 40 50 60 70 80)
64.	Identitäten, Gedanken und Motive können im Jenseits nicht verborgen werden.	0 5 5	%; 27 (Skala 0 10 20 30 40 50 60 70 80) Das Äußere zeigt den Entwicklungsstand einer Person an: ↓ %; 15 (Skala 0 10 20 30 40 50 60 70 80)

			Das Äußere zeigt die Emotionen: 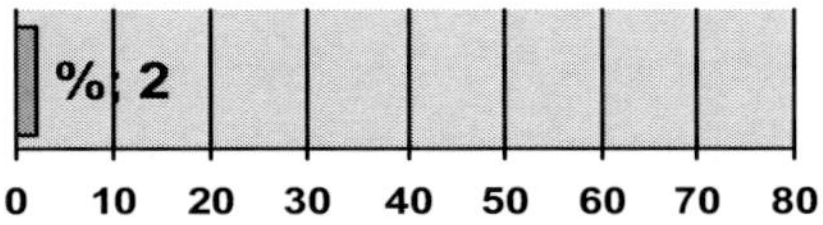 ↓ %; 2 (0 10 20 30 40 50 60 70 80)
65.	Jenseitige Lehrer können ihre Gedanken verbergen.	0 1 1	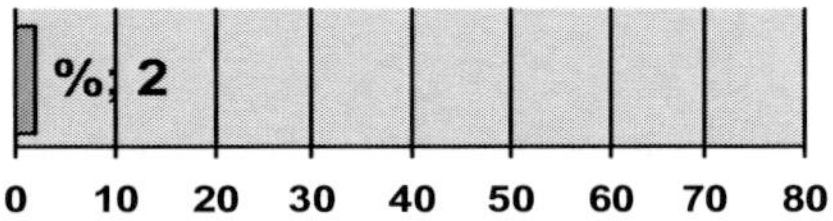 %; 2 (0 10 20 30 40 50 60 70 80)
66.	Fortgeschrittene Seelen können ihre Gedanken verbergen.	0 1 1	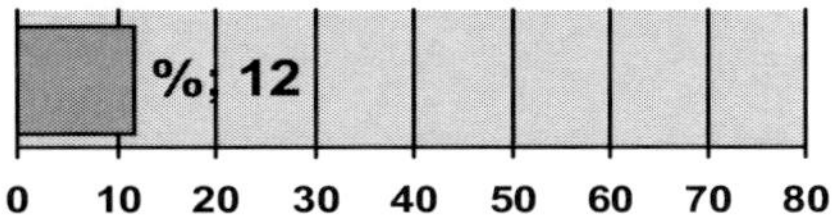 %; 12 (0 10 20 30 40 50 60 70 80)
67.	Private Kommunikation geschieht durch Berührung.	0 1 1	
68.	*48. Man ist oder lebt im Jenseits mit anderen zusammen in Gruppen.* Gruppenmitglieder sind etwa gleich entwickelt oder haben gemeinsame Ziele.	11 32 11	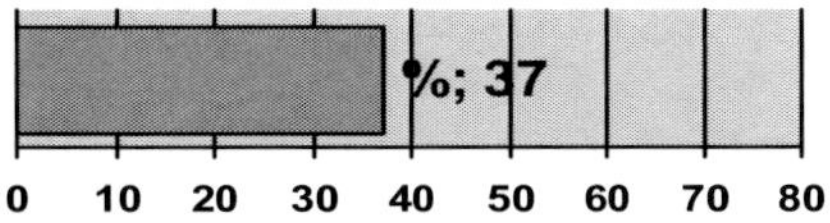 %; 37 (0 10 20 30 40 50 60 70 80)
69.	Nach dem Tod wird die Seele in ihrer Gruppe feierlich empfangen.	6 18 15	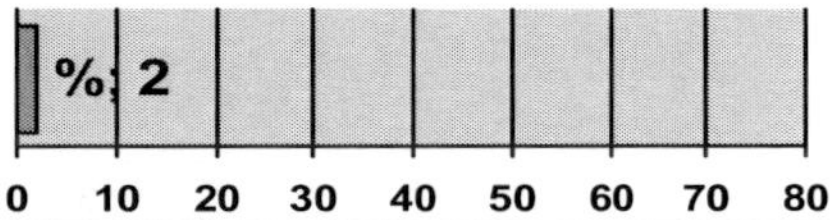 %; 2 (0 10 20 30 40 50 60 70 80)
70.	Nicht alle Seelen gehen nach dem		
71.	Die Jenseitigen können die Art ihrer Erscheinung für andere Jenseitige bestimmen.	0 4 3	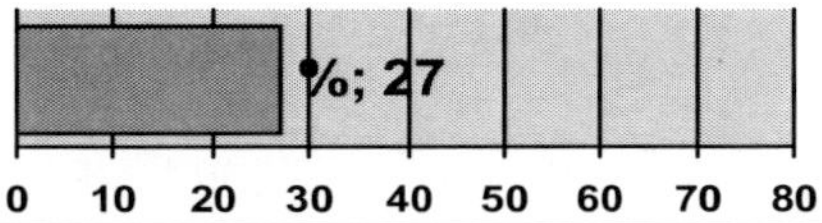 %; 27 (0 10 20 30 40 50 60 70 80)
72.	*22. Man ist (wieder) jünger, meist so alt, wie in seinen „besten Jahren".*	1 10 7	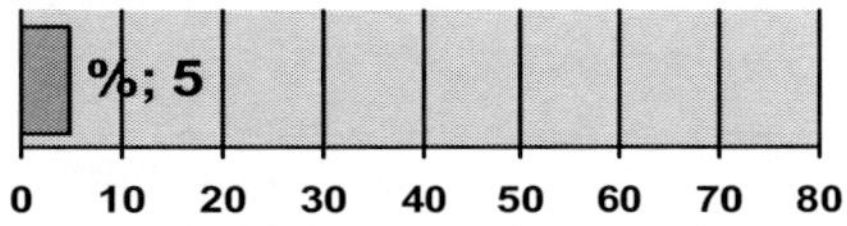 %; 5 (0 10 20 30 40 50 60 70 80) einschließlich 'Kinder wachsen im Jenseits heran'
73.	*38. In der geistigen Welt kann man ein allumfassendes Wissen haben.*	6 13 11	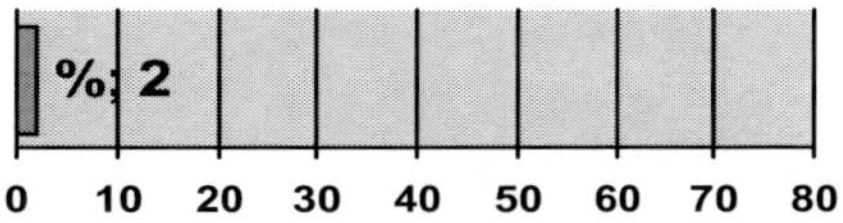 %; 2 (0 10 20 30 40 50 60 70 80)
74.	*39. Die Inhalte dieses Wissens oder die Lebensaufgabe werden mit der Geburt vergessen.*	6 2 2	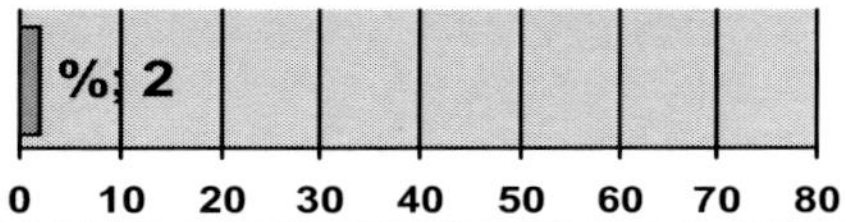 %; 2 (0 10 20 30 40 50 60 70 80)

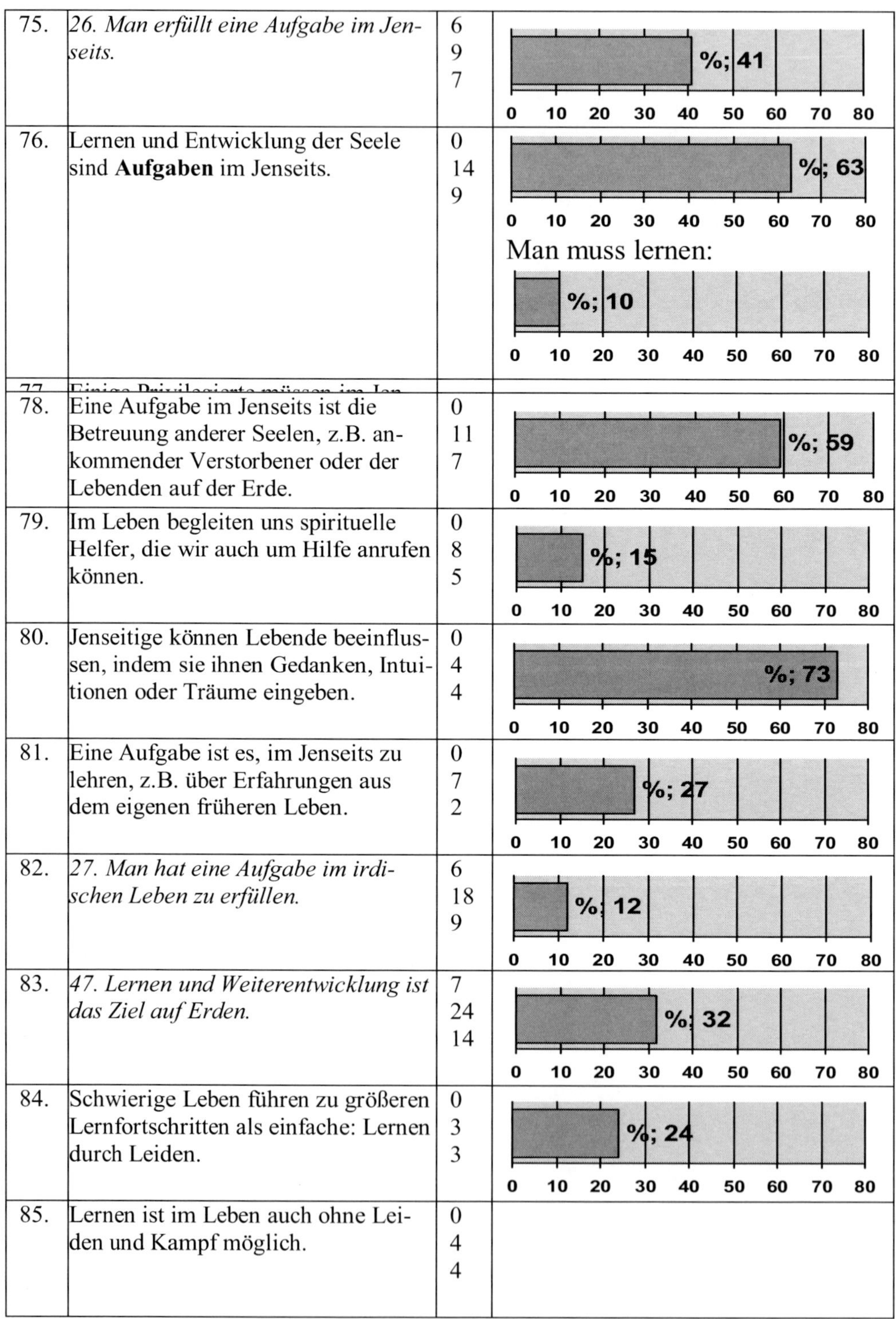

75.	*26. Man erfüllt eine Aufgabe im Jenseits.*	6 9 7	%; 41
76.	Lernen und Entwicklung der Seele sind **Aufgaben** im Jenseits.	0 14 9	%; 63 Man muss lernen: %; 10
77.	Einige Privilegierte müssen im Jen-		
78.	Eine Aufgabe im Jenseits ist die Betreuung anderer Seelen, z.B. ankommender Verstorbener oder der Lebenden auf der Erde.	0 11 7	%; 59
79.	Im Leben begleiten uns spirituelle Helfer, die wir auch um Hilfe anrufen können.	0 8 5	%; 15
80.	Jenseitige können Lebende beeinflussen, indem sie ihnen Gedanken, Intuitionen oder Träume eingeben.	0 4 4	%; 73
81.	Eine Aufgabe ist es, im Jenseits zu lehren, z.B. über Erfahrungen aus dem eigenen früheren Leben.	0 7 2	%; 27
82.	*27. Man hat eine Aufgabe im irdischen Leben zu erfüllen.*	6 18 9	%; 12
83.	*47. Lernen und Weiterentwicklung ist das Ziel auf Erden.*	7 24 14	%; 32
84.	Schwierige Leben führen zu größeren Lernfortschritten als einfache: Lernen durch Leiden.	0 3 3	%; 24
85.	Lernen ist im Leben auch ohne Leiden und Kampf möglich.	0 4 4	

86.	Ziel des Lebens ist es, die Beziehung zu anderen Menschen zu vervollkommnen.	0 9 8	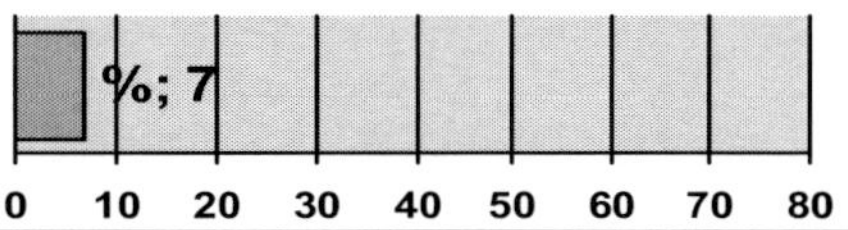
87.	Ziel des Lebens ist es, Liebe zu lernen.	0 11 8	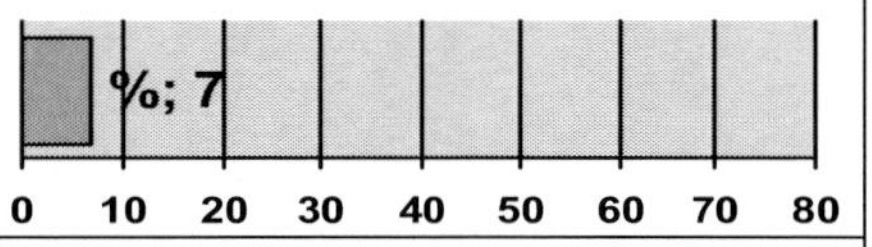
88.	Ziel des Lebens ist es, die Einheit mit		
89.	Endziel aller Entwicklung ist die Verschmelzung mit Gott, das Erreichen einer Gottähnlichkeit oder von Vollkommenheit.	0 14 13	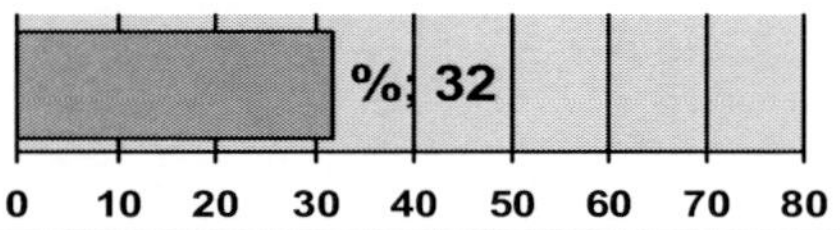
90.	Es ist kein Ziel des Lebens, die eige		
91.	Es ist kein Ziel des Lebens, Reichtum, Macht und Status zu erreichen.	0 3 3	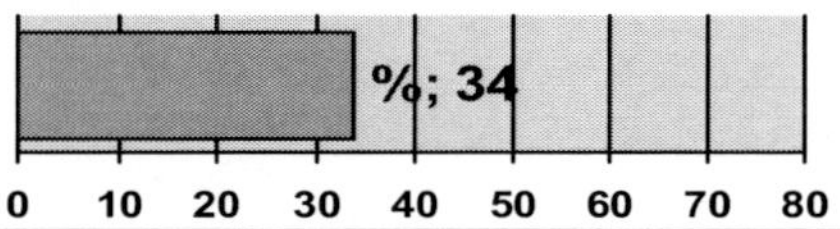
92.	*23. Es gibt eine hierarchische Ordnung* hinsichtlich geistiger Bewusstheit (bezieht sich auf das Jenseits).	11 11 10	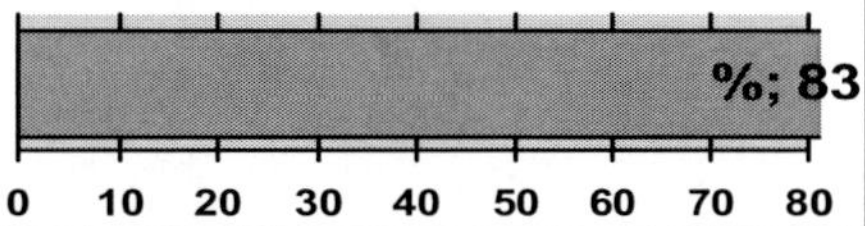
93.	Im Jenseits gibt es keine hierarchische Gliederung.	0 1 1	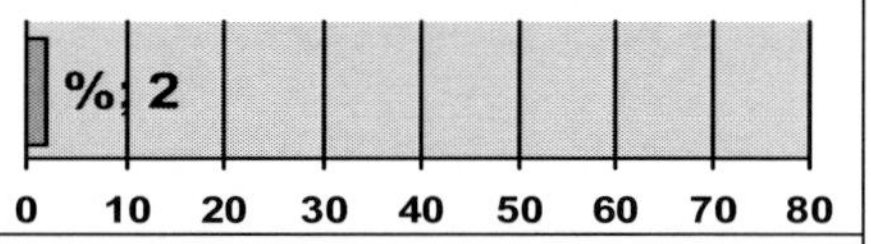
94.	Die Seele kann von sich aus nur in niedrigere Ebenen des Jenseits gehen oder hineinblicken; für höhere muss sie sich qualifizieren.	0 2 2	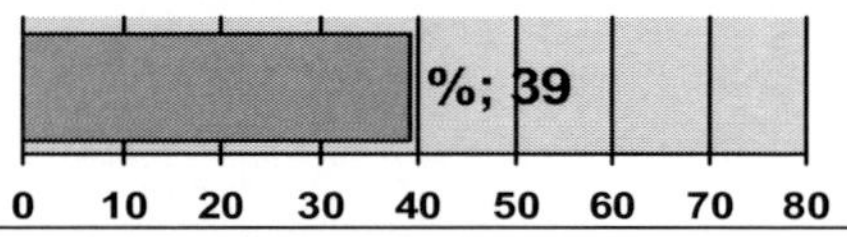
95.	Weniger entwickelte Seelen sind in ihrer Bewegungsfreiheit zwar nicht auf bestimmte Ebenen im Licht eingeschränkt. Sie sammeln sich aber in unteren Schichten.	0 1 1	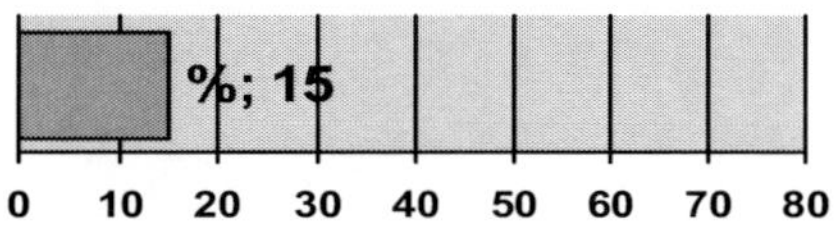
96.	*24. Man fühlt sich eins mit allen anderen Wesen.* Alle sind gleich.	6 4 4	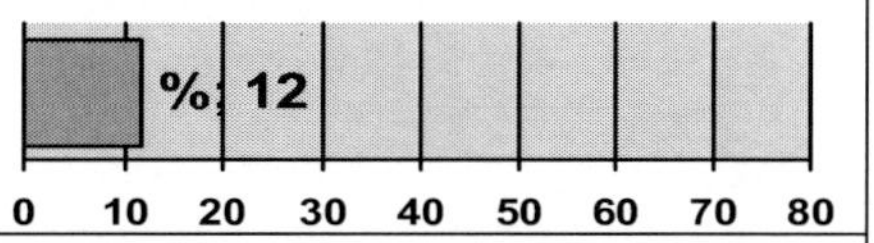
97.	Wir sind alle miteinander verbunden.	0 7 4	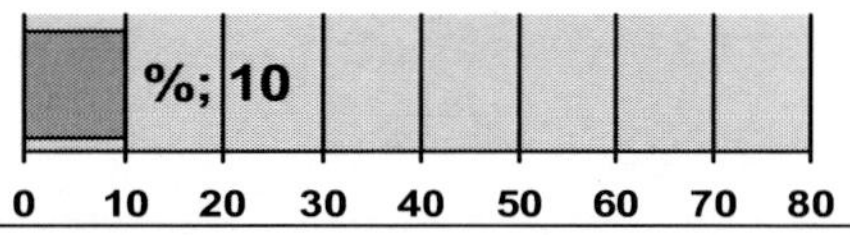
98.	Wir alle sind Teile Gottes.	0 3 3	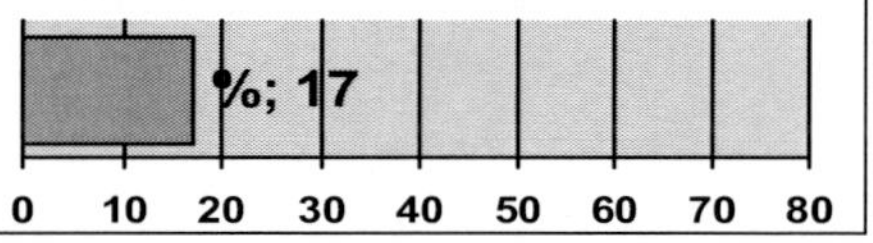

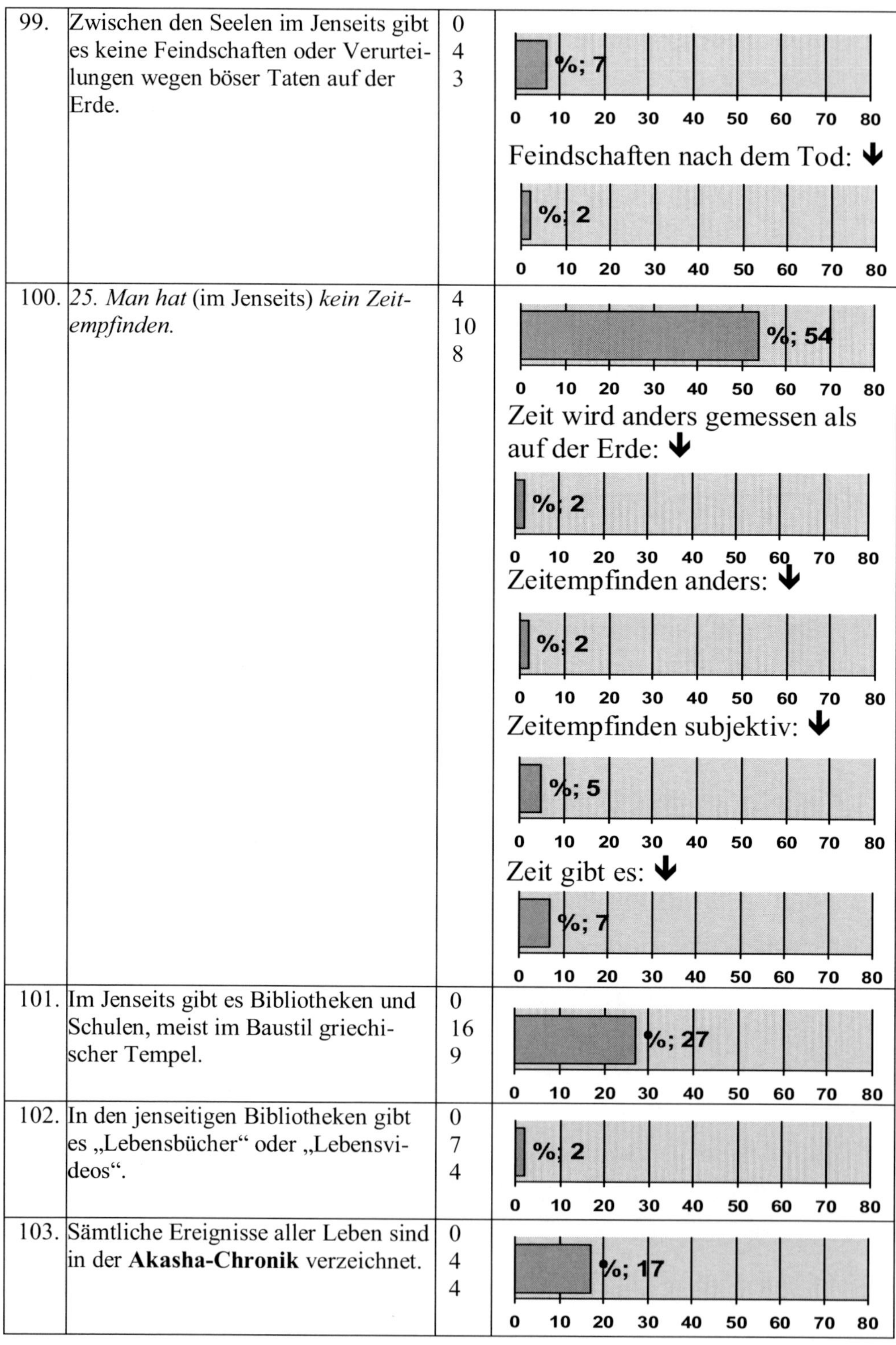

99.	Zwischen den Seelen im Jenseits gibt es keine Feindschaften oder Verurteilungen wegen böser Taten auf der Erde.	0 4 3	%; 7 0 10 20 30 40 50 60 70 80 Feindschaften nach dem Tod: ↓ %; 2 0 10 20 30 40 50 60 70 80
100.	*25. Man hat* (im Jenseits) *kein Zeitempfinden.*	4 10 8	%; 54 0 10 20 30 40 50 60 70 80 Zeit wird anders gemessen als auf der Erde: ↓ %; 2 0 10 20 30 40 50 60 70 80 Zeitempfinden anders: ↓ %; 2 0 10 20 30 40 50 60 70 80 Zeitempfinden subjektiv: ↓ %; 5 0 10 20 30 40 50 60 70 80 Zeit gibt es: ↓ %; 7 0 10 20 30 40 50 60 70 80
101.	Im Jenseits gibt es Bibliotheken und Schulen, meist im Baustil griechischer Tempel.	0 16 9	%; 27 0 10 20 30 40 50 60 70 80
102.	In den jenseitigen Bibliotheken gibt es „Lebensbücher" oder „Lebensvideos".	0 7 4	%; 2 0 10 20 30 40 50 60 70 80
103.	Sämtliche Ereignisse aller Leben sind in der **Akasha-Chronik** verzeichnet.	0 4 4	%; 17 0 10 20 30 40 50 60 70 80

104.	*15. Es findet eine Prüfung oder Bewertung des vergangenen Lebensweges statt.*	6 18 12	%; 7 0 10 20 30 40 50 60 70 80
105.	*16. Gute Taten sind* (für die weitere Entwicklung der Seelen) *nötig; man wird dazu ermahnt.*	4 5 5	%; 12 0 10 20 30 40 50 60 70 80
106.	Die Wiedergeburt wird sorgfältig geplant. Weise, die nicht mehr inkarnieren müssen, helfen durch Beratung (Ältestenrat).	24 18 16	%; 34 0 10 20 30 40 50 60 70 80
107.	Das jenseitige Wertesystem beruht auf absoluter Liebe.	0 9 3	%; 24 0 10 20 30 40 50 60 70 80 Beurteilung nach Herzens–bildung: ➔ %; 2 0 10 20 30 40 50 60 70 80
108.	Die Bewertung des vergangenen Lebens findet vor Richtern, Geistführern oder dem Ältestenrat statt, die aber nicht verurteilen.	0 22 8	%; 15 0 10 20 30 40 50 60 70 80 Anklage im Jenseits. ➔ %; 2 0 10 20 30 40 50 60 70 80 Es gibt auch Uneinsichtige, die sich nicht selbst anklagen. ➔ %; 2 0 10 20 30 40 50 60 70 80
109.	Die Beurteilung des vergangenen Lebens geschieht durch das eigene Gewissen und kann sehr schmerzhaft sein.	0 17 13	%; 51 0 10 20 30 40 50 60 70 80
110.	Das vergangene Leben wird in der Seelengruppe bewertet.	0 2 2	%; 2 0 10 20 30 40 50 60 70 80

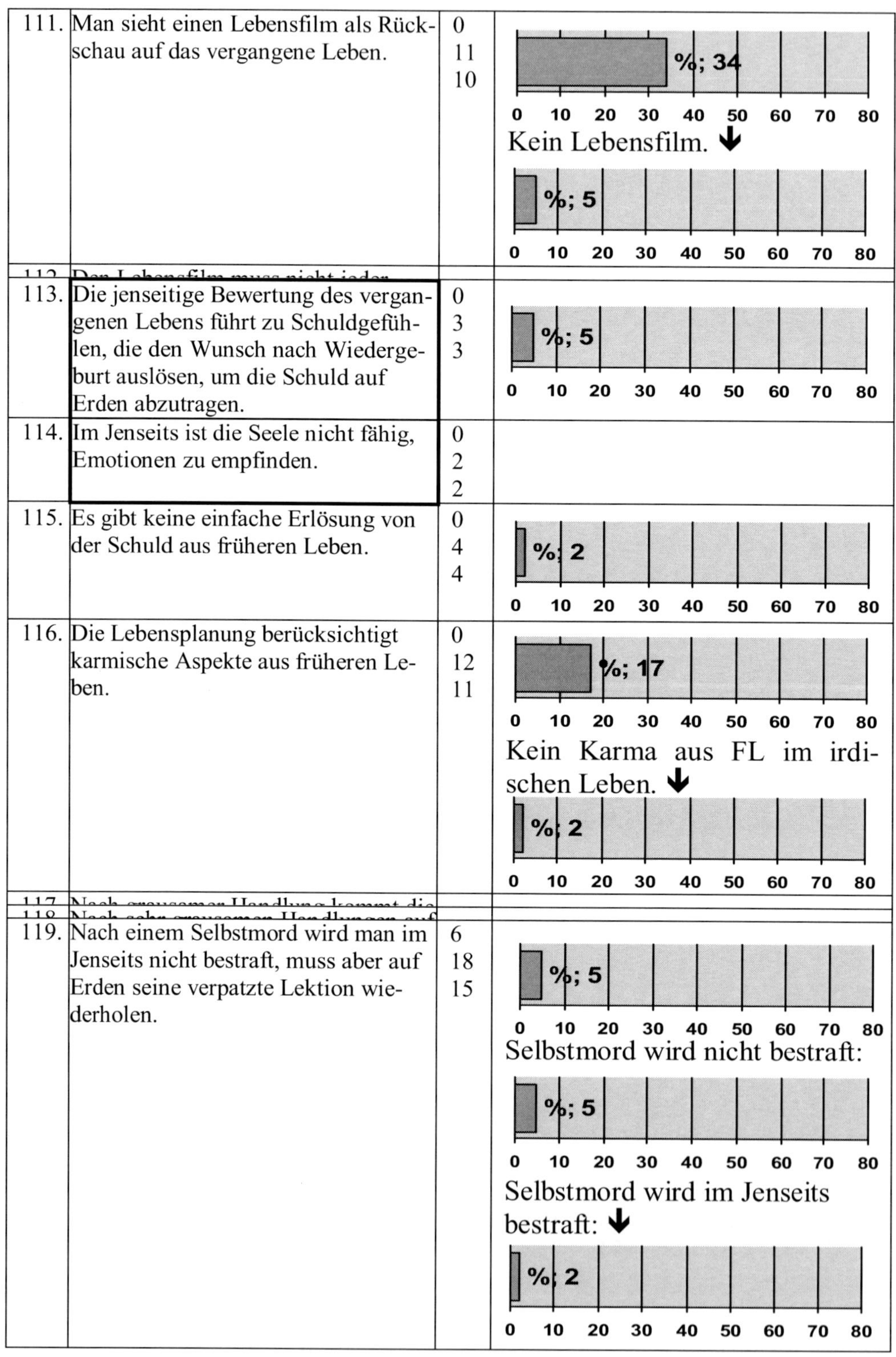

111.	Man sieht einen Lebensfilm als Rückschau auf das vergangene Leben.	0 11 10	%; 34 0 10 20 30 40 50 60 70 80 Kein Lebensfilm. ↓ %; 5 0 10 20 30 40 50 60 70 80
112.	Der Lebensfilm muss nicht jeder		
113.	Die jenseitige Bewertung des vergangenen Lebens führt zu Schuldgefühlen, die den Wunsch nach Wiedergeburt auslösen, um die Schuld auf Erden abzutragen.	0 3 3	%; 5 0 10 20 30 40 50 60 70 80
114.	Im Jenseits ist die Seele nicht fähig, Emotionen zu empfinden.	0 2 2	
115.	Es gibt keine einfache Erlösung von der Schuld aus früheren Leben.	0 4 4	%; 2 0 10 20 30 40 50 60 70 80
116.	Die Lebensplanung berücksichtigt karmische Aspekte aus früheren Leben.	0 12 11	%; 17 0 10 20 30 40 50 60 70 80 Kein Karma aus FL im irdischen Leben. ↓ %; 2 0 10 20 30 40 50 60 70 80
117.	Nach grausamer Handlung kommt die		
118.	Nach sehr grausamen Handlungen auf		
119.	Nach einem Selbstmord wird man im Jenseits nicht bestraft, muss aber auf Erden seine verpatzte Lektion wiederholen.	6 18 15	%; 5 0 10 20 30 40 50 60 70 80 Selbstmord wird nicht bestraft: %; 5 0 10 20 30 40 50 60 70 80 Selbstmord wird im Jenseits bestraft: ↓ %; 2 0 10 20 30 40 50 60 70 80

			Warnung vor Selbstmord: 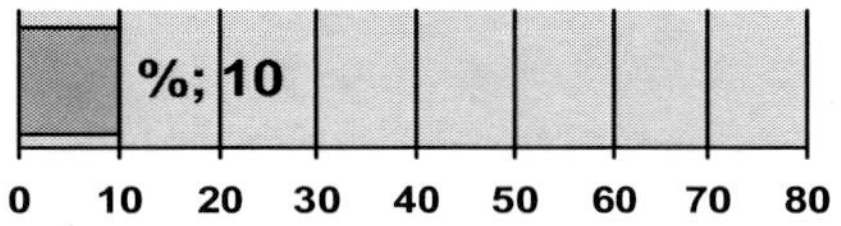 ↓
			%; 10
120.	Selbstmörder, deren Seelen erdge-		
121.	Es gibt keine Erbsünde, kein im Un-		
122.	Es gibt kein jüngstes Gericht und		
123.	Die Lebensplanung wird auf Erden nicht strikt eingehalten.	0 6 5	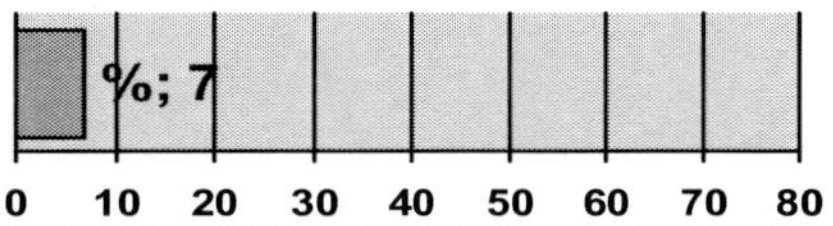 %; 7
124.	Die Seele weiß, in welche Familie bzw. Lebensumstände sie hineingeboren wird.	0 9 8	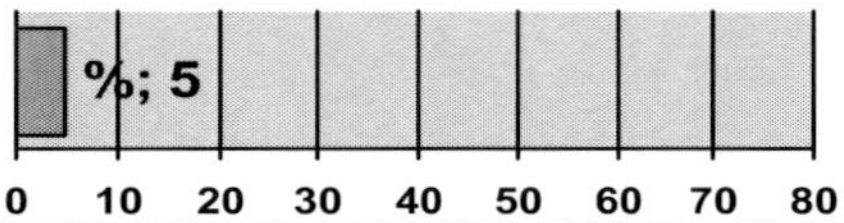 %; 5
125.	Die Seele kann den Zeitpunkt der Wiedergeburt wählen.	0 3 3	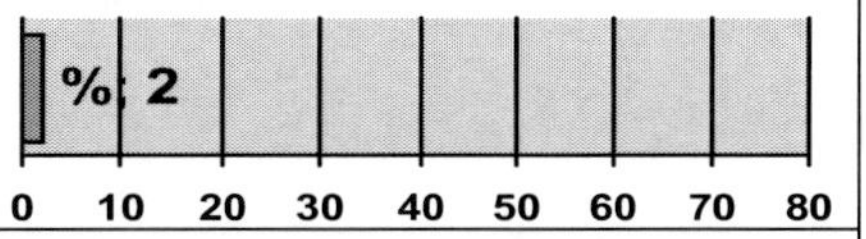 %; 2
126.	*45. Man kann den Körper, d h. das Baby bzw. die Mutter wählen.*	41 25 15	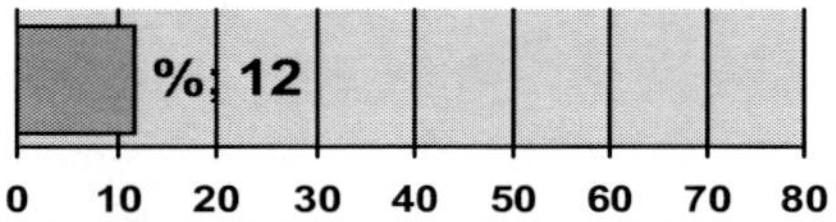 %; 12
127.	Die Seele genießt immer einen freien Willen.	0 2 2	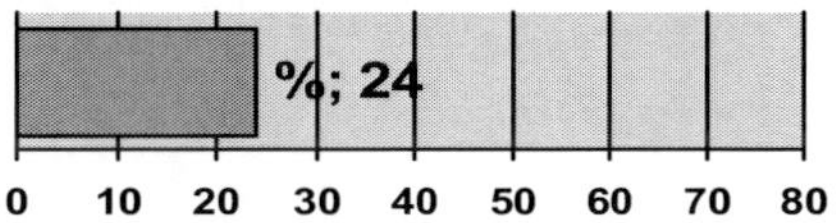 %; 24
128.	Die Seele hat keine Wahl darüber, in welchen Körper bzw. welche Familie sie wiedergeboren wird.	0 5 4	
129.	Mit den eigenen Bezugspersonen bzw. deren Seelen lebt man in mehreren Leben in unterschiedlichen Verkörperungen zusammen.	0 35 22	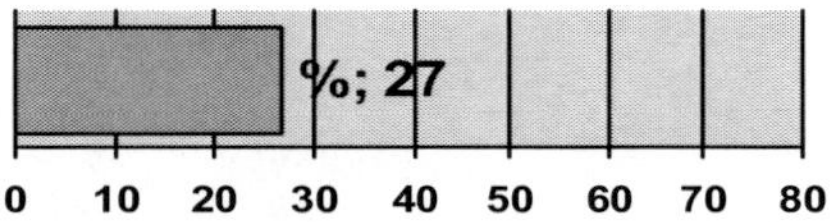 %; 27
130.	Ungelöste Probleme zwischen Lebenden führen dazu, dass deren Seelen in neuen Leben wieder zusammenkommen müssen.	0 8 8	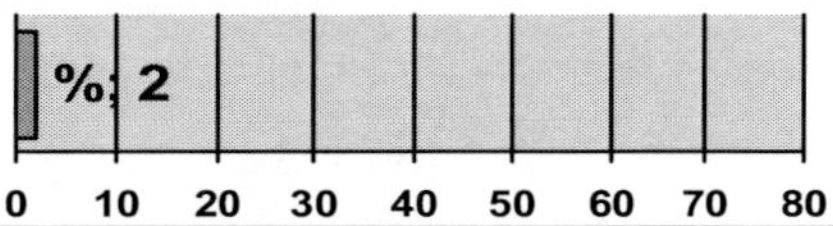 %; 2
131.	*46. Man kann sich bezüglich der Wiedergeburt beraten oder darüber verhandeln.*	16 14 9	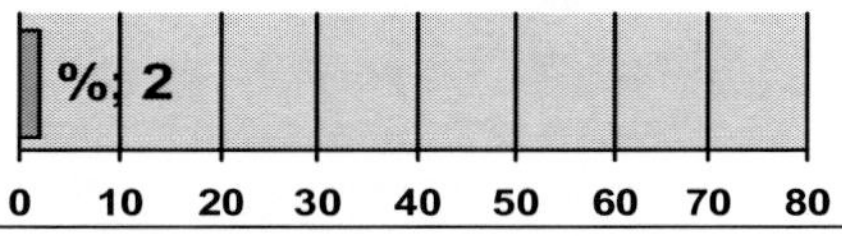 %; 2
132.	Die Seele wählt im Jenseits die Umstände für das folgende Leben bzw. stimmt entsprechenden Vorschlägen des Ältestenrats zu. Menschen sind also selbst für ihre Lebenssituation	0 16 12	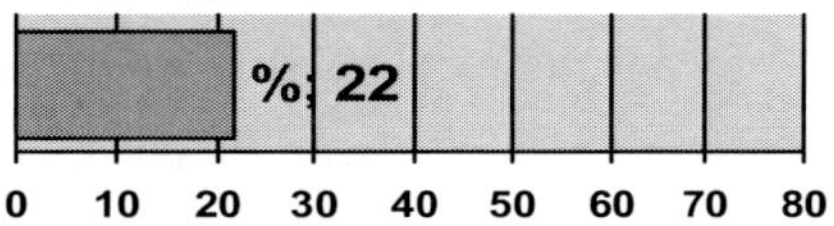 %; 22

	verantwortlich.		
133.	*55. Man sieht oder erkundet die Situation im künftigen Elternhaus noch vor der Konzeption und der Geburt.*	34 9 5	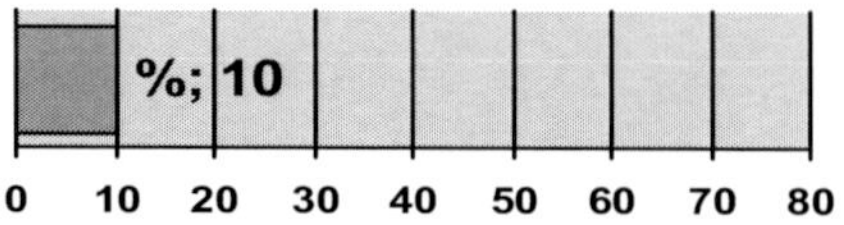%; 10 0 10 20 30 40 50 60 70 80
134.	Die Seele kann vom Jenseits aus zukünftige Lebenspartner bzw. Lebensläufe oder die Zukunft der Menschen auf der Erde schauen.	0 10 5	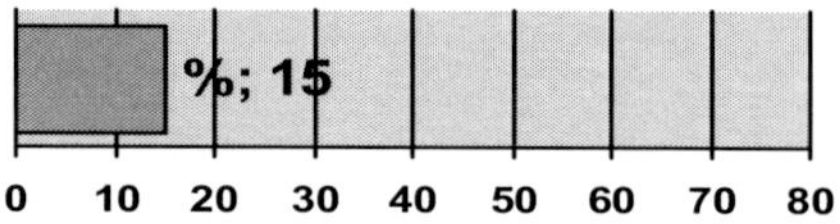%; 15 0 10 20 30 40 50 60 70 80 Zukunft ist für Jenseitige nicht bekannt: ➔ 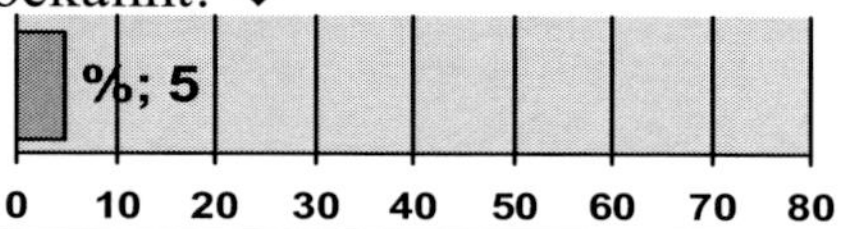%; 5 0 10 20 30 40 50 60 70 80
135.	Ereignisse auf der Erde sind geplant.	0 7 2	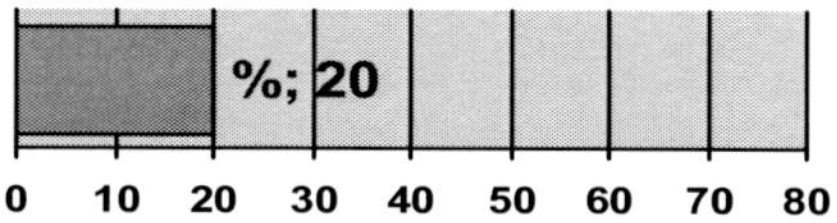%; 20 0 10 20 30 40 50 60 70 80
136.	Geplante Handlungen auf Erden werden im Jenseits geprobt.	0 3 3	
137.	Man wird in eine bestimmte Lebens		
138.	In der Seelengruppe werden Vereinbarungen für das kommende Erdenleben getroffen.	0 10 4	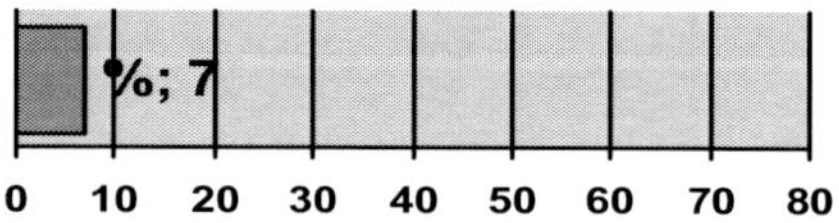%; 7 0 10 20 30 40 50 60 70 80
139.	*52. Man verabredet sich für ein Wiedersehen auf Erden.*	7 7 6	
140.	Es werden Erkennungszeichen gesetzt, damit sich verabredete Seelen im Leben finden.	0 2 1	
141.	Gruppen verabreden sich für einen gemeinsamen Tod.	0 2 2	
142.	Seelen planen auch ihren Tod.	0 5 5	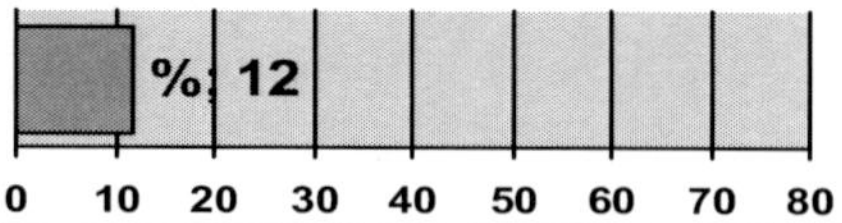%; 12 0 10 20 30 40 50 60 70 80
143.	Folgt die Seele nicht dem Rat der Weisen bezüglich des nächsten Lebens, so wird man nicht bestraft, bereut es aber später.	0 2 2	
144.	Eine nicht im Jenseits geplante		
145.	Man wird viele Male wiedergeboren.	0 11 11	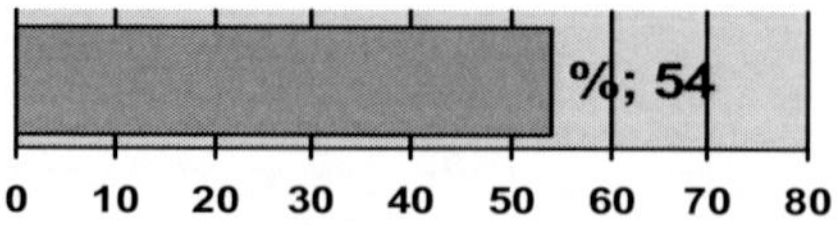%; 54 0 10 20 30 40 50 60 70 80

146.	Es gibt mehrfache Versuche der See		
147.	*49. Die Wiedergeburt stellt eine Prüfung dar.*	4 7 4	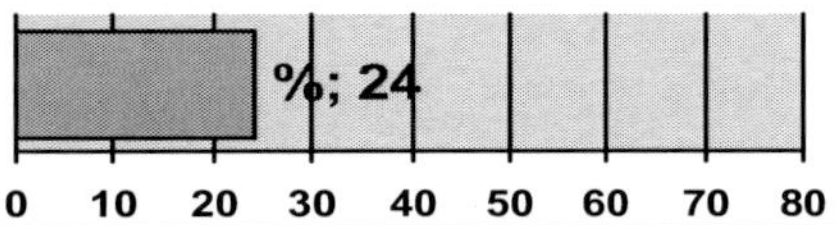%; 24 0 10 20 30 40 50 60 70 80
148.	Im Jenseits Gelerntes und der Lebensplan müssen auf der Erde praktisch umgesetzt werden, um die Seele zu vervollkommnen.	0 8 8	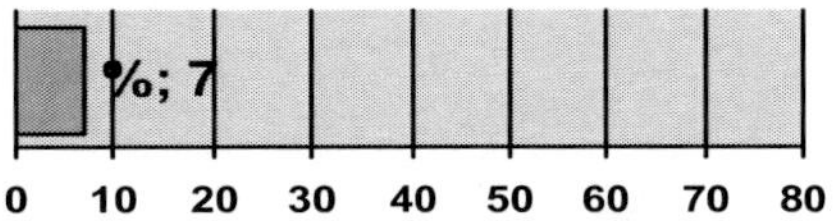%; 7 0 10 20 30 40 50 60 70 80
149.	Die Gedanken der Seele bestimmen die Realität im Jenseits.	0 9 6	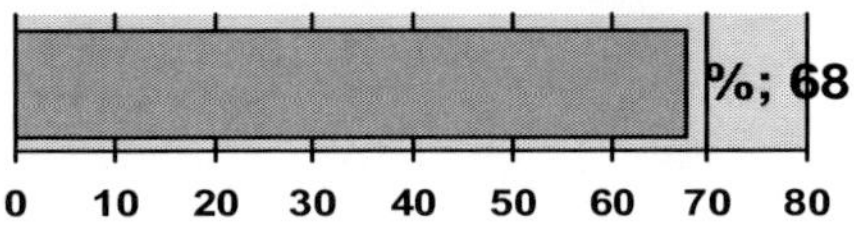%; 68 0 10 20 30 40 50 60 70 80 Wohnungen im Jenseits sind nicht durch Gedanken erzeugt:🡻 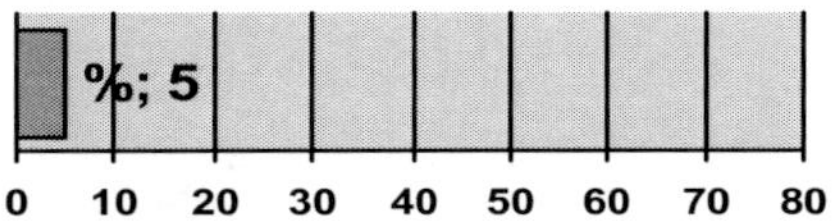%; 5 0 10 20 30 40 50 60 70 80
150.	*21. Man sieht mehrere Orte oder Perspektiven zugleich (Omnipräsenz, Rundumsicht).*	1 2 2	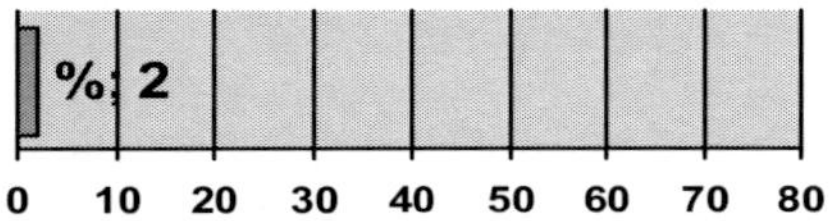%; 2 0 10 20 30 40 50 60 70 80
151.	*28. Es gibt auch Tiere im Jenseits.*	2 7 3	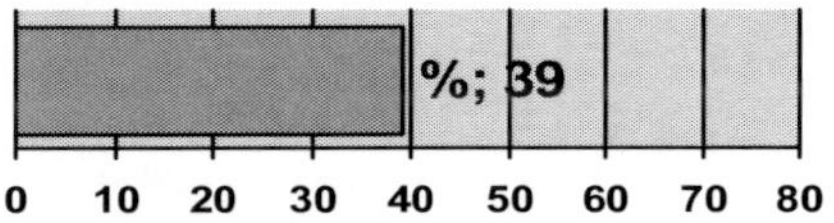%; 39 0 10 20 30 40 50 60 70 80
152.	*29. Man trägt Kleider, wie auf Erden.*	2 7 6	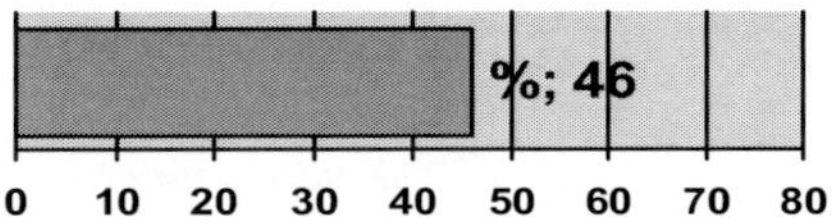%; 46 0 10 20 30 40 50 60 70 80
153.	Man trägt keine Kleider, wie auf Erden	0 1 1	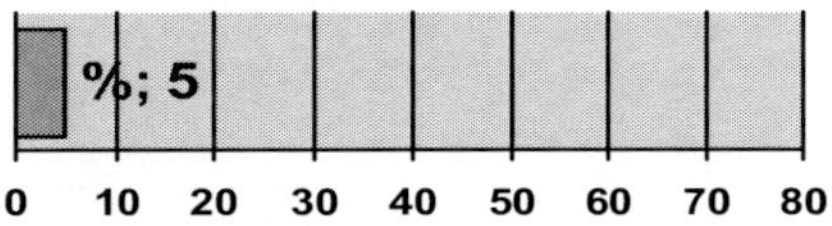%; 5 0 10 20 30 40 50 60 70 80
154.	*30. Kleider waschen ist nicht nötig.*	1 0 0	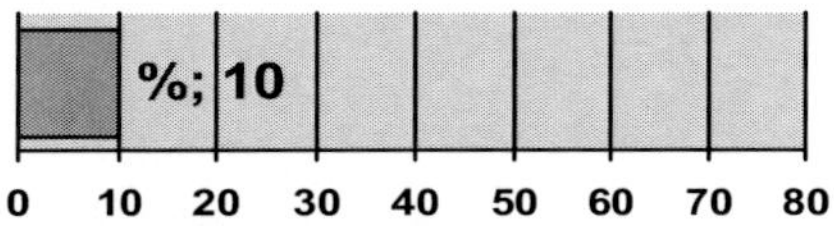%; 10 0 10 20 30 40 50 60 70 80
155.	*31. Man kann Hunger und Durst empfinden, und es gibt Essen.*	6 4 3	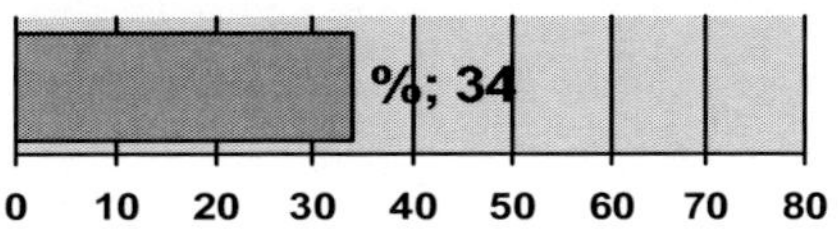%; 34 0 10 20 30 40 50 60 70 80

			Essen und Trinken dient zur Heilung: 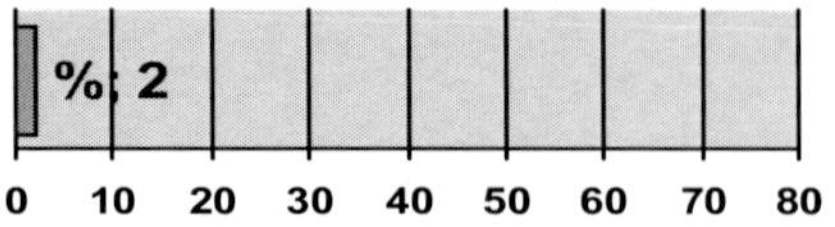 ↓ %; 2 0 10 20 30 40 50 60 70 80
156.	*32. Man muss nicht unbedingt essen.*	1 2 2	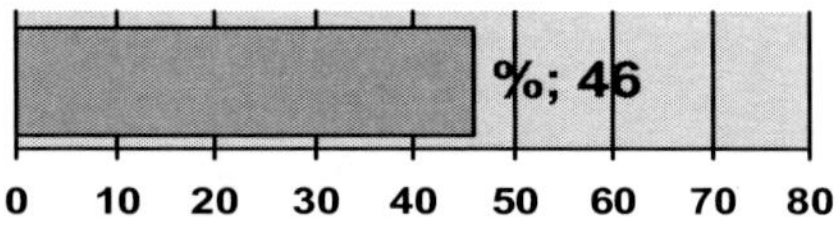 %; 46 0 10 20 30 40 50 60 70 80 Man muss essen: 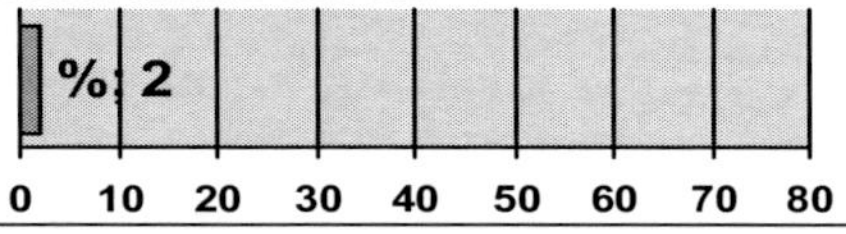 ↓ %; 2 0 10 20 30 40 50 60 70 80
157.	*33. Man kann arbeiten, spielen und Sport treiben;* malen, musizieren, tanzen, schreiben, forschen, bildhauern, etc.	3 8 5	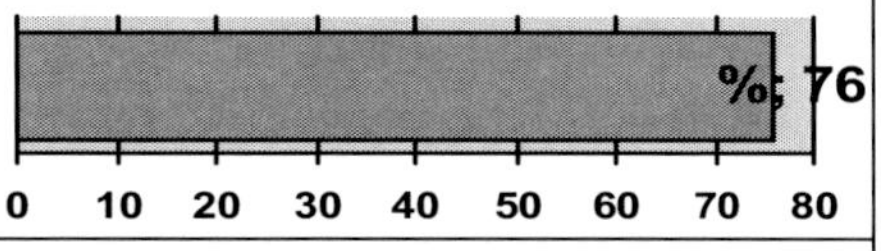 %; 76 0 10 20 30 40 50 60 70 80
158.	*34. Man muss aber nicht arbeiten, spielen oder Sport treiben.*	1 0 0	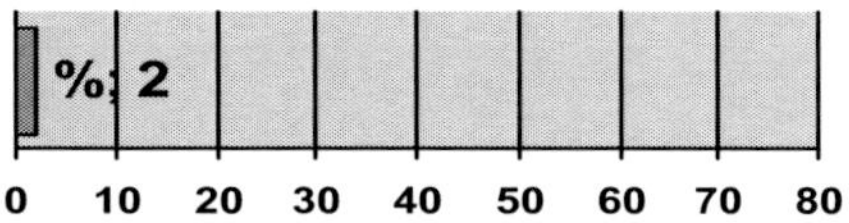 %; 2 0 10 20 30 40 50 60 70 80 Man muss arbeiten: 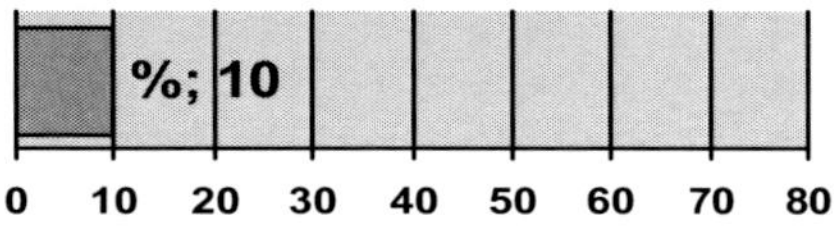 ↓ %; 10 0 10 20 30 40 50 60 70 80
159.	*35. Man kann schlafen.*	2 0 0	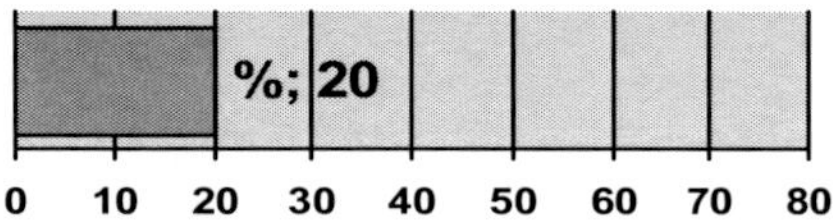 %; 20 0 10 20 30 40 50 60 70 80
160.	*36. Man muss nicht schlafen.*	1 1 1	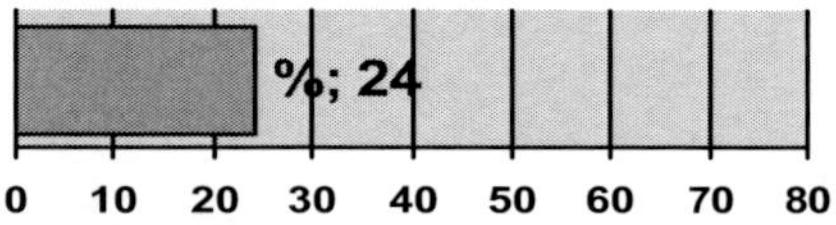 %; 24 0 10 20 30 40 50 60 70 80
161.	*37. Wasser macht nicht nass.*	1 2 2	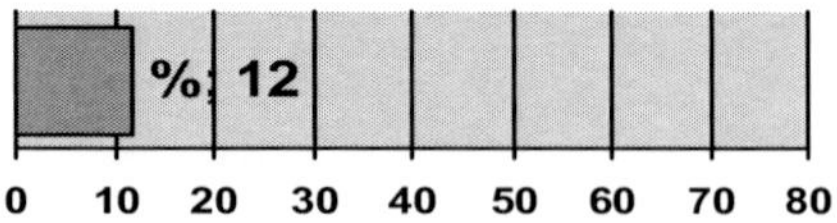 %; 12 0 10 20 30 40 50 60 70 80
162.	Ein Wassereimer leert sich nicht beim		
163.	*40. Seelen entstehen neu.*	3 2 1	

164.	Seelen gibt es schon immer.	0 1 1	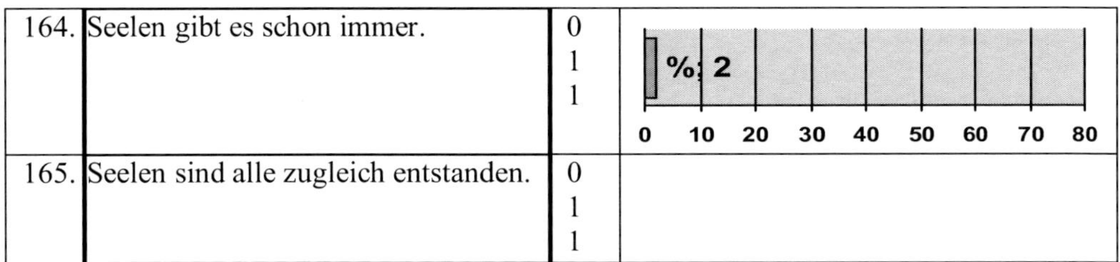
165.	Seelen sind alle zugleich entstanden.	0 1 1	

Zusatztabelle

Wichtige oder in mehreren Büchern aufgetretene mediale Aussagen, die keine Entsprechung in den oben aufgeführten Kernaussagen von Kindern und Erwachsenen haben.

Tabelle 8-4: Zusatztabelle für mediale Aussagen Verstorbener

	Aussagen Verstorbener	Anteil Bestätigung in 41 Büchern
1.	Kurz nach dem Tod weiß man nicht mehr als vor dem Tod.	%; 37 (Skala 0 10 20 30 40 50 60 70 80)
2.	Man erhält oder schafft sich eine Wohnung im Jenseits.	%; 54 (Skala 0 10 20 30 40 50 60 70 80)
3.	Es gibt Städte im Jenseits.	%; 20 (Skala 0 10 20 30 40 50 60 70 80)
4.	Irdisches Handeln muss im Jenseits bezahlt werden.	%; 39 (Skala 0 10 20 30 40 50 60 70 80)
5.	Im Jenseits gibt es Bestrafung.	%; 7 (Skala 0 10 20 30 40 50 60 70 80)
6.	Im nächsten Leben auf Erden muss man Fehlverhalten wieder gut machen.	%; 5 (Skala 0 10 20 30 40 50 60 70 80)

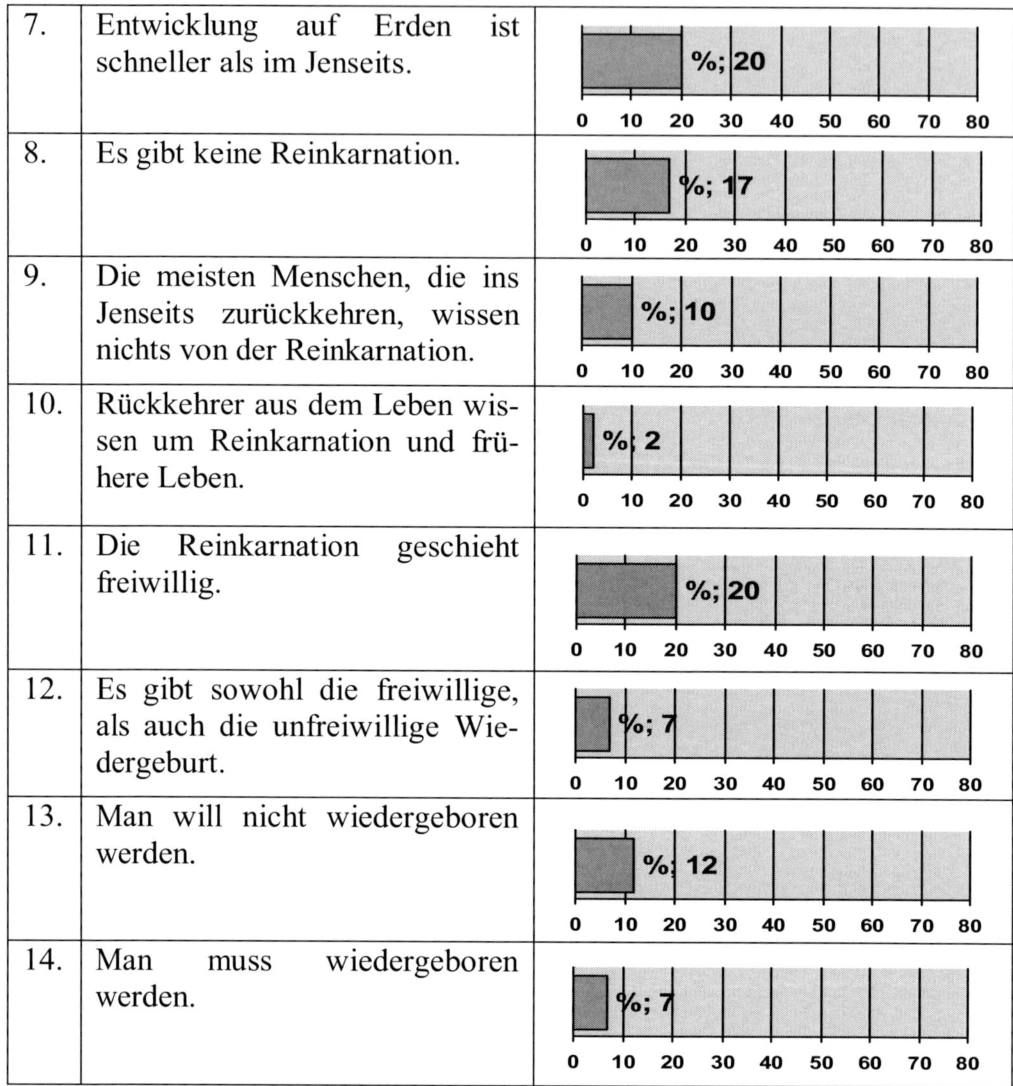

7.	Entwicklung auf Erden ist schneller als im Jenseits.	%; 20 0 10 20 30 40 50 60 70 80
8.	Es gibt keine Reinkarnation.	%; 17 0 10 20 30 40 50 60 70 80
9.	Die meisten Menschen, die ins Jenseits zurückkehren, wissen nichts von der Reinkarnation.	%; 10 0 10 20 30 40 50 60 70 80
10.	Rückkehrer aus dem Leben wissen um Reinkarnation und frühere Leben.	%; 2 0 10 20 30 40 50 60 70 80
11.	Die Reinkarnation geschieht freiwillig.	%; 20 0 10 20 30 40 50 60 70 80
12.	Es gibt sowohl die freiwillige, als auch die unfreiwillige Wiedergeburt.	%; 7 0 10 20 30 40 50 60 70 80
13.	Man will nicht wiedergeboren werden.	%; 12 0 10 20 30 40 50 60 70 80
14.	Man muss wiedergeboren werden.	%; 7 0 10 20 30 40 50 60 70 80

<u>Was lernen wir aus den drei obigen tabellarischen Gegenüberstellungen? Was fällt auf?</u>

1. Von den ersten 49 Kernaussagen, welche den Übergang ins Jenseits betreffen (bis Nr. 60), werden 44 oder 90% durch mediale Aussagen bestätigt.

2. Von den folgenden 91 Kernaussagen, welche das Dasein im Jenseits selbst betreffen (Nr. 61 bis Nr. 165), werden 80 - 1 = 79 (wegen Nr. 158) oder 87% medial bestätigt.

3. Der Mittelwert für die Bestätigung beträgt 28,7% für die ersten 49 Kernaussagen, welche den Übergang ins Jenseits betreffen (bis Nr. 60). Für die folgenden 91 Kernaussagen, welche das Dasein im Jenseits selbst betreffen (Nr. 61 bis Nr. 165), liegt er bei 23,9%. Hier könnte sich derselbe Trend zeigen, wie bei NTEs: Die Verstorbenen wissen offenbar mehr über das Sterben, als über das Leben im Jenseits.

4. Zählt man die Kernelemente, die für NTEs und mediale Mitteilungen jeweils keine Entsprechung gefunden haben (leere Zellen), so findet man für NTEs 48/140=34%, für mediale Durchgaben nur 16/140=11%. NTEs lassen also dreimal so viele Bestätigungen vermissen, wie MMVs.

5. Nur 11 der 140 Kernaussagen (8%) erhalten gegenteilige Feststellungen seitens der Medien. Dies betrifft die Nummern 8, 51, 63, 99, 100, 108, 111, 116, 119, 134, 158. Alle bis auf die Nrn. 119 und 158 sind klar in der Minderheit im Vergleich zu den Bestätigungen.

6. Ein Widerspruch ergibt sich noch aus der Zusatztabelle Tabelle 8-4 mit den dortigen Nummern 5 und 6. Wenn in Punkt 108 der Tabelle 8-3 behauptet wird, dass niemand von den Richtern im Jenseits verurteilt wird, fragt man sich, warum dann eine Bestrafung im Jenseits erfolgen soll (5) und eine Wiedergutmachung noch notwendig ist (6). Der Widerspruch löst sich auf, wenn man die oft zu lesende Interpretation annimmt, wonach nichts zu verurteilen ist, weil es nicht um ‚Bestrafung' und ‚Wiedergutmachung' geht, sondern um Lernschritte, die noch zu vollziehen sind.

7. Die Punkte 11 bis 14 der Zusatztabelle Tabelle 8-4 sagen Unterschiedliches darüber aus, ob die Wiedergeburt freiwillig oder unfreiwillig angetreten wird. Die Aussagen sind miteinander verträglich, weil es beides geben könnte – je nach Individuum. Gleichartiges fand sich schon im Kapitel 7.2.7.2.3.3 über die Wiedergeburt in Band 2b.

Weiteres zur Wiedergeburt wird im nachfolgenden Kapitel (8.4, S.360) angesprochen.

In der Literatur findet man eine Analyse medialer Mitteilungen ***(95** S. 191ff; **96)*** und auch eine mehrere Erfahrungsfelder übergreifende Betrachtung spiritueller Aussagen ***(313)***.

8.3.2. Vergleich mit Allens Untersuchung zu Sterben und Jenseits

Hier komme ich auf das eingangs erwähnte Buch von **Miles Edward Allen** zurück *(3)*. Seine Literatur überschneidet sich nur zu 14% (8/58) mit der von mir hier ausgewerteten. Seine Jenseitsaussagen, welche die von mir definierten Kernaussagen bestätigen (**Vergleich**), sind in den Tabellen in Kapitel 17.7, S. 477 eingetragen und durch Einrahmung kenntlich gemacht. Sie fließen, wie gesagt, nicht in meine Auswertung ein. Es handelt sich um 58 bestätigte Kernaussagen von insgesamt 140, was einem Prozentsatz von 41% entspricht. Das ist knapp die Hälfte der oben genannten 90% bzw. 87% für meine eigene Auswertung. Ein Grund für diesen niedrigen Wert könnte sein, dass Allens Quellen, bezogen auf die Zahl der Bücher, zu 59% älter als 1950 sind, während meine nur zu einem deutlich kleineren Anteil von 22% aus der Zeit davor stammen.

Allen betrachtet zudem Äußerungen, die in den Kernaussagen entweder nicht vorkommen oder aus Band 2b nicht übernommen wurden. Ihn interessiert z. B. die Frage, ob es Sex im Jenseits gibt und findet eine mehrheitliche Bestätigung dafür *(3, S. 116)*. Allen berichtet von erhöhtem Erinnerungsvermögen nach dem Tod bis hin zu Erinnerungen an mehrere frühere Leben *(3, S. 103-104, 121, 204)*, von der Betroffenheit über Fehler, die im zurückliegenden Leben gemacht wurden, sowie der Weigerung, sich diese einzugestehen *(3, S. 1106-107)*. Allen sagt, das Dasein im Jenseits werde als realer empfunden, als das auf der Erde *(3, S. 121-124)*; jedoch gäbe es dort keinen Schmutz, keinen Tag-Nacht-Rhythmus und ewigen Sommer (Summerland) *(3, S. 129-131)*. Allen berichtet über den Eintritt der Seele in den Körper, über Schwangerschaftsabbruch, Wiedergeburt im anderen Geschlecht, den nicht zu erwartenden Rückfall in tierische Lebensformen u.a.m. *(3, S. 176, 178, 199, 205)*.

8.3.3. Mein Resümee

Ich möchte hier darauf hinweisen, dass mir vermutlich Einiges in der Literatur entgangen ist, oder mir sogar Fehler unterlaufen sind. Dazu kommt, dass die Methode der Auswertung auf Basis von Büchern statt von Einzelfallberichten sehr grob ist.

Dennoch glaube ich, Folgendes gezeigt zu haben: Die bisher in den Bänden 1 und 2 wiedergegebenen Aussagen von Kindern und rückgeführten Erwachsenen über den Sterbeprozess und das Dasein im Jenseits werden durch mediale ‚Rückmeldungen' von Verstorbenen überzeugend unterstützt.

Auch hier stellen sich die Fragen: Warum gibt es eine überraschend gute Übereinstimmung von medialen Mitteilungen Verstorbener (MMVs) mit Jenseitsaussagen von Kindern und rückgeführten Erwachsenen? Und warum stellen Gegenaussagen nur eine kleine Minderheit dar?

Neben dem Zufall liegt es nahe, den gemeinsamen Glaubenshintergrund der Medien anzuführen. Wieso deckt er sich mit den Aussagen von NTEern, Kindern und rückgeführten Erwachsenen, die sicher einen viel breiter gestreuten Glaubenshintergrund mitbringen, d.h. mehrheitlich nicht den gleichen Glauben teilen? Könnte es nicht daher rühren, dass es eine für Jedermann ähnliche Realität des Jenseits gibt?

8.4. Bestätigen mediale Durchgaben die Reinkarnation?

Wie stark unterstützen nun die medialen Rückmeldungen Verstorbener (**MMVs**) die Vorstellung der **Reinkarnation**?

Die Antwort findet sich bereits in Kapitel 8.3.1, S. 334 in der **Kernaussage** 145, S. 352 ‚Man wird viele Male wiedergeboren'. Danach unterstützen 22 Bücher oder 54% der 41 Bücher die Reinkarnationshypothese. Das ist bereits eine absolute Mehrheit.

Um den Einwand zu beleuchten, es könne sich um eine Modeerscheinung handeln, habe ich die Entwicklung über das zurückliegende Jahrhundert untersucht. Das Ergebnis ist im folgenden Diagramm dargestellt. In einer 20-Jahre-Staffel ist die Zahl der Medien aufgetragen, die Verstorbene rückgemeldet haben, welche die Wiedergeburt als gegeben erachten. Man erkennt, dass die Idee seit dem Ersten Weltkrieg ungefähr gleichbleibend unterstützt wird. In der Zeit davor schweigen sich die Medien aus.

Diagramm: Zahl der Medien aus den 41 Büchern, die Verstorbene kommunizieren und die Reinkarnation vertreten bzw. verneinen, nach Jahrzehnten gestaffelt.

Diagramm 8-1: Zahl der Medien über Reinkarnation im 20. Jahrhundert

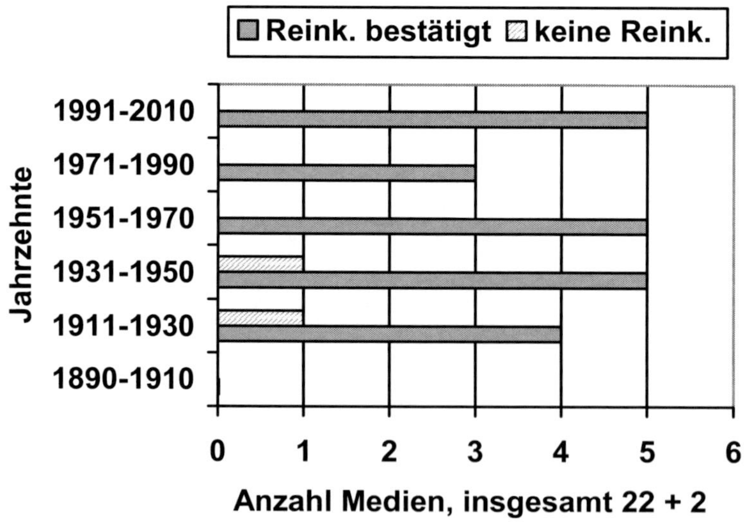

Das Diagramm weist über ein Jahrhundert nur 22 Medien aus, deren jenseitige Kommunikatoren die Reinkarnation als Tatsache anerkennen. Das passt zu den Aussagen Nr. 1, 9 und 10 der Tabelle 8-4, S. 355. Nach Nr. 1 dort weiß man kurz nach dem Tod nicht mehr als vor dem Tod. Die Mehrheit der westlichen Menschen, um die es hier geht, sind bekanntlich zu Lebzeiten nicht reinkarnationsgläubig und wissen kaum etwas über die Wiedergeburt. Diese Unwissenheit bleibt gemäß Nr. 1 nach dem Tod bestehen. So bestätigt sich auch die Aussage Nr. 9, wonach mit 10% 'die meisten Menschen, die ins Jenseits zurückkehren, nichts von der Reinkarnation wissen' und mit nur 2% nach Nr. 10 um die Wiedergeburt Bescheid wissen.

Der o.g. Bestätigung von 54% stehen unter den Rückmeldungen Verstorbener (41 Bücher) nur zwei Medien gegenüber, die behaupten, es gäbe keine Wiedergeburt (s. Diagramm 8-1 und Zusatz-Tabelle 17-7, S. 500, Zeile Nr. 8, S. 501). Den Rest bilden Medien, die sich auch heute zur Wiedergeburt nicht äußern, wie das im 19. Jahrhundert wohl noch üblich war.

Schaut man über den Kreis der 41 Bücher hinaus zu jenen, die Belehrungen (Channelings wie Greber, Kardec oder Nowotny) aussprechen, so finden sich in meinen 175 Büchern zum Thema noch 5 Medien, die die Reinkarnation ablehnen (Zusatz-Tabelle 17-7, S. 500, Zeile 8, S. 501 in Anhang 7, S. 477). Das sind immer noch wenige gegen die bisher 22 positiven Aussagen gemäß obigem Diagramm, zu denen man noch positive von Channelings rechnen muss *(* ***146****, S. 110, 111, 113, 114, 119;* ***166****, S. 291, 292;* ***226****, S. 69, 127;* ***325****, S. 41;* ***372****, S. 77, 204-207;* ***427****, S. 63, 73, 163).* Um welche Medien bzw. Literatur es sich handelt, kann in Anhang 7, S. 477 (**Tabelle 17-6** und **Tabelle 17-7**) und Anhang 8, S. 503 (**Tabelle 17-8** und **Tabelle 17-9**) nachgesehen werden.

Unter den im vorliegenden Buch dargestellten Fällen medialer Kommunikationen bestätigt der Schach-Großmeister Maróczy im Beispiel Nr. (74), Kapitel 8.2.9.1.5.3, S. 327 die Reinkarnation.

9. Vierfach bestätigte Kernaussagen über den Tod und das Jenseits

An dieser Stelle liegen nun Aussagen aus vier Erfahrungsbereichen über den Tod und das Jenseits vor:

1. Erinnerungen von Kindern nach Band 1 (CORT);
2. Aussagen von Erwachsenen nach Band 2b, die in den Tod und in die Zwischenlebenszeit zurückgeführt wurden (RÜF);
3. von Nahtoderfahrungen (NTEs);
4. von medialen Mitteilungen Verstorbener (MMVs).

Die Frage nach Gemeinsamkeiten aller vier Bereiche liegt nahe: Welche **Kernaussagen** werden von allen vieren gleichermaßen bestätigt?

Dazu muss erst definiert werden, was als Bestätigung gelten soll. Ich habe daher Schwellenwerte definiert, die von den Zahlenwerten in den Tabellen für Kernaussagen erreicht oder übertroffen werden müssen, um zur Anerkennung zu führen. Nur die Kernaussagen, welche diese Bedingung für alle vier Erfahrungsfelder gleichermaßen erfüllen, werden als ‘vierfach bestätigt’ anerkannt und in die unten folgende Ergebnistabelle übernommen.

Ermittlung der Schwellenwerte: Aus den Tabellen für die Kernaussagen der vier Erfahrungsfelder wurden (in getrennter Excel-Datei) die Mittelwerte der dortigen Zahlenwerte gebildet. Die Hälfte dieser Werte deklariere ich als ‘Schwellenwerte’.

Legende:

Spalte 1: Laufende Nummerierung

Spalte 2: Nr. der Kernaussagen aus Band 2b, wie ebenso in den Tabellen der Kapitel 7.3, S. 260 oder 8.3.1, S. 334 (Tabelle 7-3, S. 262 u. Tabelle 7-4, S. 267)

Spalte 3: Kernaussagen aus den oben für Spalte 2 genannten Tabellen

Spalte 4: Erfahrungsfeld 1: CORT, Werte aus den oben für Spalte 2 genannten Tabellen, dort in Spalte 3, Wert ‘K’

Spalte 5: Erfahrungsfeld 2: RÜF, Werte aus den oben für Spalte 2 genannten Tabellen, dort in Spalte 3, Wert ‘B’

Spalte 6: Erfahrungsfeld 3: NTEs, Werte aus den oben für Spalte 2 genannten Tabellen, dort in Spalte 4, Werte der Graphiken

Spalte 7: Erfahrungsfeld 4: MMVs, Werte aus Tabelle 8-2, S. 337 u. Tabelle 8-3, S. 344, dort in Spalte 4, Werte der Graphiken

Tabelle 9-1: Vierfach bestätigte Kernaussagen

Lfd Nr.	Nr. Band 2b etc.	**Vierfach bestätigte Kernaussagen ↓**	**1. CORT**	**2. RÜF**	**3. NTE**	**4. MMV**
		Schwellenwerte →	4	3	4	12
1	8	*9. Kurz nach dem Tod ist man (wieder) gesund und schmerzfrei.*	6	15	8	71
2	14	*3. Das Geschehen auf der Erde wird nach dem Tod (von der Seele) beobachtet.*	33	26	6	71
3	49	*7. Der Körperlose kommt nach dem Tod zu einem „Treffplatz".* Er dient meist der Erholung oder Heilung	7	7	6	27
4	52	*12. Nach dem Tod begegnet man einem alten, weisen Mann oder einem Mann in Weiß, einem König, Jesus, Engeln oder evtl. einem Gott, von dem man geführt wird.* Auch einem Geist- oder Seelenführer oder Ältestenrat begegnet man.	26	18	19	56
5	53	*13. Nach dem Tod begegnet man einer „Gestalt", die einen führt.*	6	9	8	27
6	60	*62. Die eigentliche Heimat ist die geistige Welt.* Man fühlt sich dort wieder zu Hause.	5	13	21	37
7	61	*17. Man befindet sich nach dem Tod in Räumen, schönen Landschaften.*	21	15	4	66
8	62	*19. Man bewegt sich ganz leicht mittels „Gedankenkraft" und kann fliegen.*	8	10	8	51
9	63	*20. Man verständigt sich ohne Worte telepathisch mit anderen Wesen.*	4	9	8	51
10	68	*48. Man ist oder lebt im Jenseits mit anderen zusammen in Gruppen.* Gruppenmitglieder sind etwa gleich entwickelt oder haben gemeinsame Ziele.	11	11	6	37
11	75	*26. Man erfüllt eine Aufgabe im Jenseits.*	6	7	6	41
12	82	*27. Man hat eine Aufgabe im irdischen Leben zu erfüllen*	6	9	42	12
13	83	*47. Lernen und Weiterentwicklung ist das Ziel auf Erden.*	7	14	10	32

14	92	23. *Es gibt eine hierarchische Ordnung* hinsichtlich geistiger Bewusstheit.	11	10	10	83
15	96	*24. Man fühlt sich eins mit allen anderen Wesen.* Alle sind gleich.	6	4	29	12
16	100	25. *Man hat (*im Jenseits*) kein Zeitempfinden.*	4	8	37	54
17	126	45. *Man kann den Körper, d.h. das Baby bzw. die Mutter wählen.*	41	15	10	12
		Mittelwerte (Summen /17) → liegen deutlich über den Schwellenwerten	208 /17 =12	200 /17 =12	238 /17 =14	740 /17 =44

Bestätigungen der Kernaussagen durch die ITK (Kapitel 14.5, S. 439) sind so spärlich, dass sie hier unberücksichtigt bleiben.

Meine Beurteilung

Man missverstehe die vierfache Bestätigung nicht als ‚Beweis' für die Richtigkeit der vierfach geprüften Aussagen, wo nur eine erhöhte Glaubwürdigkeit erreicht wird.

Skeptiker werden das Ergebnis als ‚kulturell bedingt' abtun. Die Aussagen stammen aber nicht nur aus einem einzigen Kulturkreis. CORT stammen mehrheitlich aus Südostasien oder dem nahen Osten, während die übrigen Erfahrungsfelder ihre Aussagen mehrheitlich vom westlichen Kulturkreis beziehen. Dass der kulturelle Hintergrund keine entscheidende Rolle spielt, zeigten schon Osis und Haraldsson mit ihrer die USA und Indien vergleichenden Studie *(**335**, S. 217, 218, 237)*.

Ein anderer Einwand könnte darin bestehen, die vierfach geprüften Aussagen als die typischen Wunschvorstellungen von Menschen über ihren Tod aufzufassen statt eine allgemeingültige Realität anzuerkennen. Ich kenne keine Studie, welche die Wunschvorstellungen interkulturell vergleichend erhebt. Ich vermute aber, dass sie genauso unterschiedlich ausfallen wie die religiös vorgegebenen Szenarien über Sterben, Tod und Jenseits. Wunschvorstellungen können m.M. nach die Einheitlichkeit der Aussagen nicht begründen.

10. Träume, Überleben des Todes und Reinkarnation

Träume sind so alt wie es Menschen gibt. Das Thema hat dennoch ein Recht, in die Nach-Mattiesen-Zeit (ab 1940) aufgenommen zu werden, weil es neue Fälle gibt, die ein Schlaglicht auf die Frage nach dem Überleben des Todes und die Wiedergeburt werfen, wie z.B. den Fall Nr. (56), S. 242. Siehe auch Kapitel 10.1, S. 365 und Kapitel 11.2, S. 378.

Wir können hier natürlich nicht das ganze Thema ‚Träume' aufrollen und werden dementsprechend keine theoretischen Überlegungen anstellen, sondern anhand von nur 4 Beispielen das Thema illustrieren.

Mediale Kommunikationen mit Verstorbenen erwähnen immer wieder, die Seele ginge im Schlaf auf Wanderschaft, nicht nur in irdische Gefielde, sondern auch ins Immaterielle. Zahlreiche Beispiele, in denen Verstorbene auftreten und sprechen, scheinen dies zu belegen. Ein erstes Beispiel findet sich hier im Buch: Nr. (54), S. 239. Allerdings können diese Fälle in der Regel auch psychologisch oder mittels Super-ASW erklärt werden. Zwei Beispiele finden sich im nächsten Kapitel (10.1, S. 365).

Daneben gibt es aber auch Träume, die nachgeprüft wurden und Erinnerungen an frühere Leben darzustellen scheinen. Beispiele dazu finden sich im übernächsten Kapitel (10.2, S. 368).

10.1. Träume bestätigen das Überleben des Todes

Zuerst ein Beispiel, das andeutet, dass Verstorbene die irdische Situation nach ihrem Tod weiter beobachten können und ein Interesse am Geschehen zeigen.

10.1.1. Bsp. (75) Fehler beim Setzen eines Grabsteins (Verstorbener erscheint und spricht im Traum)

(75) Kelly ist Krankenschwester im Südwesten der USA. Sie erhielt detaillierte Informationen von ihrem verstorbenen 2-jährigen Sohn Cody. Er hatte sich zwei Wochen zuvor beim Spielen mit der Pistole seines Vaters schwer verwundet und war an der Schussverletzung gestorben *(**176**, S. 229-230)*:

*„Cody erschien mir im **Traum**. Er war glücklich und gesund. Ich sah ihn als Kind, aber er kam mir älter vor. Er sprach mit mir, als sei er ein Erwachsener."*

Er sagte, etwas sei mit seinem **Grabstein** nicht in Ordnung. Dieser stünde auf dem Grab eines kleinen Mädchens, das zwei Wochen vor ihm gestorben sei. Und er sagte, sein Name sei falsch herum geschrieben.

Nachprüfung

„Am nächsten Tag fuhr ich zum Friedhof und sah, dass auf Codys Grab kein Grabstein stand. Ich rief den Steinmetzbetrieb an, um zu erfragen, wann sie den Stein auf das Grab meines Sohnes stellen würden. Sie sagten, er sei schon vor zwei Wochen hingebracht worden. Daraufhin ging ich zum Friedhofswärter und fragte ihn, wo die neuesten Grabsteine stünden. Er brachte mich zu einem Grab, und dort war Codys Stein.

Auf meine Frage, wer dort begraben sei, schaute er auf seiner Liste nach und sagte, dort liege ein kleines Mädchen, das am 1. Oktober gestorben sei. Cody war am 14. Oktober gestorben.

Alle anderen Grabsteine zeigten in eine Richtung, nur Codys war umgedreht und zeigte in die andere. Für Cody muss das ausgesehen haben, als sei sein Name falsch herum geschrieben!

Ein paar Tage später kam der Steinmetz zum Friedhof und stellte den Stein auf Codys Grab."

Meine Beurteilung

Fälle, in denen Fehler (Kap. 8.2.5.1, S. 312), Missverständnisse (Kap. 8.1.1, S. 280, Kakie) oder Zweideutigkeiten (Kap. 8.2.6.1, S. 313) eine Rolle spielen, sind oft hilfreich für die Interpretation. Offensichtlich wusste hier niemand etwas von dem Fehler. Daher kann Kelly ihr Wissen nicht telepathisch aufgenommen haben. Man muss Hellsehen seitens Kelly annehmen. Dabei fragt es sich aber, warum nicht das blanke Faktum des vergessenen Grabsteins erkannt wird, anstatt eine Geschichte mit einer Kommunikation mit dem Jenseits darum herum zu konstruieren. Die Geschichte so zu akzeptieren, wie sie gemeint ist, erscheint mir die näherliegende Erklärung zu sein. Aber das ist eine subjektive Entscheidung.

Im folgenden Beispiel kommen Vorahnungen, Traumkontakte mit Verstorbenen und die vorgeburtliche Planung eines gemeinsamen Todes zusammen.

10.1.2. Bsp. (76) Gemeinsam geplanter Tod (Verstorbener erscheint und spricht im Traum)

(76) Eine Schülerin der amerikanischen Highschool erzählte ihren Eltern, dass sie einen Tag vor ihrem Schulabschluss in einem gewaltigen Verkehrsunfall sterben werde. Sie sagte, sie wisse das einfach (*21, S. 13-14*).

Diese erschütternde Mitteilung machte sie ungefähr ein Jahr vor dem Schulende und versetzte ihre Eltern damit verständlicherweise in Panik. Diese versuchten alles nur Erdenkliche, um ihre Tochter von dem vermeintlichen psychischen Problem zu befreien. Es ist hier unerheblich, diese Maßnahmen genauer zu schildern. Die Schülerin blieb trotz aller Versuche bei ihrer obigen Aussage.

Am Tag vor ihrer Abschlussprüfung saßen die Schülerin und deren Freundin in einem Auto, das vor einer roten Ampel halten musste. Ein anderes Auto raste heran, geriet außer Kontrolle und krachte direkt in das der beiden jungen Frauen. Beide waren sofort tot. Niemand anderes wurde verletzt. Die Untersuchung nach dem Unfall brachte eine Notiz der Schülerin zutage, in der sie ihr Wissen bestätigt, zusammen mit ihrer besten Freundin zur gleichen Zeit beim gleichen Unfall getötet zu werden. Die Freundin hatte zwar nichts Derartiges verlauten lassen, zeigte aber typisches Verhalten für jemanden, der weiß, dass der Tod bald bevorsteht.

Ein Jahr nach dem Unfall hatten beide Mütter der Getöteten je einen **Traum**, in dem die jeweilige Tochter auftrat, um zu erklären, warum sie beide gestorben sind. Diese Träume waren so lebendig, dass weder die eine, noch die andere Mutter das Erlebnis für sich behalten konnte. Beide kontaktierten jeweils einen Astrologen, der wiederum einen Psychologen und Frau Atwater einschaltete. Es ging darum, die schwere Situation zu verarbeiten, in der sich beide Mütter bzw. Elternpaare befanden.

Als beide Elternpaare, der Psychologe und Frau Atwater zum ersten Mal zusammen saßen, beschrieben die Mütter ihre Träume, die dem jeweilig anderen Ehepaar noch nicht bekannt waren. Die Töchter hatten ihre Mütter in derselben Nacht zu etwa gleicher Uhrzeit im Traum ‚besucht' und die gleiche Erklärung abgegeben: Derzufolge hatten beide **vor der Geburt beschlossen, gemeinsam einen gewaltsamen Tod zu sterben**. Die eine Seele wollte damit der anderen helfen, eine fortbestehende Angst vor gewaltsamem Tod zu überwinden. Dies war angeblich der einzige Grund, warum die beiden geboren werden wollten.

Diese Erkenntnis half den beiden Eltern sehr, ihre Trauer zu verarbeiten.

Meine Beurteilung

Die Gleichzeitig- und Gleichartigkeit der beiden Träume zweier Personen machen diesen Erfahrungsbericht zu etwas Besonderem. Wenn es ein Leben oder Bewusstsein nach dem Tod gibt, dann ist es hier leicht vorstellbar, dass sich die Seelen der beiden Freundinnen verabredet haben können, den ‚Besuch' bei den Müttern gleichzeitig zu unternehmen. Von erwachsenen Klienten, die in ihre **Zwischenlebenszeit** zurückgeführt worden sind, gibt es entsprechende Aussagen über Verabredungen zu einem gemeinsamen Tod (***189**, S. 618, bzw. Tabelle 8-3, S. 344 Punkte 141 u. 142, S. 352*). Kleine Kinder sagen uns, dass die Seele einen Einfluss auf das kommende Leben nehmen kann, sich auch mit anderen verabredet und Träume senden kann (***186** S. 242-243, Punkte 46, 48, 52, 58*). Die vorliegende Geschichte passt gut dazu.

Eine animistische Erklärung durch die paranormalen Fähigkeiten der beteiligten lebenden Menschen kann man zwar konstruieren. Sie fällt allerdings abenteuerlich kompliziert aus. Leider bekommen wir nichts zur Einstellung der beiden Elternpaare mitgeteilt, was ihren Glauben über ein Leben nach dem Tod anbelangt. Es ist jedoch unwahrscheinlich, dass beide an die Planbarkeit von Unfällen glaubten. Die beiden Träume sind daher nicht psychologisch als Glaubenserwartung zu erklären. Es sei daran erinnert, dass die Planung des Todes eines der Kernelemente darstellt (Nr. 142 in Kapitel 7.3, S. 260, Tabelle 7-4, S. 267 und/oder 8.3.1, S. 334, Tabelle 8-3, S. 344)

Träume, die Kommunikationen mit Verstorbenen beinhalten und so auf ein Weiterleben nach dem Tod hinweisen, spielten schon in vorangegangenen Beispielen eine Rolle: Bsp. (36), S. 194; (54), S. 239; (56), S. 242: (58), S. 246; (67), S. 297. Weitere Beispiele sind auf meiner Homepage abrufbar (www.reinkarnation.de) und in der Literatur zu finden (***301**, S. 250-251*).

10.2. Träume erlauben, frühere Leben zu rekonstruieren

Nun folgen zwei Beispiele von Träumen, die Erinnerungen an ein früheres Leben zeigen, welche anschließend verifiziert werden konnten. Im ersten der Beispiele geht es um ein kleines Kind und dessen wiederkehrende Träume.

10.2.1. Bsp. (77) Der kleine Nachtwandler (Im Traum Erinnerung ans frühere Leben)

(77) Prakash, ein indischer Junge, schrie als Säugling mehr als andere Kinder. Als er 1956 ca. 4 ½ Jahre alt war begannen seine **nächtlichen Erinnerungen** an ein früheres Leben. Vier oder fünf Tage hintereinander wachte er mitten in der Nacht auf und lief auf die Straße. Wenn man ihn dann ansprach, sagte er – hier zusammengefasst – er gehöre nach Kosi Kalan, er heiße Nirmal, sein Vater sei Bholanath und er wolle zu seinem alten Haus gehen. Danach versuchte er noch einen Monat lang in größer werdenden Abständen nachts von zu Hause wegzulaufen *(**186**, Kapitel 5.4.2, Bsp. 3, S. 172; **444**, S. 35)*.

Nachprüfung

Prakash bedrängte seine Eltern so stark, ihn nach Kosi Kalan zu bringen, bis diese nachgaben, als er ca. 5 Jahre alt war. Ein Onkel bestieg mit ihm einen Bus nach Mathura, statt Kosi Kalan. Aber Prakash bemerkte das noch rechtzeitig und sie stiegen um. In Kosi Kalan fand Prakash aber nicht zu seiner früheren Familie, so dass sich der Fall hier noch nicht löste. Seine Eltern setzten Prakash auf eine Töpferscheibe, um ihn herumzuwirbeln, weil sie meinten, ihren Sohn so von seinen Erinnerungen abbringen zu können. Da das nicht half, schlugen sie ihn sogar. Prakash sprach nun wenigstens nicht mehr über ein früheres Leben.

Als Prakash 10 Jahre alt war, löste sich der Fall doch noch, als Prakash seinem Vater aus dem früheren Leben zufällig begegnete und ihn erkannte. Als er nun zum 2. Mal nach Kosi Kalan kam, konnte er den Weg von der Busstation zu seinem früheren Zuhause zeigen und ließ sich dabei auch nicht in die Irre führen.

Von seinen 34 Aussagen und Wiedererkennungen waren alle richtig, bis auf eine, die nur teilweise richtig war. Die beiden Familien wohnten 9 km auseinander und hatten vor der Auflösung des Falls keine Beziehungen zueinander.

Als zweites Beispiel folgt nun der Fall einer erwachsenen Frau, die ihr früheres Leben alleine auf Grund ihrer Träume wiederfinden konnte.

10.2.2. Bsp. (78) Die Traumfamilie gab es wirklich (Im Traum Erinnerung ans frühere Leben)

(78) Ab dem Jahr 1999, als **Angela Grubbs**, 28-jährige Rechtsanwältin aus Georgia, USA, ihre erste Schwangerschaft erlebte, hatte sie über 3 Jahre hinweg eine Serie von sehr lebhaften **Träumen**, in denen alle Sinne beteiligt waren und die jeweils auch über den Tag präsent blieben. Erst nach 2 Jahren sah sie einen Zusammenhang zwischen den Träumen, weil sie in ihnen immer von denselben Personen umgeben war, hauptsächlich von ihrem Traum-Ehemann, den sie sehr liebte und versorgte ***(174; 175)***.

In den Träumen sah sie sich als Akteurin, nicht als Beobachterin von außen. Die dabei aufgetretenen Emotionen und die Informationen, die sie in ihren Träumen erhielt, empfand sie als zutiefst zu ihr selbst gehörig und real. Erst als sie im Traum in einen Spiegel sah, bemerkte sie, dass sie ganz anders aussah als heute. Sie bekam Angst, sie könne eine multiple Persönlichkeit entwickeln und betete darum, von solchen Träumen verschont zu bleiben.

1. Nachprüfung

Obwohl sie in einer baptistischen Familie aufgewachsen war, in der Reinkarnation keine Rolle spielte, kam ihr die Idee, nachzuforschen, ob die Trauminhalte irgendeine reale Basis haben könnten. Wenn ja, wäre sie geistig gesund, andernfalls wollte sie einen Psychologen aufsuchen. Spielerisch gab sie den Namen, den sie im Traum trug und die ungefähre Jahreszahl im Internet in eine Suchmaschine ein und wurde sofort fündig. Um sich vor Streichen, die ihr ihre eigene Psyche spielen könnte zu schützen, sagte ihr der juristische Sachverstand nun, vor weiteren Nachforschungen ihre Träume aufzuschreiben und den Text bei Vertrauenspersonen niederzulegen, um nachträgliche Manipulationen ausschließen zu können. Damit erhält dieser Fall einen besonderen Wert. Die bisherigen zahlreichen Berichte über Träume von früheren Leben sind zwar sehr beeindruckend, aber völlig unzureichend dokumentiert und nachgeprüft.

Die Träume

Nun zu dem wichtigsten der ca. 8 Träume, dem Parktraum. Frau Angela Grubbs legte folgende Beschreibung nieder:

„Ich bin in einem Park. Es ist so herrlich und friedvoll. Ich sitze im Gras auf einer Decke, obwohl ich mir bewusst bin, dass es auch Bänke gibt. Ich kümmere mich nicht darum; ich möchte auf der Erde sitzen. Ich trage ein langes Kleid und sitze auf der Seite, auf den linken Arm gestützt. Hinter mir und zu meiner Rechten windet sich ein Parkweg. Der Park ist gut gepflegt und groß. Der gewundene Weg im Park verschwindet hinter einem großen Busch zu meiner Rechten. Vor mir spielt ein kleines Mädchen im Gras. Sie ist im Kleinkindalter. Sie beugt sich vor, um das Gras zu untersuchen. Ich weiß, dass sie meine Tochter ist. Hinter ihr ist ein schwarzer Eisenzaun. Auf der anderen Seite des Zauns ist eine Straße mit Häusern, die zum Park schauen. Ich kann das Gras riechen und die Vögel zwitschern hören. Ich warte darauf, dass mein Mann von der Arbeit zu uns hierher kommt.

Ich schau nach rechts und fühle mich freudig erregt, als ich jemanden auf dem Weg hinter dem Busch hervorkommen sehe. Es ist mein Ehemann. Ich rufe meine Tochter. Ich höre, wie ich sage ‚Greta'. Beim Aufstehen spüre ich, dass ich schwanger bin.

*Ich gerate in Panik. In diesem Moment wird mir der Unterschied zwischen der Realität und diesem Traum bewusst. Ich werde ärgerlich und frage mich: ‚Wie heiße ich eigentlich?'. Sehr klar höre ich bzw. weiß ich, dass mein Name ‚**Francine Donovan**' ist. Während des Aufwachens schaue ich noch mal zu meinem Mann, wie er den Weg entlang kommt. Er lächelt und kommt mir entgegen. Ich beende diesen Traum. ‚Wie heißt er?' Ich höre ‚**Klair**'. Nun wache ich ganz auf und schreibe die Namen auf."*

Von den anderen Träumen seien hier nur die wichtigsten Aussagen erwähnt:

Sie war damals katholisch. Ihre eigene Familie war von niedrigerem Stand als die ihres Mannes. Er war älter und ernster als sie.

Als sie sich im Traum in einem Spiegel sieht, bemerkt sie, dass sie größer und schlanker ist als heute und dunkles langes Haar hat.

Ihre Hochzeitsreise ging mit dem Zug in ein wunderschönes Hotel. Dies war möglich und so arrangiert worden, weil die Familie ihres Mannes im Hotelgeschäft engagiert war.

Zu Beginn ihrer Ehe haben sie ein gebrauchtes Haus mit Erdgeschoss und erstem Stock gekauft, dessen Raumaufteilung sie beschreiben kann. Es liegt nahe dem Park.

Sie kann den Aufbau der Kirche beschreiben, in der sie geheiratet haben.

Sie kann die Küche beschreiben, in der sie vor der Hochzeit mit ihren Schwestern gearbeitet hat.

Sie berichtet von einem Besuch mit ihrem Mann in New Orleans.

2. Nachprüfung

Im Internet hatte Fr. Angela Grubbs gefunden, dass es tatsächlich eine Familie gab, in der die Frau mit dem Mädchennamen ‚**Francine Donovan**' hieß und der Mann Augustine Klair Weitzel. Später konnte man aus der Grabinschrift schließen, dass er tatsächlich mit dem 2. Namen ‚**Klair**' gerufen wurde. Diese Familie hatte **eine Tochter**, was mit der Traumerinnerung harmoniert und einen 2 Jahre jüngeren **Sohn**, der im Frühsommer geboren war, was zur Erinnerung an den Aufenthalt im Park und die dort gefühlte Schwangerschaft passt. Die Genealogie der früheren Familie von Frau Grubbs ist in Abbildung 4, S. 544 dargestellt.

Durch Dokumente ist belegt: Die Familie war **katholisch;** der **Mann 8 Jahre älter** als die Frau. Auch das entspricht den Trauminhalten.

Ein **Onkel** des Mannes war tatsächlich **Hotelbesitzer,** wie geträumt. Die Hochzeitsreise könnte sein Hochzeitsgeschenk gewesen sein.

Die genealogischen Daten weisen aus, dass die Hochzeit im April 1919 stattfand und die Ehe knapp 4 Jahre später durch den Tod der dann nur 28 Jahre alten Frau endete. Diese Familie lebte damals in der Stadt Lexington in Kentucky, USA, weit weg von der heutigen Heimat von Frau Grubbs in Georgia.

Francine war gelernte Krankenschwester, ihr Vater Bahnarbeiter. Klair war Schankkellner und Verkäufer in einem Lebensmittelgeschäft. Der reiche Onkel war, abgesehen von seinem Hotelbesitz, noch demokratischer Abgeordneter und damit stadtbekannt. Dies hat sicher den sozialen Status von Klair angehoben, so dass Francine das Gefühl haben konnte, **in bessere Kreise geheiratet zu haben**. Es kann auch vermutet werden, dass der Onkel beim Kauf des Hauses finanziell geholfen hat, so dass erklärlich wird, wie der Ehemann als einfacher Verkäufer sich ein solches Haus leisten konnte.

Auf der Suche nach dem Haus der früheren Familie stößt Fr. Grubbs in Lexington zweimal auf Anwesen, die nicht ihrer Erinnerung entsprechen. Es lässt sich nachweisen, dass die Hinweise auf diese 2 Häuser tatsächlich falsch waren. Schließlich findet Fr. Grubbs eine Urkunde, die bestätigt, dass Klair Weitzel **1919 nach der Hochzeit einen 2-stöckigen Altbau nahe des Woodlandpark gekauft hat.** Leider steht das Gebäude heute nicht mehr, so dass nicht mehr überprüft werden kann, ob die geträumten Erinnerungen an die Raumaufteilung wirklich diesem Haus entsprechen. Allerdings decken sich der **Haustyp, der Kauf an sich, der Zeitpunkt des Kaufes und die relative Lage zum Park** mit den Erkenntnissen aus dem Traum.

Der Park ist laut Traum von Straßen umgeben und grenzt an Wohnhäuser im Victorianischen Stil, hat gewundene Laufwege und ist gut gepflegt. Der heutige **Woodlandpark** entspricht dem.

Die Erinnerung an das Kartoffelschälen in einer Küche des Elternhauses mit mehreren Frauen kann auch gut stimmen, denn Francine hatte noch 4 Schwestern und die Familie war nicht so begütert, dass sie sich Bedienstete hätte leisten können. Das Elternhaus steht heute auch nicht mehr, befand sich aber in einer Siedlung mit mehreren gleichartigen Häusern, deren Fenster der Erinnerung aus dem Traum entsprechen. Genaueres konnte Fr. Grubbs aus Zeitgründen noch nicht ermitteln.

Die Hochzeitskirche ist bekannt und steht heute noch. Allerdings wurde sie umgebaut. Fr. Grubbs erkundigte sich nach dem früheren Zustand und erklärt, dass dieser ihrer Erinnerung voll entspricht.

Definitiv falsch ist der Name der Tochter. Er war nicht ‚Greta', sondern ‚**Margaret Elizabeth**'. Allerdings gibt es 4 Frauen mit dem Namen ‚Margaret' in der Familie: Großmutter, Mutter und Schwester, so dass möglicherweise der ähnlich klingende Kosename zur eindeutigen Unterscheidung gewählt wurde. Da die Tochter nicht mehr lebt und keine Nachkommen hinterlassen hat, ist das kaum mehr nachprüfbar.

Aus einer Todesanzeige geht hervor, dass Francine bei der Extraktion eines Zahnes unter Betäubung mit Gas gestorben ist. Dazu gibt es aber keine Erinnerung.

Bemerkenswert ist noch, dass der Traum von der Hochzeitsreise ein wiederkehrender Traum seit den Kindheitstagen ist.

Außerdem zeigte Angela als 7-jähriges Mädchen eine ganz **ungewöhnliche Kenntnis** von Autos aus der Zeit vor 1923. Auf einer Oldtimerausstellung erkennt sie auch auf Entfernung Marke und Baujahr richtig. Besonders haben es ihr die Modelle angetan, die hinten einen ausklappbaren offenen Sitz haben, weil dort die Brautleute zu sitzen pflegten.

10.3. Für Fachleute: Weitere Reinkarnationsträume

Beispiele, die auf **Träumen** basieren und eine Erklärung durch **Reinkarnation** nahelegen, gibt es hier im Buch (Nr. (4), S. 71; (80), S. 378; (82), S. 412; (84), S. 425) und vereinzelt im Schrifttum. Sie kommen in der Bevölkerung selten vor, nämlich nur in 0,3% von 1666 Fällen, wie eine interkulturelle Untersuchung exotischer Träume in 6 Ländern gezeigt hat (*237*). In der Literatur habe ich 19 Beispiele gefunden, die mit Erfolg nachgeprüft werden konnten.

Ich unterscheide die traumbasierten Fälle nach drei Kriterien:

1. ‚Gelöste' / ‚ungelöste' Fälle, wobei ‚gelöst' bedeutet, dass eine frühere Person in Dokumenten oder durch Zeugenaussagen gefunden werden konnte.

2. ‚Anekdotisch berichtete' / ‚durch Zeugen bestätigte' Fälle, wobei ‚anekdotisch' bedeutet, dass es sich um Erzählungen handelt, die nicht durch Zeugen (der Nachprüfung) bestätigt sind.

3. ‚Nur Träume' / ‚Träume und mehr', wobei ‚Träume und mehr' heißen soll, dass die Information über frühere Leben nicht nur aus Träumen stammt, sondern zusätzlich auch aus andersartigen Erfahrungen.

Die folgende Tabelle stellt die Literaturstellen nach den genannten drei Kriterien zusammen:

Tabelle 10-1: Literatur über Reinkarnationsträume

	ungelöst		**gelöst**	
	anekdotisch	mit Zeugen	anekdotisch	mit Zeugen
Nur Traum	*Siehe „**XX**" unten*	***447**, S. 176*		***174**=Bsp: **(78)**; S. 369*
Traum und mehr	***32**, S. 169; **62**, S. 13; **63**; **135**, S. 101; **159**, S. 263; **206**, S. 185, 260; **182**, S. 75; **231**; **281**, S. 313, 315; **377**, S. 28-32; **396**, S. 24; **434**, S. 136; **439**, S. 1; **447**, S. 187*	***214**, S. 75; **447**, S. 197, 205*	***4**, S. 141; **32**, S. 40; **188**, S. 338, 373; **227***	***82**, S. 88; **186**, S. 142, 172, Liste 214; **188**, S. 218; **242**, S. 61; **475**=Fall Nr. (80), S. 378*

XX: ***6**, S. 301; **32**, S. 171, 172; **94**, S. 82; **135**, S. 99, 100, 103, 104; **159**, S. 346, 357; **182**, S. 80, 86; **205**, S. 247; **206**, S. 185f, 336; **207**, S. 179ff; **238**, S. 130, 131, 132; **245**, S. 34f; **257**, S. 251; **258**, S. 211, 250; **271**, S. 219ff; **281**, S. 311; **397**, S. 124, 157, 256; **436**, S. 28, 34; **438**, S. 141, 178; **441**, S. 16; **447**, S. 165, 168, 173; **471**, S. 26*

Die Tabelle zeigt, dass es m.W. nur einen einzigen gut dokumentierten Fall gibt, in dem nur aufgrund von Träumen ein früheres Leben rekonstruiert werden konnte. Er ist im vorherigen Kapitel 10.2.2 nachzulesen (Bsp. Nr. (78), S. 369). Die meisten Fälle sind ungelöst und nur von anekdotischem Charakter. Solche Träume werden anhand charakteristischer Merkmale erkannt (***50**, S. 16-19; **238**, S. 129*).

Hans Holzer nennt folgende Merkmale für Reinkarnationsträume (***207**, S. 179-180*):

1. Der Inhalt stammt nicht aus dem heutigen Leben.
2. Die Träume wiederholen sich in gleicher oder ähnlicher Weise.
3. Sie beschreiben oft tragische Ereignisse.
4. Der Träumer fühlt sich betroffen. Er ist die Person, um die es geht.
5. Wenn sich der Träumer selbst sieht, schaut er anders aus als heute.
6. Die Träume sind sehr beeindruckend und werden nicht vergessen.
7. Sie hinterlassen ein Gefühl der Ruhelosigkeit. Man möchte etwas dazu tun.

Diese Punkte werden durch weitere Veröffentlichungen ergänzt (***50**, S. 16-19; **238**, S. 129*):

8. Dem Träumenden ist bewusst, dass der Traum ein früheres Leben betrifft.
9. Die Erfahrung führt zur Änderung der Einstellung gegenüber Sterben und Tod.

10. Die Erfahrung betrifft üblicherweise den Tod im früheren Leben.
11. Manchmal wird paranormale Information im Traum übermittelt.
12. Der Träumer bemerkt den Bezug zur Reinkarnation, obwohl er behauptet, wenig Interesse an der Frage der Wiedergeburt zu haben.

In einigen Fällen basiert die Information über ein früheres Leben nicht allein auf Träumen, sondern tritt zusammen mit anderen Erfahrungen, wie Spontanerinnerungen[48], Flashbacks[49], Rückführungen[50], Wiedererkennungen[51] oder medialen Kontakten[52] auf. Einen besonders starken Fall stelle ich im folgenden Kapitel 11.2, S. 378 vor. Ein Traum, vermutlich aus einem früheren Leben, kommt in Kapitel 12.2, S. 412 vor.

Stevenson berichtet von 13 erfolgreich nachgeprüften asiatischen Fällen, in denen neben Spontanerinnerungen Träume oder Alpträume vorkamen, deren Inhalte der bewussten Erinnerung der Kinder an ein früheres Leben entsprachen[53]. Titus Rivas weist darauf hin, dass auch in einigen von Stevensons ungelösten Fällen Träume eine wichtige Rolle spielen (***370***).

---

[48] ***62***, *S. 13;* ***186***, *S. 142, 172, Liste 214;* ***188***, *S. 218, 338;* ***281***, *S. 315;* ***227.***

[49] ***206***, *S. 260;* ***227;*** ***439***, *S. 1;* ***475***.

Anekdotische Berichte über Flashbacks möglicherweise von früheren Leben ohne Beteiligung von Träumen finden sich bei ***82***, *S. 174;* ***50***, *S. 19f;* ***135***, *S. 106f;* ***205***, *S. 250;* ***245***, *S. 26, 27, 30, 39, 41, 57;* ***377***, *S. 32-34.*

[50] ***63;*** ***159***, *S. 263 =* ***182***, *S. 75;* ***188***, *S. 338, 373;* ***206***, *S. 260;* ***231;*** ***242***, *S. 61;* ***396***, *S. 24;* ***434***, *S. 136.*

[51] ***4=Fall Nr. (82),*** *S. 412, S. 141;* ***32***, *S. 169;* ***82***, *S. 88;* ***135***, *S. 101;* ***206***, *S. 185, 260;* ***214***, *S. 75;* ***281***, *S. 313;* ***377***, *S. 28-32;* ***447***, *S. 187, 197, 205.*

[52] ***32***, *S. 40.*

[53] Liste in ***446***, *S. 737, 888, 1386* oder ***186***, *S. 214;* typische Beispiele: ***186***, *S. 172;* ***188***, *S. 218.*

11. Flashbacks als Erinnerung an frühere Leben

Ich nehme **Flashbacks** in die ‚Nach-Mattiesen-Zeit' mit auf, weil es dazu einen außergewöhnlich eindrucksvollen neuen Fall gibt, der die **Reinkarnationshypothese** stützt.

In Flashbacks oder Wachvisionen, Tagträumen, (z. T. Retrokognition, dem Erkennen der Vergangenheit) in Verbindung mit einem Wiedererleben hat man das Erlebnis, dass die normale Umgebung plötzlich in den Hintergrund verschwindet. An ihrer Stelle tritt eine mit allen Sinnen wahrgenommene, andere Wirklichkeit, die von den meisten Erfahrungsträgern als ein Blick in die Umgebung und Szene eines früheren Lebens verstanden wird. Flashbacks treten spontan auf, ähnlich wie bei den Kindern mit Reinkarnationserinnerungen, und sind mit visuell-sensorischen Erlebnissen verbunden, wie sie in Rückführungen vorkommen. Flashbacks sind nicht zu verwechseln mit Déjà-vus, bei denen es ‚nur' um ein Wiedererkennen oder Erinnern geht, ohne ein Wiedererleben.

Es gibt relativ wenige Beispiele zu Flashbacks und diese sind in der Regel nicht ausreichend dokumentiert. Es gibt keine Forschung dazu; nur ein paar wenige Autoren haben Beispiele gesammelt und veröffentlicht, meist ohne sie nachgeprüft zu haben. Der Nachweis, dass Flashbacks Erinnerungen an frühere Leben darstellen, wurde versucht, blieb aber meist unbefriedigend – bis auf den Fall in Beispiel (4), S. 71 und einen neuen Fall, den wir in Kapitel 11.2, S. 378 kennen lernen werden. Im Kapitel 11.1, S. 376 davor folgt ein Beispiel zu den ‚teilweise' verifizierten Fällen.

11.1. Bsp. (79) Sturz vom Felsen (Flashback, Déjà-vu)

(79) Im Jahr 1919 verbrachte Frau E. M. Heyman, 9a Woodfield Ave., London SW 16, zusammen mit ihrem Mann ihre Ferien in Devon. Von dort berichtete sie: *„Eines Abends übernachteten wir in einem abseits des Weges gelegenen Dorf. Am nächsten Morgen unternahmen wir einen Ausflug in die Umgebung. Und da geschah es, dass mir die Gegend immer vertrauter vorkam. Besonders ein Haus in dem Dorf zog mich seltsam an"* **(Déjà-vu)***(**310**, S. 111; **397**, S. 86-87; **398**, S. 268-269).*

„Als wir uns dann auf die Klippen wagten, kam erneut dies merkwürdige Gefühl des Schon-hier-gewesen-Seins über mich. Plötzlich ergriff mich Aufregung und Schwindel, so dass ich nichts mehr von mir wusste außer dem einen, dass ich mich an meinen Mann klammerte und dann fiel — fiel — fiel . . . **(Flashback)**.

„Als ich wieder zu mir kam, lag ich im Gras und sah, wie mein Mann sich entsetzt über mich beugte: ‚Was ist mit dir?' fragte er mich, als ich die Augen aufschlug, ‚beinahe hättest du uns beide in die Tiefe gerissen!'“

„Auf dem Rückweg zum Wirtshaus im Dorf berichtete er weiter, dass ich mich plötzlich fest an ihn geklammert und laut geschrien habe: ‚Alan, Alan, rette mich!'" (Flashback).

„Da mein Mann Georg heißt, empfand er das Ganze als merkwürdig und beunruhigend.“

Nachprüfung

„Nach dem Essen sprachen wir mit dem Wirt, wobei mein Mann auch erwähnte, unter welchen Umständen wir auf den Klippen beinahe einen Unfall erlitten hätten. Er horchte auf und sagte dann, dass sein Vater ihm einmal von einem jungen Paar berichtet habe, das vor langer Zeit an eben der Stelle, von der wir sprachen, von den Klippen gestürzt sei, wobei beide den Tod gefunden hätten.“

„Waren es Fremde, die zu Besuch hier waren?" „fragte mein Mann.“

„ 'Nein', war die Antwort, ‚sie lebten hier im Dorf — in jenem weißen Haus dort unten mit den Fensterläden'." „Es war eben das Haus, das mir sofort vertraut und bekannt vorgekommen war.“

„Wir forschten nun weiter und fanden schließlich das Grab der beiden mit dieser Inschrift:

‚In liebenden Gedanken an Alice und Alan Johnson, die einem Unfall zum Opfer fielen am 30. Juni 1869.'

(Unterschrift, Frau E. M. Heyman, 9a Woodfield Ave., London SW 16)”

Meine Beurteilung

Es wird zwar nicht direkt ausgesprochen, aber es ist zu vermuten, dass die Frau in ihrem Flashback einen Sturz von den Klippen nacherlebte, und dass der Alan, den sie um Hilfe rief, derjenige war, der heute in dem Grab liegt. Insofern darf angenommen werden, dass dieses Flashback tatsächlich eine Erinnerung an ein **früheres Leben** widerspiegelt. Das Déjà-vu bezüglich des Hauses passt gut zu dieser Erklärung. Allerdings gilt diese Erklärung nur dann, wenn die genannten Annahmen zutreffen, was wir nicht sicher wissen können. Wem diese Erklärung nicht gefällt, kann der Frau auch Hellsichtigkeit unterstellen.

Zwei weitere Fallschilderungen dieser Kategorie finden sich auf meiner Homepage *(http://www.reinkarnation.de/html/flashbacks.html#Top)*. Dort werden weitere Quellen für teilweise nachgeprüfte und auch nicht nachgeprüfte Flashbacks aufgeführt.

Als zumindest teilweise verifiziert kann man folgende Literatur nennen: ***234***, ***265***; ***310***, *S. 124-125;* ***377***, *S. 35-36;* ***397***, *S. 86, 87, 89, 116, 255;* ***398***, *S. 176, 198, 268, 269, 272;* ***447***, *S. 330.*

In meinen Bänden 2a und 2b finden sich 17 Einträge unter dem Stichwort ‚Flashback'.

Nun, wie angekündigt, das Beispiel, welches in einzigartiger Weise die Reinkarnationshypothese stützt. **Flashbacks** spielen hier eine zentrale Rolle, sind aber nicht die einzige Quelle von Information über ein früheres Leben. Es kommen Träume mit hinzu. Wie der Fall einzuordnen ist, wurde in Kapitel 10.3, S. 373, Tabelle Tabelle 10-1, S. 374 dargestellt.

11.2. Bsp. (80) ‚Seelenvermächtnis' von Vinz 1915 an Udo Wieczorek 1997 (Träume, Flashbacks, Déjà-vus)

Der Fall ist sehr umfangreich. Daher für ungeduldige Leser zu Beginn eine kurze Inhaltsangabe

(80) Im Jahr 2015 wurde ein Buch veröffentlicht, welches ein Geschehen schildert, das mittels **Reinkarnation** am einfachsten zu erklären ist. Es berichtet von den paranormalen Erfahrungen von **Udo Wieczorek**, einem der zwei Autoren. Er hatte im Alter von 4 Jahren wiederkehrende **Alpträume** über dramatische Ereignisse während des Ersten Weltkriegs in den Bergen, die sich in seinen Jugendjahren wiederholten. Um davon los zu kommen, versuchte er die Ursache für diese Träume aufzudecken. Mit Hilfe seiner Frau und häufig auftretender Flashbacks kam er zu der Überzeugung, dass die Ereignisse in den Dolomiten nahe der Ortschaft Sexten stattgefunden haben müssen. Schließlich glaubte er, als der Österreichisch-Ungarische Soldat ‚**Vinz**' schon einmal gelebt zu haben. Dieser hatte 1915 seinen besten Freund ‚**Josele**' unbeabsichtigt erschossen, als der versuchte, von der italienischen Seite zu desertieren. Wieczorek fand einen Brief, den Vinz kurz vor seinem Tod im Schützengraben geschrieben hat, und der das tragische Ereignis indirekt bestätigt. Das Geschehen wurde durch einen weiteren Brief untermauert, den Wieczorek im Wald fand und der von Josele an Vinz adressiert war *(**475**)*.

Der Koautor **Manfred Bomm** war von der Geschichte so fasziniert, dass er Wieczorek dazu überredete, mit ihm zusammen weitere Teile nachzuprüfen.

Es gelang ihnen, Dokumente über Vinz aufzutreiben und heute noch lebende Mitglieder der früheren Familie, sowie deren und Vinz' Wohnhaus zu finden.

Als anfangs skeptischer und unabhängiger zweiter Untersucher nahm ich zu möglichst vielen beteiligten Personen Kontakt auf und begann meine eigene Nachprüfung. Im folgenden Artikel wird der Fall geschildert und im Licht ähnlicher Fälle aus der akademischen Literatur und dem Ergebnis meiner eigenen Untersuchung beurteilt. Verschiedene Aspekte des Falls lassen es als unwahrscheinlich erscheinen, dass Wieczorek und Bomm die Geschichte nur erfunden haben, so dass der Fall als ein weiterer, außerordentlich wertvoller Indizienbeweis für die Wiedergeburt angesehen werden kann.

11.2.1. Einführung

Im August 2015 schickte mir der Koautor Manfred Bomm sein Buch ‚Seelenvermächtnis' *(**475**)* zu, das er zusammen mit Udo Wieczorek gerade veröffentlicht hatte. Er wusste, dass ich mich schon lange mit der Frage der Reinkarnation beschäftige, und wollte meine Meinung über das Buch erfahren, dessen Inhalt die Erklärung durch Wiedergeburt stark nahe legt. Die Geschichte ist so phantastisch, dass es schwer fällt, sie als real anzuerkennen. Andererseits passt sie gut zu nachgeprüften Fällen von Kindern, die sich an ihr früheres Leben zu erinnern scheinen *(**186**)*. Das Gleiche gilt für Erwachsene, die hypnotisch in frühere Leben zurückgeführt worden sind *(**188**, **189**)*. Diese Tatsache und die erfolgreiche Nachprüfung durch die beiden Autoren veranlassten mich, diesen Fall in der Rolle des dritten und unabhängigen Untersuchers genauer unter die Lupe zu nehmen.

11.2.2. Einordnung des Falles

Der vorliegende Fall wurde schon in Kapitel 10.3, S. 373 in die vorhandene Literatur eingeordnet. Er kann auf der Basis einer Mischung aus Träumen und Flashbacks als ‚gelöst' gelten, wobei die Verifikation u.a. auch durch Zeugen geschah, wie im Fall Grubbs (Bsp. (78), S. 369). Andere Fälle in dieser Kategorie fußen auf einem anderen ‚Mix' von Erfahrungen. Wegen dieser Unterschiede und der geringen Zahl gelöster Fälle in dieser Klasse kommt dem vorliegenden Fall eine besondere Bedeutung zu, so dass ich ihn in voller Ausführlichkeit hier präsentiere *(Meine Erstveröffentlichung **191**)*. Weitere kennzeichnende Merkmale von Wieczoreks Fall sind im Analyseteil dieses Berichts aufgeführt.

11.2.3. Der Fall

Da die Quelle für diesen Fall in der Form eines dichterisch gestalteten Romans vorliegt, muss ich die relevanten Fakten extrahieren und sie in eine Zusammenfassung (‚Der Fall') kondensieren. Sie dient als Grundlage für den vorliegenden Bericht. Eine andere Basis stellen die zahlreichen Bezüge auf Seiten im Buch **‚Seelenvermächtnis'** von **Wieczorek** dar ***(475)***.

Legende:

(255) = Beispiel für eine Seitenzahl im Buch ‚Seelenvermächtnis' ***(475)***

[1] = Kennzeichnung der Kernelemente des Falles. Sie stellen die Verbindung mit dem Analyseteil des Berichts her, in dem diese Zahlen wieder auftauchen. Diese Verbindungsglieder sind erst bei der Lektüre des Analyseteils von Interesse und werden im Kapitel 11.2.5.3, S. 405 genauer erklärt.

11.2.3.1. Verhalten als Kind

Udo Wieczorek wird 1970 in Ulm geboren und lebt heute in Elchingen, nahe Ulm, wo er als Betriebsprüfer beim Neu-Ulmer Finanzamt arbeitet. Als Kind spricht er gelegentlich zum Spaß einen **Dialekt**, der sich später als Südtirolerisch herausstellt. Klein Udo ist nie in dieser Gegend gewesen oder mit dem Dialekt in Berührung gekommen[54] **[1]** *(255, 361)*. Der Junge fertigt auch düstere Zeichnungen von Kriegsszenen an **[2]** (Abbildung 5, S. 545).

11.2.3.2. Alpträume in der Kindheit

Im Alter von 4 Jahren leidet Udo unter wiederkehrenden **Alpträumen**, die außergewöhnlich real wirken **[3]** *(24)*. Sie drehen sich um beängstigende Kriegsszenen. Ein Mann wird zum Schweigen gebracht, indem ihm ein Sackleinen in den Mund gestopft wird, damit er nicht vor Schmerzen schreien kann. Anschließend wird er von schmutzigen Händen in ein Dunkel gezerrt. Es stinkt. Immer wieder erzittert der Boden unter ihm, und Fontänen aus Dreck und Steinen schießen empor. Udo **hört** z.B. das Wort ‚Maschinengewehr' und sieht, wie eine solche Waffe den ganzen Körper des Schützen rüttelt. Keiner aus dem Kreis der Freunde oder der Familie hat dem Jungen etwas über den Krieg erzählt und seine Eltern besitzen 1974 noch kein Fernsehgerät.

[54] Dies wurde später durch Wieczoreks Mutter und eine Cousine bestätigt.

11.2.3.3. Alpträume als Erwachsener

Glücklicherweise verschwinden die kindlichen Alpträume so unerwartet wie sie gekommen sind. Jedoch 15 Jahre später, im August 1989 treten sie wieder auf und scheinen die kindlichen Alpträume fortzusetzen **[4]** *(25, 31)*. Den jeweiligen Traumabschluss und die Verbindung zu den Träumen aus Kindertagen bildet das Gesicht eines Soldaten in gleicher Uniform wie der in den früheren Träumen. Offenbar geht es also um dieselbe Zeit. Der Träumer kann sehen, riechen und fühlen, aber kaum hören und seine Sicht ist einfarbig in verschiedenen Grautönen. Der nun 19-jährige Udo Wieczorek schüttelt in diesen **Träumen** die Hand eines Mannes, der – das weiß er einfach – ‚**Josele**' heißt **[5]** *(33)*. Später stellt sich heraus, dass Josele sein bester Freund ist, mit dem er Klettertouren in die schroffen Berge unternimmt. Vom Berg aus blickt er ins Tal und betrachtet die Häusergruppen eines Dorfes. Bild folgt auf Bild *(35)*: Drei Tannenbäume wachsen als Tripel eng zusammen und bilden eine kleine Höhlung aus ineinander verknoteten Wurzeln **[6]**. Ein anderes Bild zeigt eine rötlich schimmernde alte Münze **[7]** *(35, 46, 52, 54, 133)*. Später wird Udo Zeuge, wie zwei Männer in einer Freundschaftszeremonie unter den drei Tannen zwei Münzen untereinander austauschen **[8]** *(40)*. Die Münzen tragen den Doppeladler, das Symbol der Österreichisch-Ungarischen Monarchie. Josele hält ein Halsband in der Hand, an dem eine der beiden Münzen zu hängen scheint. In einer anderen Szene beobachtet er Josele, wie dieser in einer Kutsche davonfährt und ihm aus dem Fenster zuwinkt *(36, 41).* Später träumt er nochmals diese Szene, aber jetzt hält Josele eine Halskette mit einem Anhänger in der Hand, der wie eine der ausgetauschten Münzen aussieht und spürt die bittere Ahnung von Abschied **[9]** *(36)*.

In seinem Buch schildert Wieczorek die Gefühle, die seine Traumbilder begleiteten. Sie sind in der Rückschau auf das Schicksal der später entdeckten früheren Person sehr stimmig - können hier aber nicht alle wiedergegeben werden. Als er das Gesicht eines Mädchens mit dunklen Zöpfen sieht, fühlt er sich glücklich **[10]** *(41, 125, 177)*. Er beobachtet sogar, wie seine eigenen Hände das Bild einer Rose in eine Holzlatte zu schnitzen scheinen **[11]** *(41)*. In seinem bisherigen Leben hat er noch nie die Täler und Berge seiner Träume gesehen.

In einem späteren Traum sieht er Josele erneut. Dieser fährt in einem Auto zum Gasthof ‚Zur Post'. *(46)* Josele trägt eine noble Uniform, die aber anders aussieht, als die jenes namenlosen Soldaten, den er schon so oft am Ende seiner Traumszenen gesehen hat. Das Gefühl der in Gegenwart von Josele empfundenen Freude ist getrübt. Ihn gibt es offenbar nicht mehr, nur noch Josef.

Ein weiterer Traum gibt einen Hinweis auf den möglichen Grund für diese Wendung: Josele schreit ihn wild gestikulierend an **[12]** *(48, 188)*. Wie üblich kann der Träumer nicht viel von Joseles Worten verstehen und nimmt nur Teile wahr wie ‚einhunderttausend', ‚Ruinen' und ‚Asche'. Aber dann kommt ein Schrei: ‚**Vinz**!!'. Josele schreit ihm ins Gesicht. Heißt das, dass er Vinz ist? **[13]** *(48, 188)*. Wieczorek sieht einen schwarzen Wagen aus dem Dorf fahren. Kein Josele lehnt sich aus dem Fenster und winkt. Das hässliche Wort ‚Krieg' kreist durch Wieczoreks Kopf.

Im Oktober 1993, als Wieczorek 23 Jahre alt ist, muss er sich einer Notoperation unterziehen. Von der Zeit, in der er unter Anästhesie liegt, berichtet er über Gefühle, die einem Nahtoderlebnis (**NTE**) vergleichbar sind[55] *(59)*. Er schwebt durch einen **Tunnel** auf ein warmes **Licht** zu. Längs der Tunnelwand sieht er bekannte Gesichter und er träumt seine übliche Geschichte: Er geht durch die Laufgräben, welche die Kampfstellungen an der Frontlinie miteinander verbinden. Er riecht die süßliche Mixtur aus verwesenden Körpern und Explosionsgasen. Nachdem er aus seiner Deckung klettert, wird er unmittelbar vom Druck eines Granateinschlags niedergeworfen **[14]** *(61)*. Ihm ist nicht klar, ob er tödlich getroffen wurde, wird sich aber darüber bewusst, noch irgendeine Mission auf Erden erfüllen zu müssen. Er sieht das Gesicht seines **verstorbenen** Großvaters, der ihm versichert, dass alles gut werden wird. Danach schwebt er durch den Tunnel zurück ins Leben *(63)*.

Die Phase, in der Wieczorek von der Narkose benommen aufwacht, ist besonders interessant, weil er seinen gerade geträumten Traum in einem starken österreichischen **Dialekt** erzählt, der später als Süd-Tirolerisch identifiziert wird **[15][16]** *(66)*. Er sagt u.a.: *„Ich muss da raus. Meine Kameraden brauchen mich. Meine Uniform, mein Karabiner! Wo sind meine Sachen? Ich muss in die Stellung zurück. Mir fehlt nichts"* *(66)*. Die Pfleger und Ärzte nehmen an, er sei im Militärdienst, während er tatsächlich Student an der Fachhochschule ist. *„Ich muss hinauf zu den Kameraden. Die italienischen Hunde kommen sonst über den Pass! Jetzt her mit meinen Sachen! Auf der Stelle!"* *(66)*. Ein Doktor versucht, ihn zu beruhigen, indem er sagt: *„Es wird alles gut."* Aber Wieczorek antwortet: *„Einen Scheiß ist es! Da oben verrecken sie! Und ich liege hier, wenn das Tal zum Teufel geht!"* *(67)*.

---

[55] Wieczorek kann dies wiedergeben, weil er sich nach der OP stichwortartige Notizen gemacht hat.

11.2.3.4. Nachforschungen

Nach seiner Operation kehren die **Träume** zurück. Wieczorek ist wissbegierig und möchte verstehen, was es mit den Träumen auf sich hat. Er entscheidet, dass er nach so vielen Jahren des Leidens nicht darauf warten will, bis die Träume ihm eine Erklärung von sich aus anbieten. Er muss selbst aktiv werden und den Ursprung der Träume erforschen. Damit beginnt er dann auch im Jahr 1994 (70). Er hat nicht viele Informationen, mit denen er beginnen könnte. Die zwei Namen ‚Josele' und ‚Vinz' sind nicht hilfreich ohne einen Hinweis auf Ort und Zeit. So versucht er, mit dem geträumten Bild von der Bergsilhouette und dem Wissen um jene Epoche (1.Weltkrieg) weiterzukommen. Er stöbert in seinen privaten Büchern und Reiseführern. Viel kommt dabei jedoch nicht heraus. Das Einzige, was ihn beeindruckt, ist ein schwarz-weißes Foto von einem Bergsteiger in altertümlicher Montur namens ‚Innerkofler' (73). Im Begleittext steht sinngemäß: „*Der Sextener Bergführer Innerkofler hat sich im Krieg in den Bergen seiner Heimat besonders hervorgetan und bezahlte am Ende mit seinem Leben. Auch im Hochpustertal begegnet man hier und da noch den letzten Spuren eines großen Krieges.*"

Wieczorek fordert Prospektmaterial vom Touristenbüro im Hochpustertal und von anderen Regionen an, die zu seinen Träumen passen könnten. Seine Lebensgefährtin und spätere Ehefrau **Daniela** bemerkt, dass er bei dem Studium der Prospekte die längste Zeit über solchen von Sexten und Wolkenstein verbringt. Sie unterstützt ihn im Entschluss, je zwei Wochen Urlaub in Wolkenstein und Sexten (Hochpusteretal) zu verbringen (74).

11.2.3.5. 1994: Erste Reisen in das Grödnertal und ins Hochpustertal

Die ersten zwei Wochen in Wolkenstein bleiben ohne Konsequenz. Nichts steht mit den Traumsequenzen in Verbindung (75). Die Nächte sind jetzt traumlos.

Die Situation ändert sich dramatisch im zweiten Urlaub auf dem Weg nach Sexten. Noch bevor Wieczorek Wegweiser zu lesen bekommt, weiß er genau, wo er sich befindet und benennt Ortsnamen und Landmarken (**Déjà-vu**; **Wiedererkennung**) laut, so dass Daniela sie prüfen kann **[17]** (77): ‚*Sperre Landro*', der Soldatenfriedhof ‚*Nasswand', die ‚Säge', das ‚Innerfeld', die ‚Schusterhütte', ‚Zirbenboden' und ‚Morgenkofel*'. – die Namen stimmen. Immer mal wieder ändert sich seine Sicht zu Grautönen (**Flashback**) und er spricht im **Dialekt**. Ein Bild aus seinen Träumen kommt ihm in den Sinn und passt genau zu dieser Landschaft (80). Als sich ein Bergmassiv zeigt, meint

Daniela: „*Das müssen die berühmten Drei Zinnen sein*" *(79)*. „*Nein, die Rotwand*", korrigiert Wieczorek sofort auf Südtirolerisch. Obwohl er im heutigen Leben diese Gegend noch nie besucht hat, ist ihm alles auf unerklärliche Weise bekannt oder vertraut. Als die beiden in ihrer Unterkunft in Sexten ankommen, kommentiert die Wirtin seinen Dialekt **[18]** *(83)* und meint, er müsse aus Südtirol oder vielleicht dem Nordtirol, sicher aber nicht aus Deutschland stammen. In der Nacht aber überfallen ihn wiederum **Träume** mit Kriegsszenen *(85)*.

Am ersten Urlaubstag in Sexten treibt es Wieczorek in die Berge. Er geht ohne Wanderkarte los **[19]**. Offenbar kennt er sich irgendwie aus *(Weitere erstaunliche **Ortskenntnisse** siehe **192**)*. Daniela bekommt es mit der Angst zu tun, als er bei aufziehendem Nebel auf einen unmarkierten verfallenen Kriegssteig einschwenkt und sagt: „*Hinter den Latschenkiefern kommen wir zum Zirbenboden. Dort liegen die Baracken der Reserve*" *(89)*. Und wirklich: Auf einer eingeebneten Fläche ragen verwitterte Balkenstümpfe aus dem Boden. Hinter der nächsten Felsnase, so ‚prophezeit' er weiter, gebe es eine Rampe und den Übergang in ein einsames Seitental. Auch das bewahrheitet sich. Dann finden sie Reste aus Kriegstagen: Stacheldraht, Spanische Reiter, verrostete Blechdosen, Stoffreste, eine Schuhsohle und einen Lederriemen. „*Wir kommen dann zu einem Sattel, der bei schönem Wetter eine herrliche Aussicht gewährt, und zur Hütte ist es von dort nicht mehr weit*", sagt Wieczorek *(93)*. Und als sie die Sattelhöhe erreichen, liegt vor ihnen die Drei-Zinnen-Hütte – alles wie angekündigt.

Am Abend nach der Wanderung macht sich das Paar auf den Weg zu einem Speiselokal. Vor einem Stadel bleibt Wieczorek stehen. Vor seinem inneren Auge sieht er in Schwarz-Weiß eine nun unbefestigte Straße, Giebel und Fassaden, die nicht mehr existieren, und ein Mädchen mit Zöpfen **[20]** *(97)*. Sie lehnt sich an die verwitterte Wand eines Heuschobers. Sekunden später ist das **Flashback** vorüber. Das Einzige, was bleibt, ist der Heustadel. Auf einem der Holzbretter entdeckt er eine eingeschnitzte Rose – die Rose aus seinen Träumen **[21]**. „*Wer hat sie wohl …*" fragt Daniela und hört Udo antworten: „*Ich! Für sie*" *(98)*.

Im Lokal schaut Wieczorek gar nicht erst in die Speisekarte. Wie ein Ortskundiger bestellt er eine Portion ‚Schluzer' **[21a]** *(99)*. Auf Danielas fragenden Blick hin erklärt er, Schluzkrapfen seien gefüllte Teigtaschen.

An der Wand im Restaurant entdeckt Daniela ein vergilbtes Foto einer Soldatengruppe **[22]** *(99)*. Wieczorek erklärt ihr, dass der Bursche in der Mitte ‚Schanni' genannt wird. Niemand weiß etwas darüber außer der Großmutter des Hauses, die den genannten Spitznamen bestätigt.

Am vierten Urlaubstag fährt das Paar mit der Rotwandbahn zum Gipfel. Den kennt Wieczorek aus dem Traum über die Kletterpartie mit Josele. Direkt am Grat geht er unbewusst schneller. Und als Daniela stehen bleibt, um ein Foto zu machen, fürchtet er plötzlich um ihre Sicherheit, weil sie ‚keine Deckung' habe. Er ‚hört' Projektile pfeifen und einschlagen. Er hat Angst[56]. So schnell, wie es gekommen war, so schnell vergeht das Flashback wieder[57] **[23]**. Die Aussicht vom Berggipfel hinunter auf das Dorf Moos ist fast identisch mit dem Bild aus seinen Träumen[58]. Nun ist Wieczorek davon überzeugt, dass es die Rotwand war, die er als Vinz mit Josele zusammen erklettert hat.

Am nächsten Tag führt sie die Wanderung auf den Seikofel, eine bewaldete Bergkuppe *(114)*. Die ersten Überreste des Krieges, die Wieczorek hier noch findet, sagen ihm, dass er sich auf ‚welschem', also ehemals von Italienern gehaltenem Gebiet befindet. Ein Wegstück weiter hat er das Gefühl, auf **bekanntem Terrain** zu sein. Die Flurnamen ‚Altherberge', ‚Matzenboden' und ‚Dechant' schießen ihm durch den Kopf. Später findet er sie in einem Buch bestätigt.

Ein italienisches Ehepaar fragt nach dem Weg zur bewirtschafteten ‚Alpe Nemes' *(116)*, und Wieczorek weist ihn sachkundig wie ein Einheimischer, obwohl er ihn eigentlich nicht kennt. Als die fremde Frau an einem Wasserloch niederkniet um zu trinken, ‚sieht' er für Sekunden dort schlammgefüllte Bombentrichter mit Leichen. Es ‚riecht' nach Verwesung. Als dieses **Flashback** vorüber ist, warnt er die Frau: Das Wasser hier sei vom Krieg her kontaminiert **[24]** *(117)*.

Danach zieht es Wieczorek magisch in einen mannshohen Schützengraben aus dem Ersten Weltkrieg, versteckt hinter dichtem Latschengewirr. Dort erlebt er wieder eine Rückblende: Stacheldraht, frisch aufgeworfene Erde, verbogenes Metall, eine Explosion mit mehreren Toten **[25]** *(120)*. In der Folge fühlt er einen stechenden **Schmerz** im rechten Oberschenkel und ein Brennen in seinen Lungen **[26]**. (Daniela beobachtet, wie er den Oberschenkel mit den Händen umklammert hält und sich an seine Rippen fasst.) *(121)*.

Die nächste Nacht bringt wiederum **belastende Traumsequenzen**. Udo steht in Rauchschwaden. Es brennt. Soldaten stürzen aus dem Haus und tragen Einrichtungsgegenstände heraus *(125)*. Er sieht die beschädigte Fassade eines Hofs, den er aus den Träumen kennt. Er sucht nach dem Mädchen mit

[56] Wieczorek ist häufiger „auf der Hut" vor tödlicher Gefahr (Hassler 2018b).

[57] Flashbacks sind zahlreich (Hassler 2018b); meist von Kriegsereignissen, welche Bilder aus der Vergangenheit zeigen (Hassler 2018b).

[58] Von Wiedererkennungen wird vielfach berichtet (Hassler 2018b).

den Zöpfen und findet ihren toten Körper am Boden **[27]**. Als er von dort weggezogen wird, schreit er *„Maiii...aii..aii!"* *(126)*. Als er aufwacht, fühlt er noch für einige Sekunden den Schmerz in seinem rechten Oberschenkel und das Brennen in seinen Rippen **[28]**. Später entdeckt er in einem Buch über die Kriegstage in Sexten, dass seine Träume vermutlich wahre Ereignisse wiederspiegeln. Während des ersten Artilleriebeschusses von Sexten wurde das Restaurant ‚Zur Post' direkt getroffen. Ein junges Mädchen von 19 Jahren wurde dabei getötet **[29]**. Weitere Nachforschung im Jahr 2013 bestätigt, dass das besagte Mädchen eine gewisse ‚Marie' (Watschinger) war *(272)*.

Kurz nach diesem ersten Urlaub in Sexten setzen die Träume wieder ein: Wieczorek sieht sich im Schützengraben, tastet nach dem Lauf seines Karabiners und haucht seinen Atem nach unten in die Grabensohle, um sich nicht zu verraten *(131, 280)*. Er ist auf einem Gipfel auf Wache und richtet in der Finsternis seinen Karabiner auf eine Gestalt, die sich nur schwach abzuzeichnen beginnt. Irgendetwas fliegt durch die Luft. Er erschrickt, drückt ab, und hört im selben Moment undeutlich: *„Überläufer, icht..."* *(133)*. Dann sieht er das flehende Gesicht eines Sterbenden, aus dessen Mund Blut sickert. Es ist Josele! **[30]**. Wieczorek erkennt die Kette mit der anhängenden Münze um seinen Hals **[31]**. Es ist seine ehemals eigene, welche die beiden in Friedenszeiten als Symbol ihrer Freundschaft ausgetauscht hatten **[32]**.

11.2.3.6. 1995: Zweite Reise ins Hochpustertal

Udo und Daniela besuchten ein Jahr später zum zweiten Mal das Tal, in dem Wieczorek vermutlich sein früheres Leben verbracht hat *(137)*. Die erste Wanderung führt beide wieder auf die Rotwand. In der Nacht darauf hat er einen **Traum**, in dem er den Leichnam Joseles mit einem Seil an der Felswand herunterlässt, um ihn auf die italienische Seite zurückzubringen **[33]** *(156, 180)*.

Am nächsten Urlaubstag unternimmt das Paar eine Wanderung zur anderen Talseite. Dabei erlebt Udo erneut einen plötzlichen Rückblick auf das seinerzeitige Kriegsgeschehen und erklärt Daniela danach, dass sie **zu einem Friedhof kommen werden**, auf dem ein gewisser Gildo oder Guido Malfer **[33a]** begraben liegt *(159, 171)*. Daniela geht voraus, findet den zunächst nicht sichtbaren Friedhof und dort auf einer kleinen Tafel den Namen Ermengildo Malfer. Bei einer weiteren Wanderung nennt Udo auf Anhieb die Namen zweier Bergzacken am Horizont: ‚Haunold' und ‚Köpfl' *(178)*.

Nach diesem zweiten Aufenthalt nach Elchingen zurückgekehrt, träumt Wieczorek wieder davon, Josele erschossen und seinen Leichnam an der

Felswand herabgelassen zu haben. Aber diesmal geht sein Traum weiter. Es dämmert ihm, dass sein Schuldgefühl ihn dazu verleitet hat, das Schicksal herauszufordern: Er rennt aus der Deckung und wird angeschossen **[34]**. Als er aufwacht, spürt er stechende **Schmerzen** in seinem Oberschenkel und sein Brustkorb sticht mit jedem Atemzug **[35]** *(179)*.

11.2.3.7. 1997: Dritte Reise ins Hochpustertal

Auch mit der zweiten Reise waren die Rätsel um Wieczoreks Träume und Flashbacks nicht gelöst. So fuhr er mit Daniela 1997 ein drittes Mal ins Hochpustertal. Dort angekommen, bescheren ihm die Nächte weitere **Träume**. So erlebt er sich, wie er in Gleichgültigkeit und Todessehnsucht aus der Deckung geht **[36]** *(188)*. In diesen Träumen fühlt er, wie ihn etwas in seine Rippen stößt, so dass er taumelt und wieder das **Brennen in den Rippen** spürt. Er will dort sein, wo das tote Mädchen mit den Zöpfen ist, und er will zu Josele. Dann bäumt sich vor ihm die Erde auf, und er wird durch die Luft gewirbelt. Er fühlt sich schwerelos. Nachdem er wieder zu sich gekommen ist, ertastet er sein rechtes Bein und weiß, dass auf ihn nun der Tod auf Raten wartet. Trotz Schmerzen schleppt er sich noch auf eine Pritsche. Vor ihm liegt ein Stück Papier, daneben ein rundes Behältnis. Jetzt scheint er etwas zu schreiben. Einen Abschiedsbrief? **[37]** Als er darüber nachdenkt, wer den Brief eines Tages wohl finden wird, ‚**hört**' er eine klare Antwort: *‚Ja, er wird es finden!'* *(192, 195)*.

In der folgenden Nacht ist er wieder zurück in der Vergangenheit: In einem Unterstand im Schützengraben, wo ein Tisch steht, an dem er schreibt. *‚Aber an wen?'* Dann **räsoniert** es in ihm: *„Du bist da!"* *(206-207)*. Das gibt Anlass zu der Vermutung, dass Wieczorek in die Zukunft geträumt hat, der Briefschreiber an die Wiedergeburt glaubte und in voller Absicht einen Brief an sich selbst im nächsten Leben schrieb *(206)*. Im Traum ist sich Wieczorek der Tatsache bewusst, dass seine Verwundung tödlich ist. Er hört die Worte: *„Es ist Zeit, Vinz"* *(207)*. Einhändig robbt er den Laufgang entlang und drückt etwas mit der anderen Hand an seine Brust. Er gelangt unter einer Höhlung zu einer rötlichen Mauer aus losen Steinen. Es ist dieselbe, die er in dem farbigen Traum aus einer anderen Zeit gesehen hat *(206)*. Nur sind die Steine ohne Moos. Mit der freien Hand nimmt er Steine aus dem Mauerwerk und schiebt in die neu geschaffene Öffnung das, was er mit der anderen Hand getragen hatte. Dann verschließt er sie wieder **[38]**. Dabei taumelt er nach hinten, fühlt keinen Herzschlag mehr und keinen Schmerz. Jetzt taucht das so häufig am Ende jener Träume gesehene Soldatengesicht wieder auf und nickt ihm zu. Der Soldat reicht ihm eine Kette mit einer Münze als Anhänger, eingeschlossen in einem Drahtkörbchen **[39]**. Er spricht in einer für

Udo fremden Sprache, deren Sinngehalt er dennoch versteht: *„Du musst dreimal zurückkehren, bevor du dich siehst. Pace, Vinz, pace"* *(209)*. Dann verblasst das Gesicht. In dem Moment weckt Daniela ihren Partner, denn sie ist in Sorge, weil er im Schlaf wirr gesprochen hat. Sie hatte nur ‚Vinz' und ‚Pace' verstanden. Dann hatte er schwer geatmet und war plötzlich still geworden. Aber nun beruhigte er sie, denn er scheint sich jetzt sicher zu sein, dass damit die Geschichte zu Ende ist. Er ist im **Traum** gerade gestorben.

Nachdem Wieczorek alles über seinen Traum erzählt hat, überdenken sie die Prophezeiung des Soldaten, dreimal zurückkehren zu müssen. Auf dem Seikofel (Berg) waren sie erst zweimal gewesen. Wieczorek ist überzeugt, dort oben etwas in seinem früheren Leben versteckt zu haben, und dass er das finden muss **[40]** *(211)*. Er fertigt nach seiner Erinnerung an das Traumbild eine Zeichnung von der rötlichen Steinmauer des Schützengrabens an **[41]** *(212)*.

Als Udo und Daniela schließlich auf der Gipfelplatte des Seikofel ankommen, wissen sie nicht, wo sie auf dem von Latschenkiefern bewachsenen Terrain suchen sollen *(213)*. Irgendwelche Geländemarken sind nicht zu erkennen. Udo ist entmutigt, aber Daniela übernimmt die Initiative und begibt sich entschlossen ins Dickicht. Er folgt ihr. Dabei gelangen sie in einen ehemaligen, halb zugewachsenen Laufgraben. Plötzlich gerät Wieczorek kurzzeitig wieder in einen anderen Bewusstseinszustand (**Flashback**) und ‚sieht' die Stelle, wie sie damals war. *„Ich kenne diese Stelle*", sagt er zu Daniela *(216)*. Er hat das Gefühl, nah dem Ort zu sein, wo er den Brief im früheren Leben schrieb **[42]**. Er fühlt sich schwindelig und krank, seine Lungen brennen und sein rechtes Bein schmerzt wieder **[43]**. Als sie weitergehen, kommen sie zu einem zusammengebrochenen Unterstand. Wieczorek ist sich sicher: Hier ist es, wo er die letzten Stunden seines früheren Lebens zugebracht hat *(218)*. Nicht weit davon entdeckt er die von Moos und Flechten bedeckte rötliche Wand, so wie er sie in farbigen Traumbildern gesehen hat. Seine von dieser Stelle angefertigte Skizze stimmte. Als er nach dem obersten Stein greift, sieht er den Ärmel seines blauen Pullovers und seine saubere Hand, genau wie vorausgeträumt *(220)*.

Schon will jedoch Enttäuschung aufkommen, als er hinter der Mauer nichts finden kann. Aber – von Daniela angespornt – ertastet er doch noch ein Stück Stoff. Es entpuppt sich als alter, leinener Postsack mit dem Aufdruck ‚22'. Darin eine stark verrostete Blechdose, in der etwas klappert. Wieczorek wird ohnmächtig. Wieder zu sich gekommen, berichtet er, sich von außen gesehen zu haben (**AKE**), wie er am Fels lehnt und Daniela ihn wachzurütteln versucht *(223)*. Er holt dann ein gefaltetes Stück Papier aus der Dose *(227)* (siehe Abbildung 6, S. 546). Es ist teilweise von Schimmel überdeckt, jedoch vor der totalen Verrottung bewahrt geblieben, weil es leicht mit Wachs überzogen ist. Er faltet den Brief auf und findet einen handgeschriebenen Text, den er für in Sütterlin geschrieben hält. Er erkennt zwei Datumsangaben (13. und 14. August 1915) und die Unterschrift ‚Vinz'. Schließlich reicht ihm Daniela den restlichen Inhalt der Dose: Eine Münze, die in ein Drahtkörbchen eingehaust ist **[44]** (siehe Abbildung 7, S. 547). Ist es reiner Zufall, dass sich dies alles ebenfalls an einem 14. August (1997) zuträgt? Wieczorek ist sprachlos.

Eine Putzfrau, die im Hotel arbeitet, in dem Udo und Daniela wohnen, kann den Brief teilweise entziffern *(230)*. Der Autor, Vinz, schreibt über heftiges Feindfeuer, seine gefallenen Kameraden und über seine Angst zu sterben. Dann folgen die bedeutungsvollen Sätze (einschließlich Schreib- und/oder Lesefehler): *„Ich befürchte, noch heute muss ich jene Schandtat büßen, welche sich an jenem Tage an der Rotwand zugetragen hat. So sehr dieser Dorn auch in meinem Herzen schmerzt, so kann ich es nicht mehr gutmachen. Alles in meiner Macht Stehende würde ich tun, ja sogar mein Leben aufgeben, um meinen lieben Freund wieder zum Leben zu erwecken... Noch nie erfuhr jemals jemand hiervon"* *(236)*. Für Wieczorek stellt dies eine klare Bestätigung für seine Träume dar: Die Nachtwache, der Überläufer und der Gewehrschuss, der seinen besten Freund Josele getötet hat **[45]**.

In dem Brief wird auch der Überzeugung Ausdruck gegeben, dass *‚jemand nach meinem Tod an dieser Stelle ... weiß Gott vielleicht wie geträumt 1995 im August oder September seine Geschichte erfahren'* wird (Anmerkung: 5 in 1995 gestrichen und 7 oder 8 angefügt) **[46]** *(236)*. Wie war es möglich, dass Vinz seine Zukunft so präzise vorhersehen konnte (**Präkognition**)? Im Brief heißt es weiter: *„Doch sollte jener Mann einmal an dieser Stelle stehen und diese Zeilen noch entziffern können, so besinne er sich danach, dass dieser Gang, den ich nicht mehr tun kann, auch für ihn der Friede sein wird. So gehe er hernach, gewiß weiß er schon wohin, und gebe dem armen, einst so geliebten Josef den letzten Frieden"* *(236)*.

Auf der Rückseite des Papiers schreibt Vinz über seine stark blutende Wunde und unerklärliche **Schmerzen [47]**. In den letzten Zeilen bittet er den Mann aus seinen Träumen, alle seine Erfahrungen niederzuschreiben. Wieczorek befolgte diese Bitte und publizierte sein Erlebnis in Form eines Romans *(276)*.

Ein paar Tage nach dem Fund macht sich Wieczorek auf, um dem Wunsch von Vinz gerecht zu werden. Dieser hatte in seinem Abschiedsbrief geschrieben: *„Gib ihm Frieden, geh hinauf"* *(236, 243)*. Wieczorek geht an den Fuß der Rotwand, genannt ‚Burgstall', und betet für Josele. Auf dem

Rückmarsch nimmt er einen anderen Weg und entdeckt einen Felsbrocken mit drei mächtig dicken Baumstümpfen oben auf. Die erinnern ihn an das Tripel von Tannenbäumen, an dem Vinz und Josele sich ewige Freundschaft geschworen hatten *(245, 282)*. Er bohrt in einer Delle des Stumpfes, bricht seine Suche aber ab, weil er es für zu unwahrscheinlich hält, hier noch auf einen weiteren Beweis für die Echtheit seiner Traumerinnerungen zu stoßen. Nur der Beharrlichkeit von Daniela ist es zu verdanken, dass schließlich aus der Wurzelhöhlung ein drahtumwickeltes, vermodertes Holzkästchen zutage gefördert wird, in dem sich eine grün angelaufene **Münze** und ein Stück gefaltetes, gewachstes Papier befinden **[48]** (siehe Abbildung 8, S. 547).

Offensichtlich in Eile geschrieben, ist dort zu lesen: „*Was waren wir für dumme Burschen. Nicht der Geist riss unsere Freundschaft entzwei, es war der Krieg. Es sei Dir verziehen, mein Freund. Josele*“. Und darunter als Postskriptum: „*Werde glücklich mit ihr!*“ *(249)*. Seither hat Wieczorek nie mehr vom Krieg in Sexten geträumt *(249)* und er empfindet auch keine Furcht mehr vor dem Tag seines irdischen Endes **[49]** *(251)*. Zum Abschluss dieser dramatischen Geschichte ließ Wieczorek eine Dankestafel auf dem Seikofel installieren – ohne Reklamehinweis auf sein Buch (Abbildung 9, S. 548).

11.2.3.8. Nachprüfungen

Dem Journalisten und Krimiautor Manfred Bomm wurde 2009 Wieczoreks Roman zur Rezension angeboten ***(276)*** *(17)*. Die Geschichte faszinierte ihn, weil das Nachwort anzudeuten schien, dass es sich um eine autobiographische Erzählung handelt. Bomm entschloss sich, den Autor persönlich kennen zu lernen und ihn über das Buch zu interviewen. Er besuchte im Juni 2010 Udo und Daniela Wieczorek in Elchingen zusammen mit seiner Partnerin Doris. Bomms Vermutung stellte sich als richtig heraus: Der Roman fußte auf Erfahrungen aus dem realen Leben. Obwohl die ganze Geschichte so unglaublich klingt, dass sie Zweifel an der Echtheit geradezu herausfordert, wirkte der Autor zurückhaltend und nicht an einer öffentlichen Sensation interessiert *(254)*. Bomm nahm sich daher vor, nachzuforschen, ob Vinz, Wieczoreks früheres Selbst, tatsächlich gelebt hat. Es war nicht leicht, aber nach einiger Überredungskunst gelang es ihm, Wieczoreks Zustimmung zur Teilnahme an dem Projekt zu erhalten *(20)*.

Als Erstes wollten sie nun feststellen, ob Vinz‘ Abschiedsbrief wirklich von 1915 stammt. Der Schrifttyp ist als ‚Kurrentschrift‘ bekannt, wie er um die Jahrhundertwende in österreichisch-ungarischen Schulen gelehrt wurde (nicht Sütterlin, welches in Deutschland gebräuchlich war). Prof. Dr.-Ing.

Lothar Göttsching vom Institut für Papierherstellung an der Technischen Universität in Darmstadt konnte nach gründlicher Analyse das Papier auf einen Zeitabschnitt zwischen 1875 und 1960 datieren *(257)*. Es konnte also 1915 oder früher hergestellt worden sein. Er äußert sich nicht dazu, wie eine Wachsschicht aufgebracht werden konnte. Theoretisch konnte das Papier auch nach 1960 beschrieben und mit der Wachsschicht versiegelt worden sein. Daher diskutierten die beiden, ob es sich um eine Fälschung handeln könnte. Sie konnten aber kein Motiv finden, weshalb Wieczorek so etwas hätte tun sollen. Er spielte seine Erfahrungen nicht hoch und suchte auch keinen finanziellen Vorteil. Auch kann er diese Schrift weder lesen noch schreiben. Eine Fälschung durch Dritte wirft zudem die Frage auf, wie Wieczorek den Fundort dann hat träumen können. Es ist also zwar nicht bewiesen, aber doch recht wahrscheinlich, dass der Abschiedsbrief echt ist. Es fragt sich nun, ob es jenen Vinz mit seinen Kriegserfahrungen, wie geträumt, wirklich gab.

Durch das Rathaus in Sexten vermittelt, fanden Wieczorek und Bomm 2013 den hilfsbereiten und kenntnisreichen lokalen Historiker **Rudolf Holzer** *(263)*. Er konnte Detailangaben zu vier Soldaten mit dem Namen ‚Vinzenz' auftreiben, die zur passenden Zeit im Bereich von Sexten gefallen waren. Nur einer von diesen, Vinzenz Rossi, kam in Frage, weil er am 17. August 1915 im Militärkrankenhaus der Nachbarstadt Innichen an seiner schweren Verwundung gestorben war. Dort war er auch begraben worden **[50]**. Es kann gut sein, dass er am 14.August 1915 verwundet wurde, weil an diesem Tag am Seikofel heftig gekämpft wurde. Dokumente sagen, dass dieser Vinzenz ein 20-jähriger Kaiserjäger aus dem Raum Trient war. Er wäre ein italienisch sprechender Tiroler, der auch ‚Welschtiroler' genannt wird, und für die Österreichisch-Ungarische Monarchie kämpfte.

Eine Internetrecherche über den Militärfriedhof in Innichen erbrachte weitere Information: Zusätzlich zum Namen ‚Rossi, Vinzenz' gibt es dort eine zugehörige Inschrift ‚CENTA' und ‚BORGO' *(266)*. Google Earth komplettierte dies zu ‚Centa di San Nicolo'. Daniela erinnerte sich, dass Udo sich ohne eine Landkarte auskannte, als sie in dieser Region einmal Urlaub machten **[51]**.

11.2.3.9. 2013: Erste Forschungsreise im Mai

Wieczorek und Bomm reisten im Mai 2013 zu einer ersten Forschungsreise nach Sexten. Sie trafen sich mit dem lokalen Historiker Holzer, der ihnen Neues zu berichten wusste. Er hatte herausgefunden, dass es tatsächlich ein Mädchen namens ‚Marie Watschinger' gegeben hat, die ihr Leben während des ersten italienischen Angriffs auf Sexten verloren hat **[52]** *(272, 283, 292, 295)*. Ihr Onkel betrieb das Gasthaus im Außenbezirk von Moos, einem Ortsteil von Sexten. Gegenüber dem Gasthaus stand die Scheune, an deren Holzplanke Wieczorek beim Besuch 1994 die eingeschnitzte Rose gefunden hat, die ihm aus dem Traum bekannt war **[53]**. Im autobiographischen Roman ist Marie Bedienung in dem Lokal und trifft sich dort mit Vinz und Josele. Holzer präsentierte sogar ein Foto von Marie, auf dem sie zusammen mit drei anderen Frauen zu sehen ist. Wieczorek identifizierte sofort ‚seine' Marie. Wieczorek besuchte auch das Haus, in dem sie getötet wurde, und fand, dass es **wie in seinem Traum** aussah **[54]**.

Holzer erklärte die Schrift in dem Abschiedsbrief für authentisch *(280)*. Zur Frage, warum Vinz in deutscher statt in italienischer Sprache geschrieben hatte, sagte er, dass im italienisch sprechenden Gebiet der Österreichisch-Ungarischen Monarchie Deutsch als erste Sprache in der Schule gelehrt wurde.

Holzer vermittelte den beiden Forschungsreisenden auch einen Kontakt zu einem weiteren intimen Kenner der lokalen Historie *(273)* – zu Bruder **Siegfried Volgger** vom Franziskanerkloster Bozen, einst Hausoberer vom Kloster Innichen unweit von Sexten. Dort gab es in den Kriegsjahren ein Militärhospital und einen Soldatenfriedhof. Bruder Siegfried hatte dafür gesorgt, dass der dortige, bereits verwilderte, Soldatenfriedhof ‚Burg' wieder hergerichtet wurde. Volggers Akten besagen, dass ein **Vincenzo Rossi** – der einzige mit diesem Namen *(290)* - in Centa/Borgo lebte, einem kleinen Bergdorf bei Lavarone, das zu Kaisers Zeiten ‚Zehnten' genannt wurde, und heute ‚Centa di San Nicolo' heißt **[55]**. Der Klosterbruder erklärte auch, es sei durchaus vorgekommen, dass in dieser grenznahen Region Männer aus derselben Gemeinde auf unterschiedlichen Seiten kämpften *(289f)*. Wieczorek und Bomm fuhren dorthin, fanden auf dem dortigen Kriegerdenkmal aber nur einen Luigi und einen Carlo Rossi eingetragen *(285)* (siehe Abbildung 10, S. 549).

Der Klosterbruder hatte inzwischen neben dem Geburtsdatum auch den vollständigen Namen von Vinz herausgefunden **[56]** *(301)*. Dieser hieß mit vollem Namen **Vincenzo Luigi Rossi** (‚Vinz' Abkürzung für ‚Vincenzo'). Wie sich später herausstellte, wurde er zu Hause mit seinem zweiten Vornamen ‚Luigi' gerufen – dem Namen, der auch auf der Sterbetafel in Centa aufgeführt ist. Der dort ebenfalls aufgeführte Carlo Rossi ist ein Bruder von Vinzenz.

Der Frater machte außerdem eine noch lebende Verwandte von Vincenzo Rossi ausfindig **[57]**, die Nichte **Giuseppina Armida Rossi** und besuchte sie in Centa *(301)*. Armidas Vater Mario war ein Bruder von Vincenzo. Die Nichte weiß noch, dass ihr Vater und der Onkel Adriano oft von Sexten und dem Kreuzbergpass als dem Sterbeort von Vinz gesprochen haben.

In einer E-Mail schickte Bruder Siegfried ein Bild mit 34 ovalen Sterbetäfelchen *(303)* (s. Abbildung 11, S. 550). Wieczorek erkannte sofort die Portraits von Vinz bzw. Luigi (Ziffer 1 in Abbildung 11), Carlo (Ziffer 2 in Abbildung 11) und einem gewissen Onibene (Ziffer 3 in Abbildung 11) und bekam dies auch als korrekt bestätigt, nachdem durch Vergrößerung des Bildes Namen lesbar wurden **[58]**. Josele war nicht abgebildet. Das Soldatenbild, welches Wieczorek so oft am Ende seiner Träume gesehen hatte, stimmte mit dem Konterfei von Luigi Rossi überein. Er konnte ihn daher bereits identifizieren, bevor er den Namen entziffert hatte.

Die besagte E-Mail enthielt auch eine Kopie des Sterbebuches der Pfarrei Innichen mit dem Eintrag: Nr. 63, 17. August (1915), 8h abends, k.k. Landwehr-Marodenhaus, Vinzenz Rossi, k. u. k. Jäger von Centa Borgo, 4. Reg. 9. Comp., 20, Lungenschuss, provisus hier begraben am 19. August **[59]** *(308)*.

11.2.3.10. 2013: Zweite Recherchereise im August

Im August 2013 fuhren Wieczorek und Bomm erneut nach Centa, diesmal, um zusammen mit Bruder Siegfried und dessen Mitbruder Enrico *(314)* die noch lebenden Verwandten von Vincenzo Rossi zu besuchen. Die Gruppe wurde von Armida Rossi, ihrem Sohn Fulvio und dessen Deutsch sprechender Ehefrau **Mariangela Giolito-Weiss** herzlich empfangen. Sie wohnen im Elternhaus von Vinz *(320)*. Weil es inzwischen stark umgebaut ist, erkannte es Wieczorek nicht auf Anhieb. Es wurden alte Fotographien herumgereicht. Noch bevor Mariangela erklären konnte, wer auf dem Bild zu sehen ist, kam ihr Wieczorek zuvor und erklärte auf Italienisch, dass es sich um Vater und Großmutter von Vincenzo handelt **[60]** *(319)*. Er hatte recht und sagte, **er kenne** das Gesicht des Vaters aus seinen Träumen. Fulvio bestätigte ausdrücklich, dass Vincenzo am Kreuzberg gefallen ist **[61]** *(323)*. Als Manfred Bomm nach dem Beruf von Vinzenz fragte, schoss Wieczorek der Gedanke durch den Kopf, er müsse etwas mit Holz zu tun gehabt haben **[62]** *(320f)*. Das war richtig. Der Verstorbene war Tischler. Hat Wieczorek etwa deshalb schon so viele Dinge **aus Holz gefertigt**? Fulvio brachte daraufhin Vincenzos alten Hobel, den er aufbewahrt hatte, und Wieczorek fiel ihm mit „*mia Pialla*" ins Wort.

Ein weiteres Foto wurde gereicht *(324)*. Es war ein Gruppenbild von 6 jungen Männern, darunter Vincenzo (Abbildung 12, S. 550 und Abbildung 13,

S. 551 Vinz in Vergrößerung) . Wieczorek kam, als er auf das Bild schaute, der Name ‚Obele Oni' in den Sinn **[63]**. Aber niemand im Raum kannte den jungen Mann. Ein ‚Obele Ognibene' war schon auf der Gefallenentafel von Centa abgebildet gewesen (Abbildung 11, S. 550). Wieczorek hatte ein kurzes **Flashback** und fragte daraufhin in die Runde, ob jemand wisse, aus welchem Anlass das Foto aufgenommen worden sei. Er erntete aber nur Kopfschütteln. Nun erklärte er, dass alle 6 Personen einen Hut mit einem weißen Zettel in der Hand halten. Die Zettel seien die Einberufungsbescheide zum Kriegsdienst. Das leuchtete allen ein **[64]**.

Gegen Ende des Besuches bei den Rossis führte Fulvio seine Gäste noch in die neu ans Haus angebaute Garage *(327f)*. Noch bevor er einige Gegenstände von einem hohen Schrank wegräumen konnte, fiel es Wieczorek blitzartig ein: Vincenzo hat, kurz bevor er in den Krieg ziehen musste, begonnen, eine **Sonnenuhr** auf die ehemalige Hausfassade zu skizzieren. Die Uhr wurde zwar nie fertig gestellt, aber die Skizze war noch deutlich zu sehen. Fulvio hatte es nicht über sich gebracht, sie zu übermalen **[65]** (Abbildung 14, S. 551).

Auf einem Spaziergang nach dem Besuch bewies Wieczorek wieder einmal seine verblüffende **Ortskenntnis**. Der Wasserfall des Flüsschens Zenta heißt ‚Fallimboch', erklärte er *(331)*. Nach ein paar Hundert Metern bestätigte dies ein Wegweiser in Italienisch: ‚Cascata di Vallimpach' war da zu lesen **[66]**. Nach diesem Besuch war Wieczorek sich sicher, dass er sein ehemaliges Zuhause gefunden hatte **[67]**.

11.2.4. Überprüfung des Falles

Nach der Lektüre des Buches ‚Seelenvermächtnis' oder der komprimierten Darstellung in vorausgegangenen Kapiteln wird es vielen so gegangen sein wie mir: Wieczoreks Geschichte erscheint viel zu perfekt, als dass man sie ohne Bedenken als wahre Begebenheit akzeptieren könnte. Es wirkt wie konstruiert, dass ein sterbender Soldat im Unterstand an der Front einen Abschiedsbrief mit korrekter Prophezeihung an seine eigene Wiedergeburt schreibt, im Gelände versteckt, und der Wiedergeborene den Brief zum dort vorausgesehenen Datum tatsächlich 82 Jahre später findet und noch entziffern kann. Weil das noch nicht reicht, gräbt die heutige Person auch noch als Beleg für die Freundschaft eine handschriftliche Notiz ihres Busenfreundes im früheren Leben unter einem Wurzelstock mitten in der Bergwelt aus. Nein, das ist zu viel!

Wenn ich nicht seit 2000 im Verlauf meiner Forschungsarbeit zu Spontanerinnerungen kleiner Kinder an ihr früheres Leben wahrlich unglaubliche Geschichten gelesen hätte, die einer Nachprüfung erstaunlicherweise stand hielten, hätte ich Wieczoreks Buch zur Seite gelegt und vermutlich nie wieder angeschaut. So aber sage ich mir als Schüler von Prof. Ian Stevenson, dem Vater der Reinkarnationsforschung: *„Schau die Dinge unvoreingenommen an, überprüfe sie so gründlich es geht, erwäge alle erdenklichen Erklärungen dafür, und bilde dir erst dann ein Urteil“.*

Dementsprechend nahm ich mit so vielen Zeugen wie möglich Kontakt auf und interviewte sie unabhängig voneinander. In Begleitung meiner Frau besuchte ich die beiden Autoren am Montag, dem 30.11.15 in Elchingen bei Ulm. Uns wurden die mutmaßlich von 1915 stammenden beiden Briefe, die beiden Münzen in Drahtkörbchen und die verrostete Blechdose gezeigt, und wir durften alles fotografieren. Unser Anfangsverdacht, es könnte sich bei Wieczorek und Bomm um findige Autoren handeln, die mit einer Sensation ‚groß rauskommen‘ wollen, bestätigte sich in keiner Weise. Meine Frau und ich kamen nach dem Besuch zur Überzeugung, dass wir von beiden mit gutem Gefühl einen Gebrauchtwagen kaufen würden. Natürlich befragte ich auch Wieczoreks Frau Daniela, die bei dem Besuch zugegen war und als ‚Kronzeugin’ fungieren kann, weil sie fast das ganze Geschehen miterlebt hat. Sie bestätigte den Wahrheitsgehalt der Schilderungen im Buch.

Aber man kann sich auch täuschen oder getäuscht werden, und deshalb nahm ich unabhängig von Wieczorek und Bomm Kontakt mit den in ihrem gemeinsamen Buch genannten Informanten auf, und fragte diese, ob sie ihren jeweiligen Part im Buch als wahrheitsgemäß dargestellt bestätigen können.

Alle Informanten gibt es wirklich und ich erhielt Bestätigungen in schriftlicher Form vom

- Ortschronist Rudolf Holzer aus Sexten,
- Franziskanerbruder Siegfried Volgger aus Bozen und
- Vinzens’ Nichte Mariangela Giolito-Weiss aus Centa di San Nicolo.

Dies ist im Anhang zur englischen Veröffentlichung ***(191)*** auf dem Internet nachzulesen ***(192)***.

Ich befragte fernmündlich, per E-Mail bzw. in der direkten Unterhaltung:

- Isolde Wieczorek, die Mutter von Udo Wieczorek;
- Frau Rita Tschurtschenthaler in Sexten, die das Dokument von Udo erstmals entzifferte;
- Udos Großcousine, Bianka Schneider aus Elchingen;
- Prof.(em.) Dr.-Ing. Lothar Göttsching.

Meine diesbezüglichen Eigenprotokolle finden sich ebenfalls im Anhang *(192)*. Nirgends ergab sich ein Widerspruch zur Darstellung im Buch.

Nach diesen ermutigenden Ergebnissen ergab sich mir die Möglichkeit, mit Udo Wieczorek und seiner Frau (sowie 2 Elsässer Übersetzern des Buches) am 22.7.2016 den Fundort von Vinz' Brief im Schützengraben des Ersten Weltkrieges auf dem Seikofel zu besuchen. Dort wurde mir die Stelle gezeigt, an der die Notiz von Josele gefunden worden war. Außerdem führte ich am 19.7.2016 (zusammen mit meiner Frau) ein persönliches Gespräch mit dem Ortschronisten Rudolf Holzer in Sexten und ich telefonierte mit Rita Tschurtschenthaler und dem Franziskanermönch. Wir sprachen auch mit der Zugehfrau, Johanna Holzer, die 1997 als erste unabhängige Zeugin den Abschiedsbrief gesehen und entziffert haben soll (nicht verwandt mit Rudolf Holzer). Die Reise ins Pustertal verband ich (zusammen mit meiner Frau) zudem mit einem Besuch bei Angehörigen der früheren Familie von Vinz, Mariangela Giolito-Weiss und ihrem Mann Fulvio Weiss in Centa di San Nicolo (Abbildung 15, S. 552). Wir begrüßten auch die Nichte von Vinz, die 83-jährige Armida Giuseppina Rossi.

11.2.4.1. Mein Ergebnis der Befragungen

Der Fundort im Schützengraben sieht fast genau so aus, wie in der Erinnerungsskizze im Buch *(213)* und dem Foto auf S. *(278)* dargestellt, wenn man davon absieht, dass die Mauer, welche die Nische einst verschlossen hatte, nicht mehr bestand. Der Eindruck drängte sich auf, dass Unbekannte hier vorher am Werk waren. Der ehemalige Unterstand befand sich in einer tief in den Fels getriebenen Höhle, die nicht mehr leicht zu begehen ist, da Wasser darin steht. Sie liegt gleich neben dem Fundort. Herr Wieczorek sagte, dass ihn die Rückkehr an diesen Ort jedes Mal **psychisch stark belastet [68]**. Er verspürt einen Druck im Bereich des Brustkorbs.

An den Stümpfen des Drillingsbaums fand Udo Wieczorek auf Anhieb den Drahtwickel des Eisendrahtes, mit dem das Holzkästchen, das Joseles Zettel und die Münze enthielt, umwickelt war, und den er 1997 vor Ort zurückgelassen hatte. Er ist augenscheinlich von gleicher Art wie der Draht, mit dem die Münzen umfangen sind. Leider war ich zum Zeitpunkt des Fundes noch einige Meter vom Fundort entfernt, so dass ich den genauen Hergang nicht bezeugen kann. Es gibt keinen Anlass einen Trickbetrug zu vermuten. Ich kann ihn aber auch nicht ausschließen. Der Versuch, den Herstellungszeitpunkt für den Draht zu bestimmen, misslang leider.

Das Gespräch mit der betagten Zugehfrau, Johanna Holzer, verlief ergebnislos. Ich bin dem nicht weiter nachgegangen, weil die ehemalige Haushaltshilfe nicht den Eindruck macht, zur wertvollen Zeugin werden zu können.

Die Pensionswirtin Tschurtschenthaler kann sich nicht mehr daran erinnern, ob Wieczorek 1995 bei seinem ersten Aufenthalt bei ihr Südtiroler **Dialekt** sprach.

Im Gespräch mit Rudolf Holzer ergab sich, dass er Reinkarnation nicht für die geeignete Erklärung des Falles hält. Er vermutet eher eine Einwirkung Verstorbener auf die Lebenden. Er kommt daher nicht in den Verdacht, etwa Verbündeter von Wieczorek in einer Mission für die Wiedergeburt zu sein.

Bruder Siegfried Volgger versteht sich nur als Experte für die im Pustertal beerdigten Soldaten des Ersten Weltkrieges und deren Umbettung. Aus allem anderen, so macht er deutlich, will er sich heraushalten.

Frau Giolito-Weiss hat in die Familie der Nachkommen von Vinz eingeheiratet. Sie bezieht ihr Wissen von ihrem Mann, der sich speziell für die Familiengeschichte interessiert. Seine Frau ist Religionslehrerin und als solche keine Verfechterin der Reinkarnationsidee. Auch sie bevorzugt eine Erklärung des Falles durch Einwirkung Verstorbener auf die Lebenden. Für sie war die Tatsache, dass der erste Kontakt seinerzeit durch zwei Klosterbrüder zustande gekommen war, eine entscheidende Hilfe, sich als Zeugin und Dolmetscherin in dem Fall überhaupt zu beteiligen.

Prof.(em.) Dr.-Ing. Lothar Göttsching, der die Papieranalyse des Abschiedsbriefes beigesteuert hatte, war zu keiner eindeutigen Antwort zu bewegen. Er distanziert sich von der Interpretation als Reinkarnationsfall. Seine E-Mail mit den Ergebnissen seiner Untersuchung, an Wieczorek am 7.2.2013 gesandt, liegt mir vor, und sie bestätigt, was im Buch dazu gesagt wird.

11.2.4.2. Das Betrugsszenario als Erklärungshypothese

Nach der Lektüre des Buches drängt sich – insbesondere für Skeptiker – der Eindruck geradezu auf, Udo Wieczorek könnte mit dem Absatz seines Vorläuferbuches ‚Flieg, mein roter Adler' *(276)* unzufrieden gewesen sein, und eine Neuauflage angestrebt haben, die mehr Aufmerksamkeit auf sich ziehen würde. Vielleicht hat er daher eine an der Realität nachprüfbare Geschichte konstruiert. Das Ergebnis dieses Komplotts wäre das Buch ‚Seelenvermächtnis'. Damit es besonders überzeugend ausfällt, fälscht Wieczorek den Abschiedsbrief von Vinz und die Nachricht von Josele. Er macht das sehr geschickt, indem er im Hinblick auf spätere Nachprüfungen zumindest beim Brief von Vinz Papier verwendet, das vor 1960 hergestellt wurde, und indem er jemanden einsetzt, der einen Text in Kurrentschrift (nicht Sütterlin!) schreiben, eine künstliche Alterung herbeiführen und eine Wachsversiegelung vornehmen kann. Um die Glaubwürdigkeit zu erhöhen, könnte er sich einen erfahrenen Krimiautor und Journalisten, nämlich Manfred Bomm, als Kompagnon hinzugenommen haben, der - eingeweiht in den Schwindel oder auch nicht - die Nachprüfung steuert und begleitet.

Irgendwoher, unterstelle ich, wusste Wieczorek, dass sein kindlicher **Dialekt** südtirolerisch war. Um die Übereinstimmung mit seinen Kinderzeichnungen und seiner Dialektbeherrschung herzustellen, sucht er sich irgendeinen Gefallenen des Ersten Weltkrieges aus Südtirol aus, dessen Name und Sterbedatum er in echten Dokumenten finden kann. So ist sichergestellt, dass die spätere Überprüfung durch unabhängige Historiker gelingen kann. Um die Sache spannender zu machen, gibt er nur Vornamen, keine Nachnamen der früheren Personen an. Er schafft es auch, – so die These – Daniela als Komplizin zu gewinnen, weil sie als glaubwürdige Zeugin ohnehin ebenso ausfällt wie der Koautor Manfred Bomm. Den übrigen Beteiligten, die oben als Zeugen benannt sind, spielte Wieczorek bei den Nachprüfungen den Unschuldigen vor. Es wäre unklug und risikoreich gewesen, den Kreis der Komplizen auf diese Zeugen auszudehnen. Ich halte es auch für höchst unwahrscheinlich, dass es hätte gelingen können, den Klosterbruder Siegfried Volgger, die Religionslehrerin Mariangela Giolito-Weiss, den Ortschronisten Holzer oder Prof.(em.) Dr.-Ing. Lothar Göttsching einzubeziehen. Sie sind keine Unterstützer der Reinkarnationsidee oder esoterisch interessiert.

11.2.4.3. Meine Beurteilung des Betrugsszenarios

Der Geschichtenerfinder ist gut beraten, einen Soldaten auszuwählen, von dem er möglichst ausführliche Daten erhalten kann, um seine Geschichte nicht im Widerspruch zu Ergebnissen einer späteren Nachprüfung zu konstruieren. Als kluger Autor wird er versucht haben, einen Gefallenen zu finden, von dem nicht nur der Sterbeort und das Sterbedatum bekannt ist, sondern auch der Ort der Verwundung, da er beides im Buch unterscheidet. Das ist offensichtlich nicht gelungen, denn im Buch sind keine Dokumente über den Verwundungsort aufgeführt. Ersatzweise könnte Wieczorek den Fall des Vincento Rossi gewählt haben, für den wenigstens die Truppeneinheit, in der Rossi gedient hat, und deren Einsatzort bekannt ist, wie im Buch ‚Seelenvermächtnis' auf S. (337) angegeben. Das hätte ihn zu der Annahme führen müssen, dass die Verwundung im Einsatzgebiet stattgefunden hat.

In diesem Fall hätte der Autor den Ort der Verwundung allerdings auf den Monte Piano gelegt, weil dies der Einsatzort der Kompanie (k. u. k. Kaiserjäger, 4. Reg. 9. Comp.) ist, in der Vinz diente[59]. Wieczorek verlegt jedoch die tödliche Verwundung von Vinz auf den 8 Kilometer Luftlinie entfernten Seikofel. Warum baut er diesen ‚Stolperstein' ein? Und warum tut er das, ohne ausführlich zu begründen, warum Vinz an einem anderen Ort als dem Einsatzort seiner Einheit verwundet wurde? Wie kommt es, dass er damit sogar die geschichtliche Realität trifft, die erst 2013 am Ende der Untersuchung herausgefunden wurde?

Die letztere Frage beantwortet sich, wenn man annimmt, der Geschichtenerfinder habe

- die Information über den Einsatzort der Truppeneinheit entweder erst später im Lauf der Entstehung seines Buches erhalten
- und/oder sich um dieses Detail nicht gekümmert
- und von dem bekannten Sterbeort (Innichen) auf den später bestätigten Ort der Verwundung geschlossen.

Der Seikofel liegt im Einzugsgebiet des Militärkrankenhauses Innichen. Der Ort der Verwundung wurde später durch den Brief von Vinz bestätigt ***(192)***. Dieser Zusammenhang zwischen Innichen und dem Ort der Verwundung ist aber nicht zwingend, weil es auch andere Möglichkeiten innerhalb des Einzugsgebietes gab, wie mir sowohl von Herrn Holzer als auch von Bruder Volgger angegeben wurde. Herr Wieczorek hätte also ‚glücklich geraten'. Man fragt sich allerdings, warum der mutmaßliche Geschichtenerfinder nicht einen (anderen) Lebenslauf ausgesucht hat, der ihn nicht zum Raten zwingt und das Risiko einer Diskrepanz bei der Nachprüfung vermeidet. Nach Auskunft von Bruder Volgger gibt es solche Fälle, allerdings nicht in großer Zahl.

Was die anderen Fragen anbelangt: Wenn den Autor der Einsatzort der Truppeneinheit nicht interessiert, wie oben unterstellt, warum schweigt er im Buch dann nicht darüber in der Erwartung, dass die meisten Leser die Diskrepanz zwischen Einsatzort und Verwundungsort dann nicht bemerken werden? Wieczorek weist auf S. *(337)* in seinem Buch aber explizit darauf hin: Wie kann Vinz weit weg vom Einsatzort seiner Truppeneinheit gekämpft haben? Bei einem konstruierten Fallbericht würde man nun erwarten,

[59] Der Einsatzort wird unabhängig davon auch an anderer Stelle bestätigt: Wißhaupt 1936, S. 88 = http://www.literature.at/viewer.alo?objid=19206&viewmode=fullscreen&rotate=&scale=2.5&page=103; http://gebirgskrieg.heimat.eu/5120.htm.

dass er eine einleuchtende Erklärung für die Diskrepanz erfindet. Nicht so Udo Wieczorek. Er spekuliert nur über mögliche Gründe[60].

Die vorstehend aufgeworfenen Fragen machen deutlich, wie fragwürdig die These ist, Udo Wieczorek habe seine Geschichte um die Daten über Vincenzo Rossi herum frei erfunden. Es bleibt aber nicht nur bei ‚Fraglichem'.

Einige Vorkommnisse lassen sich nicht mit Konspiration oder Betrug erklären, weil sie von unverdächtigen Zeugen, also nicht nur von Daniela Wieczorek und Manfred Bomm bestätigt sind *(Zahlen in Klammern geben die Seite im Buch ‚Seelenvermächtnis' an)*:

Beim ersten Besuch der beiden Autoren in Begleitung der beiden Klosterbrüder im Elternhaus von Vinz in Centa wird Folgendes von Mariangela Giolito-Weiss bzw. Siegfried Volgger mündlich oder schriftlich bestätigt **[60]**:

- Wieczorek erkennt bei Verwandten von Vinz auf alten Fotographien spontan den Vater und die Großmutter von Vinz *(319)*.
- Wieczorek weiß um eine Sonnenuhr an der Hauswand, die Vinz vor seinem Tod anzumalen begonnen hatte, noch ehe er sie zu Gesicht bekommt *(328)*. Details dazu bei Hassler ***(192)***.
- Wieczorek kann an Hüten steckende Papiere auf einem Gruppenphoto, die bisher unverstanden waren, jedem einleuchtend als Einberufungsbefehle erklären *(325)*.
- Wieczorek kennt sich in der Umgebung des Elternhauses von Vinz aus. Er nennt den deutschen Namen eines Wasserfalls (Fallimboch), bevor er noch das italienische Schild (Cascara di Vallimpach) sieht *(331)*[61].

[60] Im persönlichen Gespräch erklärte mir Wieczorek dazu: Vinz war nach Auskunft von Fulvio Weiss, Ehemann von Mariangela Giolito-Weiss, vom vorhergegangenen Russlandeinsatz TBC-krank und hat auf Heimaturlaub bereits mehrere Familienmitglieder angesteckt. Das wurde von Frau Giolito bestätigt. Er konnte daher als kriegsuntauglich gegolten haben und hatte ein Motiv, nach Sexten zu gehen. Dort ist Ende Juli 1915 vermutlich seine Geliebte Marie durch Beschuss der Italiener ums Leben gekommen. Aus Verzweiflung darüber und über seine unheilbare Erkrankung kann er freiwillig in den Kampf gezogen sein. Er könnte auch zum Kampf gezwungen worden sein, weil die Front stark unterbesetzt war.

[61] Frau Giolito erwähnte mir gegenüber beim Gang durch Centa, dass Herr Wieczorek weitere Ortskenntnis gezeigt habe. Sie könne das aber jetzt, 3 Jahre später, nicht mehr rekonstruieren.

Schon als Kind zeigt Udo Wieczorek **Verhalten**, das zu seiner Geschichte passt, nicht aber mit Betrug erklärlich ist (Zeugen: Bianka Schneider, Isolde Wieczorek):

- Klein Udo zeichnet viele düstere Bleistiftbilder mit Bergen, Stacheldraht, Kreuzen, Verwundeten, Gewehren und Doppeldecker-Flugzeugen (Abbildung 5, S. 545). Auch in anderen Fällen zeigen kindliche Zeichnungen anscheinend Erinnerungen aus früheren Leben *(**188**, S. 338)*.
- Udo leidet unter Alpträumen über Kriegsereignisse. (Vergleichbares kommt auch in anderen Fällen vor *(gelöste Fälle: **227**; **186**, S. 142; **242**, S. 61)*).
- Udo spricht schon als Kind zum Spaß einen Dialekt, der sich später als Südtirolerisch herausstellt, obwohl er nie in Südtirol war oder mit diesem Dialekt in Berührung kam. Ähnliche Fälle finden sich im Buch über Spontanerinnerungen kleiner Kinder *(**186**, S. 76, 79, 173, 291-293)*.

Udo Wieczorek zeigt auch als Erwachsener **Verhaltensweisen**, die zu seiner Geschichte passen und nicht durch Betrug erklärbar sind:

- Er hat viel mit Holz gearbeitet, schreibt er *(320)*. Er zeigte mir bei meinem Besuch in seinem Haus einen kunstvoll gezimmerten Wohnzimmerschrank, den er selbst angefertigt hat, weil er gerne mit Holz arbeitet. Das passt zu Vinz' Beruf des Tischlers. Von kleinen Kindern weiß man, dass sie gelegentlich gerne den Beruf aus dem früheren Leben nachspielen *(**186**, S. 284)*.
- Herr Wieczorek ist begeisterter Bergsteiger *(15)*. Vinz wuchs in einer Bergregion auf, in der fast jeder gezwungen war, Bergsteiger zu sein (Aussage von Frau Giolito).
- Herr Wieczorek ist begeisterter Höhlenforscher (Blautopf, S. *361*). Nahe Vinz' Heimatort Centa gibt es viele Höhlen *(311)*, für die sich Vinz interessiert haben dürfte, wie Wieczoreks spontane Erinnerung an eine Höhle nahe Centa namens ‚Hinderloch' *(311)* nahe legt, deren Existenz man im Internet bestätigt findet *(http://mapio.net/pic/p-35102701)*.

Skeptiker mögen anzweifeln, dass es Vinz im Unterstand des Schützengrabens möglich gewesen war, seinen Brief mit Wachs zu versiegeln. Da es mir trotz intensiver Suche nicht gelungen ist, zur dazu notwendigen Technik einen Literaturbeleg zu finden, habe ich selbst einen Versuch angestellt: Mit 7 Teelichtern als Ersatz für eine Herdplatte habe ich handelsübliches Kerzenwachs in einer Pfanne flüssig werden lassen und ein Stück Papier DIN-A5 in der Flüssigkeit getränkt und nach dem Herausnehmen abtropfen lassen (Abbildung 16, S. 552). Auch ein zweifach gefaltetes Papier ließ sich so behandeln und wieder auseinanderfalten, so dass auch statt der Pfanne ein Gefäß kleineren Durchmessers und weniger Kerzen hätten benutzt werden können. Schriftproben mit drei Tinten[62] sind beim Eintauchen ins heiße Wachsbad nicht verwischt worden. Das Ergebnis war jeweils dem Brief vergleichbar, den Wieczorek gefunden haben will. Vinz dürfte also im Prinzip in der Lage gewesen sein, seinen Brief trotz schwieriger Umstände zu versiegeln. Allerdings träfe dies auch für einen potentiellen Betrüger zu.

Zu diesem Betrugsszenario sei noch vermerkt, dass ich mir inzwischen von fast allen Beteiligten einen persönlichen Eindruck verschaffen konnte. Ich halte es danach nicht für angemessen, **Manfred Bomm** als nicht vertrauenswürdigen Zeugen einzuordnen. Immerhin hat er nach eigenen Angaben Udo Wieczorek dazu überredet, mit ihm die Recherchen erneut aufzugreifen und weiter zu treiben. Er kann als der erste unabhängige Untersucher des Falles gelten. Er gerät nur deshalb in Konspirationsverdacht, weil er zusammen mit Udo Wieczorek veröffentlicht hat. Auch **Daniela Wieczorek** halte ich für unverdächtig: Sie war die treibende Kraft bei den ersten Nachforschungen in den Neunziger Jahren. Sie wollte ihrem Partner helfen, sich von den belastenden Träumen und Flashbacks zu befreien, indem er die Vergangenheit aufdeckt. Und **Udo Wieczorek**, den Betriebsprüfer im Finanzamt, als Betrüger darzustellen, widerspricht gänzlich dem Eindruck von seinem Naturell, den sowohl meine Frau als auch ich und Herr Bomm von ihm erhalten haben. Auch alle o.g. Zeugen haben keine Zweifel an der Glaubwürdigkeit der beteiligten Personen oder des Falls an sich geäußert, obwohl sie keineswegs als Verfechter von Esoterik oder der Reinkarnation gelten können.

Die oben angeführten Gründe lassen die Betrugshypothese wenig überzeugend aussehen, so dass ich der Versicherung der beiden Autoren Glauben schenke, dass sie nach bestem Wissen und Gewissen berichtet haben.

11.2.5. Analyse des Falles

Um den Fall zu analysieren, wurden Elemente, die für eine paranormale Erklärung relevant sind, aus Wieczoreks Buch oder der Zusammenfassung (Kapitel 11.2.3, 'Der Fall', S. 380) in der hier vorliegenden Darstellung herausgezogen. Die Elemente selbst werden dann mit Erkenntnissen aus anderen Feldern der Reinkarnationsforschung verglichen, um den Fall in das bestehende Wissen einzuordnen. Die Glaubwürdigkeit dieser Elemente wird bewertet, indem gezeigt wird, wie gut sie bezeugt sind. All diese Informationen wer-

[62] Pelikan 4001; Metzger & Mendle, 2016; Reform, löschbare Tinte, mindestens 40 Jahre alt.

den in die am Ende des Fallberichts folgende Tabelle 11-1, S. 406 eingetragen. Bevor ich erkläre, wie die Tabelle zu lesen ist, will ich die Ergebnisse der Analyse zusammenstellen.

11.2.5.1. Ergebnis der Analyse

Vergleich mit ‚CORT' = **C**ases **o**f the **R**eincarnation **T**ype (Kinderfälle):

Da Wieczorek und Bomm implizieren, einen bedeutenden Fall von Reinkarnation zu präsentieren, wurde Wieczoreks Fall zuerst mit den Fällen verglichen, welche die stärksten Hinweise auf die Realität der Wiedergeburt liefern. Das sind Fälle von Kindern, die spontan behaupten, sich an ihr früheres Leben erinnern zu können. Prof. Ian Stevenson war der erste, der solche Fälle systematisch untersucht und die meisten beigesteuert hat. Unter insgesamt knapp 3000 Fällen kann man 80 davon seine stärksten Beispiele nennen. Sie beinhalten typischerweise 25 Elemente ***(186; 446, 447)***.

Wieczoreks Fall beinhaltet **17 übergeordnete Elemente** oder Merkmale (Kernelemente). Sie treten in unterschiedlichen Ausformungen auf, so dass insgesamt **48 einzelne paranormale Merkmale** zusammenkommen. Von den 17 Kernelementen sind 11 vergleichbar mit solchen der CORT.

Die übrigen **6 sind einzigartig bei Wieczorek**:

1. Zeichnungen von Kriegsszenen
2. Alpträume als Erwachsener
3. Entdeckung von Beweisstücken durch die heutige Person
4. Warnung von anderen Menschen durch die heutige Person
5. Flashbacks der heutigen Person
6. Exakte Vorausahnung durch die frühere Person

Diese Zahlen qualifizieren Wieczoreks Fall als einen der stärksten, der für die Reinkarnation spricht.

Vergleich mit ‚Mischfällen':

Wieczoreks Fall zählt zu den ‚Mischfällen', weil er nicht nur auf Träumen, sondern auch auf Flashbacks basiert. Daher wird er mit anderen Mischfällen verglichen. Übereinstimmung findet man in 12 übergeordneten Merkmalen. Immerhin **5 sind einzigartig für den vorliegenden Fall**, was den Fall heraushebt:

1. Alpträume als Erwachsener
2. Nahtoderlebnis
3. Warnung von anderen Menschen durch die heutige Person
4. Flashbacks der heutigen Person

5. Exakte Vorausahnung durch die frühere Person

Vergleich mit ‚Nur Träume':

Der Vergleich mit Fällen, die nur auf der Basis von Träumen gelöst wurden reduziert sich auf den Vergleich mit Grubbs Fall *(174)*, weil dieser der einzige seiner Art ist. Es finden sich nur 4 Übereinstimmungen der Kernelemente.

In 13 davon bleibt der Fall ‚Seelenvermächtnis' einzigartig.

Vergleich mit ‚Regression' (Rückführung):

Rückführungen in frühere Leben zeigen mit dem vorliegenden Fall 15 Übereinstimmungen von Kernelementen auf, während **nur zwei ausschließlich bei Wieczoreks Fall auftreten.**

Glaubwürdigkeit: Nur 7 von insgesamt 17 übergeordneten Phänomenen und 10 von 48 individuellen Elementen sind durch unabhängige Zeugen, d.h. nicht nur durch Manfred Bomm und Daniela Wieczorek bestätigt. Die Glaubwürdigkeit des Falles hängt also zum großen Teil an der Ehrlichkeit und Detailtreue der beiden Autoren und der von Daniela.

11.2.5.2. Meine Bewertung des Falles

Von insgesamt 48 einzelnen Elementen des Falls können nach meiner persönlichen Einschätzung theoretisch nur 10 durch **Kryptomnesie** (Quellen-Amnesie), logische Schlussfolgerung oder ‚glückliches Raten' erklärt werden. Dafür gibt es aber nur so wenig unterstützende Hinweise, dass sie meines Erachtens keine entscheidende Rolle für eine Erklärung des Falls spielen.

Präkognition (Vorausahnung der Zukunft) wie im Fall des weit in die Zukunft reichenden Datums im Abschiedsbrief von Vinz, welche dann mit unvergleichlicher Genauigkeit für die heutige Person auch eintritt, verdient noch eine Zusatzüberlegung: Ein Einblick in die eigene Zukunft ist ein gelegentlich auftretendes Merkmal einer Nahtoderfahrung (NTE) *(299; 363)*. Sie tritt auch als Nachwirkung einer NTE auf *(299; 363; 451)*. Vinz schreibt in seinem Brief, er habe das Datum geträumt. Es ist gut möglich, dass Vinz während seines dreitägigen Todeskampfes zeitweise sein Bewusstsein verlor und ein oder mehrmals ein NTE durchmachte, welches die Zukunftssicht beförderte.

Schwachpunkte des Falles sind folgende: Der Kern der Geschichte, Vinz' Freundschaft mit Josele und dessen Tod durch Vinz' Schuss, bleibt im Dunkel der Geschichte. Dasselbe gilt für die Beziehung der beiden Freunde zur vermutlich gemeinsamen Freundin Marie, für Joseles Stellung auf der italienischen Seite, für sein Überlaufen und für das Ablassen seines Leichnams auf die italienische Seite.

Auf der anderen Seite jedoch gibt es da den materiellen Beweis für Joseles Existenz in Form des von ihm unterzeichneten Briefs. Wir kennen aber nicht einmal seinen Nachnamen. Was wir von ihm zu wissen glauben, entstammt der – allerdings naheliegenden – Interpretation der Inhalte der beiden Briefe, die Wieczorek fand.

Es gibt eine ganze Reihe von Erklärungsversuchen für paranormale Phänomene, wie die hier ***(186)*** geschilderten. Reinkarnation ist nur eine darunter. Die Diskussion über die plausibelste sollte nicht am Einzelfall geführt werden, sondern im Blick auf die Gesamtheit der Indizien, die inzwischen gefunden worden sind.

11.2.5.3. Für Fachleute: Die Tabelle ‚Vergleich der Elemente'

Für diejenigen, die es ganz genau wissen wollen, folgt nun die mit Information gespickte Tabelle, die mir zur oben ausgeführten Analyse gedient hat.

<u>**Legende zu Spalte 5**</u>: Als bedeutsam empfundene **Elemente des Falles:**.

- <u>**Dialekt**</u>: **fett** gedruckt und <u>unterstrichen</u> = insgesamt 17 übergeordnete Phänomene oder Kernelemente (‚<u>**Dialekt**</u>' ist ein Beispiel der 17).
- **Dialekt**: **fett** gedruckt, aber nicht unterstrichen = 48 individuelle Ausformungen dieser Kernelemente (z.B. ‚**Dialekt**' in der 2. Zeile).
- {48} = Ziffern in geschweiften Klammern zählen diese o.g. 48 durch.
- **[1]** = fett gedruckte Ziffern in eckigen Klammern = Verbindung zur Informationsquelle in Form der Falldarstellung (Kapitel 11.2.3, 'Der Fall', S. 380). Die Zahlen sind dort in aufsteigender Reihe vergeben, so dass man gezielt suchen kann.
- *(66)* = Runde Klammern kursiv gedruckter Seitenzahlen aus Wieczoreks Buch. Dort liegt die Quelle für das jeweilige Element.
- (**EnK**) = **E**lemente, die **n**icht im **K**apitel ‚Der Fall' aufgeführt sind.
- (**ME-K**) = **M**eine persönliche **E**inschätzung dafür, dass eine Erklärung durch **Kryptomnesie** möglich erscheint.
- (**ME-LS**) = **M**eine **E**inschätzung dafür, dass eine Erklärung durch **l**ogische **S**chlussfolgerung möglich erscheint.
- (**ME-gR**) = **M**eine **E**inschätzung dafür, dass eine Erklärung durch **g**eglücktes **R**aten möglich erscheint.
- (**NvM**) = **N**icht verifizierte **M**erkmale
- **TaE** = Abkürzung für ‚**Träume als Erwachsener**'.

<u>**Legende zu Spalten 1-4**</u>:

- ‚X' = Elemente, die auch in anderen Erfahrungsfeldern gefunden wurden.

- 1: Zahlen in den Spalten 1-4 = <u>keines</u> von Wieczoreks Elementen kommt in den jeweiligen anderen Erfahrungsfeldern vor. Die Elemente, die also einzigartig für Wieczoreks Fall sind, werden in der letzten Zeile der Tabelle zusammengezählt (z.B. 6 übergeordnete Elemente von Wieczoreks Fall tauchen in CORT nicht auf.).
- Leere Zellen = Individuelle Ausformungen von Kernelementen. Sie werden nicht berücksichtigt, weil die (übergeordneten) Kernelemente bereits erfasst sind.

<u>Die anderen Erfahrungsfelder</u>:

<u>Spalte 1:</u> **CORT** (**C**ases **o**ft the **R**eincarnation **T**ype) oder Spontanerinnerungen kleiner Kinder an ihr früheres Leben ***(186)***,

<u>Spalte 2:</u> **Mischfälle** (z.B. Träume und mehr nach Tabelle 10-1, S. 374),

<u>Spalte 3:</u> **nur Träume** ***(174)*** und

<u>Spalte 4:</u> **Regression,** Rückführung in frühere Leben ***(189)***.

<u>Legende zu Spalte 6</u>: **Glaubwürdig**: Glaubwürdigkeit der einzelnen Merkmale von Wieczoreks Fall.

- ‚G' = Bestätigung des Merkmals nicht nur durch Manfred Bomm und Daniela, sondern auch durch unabhängige Zeugen, die in dem Kapitel 11.2.4, ‚Überprüfung des Falles', S. 394 aufgeführt sind.

Tabelle 11-1: Vergleich der Elemente des Falles mit anderen Erfahrungsfeldern; Glaubwürdigkeit

CORT	Mischfälle	Nur Träume	Regression	Elemente des Falles	Glaubwürdig
X	X	1	X	**[1] <u>Dialekt</u>** den Wieczorek als Kind sprach. Bestätigung siehe Fußnote 54, S. 380{1}	G
				[15] Dialekt aus Südtirol nach einer Notoperation *(66)* **[18] Dialekt**, gesprochen vor Daniela und der Gastwirtin in Sexten *(83, 109, 168, 192, 219, 271)* **Dialekt** in einem Traum *(131)* und danach (EnK) *(192)*	
1	X	1	X	**[2] <u>Zeichnungen</u>** von Kriegsszenen in Wieczorek's Kindheit Bestätigung siehe Fußnote 54 {2}	G
X	X	1	X	**[3] <u>Alpträume als Kind,</u>** die Kriegsszenen darstellen (bestätigt durch die Mutter; (Hassler, 2018) {3}	G
1	1	1	X	**[4] <u>Alpträume als Erwachsener</u>** enden, als der vermutliche Grund erkannt wurde (typisch für Fälle von Regression) *(249);* (zugehörige Inhalte siehe ‚Träume als Erwachsener') {4}	
X	X	X	X	**[5] <u>Träume als Erwachsener (TaE)</u>** Wissen um den Namen 'Josele' {5}	

CORT	Mischfälle	Nur Träume	Regression	Elemente des Falles	Glaubwürdig
				[6] TaE über ein Tripel von Tannenbäumen *(35, 52)* {6} **[7] [31] TaE** über die Münzen (der Fund bestätigt *(229)* die Existenz des Drahtkörbchens *(209, 228)* und den vorher bereits geträumten Größenunterschied der Münzen *(52, 228)* einschließlich der richtigen Zuordnung: Die größere Münze wurde von Vinz an Josele gegeben {7}. **[8] [32] [39] TaE** über den Austausch zweier Münzen {8} **[9] [12] TaE** über die Trennung von Vinz und Josele im Streit (NvM){9} **[10] [27] [29] TaE** über ein Mädchen mit schwarzen Zöpfen (NvM) {10} **[11] [21] TaE** über die in Holz geschnitzte Rose, die er später wiederentdeckt *(97)* {11} **[13] TaE** über das Hören des Namens 'Vinz' *(48, 188)*, was geholfen hat, den Fall zu lösen und welcher später durch den Brief bestätigt wurde *(233, 247)* {12}. **[30] TaE** darüber, Josele erschossen zu haben (NvM) {13} **[33] TaE** über das Herunterlassen von Joseles Leichnam (NvM) {14} **[34] [36] TaE** über die Verwundung von Vinz {15} **[37] TaE** über das Schreiben eines Briefes {16} **[38] [40] TaE** über das Verstecken des Briefes {17} **TaE** über einen Turm in Südtirol, der einmal existierte *(340)*, aber heute nicht mehr besteht, verifiziert durch eine Zeichnung von Wieczorek, die gut mit einer historischen Fotographie übereinstimmt *(341)*. (EnK) (ME-K) {18}	
X	1	1	X	**[14] [16] NTE**, welche die lebensbedrohliche Situation des Krieges zeigt, in dem Vinz lebt (Hassler, 2018) {19}	
X	X	X	X	**[17] [19] [51] Ortskenntnisse** nur in Regionen, die Vinz bekannt waren (Hassler, 2018) (ME-K, ME-LS, ME-gR) {20} **[66] Ortskenntnis** über einen Wasserfall in Centa (ME-K, ME-LS, ME-gR) {21}	
X	X	1	X	**[22] Wiedererkennung** und Nennung von 'Shanni' auf einem Foto im Restaurant (ME-K) {22} **[58] [63] Wiedererkennung** von Vinz, Carlo und Onibene auf Personendarstellungen {23}{24}{25} **Wiedererkennungen** in und um Sexten (EnK) (ME-K, ME-LS, ME-gR) (Hassler, 2018) {26} **[48] Wiedererkennung** von Baumstümpfen, wo Joseles Brief *(248)* und Münze gefunden wurde {27}	
				[54]**Wiedererkennung** von Marie auf einer Fotographie (im Gespräch mit Holzer) (*284*) {28}	G

CORT	Mischfälle	Nur Träume	Regression	Elemente des Falles	Glaubwürdig
				[60] **Wiedererkennung** von Vater und Großmutter auf Fotographien während des Besuchs in Centa *(319)*{29} {30}	G
1	X	X	X	[41] [44] **Entdeckung von Beweisstücken**: Vinz' Brief *(234)*, Münze und rostige Dose *(236),* welche die Existenz von Vinz belegt {31} [48] **Entdeckung von Beweistücken**: Joseles Brief *(248)* und Münze, welche die Existenz von Josele als engen Freund von Vinz belegen {32}	
X	X	1	X	[23] **Angst** davor, während einer Wanderung aus der Deckung zu treten (Hassler, 2018)	
X	X	1	X	[35] **Schmerzen** nach dem Träumen {34} [68] **Schmerzen,** physisch und emotional, jedesmal, wenn er in den Schützengraben zurückkehrt, in dem Vinz verwundet wurde (Wieczorek ließ mich wissen, dass er glaubt, dass Vinz' Schmerzen von dessen Tuberkulose herrühren, nicht von der Verwundung durch einen Schuss in die Lunge *(308)*. Vinz hätte kaum drei Tage mit einem Schuss in die Lunge überleben können. ‚Lungenschuss' wurde oft diagnostiziert, um den Angehörigen zu ermöglichen, eine Gefallenenpension zu erhalten.) {35}	
4	3	9	1	[24] **Warnung von anderen Personen** über kontaminiertes Wasser	
X	X	1	X	**Spezialwissen** über Munition, die im Ersten Weltkrieg benutzt wurde (EnK) *(115, 279)* (ME-K, ME-LS, ME-gR) {36} **Spezialwissen** über 'Schluzern' **[21a]** *(99),* nur local gebräuchlicher Ausdruck (ME-K) {37} **Spezialwissen** über das Grab eines Mannes mit dem ungewöhnlichen Namen 'Ermengildo Malfer' **[33a]** *(159)* {38}	
				[10] [20] [27] **Spezialwissen** über das Mädchen Marie, welches sehr wahrscheinlich während des Krieges starb *(283)* (ME-K, ME-LS, ME-gR) {39}	G
				[62] **Spezialwissen** über Vinz' Beruf (Während meines Besuchs bei Wieczorek zu Hause zeigte er mir einen wunderschön gezimmerten Schrank, den er selbst hergestellt hat, weil er gerne mit Holz arbeitet. Das passt gut zu Vinz' Beruf als Schreiner.) (ME-gR) {40}	G
				[65] **Spezialwissen** über die Sonnenuhr, die Vinz vor dem Krieg begonnen hatte an die Hauswand zu konstruieren (siehe auch Hassler 2018) (ME-LS, ME-gR) {41}	G
1	1	1	X	[24] [25] **Flashbacks** in Schwarz/weiß, die Bilder aus der Vergangenheit zeigen. (Hassler, 2018) {42} [20] [23] **Flashbacks,** die heute nicht mehr existierende Dinge	

CORT	Mischfälle	Nur Träume	Regression	Elemente des Falles	Glaubwürdig
				zeigen, *(97, 141, 174, 177)* {43} **[26] [28] [43] Flashbacks,** die zusammen mit dem zugehörigen Phantomschmerz auftreten (Oberschenkel, Lunge) (siehe **[68] Schmerzen** oben) *(121, 127, 191, 194, 217, 218)* {44} **[42] Flashback,** das zur Entdeckung des Unterstands von Vinz führte, wo er seinen Abschiedsbrief schrieb *(236)* {45} **[64] Flashback,** das zum Wissen um die Einberufungsbescheide führte (NvM) {46}	
1	1	1	1	**[46] Vorausahnung** der früheren Person über den Zeitpunkt (Monat und Jahr), zu dem der Abschiedsbrief gefunden werden wird {47}	G
X	X	1	X	**[67] Identifikation** mit der früheren Person Vinz *(193, 210)* {48}	
X	X	X	X	**[45] [47] [50] [52]** [53] [54] **[55] [56] [57] [59] [61] Lösung** des Falles auf der Basis von Dokumenten *(264, 274, 289, 293, 308)*, von Zeugenausssagen von Verwandten *(301, 319)* und durch Vinz' Unterschrift auf dem Abschiedsbrief *(233)*	G
6	5	13	2	**Summen der einzigartigen Elemente von Wieczorkes Fall**	

11.2.6. Schlussfolgerung

Es konnte gezeigt werden, dass das Betrugsmodell als Erklärung für den vorliegenden Fall nicht überzeugen kann. Wir müssen ihn also – trotz einiger schwer zu glaubender Phänomene – als real anerkennen. Außerdem haben wir gesehen, dass er im Vergleich mit CORT besonders viele paranormale Merkmale aufweist und darunter solche, die einzigartig für Wieczoreks Fall sind. Er gehört folglich in die Reihe derjenigen, die in der Diskussion über die überzeugendste Erklärung von Fällen, welche die Reinkarnation nahelegen, eingeschlossen werden müssen.

Ich muss gestehen, dass mir die Phantasie fehlt, um diesen Fall in überzeugender Weise anders als durch Reinkarnation zu erklären.

Es gibt andere, viel schwächere Beispiele, aber ebenfalls mit Bezug zur Wiedergeburt *(**177**, S. 182-183; **200**, S. 148-149, 154-155)*.

12. Déjà-vus

Déjà-vus kommen auch heute noch so häufig vor (s.u.), dass sie in die Nach-Mattiesen-Zeit wenigstens in Kurzform mit aufgenommen werden, um dieses Erfahrungsfeld nicht zu übersehen. Es geht auch darum, welchen Beitrag es zur Frage der Reinkarnation leisten kann. Weil Déjà-vus den Flashbacks ähnlich sind, sollen sie dagegen abgegrenzt werden.

Déjà-vu ist französisch und bedeutet ‚schon gesehen'. Es bezieht sich als Fachausdruck auf das häufig vorkommende Gefühl, einen erstmals besuchten Ort, manchmal auch Personen oder ein Ereignis schon früher gesehen bzw. erlebt zu haben. Die betreffende Person kann beispielsweise bisher noch nicht gesehene Bereiche eines Ortes im Voraus beschreiben und diese Angaben erweisen sich oft als erstaunlich korrekt. Déjà-vus betreffen streng genommen nur den Sehsinn. Es können aber alle Sinne gleichzeitig oder einzeln betroffen sein.

Den Déjà-vus ähnlich sind Erlebnisse, bei denen sich typischerweise die wahrgenommene Umgebung, in der man sich befindet, unerwartet zu ändern scheint und oft aussieht wie zu einer früheren Zeit. Man spricht dann von ‚**Flashbacks'** (s. Kapitel 11, S. 376), also scheinbarem Wiedererleben von früheren Situationen oder solchen in früheren Leben. Diese veränderte Wahrnehmung tritt bei der Erfahrung, die man als Déjà-vu bezeichnet, nicht auf. Hier geht es um ein Wiedererkennen, nicht um Wiedererleben.

Angaben über die Häufigkeit, mit der Déjà-vus in der Normalbevölkerung auftreten, schwanken sehr, von 25% bis 98%. Häufig werden Werte von 60 - 70% angegeben. Für Deutschland wurde in einer repräsentativen Studie aus dem Jahr 2000 ein Wert von 51% ermittelt ***(399)***.

Es gibt dementsprechend viele Tatsachenberichte über Déjà-vu-Erlebnisse von Erwachsenen oder Kindern, die den Gedanken nahe legen, hier könnten Erinnerungsreste aus früheren Leben durchschimmern. Fast alle diese Berichte sind jedoch nur anekdotischer Natur, d.h. sie sind nur wenig ausführlich und genau beschrieben und das vermutete frühere Leben wurde nicht gesucht oder konnte mangels genauer Angaben nicht gesucht und gefunden werden. Eine genaue und unabhängige Nachprüfung aller Umstände, die auf eine natürliche Erklärung oder eine solche mittels SUPER-ASW hinweisen könnten, wurde nicht durchgeführt. Hier ist ein großes Betätigungsfeld für kommende Generationen von Parapsychologen.

Tatsächlich können viele Déjà-vus ohne Rückgriff auf frühere Leben als Präkognition, als Reaktion auf Traumvisionen oder als ASW erklärt werden.

Als Beispiele wollen wir uns nun je eines anschauen, bei dem Orte bzw. Personen wiedererkannt werden.

12.1. Bsp. (81) Déjà-vus: Wiedererkennen von Orten aus dem früheren Leben (Déjà-vu vom früheren Leben)

Unfallort aus dem früheren Leben wiederentdeckt

(81) Als 7-jähriges Mädchen wurde ich zusammen mit meinem Bruder von unserem Heim in Northants, England, mitgenommen, um Weihnachten bei Verwandten in Weymouth zu verbringen *(**398**, S. 264-266)*.

Kurz nach der Station Yeovil hielt der Zug an, und als ich hinausschaute, erschien mir die **Gegend draußen plötzlich vertraut**, besonders ein hügeliges Gelände gegenüber. Ich sagte zu meinem Bruder: "*Früher, als ich ein ganz kleines Mädchen war, wohnte ich in einem Hause hier in der Nähe. Ich bin mit zwei Erwachsenen, die mich bei den Händen hielten, den Hügel dort hinuntergelaufen, dabei bin ich gestürzt und verletzte mein Bein schwer.*"

Bei diesen Worten mischte sich meine Mutter ein und sagte, ich solle keine Märchen erzählen. Ich sei nie in dieser Gegend gewesen. Ich bestand darauf, dass ich die Wahrheit sagte, und fügte hinzu, dass ich, als ich den Hügel hinablief, ein mit grünen Blättern gemustertes langes weißes Kleid trug, das bis zu den Knöcheln reichte, und dass die Erwachsenen, die bei mir waren, blau weiß karierte Kleider trugen.

Ich schloß: *"Ich hieß damals Margarete."*

Das war zu viel für meine Mutter. Sie verbot mir, noch ein Wort zu sagen. Ich erkannte später, dass ich in diesem Leben tatsächlich nie in jener Gegend war; aber die Erinnerung blieb dennoch lebendig in meinem Bewußtsein haften.

Das Folgende ereignete sich 17 Jahre später:

Ich fuhr mit meinem damaligen Chef auf einem Motorrad durch Dorset. Wegen eines notwendig gewordenen Reifenwechsels suchten wir ein Bauernhaus nicht weit von Poole auf, in dem eine junge Frau uns Tee anbot.

Während ich auf den Tee wartete, schaute ich mich in der Bauernstube um und bemerkte ein altes Porträt an der Wand. Ich sah es näher an und erkannte zu meinem Erstaunen, dass es ein Bild von mir war aus jener Zeit, als ich den Hügel hinablief: Ein Kind von fünf Jahren mit einem unschönen, ernsten Gesicht in einem langen, weißen, grün gemusterten Kleid.

Ich rief: *"Aber das bin doch ich!"*, worauf die Bauersfrau und mein Chef lachten. Die Frau sagte: *„Dieses Kind ist doch schon lange, lange tot; aber ich glaube schon, dass Sie ähnlich aussahen, als Sie klein waren."*

Da mich das Bild interessierte, holte die Frau ihre Mutter, damit diese mir von dem Kind erzählte, das auf dem Bild wiedergegeben war. Die alte Frau kam und berichtete, dass das Kind **Margarete Kempthorne** hieß und das einzige Kind eines Bauern war. Die Mutter der alten Frau war damals auf jenem Bauernhof als Kuhmagd beschäftigt.

Als Margarete fünf Jahre alt war, rannte sie eines Tages mit dieser Kuhmagd und einer anderen einen Hügel hinab. Dabei geriet eine der Erwachsenen mit dem Fuß in ein Kaninchenloch, und da sich alle drei bei den Händen hielten, stürzten sie alle, wobei die Erwachsenen auf das Kind fielen, das dabei einen Beinbruch erlitt, von dem es sich nicht mehr erholte. Es starb zwei Monate später. Der Bauernhof sei in der Nähe von Yeovil gelegen.

Ich fragte nun, wann dies geschehen sei. Statt einer Antwort nahm die alte Frau das Porträt von der Wand und zeigte mir den folgenden Vermerk auf der Rückseite:

‚Margarete Kempthorne, geboren 25. Januar 1830, gestorben 11. Oktober 1835.'

(Frl. G. Deacon, 3 Crescent Rd., Lutterworth near Ruby, England

Weitere, auf Orte bezogene Déjà-vus, teilweise als Erinnerung aus früheren Leben bestätigt, findet man in der Literatur *(**4**, S. 85-93; **310**, S. 110, 111; **377**, S. 37-37; **398**, S. 181-182, S. 218-219, S. 219-221, S. 245-246; **470**, S. 16-17)* und auf meiner Homepage *(http://www.reinkarnation.de/html/beispiele3.html)*.

12.2. Bsp. (82) Déjà-vus: Wiedererkennen von Personen des früheren Lebens (Déjà-vu vom früheren Leben)

Die Begegnung in Orly

(82) Flughafen Paris-Orly. Samstag, 6. Dezember 1975, 20.55 Uhr. Die Maschine der Air France aus London ist pünktlich gelandet. Die Passagiere schieben sich ungeduldig an der Passkontrolle vorbei *(**4**, S. 141-148)*.

Henry Mouton, Direktor einer Konzertagentur, reckt sich. Er sucht unter den wartenden Menschen in der Ankunftshalle seine Frau. Doch er kann sie nicht entdecken. Sie steht nicht ganz vorne dran wie sonst, wenn er von einer Reise zurückkehrt.

Henry Mouton stellt sich auf die Zehenspitzen, obwohl er 1,85m groß und blond ist und die Fluggäste sowieso um Kopfeslänge überragt. Unsanft stößt er seine Reisetasche einem älteren Herrn in den Rücken und steigt einer jungen Frau auf die Füße.

„Passen Sie doch auf“, faucht die Frau mit dem duftenden braunen Haar und dreht sich verärgert zu ihm um.

Henry Mouton ist in diesem Augenblick wie vom Schlag gerührt. Fassungslos, mit offenem Mund, starrt er die junge Frau an.

Aus dem Ärger in ihrem Gesicht wird Zorn. Sie wendet sich brüsk ab.

„Marie - !“
Henry Mouton ruft den Namen ganz leise. So, als sollte nur sie, sie allein ihn hören.
“Marie!“
“Bitte lassen Sie den Unsinn. Ich heiße nicht Marie. Und ich habe auch keinerlei Interesse zu erfahren, wer Sie sind“, schimpft die Frau heftig und so laut, dass sich alle Leute nach den beiden umdrehen. *„Wenn Sie mich weiter belästigen, rufe ich die Polizei.“*

Henry Mouton kümmert sich nicht um das Aufsehen, das er erregt. Er weiß selber nicht, was mit ihm los ist. Er hatte keine Ahnung, warum er die fremde Frau anstarren muss. Er kennt sie nicht. Er hat sie niemals zuvor gesehen. Auch der Name ‚Marie’ sagt ihm überhaupt nichts. Und doch drängt es ihn, diese Frau festzuhalten. Sie in die Arme zu nehmen, ganz fest an sich zu drücken und nie mehr loszulassen. In diesem Augenblick bedeutet ihm die Fremde, die er ‚Marie’ nennt, mehr als alles andere auf der Welt. Er hat panische Angst, er könnte sie verlieren.

In seiner grenzenlosen Verwirrung packt Henry Mouton Frau Berghier am Arm und stammelt: *„Bitte, verzeihen Sie, Madame, ich weiß nicht, warum ich Sie Marie genannt habe. Ich fürchte, wir sind uns tatsächlich nie begegnet. Aber irgendwie kenne ich Sie doch. Und ich weiß, dass Sie mir sehr viel bedeuten. Sagt Ihnen der Name Marie nichts? Überhaupt nichts?“*

Sanft, unglaublich sanft, fast flehentlich klingt die warme Stimme. Und da passiert etwas Merkwürdiges: **Madeleine Berghiers** Ärger und Zorn sind wie weggewischt. Die junge Frau wird aschfahl. Sie zittert und muss sich auf das Geländer stützen. Wie benommen greift sie sich an die Stirne und streicht zärtlich mit den Fingern über einen langen Fleck, der aussieht wie eine Narbe.

„François!“ Die Tränen stürzen aus den dunklen Augen. *„François! Ich wusste, dass wir uns wiedersehen. Du bist es. Du siehst ganz anders aus als*

damals. Aber du bist es. Deine Augen. Deine Stimme. Oh, Gott, es ist wahr geworden!"

Da stehen, mitten im Menschengewühl eines Flughafens, zwei Menschen voreinander. Sie können nicht fassen, was mit ihnen geschehen ist, was in ihnen vorgeht. Sie starren sich an - und sehen sich doch nicht. Sie möchten sich in die Arme nehmen, verharren aber wie angewurzelt. Der andere ist völlig fremd und vollkommen vertraut zugleich. Die Gefühle wogen über jede vernünftige Überlegung hinweg.

Henry Mouton und Madeleine Berghier kannten sich - in einem **früheren Leben**. Vor 87 Jahren gingen sie miteinander in den Tod, weil sie sich nicht lieben durften. Doch an diese Einzelheiten können sie sich in diesem Augenblick, am 6. Dezember 1975 auf dem Flughafen Orly, nicht erinnern. Sie kennen nur ihre früheren Namen. Und wissen, dass ein mächtiges Gefühl der Zusammengehörigkeit sie beseelt.

Die anderen Fluggäste sind längst gegangen, kopfschüttelnd, verwundert über das seltsame Paar. Madeleine und Henry, man könnte auch sagen Marie und François, stehen noch immer einander gegenüber neben der Zollkontrolle.

Henry hat vergessen, dass seine Frau auf ihn wartet und ihn sicherlich längst erblickte. Madeleine denkt nicht an ihre Koffer mit der kostbaren Kleiderkollektion, die bereits vom Fließband kippten. Die beiden stehen da und wissen nicht weiter. Die Vergangenheit hat sie plötzlich, zu plötzlich eingeholt.

Madeleine Berghier streicht immer wieder über den Fleck auf ihrer Stirne und fragt plötzlich: *„Hast du, verzeihen Sie, haben Sie ein* ***Muttermal****? Auf dem Rücken? Genau zwischen den Schulterblättern? Hat es die Form eines zackigen Sterns?"* Henry Mouton kann nur nicken. Er ist unfähig zu sprechen. Was ist mit dem Muttermal? Was weiß diese Frau darüber? Die beiden haben keine Gelegenheit mehr, solche Fragen zu klären. Henry wird von seiner Frau gerufen. Für ihn ist das, als würde er unliebsam aus einem wunderschönen Traum gerissen.

Einem Traum, an den er sich nicht mehr erinnern kann, von dem er nur noch weiß, dass er himmlisch schön war. Und dann steht er, verlegen wie ein Schuljunge, vor seiner Frau: *„Darf ich dir Marie, ich meine natürlich Frau Madeleine Berghier vorstellen? Wir sind uns eben bei der Passkontrolle begegnet. Ganz zufällig. Weißt du, wir kennen uns schon lange. Sehr lange. Das heißt, eigentlich haben wir uns eben hier zum erstenmal getroffen ...".*

Es ist hoffnungslos, die Situation zu erklären. Henry Mouton hebt die Schultern und resigniert: *„Es hat keinen Sinn. Aber glaube mir, es ist alles ganz anders als du meinst. Ganz anders ...“*.

In der Nacht hat Madeleine Berghier einen **Traum**, der sie in helle Aufregung versetzt:

Eine Gruppe junger Mädchen in blauer Internatskleidung spielt am Ufer eines Baches. Die einen werfen sich einen Stoffball zu, kreischen und lachen. Andere sitzen im Kreis und singen. Eine Ordensfrau beaufsichtigt die Zöglinge, die alle etwa 17 Jahre alt sind.

Allein, etwas abgerückt von den anderen, sitzt ein sehr hübsches Mädchen mit langen blonden Zöpfen und einem kecken Stupsnäschen. Es hält den Kopf gesenkt, die Augen sind traurig auf den Boden gerichtet. Von Zeit zu Zeit rupft es eine Blume ab, wirft sie in den Bach und sieht zu, wie sie vom Wasser davon geführt wird.

Im Traum weiß Madeleine Berghier plötzlich: Dieses Mädchen ist Marie. Das bin ich.

Und sie weiß auch, wie die traurige Geschichte weitergehen wird: Hinter einem dicken Baum steht François, der Junge des Küsters, der oft in der Kapelle als Messdiener zu sehen ist. Er pfeift und winkt. Aber Marie kann nicht zu ihm hin, ohne dass es die Ordensfrau bemerken würde.

Und die würde alles tun, die beiden sofort auseinanderzutreiben.

Marie liebt den Jungen, der ein Jahr älter ist als sie. Er arbeitet beim Dorfschmied. Sie liebt seine dunklen, sanften Augen, die wilden Haare, die kräftigen Arme. François und Marie haben einander Treue geschworen.

Doch einmal, als sie sich in dem kleinen Schuppen hinter der Kirche trafen, ganz harmlos und scheu, verlegen und mit klopfenden Herzen, sind sie vom Pfarrer erwischt worden. Nun will das Internat Marie zu den Eltern nach Hause schicken. Weg von François. Marie weint. Sie will nicht zurück zu den Eltern. Sie will François nicht verlieren.

Plötzlich plätschert der Bach. Ein Wuschelkopf taucht auf. Es ist François. Er schüttelt das Wasser aus den Augen und legt den Finger auf den Mund.

„Komm. Leise. Wir fliehen miteinander. Hab keine Angst, das Wasser ist nicht kalt.“

Marie lässt sich unbemerkt von den anderen über das Ufer in den Bach gleiten und schleicht mit François im Schutz der Weidenbüsche davon.

Dann sitzen sie drüben am Hügel in einer alten Scheune und schlottern vor Kälte. Es wird Nacht. Mit Fackeln und Laternen ist das ganze Dorf unterwegs, die verschwundene Marie zu suchen. Die Glocken bimmeln, lautes Rufen dringt von der Klosterschule herüber.

Da spricht Marie aus, was beide denken: *„Die werden uns niemals in Ruhe lassen. Nie. François, geh mit mir in den Tod. Dann kann uns niemand mehr trennen. Niemand."*

François nickt. *„**Wir springen von der großen Eisenbahnbrücke**."* Er legt seine starken Arme um das zitternde Mädchen, und dann gehen die zwei wie Schlafwandler zur Brücke. Ganz langsam. Schritt für Schritt. Bevor sie springen, sagt Marie leise: *„Wenn ich wieder zur Welt komme, werde ich dich suchen, bis ich dich gefunden habe. Dann werden wir mehr Glück haben."*

Eng umschlungen lassen sich François und Marie in die Tiefe fallen.

Soweit der Traum. Oder die Erinnerung an das frühere Leben?

Madeleine erwacht mit einem lauten Schrei. Schweißgebadet, geplagt von heftigen Kopfschmerzen sitzt sie in ihrem Bett. War das alles nur ein Traum. Die Ausgeburt ihrer überreizten Phantasie? Oder durfte sie im Schlaf einen Blick zurück in die eigene Vergangenheit tun? Marie - hatte nicht der Fremde auf dem Flughafen sie so gerufen? François, war der Name nicht spontan über ihre Lippen gekommen?

Madeleine ist entschlossen, der Sache nachzugehen. Schon am nächsten Tag trifft sie sich mit Henry in einem kleinen Bistro und erzählt ihm ihren Traum. Henry lauscht gespannt bis zu dem Augenblick, als Madeleine von der Flucht durch den Bach erzählt. Da unterbricht er sie, schlägt sich mit der Hand auf die Stirne und fährt selbst fort: *„Mensch, mir fällt es wie Schuppen von den Augen. Du und ich, ich meine François und Marie, sind von der Brücke gesprungen. Ich sehe das plötzlich wieder ganz deutlich vor mir. Nach dem Sprung saßen wir, also die beiden, am Fuße des dicken Pfeilers und sahen zu, wie die toten Körper weggetragen wurden (**AKE**). Du hattest eine klaffende Wunde quer über die Stirn. Sie sah genauso aus wie der **Pigmentfleck** auf deiner Stirne jetzt."*

„Und in deinem Rücken steckte ein abgebrochener Eisenpfahl", ergänzte Madeleine. Sie schüttelt den Kopf und fragt aufgeregt: *„Sag, glaubst du im Ernst, dass wir beide schon einmal gelebt haben und uns begegnet sind? Dass das alles stimmt? Oder gibt es eine andere, vernünftigere Erklärung für das, was wir seit gestern erfahren?"* Das ‚Du' kommt inzwischen ganz selbstverständlich über ihre Lippen.

„Ich weiß es wirklich nicht“, gesteht Henry freimütig. *„Vielleicht sollten wir unsere Brücke suchen und uns in dem Ort erkundigen, ob dort tatsächlich einmal zwei Menschen in den Tod gesprungen sind.“*

Nachprüfung

Henry Mouton und Madeleine Berghier, die sich auf dem Pariser Flughafen so rein zufällig getroffen und ‚erkannt' hatten, blieben die ersten Wochen nach dieser Begegnung unzertrennlich. Gemeinsam suchten sie ‚ihr' Dorf und ‚ihre' Brücke. Sie fanden die Bestätigung für ihre Erinnerungen: Vor 87 Jahren sind zwei junge Menschen, François und Marie, in der Bretagne in den Tod gesprungen.

Henry und Madeleine schwelgten in dem Versuch, ihr früheres Leben noch einmal Wirklichkeit werden zu lassen. Bewegt, ja geradezu erschüttert standen sie miteinander Hand in Hand auf der Brücke und schauten in die Tiefe.

Doch die Vergangenheit war vergangen. Sie ließ sich nicht in die Gegenwart holen. Die Wirklichkeit bleibt stärker. Stärker als alle Erinnerungen. Henry versöhnte sich mit seiner Frau und sah Madeleine immer seltener. Sie heiratete schließlich einen Schauspieler und vergaß die kleine Marie.

Sie können über den tragischen Doppelselbstmord auch nichts gelesen haben, denn außer einer Zeitungsnotiz einen Tag nach dem Geschehen gibt es keine Beschreibung des Vorfalls.

Der Autor Kurt Allgeier urteilt:

Dass die Geschichte wirklich stimmt - es gab François und Marie tatsächlich; es gibt die Brücke, von der die beiden in den Tod sprangen; Henry ‚erinnerte' sich an viele Details ebenso wie Madeleine; schließlich waren da sogar noch die ‚Narben' aus dem früheren Leben. Selbst in einem solchen Fall bleibt der letzte Beweis offen, dass nämlich Marie und François, die beiden von damals, jetzt wirklich Henry und Madeleine sind.

Bewiesen ist letztlich nur, dass zwei Menschen durch ein zufälliges Zusammentreffen auf eine wahre Geschichte gestoßen sind, dass Hautverfärbungen offenbar an etwas erinnert haben, was tatsächlich passierte. Die beiden sind also keinem Hirngespinst erlegen.

Meine Beurteilung

Ich habe keine Möglichkeit, den Wahrheitsgehalt dieser Erzählung zu überprüfen. Ich muss dem Autor Kurt Allgeier vertrauen, habe aber auf Grund des Schreibstils den Eindruck, er könne in vermutlich weniger wichtigen Einzelheiten die Geschichte phantasievoll ‚ausgeschmückt' haben.

12.3. Weitere Déjà-vus mit Bezug zu früheren Leben

In den Beispielfällen (3), S. 68; (4), S. 71; (79), S. 376 und (80), S. 378 treten Déjà-vus auf, die einen Bezug zu einem früheren Leben haben. Weitere Fälle sind auf meiner Homepage zu finden (www.reinkarnation.de) und in der Literatur:

Déjà-vus, ausgelöst durch eine gleiche Situation wie im früheren Leben *(**310**, S. 122=**447**, S. 324-345).*

Auf Personen bezogene Déjà-vus teilweise als Erinnerung aus früheren Leben bestätigt: ***182**, S. 73-74, 80-82, 86-87; **343**, 35-36 = **398**, S. 224-226.*

Mein Resümee

Man erkennt, dass es auch aus Déjà-vus heraus Hinweise auf die Wiedergeburt gibt. Sie sind jedoch nicht so gut überprüft und damit überzeugend, wie die besseren Spontanerinnerungen kleiner Kinder (Band 1) oder das Seelenvermächtnis von Wieczorek (Kapitel 11.2, Bsp. (80), S. 378). Und speziell diese Art ist nicht zahlreich zu finden.

13. Erscheinungen

Auch **Erscheinungen** sind kein neues Phänomen (‚neu' heißt hier: nach dem Jahr 1940). Ich habe aber so viele Fälle aus neuerer Zeit vorgefunden, dass mir ein kurzes Erinnerungskapitel dazu gerechtfertigt erscheint. In der älteren Literatur finden sich so gut wie keine Hinweise auf die Reinkarnation. Daher die Frage, ob sich das in neuerer Zeit geändert hat.

Von einer Erscheinung spricht man, wenn ein verstorbenes Lebewesen (Mensch oder Tier) oder ein nicht anwesendes Lebewesen in teilweiser oder vollständiger körperlicher Gestalt auf unerklärliche Weise sichtbar wird und in einigen Fällen mit der Umgebung interagiert. Häufig werden Erscheinungen nur als lichtdurchströmte Nebelwolke wahrgenommen *(**460**, S. 278-279)*.

Die Häufigkeit, mit der solche Sichtungen in der Bevölkerung auftreten, liegt im einstelligen Prozentbereich. Genaueres dazu auf meiner Homepage (www.reinkarnation.de).

Man kann folgende 7 Klassen (Arten, Typen) unterscheiden:

1. An eine Krisis gekoppelte Erscheinungen, d.h. z.B. solche, die kurz nach dem Tod wahrgenommen werden (innerhalb von 12 Stunden);
2. Kollektiv, also von mehr als einer Person wahrgenommene Erscheinungen;
3. Erscheinungen Verstorbener, die meist emotional an eine lebende Person gebunden sind und mind. 12 Stunden oder länger nach dem Tod auftreten;
4. Spukhafte Erscheinungen (Gespenster), die meist an einen Ort gebunden sind und über längere Zeit mehrfach beobachtet werden;
5. Erscheinungen von Tieren oder Tiere, die eine Erscheinung wahrzunehmen scheinen;
6. Erscheinungen noch lebender Personen;
7. Reziproke Erscheinungen: Eine Sonderform von Nr. 6, in der auch der Erscheinende Information über den Beobachter erhält.

Vier Besonderheiten der Fälle sind ein Problem für die **Super-ASW-** Erklärung, in denen

1. mehrere Beobachter (Perzipienten) die gleiche Erscheinung sehen (sog. **kollektive Erscheinungen**),
2. bisher unbekannte Information durch die Erscheinung übermittelt wird,
3. die erscheinende, verstorbene Person ein viel stärkeres Motiv hat, sich zu zeigen, als der Perzipient, eine Erscheinung zu halluzinieren.

4. Wenn es zusätzlich keine Krisenerscheinung ist, fällt das Argument flach, die Erscheinung sei aufgetreten, kurz bevor die Person gestorben ist.

Mehr dazu unter ‚Erscheinungen/Glaubwürdigkeit' auf meiner Homepage (www.reinkarnation.de).

13.1. Erscheinung als Bestätigung für das Überleben des Todes

Als Beispiele für **Erscheinungen** Verstorbener kann man folgende 23 Fälle in diesem Buch auffassen: Nr. (1), S. 36; Nr. (24), S. 170; Nr. (26), S. 173; Nr. (28), S. 176; Nr. (29), S. 177; Nr. (30), S. 180; Nr. (31), S. 181; Nr. (32), S. 183; Nr. (34), S. 188; Nr. (45), S. 218; Nr. (46), S. 220; Nr. (47), S. 223; Nr. (48), S. 228; (49), S. 229; (50), S. 231; (51), S. 233; (52), S. 235; Nr. (54), S. 239; Nr. (56), S. 242; Nr. (57), S. 244; Nr. (58), S. 246; Nr. (59), S. 248; Nr. (87), S. 445.

Auf meiner Homepage finden sich 11 Beispiele von Erscheinungen.

In Band 2a wird im Bsp. Nr. (32) und in Band 2b in den Beispielfällen Nr. (81) und (93) von Erscheinungen erzählt.

Auf photographische Belege für Erscheinungen will ich nicht eingehen, weil Photographien so leicht manipulierbar sind. Ein Beispiel, das eine gewisse Glaubwürdigkeit verdient, kann bei **Charles Tweedale** nachgelesen werden *(**460**, S. 387-391)*.

Ein Fall von Erscheinung, welcher die o.g. Besonderheiten 2 bis 4 aufweist, ist bei Myers zu lesen *(**311**, S. 191-192)*.

Ein Beispiel, das die Besonderheiten 1,2,4 beinhaltet, und bei dem versteckte Information übermittelt und als richtig nachgeprüft wurde, ist bei **John Fuller** zu finden *(**151**, S. 140-142, 144, 146, 152, 173, 222, 224, 225)*.

Weitere Fälle, die die Besonderheiten 1 bis 3 abdecken, sind in der Literatur hier zu finden *(**77**, S. 180-181; **87**, S. 96-97 = **460**, S. 108; **139**, S. 150-152 = **273**, S. 107-110)*.

Sehr viele Fälle sind vom Typ, der die Besonderheiten 2 und 3 erfüllt *(**116**, S. 195-196)*.

Von der Erscheinung von ‚**Lichtwesen**' lesen wir in den Beispielfällen Nr. (4), S. 71; Nr. (33), S. 186; Nr. (49), S. 229.

Hier folgt nun ein Fall, der alle 4 o.g. Besonderheiten aufweist, und den ich bisher nicht geschildert habe. Mindestens einen weiteren dieser Kategorie kann man in der Literatur nachlesen *(**181**, S. 145-146)*.

13.1.1. Bsp. (83) Das Gespenst von Flug Nr. 401 (kollektive Erscheinungen)

(83) In der Todesnacht vom 28. Dez. 1972 stürzte der Eastern Airlines Flug Nr. 401 in die Sümpfe von Florida und tötete 101 Passagiere einschließlich der Mannschaft. Zwei Monate später begannen angeblich der Geist des Piloten, Kapitän **Robert Loft**, und der seines zweiten Offiziers, Don Repo, in den Schwestermaschinen zu erscheinen, die von der Unglücksmaschine geborgene Teile an Bord hatten bzw. die dort benutzt wurden. Nach Angaben von **John Fuller**, dem Haupt-Untersucher des Falls, türmten sich die Zeugnisse über die Erscheinung der zwei Geister in bedrohlichem Ausmaß. Die meisten Sichtungen ereigneten sich in der Bordküche der Eastern Air Maschine 318, welche – wie einige andere L-1011er – einige geborgene Teile der L-1011 benutzte, die in die Sümpfe gestürzt war *(**7**, S. 102-106; **149**; **260**, S. 138-142; **324**)*.

Ein Vorfall ereignete sich an Bord der Maschine 318 während der Vorbereitung eines Fluges von Newark, New Jersey nach Miami, Florida. Der zweite Offizier hatte seinen Kontrollgang kurz vor dem Abflug beendet. Der Kapitän und der erste Offizier waren im Cockpit. Das Essen für die Passagiere war bereits an Bord genommen und alles war bereit zum Start.

Im Erster-Klasse-Abteil zählte die Chef-Stewardess die Passagiere und stellte fest, dass eine Person zu viel an Bord war. Ein Eastern-Kapitän in Uniform war in einem der Sitze. Sie schlussfolgerte, dass er dienstlich nach Miami zurückfliegen wollte, wo die Maschine hergekommen war. Er war nicht auf ihrer Liste und dies erklärte, wieso ein Passagier überzählig war. Vorschrift war aber, die Passagierzahl zu bestätigen und so informierte sie den Kapitän, dass er nicht auf ihrer Liste stand. Sie fragte den unerwarteten Fluggast, ob er im Klappsitz zurück nach Miami mitfliegen wolle. Der Kapitän antwortete nicht und schaute nur geradeaus. Sie fragte ihn erneut, ob er ein Erster-Klasse-Reisender im Klappsitz sei. Er antwortete immer noch nicht und kuckte nur geradeaus. Die Stewardess war ganz perplex und holte die Flug-Aufseherin, um dieselbe Frage nochmals stellen zu lassen und **auch sie erhielt keine Antwort**. Der Kapitän sah in jeder Hinsicht ganz normal aus, außer dass er in einer Art Benommenheit zu sein schien. Dass er nicht ansprechbar war, beunruhigte die beiden Flugbegleiter. Eine von ihnen ging in das Cockpit, um dem Flugkapitän Bescheid zu geben. Auch der Flugkapitän war perplex. Er verließ das Cockpit und ging in das Erster-Klasse-Abteil.

In seinem Bericht über den Vorfall bemerkt John Fuller, dass ein halbes Dutzend reguläre Fluggäste in unmittelbarer Nähe des stummen, zurückfliegenden Kapitäns waren und dass diese Passagiere alle neugierig das Geschehen verfolgten. Als der Flugkapitän zu dem Sitz kam, war es für ihn auch ein Rätsel, warum der andere Eastern-Kapitän nicht als Reisender für den Klappsitz eingetragen war. Offensichtlich besaß er keine Berechtigung zum Mitflug.

In Gegenwart der beiden Stewardessen und der Flug-Aufseherin bückte sich der Kapitän herunter, um den anderen Kapitän direkt anzusprechen und dabei fror er zu Eis. *„Mein Gott, das ist Bob Loft"* sagte er. Es war Totenstille in der Kabine und dann verschwand der Kapitän in dem Klappsitz vor aller Augen.

Der Flugkapitän kehrte zum Kopiloten in das Cockpit zurück. Nach einer kurzen Verzögerung wurde die ganze Maschine durchsucht. Der fehlende Kapitän konnte nirgends gefunden werden. Maschine 318 startete irgendwann später doch noch nach Miami mit Passagieren und Besatzung wie betäubt.

Als die drei Flugbegleiter auf einem späteren Flug den Eintrag ins Logbuch suchten (in das nach FAA-Vorschrift alle ungewöhnlichen Vorkommnisse einzutragen waren), fanden sie, dass die entsprechende Seite fehlte, obwohl die gesamte Crew über den Vorfall berichten konnte. Alle Seiten bis zu dem Ereignis und dieses eingeschlossen, waren im Gegensatz zur allgemeinen Praxis, entfernt worden. Die Kommentare des Kapitäns und der Crew fehlten komplett. Danach wurde das Logbuch der Maschine 318 nach jedem Flug entfernt, eine Praxis, die bei keiner anderen Maschine der Eastern ausgeübt wurde.

Kapitän Loft wurde später wieder auf derselben Maschine in der Bordküche gesehen und zwar **gleichzeitig von zwei Stewardessen** und dem Kapitän. Nach diesem Vorkommnis wurde der Flug allerdings gestrichen.

Don Repo, Kapitän Lofts zweiter Offizier, wurde noch häufiger auf der Maschine 318 gesehen. Während die Erscheinungen von Loft in der Tat nach kurzer Zeit aufhörten (anscheinend beschränkt bis zu dem Flug, der gestrichen wurde) blieb das Gespenst von Don Repo für mindestens zwei Jahre nach dem Flugzeugunglück sichtbar. Ich werde hier nur einige wenige der interessanteren Vorkommnisse wiedererzählen, bei denen Don Repo mehreren Personen erschien. Jedoch bis Ende 1973 berichteten verschiedene Leute in nicht weniger als zwei Dutzend Begebenheiten, Repo gesehen zu haben.

Im allgemeinen erschien er in der Absicht, kleinere Reparaturen für die Stewardessen zu machen oder um die Crew über mögliche mechanische Probleme zu informieren. Er war ein freundliches und hilfreiches Gespenst, von dem häufig berichtet wurde, dass er mit verschiedenen Leuten im Flugzeug Diskussionen geführt habe.

Dann war da die Begebenheit mit einem weiblichen Passagier der 1. Klasse der Maschine 318, die von New York nach Miami fliegen sollte. Die Maschine stand an der Gangway. Die Passagiere der ersten Klasse waren von der Flugbegleiterin noch nicht gezählt. Der weibliche Fluggast saß neben einem Eastern Flugoffizier in der Uniform eines Flugingenieurs.

Irgend etwas an dem Flugoffizier beunruhigte die Frau. Er sah so leichenhaft blaß und krank aus. Wenn sie etwas zu ihm sagte, antwortete er nicht. Sie fragte ihn, ob es ihm gut gehe, oder ob sie die Stewardess rufen solle, um ihm zu helfen. Noch immer kam keine Antwort von dem kränklich aussehenden Flugoffizier. Die Frau rief die Stewardess, die mit ihr übereinstimmte, dass er krank zu sein schien. Die Stewardess fragte ihn, ob er Hilfe benötige. Auch andere Passagiere bemerkten ihn. Plötzlich, wie vorher, verschwand der Flugoffizier vor der ganzen Gruppe. Die Frau wurde beinahe hysterisch. Später suchten sie und die Flugbegleiterin ein Foto von Repo heraus, auf dem sie den Flugoffizier erkannten, der in dem Erster-Klasse-Sitz gesessen hatte.

1974 erzählte angeblich ein Eastern-Kapitän John Fuller, daß er einmal von einem Flugingenieur, der in dem Klappsitz seiner L-1011 saß, vor einem drohenden elektrischen Fehler gewarnt worden war. Der Kapitän ordnete eine Nachuntersuchung an, die tatsächlich einen fehlerhaften Stromkreis aufdeckte. Später, auf den zweiten Blick, identifizierte die Cockpit-Crew den eingedrungenen 2. Offizier im Klappsitz als Don Repo.

Schließlich gibt es da noch den Mexico City Zwischenfall. Im Februar 1974 wurde die Maschine 318 für einen Flug nach Mexico City fertig gemacht. Während der Vorbereitungen schaute eine der Flugbegleiterinnen, die unten in der Bordküche arbeitete, in das Fenster eines Backofens und sah ganz klar, wie das Gesicht von Don Repo sie anschaute. Sie rannte zum Aufzug, fuhr ein Deck höher und schnappte sich eine andere Flugbegleiterin. Zusammen gingen sie in die Bordküche runter und näherten sich dem Ofen. Die zweite Begleiterin sah ebenfalls das Bild. Es handelte sich nicht um eine Reflexion. Sie riefen das Flugdeck an und erzählten die Geschichte dem Flugingenieur. Er kam sofort herunter. Auch er erkannte das Gesicht von Repo im Ofenfenster. Als er Repo anstarrte, sprach dieser hörbar zu dem Flugingenieur: *„**Schau nach Feuer** auf diesem Flugzeug aus.“* Dann verschwand er. Später am Tag ging die dritte Turbine der Maschine beim Start in Flammen auf und das Flugzeug kehrte mit einem Triebwerk zum Boden zurück.

Die offizielle Stellungnahme von Eastern Airline zum Geist von Flug Nr. 401 (was sich hauptsächlich auf die Sichtung von Repo bezog) ist die, dass es sich um Geschwätz handelt und dass niemals jemand behauptet hat, einen solchen Geist gesehen zu haben. Aber das Logbuch von Maschine 318 blieb geheim. Die Sichtungen des Geistes hörten schließlich auf – nachdem alle geborgenen Teile von der Maschine 318 entfernt worden waren.

Meine Beurteilung

Die Schwäche dieses Falls liegt darin, daß es nur den Journalisten Fuller gibt, der den Fall untersucht hat. Daher kann ein Schwindel nicht 100%ig ausgeschlossen werden. Allerdings gibt es viele gut bezeugte und nachgeprüfte Fälle, die ähnliche Elemente in abgeschwächter Form und weniger spektakulärer Zusammenstellung enthalten. Ich baue darauf, dass die Professoren Almeder und Lund, die über diesen Fall geschrieben haben, sich keine Blöße geben, indem sie einen erlogenen Bericht für echt ausgeben.

Die Stärke des Falles liegt darin, dass die vier oben genannten Elemente, die eine Erklärung durch Super-ASW schwer machen, vorhanden sind:
1. kollektive Erscheinung
2. unbekannte Information wird übermittelt (Info über technische Fehler)
3. verstorbene Person hat ein viel stärkeres Motiv als der Perzipient
4. keine Krisenerscheinung

Die Warnung der Lebenden von Seiten eines Verstorbenen – hier vor Feuer – steht nicht alleine. In fünf vorangegangenen Beispielen kam dieses Element bereits vor (Bsp. (50), S. 231; (51), S. 233; (52), S. 235; (58), S. 246; (59), S. 248).

13.2. Erscheinung und Reinkarnation

In der klassischen Literatur über Erscheinungen findet man keinen Hinweis auf Reinkarnation. Die Tatsache, dass Erscheinungen höchst selten sprechen oder telepathisch kommunizieren, und wenn doch, meist nur einzelne Worte von sich geben, lässt das verständlich erscheinen. Dennoch findet sich ein entsprechender Fall hier in Nr. (45), S. 218. Ich habe in meiner Literatursammlung nur drei teils knappe Fälle mit Bezug zur Reinkarnation gefunden: ***180**, S. 51; **199**, S. 15; **310**, S. 88.* Den letzten der 3 genannten Fälle will ich im Folgenden als Beispiel ausführen:

13.2.1. Bsp. (84) Erscheinung spricht von früheren Leben (Person aus dem früheren Leben erscheint und spricht, Traum, Déjà-vus)

(84) Der 50-jährige italienische Schiffsbauingenieur **Giuseppe Costa** war ein Hüne von Gestalt. Schon als Kind hatte er flüchtige Erinnerungen an Schiffe und Gefechte, als er ein Bild vom alten Konstantinopel und dem Bosporus betrachtete. Mit 10 Jahren nahm ihn sein Vater nach Venedig mit, wo er ein **Déjà-vu** erlebte. In einem **Traum** sah er sich zudem selbst als 30-jährigen Krieger, der ein mittelalterliches Schiff kommandiert und Konstantinopel siegreich angreift. Sein Vater hielt dies für Phantasien *(**310**, S. 87-89)*.

Als Heranwachsender **interessierte sich Costa für Waffen, Körperertüchtigung und Reiten**. Er trat der Armee als Freiwilliger bei und wurde Leutnant in einem Kavallerieregiment in Vercelli. Als er dort in die St. Andreas-Kirche ging, hatte er das Gefühl, hier früher schon einmal gewesen zu sein und eine Erniedrigung erlebt zu haben.

Costa war ein positivistisch denkender Materialist, den aber ein **AKE** zum Umdenken brachte, so dass er nun seine bisherigen Erlebnisse als Erinnerungen an **frühere Leben** verstand. Beim Besuch des Kastells von Ussel im Aosta-Tal hatte er wieder ein stark emotionales Déjà-vu, das mit traurigen Ereignissen verbunden war. Bei einem zweiten Besuch sah er dort die **Erscheinung** einer weiblichen Gestalt. Er folgte ihr auf dem Weg durch die Gemäuer, weil er wusste, diese Person einst bewundert und geliebt zu haben. Die Erscheinung sagte ihm: *„Ibleto! Ich wollte dich sehen, noch bevor der Tod uns wieder vereint. Lies nah dem Turm von Albenga die Geschichte von einer deiner irdischen Vergangenheiten. Ich werde auf dich warten."*

Costa ging nach Albenga und fand dort die Biographie von Ibleto. Ibleto, geboren 1330, war am Hof von Graf Amadeo VI von Savoyen, verliebte sich in dessen Schwester, konnte sie aber nicht heiraten. Er begleitete Amadeo auf dessen Expedition in den Orient, die in Venedig startete und zur Eroberung Konstantinopels führte. All dies harmoniert gut mit Costas kindlichen Erinnerungen, seinen Déjà-vus und seinem Verhalten.

Weil Ibleto 1377 den Bischof gefangen genommen hatte, wurde er vom Papst exkommuniziert. Um sich davon wieder zu befreien, musste er eine Erniedrigung in der St.-Andreas-Kirche in Vercelli erdulden. Daher vermutlich Costas Gefühl in der Kirche. Ibleto starb 1409. Er war von gigantischer Statur wie Costa. Ein Gemälde zeigte schließlich die starke Ähnlichkeit von Ibleto und Costa. Die Interimszeit beträgt in diesem Fall ca. stattliche 470 Jahre, falls es kein Leben dazwischen gegeben hat.

Meine Beurteilung

Skeptiker werden sagen, der reinkarnationsgläubige Costa habe die Erscheinung ganz nach seinen Wünschen selbst gestaltet. Super-ASW hat ihm geholfen, den Ort seiner Biographie zu finden. Wie aber kommen dann Costas kindliche Erinnerungen, seine Déjà-vus und sein Verhalten zustande, welche gut zu Ibletos Biographie passen und sich lange vor dem Bekanntwerden der Biographie ereignet haben? Präkognition, die nicht nur Erkenntnis von Zukünftigem ist, sondern sogar das Verhalten steuert? Das wäre eine ganz neue, nie gekannte Qualität von Vorahnungen.

14. Instrumentelle Transkommunikation (ITK)

Die **I**nstrumentelle **T**rans**K**ommunikation (**ITK**) begann (nach zweifelhaften Vorläufern *(**388**, S. 48; **407**, S. 223)*) 1959 mit den ersten Versuchen des in Schweden lebenden und in Odessa in der Ukraine 1903 geborenen Malers, Opernsängers und späteren Filmproduzenten **Friedrich Jürgenson** zu den heute so genannten ‚**Tonbandstimmen**'. Dies ist also ein Erfahrungsfeld, das in der Nach-Mattiesen-Zeit liegt und somit in dieses Buch gehört.

Der Pionier Jürgenson entdeckte das Phänomen zufällig, als er Tonbandaufnahmen von Vogelstimmen machte und danach beim Abhören der Aufnahme Stimmen vernahm, die während der Aufnahme nicht zu hören waren *(**222**, S. 18)*. In der Weiterentwicklung hat Jürgenson Zwischensenderrauschen[63] vom AM-Mittelwellenradio oder ausländische Rundfunksender auf Tonband mitgeschnitten und beim Abhören nach der Aufnahme in den Geräuschen vom Radio Stimmen ausgemacht, die er nach anfänglichen Zweifeln Verstorbenen zuordnete.

14.1. Formen der Instrumentellen Transkommunikation

Die ITK umfasst heutzutage viel mehr als nur die Tonbandstimmen. Sie tritt zusätzlich in folgenden Formen auf:

- ‚**Direkte Stimmen**' aus einem Radio

  (bei **Marcello Bacci**, **Anabela Cardoso**[64], **George Meek/William O'Neil**, **Hans Otto König**[65], **Maggy und Jules Harsch-Fischbach**, Peter Härting, **Adolf Homes**/Fritz Malkhoff).

  Stimmen aus einem Radio, für deren Herkunft es keine Erklärung gibt, wurden zusammen mit Fragen oder Kommentaren des Experimentators über Mikrophon auf Tonband aufgenommen. In einigen Fällen kamen die Stimmen aus nicht funktionsfähigen Empfangsgeräten *(**389**, S. 74, 101, 123, 134[66], 138; **407**, S. 20-22; **143**, S. 371-377)* oder von elektronischen Einspielgeräten im Eigenbau *(**151**, S. 175, 247)*.

[63] Auch andere Rauschquellen werden verwendet.

[64] Gestrichelte fette Unterstreichung: Der Person wird von Seiten der Kritiker Leichtgläubigkeit vorgeworfen (s. Kapitel 14.2, S. 429).

[65] Fette Unterstreichung: Der Person wird von Seiten der Kritiker gelegentlicher Betrug vorgeworfen (s. Kapitel 14.2, S. 429).

[66] Fette Unterstreichung: Auf diesen Seiten wird von Personen berichtet, denen Kritiker gelegentlichen Betrug vorwerfen (s. Kapitel 14.2, S. 429).

- ‚**Stimmen am Telefon**'

  (bei **Oscar D'Argonnel**, **Raymond Bayless**, **Manfred Boden**, Harsch-Fischbach, Senkowski, Cardoso).

  Das Telefon klingelt und es meldet sich die an der Sprachfärbung erkennbare, teilweise dialogfähige, meist gut verständliche Stimme eines Verstorbenen[67] oder Stimmen drängen sich in ein laufendes Telefonat *(**389**, S. 193-198[68], 198-200; **376**)*. Oft fehlt das Klickgeräusch bei Beendigung des Gesprächs. Überprüfungen der Telefonanlage ergeben keine technischen Fehler *(**389**, S. 196)*. Paranormale Telefonate ereignen sich auch, wenn das Telefon nicht an eine Leitung angeschlossen ist *(**89**, S. 61, 64, 106; **358**)*. Bei Manfred Boden klingelt einmal während knapp einer Stunde alle 2 Minuten das Telefon. Wenn kein Gespräch zustande kommt, hört er nur Geräusche.

  Ein Beispiel dafür liegt in diesem Buch bereits vor: Fall Nr. (44), S. 216.

- ‚**Texte**' am Bildschirm oder als Datei auf der Platte eines Computers, deren Herkunft unerfindlich bleibt (sog. ‚Transtexte').

  (bei Boden, Webster, Harsch-Fischbach, Homes) *(**389**, S. 165-180; **407**, S. 36-37)*.

  Bei den Experimentatoren Harch-Fischbach schaltete sich der Computer sogar selbsttätig ein, meist wenn das Ehepaar nicht zu Hause war. **Ken Webster** und **Debs Oakes** berichten, dass sie über einen Zeitraum von 2 Jahren mehr als 300 Textnachrichten in altertümlichem Englisch des 16. Jahrhunderts erhalten haben *(**89**, S. 157)*.

- ‚**Videobilder**' meist von Verstorbenen auf dem Monitor eines rückgekoppelten Videosystems oder direkt am Fernsehgerät

  (bei Della Bella, Schreiber, Harsch-Fischbach, Homes, König).

  Die Rückkopplung wird erreicht, indem eine Videokamera das Monitorbild aufzeichnet, welches den Kameraausgang wiedergibt. Das Fernsehgerät kann defekt sein, so dass es Sender nicht mehr empfängt oder es gibt das Videobild einer Kamera wieder, die in die Ecke eines Raumes schaut *(**389**, S. 203-221, 222-248, 249-255)*. Kurze Bewegtbildszenen von Ver-

[67] Technische Vergleiche von Raudives Stimme vor und nach seinem Tod fielen allerdings dürftig aus *(**89**, S. 137)*.

[68] Gestrichelte fette Unterstreichung: Auf diesen Seiten wird von Personen berichtet, denen Kritiker Leichtgläubigkeit vorwerfen (s. Kapitel 14.2, S. 429).

storbenen *(**389**, S. 224, 241)* und Fernsehbilder mit Ton wurden auch aufgenommen *(**389**, S. 233)*.

Neben der bisher erwähnten Literatur gibt es ein reichhaltiges Angebot an Information zur ITK im Internet *(**118**; **123**; **163**; **194**; **467**; und weitere auf meiner Homepage www.reinkarnation.de)*.

14.2. Glaubwürdigkeit der ITK

Die ITK ist ein sehr umstrittenes Thema, weshalb es hier nur kurz behandelt wird. Ein einstiger Protagonist der Tonbandstimmen hat seine ursprünglich positive Einstellung geändert *(**55**)*. Einer meiner Erstleser, ein Parapsychologe, der aber kein strikter Animist ist, empfahl mir, das Kapitel über ITK ganz aus dem Buch zu nehmen, um glaubwürdig zu bleiben. Er begründete das damit, dass einige Autoren in der Vergangenheit gelogen hätten und andere leichtgläubig seien.

Das wollte eine ITK-Expertin, die eng mit Prof. Dr. Ernst Senkowski zusammengearbeitet hat, so nicht stehen lassen. Sie meinte, man solle das Kind nicht mit dem Bade ausschütten. ‚Tricksereien' und Leichtgläubigkeit seien wohl vorgekommen, dürften aber nicht als Argument benutzt werden, um auch paranormale Phänomene, die es zweifellos gab und gibt, in Abrede zu stellen. So sah das auch Prof. David Fontana, der von ausgiebigen Tests durch technische Fachleute berichtet, denen sich z.B. Hans Otto König unterworfen hat, und die keinen Hinweis auf Manipulation erbrachten *(**143**, S. 369-370)*.

Da die Warnung des Parapsychologen nicht durch Veröffentlichungen belegt werden kann und unspezifisch bleibt, d.h. nicht direkt die hier verwendeten Aussagen betrifft, und obendrein die Warnung nicht unwidersprochen dasteht, habe ich beschlossen, das Kapitel im Buch zu belassen.

Die Literatur bzw. die Autoren, die wegen gelegentlicher Unregelmäßigkeiten umstritten sind, habe ich im obigen Text und werde ich im folgenden Text durch Unterstreichung kennzeichnen:

Vorwurf der Leichtgläubigkeit, Vorwurf (gelegentlicher) Betrug.

14.2.1. Störender Rundfunk

Der nahe liegende Einwand gegen die Annahme, es handle sich um paranormale Stimmen, lautet: Es handelt sich um Bruchstücke falsch interpretierter Rundfunksendungen. Das wurde vielfach untersucht. Folgendes spricht dagegen:

- **Alexander MacRae** *(**266**, S. 32-39)* berichtet über Versuche in einem elektromagnetisch und akustisch abgeschirmten Raum, in dem er weiterhin Stimmen erhielt. Den gleichen Versuch machte **Ferdinando Cazzamatti** und erhielt das gleiche Ergebnis *(**143**, S. 366)*. Eine weitere, vergleichbare Kontrolle erwähnt **Senkowski** *(**407**, S. 47)*.
- Jürgenson und alle anderen Autoren weisen darauf hin, dass die Stimmen sinnvolle Antworten auf vorher gestellte Fragen geben, so dass man nicht von zufällig empfangenen Fremdsendern ausgehen kann *(**143**, S. 375; **389**, S. 195)*. Manchmal ergaben sich Antworten auf nur gedachte Fragen *(**389**, S. 269)*.
- Die Experimentatoren wurden mit ihren Namen oder manchmal Spitznamen persönlich angesprochen *(**143**, S. 354, 367, 372; **389**, S. 250)*.
- Die Stimmen haben über persönliche Belange der Experimentatoren oder ihrer Gäste gesprochen.
- Die Stimmen wurden oft an ihrer Eigenart (z.B. **Dialekt**) erkannt und konnten bestimmten verstorbenen Personen zugeordnet werden *(**222**, S. 97, 136, 188; **389**, S. 196)*.
- Oder die Stimmen gaben ihre Identität als Verstorbene, die weiterleben, selbst an *(**143**, S. 355)*.
- Prüfungen der Identität der Stimme wurden zwar nicht oft durchgeführt, aber gelungene Beispiele gibt es *(**143**, S. 357, 359, 367, 369, 379, 381; **389**, S. 117, 206; **407**, S. 326)*.
- Wenn eine altertümliche Sprache gesprochen wird, die zum Kommunikator (Verursacher der Stimme) passt, ist es höchst unwahrscheinlich, diese zufällig aus dem Äther aufgeschnappt zu haben *(**389**, S. 181)*.
- Stimmen lebender Personen wurden praktisch nie vernommen *(**143**, S. 368)*. Ausnahmen gibt es aber *(**222**, S. 181)*.
- Die Stimmen sprechen manchmal doppelt so schnell wie normal. Jürgenson nahm mit 19 cm/s Bandgeschwindigkeit auf und musste dann mit 9,5 cm/s abhören, um das Gesagte verstehen zu können *(**222**)*.
- Stimmen wurden vernommen, wenn das Tonband rückwärts abgespielt wurde *(**389**, S. 56)*.
- Oft wurden mehrere Sprachen in einer Antwort verwendet *(**222**, S. 75, 124, 179; **389**, S. 195)*.
- Konstantin Raudive hörte Stimmen in lättischer Sprache, obwohl kein entsprechender Sender nah an seiner Empfangsfrequenz lag und MacRae und Cardoso haben in Spanien bzw. Frankreich auf Verlangen Antworten in Englisch erhalten *(**266**, S. 30; **143**, S. 372)*.

- Stimmen wurden auch unter der Überwachung durch Techniker und Prof. **Hans Bender** als Parapsychologen aufgezeichnet, die um das Problem wussten *(**143**, S. 354, 370; **151**, S. 247)*.
- Mittels Stimmanalysator konnte gezeigt werden, dass die Stimme nicht diejenige beteiligter lebender Personen war *(**143**, S. 363)*, aber dass sie mit der Stimme des verstorbenen Kommunikators zu seinen Lebzeiten übereinstimmte *(**143**, S. 369; **151**, S. 224, 239, 248)*.

14.2.2. Subjektives Hören

Es liegt weiterhin nahe zu vermuten, dass die Experimentatoren ihre unbewussten Wünsche in die Hintergrundgeräusche ‚hineingehört' haben; dass also jeder subjektiv etwas anderes versteht.

- Dies wurde mehrfach getestet, indem einer Vielzahl von unvoreingenommenen, neutralen Hörern ein- und dieselbe Einspielung vorgeführt und um die Wiedergabe des Gehörten gebeten wurde. Die Ergebnisse zeigen eindeutig, dass ‚subjektives Verstehen' keine durchgängige Erklärung für das Phänomen abgibt *(**222**, S. 226; **266**, S. 46-62; **143**, S. 353, 370)*. An vielen Stellen berichten die Autoren, dass sie Stimmen vom Tonband oder direkte Stimmen klar und deutlich gehört und verstanden haben.
- Bei Transtexten gibt es wenig unterschiedliche Auslegungsmöglichkeiten.

14.2.3. Zufall im Rauschen

Nach so vielen deutlichen Einwendungen gegen die beiden naheliegendsten normalen Erklärungen greifen Skeptiker nach dem Strohhalm und behaupten, im Rauschen könnten auch zufällig Worte oder Bilder verborgen sein, die dann zu Unrecht Jenseitigen zugeordnet werden. Auch dagegen gibt es gute Argumente:

- Die meisten der in Kapitel 14.2.1, S. 429 aufgeführten Punkte haben auch hier Gültigkeit.
- Nicht alle Transkommunikationen sind so kurz, wie bei den meisten Tonbandstimmen. Es gibt Unterhaltungen am Radio, die bis zu einer halben Stunde angedauert haben, Telefonkontakte bis zu 45 Minuten und Audio-Video-Verbindungen bis 2 Minuten Dauer *(**222**, S. 126; **389**, S. 9, 137, 199, 232)*. Kein vernünftiger Mensch wird behaupten, dies könne auch dem Zufall geschuldet sein.

- An vielen Stellen seines Buches berichtet Prof. **Senkowski** davon, dass sich Aussagen an verschiedenen Orten bei unterschiedlichen Experimentatoren und mittels unterschiedlicher Techniken aufeinander bezogen haben, z.B. indem zukünftige Kontakte angekündigt wurden *(**407**, S. 338, 339; **143**, S. 379; **389**, S. 9, 234, 242)*. Hier wird es schwer, mit dem Zufall zu argumentieren. Das ähnelt den ‚Kreuzkorrespondenzen' bei medialen Durchgaben (Kapitel 8.2.8, S. 315).
- Manchmal wird **versteckte**, schwer zu findende Information übermittelt, die wohl kaum zufällig zustande gekommen ist *(**389**, S. 181)*.
- Videobilder von Verstorbenen waren klar genug ausgeprägt, um sie eindeutig erkennen und im Bildvergleich bestimmten Verstorbenen zuordnen zu können *(**143**, S. 378; **389**, S. 207-213)*.

14.2.4. Psychokinese und Super-ASW

Weil sich alle normalen Erklärungsversuche offensichtlich als unhaltbar erweisen, muss anerkannt werden, dass hier paranormale Phänomene vorliegen. Auch dabei muss die Möglichkeit bedacht werden, dass die Psyche Lebender die entscheidende Rolle spielen könnte. Sie wäre also dafür verantwortlich, dass verständliche Worte und Sätze aufs Tonband kommen, wenn eine Rauschquelle vorhanden ist. Das wäre eine **psychokinetische Leistung**, zu der aber noch ASW oder sogar Super-ASW hinzukommen müsste, um den stimmigen Sinngehalt von Antworten zu gewährleisten. Weil unser Wissen über Psychokinese und Super-ASW nur rudimentär ist, ist hier keine so klare Antwort zu erwarten, wie zuvor bei den normalen Erklärungen.

Ich gebe Folgendes zu bedenken:

- Experimentatoren, die im ‚normalen Leben' keinerlei paranormale Leistungen zeigen, erhalten dennoch Transkontakte *(**388**, S. 278)*.
- Die Einspielungen enthalten Gedanken, welche der Experimentator nicht oder nie hatte *(**388**, S. 269)*.
- Wie erklärt man sich Stimmen von Personen, die kein Anwesender kannte (**drop-in**-communicators bei *__407__, S. 306, 326; __389__, S. 117)*?
- Warum werden nur in Ausnahmefällen Stimmen von Lebenden gehört, wenn die Psyche der Experimentatoren Ursache der Wunder ist *(**222**, S. 181)*?
- Es gibt Beispiele von Transinformation, die ohne Anwesenheit eines Experimentators erhalten wurden *(z.B. **143**, S. 356)*.

- In einigen paranormalen Telefonkontakten sprach nicht nur eine Transstimme, sondern es waren mehrere gleichzeitig oder Gelächter von vielen zu hören *(**376**, S. 68, 72, 75-76)*. Auch bei direkten Stimmen gab es sich überlappende Mitteilungen *(**151**, S. 224)*.
- Paranormale Telefonanrufe ereigneten sich gegen den Wunsch des Angerufenen *(**89**, S. 44)*
- Manchmal sprachen die Stimmen in einer **altertümlichen Sprache** oder in einer Sprache, die der Experimentator nicht beherrschte *(**407**, S. 85)*. Wie soll man das erklären?
- Die Stimmen verschiedener Experimentatoren an unterschiedlichen Orten haben sich aufeinander bezogen und Ankündigungen über kommende Transkommunikationen gemacht *(**407**, S. 194)*. Man muss eine außersinnliche Verbindung zusammen mit Präkognition der Versuchsleiter unterstellen, um dies erklären zu können. Wie verträgt sich dies mit den mageren Ergebnissen der ASW-Forschung der Parapsychologie?
- Wie erklären sich Fälle, in denen der Kommunikator (die Stimme) ein emotionales Interesse an der Verbindung haben konnte, nicht jedoch der Experimentator (Fall 82(85), S. 434) *(**376**, S. 77)*?
- Wie kann die Psyche eines Experimentators das Portrait eines ihm Unbekannten auf einem Monitor erzeugen *(**388**, S. 206-207)*?
- Die Aussagen darüber, ob die Experimentatoren eine besondere Begabung (ASW, Medialität) benötigen, um Stimmen oder Transtexte zu erhalten, gehen jedoch auseinander. Prof. **Senkowski** vertritt die Ansicht, dass ein nicht quantifizierbares Maß an Medialität notwendig ist. Die Beispiele von Transinformation, die ohne Anwesenheit eines Experimentators erhalten wurde, lässt er nicht als Gegenbeweis gelten *(**407**, S. 139)*. Stimmen von ‚Drüben' bestätigen diese Ansicht *(**388**, S. 198, 219, 259)*. Fontana und MacRae sind anderer Meinung *(**143**, S. 381; **266**, S. 135)*. Ein Artikel von Baruss scheint die Auffassung von Senkowski zu bestätigen *(**39**)*.

14.3. Instrumentelle Transkommunikation (ITK) als Beleg für ein Weiterleben nach dem Tod

Wen die obigen normalen Erklärungen und die animistische Deutung nicht überzeugen, wird die ITK als das annehmen müssen, als was sie sich ausgibt: Als Manifestation aus einer Jenseitswelt. Ich will darüber nicht theoretisieren, sondern wieder nur Beispiele für sich sprechen lassen. Für zwei haben wir hier Platz.

14.3.1. Bsp. (85) Pflichtbewusst bis in den Tod (ITK am Telefon mit Motiv)

(85) Vielleicht kann man **unglaubliche Telefonate** ‚aus dem Nichts' eher akzeptieren, wenn man sich ins Gedächtnis ruft, dass es gut dokumentierte Spukfälle gibt *(z.B. den Fall „Rosenheim" in **305**, S. 355-364)*, in welchen das Telefon eine Rolle spielt.

Prof. **Walter Uphoff**, Wirtschaftswissenschaftler an der Universität von Colorado, USA, beschloss 1965 einige Tage nach Wisconsin zu verreisen. Er bat zuvor seine Sekretärin, ihn nach seiner Rückkehr daran zu erinnern, dass er dann einen Anruf bei einer Versicherungsgesellschaft tätigen will, um einen der beiden Inhaber zu einem Vortrag einzuladen *(**376**, 49-51)*.

Die Sekretärin versprach dies und erklärte ihrem Chef, dass sie in der Zeit seiner Abwesenheit ins Krankenhaus ginge, um sich an der Gallenblase operieren zu lassen. Prof. Uphoff war das recht.

Uphoffs Sohn rief seinen Vater an einem Freitag in Wisconsin an, um ihm mitzuteilen, dass seine Sekretärin unerwartet an einer Embolie verstorben ist und die Beerdigung für den darauffolgenden Montag angesetzt sei.

Prof. Uphoff kehrte am Wochenende nach Hause zurück und war am Montagvormittag in seinem Büro. Er erinnerte sich, dass er die Versicherungsgesellschaft anrufen wollte, und tat das. Er erreichte gleich den gewünschten Gesprächspartner, **Glen Hedgecock**, und begann ihm sein Anliegen zu erklären. Glen unterbrach ihn aber sogleich, weil er einen weiteren Anruf auf einer zweiten Leitung erhielt, den er entgegennehmen wollte. Kurz darauf kam Glen wieder ans Telefon zurück und berichtete Uphoff, dass an der anderen Leitung Uphoffs Sekretärin gewesen sei und ihn daran erinnern wollte, dass er, Glen, bei Uphoff einen Vortrag halten sollte. Als Glen ihr sagte, dass ihr Chef gerade an der anderen Leitung ist, antwortete sie: „*In dem Fall betrachte ich die Nachricht als überbracht*". Damit endete dieses Gespräch ohne das übliche Klickgeräusch beim Auflegen des Hörers.

Prof. Uphoff war wie vor den Kopf gestoßen. Wie konnte seine Sekretärin eine fremde Firma anrufen, wenn sie doch bereits seit 3 Tagen tot ist? Er informierte seinen Gesprächspartner nun über den Tod seiner Sekretärin und bekam lediglich zur Antwort, dass er selbst sehen soll, wie er das erklären kann.

Prof. Uphoff erkundigte sich nun bei anderen Sekretärinnen darüber, ob sie die Versicherungsfirma angerufen hätten. Er fand aber niemanden. Es war auch sehr unwahrscheinlich, dass jemand anderes - außer seiner Sekretärin - um den Sachverhalt wusste. Die Sekretärin hatte den Auftrag (ihn zu erinnern) sicher nicht delegiert, denn sie erwartete, rechtzeitig wieder aus dem Krankenhaus zurück zu sein. Außerdem war es keine sehr wichtige Angelegenheit. Selbst wenn eine andere Person die Erinnerung übernehmen wollte, hätte derjenige bei Uphoff selbst und nicht bei der Versicherung angerufen. Und wenn der Anruf direkt zur Versicherung gegangen wäre, hätte der Anrufer sicher erklärt, im Auftrag der Sekretärin oder des Professors zu handeln.

Welches Motiv, den Anruf auf der zweiten Leitung psychokinetisch hervorzurufen, kann man Prof. Uphoff oder seinem Gesprächspartner Glen zur Erklärung dieses Falles unterstellen? Das Motiv der Sekretärin liegt dagegen auf der Hand: Sie wollte ihr Versprechen einhalten, den Professor an seinen beabsichtigten Anruf zu erinnern bzw. dafür zu sorgen, dass das Vorhaben ihres Chefs nicht in Vergessenheit gerät.

Es sei noch vermerkt, dass die in der Literaturangabe ***(376)*** genannten Autoren (Scott Rogo und Raymond Bayless) Glen Hedgecock befragt haben und den von Uphoff geschilderten Sachverhalt, wie hier beschrieben, vollauf bestätigt bekamen.

Ein zweites kurzes Beispiel muss genügen, um abermals zu zeigen, wie überzeugend die Jenseitshypothese in Fallberichten vorkommt.

14.3.2. Bsp. (86) Verstecktes Wissen vom toten Vater telefonisch mitgeteilt (ITK am Telefon mit Motiv)

(86) Frau **Elsie Pendleton** teilte während des 2. Weltkrieges die Wohnung in Los Angeles mit ihrer Schauspielerkollegin **Ida Lupino** und wusste daher einiges aus deren Leben. Das Londoner Haus von Idas Vater war im Krieg zerbombt worden. Ihr Vater war vor einem halben Jahr verstorben. Es fehlten ihr Unterlagen zu dem Haus und ein Testament, so dass es Schwierigkeiten mit der Erbschaft gab *(**376**, S. 81)*.

Frau Pendleton erlebte mit, wie Ida einen **Anruf** entgegennahm, der von ihrem toten Vater zu kommen schien. Ida war sehr aufgeregt darüber und erzählte Frau Pendleton, was geschehen war. Die Stimme ihres Vaters hatte ihr am Telefon gesagt, dass die fehlenden Papiere im Keller des teilweise zerstörten Hauses zu finden seien. Der Vater bezeichnete genau die Stelle. Als sie dort dann im Haus nochmals nachschaute, fand sie die gesuchten Unterlagen. Sie lagen unter einem Schuttberg, unter dem sie bisher nicht gesucht hatte.

Meine Beurteilung

Wenn Ida den Fundort der Papiere erahnt oder hellsichtig erfasst haben sollte, warum kleidet ihr Unterbewusstsein dieses Wissen in einen psychokinetisch hervorgerufenen Telefonanruf an sich selbst mit der Stimme ihres Vaters? Oder liegt es nicht näher anzunehmen, dass der Vater sein verstecktes Wissen noch anbringen und nicht ins tiefere Jenseits mitnehmen wollte?

Auf meiner Homepage finden sich noch weitere 5 ITK-Fallbeispiele (www.reinkarnation.de).

14.4. Instrumentelle Transkommunikation (ITK) und Reinkarnation

Einen Beispielfall der ITK, der die **Wiedergeburt** thematisieren würde, habe ich nicht gefunden. Es gibt aber einzelne Aussagen, die sich aus den meist kurzen Einspielungen von zwei, drei Worten als Antwort auf Fragen, die der Experimentator gestellt hat, erschließen lassen.

Im Folgenden wird angegeben: Der Buch-Autor, die jeweilige Literaturnummer und – unterstrichen – die Seite, auf der die Einspielung dort zu finden ist. Es handelt sich um Antworten, wenn nicht anderweitig angegeben. (Fette Unterstreichung der Seitenzahl = Betrugsanschuldigung nach Kapitel 14.2, S. 429.).

Kubis & Macy (1995) ***(239)***

S. 73: Der ‚Techniker' sagt: *„Reinkarnation ist ein spirituelles Gesetz. Aber jedes Geschöpf hier auf Erden und in höheren Dimensionen kann für eine gewisse Zeit von diesem Gesetz abweichen, um es zu vermeiden; aber man kann ihm nicht auf ewig entkommen."*

S. 77: Frage: *„Entscheiden die Menschen selbst, wie und wann sie inkarnieren?"*

„In vielen Fällen entscheiden die Menschen selbst. In einigen Fällen wird es ihnen von höheren Wesenheiten gesagt. Niemand wird gezwungen zurückzukehren. Für viele ist es wie eine innere Stimme, die sie an ihre Pflicht und Lektion erinnert, die noch auf Erden auf sie wartet. Sie können diese Aufgabe für viele Jahre verzögern, wissen aber, dass sie sie nicht auf Dauer vermeiden können."

S. 78: *„Wenn die Entscheidung zu reinkarnieren gefallen ist, werden die betreffenden Personen in ein spezielles Gebäude geführt... Die Person wird in eine Art Badewanne gesetzt. Ihr Körper, der typischerweise im Mittel ein Alter von 25 bis 30 Jahren angenommen hat, wird zunehmend jünger und* *kleiner. Er kehrt ins Stadium eines Kindes zurück, dann wird er zum Baby und schließlich zu einer kleinen Zelle. In dem Zustand ist er nicht mehr unter uns. Die Zelle ist inzwischen im weiblichen Körper eines Menschen angekommen. ...Wenn die Empfängnis stattgefunden hat, befindet sich die Seele in jener Zelle oder dicht dabei. Die Seele kann irgendwann zwischen der Konzeption und der Geburt in den Körper des Kindes eintreten. Sie beobachtet die Entwicklung des Ungeborenen.“*

Locher (2007) ***(251)***

S. 117: Der Techniker sagt: *„Möglicherweise sind sogar die Verdienste eines Menschen so groß, dass sein nächstes Erdenleben gesegnet wird und er die Früchte vom jetzigen ernten darf... im Geistigen hingegen, braucht der Mensch, um eine höhere Stufe zu erreichen, die Zeit eines ganzen Menschenlebens oder gar von mehreren. ... Erst nach ihrem Erdentod, wenn sie den göttlichen ‚Richtern' gegenüber stehen, werden sie ihre Verfehlungen bereuen. Doch dann ist es zu spät. Die Menschen werden zu solchen Schuldnern durch die vielen Ungerechtigkeiten, die sie begehen, durch all ihre Verfehlungen.“*

Schäfer, Hildegard (1989) ***(389)***

S. 98: *„Reinkarnation....sucht ihr euch eure Eltern selbst aus.“*

S. 106: *„Erst wenn die letzten Reste der kleinlichen Emotionen und Feindseligkeiten abgestreift sind, ist der Geist in der Lage, kosmische Bereiche kennen zu lernen und sie zu verstehen. Hierzu bedarf es eines langen Prozesses des Todes und der Wiedergeburt.“*

S. 119: Frage: *„Warum wird die Erinnerung an frühere Inkarnationen bei jeder Neuinkarnation so hermetisch abgeschirmt? Könnte nicht eine intensivere Erinnerung und das bewusste Lernen aus den Fehlern die Menschen von ihrem ‚Tierbewusstsein' eher erlösen? Ebenso eine stärkere Erinnerung an die jeweiligen Aufenthalte in der geistigen Welt?“*

ITK-Antwort vom Jenseitigen, der sich ‚Techniker' nennt: *„Würden die Menschen sich an die Aufenthalte in der geistigen Welt erinnern, so würde das zu tiefen Depressionen führen, weil sie diese Schönheit im Irdischen nicht erreichen können, die sie einmal erlebt haben. Die intensive Erinnerung an die einst begangenen Fehler würde die Menschen niederdrücken. Viele empfinden Freude, wenn sie Gutes getan haben, aber viele können auch Freude empfinden, wenn sie Böses getan haben, und um die Freude zu wiederholen, würden sie wieder Böses tun. - Das Tierbewusstsein ist dem Menschen aufgezwungen worden, der Mensch an sich ist nicht schlecht. Vor* *der letzten Eiszeit lebte Mensch mit Mensch und Mensch mit Tier in Frieden zusammen.“*

S. 122: Frage: *„Wie reagieren Menschen, die auf Erden hohe Persönlichkeiten waren, wenn sie auf Ihre Seite kommen?“*

‚Techniker‘: *„Viele finden sich nicht zurecht, da sie nie gelernt haben, mit der Kraft der Gedanken zu schaffen. Manche sind unbrauchbar in unserer Welt, und wir müssen sie wieder zur Erde zurückschicken.“*

S. 190: *„Auch wenn es Ihnen nicht gefällt, es ist so, wie ich es Ihnen sage: Reinkarnation existiert. Es gibt Parallelwelten! Die Menschen evolvieren (entwickeln sich) im unaufhaltsamen Rad des Lebens. Manche sind heute in einem Entwicklungsstadium angekommen, das es ihnen erlaubt, einiges besser zu verstehen. Reinkarnation bedeutet Weiterentwicklung nach vorne, nicht zurück. Auch Tiere sind dem Inkarnationszyklus unterworfen. Der Mensch reinkarniert nicht in einem Tierkörper. Bedeutende irdische Persönlichkeiten werden als einfache Menschen wiedergeboren, wenn sie das vorangegangene Leben nur dazu benutzten, um Macht auf Menschen auszuüben. Krankheiten und Gebrechen haben im menschlichen Entwicklungsprozeß ihren Sinn. ....Bei manchen Menschen ist Rat und Hilfe angebracht, andere wollen sich nicht helfen lassen, wie Sie bereits selbst bemerken konnten. Diese Menschen haben noch, bevor sie inkarnierten, sich für einen leidvollen Lebensweg entschieden.“*

S. 245: *„Nach Überschreiten der vierten Dimension (höhere Entwicklungsstufe) ist der Mensch vom Reinkarnationsgesetz befreit.“*

Senkowski (1995) *(**407**)*

S. 346: *„Viele von uns sind zur Reinkarnation nicht bereit, da die Geburt des Physischen schockierender sein kann als der Tod.“*

Die Reinkarnation wird in diesen Auszügen durchgängig bestätigt. Gegenaussagen habe ich in meiner Literatur nicht gefunden. Will man der Durchgabe des Transwesens ‚Techniker‘ bei den Experimentatoren Harsch-Fischbach glauben, so sind die Instrumentellen Transkommunikationen (ITK) weniger durch die Psyche der Lebenden beeinflusst (20%), als die Durchgaben von menschlichen medialen Medien (80% nach ***389**, S. 126*)). Die Bestätigung der Reinkarnation über ITK wäre demnach glaubhafter.

14.5. Instrumentelle Transkommunikation (ITK) über das Sterben und das Jenseits (Tabellen)

Auf die Frage, wie ‚es drüben ist', gibt die ITK nur sehr dürftige Antworten, die oft auch so kurz ausfallen, dass man um eine Interpretation nicht herum kommt, die bekanntlich auch falsch liegen kann *(**388**, S. 217)*. Dennoch interessiert die Frage, welche der **Kernaussagen** aus den Kapiteln 7.3, S. 260 oder 8.3.1, S. 334 auch von der ITK unterstützt oder etwa bestritten werden und welche zusätzlich vorkommen (**Vergleich**).

In sechs von 14 einschlägigen Büchern über ITK habe ich Aussagen über Tod und Jenseits gefunden. Aus den zahlreichen Wiederholungen gleichlautender Texte in diesen Büchern schließe ich, dass das Repertoir an Aussagen begrenzt ist und durch meine (nur) 14 Bücher für das Ziel dieser Untersuchung hinreichend abgedeckt sein dürfte. Ich wiederhole daher hier die Tabelle der Kernaussagen in gekürzter Form und trage die Fundstellen der Literatur wieder dort ein (**Tabelle 14-1** und **Tabelle 14-2**), wobei ich abermals großzügig in der Auslegung von Übereinstimmungen verfahre. Ich verzichte wegen der begrenzten Zahl von Aussagen auf eine graphische Veranschaulichung und eine numerisch-statistische Auswertung. Doppelnennungen müssen daher hier nicht vermieden werden.

Nicht von den Kernaussagen abgedeckte ITK-Äußerungen finden sich in zwei Zusatztabellen am Ende des Kapitels (**Tabelle 14-3**, S. 443 und **Tabelle 14-4**, S. 443).

Legende zur folgenden Tabelle:

Achtung: **Zeilen** ohne ITK-Literatureintragungen sind **absichtlich unterdrückt**.

1. Spalte: Nummerierung nach Band 2b. Von 165 Aussagen werden nur 140 berücksichtigt.

2. Spalte: Kernaussagen von Kindern und rückgeführten Erwachsenen nach Band 2b.

3. Spalte: Literatur zu ITK-Aussagen, die eine Entsprechung in den Kernelementen nach Band 2b haben. Aufbau: **Literaturnummer**, S. Zahl oder Zahl = Betrugsanschuldigung nach Kapitel 14.2, S. 429.

Tabelle 14-1: ITK-Vergleich mit Kernaussagen zum Übergang nach dem Tod

A	**Kernaussagen nach Band 2b** *Nr.* und *Aussagen von Kindern nach Band 1 (kursiv)*, Aussagen Rückgeführter (Normalschrift)	**Bestätigung der Kernaussagen durch ITK.** Quellen in Büchern. Aufbau: **Nr.** im Literaturverzeichnis, S. Seitenzahl;
	1. Der Übergang nach dem Tod	
4.	Nach dem Tod verlässt die Seele den Körper.	**239**, S. 114; **407**, S. 365
8.	*9. Kurz nach dem Tod ist man (wieder) gesund und schmerzfrei.*	**239**, S. 143; **389**, S. 100, 185, 244
15.	Nach dem Tod kann man die **Gedanken** der Lebenden lesen.	**388**, S. 235; **389**, S. 99
21.	Nach dem Tod hat man einen Körper anderer Art.	**143**, S. 373; **389**, S. 244
26.	*6. Dem Körperlosen ist* (mitunter) *nicht klar, dass er gestorben ist.*	**239**, S. 144; **358**
27.	Es gibt erdgebundene Seelen.	**239**, S. 94; **407**, S. 320
30.	Es gibt keine (ewige) Hölle, in welche die Seele kommen könnte.	**407**, S. 307
35.	Dämonen und Teufel sind von Menschen gemacht. Sie existieren nicht wirklich.	**407**, S. 307
40.	Nach dem Tod geht die Seele ins Licht oder wird von Lichtwesen dorthin gezogen.	**388**, S. 219
50.	*8. Nach dem Tod kann man sich ausruhen und erholen.*	**389**, S. 244
54.	*14. Nach dem Tod begegnet man Verstorbenen* und auch noch Lebenden, *manchmal sogar zukünftigen Verwandten, Freunden oder Bekannten.* Man wird von ihnen begrüßt.	**251**, S. 143; **389**, S. 244; **388**, S. 220, 221, 223
58.	Bewusstsein und Wesen der Persönlichkeit bleiben nach dem Tod erhalten.	**239**, S. 74, 114; **389**, S. 97, 245
59.	Einsichten in Fehler der Lebensfüh	
60.	*62. Die eigentliche Heimat ist die*	**388**, S. 227

	geistige Welt. Man fühlt sich dort wieder zu Hause.	

Tabelle 14-2: ITK-Vergleich mit Kernaussagen zum Jenseits

	Kernaussagen nach Band 2b *Nr.* und *Aussagen von Kindern nach Band 1 (kursiv)*, Aussagen Rückgeführter (Normalschrift)	**Bestätigung der Kernaussagen durch ITK.** Quellen in Büchern. Aufbau: **Nr.** im Literaturverzeichnis, S. Seitenzahl;
	2. Im Jenseits	
61.	*17. Man befindet sich nach dem Tod in Räumen, schönen Landschaften.*	**239**, S. 83; **389**, S. 244; **388**, S. 219; **407**, S. 338; Umgebung wie auf Erden: **143**, S. 373; **389**, S. 98
62.	*19. Man bewegt sich ganz leicht mittels „Gedankenkraft" und kann fliegen.*	**239**, S. 86
63.	*20. Man verständigt sich ohne Worte telepathisch mit anderen Wesen.*	**389**, S. 97, 124, 126
68.	*48. Man ist oder lebt im Jenseits mit anderen zusammen in Gruppen.* Gruppenmitglieder sind etwa gleich entwickelt oder haben gemeinsame Ziele.	**143**, S. 373; **239**, S. 93; **389**, S. 245; **388**, S. 222
71.	Die Jenseitigen können die Art ihrer Erscheinung für andere Jenseitige bestimmen.	**239**, S. 86
72.	*22. Man ist (wieder) jünger, meist so alt, wie in seinen „besten Jahren".*	**389**, S. 99, 184, 244
75.	*26. Man erfüllt eine Aufgabe im Jenseits.*	**407**, S. 347
76.	Lernen und Entwicklung der Seele sind **Aufgaben** im Jenseits.	**239**, S. 80; **389**, S. 97, 245; **388**, S. 227
80.	Jenseitige können Lebende beeinflussen, indem sie ihnen Gedanken, Intuitionen oder Träume eingeben.	**239**, S. 84; **388**, S. 223, 230
83.	*47. Lernen und Weiterentwicklung ist das Ziel auf Erden.*	**239**, S. 80, 85; **389**, S. 97
84.	Schwierige Leben führen zu größeren Lernfortschritten als einfache: Lernen durch Leiden.	**143**, S. 373; **389**, S. 109

89.	Endziel aller Entwicklung ist die Verschmelzung mit Gott, das Erreichen einer Gottähnlichkeit oder von Vollkommenheit	**239**, S. 87; **389**, S. 110
92.	*23. Es gibt eine hierarchische Ordnung* hinsichtlich geistiger Bewusstheit.	**222**, S. 91; **239**, S. 98; **389**, S. 97, 244; **388**, S. 221
93.	Im Jenseits gibt es keine hierarchische Gliederung.	**388**, S. 222
94.	Die Seele kann von sich aus nur in	
95.	Weniger entwickelte Seelen sind in ihrer Bewegungsfreiheit zwar nicht auf bestimmte Ebenen im Licht eingeschränkt. Sie sammeln sich aber in unteren Schichten.	**222**, S. 91
98.	Wir alle sind Teile Gottes.	**389**, S. 98
100.	*25. Man hat* (im Jenseits) *kein Zeitempfinden.*	**143**, S. 373; **389**, S. 98; **407**, S. 347
103.	Sämtliche Ereignisse aller Leben sind in der **Akasha-Chronik** verzeichnet.	**239**, S. 89; **389**, S. 111
106.	Die Wiedergeburt wird sorgfältig geplant. Weise, die nicht mehr inkarnieren müssen, helfen durch Beratung (Ältestenrat).	**239**, S. 76
135.	Ereignisse auf der Erde sind geplant.	**389**, S. 110
142.	Seelen planen auch ihren Tod.	**239**, S. 115; **389**, S. 98
145.	Man wird viele Male wiedergeboren.	**239**, S. 73, 76, 77, 78, 81; **389**, S. 98, 106, 119, 122, 190, 245; **251**, S. 117, 128; **407**, S. 346
149.	Die Gedanken der Seele bestimmen die Realität im Jenseits.	**239**, S. 98; **389**, S. 245; **407**, S. 322
151.	*28. Es gibt auch Tiere im Jenseits.*	**389**, S. 244
155.	*31. Man kann Hunger und Durst empfinden, und es gibt Essen.*	**389**, S. 244
156.	*32. Man muss nicht unbedingt essen*	
157.	*33. Man kann arbeiten, spielen und Sport treiben;* malen, musizieren, tanzen, schreiben, forschen, bildhauern, etc.	**388**, S. 224, 225

Tabelle 14-3: ITK-Zusatztabelle für spezielle Aussagen von Medien

	Spezielle Aussagen von Medien	Bestätigende ITK-Quellen
2.	Man erhält oder schafft sich eine Wohnung	**389**, S. 244
4.	Irdisches Handeln muss im Jenseits bezahlt werden	**388**, S. 219
7.	Entwicklung auf Erden schneller als im Jenseits	**239**, S. 76
11	Die Reinkarnation geschieht freiwillig	**239**, S. 77; **389**, S. 98
13	Man will nicht wiedergeboren werden	**388**, S. 228
14	Man muss wiedergeboren werden	**239**, S. 78

Tabelle 14-4: Zusatztabelle für spezielle ITK-Aussagen

	Spezielle ITK-Aussagen	Bestätigende ITK-Quellen
15	Wir (Jenseitige) leben alle	**143**, S. 373; **389**, S. 99; **388**, S. 220
16	Keine Teilnahme (Jenseitiger) am irdischen Leben wegen eigener Probleme	**388**, S. 221, 225
17	Jenseitige dürfen nicht alle Fragen beantworten	**251**, S. 130; 98
18	Reinkarnation nur als letzte Möglichkeit	**143**, S. 373

In den Tabellen Tabelle 14-1 und Tabelle 14-2 sieht man, dass es zu (nur) 39 von insgesamt 140 Kernaussagen (28%) ITK-Äußerungen gibt, und diese die Kernaussagen bestätigen. (Bei größerer Zahl als 14 ausgewerteter Bücher wäre es vermutlich ein noch etwas höherer Prozentsatz.)

Sechs von 14 Angaben, die von Medien stammen, werden ebenfalls bestätigt (Tabelle 14-3).

Von den vier Aussagen, die so nur in der ITK vorkommen, stehen zwei (Nrn. 16 u. 18 der Tabelle 14-4) im Widerspruch zu Kernaussagen (Nrn. 14, 19, 24, 25, 145 aus Tabelle 7-3, S. 262 und Tabelle 7-4, S. 267 und Nrn. 11, 13, 14 der Zusatztabelle Tabelle 14-3).

Insgesamt kann man also von einer Bestätigung rund eines knappen Drittels der Kernaussagen durch die ITK sprechen. Widersprüchliches bleibt bei 2/39=5%.

15. Spuk

Unter ‚**Spuk**' (engl. ‚Poltergeist') versteht man spontan auftretende physikalische Erscheinungen (mechanischer, elektrischer, thermischer, akustischer und photochemischer Art), die mit den bekannten Gesetzmäßigkeiten nicht erklärbar sind.

Spukfälle gibt es zahlreich seit alters her. Der Spuk erhält hier dennoch ein eigenes kurzes Kapitel, weil auch er zu der Palette von Erfahrungsfeldern gehört, die ein Licht auf die Frage des Überlebens des Todes werfen können; zudem gibt es neuere Fälle aus der Nach-Mattiesen-Zeit (nach 1939). Für die Unterstützung der Reinkarnationshypothese kenne ich allerdings keine Beispiele. In Spukfällen wird wenig verbal kommuniziert. Daher ist deren Ursache besonders schwierig herauszufinden. Aus diesen Gründen halte ich dieses Kapitel kurz, verweise auf die Fallberichte Nr. (32), S. 183; Nr. (36), S. 194; Nr. (49), S. 229; Nr. (53), S. 237 und Nr. (58), S. 246 in diesem Buch, auf die Beispiele (81), (82), (94), (95) in Band 2b, auf mehr Einzelheiten und weitere Beispiele auf meiner Homepage (www.reinkarnation.de) und bringe hier nur einen Fall aus neuer Zeit:

15.1. Bsp. (87) Spielen Spukforscher mit verstorbenem Jungen? (Spuk von Verstorbenem, Erscheinung)

(87) Ich wähle diesen außergewöhnlichen Spukfall aus mehreren Gründen: Erstens liegt es hier quasi auf der Hand, als Fokusperson oder den Agenten einen verstorbenen Jungen anzunehmen, statt einer lebenden Person, wie es vom Mainstream der Wissenschaft für Spukfälle angenommen wird. Zweitens stammt er aus ‚unseren Tagen' (1989) und wurde drittens von einem sehr vertrauenswürdigen Forscher gründlich untersucht. Der Forscher, **David Fontana** (1934 – 2010), war zur Zeit der Ereignisse und der Erforschung Professor an der Universität von Wales in Cardiff, England. Später bekleidete er die Ämter des Vorsitzenden der Gruppe der Überlebensforscher der englischen parapsychologischen Gesellschaft (SPR), des Vizepräsidenten und des Präsidenten dieser Gesellschaft. Er ist ein ausgewiesener Kenner des Paranormalen.

Viertens kommt hinzu, dass Prof. Fontana einen Teil der Vorkommnisse selbst beobachten konnte, sich also nicht nur auf Zeugenaussagen verlassen musste. Einmal erlebte er auch Spuk, als er sich alleine im Spukraum aufhielt. Fünftens fand sich keine einzelne, lebende Person, die als typische Fokusperson hätte angesehen werden können, die nach aktueller Lehrmeinung die Phänomene hätte hervorbringen können. Sechstens ließ sich der Spuk sogar vom Forscher oder anderen Personen verbal **provozieren**.

Der Hergang der Ereignisse:

Der Spuk ereignete sich ab 1989 in einem Geschäft für Rasenmäher in einer Einkaufsstraße in Südwales in England. Der Geschäftsinhaber, dem Fontana das Pseudonym ‚Jim' gab, seine Frau ‚Ann', Anns Bruder ‚Paul', Pauls Frau ‚Yvonne', der Geschäftspartner ‚Michael', der teilzeitlich arbeitende ‚Ron' und ein früherer Angestellter ‚Alex' **erlebten alle** das unerklärliche Werfen von Steinen und andere Spukerscheinungen. Jim hatte Sorge, seinen Kunden könne dadurch einmal Schaden zugefügt werden. Das veranlasste ihn, die SPR zu einer Untersuchung und um Abhilfe zu bitten. So kam Prof. Fontana zu seiner Forschungsaufgabe.

Das Gebäude, in dem sich der Spuk ereignete, hatte im Erdgeschoss einen zur Straße gelegenen Verkaufsraum und eine direkt anschließende, zum Hinterhof gelegene Werkstatt, wie die Abbildung 17, S. 553 im Grundriss zeigt. Im ersten Stock befanden sich Büros einer anderen Firma (***141***; ***142***; ***143***, *S. 64 - 80)*.

Bei seinem ersten Besuch betrat Prof. Fontana die Werkstatt durch die zum Hof gelegene Türe und hörte dabei ein lautes ‚Ping', das so klang, als träfe ein Wurfgeschoss einen der Rasenmäher, der zur Reparatur inmitten der Werkstatt aufgestellt war. Der Forscher begrüßte nun den Geschäftsinhaber Jim, der gerade mit einem Firmenvertreter sprach, und fragte Jim, was für ein Geräusch er gerade gehört habe. „*Es war ein Stein wie dieser*", sagte Jim und zeigte ihm einen Schotterstein, von welchen mehrere in der Werkstatt und dem Verkaufsraum auf dem Boden lagen. „*Bevor wir das Geschäft am Abend schließen kehren wir den Boden und finden solche Steine oft am nächsten Morgen bei Geschäftsöffnung auf dem Boden verstreut. Sie scheinen also zu kommen, wenn niemand anwesend ist. Sie dürften vom Hof und der Umgebung einer nahe gelegenen Kirche stammen*", erklärte Jim. Der Vertreter schaltete sich ein und sagte, er sei anfangs sehr skeptisch gewesen, habe aber inzwischen so viele unerklärliche Phänomene miterlebt, dass er nun davon überzeugt sei, dass es sich um ‚echten Spuk' handelt. Alex hatte dem vermuteten Geist den Namen ‚Pete' gegeben.

Nun ließ sich Prof. Fontana erst einmal von Jim erklären, was bisher alles vorgefallen war. Jim berichtete so viele Vorkommnisse, dass wir diese aus Platzgründen hier übergehen müssen. Sie sind auf der Homepage nachzulesen (www.reinkarnation.de). Mir ist es wichtig, zu den Erfahrungen zu kommen, die Prof. Fontana selbst erlebt hat und daher aus erster Hand berichten kann.

Folgende Vorkommnisse werden hier zunächst nur stichwortartig erwähnt:

Verschwinden und wieder Auftauchen von Gegenständen, mit Gegenständen (z.B. einem Kugellager) beworfen werden oder zusehen, wie andere beworfen werden, Gegenstände fliegen und fallen sehen (z.B. einen Stein in Jims Teetasse), Reaktionen von Pete auf Aufforderungen, wie das Bewerfen einer Messingdose, das Erscheinen eines Schreibstiftes oder das Zurückwerfen von Steinen aus der aktiven Ecke, ‚tote Telefonanrufe' u.a.m..

Besonders bemerkenswert ist Folgendes:

Als der Forscher miterlebte, wie ein Stein auf Jims Kopf fiel, bemerkte Jim, der Stein sei eher auf seinen Kopf gelegt worden, als darauf gefallen.

Beim Steinwurfspiel in die aktive Ecke bewirkte Ann besonders starke Reaktionen, wenn sie Pete lauthals beschimpfte.

Beim Steine werfen konnte Fontana selbst experimentieren, weil auch er seine Würfe beantwortet bekam. Das funktionierte sogar, als alle 4 Hauptzeugen auf Urlaub abwesend waren. Nur Michael war in der Werkstatt in der Überzeugung, seine Anwesenheit sei zu dem Spiel notwendig. Um zu testen, ob das stimmt, ging Michael auf den Hof und ließ den Forscher alleine in der Werkstatt zurück (auf Position ‚X' in der Abbildung 17, S. 553). Aber das Spiel hörte nicht auf. Fontana erhielt seine ‚Antworten' von Pete.

Ein andermal standen Jim und Fontana an der Theke im Verkaufsraum auf den Positionen ‚X' bzw ‚Y' in der o.g. Abbildung. Auch von dort konnten sie das Spiel erfolgreich spielen, indem sie Steine in die Nähe der aktiven Ecke warfen, aus der die Wurfgegenstände geflogen kamen.

Nach etwa 2 Jahren der Beobachtung der seltsamen Vorgänge wurde der Verkaufsraum gründlich renoviert, um andere Produkte anbieten zu können und auch in der Werkstatt wurde Einiges verändert. Die Partnerschaft von Jim mit Michael wurde aufgelöst. Michael verließ die Szene. Mit diesen Änderungen hörte der Spuk auf - aber nur für einige Wochen, um sich in anderer Form fortzusetzen.

Die neue Ära begann damit, dass größere Mengen Grassamen und Düngergranulat auf dem Boden des Verkaufsraums und auf die Theke ausgestreut wurden. Die Materialien stammten aus Säcken, die auf dem Boden standen. Es geschah meistens in der Nacht, wenn sich niemand im Raum aufhielt. Aber einmal wurde bei vollem Tageslicht ein Kunde mit einer Wolke aus Dünger so ‚bestäubt', dass er Reißaus nahm und sogar vergaß, sein Wechselgeld mitzunehmen.

Über Nacht wurden auch Teller auf dem Boden zerschmettert und die Bruchstücke wieder säuberlich zueinander gelegt.

Eines Montagmorgens öffnete Jim seinen Laden und fand ihn völlig verraucht vor, weil ein Benzin-Rasenmäher lief. Drei Handgriffe sind notwendig, um die Maschine anzulassen. Es ist also ausgeschlossen, dass sich der Rasenmäher von alleine starten konnte. Er konnte auch nicht am Samstagabend abzustellen vergessen worden sein, weil das Benzin nicht gereicht hätte, ihn so lange von Samstagabend bis Montagmorgen laufen zu lassen.

Die Schwimmer von Vergasern wurden wieder an Wände geschmissen, diesmal an Außenmauern im Bereich des Ladens, an Zimmerwände von Pauls Wohnung und durch das offene Fenster in Pauls Auto auf dem Parkplatz eines Supermarktes, als er auf Yvonne wartete.

Die 4 Hauptzeugen erbaten sich von Pete wiederholt Geld. Im Lauf der Zeit erhielten sie von ihm zusammen etwa 100 engl. Pfund. Meist waren es aufgerollte 5-Pfund-Noten. Sie konnten an der Decke mit Schwimmern aufgespießt sein, auf die nasse Windschutzscheibe von Pauls Auto ‚geklebt' sein oder irgendwo auf dem Boden liegen oder in Form von Münzen an Pauls Haustüre geworfen werden. Woher das Geld stammte, blieb unklar.

Selbsttätige Bewegung von Objekten, ‚Herbeizaubern' von Gegenständen (**Apporte**) und das Herumwerfen einer Leiter waren weitere anormale Ereignisse.

Eines Tages waren ein Gummiball und ein Kinder-Teddy aus der Werkstatt verschwunden. Als Jim und Paul Geräusche aus der abgehängten Decke hörten, suchten sie nach und fanden zu ihrer Verwunderung den Ball und den Teddy dort. Das Geräusch könnte von dem Ball gerührt haben, der in der Zwischendecke auf und ab sprang.

Besonders bemerkenswert sind **drei Erscheinungen**, die **Paul** sah.

1. Paul öffnete am Morgen zu Geschäftsbeginn die Werkstatttüre und sah im Tageslicht, das durch die offene Türe herein fiel, auf einem Regal dicht unter der Decke im Bereich der aktiven Ecke die Erscheinung eines etwa 12-jährigen Jungen sitzen. Der Junge trug kurze Hosen und hatte eine spitze Schulmütze auf. Paul sah aber statt eines Gesichts nur eine ovale Form und erkannte auch keine Hände oder Knie. Er sprach die Erscheinung an, indem er sagte: *„Hallo, was machst Du denn hier?"*, worauf ein Schwimmer aus der aktiven Ecke geflogen kam und die Erscheinung verging. Die Höhe über dem Regalbrett bis zur Decke reichte eigentlich nicht für die Körpergröße eines Jungen aus. Die Decke schien sich dematerialisiert zu haben, um Platz zu schaffen.

2. Paul und Jim knieten bei vollem elektrischem Licht inmitten der Werkstatt vor einem zu reparierenden Rasenmäher, als Paul wieder die Erscheinung des Jungen bemerkte und Jim laut aufforderte, hinter sich zu schauen. Daraufhin verschwand die Erscheinung und ein großer Stein erschreckte die beiden, als er das Gerät vor ihnen mit lautem Knall traf. Jim bekam die Erscheinung nicht mehr zu sehen.

3. Paul ging zum Feierabend als letzter zur hinteren Türe der Werkstatt, um abzusperren und nach Hause zu gehen. Die Lampen in der Werkstatt waren schon ausgeschaltet, da sah Paul vor dem Licht in der Toilette die schätzungsweise 75 cm große Silhouette der ihm schon bekannten **Erscheinung**. Sie schien ‚auf Wiedersehen' zu winken. Tatsächlich wurden kurz danach die Räume des bisherigen Ladens in ein Restaurant umgebaut und der Laden zog an einen anderen Ort um, weil eine Vergrößerung des Geschäfts anstand. An beiden Orten trat kein Spuk mehr auf.

Prof. Fontana forschte nach, ob sich im Bereich des Geschäfts in der Vergangenheit ein tragisches Ereignis zugetragen hat, konnte aber nichts finden. Aber eine Kundin, welche einen Zeitungsartikel über den Spuk gelesen hatte, erzählte zwei Zeugen, dass ein kleiner Junge im Hinterhof getötet worden sei *(**142**)*. Aufgrund des Zeitungsartikels meldete sich später der Bruder des damals gestorbenen Jungen und bestätigte *(**143**, S. 80)*, dass er auf einer nahe gelegenen Straßenkreuzung bei einem Verkehrsunfall umgekommen war.

<u>Meine Beurteilung</u>

Der Bericht über diesen bemerkenswerten Spukfall würde noch wesentlich länger ausfallen, wenn Fontanas Diskussion aller denkbaren normalen Erklärungen, wie Betrug und Selbstbetrug, Täuschung und denkbare physikalische Ursachen hier wiedergegeben werden würde. Es sei nur so viel gesagt:

Für die meisten der Vorkommnisse fand Prof. Fontana weder eine Möglichkeit noch eine Motivation der betroffenen Teilnehmer für ein Vortäuschen der Phänomene. Er ordnete sie klar als paranormal ein.

Jim hatte als Geschäftsinhaber ein Interesse daran, den Spuk nicht bekannt werden zu lassen, um nicht Kunden abzuschrecken. Das gelang ihm auch ca. 2 Jahre lang. Dann bekam die Presse ‚Wind' davon und veröffentlichte einen Artikel. Jim veranlasste die Untersuchung des Spuks durch die SPR und entsorgte z.B. die Messingdose, aus welcher einmal Feuer gekommen war, aus Sorge vor Personenschäden. Kein Beteiligter hatte einen Vorteil von dem Spuk zu erwarten. Aber alle schienen den Spuk als Untersuchungsobjekt zu akzeptieren. Die wichtigsten Hauptakteure unterzeichneten eine eidesstattliche Erklärung, worin sie versichern, die Phänomene nicht vorgetäuscht zu haben.

Paul war wohl der wichtigste Agent, aber nicht der einzige. Es fand sich nicht, wie in anderen Fällen, ein Jugendlicher, der in seiner Pubertät große psychische Spannungen auszuhalten hatte, die man für die Vorkommnisse nach der Lehrmeinung verantwortlich machen könnte. Spuk fand auch statt, wenn niemand in den Räumlichkeiten anwesend war. Der Spuk war eher ortsgebunden als personengebunden.

Soll man nun als Erklärung unterstellen, mehrere lebende Personen hätten unbewusst als Psychokinese-Agenten intelligent zusammengewirkt? Oder war es Besessenheit; aber von wem? Oder hat sich hier ein erdgebunden gebliebener, verstorbener Junge als Geist ‚ausgetobt' und dazu die psychische Energie der zufällig Anwesenden benutzt?

Es gibt kein hartes Kriterium, um eine Erklärungsvariante eindeutig als die richtige ausmachen zu können. Die Entscheidung kann nur jeder Leser für sich persönlich treffen. Prof. Fontana erscheint die letztere Möglichkeit, die des erdgebundenen Jungen als Geist, weniger gekünstelt und der Wahrheit eher zu entsprechen.

Zwei andere bemerkenswerte Fälle von Spuk, die als **Wirkung aus dem Jenseits** ‚rundum' zu erklären sind, hier aber leider keinen Platz finden können, sind bei Leslie Kean oder Stafford Betty nachzulesen *(**52**, S. 345-364; **54**, S. 31-49; **228**, S. 240-245).*

16. Nachworte

Gesa Dröge ist meiner Bitte um ein Nachwort dankenswerterweise gefolgt. Sie ist für mich Fachfrau für Instrumentelle TransKommunikation (ITK), weil sie lange Zeit eng mit Prof. Dr. Ernst Senkowski zusammengearbeitet hat, der die ITK in Deutschland wissenschaftlich begleitet und den Begriff ‚ITK' erst geprägt hat ***(407)***. Die ITK ist zusammen mit den NTEs ein junges Erfahrungsfeld, das deshalb in dieses Buch gehört. Nach der Lektüre des Manuskripts von Band 3 schrieb mir Gesa Dröge Folgendes:

16.1. Gesa Dröge

Mit seiner wissenschaftlich fundierten Trilogie zum Thema Reinkarnation ist Dieter Hassler mit seinem dritten Buch in bemerkenswerter Weise – bezugnehmend auf alle nur erdenklichen Bereiche, die das Thema berühren – eine im deutschsprachigem Raum umfangreiche, erstmalige Darstellung dieser Art gelungen, der eine breit gefächerte gründliche Recherche zugrunde liegt. In seinem sachlich ausgewogenen Stil wurden Blickwinkel und Zusammenhänge schlüssig aufgezeigt, die in die eine oder andere Richtung mit untermauerten authentischen Fallbeispielen überzeugen.

Mich freut besonders – mit Dank an Dieter Hassler, dass die 'Instrumentelle Transkommunikation' ***(408)*** in diesem Buch ihren angemessenen würdevollen, verdienten Platz gefunden hat. Sie wird leider oft als 'Stiefkind' der Grenzwissenschaften abgetan, obwohl sie bereits auf rund 70 Jahre Forschung zurückblicken kann. Prof. Dr. Ernst Senkowski (1922-2015) gilt als der wichtigste deutsche Experte auf dem Gebiet der ITK – der Kontaktaufnahme mit Verstorbenen mit Hilfe von technischen Geräten.

Durchgabe von 'drüben' (aus dem so genannten Jenseits) zur Inkarnation:
(...) In Eurer Welt sterben täglich 35- bis 40.000 Kinder. Nur (nun?) war mir meine Aufgabe bewusst: zusammen mit anderen Wissenschaftlern, Ärzten und Theologen leite ich hier eine Gruppe zum Schutz des geborenen Lebens. Wir bemühen uns hauptsächlich um die Wesenheiten, die bei Euch als Kinder sterben müssen. Wie Ihr wisst, ist der Schuldbegriff bei uns nicht vorhanden. Unverständlich ist uns jedoch Eure Gewalteinstellung zu diesen Wesenheiten, die freiwillig den Weg der Inkarnation gewählt haben und Teile des Alles-was-ist sind. (...) ***(409)***.

Sterbende, die mit einem inneren Wissen der Wiedergeburt hinüber gehen, erleben den Sterbeprozess meist friedvoller, angstfreier und ganzheitlicher als Sterbende, die vom endgültigen Ende überzeugt sind.

Das Erleben von Sterbebettvisionen ***(36**; **335**; **181)*** untermauert als Indizienbeweis eine ganzheitlich-raum-zeitlos basierte Existenz unseres Bewusstseins. Wer im eigenen Sterbeprozess bereits verstorbene Angehörige wahrnimmt, empfindet dieses Ereignis als Geschenk des Multiversums und sieht die Inkarnation möglicherweise als Existenz außerhalb unserer irdisch-zweiwertigen Logik.

Was der Autor seinen Leserinnen und Lesern vorlegt, mag in seiner Fülle so manche zunächst überfordern, aber es verweist in unserem chaotischen System als Ergebnis auf das vermutlich einzige evolutionswürdige Weltbild. Beim Lesen der vorliegenden Buchzeilen erfahren wir eine Erweiterung unseres Bewusstseins – vorausgesetzt, wir sind unvoreingenommen gegenüber den vermeintlich 'paranormalen' Ereignissen, die nicht außerhalb unserer Realität stattfinden, sondern im Hier und Jetzt – in und um uns herum.

'Da die historisch begründete animistisch-spiritistische Alternative in zweiwertiger Logik unlösbar ist und vernünftigerweise durch ein Sowohl-als-auch ersetzt werden muss (Burkhard Heim, Theoretischer Physiker), fordert und erlaubt das Erfahrungsmaterial eine sachgerechte Beurteilung, wenn sie nicht durch persönliche Voreingenommenheit blockiert wird.' (Ernst Senkowski).

'Alles, was ist, ist im Bewusstsein, ohne Bewusstsein ist alles nichts.'
Brenda Dunne, Psychiaterin, Princeton Anomalies Research Laboratory Pear

Lüneburg, den 30.04.2020: Gesa Dröge,

Ehrenamtliche Hospizmitarbeiterin, Autorin, Dozentin - Sterbebettvisionen - Instrumentelle Transkommunikation.
https://www.sterbebegleitung-jenseitskontakte.de

16.2. Eigenes Resümee

Solange wir aus weltlicher Sicht kein Verständnis dafür haben, wie es ein Überleben des Todes oder die Wiedergeburt geben kann, müssen wir uns damit begnügen, Phänomene zu beurteilen, die wir ‚im Feld', d.h. ‚da draußen' in der realen Welt vorfinden. Im Labor treten sie fast nie in Erscheinung. Dabei gilt es, das gesamte Feld, also alle Erfahrungsbereiche des Menschen zu überblicken, nicht nur einige wenige. Ein wichtiges Ausschlusskriterium für verschiedene Erklärungshypothesen ist es nämlich, zu prüfen, welche Hypothese nur Teile des Feldes überzeugend erklären kann. Diese müssen hinter jene Theorie zurücktreten, die mehr Bereiche oder das gesamte Feld befriedigend abdecken kann.

Mit diesem 4. Buch bzw. Band 3 wird das zu betrachtende Feld komplettiert. Blickt man jetzt auf alles, was in den Bänden 1 bis 3 geschildert wird, so komme ich zu der Schlussfolgerung, dass die Reinkarnationshypothese keine Schwierigkeit hat, die Gesamtheit der Phänomene zu erklären. Sie schließt die Überlebenshypothese mit ein. An vielen Stellen habe ich darauf hingewiesen, dass alternative Erklärungsversuche entweder Lücken lassen oder sehr verwickelt werden. Deshalb bin ich – für mich – zu der Einsicht gekommen, dass die Reinkarnationshypothese an die erste Stelle zu rücken ist.

Das impliziert die Vorstellung, dass es nach dem Tod irgendwie weitergehen dürfte. Dieses ‚irgendwie' wird in dem vorliegenden Buch ausführlich behandelt; Aussagen darüber werden nicht nur ‚in den Raum gestellt', sondern soweit als möglich sachlich begründet. Mir ist keine mächtigere Begründung bekannt als jene aus dem Kapitel Nr. 9, ‚Vierfach bestätigte Kernaussagen über den Tod und das Jenseits', S. 362.

Wenn Sie, lieber Leser, bereit wären, mir Ihre eigenen Erfahrungen, die Sie für paranormal halten, mitzuteilen, oder falls Sie Fragen haben, die meine Bücher nicht beantworten, so kontaktieren Sie mich bitte über meine Homepage **www.reinkarnation.de**. Mich freut jeder Erfahrungsbericht von Ihnen. Ich weiß zwar nicht, ob ich Ihre Fragen werde beantworten können, aber einen Versuch ist es sicher wert.

Vielleicht möchten Sie mir mitteilen, ob/wie Ihnen dieses Buch gefallen hat. Wenn es Ihnen etwas geben konnte, so lassen Sie dies bitte auch andere wissen. Es gibt keine anderweitige ‚Lobby', um das Buch in der Öffentlichkeit bekannt zu machen.

Uttenreuth, den 01.06.2020 Dieter Hassler

17. Anhänge (für Fachleute)

Die folgenden Anhänge sind nicht zur Lektüre gedacht, sondern dazu, die im Buch gemachten Aussagen und Schlussfolgerungen für Fachleute nachprüfbar bzw. nachvollziehbar zu machen. Dazu werden die Quellen im Detail angeführt.

17.1. Anhang 1: Reinkarnation auf nderf.org

Anhang 1 bezieht sich auf die Kapitel 6.4.2, S. 92 und 6.5.2, S. 96.

Kennzeichen, wie ‚RR' oder ‚RGV0 etc. nach der Definition im Literaturverzeichnis Kapitel 18, S. 505.

9 Fälle mit in wenigen Worten angedeuteten früheren Leben:

https://www.nderf.org/Experiences = XY1

XY1/1alok_b_ndelike.html RGV+, 1RR
XY1/1beverly_h_nde.html RGV0, 1RR
XY1/1carman_d_nde.html RGV-, 1RR
XY1/1chris_d_nde.html RGV-, 1RR

XY1/1duane_s_nde.html RGV-, 3RR = Buch
XY1/1joanie_s_nde.html RGV0, 1RR
XY1/1robert_c_nde_4239.html RGV0, 5RR
XY1/1v_nde.html RGV0, 2RR
XY1/1vinnie_g_nde.html# RGV-, 3RR

Darunter 4 Fälle ohne vorherigen Glauben an die Reinkarnation (Kennzeichen RGV0). Bezogen auf alle Fälle mit Bezug auf die Reinkarnation sind das 4/131 = 3%

----

116 Fälle, in denen aus NTEs Kenntnis von der Reinkarnation geäußert wird, ohne näher auf frühere Leben einzugehen:

https://www.nderf.org/Experiences = XY1

XY1/1aaron_m_nde.html
XY1/1alicia_m_nde.html
XY1/1amy_c_nde_4720.html
XY1/1anita_m_nde.html
XY1/1anna_a_nde.html
XY1/1ann_m_nde.html
XY1/1annie_p_nde.html
XY1/1barbara_s_nde.html
XY1/1bob_a_nde.html
XY1/1bolette_l_nde.html
XY1/1bon_a_nde.html
XY1/1brooks_b_nde.html
XY1/1burnie_a_nde.html
XY1/1cabell_m_nde.html

XY1/1cam_possible_nde.html
XY1/1cami_r_nde.html
XY1/1camryn_l_nde.html
XY1/1cara_nde.html
XY1/1carlos_k_ste.html
XY1/1carmel_b_nde.html
XY1/1cathleen_c_nde.html
XY1/1cherie_b_nde.html
XY1/1chuck_b_nde.html
XY1/1cougar_nde.html
XY1/1daniel_a_nde.html
XY1/1darlene_k_nde.html
XY1/1david_n_possible_nde.html
XY1/1david_o_nde.html

XY1/1david_s_nde.html
XY1/1diane_g_nde.html
XY1/1diane_v_possible_nde.html
XY1/1donna_nde_6008.html
XY1/1doug_f_nde.html
XY1/1ekaterina_a_nde.html
XY1/1eleonora_probable_nde.html
XY1/1elle_d_nde.html
XY1/1erika_k_nde.html
XY1/1frances_z_nde.html
XY1/1francine_b_nde.html
XY1/1frank_a_nde.html
XY1/1george_w_possible_nde.html
XY1/1gregg_s_nde_3049.html
XY1/1guillem_bc_probable_nde.html
XY1/1guittard_nde.html
XY1/1heidi_c_nde.html
XY1/1ira_p_nde.html
XY1/1jason_dh_nde.html
XY1/1jean_renee_h_nde.html
XY1/1jeanne_mk_nde.html
XY1/1jeffrey_c_nde_8024.html
XY1/1jenneane_e_nde.html
XY1/1jennifer_j_ndes.html
XY1/1jennifer_w_nde_7516.html
XY1/1jean_r_nde_6166.html
XY1/1jeremie_l_probable_nde.html
XY1/1jewel_h_nde.html
XY1/1jill_f_probable_nde.html
XY1/1john_c_nde.html
XY1/1jon_j_nde.html
XY1/1judy_g_nde_8329.html
XY1/1julian_d_nde.html
XY1/1karen_t_nde.html
XY1/1kelly_a_nde.html
XY1/1kelly_t_nde.html
XY1/1kendra_nde.html
XY1/1leonard_nde.html
XY1/1linda_s_nde_6943.html
XY1/1lisa_m_nde.html
XY1/1lloyd_p_nde.html
XY1/1lois_m_nde_3482.html
XY1/1lori_e_ste.html
XY1/1lucia_l_nde.html
XY1/1malena_s_nde.html

XY1/1marie_pierre_c_possible_nde.html
XY1/1marie_w_nde.html
XY1/1marina_a_nde.html
XY1/1marta_y_nde.html
XY1/1matt_s_probable_nde.html
XY1/1michael_joseph_nde.html
XY1/1milo_h_nde.html
XY1/1mira_s_nde.html
XY1/1murielle_t_nde.html
XY1/1nanci_d_possible_nde.html
XY1/1nellie_l_nde.html
XY1/1nevie_g_nde.html
XY1/1patsy_d_nde.html
XY1/1penny_w_nde.html
XY1/1phyllis_probable_nde.html
XY1/1rob_d_nde.html
XY1/1robert_n_ndes.html
XY1/1roberto_f_nde.html
XY1/1ron_k_nde.html
XY1/1roy_s_nde.html
XY1/1sandra_c_fde.html
XY1/1sara_a_probable_nde.html
XY1/1sara_g_nde.html
XY1/1sarah_nde.html
XY1/1scott_c_nde.html
XY1/1seth_c_nde.html
XY1/1shar_b_probable_nde.html
XY1/1sigrid_possible_nde.html
XY1/1sonia_s_probable_nde.html
XY1/1tammy_r_nde.html
XY1/1tara_b_nde.html
XY1/1teresa_m_nde_8410.html
XY1/1tish_z_nde.html
XY1/1trisha_s_nde.html
XY1/1victor_philip_dp_nde.html
XY1/1victoria_j_probable_nde.html
XY1/1vincent_h_nde.html
XY1/1wanda_c_nde.html
XY1/1wayne_h_nde.html
XY1/1william_h_nde_7340.html
XY1/1william_r_nde.html
XY1/1wilson_fde.html
XY1/1yazmine_s_nde.html

17.2. Anhang 2: Reinkarnation auf iands.org

Anhang 2 bezieht sich auf die Kapitel 6.4.2, S. 92 und 6.5.2, S. 96.

Kennzeichen, wie ‚RR' oder ‚RGV0 etc. nach der Definition im Literaturverzeichnis Kapitel 18, S. 505.

2 Fälle, in denen ein früheres Leben mit wenigen Worten angedeutet wird (Kennzeichen: RR).

1. Christmas 2010 (15.8.2013) https://iands.org/research/nde-research/nde-archives31/newest-accounts/960-christmas-2010.html, RGV(+), 2RR

2. Shown How Illnesses Start on an Energetic Level (26.4.2007) https://iands.org/research/nde-research/nde-archives31/newest-accounts/345-shown-how-illnesses-start-on-an-energetic-level.html, RGV0, 1RR

----

17 Berichte, in denen die Reinkarnation als Tatsache erwähnt wird (Kennzeichen NR):

1. Prelude (2018) https://iands.org/ndes/nde-stories/iands-nde-accounts/705-ascension.html, RGV(-), NR

2. NN (23.4.2003) http://iands.org/ndes/nde-stories/iands-nde-accounts/638-archive-through-june-2-2003.html?highlight=WyJwYXN0IGxpZmUiLCJyZXZpZXdzIl0=, RGV(-), NR

3. Under the Surface, Deep Within My Soul (25.4.2015) http://iands.org/ndes/nde-stories/iands-nde-accounts/654-under-the-surface-deep-within-my-soul.html?highlight=WyJyZWJpcnRoIl0, RGV0, NR

4. Billions of Conscious Minds (8.5.2009) https://iands.org/research/nde-research/nde-archives31/newest-accounts/565-billions-of-conscious-minds.html, RGV0, NR

5. NN (19.12.2002) https://iands.org/ndes/nde-stories/iands-nde-accounts/635-archive-through-december-19-2002.html?highlight=WyJyZWluY2FybmF0aW9uIiwicmVpbmNhcm5hdGVkIiwicmVpbmNhcm5hdGUiLCJyZWluY2FybmF0aW5nIl0, RGV-, NR

6. NN (10.6.2002) https://iands.org/research/nde-research/nde-archives31/newest-accounts/633-archive-through-july-15-2002.html, RGV0, NR

7. NN (25.3.2004) https://iands.org/research/nde-research/nde-archives31/newest-accounts/643-archive-through-march-30-2004.html, RGV0, NR

8. NN (4.3.2004) https://iands.org/research/nde-research/nde-archives31/newest-accounts/642-archive-through-march-11-2004.html, RGV(-), NR, RGNW+

9. NN (25.3.2004) https://iands.org/research/nde-research/nde-archives31/newest-accounts/643-archive-through-march-30-2004.html, RGV(-), NR, RGNW+

10. Standing in the Greenest Grass (21.12.2006) https://iands.org/research/nde-research/nde-archives31/newest-accounts/203-standing-in-the-greenest-grass.html, RGV0, NR

11. NDE in Pre-Term Labor (12.12.2014) https://iands.org/research/nde-research/nde-archives31/newest-accounts/1068-nde-in-pre-term-labor.html, RGV0, NR

12. Start over in another lifetime or continue on in this one? (14.5.2018) https://iands.org/research/nde-research/nde-archives31/newest-accounts/1279-start-over-in-another-lifetime-or-continue-on-in-this-one.html, RGV0, NR

13. Radiating Warmth (14.2.2008) https://iands.org/research/nde-research/nde-archives31/newest-accounts/455-radiating-warmth.html, RGV0, NR, RGNW+

14. Back Home (2.2.2008) https://iands.org/research/nde-research/nde-archives31/newest-accounts/443-back-home.html, RGV0, NR, RGNW+

15. Childing (22.5.2009) https://iands.org/research/nde-research/nde-archives31/newest-accounts/571-childing.html, RGV0, NR

16. Before Birth (20.12.2010) https://iands.org/research/nde-research/nde-archives31/newest-accounts/663-before-birth.html, RGV0, NR, RGNW+

17. Shimmering River of Life (25.4.2015) https://iands.org/ndes/nde-stories/iands-nde-accounts/85-shimmering-river-of-life.html, RGV0, NR

In 2 Fällen wird gesagt, es gäbe keine Reinkarnation (Kennzeichen R-):

1. NN (4.3.2004a) https://iands.org/research/nde-research/nde-archives31/newest-accounts/642-archive-through-march-11-2004.html, R-

2. Loving Light (9.5.2006) https://iands.org/research/nde-research/nde-archives31/newest-accounts/74-loving-light.html, R-

17.3. Anhang 3: Reinkarnation auf near-death.com

Anhang 3 bezieht sich auf das Kapitel 6.5.2, S. 96.

Kennzeichen, wie ‚RR' oder ‚RGV0 etc. nach der Definition im Literaturverzeichnis Kapitel 18, S. 505.

5 Fälle mit Bezug zur Reinkarnation werden gelistet auf der Seite https://www.near-death.com:

1. Arthur Yensen (2018) https://www.near-death.com/experiences/exceptional/arthur-yensen.html RGV-, NR

2. Betty Bethards (2018) https://www.near-death.com/parapsychology/psychics/betty-bethards.html RGV0, NR, RGNW+

3. Donna Gatti (2018) https://www.near-death.com/paranormal/angels/donna-gatti.html RGV0, RGNW+, NR

4. Karen Brannon (2018) https://www.near-death.com/archives/karen-brannon.html RGV+, NR

5. Sylvia Browne (2018) https://www.near-death.com/parapsychology/psychics/sylvia-browne.html RGV0, NR, Medium

17.4. Anhang 4: Silberschnur in Büchern und im Internet

Anhang 4 bezieht sich auf das Kapitel 7.1.9.3.5.4, S. 192.

In den rund 200 Büchern[69] meiner Bibliothek fand ich für 4 Zeiträume die in der folgenden Tabelle aufgeführten Fallzahlen für Erfahrungsberichte, in denen von einer ‚Silberschnur' oder Ähnlichem gesprochen wird.

Tabelle 17-1: Silberschnur in Büchern

Zeitraum	Fallzahl ‚Silberschnur'	Zahl der Bücher
Bis 1950	106 (die meisten von Crookall; inklusive 34 undatierte persönliche Mitteilungen an Crookall, veröffentlicht 1967)	14
1951 - 1975	15	21
1976 - 2000	8	92
2001 - heute	2	74
Summe Neufälle	25	201

Da sich die Sammlung von Fallberichten heutzutage im Internet abspielt, habe ich dort in drei einschlägigen Foren gesucht und folgendes gefunden:

Tabelle 17-2: Silberschnur im Internet

Forum	Fallzahl ‚Silberschnur'	Gesamtahl der Fälle
www.nderf.org	16	4.528
https://iands.org	3	755
www.near-death.com	2	116
Summe:	21	5.399

Die 106 bis zum Jahr 1950 in Büchern gefundenen Altfälle einschließlich der 34 undatierten Fälle, die bis 1967 erschienen waren (Silberschnur in Büchern, S. 459), gehen im Wesentlichen auf einen Zeitabschnitt von rund 70

[69] Zusammensetzung: 177 NTE-Bücher, 9 AKE-Bücher, 8 Totenbett-Bücher, 7 Bücher über Nachtodkontakte.

Jahren vor 1950 zurück. Der Abschnitt von 1950 bis heute ist fast genau so lang. Es macht also Sinn, die Fallzahlen der beiden Zeitbereiche miteinander zu vergleichen. Dabei dürfen die im Internet gefundenen Fälle zu den nach 1950 liegenden ‚Neufällen' gerechnet werden, auch wenn nicht in allen eine Jahreszahl genannt wird. Die ‚Neufälle' setzen sich also aus den Zahlen beider obiger Tabellen zusammen (Silberschnur in Büchern, S. 459 und Silberschnur im Internet, S. 459) und ergeben 25 + 21 = 46 Neufälle. Unterstellt man, dass von insgesamt 77 undatierten Fällen (s. Anhang 4 weiter unten) jene 34, die 1967 veröffentlicht wurden, alle ‚Altfälle' sind, und rechnet nur die 77-34=43 undatierten Fälle hinzu, die von 1970 bis 1978 von Crookall veröffentlicht wurden, so ergeben sich insgesamt 89 ‚Neufälle'. Diese 89 Neufälle kommen fast an die Zahl 106 heran.

Erfahrungsberichte aus Büchern mit Aussagen über die ‚Silberschnur':

Ermittlung der Zahlen: Doppelnennungen wurden ausgeschlossen, ebenso nur gefühlte, nicht gesehene Silberschnüre und medial übermittelte Sichtungen. Crookalls zahlreiche Berichte wurden gesondert in einer Excel-Datei ausgewertet, weil sie sich auf 7 Bücher verteilen und Mehrfachnennungen an der Tagesordnung sind. Hier wird nur das Ergebnis der Auswertung übernommen. Bei Crookall finden sich 77 undatierte Fallberichte. Um diese nicht unberücksichtigt zu lassen, schlage ich als Schätzung die 34 davon, die bis 1967 berichtet wurden zu denjenigen, die bis 1950 zählen. Die restlichen 43 aus den Berichtsjahren 1970 bis 78 rechne ich nicht zu den neueren Fällen (nach 1950), sondern lasse sie unberücksichtigt.

Kodierung für die Jahresangaben, die jeweils vor der Seitenzahl stehen:

V = vor 1950, M = 1951 bis 1975, N = 1976 bis 2000, O = ab 2001,	A = Jahr der Erfahrung, B = Jahr der Buchveröffentlichung; ? = ohne Jahresangabe, (Kodierung) = Mehrfachnennung;

Kodierung besteht aus je einem Zeichen aus dem linken und rechten Kasten.

Aufbau der folgenden Daten:
Nr, = im Literaturverzeichnis, S. (optional Anzahl x) Kodierung Seitenzahlen (optional Zusatzinfo) ▶ = nächste Nr.

Literatur mit Aussagen zur Silberschnur:

18, S. MA56-60, 58 NTE ▶ **42**, S. VA57-58 Pole ▶ **47**, S. OA115 ▶ **56**, S. MA3 ▶ **64**, S. VA130-132 Stainton Moses ▶ **69**, S. NA62;

Crookall: ▶ **95**, S. 4xVA81, 131, 134, 138 ▶ **97**, S. 3xVA8, 87, 118 ▶ **98** S. 51xVA22-78, 34x?22-40, 1xMA23 ▶ **99**, S. 16x?114-118 ▶ **100**, S. 18x?25-55, 138, 4xMA50, 68, 78, 83 ▶ **101**, S. 1xVA, 9x?, 3xMB;
Crookall in Summe: 59xVA, 77x?, 5xMA; von 77? sind 34x? in 1967, 9x? in 1970, 16x? in 1972 und 18x? in 1978 veröffentlicht worden

▶ **105**, S. NA123-124=126=134-135=137=153-154=194=206=213= 218=221=222=239-242=283=286-288 ▶ **116**, S. MA261 medial ▶ **126**, S. MA99 ▶ **134**, S. VA36=181, MB37 Barnshey, MB37 Carney ▶ **160**, S. NB236 ▶ **147**, S. VA68 ▶ **170**, S. NB64 ▶ **196**, S. NA145-149, NB243, VA257 ▶ **208**, S. (VA)73 ▶ **218**, S. (MA)22-23 Matthew Manning medial ▶ **283**, S. MA175 ▶ **78**, S. NA52-53, 316 ▶ **297**, S. NA26-27 ▶ **302**, S. NA133-135, NA177-178 ▶ **311**, S. (VA)171-176 Wiltse=**23**, S. 46-47=**308**, S. (VA)42 Hout, (VA)61-63 Wiltse, VA97-100 Richmond, 102-105 (VA)Gerhardi=**461**, S. (VA)63-65 Wiltse, 65-70, 90 ▶ **326**, S. NA62 ▶ **327**, S. VA102-104=**101**, S. 155-156 ▶ **339**, S. OB68-69, (OB)74-77, OB87-88 ▶ **341**, S. OB160-162, (OB)167-168 ▶ **362**, S. (VA)226-227 Hout, VA231-232 ▶ **374**, S. MA352 ▶ **378**, S. MA201 ▶ **391**, S. MA34, VA35 kollektiv, (VA)52-55 Renz ▶ **392**, S. (NA)52-56 medial ▶ **393**, S. (NA)72 medial ▶ **406**, S. MA124-125, VA141 Yram ▶ **425**, S. (VA)21 Williams, VA26-27, (VA)37-40 Gerhardi, 173 ▶ **433**, S. (VA)107 medial ▶ **437**, S. VA145, NB217 ▶ **448**, S. MA166-168=**483**, S. 71, 168=**477** ▶ **460**, S. (VA)372 Monk medial, (VA)382 medial ▶ **461**, S. (VA)62 Myers medial, (VA)62-63 Estelle Roberts, (VA)63-65 Wiltse, (NB)65 medial Wootton, (VA)66 Pole, (MB)66 medial Twigg, (VA)67 Ackley medial~(**457**, S. 139-140), (VA)68 Davis, (VA)69-70 Laubscher, (VA)90 Stainton Moses medial ▶ **465**, S. VA199 ▶ **464**, S. (VA)17 medial ▶ **478**, S. OA63-65 Joni Maggi ▶ **483**, S. (MA)128-129 Blackmore, (MA)168 Stokes).

Ergebnis für Tabelle 17-1, S. 459:

13+59= 72VA+34undatiert=106 VA, 15 MA, 8 NA, 2 OA 5MB, 4NB, 4OB

Berichte aus dem Internet mit Aussagen über die ‚Silberschnur'

1. Teil-Ergebnis für Tabelle 17-2, S. 459:

NDERF/OBERF (2018) **16 Berichte mit Erwähnung einer ‚Silberschnur'**; das Jahr der Erfahrung in Klammern:

https://www.nderf.org/Experiences = XY1

XY1/1anna_w_nde.html (2009) Literatur15	XY1/1chantal_l_nde.html (1991) *(Schnur unbekannt)*
XY1/1jeffery_c_ste.html (1983)	XY1/1charmaine_m_ndes.html (1998)
XY1/1suki_m_possible_nde.html (1960)	XY1/1lindsey_s_nde.html (1998)
XY1/1ruth_nde.html (1965, 1993, 2000)	XY1/1lucie_f_possible_nde.html (2015)
XY1/1lauren_k_nde.html (1978)	XY1/1chris_l_nde.html *(teather)*
XY1/1lauren_nde_7184.html (1985) *(rope)*	http://www.oberf.org/edward_b's_obe.htm
XY1/1araceli_s_nde.html (1986)	http://www.oberf.org/prasetyo_an_obe.htm
XY1/1naveena_g_fde.html (1990)	http://www.oberf.org/shannon_a_sobe.htm

---

2. Teil-Ergebnis für Tabelle 17-2, S. 459:

IANDS (2018) 3 Berichte mit Erwähnung einer ‚Silberschnur', die den leiblichen und spirituellen Körper miteinander verbindet,[70]

1. https://iands.org/research/nde-research/nde-archives31/newest-accounts/363-everything-self-evident.html (Bericht 2007)

2. https://iands.org/research/nde-research/nde-archives31/newest-accounts/571-childing.html (geschätzt Erlebnis 1965, Bericht 2009)

3. https://iands.org/research/nde-research/nde-archives31/newest-accounts/667-eighty-seconds.html (2001, Bericht 2010)

---

3. Teil-Ergebnis für Tabelle 17-2, S. 459:

Near-Death-com (2018) 2 Berichte mit Erwähnung einer ‚Silberschnur'

1. https://www.near-death.com/archives/mrs-walters.html (keine Jahresangabe. Mit E-Mail am 19.1.19 nachgefragt, aber ohne Antwort)

2. Caroline Graham's NDE in https://www.near-death.com/science/research/silver-cord.html (keine Jahresangabe)

Gesamt-Ergebnis für Tabelle 17-2, S. 459:

16 + 3 + 2 = 21 Internetfälle

---

[70] Bei IANDS finden sich auch Berichte von Silberschnüren, die zwischen unterschiedlichen Geistkörpern verlaufen und bei nderf solche, die zu Gott verlaufen.

17.5. Anhang 5: Literatur zu Erscheinungen

Anhang 5 bezieht sich auf das Kapitel 7.1.11.18, S. 243.

Beispielfälle für anscheinend kurzzeitig aus dem Jenseits zurückgekommene Verstorbene; meist in Form einer **Erscheinung**:

__30__, S. Ersch. kollektiv73-75; __61__, S. ADC Beratung163-164=__201__, S. 64-65; __64__, S. Ersch. Nachtodvereinbarung172-174; __64__, S. Ersch. Kind174-175; __64__, S. Spuk Pläne gestohlen223-227; __77__, S. Ersch. Kollektiv180-181, Ersch. ruft Arzt181-182; __87__, S. Ersch. Kollektiv83, Ersch. Lebensrettung88-89, Stimme Wegweisung119; __110__, S. Ersch. klärt Mord135-137; __139__, S. mediale Stimme142; __139__, S. Ersch. Mordaufklärung143-144=__269__, Band 3, S. 37-38; __139__, S. Traumerscheinung Mordaufklärung144-147=__274__, S. 33-41; __143__, S. mediale Kommunikation R101, 151-156; __176__, S. Stimme Lebensrettung218, 234, 237, 238-239, Stimme Lebensrettung physisch239-240, Stimme Versteck224, Stimme Warnung234-235, 241-242, 242, Ersch. Versteck228, Ersch. Warnung243, Ersch. Lebensrettung235-236, 236, 244-245, Ersch. kollektiv263, 264-265, 272-273, Ersch. leibliche Mutter gesucht230-231; **181,** *S. Ersch. kollektiv145-146; __196__, S. Ersch. kollektiv262-263, Hund bestätigt Ersch.509-510=__374__, S. 11-12; __217__, S. Handy im Traum Geldversteck123; __217__, S. Stimme Traum verschiedene Lebensrettung128-129; __218__, S. Ersch. Stimme Lebensrettung52, 172, Ersch. kollektiv am Grab157; __223__, S. Vision315-316; __228__, S. gelöster Spuk240-245; __240__, S. Ersch. physisch38-43=__127__, S. 184-187; __246__, S. Kinder beobachten Abholung einer Sterbenden139-143; __253__, S. Ersch. kollektiv336-337; __255__, S. Stimme Lebensrettung63-65, NTE Stimme Hilfe213-214; __255__, S. Eingebung Vereinbarung Seifenblase280-281; __267__, S. Ersch., Tod unbekannt, Händedruck207-208, Traum Ratschlag209-210, Ersch. kollektiv189-190; __269__, Band 2, S. 347-348; __297__, S. Traum Fundort genannt76; __311__, S. Ersch. Geldversteck186-187=__460__, S. 188-189=__41,__ S. 22-23; __311__, S. Ersch. Geldschuld188; __311__, S. schriftmedial Testamenskorrektur268-270; __311__, S. Buchstabenbrett Schuldscheinsuche287-288; __391__, S. Ersch. physisch79-82, Ersch. beklagt frühe Beerdigung93-95, medialer Rat149; __423__, S. Lebensrettung49-50, Ersch. kollektiv53-56, Ersch. erkannt37-39+66-67, mediale Warnung80-81, Ersch. Warnung181-182, schriftmedial schöner Tod246-247; Ersch. Kratzer Wange47-49=__460__ S. 120-123; __425__, S. Waisenkinder in Obhut geben169-170; __460__, S. Ersch. kollektiv92-95; 138-140, 140-143, 148-161, Ersch. Vereinbarung171-172, 172-175, Ersch. photographiert387-388.*

Neben diesen konkreten Beispielen möchte ich noch auf einige lesenswerte Bücher hinweisen, die ebenfalls Hinweise – vorzugsweise in Form von Erscheinungen – auf ein mögliches vorübergehendes Zurückkommen der Verstorbenen schildern. Diese Liste ließe sich leicht weiter fortsetzen; insbesondere, wenn noch Poltergeistfälle bzw. Spukfälle hinzugenommen werden würden. Auch so schon sieht man, dass es eine Vielzahl von Beispielen gibt.

(40; 49; 61; 76; 149; 168; 176; 204; 262; 263; 264; 287; 383; 466; 484)

17.6. Anhang 6: Quellen zu NTE-Jenseitsaussagen

Anhang 6 bezieht sich auf das Kapitel 7.3, S. 260.

Verwendete 52 Bücher; 140 Kernaussagen

Aufbau:
Nr. = im Literaturverzeichnis, Zahl gleichartiger Aussagen/140=x% – nächste Nr.

1, 15/140= 11% – **14**, 5/140= 4% – **18**, 8/140= 6% – **22**, 8/140= 6% – **20**, 8/140= 6% – **29**, 4/140= 3% – **46**, 9/140= 6% – **47**, 5/140= 4% – **67**, 5/140= 4% – **87**, DBV, 4/140=3% – **100**, 6/140=4% – **109**, 7/140=5% – **110**, 11/140=8% – **120**, 19/140=14% – **121**, 1/140=1% – **126**, 5/140=4% – **128**, 16/140=11% – **129**, 8/140=6% – **130**, 3/140=2% – **134**, 11/140=8% – **145**, 4/140=3% – **152**, 4/140=3% – **160**, 10/140=7% – **170**, 10/140=7% – **196**, 4/140=3% – **202**, 4/140=3% – **216**, 1/140=1% – **235**, 2/140=1% – **246**, 2/140=1% – **255**, 7/140=5% – **267**, 1/140=1% – **268**, 3/140=2% – **275**, 7/140=5% – **280**, 4/140=3% – **286**, 1/140=1% – **301**, 1/140=1% – **302**, 3/140=2% – **309**, 1/140=1% – **308**, 4/140=3% – **326**, 2/140=1% – **341**, 1/140=1% – **363**, 7/140=5% – **392**, 17/140=12% – **395**, 1/140=1% – **406**, 3/140=2% – **417**, 12/140=9% – **420**, 6/140=4% – **437**, 9/140=6% – **440**, 4/140=3% – **450**, 10/140=7% – **453**, 4/140=3% – **478**, 32/140=23%.

Legende zu unten folgenden 2 Tabellen:

Spalte 1: Nummerierung nach Band 2b bis zur dortigen Tabellenzeile 165 in Kapitel 7.2.7.2.3.2. Die Zeilen 166 bis 226 aus Band 2b werden nicht hierher übernommen.

Achtung: absichtlich unterdrückte Zeilen! Aussagen, die nur von einem einzigen Autor für Rückführungen stammen, wurden herausgenommen, so dass sie nicht mehr lesbar sind (nicht jedoch, wenn es sich um Gegenaussagen handelte). So bleiben hier nur 140 von den ersten 165 Aussagen übrig.

Spalte 2: Kernaussagen von Kindern und rückgeführten Erwachsenen nach Band 2b

Fett gedruckte Umrandung: **Kernaussagen**, die sich zu **widersprechen** scheinen oder tatsächlich unvereinbar miteinander sind.

Spalte 3: Zahl der Fälle von Kindern und der Autoren für Rückführungen aus Band 2b untergliedert in 3 Zeilen:

K = Kinder: Zahl der Fälle, welche die jeweilige Kernaussage machen;
A = Zahl der Autoren für Rückführungen, die die jeweilige Kernaussage machen;
B = wie A, jedoch werden Autoren gleicher ‚Schule' wie nur 1 Autor gezählt

Spalte 4: NTE-Literatur mit Entsprechungen zu den Kernaussagen.

Aufbau: **Nr,** = im Literaturverzeichnis, S. Seitenzahl dort oder S. Zusatzinfo Seitenzahl

Tabelle 17-3: Übergang in den Tod; Vergleich mit NTEs

1	**Spalte 2: Kernaussagen**	**3**	**Spalte 4: NTE-Literatur mit Bestätigungen der Kernaussagen**
	kursiv: Nummern und *Aussagen von Kindern aus Band 1 und 2b*; ↓ Normalschrift: Aussagen Rückgeführter aus Band 2b ↓	K A B	Aufbau: **Nr**. im Literaturverzeichnis, S. 505, S. Zusatzinfo Seitenzahl – % = nicht fallbezogene, allgemeine Aussage, Seitenzahl
	1. Der Übergang in den Tod (ins Jenseits)		
1.	*1. Außerkörperliche Erfahrung kurz vor dem Tod.*	2 0 0	
2.	Mit dem Tod wird die Silberschnur getrennt, welche Körper und Seele verbunden hat.	0 5 5	
3.	Um nach dem Tod leichter aus dem Körper heraustreten zu können, splittet sich die Seele in viele kleine Teile.	0 2 2	
4.	Nach dem Tod verlässt die Seele den Körper.	0 16 11	
5.	Die Seele kann bis zu 4-5 Stunden		
6.	Kurz nach dem Tod schwebt die Seele nach oben.	0 29 17	**46**, S. 59
7.	Nach dem Tod nimmt man Geräusche, Töne oder Musik wahr.	0 9 7	**1**, S. 59, 69, 101 – **22**, S. 36 – **100**, S. Augustine 25, Adler 49 – **110**, S. Redino 125, Clifton 145, Aintree 182 – **120**, S. 96 – **128**, S. 105 – **129**, S. 46-47 – **134**, S. Giacomozzi 33, Hilton 88, Berry 195 – **160**, S. 240 – **170**, S. Victim 46, Woman 50, Man 53 – **202**, S. 20 – **267**, S. 85 – **268**, S. 38 – **275**, S. 96 – **280**, S. 43 – **308**, S. 100 – **363**, S. Mann 49, % 80 – **437**, S. Fadden 91, Lopez 173 – **478**, S. Kirk 58, Dennis 75, Tutmarc 107
8.	*9. Kurz nach dem Tod ist man (wieder) gesund und schmerzfrei.*	6 18 15	**87**, S. DBV 78 – **134**, S. 79 – **437**, S. 146 – **478**, S. 132
9.	Nach dem Tod kann man seelisch		
10.	*11. Kurz nach dem Tod ist man* (zunächst) *traurig.*	2 15 12	
11.	Nach dem Tod kann man Auflehnung		
12.	*10. Schon bald nach dem Tod ist man (wieder) zufrieden. Es gibt keinen*	5 33	**100**, S. Adler 49, Laird78

	Grund, den Tod zu fürchten. Man fühlt sich frei.	22	
13.	Die Seele kann den Körper bereits kurz vor dem Tod verlassen, um Leiden zu vermeiden.	0 10 7	**120**, S. 99 – **478**, S. 129
14.	*3. Das Geschehen auf der Erde wird nach dem Tod* (von der Seele) *beobachtet.*	33 33 26	**110**, S. 161 – **440**, S. 58 – **478**, S. 136
15.	Nach dem Tod kann man die **Gedanken** der Lebenden lesen.	0 2 2	
16.	Nach dem Tod kann man hören.	0 2 2	
17.	Nach dem Tod ist die Wahrnehmung		
18.	Nach dem Tod kann man noch immer denken.	0 2 2	**1**, S. 194 – **18**, S. 198 – **46**, S. 59 – **129**, S. Günter 20, Hanny 40, Yvonne 72 – **392**, S. 32 – **450**, S. 41
19.	*4. Der Körperlose versucht, Lebende anzusprechen oder zu berühren. Dies bleibt aber unbemerkt, ohne Reaktion.*	4 10 10	
20.	Nach dem Tod kann die Seele materielle Gegenstände durchdringen.	0 2 2	
21.	Nach dem Tod hat man einen Körper anderer Art.	0 2 2	
22.	Dieser andere Körper kann durch		
23.	Dieser andere Körper kann sich un		
24.	*5. Der Körperlose bleibt* (vorerst) *nahe der Sterbestelle* bzw. dem Körper.	12 13 12	**120**, S. 99
25.	Nach dem Tod bleibt die Seele längere Zeit bei den Trauernden.	0 8 8	**120**, S. 99
26.	*6. Dem Körperlosen ist* (mitunter) *nicht klar, dass er gestorben ist.*	4 8 8	
27.	Es gibt erdgebundene Seelen.	0 2 2	**109**, S. 120 – **120**, S. 100
28.	Es gibt erdgebundene Geister, d.h. Seelen, die sich nicht von der Erde lösen können und nicht ins Licht (Jenseits) gehen.	0 10 8	**120**, S. 100 – **134**, S. 86 – **286**, S. Besetzung 38 – **309**, S. 125
29.	Es gibt erdgebundene Seelen, die		
30.	Es gibt <u>keine</u> (ewige) Hölle, in welche die Seele kommen könnte.	0 7 5	
31.	Es gibt eine Hölle im Jenseits.	0	**18**, S. 199-200 – **20**, S. 46 – **29**, S. 49

		4 4	– **110**, S. Ballerina 90, Jürgens 95 – **134**, S. Man 189, % 191 – **170**, S. Woman 64, Man 70, NN 71 – **450**, S. 28 – **478**, S. Ritchie 99, 3xNN 141-142
32.	[illegible]		
33.	Dunkle Wesen versuchen, die Seele		
34.	Es gibt bösartige Wesenheiten.	0 2 2	**130**, S. 238
35.	Dämonen und Teufel sind von Menschen gemacht. Sie existieren nicht wirklich.	0 4 3	**20**, S. 46 – **478**, S. Cecil 73, NN 142
36.	Negative Kräfte kommen aus uns selbst.	0 1 1	**20**, S. 46
37.	*2. Flug durch eine Röhre oder einen Tunnel nach dem Tod*	4 16 11	**46**, S. 59
38.	Nach dem Tod hat man ein Lichterlebnis.	0 13 12	**1**, S. 59
39.	Nach dem Tod sieht man ein Licht und schwebt darauf zu.	0 9 5	
40.	Nach dem Tod geht die Seele ins Licht oder wird von Lichtwesen dorthin gezogen.	0 10 9	**46**, S. 59
41.	Die Seele ist im Kern ein intelligentes Lichtwesen.	0 2 2	
42.	Vor Beginn der Inkarnationen waren die Seelen eins mit dem Licht.	0 2 1	
43.	Erst nachdem die Seele ins Licht gegangen ist, kann sie wiedergeboren werden.	0 2 2	
44.	Es gibt Seelen, die reinkarnieren, ohne zuvor ins Licht (Jenseits) gegangen zu sein.	0 1 1	
45.	*18. Man sieht oder kommuniziert mit Lichtgestalten. Das Licht strahlt Liebe aus. Man befindet sich an einem Platz von Licht und Liebe.*	5 23 11	
46.	Nach dem Tod wird die Seele in die Energiehülle eines Führers oder Seelengefährten eingehüllt und erlebt dies als reine Ekstase.	0 4 2	**18**, S. 58 – **47**, S. 116 – **67**, S. 42 – **126**, S. 32 – **128**, S. 41 – **130**, S. 31 – **134**, S. 91, 108 – **170**, S. 31, 47, 53 – **275**, S. 95
47.	Gott wird als ein Lichtball aus reiner		
48.	Hinterbliebene können durch ihre	0	

	Trauer die Seele daran hindern, ins Licht (Jenseits) zu gehen.	2 2	
49.	*7. Der Körperlose kommt nach dem Tod zu einem „Treffplatz“.* Er dient meist der Erholung oder Heilung	7 11 7	**87**, S. DBV 77 – **100**, S. 32, 60 – **392**, S. 38, 43
50.	*8. Nach dem Tod kann man sich ausruhen und erholen.*	2 28 17	**160**, S. 53 – **392**, S. 38 – **417**, S. 69
51.	Nach dem Tod machen einige Seelen einen Reinigungsprozess durch (z.B. “Lichtdusche”).	0 3 3	
52.	*12. Nach dem Tod begegnet man einem alten, weisen Mann oder einem Mann in Weiß, einem König, Jesus, Engeln oder evtl. einem Gott, von dem man geführt wird.* Auch einem Geist- oder Seelenführer oder Ältestenrat begegnet man.	26 46 18	**1**, S. 72, 100 – **18**, S. Alice 58, Carter73 – **22**, S. Ray 36 – **20**, S. Clara 44 – **46**, S. 60 – **47**, S. 49 – **128**, S. 51 – **129**, S. 72 – **134**, S. 206 – **420**, S. 2
53.	*13. Nach dem Tod begegnet man einer „Gestalt“, die einen führt.*	6 13 9	**152**, S. 127 – **160**, S. 53 – **196**, S. 132 – **255**, S. 233
54.	*14. Nach dem Tod begegnet man Verstorbenen* und auch noch Lebenden, *manchmal sogar zukünftigen Verwandten, Freunden oder Bekannten.* Man wird von ihnen begrüßt.	22 33 22	**46**, S. 59, 60
55.	Inkarnierten Seelen begegnet man im Jenseits nach dem Tod nicht.	0 1 1	
56.	Inkarnierte sind in der jenseitigen Seelengruppe unsichtbar.	0 1 1	
57.	[illegible]		
58.	Bewusstsein und Wesen der Persönlichkeit bleiben nach dem Tod erhalten.	0 5 5	**126**, S. 40 – **128**, S. 47 – **406**, S. 36
59.	Einsichten in Fehler der Lebensführung oder unerfüllte Wünsche kurz vor dem Tod bleiben nach dem Tod bestehen und bestimmen die Wahl des nächsten Lebens.	0 8 8	
60.	*62. Die eigentliche Heimat ist die geistige Welt.* Man fühlt sich dort wieder zu Hause.	5 24 13	**22**, S. 32-34 – **109**, S. 39 – **120**, S. 132=**29**, S. 55 – **128**, S. 51, 65, 116, 117 – **255**, S. 19 – **275**, S. 95 – **392**, S. 43, 44 – **417**, S. 70, 72 – **420**, S. 31 – **453**, S. 151 – **478**, S. 33, 47, 77, 89, 115, 122, 140

Tabelle 17-4: Im Jenseits; Vergleich mit NTEs

1	**Spalte 2: Kernaussagen**	**3**	**Spalte 4: Literatur mit Bestätigungen der Kernaussagen**
	2. Im Jenseits		
61.	*17. Man befindet sich nach dem Tod in Räumen, schönen Landschaften.*	21 21 15	**1**, S. 60 – **128**, S. 95
62.	*19. Man bewegt sich ganz leicht mittels „Gedankenkraft" und kann fliegen.*	8 11 10	**1**, S. 102 – **417**, S. 72, 73 – **437**, S. 11 – **478**, S. 136
63.	*20. Man verständigt sich ohne Worte telepathisch mit anderen Wesen.*	4 18 9	**1**, S. 63, 71 – **20**, S. 45 – **46**, S. 59 – **87**, S. DBV 79
64.	Identitäten, Gedanken und Motive können im Jenseits nicht verborgen werden.	0 5 5	**170**, S. 50
65.	Jenseitige Lehrer können ihre Gedanken verbergen.	0 1 1	
66.	Fortgeschrittene Seelen können ihre Gedanken verbergen.	0 1 1	
67.	Private Kommunikation geschieht durch Berührung.	0 1 1	**417**, S. 77
68.	*48. Man ist oder lebt im Jenseits mit anderen zusammen in Gruppen.* Gruppenmitglieder sind etwa gleich entwickelt oder haben gemeinsame Ziele.	11 32 11	**255**, S. 23 – **392**, S. 44 – **478**, S. 118
69.	Nach dem Tod wird die Seele in ihrer Gruppe feierlich empfangen.	6 18 15	**120**, S. 98 – **170**, S. 53
70.	Nicht alle Seelen gehen nach dem		
71.	Die Jenseitigen können die Art ihrer Erscheinung für andere Jenseitige bestimmen.	0 4 3	
72.	*22. Man ist (wieder) jünger, meist so alt, wie in seinen „besten Jahren".*	1 10 7	**87**, S. DBV 78 – **100**, S. 78 – **145**, S. 217, 216=**110**, S. 187– **160**, S. 54, 229 – **308**, S. 99 – **392**, S. 30 – **437**, S. 146 – **450**, S. 36 – **478**, S. 137
73.	*38. In der geistigen Welt kann man ein allumfassendes Wissen haben.*	6 13 11	**1**, S. 71 – **22**, S. 36 – **29**, S. 56-57 – **47**, S. 116 – **120**, S. 92-93 – **126**, S. 32 – **128**, S. 80, 93, 108 – **129**, S. 49 – **134**, S. 57, 115 – **160**, S. 116, 148 –

			170, S. 123 – **196**, S. 140 – **216**, S. 80, 82 – **235**, S. 198 – **255**, S. 30 – **268**, S. 38 – **275**, S. 95 – **280**, S. 41, 45, 158 – **363**, S. 49, 53-54, 64, 71, 84, 111, 192 – **395**, S. 160 – **417**, S. 77 – **453**, S. 182 – **478**, S. 47, 57, 71, 77, 101, 104, 109,
74.	*39. Die Inhalte dieses Wissens oder die Lebensaufgabe werden mit der Geburt vergessen.*	6 2 2	**128**, S. 89 – **160**, S. 222 – **246**, S. DBV 87 – **417**, S. 83 – **420**, S. 28-29, 128
75.	*26. Man erfüllt eine Aufgabe im Jenseits.*	6 9 7	**152**, S. 152 – **308**, S. 99 – **478**, S. 141
76.	Lernen und Entwicklung der Seele sind **Aufgaben** im Jenseits.	0 14 9	**18**, S. 58 – **67**, S. 59 – **280**, S. 154 – **363**, S. 60 – **392**, S. 42, 45 – **417**, S. 69, 74 – **478**, S. 135
77.	Einige Privilegierte müssen im Jen		
78.	Eine Aufgabe im Jenseits ist die Betreuung anderer Seelen, z.B. ankommender Verstorbener oder der Lebenden auf der Erde.	0 11 7	**152**, S. 152 – **392**, S. 36, 43
79.	Im Leben begleiten uns spirituelle Helfer, die wir auch um Hilfe anrufen können.	0 8 5	**100**, S. 55
80.	Jenseitige können Lebende beeinflussen, indem sie ihnen Gedanken, Intuitionen oder Träume eingeben.	0 4 4	**100**, S. 59, 107 – **120**, S. 107 – **392**, S. 42
81.	Eine Aufgabe ist es, im Jenseits zu lehren, z.B. über Erfahrungen aus dem eigenen früheren Leben.	0 7 2	
82.	*27. Man hat eine Aufgabe im irdischen Leben zu erfüllen.*	6 18 9	**22**, S. Arthur 32-34 – **20**, S. Clara 45 – **29**, S. 58 – **46**, S. 60 – **67**, S. 77 – **128**, S. 55, 58 – **129**, S. 24 – **134**, S. 106, 107, 123, 206, 225 – **145**, S. 217=**110**, S. 189 – **152**, S. 152 – **160**, S. 31, 214 – **170**, S. 51, 100-102 – **196**, S. 159 – **392**, S. 31 – **417**, S. 83 – **420**, S. 33 – **437**, S. 23-26, 115 – **440**, S. 55 – **450**, S. 19, 37 – **453**, S. 151 – **478**, S. 35, 110, 111, 113
83.	*47. Lernen und Weiterentwicklung ist das Ziel auf Erden.*	7 24 14	**126**, S. 46 – **128**, S. 88 – **129**, S. 49 – **453**, S. 151 – **478**, S. 117
84.	Schwierige Leben führen zu größeren Lernfortschritten als einfache: Lernen durch Leiden.	0 3 3	
85.	Lernen ist im Leben auch ohne Leiden und Kampf möglich.	0 4 4	

86.	Ziel des Lebens ist es, die Beziehung zu anderen Menschen zu vervollkommnen.	0 9 8	
87.	Ziel des Lebens ist es, Liebe zu lernen.	0 11 8	**126**, S. 46 – **302**, S. 187 – **478**, S. 31, 117, 122
88.	Ziel des Lebens ist es, die Einheit mit		
89.	Endziel aller Entwicklung ist die Verschmelzung mit Gott, das Erreichen einer Gottähnlichkeit oder von Vollkommenheit	0 14 13	
90.	Es ist kein Ziel des Lebens, die eige		
91.	Es ist <u>kein</u> Ziel des Lebens, Reichtum, Macht und Status zu erreichen.	0 3 3	
92.	*23. Es gibt eine hierarchische Ordnung* hinsichtlich geistiger Bewusstheit.	11 11 10	**110**, S. 185-186 – **145**, S.216-217=**110**, S. 188– **120**, S. 99 – **392**, S. 43, 45
93.	Im Jenseits gibt es keine hierarchische Gliederung.	0 1 1	
94.	Die Seele kann von sich aus nur in niedrigere Ebenen des Jenseits gehen oder hineinblicken; für höhere muss sie sich qualifizieren.	0 2 2	**1**, S. 73
95.	Weniger entwickelte Seelen sind in ihrer Bewegungsfreiheit zwar nicht auf bestimmte Ebenen im Licht eingeschränkt. Sie sammeln sich aber in unteren Schichten.	0 1 1	
96.	*24. Man fühlt sich eins mit allen anderen Wesen.* Alle sind gleich.	6 4 4	**22**, S. 36 – **46**, S. 59, 60 – **109**, S. 41 – **120**, S. 97, 112 – **128**, S. 53, 58, 66, 69 – **134**, S. 195 – **170**, S. 51 – **202**, S. 20 – **235**, S. 198 – **255**, S. 235 – **275**, S. 95, 96 – **363**, S. 84 – **417**, S. 78 – **437**, S. 10, 123, 170 – **478**, S. 23, 45, 116, 117
97.	Wir sind alle miteinander verbunden.	0 7 4	
98.	Wir alle sind Teile Gottes.	0 3 3	**1**, S. 111 – **20**, S. 187
99.	Zwischen den Seelen im Jenseits gibt es keine Feindschaften oder Verurteilungen wegen böser Taten auf der Erde.	0 4 3	
100.	*25. Man hat* (im Jenseits) *kein Zeitempfinden.*	4 10	**1**, S. 61 – **18**, S. Alice 56, 199 – **22**, S. Ray 36 – **110**, S. 112, 136, 182, – **145**,

		8	S. 217 = **110**, S. 189 – **128**, S. 48, 73 – **129**, S. 21 – **160**, S. 54 – **170**, S. 118 – **196**, S. 135 – **202**, S. 20 – **255**, S. 25 – **268**, S. 38 – **275**, S. 91, 94 – **280**, S. 41, 42, 157 – **308**, S. 9 – **392**, S. 31 – **450**, S. 31 – **478**, S. 129, 135
101.	Im Jenseits gibt es Bibliotheken und Schulen, meist im Baustil griechischer Tempel.	0 16 9	**109**, S. 73 – **160**, S. 176 – **392**, S. 45 – **437**, S. 91 – **478**, S. 136
102.	In den jenseitigen Bibliotheken gibt es „Lebensbücher“ oder „Lebensvideos“.	0 7 4	**110**, S. 91 – **478**, S. 56, 72-73
103.	Sämtliche Ereignisse aller Leben sind in der **Akasha-Chronik** verzeichnet.	0 4 4	**109**, S. 73 – **110**, S. 91 – **478**, S. 72-73, 77
104.	*15. Es findet eine Prüfung oder Bewertung des vergangenen Lebensweges statt.*	6 18 12	
105.	*16. Gute Taten sind* (für die weitere Entwicklung der Seelen) *nötig; man wird dazu ermahnt.*	4 5 5	**478**, S. 51
106.	Die Wiedergeburt wird sorgfältig geplant. Weise, die nicht mehr inkarnieren müssen, helfen durch Beratung (Ältestenrat).	24 18 16	
107.	Das jenseitige Wertesystem beruht auf absoluter Liebe.	0 9 3	**1**, S. 73 – **29**, S. 59 – **450**, S. 43
108.	Die Bewertung des vergangenen Lebens findet vor Richtern, Geistführern oder dem Ältestenrat statt, die aber nicht verurteilen.	0 22 8	**128**, S. 109 – **392**, S. 31 – **450**, S. 35 – **478**, S. 33, 59, 131
109.	Die Beurteilung des vergangenen Lebens geschieht durch das eigene Gewissen und kann sehr schmerzhaft sein.	0 17 13	**120**, S. 128 – **478**, S. 131
110.	Das vergangene Leben wird in der Seelengruppe bewertet.	0 2 2	
111.	Man sieht einen Lebensfilm als Rückschau auf das vergangene Leben.	0 11 10	**120**, S. 127
112.	Der Lebensfilm muss nicht jeder		
113.	Die jenseitige Bewertung des vergangenen Lebens führt zu Schuldgefühlen, die den Wunsch nach Wiedergeburt auslösen, um die Schuld auf Erden abzutragen.	0 3 3	
114.	Im Jenseits ist die Seele nicht fähig,	0	

	Emotionen zu empfinden.	2 2	
115.	Es gibt keine einfache Erlösung von der Schuld aus früheren Leben.	0 4 4	
116.	Die Lebensplanung berücksichtigt karmische Aspekte aus früheren Leben.	0 12 11	**450**, S. 142
117.	Nach grausamer Handlung kommt die		
118.	Nach sehr grausamen Handlungen auf		
119.	Nach einem Selbstmord wird man im Jenseits nicht bestraft, muss aber auf Erden seine verpatzte Lektion wiederholen.	6 18 15	**121**, S. 204-205 – **478**, S. 101
120.	Selbstmörder, deren Seelen erdge		
121.	Es gibt keine Erbsünde, kein in Un		
122.	Es gibt kein jüngstes Gericht und		
123.	Die Lebensplanung wird auf Erden nicht strikt eingehalten.	0 6 5	**67**, S. 77 – **170**, S. 123
124.	Die Seele weiß, in welche Familie bzw. Lebensumstände sie hineingeboren wird.	0 9 8	
125.	Die Seele kann den Zeitpunkt der Wiedergeburt wählen.	0 3 3	
126.	*45. Man kann den Körper, d.h. das Baby bzw. die Mutter wählen.*	41 25 15	**14**, S. 37 – **120**, S. 108 – **326**, S. 50 – **417**, S. 81, 82 – **478**, S. 31, 34, 114
127.	Die Seele genießt immer einen freien Willen.	0 2 2	**1**, S. 73 – **18**, S. 74
128.	Die Seele hat keine Wahl darüber, in welchen Körper bzw. welche Familie sie wiedergeboren wird.	0 5 4	
129.	Mit den eigenen Bezugspersonen bzw. deren Seelen lebt man in mehreren Leben in unterschiedlichen Verkörperungen zusammen.	0 35 22	**128**, S. 55
130.	Ungelöste Probleme zwischen Lebenden führen dazu, dass deren Seelen in neuen Leben wieder zusammenkommen müssen.	0 8 8	
131.	*46. Man kann sich bezüglich der Wiedergeburt beraten oder darüber verhandeln.*	16 14 9	
132.	Die Seele wählt im Jenseits die Umstände für das folgende Leben bzw. stimmt entsprechenden Vorschlägen des Ältestenrats zu. Menschen sind also selbst für ihre Lebenssituation	0 16 12	**14**, S. 37 – **18**, S. 74 – **120**, S. 105 – **255**, S. 233 – **420**, S. 28 – **478**, S. 114, 145

	verantwortlich.		
133.	*55. Man sieht oder erkundet die Situation im künftigen Elternhaus noch vor der Konzeption und der Geburt.*	34 9 5	
134.	Die Seele kann vom Jenseits aus zukünftige Lebenspartner bzw. Lebensläufe oder die Zukunft der Menschen auf der Erde schauen.	0 10 5	**14**, S. 36, 37 – **20**, S. 9, 45 – **67**, S. 60-61 = **478**, S. 69 – **110**, S. 89-94 – **130**, S. 240 – **134**, S. 123 – **202**, S. 20 – **302**, S. 144 – **301**, S. 167 – **363**, S. 72-79, 179 – **450**, S. 30 – **478**, S. 39, 77
135.	Ereignisse auf der Erde sind geplant.	0 7 2	**14**, S. 37 – **47**, S. 52 = Bsp. (20) – **109**, S. 42, 43, 131 – **128**, S. 53, 55, 59, 60, 61, 138 – **134**, S. 120 – **246**, S. 87, 191 – **302**, S. 178 – **326**, S. 50 – **341**, S. 156 – **363**, S. 57 – **392**, S. 31 – **420**, S. 3, 28, 29, 128 – **437**, S. 12 – **450**, S. 20 – **478**, S. 35, 115, 116
136.	Geplante Handlungen auf Erden werden im Jenseits geprobt.	0 3 3	
137.	Man wird in eine bestimmte Lebens-		
138.	In der Seelengruppe werden Vereinbarungen für das kommende Erdenleben getroffen.	0 10 4	**14**, S. 37 – **120**, S. 108
139.	*52. Man verabredet sich für ein Wiedersehen auf Erden.*	7 7 6	**120**, S. 108
140.	Es werden Erkennungszeichen gesetzt, damit sich verabredete Seelen im Leben finden.	0 2 1	
141.	Gruppen verabreden sich für einen gemeinsamen Tod.	0 2 2	
142.	Seelen planen auch ihren Tod.	0 5 5	**120**, S. 111
143.	Folgt die Seele nicht dem Rat der Weisen bezüglich des nächsten Lebens, so wird man nicht bestraft, bereut es aber später.	0 2 2	
144.	Eine nicht im Jenseits geplante		
145.	Man wird viele Male wiedergeboren.	0 11 11	
146.	Es gibt mehrfache Versuche der See-		
147.	*49. Die Wiedergeburt stellt eine Prüfung dar.*	4 7 4	
148.	Im Jenseits Gelerntes und der Lebensplan müssen auf der Erde prak-	0 8	**129**, S. 41 – **417**, S. 78

	tisch umgesetzt werden, um die Seele zu vervollkommnen.	8	
149.	Die Gedanken der Seele bestimmen die Realität im Jenseits.	0 9 6	**128**, S. 96, 97, 98 – **437**, S. 90
150.	*21. Man sieht mehrere Orte oder Perspektiven zugleich (Omnipräsenz, Rundumsicht).*	1 2 2	**109**, S. 39 – **255**, S. 241 – **275**, S. 59 – **363**, S. 60 – **392**, S. 45 – **417**, S. 72 – **478**, S. 25, 67, 136
151.	*28. Es gibt auch Tiere im Jenseits.*	2 7 3	**1**, S. 60 – **22**, S. 35 – **440**, S. 57
152.	*29. Man trägt Kleider, wie auf Erden.*	2 7 6	**1**, S. 60
153.	Man trägt keine Kleider, wie auf Erden	0 1 1	
154.	*30. Kleider waschen ist nicht nötig.*	1 0 0	**478**, S. 141
155.	*31. Man kann Hunger und Durst empfinden, und es gibt Essen.*	6 4 3	
156.	*32. Man muss nicht unbedingt essen.*	1 2 2	**392**, S. 45 – **406**, S. 41
157.	*33. Man kann arbeiten, spielen und Sport treiben;* malen, musizieren, tanzen, schreiben, forschen, bildhauern, etc.	3 8 5	**110**, S. 163 – **160**, S. 54 – **392**, S. 44 – **406**, S. 37 – **440**, S. 57 – **478**, S. 33
158.	*34. Man muss aber nicht arbeiten, spielen oder Sport treiben.*	1 0 0	**120**, S. 92
159.	*35. Man kann schlafen.*	2 0 0	
160.	*36. Man muss nicht schlafen.*	1 1 1	
161.	*37. Wasser macht nicht nass.*	1 2 2	
162.	Ein Wassereimer leert sich nicht beim		
163.	*40. Seelen entstehen neu.*	3 2 1	
164.	Seelen gibt es schon immer.	0 1 1	

165.	Seelen sind alle zugleich entstanden.	0 1 1	

Weitere Aussagen in Fall Nr. (57)

17.7. Anhang 7: Quellen zu medialen Jenseitsaussagen

Anhang 7 bezieht sich auf die Kapitel 8.3.1, S. 334 und 8.4, S. 360.

165 - 25 = 140 Aussagen (25 sind unterdrückt).

41 Bücher , davon 9 älter als 1950: 9/41=22%.

Alle sind gleich oder größer 10% von 140=14.

Aufbau:
Nr. = im Literaturverzeichnis, Zahl gleichartiger Aussagen/140=x% –

12, 27/140 =19% – **35,** 47/140 = 34% – **42**, 32/140 = 23% – **43**, 41/140 = 29% – **44**, 35/140 = 25% – **46**, 36/140 = 26% – **53**, 19/140 = 14% – **53**, 20/140 = 14% – **60**, 25/140 = 18% – **59**, 47/140 = 34% – **103**, 32/140 = 23% – **102**, 28/140 = 20% – **113**, 18/140 = 13% bzw. 0% wegen Gleichheit mit Beecher – **114**, 22/140 = 16% – **115**, 21/140 = 15% gleich Beecher; 10/140=7% – **137**, 50/140 = 36% – **138**, 15/140 = 11% – **140**, 15/140 = 11% – **165**, 47/140 = 34% – **197**, 48/140 = 34% – **198**, 23/140 = 16% – **284**, 65/140 = 46% – **306**, 14/140 = 10% – **307**, 37/140 = 26% – **318**, 25/140 = 18% – **337**, 29/140 = 21% – **353**, 48/140 = 34% – **354**, 24/140 = 17% – **355**, 33/140 = 24% – **356**, 47/140 = 34% – **382**, 41/140 = 29% – **405**, 45/140 = 32% – **431**, 36/140 = 26% – **432**, 48/140 = 34% – **456**, 38/140 = 27% – **463**, 18/140=13% – **464**, 16/140 = 11% – **464**, 16/140 = 11% – **464**, 29/140 = 21% – **464**, 19/140 = 14% – **480**, S. 47/140 = 34%.

Legende zu unten folgenden 2 Tabellen:

Spalte 1: Nummerierung nach Band 2b bis zur dortigen Tabellenzeile 165 in Kapitel 7.2.7.2.3.2. Die Zeilen 166 bis 226 aus Band 2b werden nicht hierher übernommen.

Achtung: absichtlich unterdrückte Zeilen! Aussagen, die nur von einem einzigen Autor für Rückführungen stammen, wurden herausgenommen, so dass sie nicht mehr lesbar sind (nicht jedoch, wenn es sich um Gegenaussagen handelte). So bleiben hier nur 140 von den ersten 165 Aussagen übrig.

Spalte 2: Kernaussagen von Kindern und rückgeführten Erwachsenen nach Band 2b

Fett gedruckte Umrandung: **Kernaussagen**, die sich zu **widersprechen** scheinen oder tatsächlich unvereinbar miteinander sind.

Spalte 3: Zahl der Fälle von Kindern und der Autoren für Rückführungen aus Band 2b untergliedert in 3 Zeilen:

K = Kinder: Zahl der Fälle, welche die jeweilige Kernaussage machen;
A = Zahl der Autoren für Rückführungen, die die jeweilige Kernaussage machen;
B = wie A, jedoch werden Autoren gleicher ‚Schule' wie nur 1 Autor gezählt

Spalte 4: Literatur zu medialen Aussagen, die eine Entsprechung in den **Kernaussagen** nach Band 2b haben.

Aufbau: **Nr,** = im Literaturverzeichnis, S. Seitenzahl dort

Allens Literatur als Vergleichsobjekt für MMVs ist durch eine Einrahmung gekennzeichnet (siehe S. 336 und Kap. 8.3.2, S. 358).

MMV = **m**ediale **M**itteilungen **V**erstorbener

Tabelle 17-5: Übergang in den Tod; Vergleich mit MMVs

1	Spalte 2: Kernaussagen	3	Spalte 4: Literatur mit Bestätigungen der Kernaussagen durch Medien
	kursiv: Nummern und *Aussagen von Kindern aus Band 1 und 2b*; ↓ Normalschrift: Aussagen Rückgeführter aus Band 2b ↓	K A B	Aufbau: **Nr**. im Literaturverzeichnis, S. Seitenzahl – nicht mitgezählt: **3**, S. 55-59 = Beispiel
1. Der Übergang in den Tod (ins Jenseits)			
1.	*1. Außerkörperliche Erfahrung kurz vor dem Tod.*	2 0 0	**35**, S. 57, 208 – **198**, S. 27 2/41 = 5%
2.	Mit dem Tod wird die Silberschnur getrennt, welche Körper und Seele verbunden hat.	0 5 5	**102**, S. 102 – **137**, S. 28, 124, 145 – **337**, S. 45 – **464**, S. 77, 78 – **464**, S. 17
3.	Um nach dem Tod leichter aus dem Körper heraustreten zu können, splittet sich die Seele in viele kleine Teile.	0 2 2	
4.	Nach dem Tod verlässt die Seele den Körper.	0 16 11	**42**, S. 57 – **44**, S. 259 – **46**, S. 11=**115**, S. 6, 7 – **46**, S. 34=**113**, S. 41 – **53**, S. 96 – **53**, S. 17 – **59**, S. 13 – **102**, S. 24, 103 – **114**, S. 106 – **137**, S. 15, 16, 21, 33 – **197**, S. 84, 149 – **198**, S. 22, 191 – **284**, S. 15, 27, 63 – **307**, S. 78, 81 – **353**, S. 185 – **355**, S. 28, 71, 125 – **405**, S. 15 – **431**, S. 15 – **463**, S. 140 – **464**, S. 121 – **464**, S. 43 – **464**, S. 58, 76, 77 - **3**, S. 61, 85, 97
5.	Die Seele kann bis zu 4-5 Stunden		**3**, S. 61
6.	Kurz nach dem Tod schwebt die Seele nach oben.	0 29 17	**42**, S. 57 – **46**, S. 13=**115**, S. 12 – **59**, S. 14, 168 – **102**, S. 105 – **138**, S. 185 – **198**, S. 22 – **306**, S. 27 – **307**, S. 81 – **353**, S. 185 – **356**, S. 13 – **355**, S. 27, 72 – **432**, S. 23 - **3**, S. 61
7.	Nach dem Tod nimmt man Geräusche, Töne oder Musik wahr.	0 9 7	**46**, S. 16=**115**, S. 18 – **59**, S. 19 – **114**, S. 102 – **137**, S. 31 – **337**, S. 23
8.	*9. Kurz nach dem Tod ist man (wie-*	6	**12**, S. 32, 55 – **35**, S. 34 – **43**, S. 85,

	der) gesund und schmerzfrei.	18 15	109, 141, 226 – **44**, S. 292 – **46**, S. 12, 13=**115**, S. 9, 12 – **59**, S. 14, 15, 138, 168, 200, 204 – **60**, S. 16 – **102**, S. 25, 47, 105 – **114**, S. 50, 92, 110 – **137**, S. 15, 33, 118 – **138**, S. 250 – **165**, S. 85, 88 – **197**, S. 21, 184, 237 – **284**, S. 10, 15, 19, 34, 78 – **306**, S. 158 – **307**, S. 85, 87, 93 – **318**, S. 71, 96 – **337**, S. 46 – **353**, S. 185, 195 – **354**, S. 29, 260, 271 – **356**, S. 40, 41, 67, 69, 129 – **355**, S. 46, 245 – **382**, S. 3, 10, 22, 25, 69 – **405**, S. 15, 20, 29 – **431**, S. 16, 21, 51 – **456**, S. 11 – **464**, S. 61 – **464**, S. 16 – **480**, S. 115, 116 - 3, S. 59-60, 98 Schmerzen können sein, bis die Seele loskommt. **59**, S. 138 – **431**, S. 50 Schmerzen bleiben als Einbildung max. 2 Monate. **137**, S. 118, 119, 120 Psychosen, Depressionen und Schuldgefühle werden mit ins Jenseits genommen. **165**, S. 87 – **456**, S. 11 Die Gesundung kann auch Jahre dauern. **137**, S. 122, 125
9.	Nach dem Tod kann man seelisch		
10.	*11. Kurz nach dem Tod ist man* (zunächst) *traurig.*	2 15 12	**35**, S. 197 – **43**, S. 49 – **46**, S. 14=**115**, S. 14 – **165**, S. 31 – **197**, S. 54, 147, 149 – **284**, S. 60, 77 – **431**, S. 17 – **432**, S. 26, 35 – **464**, S. 58 – **464**, S. 7, 13, 18
11.	Nach dem Tod kann man Auflehnung		
12.	*10. Schon bald nach dem Tod ist man (wieder) zufrieden. Es gibt keinen Grund, den Tod zu fürchten.* Man fühlt sich frei.	5 33 22	**35**, S. 19, 27, 84, 197 – **42**, S. 62, 101 – **43**, S. 85 – **46**, S. 13, 14, 16=**115**, S. 11, 14, 18 – **59**, S. 14, 60, 191 – **137**, S. 118 – **165**, S. 29 – **197**, S. 102, 115 – **198**, S. 198, 216 – **284**, S. 27 – **318**, S. 70 – **353**, S. 167, 205 – **355**, S. 45 – **382**, S. 24, 71 – **405**, S. 19, 20, 21 – **432**, S. 24, 41 – **463**, S. 130, 140 – **464**, S. 7, 13, 18 - 3, S. 59
13.	Die Seele kann den Körper bereits kurz vor dem Tod verlassen, um Leiden zu vermeiden.	0 10 7	**12**, S. 29, 53, 172 – **42**, S. 65 – **353**, S. 232 – **464**, S. 110 – **464**, S. 16
14.	*3. Das Geschehen auf der Erde wird nach dem Tod* (von der Seele) – *beobachtet..*	33 33 26	**12**, S. 24 – **42**, S. 63 – **43**, S. 48 – **44**, S. 292 – **46**, S. 11=**115**, S. 8 – **46**, S. 36=**113**, S. 42 – **46**, S. 71, 91 –

			53, S. 90 – **53**, S. 20 – **59**, S. 14, 17, 244 – **102**, S. 103 – **137**, S. 33, 75, 108 – **140**, S. 142, 143 – **165**, S. 31 – **197**, S. 84, 85, 178 – **198**, S. 27, 190, 192, 193 – **354**, S. 28, 109, 173, 209, 267 – **284**, S. 11, 35, 60, 63, 78, 85 – **306**, S. 158, 159 – **337**, S. 45, 115 – **353**, S. 161, 185, 186, 187, 196, 197, 205, 206 – **355**, S. 27, 29, 72 – **356**, S. 17, 19, 32, 33, 35, 36, 39, 43, 44, 46, 50, 51, 58, 75, 78 – **382**, S. 7 – **405**, S. 15, 19 – **431**, S. 15, 16, 17, 51, 57 – **432**, S. 22 – **463**, S. 135 – **480**, S. 20, 32, 33, 150 - **3**, S. 60 Als Geist auf die Erde zurück: **43**, S. 60, 64 – **44**, S. 292 – **140**, S. 143, 147, 206 – **306**, S. 14, 26 – **355**, S. 50 – **464**, S. 102 – **464**, S. 59
15.	Nach dem Tod kann man die **Gedanken** der Lebenden lesen.	0 2 2	**35**, S. 23, 24, 33, 49 – **43**, S. 34 – **46**, S. 18=**115**, S. 22 – **46**, S. 92, 98 – **59**, S. 14 – **165**, S. 31 – **197**, S. 31, 151, 201 – **284**, S. 111 – **306**, S. 46, 159 – **337**, S. 116 – **353**, S. 189, 190 – **382**, S. 4, 53, 80 – **405**, S. 59 – **431**, S. 16
16.	Nach dem Tod kann man hören.	0 2 2	**35**, S. 27, 58 – **59**, S. 14 – **137**, S. 14 – **197**, S. 63 – **198**, S. 25 – **284**, S. 35 – **353**, S. 161 – **405**, S. 19, 29
17.	Nach dem Tod ist die Wahrnehmung		
18.	Nach dem Tod kann man noch immer denken.	0 2 2	**46**, S. 12, 15=**115**, S. 9, 15 – **353**, S. 185 – **463**, S. 130
19.	*4. Der Körperlose versucht, Lebende anzusprechen oder zu berühren. Dies bleibt aber unbemerkt, ohne Reaktion.*	4 10 10	**35**, S. 127 – **44**, S. 292 – **59**, S. 14 – **137**, S. 42 – **140**, S. 141, 142 – **197**, S. 46 – **284**, S. 33, 35, 37, 40, 43, 60 – **306**, S. 15, 26 – **337**, S. 115 – **353**, S. 187, 188, 238 – **355**, S. 42, 72 – **356**, S. 17, 33, 35, 43, 44, 51 –**405**, S. 15 – **431**, S. 18 – **432**, S. 70, 71 – **464**, S. 59
20.	Nach dem Tod kann die Seele materielle Gegenstände durchdringen.	0 2 2	**35**, S. 46 – **43**, S. 48 – **46**, S. 36=**113**, S. 43 – **60**, S. 79 – **114**, S. 50 – **137**, S. 29, 34 – **140**, S. 206 – **284**, S. 28, 61 – **307**, S. 86, 89 – **353**, S. 196 – **356**, S. 32 – **431**, S. 61 – **464**, S. 124 - **3**, S. 153 Man kann durch undurchsichtige

			Gegenstände sehen: **137**, S. 40 – **405**, S. 97 – **464**, S. 11
21.	Nach dem Tod hat man einen Körper anderer Art.	0 2 2	Med Bsp. Nr. 38 – **42**, S. 79 – **46**, S. 13=**115**, S. 12 – **53**, S. 91 – **102**, S. 35, 53, 99 – **103**, S. 16, 23 – **138**, S. 185, 249 – **140**, S. 142 – **137**, S. 21, 55, 107 – **165**, S. 107, 123 – **197**, S. 146 – **198**, S. 23 – **284**, S. 27 – **307**, S. 79 – **318**, S. 59 – **353**, S. 186, 195, 206 – **355**, S. 27, 28, 64, 73, 89, 125, 169, 186, 247, 248 – **356**, S. 34 – **382**, S. 22, 33, 43, 92 – **456**, S. 21 – **464**, S. 110, 122 – **464**, S. 53 – **464**, S. 57 – **464**, S. 15 – **480**, S. 18 - 3, S. 86-89, 102, 221
22.	Dieser andere Körper kann durch		
23.	Dieser andere Körper kann sich ve		
24.	*5. Der Körperlose bleibt* (vorerst) *nahe der Sterbestelle* bzw. dem Körper.	12 13 12	**35**, S. 42, 46, 58, 60, 134 – **43**, S. 33 – **46**, S. 12=**115**, S. 9 – **198**, S. 190
25.	Nach dem Tod bleibt die Seele längere Zeit bei den Trauernden.	0 8 8	Med Bsp. Nr. 36Nowotny – **59**, S. 48 – **432**, S. 35
26.	*6. Dem Körperlosen ist* (mitunter) *nicht klar, dass er gestorben ist.*	4 8 8	Med Bsp. Nr. 36Nowotny – Med Bsp. Nr. 38Myers – **35**, S. 175 – **42**, S. 62 – **46**, S. 37=**113**, S. 43 – **46**, S. 91, 105 – **59**, S. 48, 49, 100 – **102**, S. 116 – **103**, S. 141 – **114**, S. 53, 55 – **137**, S. 41, 73 – **140**, S. 142 – **165**, S. 86 – **197**, S. 27, 77 – **198**, S. 203 – **284**, S. 33, 60 – **306**, S. 25 – **307**, S. 79 – **318**, S. 56 – **337**, S. 44, 87 – **353**, S. 205 – **354**, S. 42, 55 – **355**, S. 27, 28, 41, 87, 122, 123, 125, 165, 166, 182, 190, 191 – **356**, S. 14, 34, 42, 67, 72, 88 –**382**, S. 10 – **405**, S. 91 – **432**, S. 39, 40 – **456**, S. 105 – **464**, S. 58, 61, 68 – **464**, S. 6, 18 - 3, S. 55-60, 76
27.	Es gibt erdgebundene Seelen.	0 2 2	**35**, S. 26, 27, 45 – **46**, S. 17, 18=**115**, S. 20, 22 – **53**, S. 90, 92, 93 – **53**, S. 17, 21 – **137**, S. 115 – **140**, S. 202, 206 – **165**, S. 64 – **284**, S. 13, 126, 131 – **307**, S. 90 – **354**, S. 307 – **355**, S. 43, 151 – **356**, S. 62, 86, 161 – **382**, S. 100 – **405**, S. 143 – **456**, S. 68 – **464**, S. 111 – **464**, S. 68 - 3, S. 71, 108

28.	Es gibt erdgebundene Geister, d.h. Seelen, die sich nicht von der Erde lösen können und nicht ins Licht (Jenseits) gehen.	0 10 8	**102**, S. 117 – **284**, S. 33 - 3, S. 71-73
29.	Es gibt erdgebundene Seelen, die [illegible]		
30.	Es gibt keine (ewige) Hölle, in welche die Seele kommen könnte.	0 7 5	**12**, S. 35 – **60**, S. 90 – **356**, S. 43, 142 - **405**, S. 143 – 3, S. 189-190, 239
31.	Es gibt eine Hölle im Jenseits.	0 4 4	**35**, S. 36, 55, 133 – **42**, S. 86, 87 – **46**, S. 99 – **53**, S. 90 – **59**, S. 108 – **60**, S. 94, 146 – **115**, S. 46, 48 – **137**, S. 42 – **140**, S. 207 – **165**, S. 51, 64, 81, 97 – **284**, S. 40, 120 – **307**, S. 88, 90 – **337**, S. 73 – **353**, S. 194 – **382**, S. 62 – **405**, S. 143 – **431**, S. 22, 111 – **432**, S. 85 – **480**, S. 20, 140 Hölle selbst gemacht. **42**, S. 87 – **103**, S. 29, 108, 110 – **140**, S. 207 – **165**, S. 64, 81 – **284**, S. 40 – **353**, S. 194 – **356**, S. 43, 142 – **382**, S. 12, 62, 84 – s.a. Fall Nr. (67), S. 297 – 3, S. 79
32.	[illegible]		
33.	Dunkle Wesen versuchen, die Seele [illegible]		
34.	Es gibt bösartige Wesenheiten.	0 2 2	**35**, S. 20, 40, 41, 179 – **43**, S. 34, 39, 49, 111 – **44**, S. 30 – **53**, S. 20, 21 – **59**, S. 111 – **198**, S. 196 – **337**, S. 74, 154 – **431**, S. 45, 59, 61
35.	Dämonen und Teufel sind von Menschen gemacht. Sie existieren nicht wirklich.	0 4 3	**35**, S. 133 – **46**, S. 107 – **53**, S. 21 – **59**, S. 113 – **115**, S. 45, 49 – **284**, S. 64 – **318**, S. 21 – **464**, S. 104 - 3, S. 189-190
36.	Negative Kräfte kommen aus uns selbst.	0 1 1	**35**, S. 55 – **103**, S. 8 – **115**, S. 45, 49, 50 – **284**, S. 16, 17, 40 – **337**, S. 20
37.	*2. Flug durch eine Röhre oder einen Tunnel nach dem Tod*	4 16 11	**480**, S. 54 - 3, S. 61
38.	Nach dem Tod hat man ein Lichterlebnis.	0 13 12	**12**, S. 32 – **35**, S. 36 – **42**, S. 61 – **59**, S. 19, 138 – **137**, S. 14, 33 – **197**, S. 182 – **307**, S. 86 – **405**, S. 20, 24, 95 – **431**, S. 16 – **463**, S. 131-132 – **480**, S. 11
39.	Nach dem Tod sieht man ein Licht und schwebt darauf zu.	0 9 5	**356**, S. 12 – **480**, S. 54 - 3, S. 61
40.	Nach dem Tod geht die Seele ins Licht oder wird von Lichtwesen dort-	0 10	**59**, S. 228 – **197**, S. 310 – **337**, S. 45

	hin gezogen.	9	
41.	Die Seele ist im Kern ein intelligentes Lichtwesen.	0 2 2	**53**, S. 94 – **137**, S. 61 – **165**, S. 124 – **197**, S. 21, 157 – **284**, S. 111 – **318**, S. 59 – **355**, S. 90 – **480**, S. 37, 40
42.	Vor Beginn der Inkarnationen waren die Seelen eins mit dem Licht.	0 2 1	
43.	Erst nachdem die Seele ins Licht gegangen ist, kann sie wiedergeboren werden.	0 2 2	
44.	Es gibt Seelen, die reinkarnieren, ohne zuvor ins Licht (Jenseits) gegangen zu sein.	0 1 1	
45.	*18. Man sieht oder kommuniziert mit Lichtgestalten. Das Licht strahlt Liebe aus. Man befindet sich an einem Platz von Licht und Liebe.*	5 23 11	**43**, S. 50 – **44**, S. 109, 343 – **405**, S. 24 – **431**, S. 18, 19, 20
46.	Nach dem Tod wird die Seele in die Energiehülle eines Führers oder Seelengefährten eingehüllt und erlebt dies als reine Ekstase.	0 4 2	**59**, S. 130 – **114**, S. 99 – **431**, S. 20
47.	Gott wird als ein Lichtball aus reiner		
48.	Hinterbliebene können durch ihre Trauer die Seele daran hindern, ins Licht (Jenseits) zu gehen.	0 2 2	**35**, S. 25 – **60**, S. 50 – **137**, S. 59, 63, 108 – **197**, S. 21, 23, 40, 180, 305 – **306**, S. 44 – **355**, S. 29 – **464**, S. 40, 48, 49, 51 - 3, S. 233-234
49.	*7. Der Körperlose kommt nach dem Tod zu einem „Treffplatz“.* Er dient meist der Erholung oder Heilung	7 11 7	**43**, S. 176 – **46**, S. 16=**115**, S. 17 – **59**, S. 153, 223 – **60**, S. 26 – **114**, S. 92 – **165**, S. 86, 87 – **337**, S. 20, 74, 75, 105 – **355**, S. 47, 72, 73 – **356**, S. 15, 67, 69 – **382**, S. 6, 17, 83 – **405**, S. 20 - 3, S. 65, 98, 139-140
50.	*8. Nach dem Tod kann man sich ausruhen und erholen.*	2 28 17	**12**, S. 36 – **35**, S. 32 – **42**, S. 62 – **43**, S. 32, 56, 86, 106, 110, 235 – **44**, S. 246, 338 – **46**, S. 12=**115**, S. 10 – **46**, S. 24=**113**, S. 34 – **46**, S. 70 – **59**, S. 20, 24, 29, 43 – **60**, S. 23 – **102**, S. 23, 106, 118 – **103**, S. 19 – **114**, S. 47, 52, 81, 84, 97, 105 – **137**, S. 110, 142 – **165**, S. 27, 28, 32, 61, 76, 86, 89 – **198**, S. 23, 32, 193, 198, 214 – **284**, S. 15, 32, 40, 61, 76, 91, 93 – **353**, S. 186, 206 – **355**, S. 46, 50 – **356**, S. 58, 67, 73 – **382**, S. 6, 20, 74, 83 – **405**, S. 20, 128 – **432**, S. 32, 84 – **456**, S. 12 – **463**, S. 140 – **464**, S. 58, 59 – **480**, S. 2, 27, 41, 55 - **3**, S. 61, 63, 90

51.	Nach dem Tod machen einige Seelen einen Reinigungsprozess durch (z.B. "Lichtdusche").	0 3 3	**35**, S. 197 – **42**, S. 101 – **43**, S. 54, 122, 137, 140, 168 – **44**, S. 90, 303, 325, 331, 333, 336 – **46**, S. 103 – **53**, S. 22 – **103**, S. 29, 108 – **115**, S. 26 – **137**, S. 44 – **165**, S. 39 – **198**, S. 202, 223 – **284**, S. 61 – **307**, S. 87, 151 – **356**, S. 63 – **405**, S. 116 – **432**, S. 73, 81, 97 – **480**, S. 20 Es gibt kein Fegefeuer nach Art der kath. Kirche. **355**, S. 48
52.	*12. Nach dem Tod begegnet man einem alten, weisen Mann oder einem Mann in Weiß, einem König, Jesus, Engeln oder evtl. einem Gott, von dem man geführt wird.* Auch einem Geist- oder Seelenführer oder Ältestenrat begegnet man.	26 46 18	**35**, S. 54, 91, 197 – **43**, S. 52, 94, 102 – **44**, S. 99, 104, 108, 337 – **46**, S. 39=**113**, S. 44 – **53**, S. 90, 95 – **53**, S. 16 – **102**, S. 34 – **114**, S. 104 – **115**, S. 46 – **137**, S. 33, 98 – **165**, S. 35, 88 – **197**, S. 103 – **284**, S. 36 – **337**, S. 23, 40 – **356**, S. 13, 16, 37, 38, 39, 42, 60 – **382**, S. 34 – **405**, S. 15, 20, 125, 134 – **431**, S. 16, 57 – **432**, S. 32 – **463**, S. 135 – **464**, S. 103 – **464**, S. 53 – **464**, S. 65
53.	*13. Nach dem Tod begegnet man einer „Gestalt", die einen führt.*	6 13 9	**59**, S. 17, 34, 50 – **103**, S. 29 – **114**, S. 9 – **115**, S. 27, 35 – **137**, S. 31 – **198**, S. 27, 190, 192 – **353**, S. 186, 187 – **356**, S. 64, 68, 87, 179 – **431**, S. 63 – **432**, S. 25 – **463**, S. 131-132 – s.a. Fall Nr. (67), S. 297
54.	*14. Nach dem Tod begegnet man Verstorbenen* und auch noch Lebenden, *manchmal sogar zukünftigen Verwandten, Freunden oder Bekannten.* Man wird von ihnen begrüßt.	22 33 22	**12**, S. 25, 26, 32, 37, 57 – **42**, S. 59, 61, 63, 65, 80 – **43**, S. 16, 24, 31, 48, 49, 59, 74, 84, 85, 102, 109, 123, 140, 154, 166, 217, 226, 236 – **44**, S. 77, 197, 245, 291, 324, 337 – **46**, S. 15=**115**, S. 16 – **53**, S. 90 – **59**, S. 15, 227 – **102**, S. 36, 104, 106, 118 – **103**, S. 20, 23 – **137**, S. 14, 34, 118 – **140**, S. 142 – **165**, S. 28, 66, 134, 135 – **197**, S. 39, 40, 131, 268 – **198**, S. 21, 22, 28, 199, 203 – **284**, S. 10, 13, 15, 26, 32, 34, 60, 62, 117 –**307**, S. 84 – **337**, S. 44 – **353**, S. 186, 194, 200, 201, 205 – **354**, S. 41, 43, 125, 154, 201, 255 – **355**, S. 28, 32, 39, 46, 47, 73, 247 – **356**, S. 12, 18, 39, 49, 52, 65, 67, 85, 87, 110, 117 – **382**, S. 5, 6, 22, 55 – **405**, S. 16, 20, 21 – **431**, S. 17, 19, 20, 69 – **432**, S. 21 – **456**, S. 12, 89 – **463**, S. 132, 135 –

			464, S. 102, 105 – **464**, S. 59, 60 – **464**, S. 7, 11, 18 – **480**, S. 10, 28, 150 – s.a. Fall Nr. (67), S. 297 - **3**, S. 61-63, 111 Man trifft im Jenseits auch Menschen aus früheren Leben: **43**, S. 24
55.	Inkarnierten Seelen begegnet man im Jenseits nach dem Tod nicht.	0 1 1	**137**, S. 72
56.	Inkarnierte sind in der jenseitigen Seelengruppe unsichtbar.	0 1 1	**353**, S. 201
57.	[illegible]		
58.	Bewusstsein und Wesen der Persönlichkeit bleiben nach dem Tod erhalten.	0 5 5	**35**, S. 51, 98, 187 – **42**, S. 64 – **43**, S. 69, 129 – **44**, S. 21, 296 – **46**, S. 19=**115**, S. 25 – **53**, S. 15 – **59**, S. 22 – **102**, S. 33, 110 – **103**, S. 42, 109 – **137**, S. 14, 21, 38, 40, 45, 55, 61, 70, 95, 125 – **138**, S. 183, 250, 257 – **140**, S. 148 – **165**, S. 29, 32, 37 – **197**, S. 16, 22, 26, 40, 126, 205 – **284**, S. 141 – **307**, S. 78, 79, 84 – **318**, S. 80 – **353**, S. 206 – **355**, S. 40, 42, 47, 91, 95, 149, 160, 161, 183, 185, 248 – **356**, S. 140, 154 – **382**, S. 10, 66, 69 – **405**, S. 123 – **431**, S. 23, 70, 72, 112, 113 – **432**, S. 28, 43, 94 – **456**, S. 50 – **464**, S. 102, 123 – **464**, S. 50 – **464**, S. 60, 61 – **480**, S. 5, 23, 50, 112, 116 - **3**, S. 101-102, 238 Man ist lebendig, wie zuvor: **114**, S. 104 – **353**, S. 205 Letzte Gedanken vor dem Tod sind wichtig. **354**, S.43 Psychosen, Depressionen und Schuldgefühle werden mit ins Jenseits genommen. **165**, S. 87 – **456**, S. 11
59.	Einsichten in Fehler der Lebensführung oder unerfüllte Wünsche kurz vor dem Tod bleiben nach dem Tod bestehen und bestimmen die Wahl des nächsten Lebens.	0 8 8	
60.	*62. Die eigentliche Heimat ist die geistige Welt.* Man fühlt sich dort wieder zu Hause.	5 24 13	**12**, S. 29 – **35**, S. 56, 60 – **59**, S. 17, 18 – **60**, S. 23 – **114**, S. 98, 99 – **137**, S. 18, 86, 90 – **197**, S. 140, 189 – **284**, S. 15, 93, 151 – **307**, S. 78, 83

			– **353**, S. 167 – **356**, S. 65, 117 – **382**, S. 5, 22, 42, 83 – **405**, S. 20 – **432**, S. 81, 96 – **480**, S. xxi, 29, 115, 136 - **3**, S. 60 Das wahre Leben ist im Jenseits. **197**, S. 50 – **318**, S. 69 – **382**, S. 11 – **463**, S. 135

Tabelle 17-6: Im Jenseits; Vergleich mit MMVs

1	Spalte 2: Kernaussagen	3	Spalte 4: Literatur mit Bestätigungen der Kernaussagen durch Medien
2. Im Jenseits			
61.	*17. Man befindet sich nach dem Tod in Räumen, schönen Landschaften.*	21 21 15	**12**, S. 37 – **42**, S. 75, 80 – **43**, S. 16, 33, 84, 131, 143, 217, 226, 230, 236 – **44**, S. 177, 253, 349 – **53**, S. 90 – **53**, S. 16, 18 – **59**, S. 19, 21, 31 – **60**, S. 25, 28 – **102**, S. 34, 35 – **103**, S. 9, 20, 31 – **137**, S. 98 – **138**, S. 257 – **165**, S. 91 – **198**, S. 23, 28, 209, 210 – **284**, S. 15, 17, 32, 34, 82 – **307**, S. 85, 87 – **318**, S. 69, 71 – **337**, S. 8, 38, 60, 78 – **353**, S. 194 – **354**, S. 37 – **355**, S. 74, 75, 106 – **356**, S. 52, 82, 89, 92, 103, 110 – **382**, S. 3, 10, 21, 22 – **405**, S. 20, 21, 24, 26 – **431**, S. 18 – **432**, S. 24, 30, 82 – **480**, S. 18, 19 – Umgebung wie auf Erden. **42**, S. 74 – **53**, S. 91 – **53**, S. 18 – **102**, S. 24, 34, 54 – **103**, S. 8, 13, 14, 18, 23 – **138**, S. 185, 187 – **165**, S. 36 – **318**, S. 56 – **353**, S. 162, 198 – **355**, S. 74 – **356**, S. 55, 61, 119, 122 - **464**, S. 103 3, S. 80-81, 125, 135-137, 158 Leben wie auf der Erde. **12**, S. 32, 33 – **165**, S. 76 –**284**, S. 28, 59 – **318**, S. 56
62.	*19. Man bewegt sich ganz leicht mittels „Gedankenkraft" und kann fliegen.*	8 11 10	**35**, S. 25, 33, 46 – **43**, S. 39 – **44**, S. 101 – **46**, S. 39=**113**, S. 44 – **53**, S. 97 – **53**, S. 18 – **59**, S. 29, 51, 52, 166 – **60**, S. 48 – **114**, S. 97 – **115**, S. 47 – **165**, S. 72, 74, 143 – **284**, S. 14, 17, 27, 36, 54, 61, 62 – **307**, S. 85, 87 – **337**, S. 8, 40, 77 – **353**, S. 196 – **356**, S. 46, 92, 94, 107 – **382**, S. 8, 30, 78 – **405**, S. 61 – **431**, S. 17, 58, 62, 63, 64 – **432**, S. 93 – **464**, S. 63 - 3, S. 152-154, 164
63.	*20. Man verständigt sich ohne Worte telepathisch mit anderen Wesen.*	4 18	**35**, S. 33 – **59**, S. 35, 54 – **60**, S. 33 – **102**, S. 58 – **103**, S. 20 – **137**, S. 62

		9	– **138**, S. 190 – **165**, S. 29, 132, 143 – **197**, S. 151 – **284**, S. 46, 83 – **307**, S. 85, 87, 93 – **318**, S. 62, 65 – **355**, S. 28 – **356**, S. 54, 99 – **382**, S. 32 – **405**, S. 59 – **432**, S. 87 – **463**, S. 135 – **464**, S. 80 – **464**, S. 31 – **480**, S. 26, 30 - 3, S. 113, 149-152 Sprachen im Jenseits: **43**, S. 232 – **44**, S. 81, 103, 193, 206, 296, 297
64.	Identitäten, Gedanken und Motive können im Jenseits nicht verborgen werden.	0 5 5	**42**, S. 149 – **44**, S. 90, 179, 184, 340 – **137**, S. 46 – **165**, S. 61, 75, 85, 87, 133, 135 – **197**, S. 23, 156 – **307**, S. 91 – **337**, S. 107 – **353**, S. 207 – **354**, S. 272 – **356**, S. 132 – **405**, S. 30 Das Äußere zeigt den Entwicklungsstand einer Person an: **44**, S. 260 – **53**, S. 94 – **165**, S. 137 – **198**, S. 29 – **307**, S. 87 – **456**, S. 22 - 3, S. 94, 113 Das Äußere zeigt die Emotionen: **165**, S. 87
65.	Jenseitige Lehrer können ihre Gedanken verbergen.	0 1 1	**197**, S. 151
66.	Fortgeschrittene Seelen können ihre Gedanken verbergen.	0 1 1	**35**, S. 32 – **59**, S. 54 – **60**, S. 27 – **197**, S. 151 – **405**, S. 59
67.	Private Kommunikation geschieht durch Berührung.	0 1 1	
68.	*48. Man ist oder lebt im Jenseits mit anderen zusammen in Gruppen.* Gruppenmitglieder sind etwa gleich entwickelt oder haben gemeinsame Ziele.	11 32 11	**42**, S. 69, 137, 144, 153 – **43**, S. 220 – **44**, S. 248 – **102**, S. 44, 48, 49, 74 – **103**, S. 14, 19, 21, 22, 29, 30, 31, 42, 44, 131 – **137**, S. 84 – **165**, S. 24, 57, 86, 108, 115, 133, 135, 137, 138 – **284**, S. 87 – **307**, S. 85 – **353**, S. 201 – **354**, S. 23, 215 – **355**, S. 90, 95 – **356**, S. 83, 155 – **405**, S. 18 – **432**, S. 82, 83 - 3, S. 112, 147
69.	Nach dem Tod wird die Seele in ihrer Gruppe feierlich empfangen.	6 18 15	**432**, S. 24
70.	Nicht alle Seelen gehen nach dem		
71.	Die Jenseitigen können die Art ihrer Erscheinung für andere Jenseitige	0 4	**12**, S. 54 – **42**, S. 67 – **102**, S. 47, 99 – **103**, S. 13, 14, 21, 69 – **137**, S. 55

	bestimmen.	3	– **165**, S. 107 – **284**, S. 83 – **354**, S. 250 – **356**, S. 131 – **431**, S. 20, 21 – **456**, S. 21, 112, 132 - **3**, S. 64, 97
72.	*22. Man ist (wieder) jünger, meist so alt, wie in seinen „besten Jahren“.*	1 10 7	**12**, S. 54 – **35**, S. 34, 47 – **42**, S. 67 – **44**, S. 245 – **46**, S. 25, 32=**113**, S. 34, 39 – **46**, S.124=**474**, S. 308 – **59**, S. 32, 203 – **60**, S. 72 – **102**, S. 111 – **103**, S. 21, 35, 70 – **114**, S. 104 – **137**, S. 53, 54, 55 – **138**, S. 250, 251 – **198**, S. 234 – **284**, S. 10, 62 – **307**, S. 79, 84, 85, 87, 93 – **337**, S. 23 – **353**, S. 195 – **354**, S. 89, 228 – **355**, S. 52, 169, 237, 248 – **356**, S. 18, 39, 52, 54, 56, 77, 79, 86, 88, 89, 110 – **382**, S. 6, 25, 38 – **405**, S. 29 – **431**, S. 20 – **432**, S. 27, 93 – **456**, S. 21 – **463**, S. 140 – **464**, S. 102 – **464**, S. 57 alles einschließlich “Kinder wachsen in Jenseits heran” **3**, S. 96, 174
73.	*38. In der geistigen Welt kann man ein allumfassendes Wissen haben.*	6 13 11	**197**, S. 183
74.	*39. Die Inhalte dieses Wissens oder die Lebensaufgabe werden mit der Geburt vergessen.*	6 2 2	**44**, S. 331
75.	*26. Man erfüllt eine Aufgabe im Jenseits.*	6 9 7	**35**, S. 31 – **43**, S. 20, 33, 43, 54, 79, 106, 115, 131, 155, 169, 173, 177 – **44**, S. 21, 27, 101, 107, 192, 193, 213, 220, 293 – **60**, S. 131 – **137**, S. 41, 50, 70, 72 – **197**, S. 226 – **198**, S. 22 – **284**, S. 116 – **307**, S. 88, 96 – **337**, S. 11, 12, 62 – **356**, S. 16, 100 – **382**, S. 85 – **405**, S. 83 – **431**, S. 17 – **432**, S. 21, 82 – **456**, S. 13, 41 – **463**, S. 136 - **3**, S. 62-63, 233
76.	Lernen und Entwicklung der Seele sind **Aufgaben** im Jenseits.	0 14 9	**12**, S. 32, 34, 48 – **35**, S. 24, 34, 52, 54, 90, 211 – **42**, S. 136 – **43**, S. 20, 56, 68, 79, 87, 97, 110, 178 – **44**, S. 298 – **53**, S. 101 – **53**, S. 19 – **59**, S. 43, 57, 59, 62, 68 – **102**, S. 67, 141 – **114**, S. 103 – **138**, S. 251 – **165**, S. 33, 72, 86, 88, 118 – **197**, S. 49, 54, 135, 181 – **284**, S. 17, 28 – **307**, S. 83, 87, 88, 96, 151 – **318**, S. 65, 66, 80, 81 – **337**, S. 46, 48, 57, 72, 116 – **353**, S. 207 – **355**, S. 29, 51, 153, 161, 236 – **356**, S. 98, 113, 117, 121,

			145, 149 – **382**, S. 11, 56, 70, 82 – **405**, S. 136, 137 – **431**, S. 63 – **432**, S. 28, 40, 41, 42, 74, 83 – **456**, S. 13, 14, 17, 19 – **480**, S. 20, 28, 29, 41, 71, 150 - 3, S. 159-163, 213 Man muss lernen: **43**, S. 110, 114, 115, 128, 132, 219, 228 – **44**, S. 205, 248, 296 – **137**, S. 34 – **198**, S. 223
78.	Eine Aufgabe im Jenseits ist die Betreuung anderer Seelen, z.B. ankommender Verstorbener oder der Lebenden auf der Erde.	0 11 7	**35**, S. 31 – **43**, S. 25, 26, 93, 94 – **46**, S. 15 – **53**, S. 99 – **53**, S. 20, 22 – **59**, S. 49, 97, 223 – **60**, S. 11, 12, 97 – **103**, S. 34 – **140**, S. 99 – **165**, S. 86 – **197**, S. 26, 28, 52, 146 – **337**, S. 23 – **353**, S. 194, 200 – **354**, S. 42 – **355**, S. 38, 72, 73, 92, 160 – **356**, S. 16, 62, 72, 73, 75, 78, 90, 115 – **382**, S. 3, 7 – **432**, S. 83 – **463**, S. 136 – **464**, S. 102, 103, 108 – **464**, S. 43, 47, 49 – **464**, S. 61 – **464**, S. 6, 12 – **480**, S. 51, 54 - 3, S. 62, 146, 157-158, 175, 239
79.	Im Leben begleiten uns spirituelle Helfer, die wir auch um Hilfe anrufen können.	0 8 5	**42**, S. 189 – **43**, S. 31, 37, 42, 71, 235 – **44**, S. 104, 105, 218, 219, 245, 259 – **137**, S. 70, 133 – **197**, S. 233 – **353**, S. 204, 233 – **480**, S. 62 - 65
80.	Jenseitige können Lebende beeinflussen, indem sie ihnen Gedanken, Intuitionen oder Träume eingeben.	0 4 4	**35**, S. 21, 48, 92, 209 – **43**, S. 21, 24, 36, 37, 38, 42, 60, 61, 62, 63, 67, 79, 109, 258 – **44**, S. 222, 223 – **46**, S. 18=**115**, S. 23 – **46**, S. 35=**113**, S. 41 – **46**, S. 94 – **53**, S. 91, 92 – **59**, S. 94, 222, 245, 247 – **60**, S. 34 – **114**, S. 106 – **137**, S. 73, 74, 76, 115 – **165**, S. 68, 70, 116 – **197**, S. 39, 93, 121, 174 – **198**, S. 196 – **284**, S. 74, 112, 123 – **307**, S. 132, 133 – **318**, S. 60, 66, 81 – **337**, S. 15, 32 – **353**, S. 44, 172, 189, 212, 218, 239 – **354**, S. 93, 213, 257, 268, 291, 310 – **355**, S. 30, 31, 206 – **356**, S. 8, 44, 46, 62, 72 – **382**, S. 14, 23, 39, 55, 77, 87, 89, 100 – **405**, S. 123, 124 – **432**, S. 59, 63, 69, 74, 76, 77, 89 – **456**, S. 12, 14, 121, 185, 191 – **464**, S. 45 – **464**, S. 69 – **464**, S. 20 – **480**, S. 90 - 3, S. 141-142, 230, 232
81.	Eine Aufgabe ist es, im Jenseits zu lehren, z.B. über Erfahrungen aus	0 7	**43**, S. 173, 177 – **53**, S. 19 – **165**, S. 33, 85 – **197**, S. 52, 123, 253 – **284**,

	dem eigenen früheren Leben.	2	S. 50 – **355**, S. 151, 164 – **356**, S. 145, 146 – **456**, S. 18, 25 – **464**, S. 47 – **464**, S. 61 – **480**, S. 20, 30, 51, 138
82.	*27. Man hat eine Aufgabe im irdischen Leben zu erfüllen.*	6 18 9	**284**, S. 62 – **306**, S. 37, 115 – **307**, S. 96, 117 – **353**, S. 216 – **456**, S. 26, 37, 38, 61 - **3**, S. 203
83.	*47. Lernen und Weiterentwicklung ist das Ziel auf Erden.*	7 24 14	**12**, S. 32, 33, 34 – **42**, S. 136 – **43**, S. 21 – **137**, S. 86 – **165**, S. 85 – **197**, S. 49, 120 – **284**, S. 17, 28 – **307**, S. 96, 98 – **382**, S. 42, 66 – **432**, S. 95 – **456**, S. 18, 25 – **464**, S. 66 – **480**, S. 21, 41, 52, 70, 71 - **3**, S. 213
84.	Schwierige Leben führen zu größeren Lernfortschritten als einfache: Lernen durch Leiden.	0 3 3	**103**, S. 8, 28, 30, 108, 113 – **197**, S. 200 – **284**, S. 46 – **318**, S. 24, 25 – **431**, S. 56 – **456**, S. 46, 64 – **464**, S. 104 – **464**, S. 67 – **464**, S. 34 – **480**, S. 143
85.	Lernen ist im Leben auch ohne Leiden und Kampf möglich.	0 4 4	
86.	Ziel des Lebens ist es, die Beziehung zu anderen Menschen zu vervollkommnen.	0 9 8	**355**, S. 161 – **456**, S. 38 – **480**, S. 146
87.	Ziel des Lebens ist es, Liebe zu lernen.	0 11 8	**102**, S. 120 – **197**, S. 44, 279 – **480**, S. 31
88.	Ziel des Lebens ist es, die Einheit mit		
89.	Endziel aller Entwicklung ist die Verschmelzung mit Gott, das Erreichen einer Gottähnlichkeit oder von Vollkommenheit	0 14 13	**35**, S. 199 – **53**, S. 16, 23 – **102**, S. 33, 50, 87 – **103**, S. xii – **165**, S. 92 – **197**, S. 126 – **284**, S. 31, 63, 71, 77, 84, 134 – **307**, S. 96 – **355**, S. 152 – **382**, S. 67, 82 – **432**, S. 97 – **456**, S. 63 – **480**, S. 142 - **3**, S. 215, 217, 218, 238
90.	Es ist kein Ziel des Lebens, die eige		
91.	Es ist kein Ziel des Lebens, Reichtum, Macht und Status zu erreichen.	0 3 3	**35**, S. 138 – **44**, S. 85, 88, 269, 339 – **59**, S. 104, 138, 233 – **103**, S. 26 – **137**, S. 20, 45, 61 – **138**, S. 189 – **140**, S. 193 – **306**, S. 159 – **318**, S. 12 – **382**, S. 23, 94, 105 – **431**, S. 26, 84 – **432**, S. 95 – **464**, S. 25 – **480**, S. 31, 72
92.	*23. Es gibt eine hierarchische Ordnung* hinsichtlich geistiger Bewusstheit.	11 11 10	**12**, S. 31, 35 – **35**, S. 25, 35 – **43**, S. 29, 57, 110, 128, 136, 156, 218 – **44**, S. 192, 209, 215, 248 – **46**, S. 27=**113**, S. 36 – **46**, S. 92 – **53**, S. 15, 19 – **59**, S. 34, 52, 70, 76, 170, 177 – **102**, S. 15 – **103**, S. 9, 11, 59 – **114**, S. 136, 142 – **115**, S. 27, 50 – **137**, S.

			45, 51, 72, 79 – **165**, S. 49, 53, 81, 85, 108 – **197**, S. 38, 44, 46, 54, 114, 115, 130, 152, 181, 186, 190, 253, 284 – **198**, S. 235 – **284**, S. 12, 27, 152, 157, 161 – **307**, S. 85, 87, 92 – **318**, S. 58 – **337**, S. 9, 20, 43, 106, 142, 144, 161 – **353**, S. 205 – **355**, S. 109, 149, 150, 152, 162, 163 – **356**, S. 106, 135, 139, 145, 146, 148, 149, 185 – **382**, S. 14, 21, 28, 29, 35, 58, 66, 68, 69, 75, 82 – **405**, S. 18, 23, 69, 126 – **431**, S. 30 – **432**, S. 36, 69, 73, 74, 75, 81, 96, 97 – **456**, S. 15, 23, 41, 49 – **463**, S. 143 – **464**, S. 103, 122 – **464**, S. 46 – **464**, S. 78 – **464**, S. 31 – **480**, S. 5, 18, 21, 55, 59, 66, 128, 137-140 - **3**, S. 70, 145-146
93.	Im Jenseits gibt es keine hierarchische Gliederung.	0 1 1	**432**, S. 70
94.	Die Seele kann von sich aus nur in niedrigere Ebenen des Jenseits gehen oder hineinblicken; für höhere muss sie sich qualifizieren.	0 2 2	**44**, S. 194 – **59**, S. 70, 73, 174 – **60**, S. 106 – **137**, S. 37, 81, 82 – **138**, S. 187, 188 – **165**, S. 53 – **307**, S. 94 – **318**, S. 57 – **337**, S. 118, 138 – **355**, S. 90 – **356**, S. 146, 149 – **382**, S. 21, 28, 29, 75 – **405**, S. 129, 130 – **432**, S. 69, 75 – **456**, S. 14 – **480**, S. 28, 138 - **3**, S. 154-155, 210, 239
95.	Weniger entwickelte Seelen sind in ihrer Bewegungsfreiheit zwar nicht auf bestimmte Ebenen im Licht eingeschränkt. Sie sammeln sich aber in unteren Schichten.	0 1 1	**12**, S. 35 – **53**, S. 19 – **318**, S. 58 – **355**, S. 151 – **456**, S. 29, 41 – **464**, S. 25
96.	*24. Man fühlt sich eins mit allen anderen Wesen.* Alle sind gleich.	6 4 4	**59**, S. 35 – **165**, S. 51 – **284**, S. 29 – **356**, S. 118 – **431**, S. 61
97.	Wir sind alle miteinander verbunden.	0 7 4	**284**, S. 12, 13 – **318**, S. 125, 130 – **431**, S. 61 – **480**, S. 72
98.	Wir alle sind Teile Gottes.	0 3 3	**53**, S. 12 – **102**, S. 51 – **197**, S. 189 – **284**, S. 12, 13, 28, 53, 54, 75, 89, 123, 129 – **318**, S. 12, 50 – **463**, S. 140 – **464**, S. 68 - **3**, S. 188
99.	Zwischen den Seelen im Jenseits gibt es keine Feindschaften oder Verurteilungen wegen böser Taten auf der Erde.	0 4 3	**137**, S. 83, 84, 115 – **284**, S. 122 – **405**, S. 17 Feindschaften nach dem Tod: **137**, S. 75, 84=niedere Ebene

100.	*25. Man hat* (im Jenseits) *kein Zeitempfinden.*	4 10 8	**43**, S. 32 – **44**, S. 246, 348 – **46**, S. 128 – **59**, S. 64, 107, 164 – **59**, S. 40 – **115**, S. 42 – **137**, S. 78, 112 – **138**, S. 251 – **165**, S. 35, 84, 104 – **197**, S. 284 – **198**, S. 203 – **284**, S. 14, 65, 135 – **307**, S. 85, 89 – **318**, S. 61 – **355**, S. 28, 107, 205 – **356**, S. 66, 94, 96, 125, 126 – **382**, S. 24 – **405**, S. 89, 127 – **464**, S. 124 – **464**, S. 58, 70 – **480**, S. 5, 26 - 3, S. 77, 133-134 Zeit wird anders gemessen als auf der Erde: **46**, S. 92 Zeitempfinden anders: **432**, S. 53 - 3, S. 134 Zeitempfinden ist subjektiv: **103**, S. 31 – **405**, S. 127 Zeit gibt es: **35**, S. 79 – **59**, S. 161 – **405**, S. 127 - 3, S. 133
101.	Im Jenseits gibt es Bibliotheken und Schulen, meist im Baustil griechischer Tempel.	0 16 9	**35**, S. 39 – **53**, S. 90 – **59**, S. 60, 154, 166 – **165**, S. 72, 73 – **284**, S. 49 – **318**, S. 68 – **353**, S. 198 – **356**, S. 138 – **432**, S. 33, 34 – **464**, S. 20 – **480**, S. 30 - 3, S. 159-163
102.	In den jenseitigen Bibliotheken gibt es „Lebensbücher" oder „Lebensvideos".	0 7 4	**43**, S. 96
103.	Sämtliche Ereignisse aller Leben sind in der **Akasha-Chronik** verzeichnet.	0 4 4	**103**, S. 131 – **137**, S. 40, 95 – **354**, S. 34 – **284**, S. 137 – **432**, S. 47, 60, 61 – **456**, S. 41 – **480**, S. 139 - 3, S. 106
104.	*15. Es findet eine Prüfung oder Bewertung des vergangenen Lebensweges statt.*	6 18 12	**284**, S. 62 – **354**, S. 34 – **432**, S. 42
105.	*16. Gute Taten sind* (für die weitere Entwicklung der Seelen) *nötig; man wird dazu ermahnt.*	4 5 5	**137**, S. 49 – **197**, S. 135 – **198**, S. 30 – **355**, S. 162 – **464**, S. 104
106.	Die Wiedergeburt wird sorgfältig geplant. Weise, die nicht mehr inkarnieren müssen, helfen durch Beratung (Ältestenrat).	24 18 16	**12**, S. 1, 33, 48 – **35**, S. 22, 48, 70, 86 – **43**, S. 56, 113, 253 – **103**, S. 27 – **165**, S. 83 – **197**, S. 130, 227, 293 – **284**, S. 14, 16, 149 – **307**, S. 111, 116 – **353**, S. 206, 208 – **354**, S. 95, 241 – **456**, S. 26, 38, 61, 201 – **464**, S. 51 – **464**, S. 86 – **480**, S. 28, 62, 71, 89
107.	Das jenseitige Wertesystem beruht auf absoluter Liebe.	0 9	**137**, S. 68 – **284**, S. 135 – **306**, S. 28 – **318**, S. 27 – **337**, S. 105 – **355**, S.

		3	95 – **382**, S. 19 – **405**, S. 18, 28 – **431**, S. 21 – **432**, S. 71 Beurteilung nach Herzensbildung: **431**, S. 24
108.	Die Bewertung des vergangenen Lebens findet vor Richtern, Geistführern oder dem Ältestenrat statt, die aber nicht verurteilen.	0 22 8	**43**, S. 56 – **44**, S. 84, 252, 349 – **165**, S. 113 – **405**, S. 126 – **432**, S. 89 – **456**, S. 26 Anklage im Jenseits. **43**, S. 251 Es gibt auch Uneinsichtige, die sich nicht selbst anklagen. **43**, S. 94, 95
109.	Die Beurteilung des vergangenen Lebens geschieht durch das eigene Gewissen und kann sehr schmerzhaft sein.	0 17 13	**12**, S. 27, 34 – **42**, S. 100, 101 – **43**, S. 251 – **44**, S. 84 – **53**, S. 93 – **53**, S. 22 – **59**, S. 108 – **60**, S. 17 – **103**, S. 38 – **102**, S. 107 – **137**, S. 31 – **165**, S. 27, 33, 34, 45, 50, 60, 86 – **284**, S. 40, 84, 90, 123, 147 – **306**, S. 45, 73 – **337**, S. 106 – **353**, S. 207 – **354**, S. 97, 272 – **356**, S. 17 – **382**, S. 17 – **432**, S. 46, 61, 62 – **480**, S. 12, 24, 28, 100 - **3**, S. 105-106
110.	Das vergangene Leben wird in der Seelengruppe bewertet.	0 2 2	**43**, S. 51
111.	Man sieht einen Lebensfilm als Rückschau auf das vergangene Leben.	0 11 10	**12**, S. 26 – **42**, S. 11, 100 – **43**, S. 57, 83, 103 – **46**, S. 116, 117, 118=Wickland 30 Jahre 302, 303 – **102**, S. 106 – **103**, S. 8, 15 – **165**, S. 34, 45 – **306**, S. 25 – **353**, S. 179 – **405**, S. 126 – **431**, S. 53 – **456**, S. 39 – **464**, S. 66 – **480**, S. 12 Kein Lebensfilm. **137**, S. 14
112.	Der Lebensfilm muss nicht jeder		
113.	Die jenseitige Bewertung des vergangenen Lebens führt zu Schuldgefühlen, die den Wunsch nach Wiedergeburt auslösen, um die Schuld auf Erden abzutragen.	0 3 3	**353**, S. 207 – **456**, S. 26, 39
114.	Im Jenseits ist die Seele nicht fähig, Emotionen zu empfinden.	0 2 2	
115.	Es gibt keine einfache Erlösung von der Schuld aus früheren Leben.	0 4 4	**382**, S. 43, 98
116.	Die Lebensplanung berücksichtigt karmische Aspekte aus früheren Leben.	0 12 11	**43**, S. 87, 104, 116 – **44**, S. 223, 294, 295, 331 – **103**, S. 7, 18, 19, 32, 43 – **165**, S. 83 – **284**, S. 42, 44, 47, 77,

			78, 122, 149 – **353**, S. 172, 173, 209 – **456**, S. 26, 67 - **3**, S. 206 Kein Karma aus FL im irdischen Leben. **382**, S. 99 - **3**, S. 199
117.	Nach grausamer Handlung kommt die		
118.	Nach sehr grausamen Handlungen auf		
119.	Nach einem Selbstmord wird man im Jenseits nicht bestraft, muss aber auf Erden seine verpatzte Lektion wiederholen.	6 18 15	**284**, S. 41, 121 – **382**, S. 20 - **3**, S. 178 Selbstmord wird nicht bestraft: **103**, S. 38 – **353**, S. 211, nur Selbstbestrafung Selbstmord wird im Jenseits bestraft: **137**, S. 134, 137 Warnung vor Selbstmord: **318**, S. 119 – **353**, S. 168 – **405**, S. 107 – **464**, S. 51
120.	Selbstmörder, deren Seelen erdge		
121.	Es gibt keine Erbsünde, kein in Un		
122.	Es gibt kein jüngstes Gericht und		
123.	Die Lebensplanung wird auf Erden nicht strikt eingehalten.	0 6 5	**284**, S. 63 – **307**, S. 111 – **456**, S. 26
124.	Die Seele weiß, in welche Familie bzw. Lebensumstände sie hineingeboren wird.	0 9 8	**12**, S. 47 – **456**, S. 39
125.	Die Seele kann den Zeitpunkt der Wiedergeburt wählen.	0 3 3	**35**, S. 86 - **3**, S. 201
126.	*45. Man kann den Körper, d.h. das Baby bzw. die Mutter wählen.*	41 25 15	**35**, S. 73, 81 – **284**, S. 43, 76 – **307**, S. 101, 103 – **353**, S. 208, 209, 210 – **480**, S. 71 - **3**, S. 201
127.	Die Seele genießt immer einen freien Willen.	0 2 2	**43**, S. 30 – **53**, S. 22 – **102**, S. 41 – **103**, S. 19, 44 – **197**, S. 213 – **353**, S. 172, 204, 210 – **354**, S. 96 – **432**, S. 41, 42, 84 – **456**, S. 40 – **480**, S. 5, 135, 150
128.	Die Seele hat keine Wahl darüber, in welchen Körper bzw. welche Familie sie wiedergeboren wird.	0 5 4	
129.	Mit den eigenen Bezugspersonen bzw. deren Seelen lebt man in mehreren Leben in unterschiedlichen Verkörperungen zusammen.	0 35 22	**12**, S. 45, 46 – **35**, S. 82 – **46**, S. 128 – **137**, S. 78 – **165**, S. 47 – **284**, S. 12 – **353**, S. 210 – **354**, S. 246 – **456**, S. 27 – **464**, S. 66, 68 – **480**, S. 28
130.	Ungelöste Probleme zwischen Lebenden führen dazu, dass deren Seelen in neuen Leben wieder zusammenkommen müssen.	0 8 8	**456**, S. 27

131.	*46. Man kann sich bezüglich der Wiedergeburt beraten oder darüber verhandeln.*	16 14 9	**197**, S. 293 - **3**, S. 202
132.	Die Seele wählt im Jenseits die Umstände für das folgende Leben bzw. stimmt entsprechenden Vorschlägen des Ältestenrats zu. Menschen sind also selbst für ihre Lebenssituation verantwortlich.	0 16 12	**12**, S. 47, 48 – **103**, S. 43, 44 – **197**, S. 293 – **284**, S. 78, 120, 157 – **307**, S. 109 – **318**, S. 20 – **354**, S. 241 – **456**, S. 26, 67 – **480**, S. 135 – s. a. Fall Nr. (67), S. 297
133.	*55. Man sieht oder erkundet die Situation im künftigen Elternhaus noch vor der Konzeption und der Geburt.*	34 9 5	**35**, S. 127 – **197**, S. 294 – **284**, S. 44, 45 – **307**, S. 102
134.	Die Seele kann vom Jenseits aus zukünftige Lebenspartner bzw. Lebensläufe oder die Zukunft der Menschen auf der Erde schauen.	0 10 5	**59**, S. 240 – **165**, S. 59, 84 – **284**, S. 14, 64 – **307**, S. 86 – **353**, S. 209, 218 – **432**, S. 78 Zukunft ist für Jenseitige nicht bekannt: **355**, S. 170 – **464**, S. 12
135.	Ereignisse auf der Erde sind geplant.	0 7 2	**12**, S. 48 – **44**, S. 219, 222, 224 – **137**, S. 36 – **165**, S. 84 – **197**, S. 210, 293 – **284**, S. 14, 63 – **306**, S. 40 – **353**, S. 172
136.	Geplante Handlungen auf Erden werden im Jenseits geprobt.	0 3 3	
137.	Man wird in eine bestimmte Lebens-		
138.	In der Seelengruppe werden Vereinbarungen für das kommende Erdenleben getroffen.	0 10 4	**12**, S. 46 – **353**, S. 172, 201 – **456**, S. 67
139.	*52. Man verabredet sich für ein Wiedersehen auf Erden.*	7 7 6	
140.	Es werden Erkennungszeichen gesetzt, damit sich verabredete Seelen im Leben finden.	0 2 1	
141.	Gruppen verabreden sich für einen gemeinsamen Tod.	0 2 2	
142.	Seelen planen auch ihren Tod.	0 5 5	**137**, S. 36 – **197**, S. 87 – **307**, S. 113 – **353**, S. 206, 233**354**, S. 31
143.	Folgt die Seele nicht dem Rat der Weisen bezüglich des nächsten Lebens, so wird man nicht bestraft, bereut es aber später.	0 2 2	
144.	Eine nicht im Jenseits geplante		
145.	Man wird viele Male wiedergeboren.	0 11 11	**35**, S. 23, 26, 33, 36, 40, 42, 44, 45, 54, 65, 66, 67, 68, 70, 71, 72, 76, 82, 85, 88, 91 – **42**, S. 136, 137 – **43**, S. 16, 17, 21, 25, 28, 56, 104, 105, 107,

			110, 132, 217, 218, 223, 250 – **44**, S. 294, 295, 299, 325 – **53**, S. 99, 100 – **102**, S. 25, 47, 52, 53, 113, 120 – **103**, S. 7, 15, 18, 21, 27, 29, 30, 41, 42, 44, 111 – **114**, S. 105 – **137**, S. 41, 48, 67, 84, 114, 116 – **165**, S. 47, 55, 59, 65, 73, 83, 84, 95, 103, 119 – **197**, S. 50, 54, 60, 85, 130, 132, 134, 147, 181, 188, 189, 197, 201, 227, 253, 257, 278, 293, 294, 300, 369 – **284**, S. 12, 16, 26, 31, 53, 56, 62, 64, 122, 128 – **306**, S. 92, 103 – **307**, S. 101 – **318**, S. 122 – **353**, S. 44, 173, 201, 204, 207, 208, 209, 210, 231, 233 – **354**, S. 34, 96, 245 – **382**, S. 38, 100 – **432**, S. 96, 97 – **456**, S. 18, 19, 25, 36, 50 – **464**, S. 123 – **464**, S. 47 – **464**, S. 66, 67, 68 – **480**, S. xxi, 5, 18, 21, 30, 32, 33, 41, 42, 49, 50, 52, 62, 65, 66, 76, 111, 113, 138, 142 - **3**, S. 105, 174-177, 195-198, 203, 211
147.	*49. Die Wiedergeburt stellt eine Prüfung dar.*	4 7 4	**12**, S. 33 – **42**, S. 133 – **43**, S. 116, 135, 136, 175 – **44**, S. 295, 331 – **165**, S. 83 – **197**, S. 174 – **284**, S. 19, 44, 65, 87, 127, 131 – **307**, S. 96 – **382**, S. 38, 66 – **480**, S. 135
148.	Im Jenseits Gelerntes und der Lebensplan müssen auf der Erde praktisch umgesetzt werden, um die Seele zu vervollkommnen.	0 8 8	**43**, S. 135 – **44**, S. 333 – **480**, S. 129
149.	Die Gedanken der Seele bestimmen die Realität im Jenseits.	0 9 6	**35**, S. 37, 44, 48, 93 – **42**, S. 74, 75 – **46**, S. 35=**113**, S. 41 – **59**, S. 29, 55 – **60**, S. 80 – **102**, S. 28, 113 – **103**, S. 8, 13, 20 – **114**, S. 95, 96, 97 – **115**, S. 26 – **137**, S. 49, 53, 73 – **138**, S. 182, 184, 190, 257 – **140**, S. 207 – **165**, S. 40, 76, 87 – **197**, S. 191 – **284**, S. 16, 17, 32, 36 – **307**, S. 85, 87, 88, 93 – **318**, S. 56 – **337**, S. 17, 53, 54 – **353**, S. 195, 199, 205 – **354**, S. 37 – **355**, S. 108, 158 – **356**, S. 38, 39, 57, 61, 68, 94, 110, 135, 139 – **382**, S. 8, 23, 24, 65, 100 – **405**, S. 21, 30, 37, 75 – **431**, S. 51, 69 – **432**, S. 51, 94 – **456**, S. 18, 51 – **480**, S. 19, 27 - **3**, S. 81, 94, 96, 122-128,

			131 Wohnungen im Jenseits sind nicht durch Gedanken erzeugt: **356**, S. 93 – **464**, S. 12
150.	*21. Man sieht mehrere Orte oder Perspektiven zugleich (Omnipräsenz, Rundumsicht).*	1 2 2	**46**, S. 28=**113**, S. 37
151.	*28. Es gibt auch Tiere im Jenseits.*	2 7 3	**43**, S. 17, 23, 172 – **44**, S. 293 – **53**, S. 90, 97 – **60**, S. 21, 37, 108 – **103**, S. 137 – **114**, S. 138 – **138**, S. 189 – **140**, S. 103, 190 – **284**, S. 66 – **337**, S. 38 – **356**, S. 52, 65, 71, 77, 88, 95, 105, 106, 110, 119 – **382**, S. 33 – **405**, S. 25, 79 – **432**, S. 94 – **464**, S. 44, 53 – **480**, S. 77, 78 - 3, S. 170-171
152.	*29. Man trägt Kleider, wie auf Erden.*	2 7 6	**35**, S. 42, 43 – **44**, S. 260, 261, 302 – **59**, S. 14, 204 – **60**, S. 18, 58 – **103**, S. 13 – **137**, S. 48, 53 – **138**, S. 257 – **165**, S. 22, 28, 57, 136 – **198**, S. 204, 226 – **353**, S. 195, 205 – **356**, S. 15, 68, 87, 97 – **382**, S. 3, 24 – **405**, S. 37 – **431**, S. 51 – **432**, S. 27, 40 – **464**, S. 40, 46 – **464**, S. 56, 64 – **464**, S. 14 – **480**, S. 25 - 3, S. 95, 96, 148
153.	Man trägt keine Kleider, wie auf Erden	0 1 1	**43**, S. 141, 153 – **356**, S. 130
154.	*30. Kleider waschen ist nicht nötig.*	1 0 0	**59**, S. 33, 45 – **60**, S. 18 – **356**, S. 97 – **405**, S. 38
155.	*31. Man kann Hunger und Durst empfinden, und es gibt Essen.*	6 4 3	**35**, S. 29, 60 – **42**, S. 93 – **59**, S. 72 – **60**, S. 18 – **103**, S. 12 – **114**, S. 94 – **138**, S. 185 – **284**, S. 34 – **356**, S. 15, 65, 94, 104 – **382**, S. 24 – **432**, S. 27, 30 – **456**, S. 16 – **464**, S. 46 – **464**, S. 17 - 3, S. 91-92 Essen und Trinken dient zur Heilung: **43**, S. 150
156.	*32. Man muss nicht unbedingt essen.*	1 2 2	**35**, S. 89 – **42**, S. 93 – **44**, S. 246 – **46**, S. 15=**115**, S. 15 – **46**, S. 29=**113**, S. 37 – **53**, S. 91 – **53**, S. 18 – **59**, S. 114, 217 – **60**, S. 111 – **102**, S. 37 – **165**, S. 132 – **284**, S. 34 – **354**, S. 225 – **356**, S. 15, 62, 95, 104 – **382**, S. 24 – **405**, S. 30 – **431**, S. 21 – **432**, S.

			31, 41, 53, 84 – **464**, S. 43 - **3**, S. 91-92 Man muss essen: **355**, S. 162
157.	*33. Man kann arbeiten, spielen und Sport treiben;* malen, musizieren, tanzen, schreiben, forschen, bildhauern, etc.	385	**12**, S. 32, 37 – **35**, S. 82 – **43**, S. 22, 29, 54, 86, 87, 106, 111 – **44**, S. 90, 213, 258 – **46**, S. 15=**115**, S. 17 – **46**, S. 35=**113**, S. 41 – **53**, S. 90 – **59**, S. 49, 57, 96, 126, 146, 147, 217 – **60**, S. 25, 132 – **103**, S. 14, 17 – **114**, S. 52, 94, 99, 100, 102, 104 – **137**, S. 100 – **140**, S. 141, 193 – **165**, S. 28, 35, 72, 86, 133 – **197**, S. 21, 30, 42, 46, 47, 132, 189, 191, 222, 225, 243 – **198**, S. 194 – **284**, S. 16, 42, 116 – **318**, S. 61, 66 – **337**, S. 20, 81, 104, 108 – **353**, S. 200 – **354**, S. 38 – **355**, S. 48, 49, 51 – **356**, S. 53, 61, 62, 75, 105, 111, 118, 145 – **382**, S. 3, 7, 27, 34 – **405**, S. 31, 47 – **431**, S. 17 – **432**, S. 33, 35, 90 – **456**, S. 11, 14 – **464**, S. 63 – **464**, S. 6, 12 – **480**, S. 19, 20 - **3**, S. 155-157, 164, 167
158.	*34. Man muss aber nicht arbeiten, spielen oder Sport treiben.*	100	**284**, S.16, 38 Man muss arbeiten: **43**, S. 22, 25, 106, 111, 131, 169, 217, 218, 228, 257, 259 – **44**, S. 204, 247, 248, 262, 349 – **137**, S. 34, 60 wer fortkommen will, muss arbeiten **198**, S. 200, 214, 215, 222
159.	*35. Man kann schlafen.*	200	**35**, S. 150 – **42**, S. 93 – **46**, S. 14=**115**, S. 13 – **46**, S. 28, 30=**113**, S. 37 – **353**, S. 186, 206 – **356**, S. 95 – **432**, S. 40 – **480**, S. 27 - **3**, S. 65, 90
160.	*36. Man muss nicht schlafen.*	111	**12**, S. 32 – **42**, S. 93 – **46**, S. 13, 14=**115**, S. 12, 13 – **46**, S. 26, 29=**113**, S. 35, 37 – **356**, S. 95, 124 – **405**, S. 31 – **431**, S. 21 – **432**, S. 41, 53 – **463**, S. 137 – **464**, S. 43 - **3**, S. 90
161.	*37. Wasser macht nicht nass.*	122	**46**, S. 24=**113**, S. 34 – **59**, S. 32, 38 – **114**, S. 97 – **356**, S. 97 – **463**, S. 142
162.	Ein Wassereimer leert sich nicht beim		
163.	*40. Seelen entstehen neu.*	321	

164.	Seelen gibt es schon immer.	0 1 1	**431**, S. 171
165.	Seelen sind alle zugleich entstanden.	0 1 1	

Zusatztabelle harmoniert mit Nrn. 166 - 170 in Band 2b, S. 624

Legende: R = Reinkarnation, FL = früheres Leben

Tabelle 17-7: Zusatztabelle über mediale Aussagen zusätzlich zu den Kernaussagen

0.	Medien sagen:	Quellen dafür
1.	Kurz nach dem Tod weiß man nicht mehr als vor dem Tod.	**35**, S. 33, 48, 90 – **42**, S. 115 – **53**, S. 23 – **59**, S. 43 – **114**, S. 121 – **137**, S. 116 – **197**, S. 16, 24, 26, 67, 229 – **284**, S. 11 – **353**, S. 238 – **355**, S. 51 – **382**, S. 25 – **431**, S. 89 – **432**, S. 65 – **463**, S. 128 – **480**, S. 69
2.	Man erhält oder schafft sich eine Wohnung im Jenseits.	**12**, S. 33 – **42**, S. 65, 67 – **43**, S. 16, 19, 23, 32, 84, 93, 130, 155, 235 – **44**, S. 78, 180, 245 – **102**, S. 44 – **103**, S. 14, 20 – **138**, S. 190, 257 – **165**, S. 32, 67, 105, 143 – **198**, S. 27, 212 – **284**, S. 28, 37 – **307**, S. 94 – **318**, S. 63 – **353**, S. 193, 205 – **354**, S. 36 – **355**, S. 32, 49, 95, 137, 153, 157, 161, 179 – **356**, S. 90, 92, 101, 119, 122 – **382**, S. 2, 5, 6, 17, 21, 26, 60 – **405**, S. 21, 24 – **463**, S. 132, 135, 142 – **464**, S. 108 – **464**, S. 11 – **480**, S. 17 - 3, S. 128-129, 138
3.	Es gibt Städte im Jenseits.	**43**, S. 172 – **44**, S. 197, 248 – **198**, S. 204 – **284**, S. 34 – **354**, S. 37 – **356**, S. 13, 92, 98, 102, 106, 119 – **382**, S. 22 – **405**, S. 41 - 3, S. 139, 165
4.	Irdisches Handeln muss im Jenseits bezahlt werden.	**43**, S. 259 durch Arbeit – **44**, S. 89 wieder gut machen durch Arbeit – **59**, S. 21, 77 Belohnung, 95, 177, 183 – **102**, S. 43 – **103**, S. 18, 110, 111 – **165**, S. 50 – **197**, S. 31 – **284**, S. 84 – **306**, S. 45 – **354**, S. 155, 271, 272 – **355**, S. 111, 124, 187, 219, 238 – **356**, S. 93, 154, 185 – **382**, S. 11, 12, 17, 26, 40, 43, 59, 61, 62, 84, 99 – **405**, S. 116 bzw. Man wird belohnt – **432**, S. 62, 88 – **480**, S. 20, 21, 41, 96, 99, 135, 136
5.	Im Jenseits gibt es Bestrafung.	**43**, S. 51, 87 durch Arbeit, 140 durch Läuterung gehen, 141, 148 durch Leiden, 151 geplagt werden – **44**, S. 93, 257, 261 niedere Arbeit, 301,

		345 Verbannung – **137**, S. 39 Sinneseinschränkung, 82 Aufenthalt in niederer Sphäre, 99 **3**, S. 73-75
6.	Im nächsten Leben auf Erden muss man Fehlverhalten wieder gut machen.	**43**, S. 56, 87, 104, 254 – **456**, S. 25, 29, 61 – vgl. Fall Nr. (67), S. 297
7.	Entwicklung auf Erden ist schneller als im Jenseits.	**12**, S. 46, 47 – **44**, S. 299 – **53**, S. 100 – **284**, S. 19, 127 einfacher – **307**, S. 96 – **354**, S. 155 – **456**, S. 25 Entwicklung im Jenseits geht nicht weiter, 46 – **464**, S. 123 einfacher auf der Erde
8.	Es gibt keine Reinkarnation.	**138**, S. 188 (kam vor vielen Jahren herüber, kennt niemanden, der reinkarniert ist; von 1923 u. 1924) – **405**, S. 122, 142 (Führer, die mehr wissen, sagen, es gäbe nur ein Leben, Kommunikation von 1950), - **3**, S. 197 Nicht zu den 41 Büchern gehörig: **71**, S. 150, Franz Liszt: It is misleading to speak of reincarnation. As a personalized process – **69**, S. ? Reincarnation as usually understood, does not really happen — **244**, S. 80-82 (höher Entwickelte befragt: Es gäbe keine Reinkarnation, auf S. 82 wieder relativiert) – **290,** S. 287, 288 (Buch von 1913) – **424**, S. 118, 120 – **461,** S. 165 Silver Birch u. S. 167 William Stainton Moses sagen beide: Nur weiter entwickelte Jenseitige wissen um Reinkarnation, siehe Nr. 9 unten, **461,** S. 165: Schucman: A Course in Miracles = Diktat von Jesus, er sagt, Reinkarnation sei unmöglich
9.	Die meisten Menschen, die ins Jenseits zurückkehren, wissen nichts von der Reinkarnation.	**35**, S. 47 – **43**, S. 27, Wissen erst nachdem das geistige Feld erhellt ist, 223 wenn geistig gereift – **137**, S. 116 erst nach Jahren – **138**, S. 188, hat niemanden getroffen, der reinkarniert, weiß aber sonst nichts. **489** S. 142 warten bis Erinnerung an FL kommt.
10	Rückkehrer aus dem Leben wissen um Reinkarnation und frühere Leben.	**432**, S. 96
11	Die Reinkarnation geschieht freiwillig.	**12**, S. 48 – **53**, S. 100 man kann wählen, nicht zu reinkarnieren – **103**, S. 21, 27, 29 – **284**, S. 149, Muss nicht wiedergeboren werden, keiner wird gezwungen – **318**, S. 122 – **464**, S. 123 – **464**, S. 86 – **480**, S. 98 - **3**, S. 198, 201

12	Es gibt sowohl die freiwillige, als auch die unfreiwillige Wiedergeburt.	**43**, S. 261 es gibt welche, die sich weigern zu reinkarnieren – **432**, S. 96 wenn entwickelt, Wahlmöglichkeit für R, bei Mängel im Leben zwangsweise R – **456**, S. 25 höher entwickelte Wesen müssen nicht reinkarnieren, die meisten sind nicht erfreut, sehen aber ein, dass R nötig ist; S. 27 die meisten wollen R nicht vermeiden, hier gut geschildert
13	Man will nicht wiedergeboren werden.	**44**, S. 332, 351 will nicht, aber muss – **306**, S. 103 wählte, nicht zu reinkarnieren – **355**, S. 94 keinen getroffen – **431**, S. 55, Kein Wunsch, auf die Erde zurück zu kommen – **456**, S. 25 viele wollen nicht s.o.
14	Man muss wiedergeboren werden.	**44**, S. 299 nicht R ausweichen können, S. 351 s.o. – **103**, S. 30 – **480**, S. 70

17.8. Anhang 8: Quellen zu medialen Aussagen über Reinkarnation

Anhang 8 bezieht sich auf das Kapitel 8.4, S. 360.

Medien aus den 41 Büchern, welche die Reinkarnation bestätigen und Verstorbene sprechen lassen, aber keine Belehrer der Menschheit sind (channeling).

Tabelle 17-8: Quellen für Medien, die die Reinkarnation vertreten

	Medien, welche für die Reinkarnation sprechen	Anzahl der Bücher
1890 - 1910		0
1911 - 1930	**35**, S. 22, 23, 26, 33, 36, 40, 42, 44, 45, 48, 54, 65, 66, 67, 68, 70, 71, 72, 76, 82, 85, 86, 88, 91 - **197**, S. 50, 54, 60, 85, 130, 132, 134, 147, 174, 181, 188, 189, 197, 201, 227, 253, 257, 278, 293, 294, 300, 369 – **432**, S. 96, 97 – **464**, S. 47, 51 – **464**, S. 66, 67, 86 – **464** S. 123	4
1931 - 1950	**42**, S. 133, 136, 137=Pauchard 1934 nach Internet – **103**, S. 7, 15, 18, 21, 27, 29, 30, 41, 42, 44, 111 – **114**, S. 105 - **137**, S. 41, 48, 67, 84, 114, 116 - **318**, S. 122	5
1951 - 1970	**43**, S. 16, 17, 21, 25, 28, 56, 104, 105, 107, 110, 113, 116, 132, 135, 136, 175, 217, 218, 223, 250, 253 - **44** 294, 295, 299, 325 - **137**, S. 41, 48, 67, 84, 114, 116, - **165**, S. 47, 55, 59, 65, 73, 83, 84, 95, 103, 119 – **382**, S. 38, , 66,100	5
1971 - 1990	**53**, S. 99, 100 – **284**, S. 12, 14, 16, 19, 26, 31, 44, 53, 56, 62, 64, 65, 87, 122, 127, 128, 131, 149 – **353**, S. 44, 173, 201, 204, 206, 207, 208, 209, 210, 231, 233	3
1991 - 2010	**12**, S. 1, 33, 48 – **306**, S. 92, 103 – **354**, S. 34, 95, 96, 241, 245 – **456**, S. 18, 19, 25, 26, 36, 38, 50, 61, 201 – **480**, S. 28, 62, 71, 89, 135	5
	Summe der Bücher	22

Tabelle 17-9: Medien, welche die Reinkarnation bestreiten

	Medien (aus den 41 Büchern), welche die Reinkarnation bestreiten	Anzahl der Bücher
1890 - 1910		0
1911 - 1930	**138**, S. 188 (kam vor vielen Jahren herüber, kennt niemanden, der reinkarniert ist, von 1923 u. 1924)	1
1931 - 1950	**405**, S. 122, 142 (Führer, die mehr wissen, sagen, dass es nur ein Leben gibt, Kommunikation von 1950)	1
1951 - 1970		

1971 - 1990		
1991 - 2010		
	Summe der Bücher	2

18. Literaturverzeichnis

Legende:

NN = Anonym, **n**o **n**ame;

Zusatzangaben in der Literaturliste (für Auswertung):

NR, Name, zS. y = „**n**ur **R**einkarnation" in NTE erwähnt von „Name", z Mal von unterschiedlichen Erfahrungsträgern als Tatsache genannt auf Seite y

----

R- = Existenz von R=Reinkarnation bestritten

----

xRR, S. y; = x frühere Leben aus NTE genannt auf S. y

RGV+, S. y = **R**einkarnations**g**laube oder Reinkarnationserinnerung bereits **v**or der NTE, erwähnt auf S. y

RGV(+) nicht ausdrücklich angegeben, aber aus geschilderten Umständen zu schließen, dass ein Reinkarnationsglaube vor der NTE bestand

RGV-, S. y = kein **R**einkarnations**g**laube oder keine Reinkarnationserinnerung bereits **v**or der NTE, erwähnt auf S. y

RGV(-) nicht ausdrücklich angegeben, aber aus geschilderten Umständen zu schließen, dass kein RG vor der NTE bestand

RGV0 = **R**einkarnations**g**laube oder Reinkarnationserinnerung bereits **v**or der NTE nicht erwähnt

----

RGNW+, S. y = **R**einkarnations**g**laube oder Reinkarnationserinnerung nur als **N**ach**w**irkung einer NTE, erwähnt auf S. y

RGNW-, S. y = **R**einkarnations**g**laube oder Reinkarnationserinnerung ausdrücklich nicht nur als **N**ach**w**irkung einer NTE, erwähnt auf S. y

----

* vor (Jahreszahl): Kennzeichnet mehrere Quellen für ein-und-dieselbe Person

Literatur

1. Alexander, Eben (2013) Blick in die Ewigkeit / Die faszinierende Nahtoderfahrung eines Neurochirurgen, *Ansata, München, ISBN: 978-3-7787-7477-9*
2. Allen, Miles Edward (2012) The Afterlife Confirmed / Even More Convincing Evidence From the Survival Files, *Momentpoint Media, ISBN: 978-1-470-1599-48; aktuelle Bewertung hier:* http://www.survivaltop40.com/
3. Allen, Miles Edward (2014) Astral Intimacy / Fifty Spirits Speak About Life, Love, and Sex After Death, *Momentpoint Media, ISBN: 978-1-503285132; = (2015) The Realities of Heaven: Fifty Spirits Describe Your Future Home*
4. Allgeier, Kurt (1984) Du hast schon einmal gelebt / Wiedergeburt? Erinnerungen in der Hypnose, *Goldmann, München, ISBN: 3-442-11717-8*
5. Allgeier, Kurt (1984a) Und den Himmel gibt es doch! / Die Suche der Menschheit nach dem ewigen Leben, *Schönberger, München, ISBN: 3-89114-001-0*

6. Allgeier, Kurt (1988) Niemand stirbt für ewig / Vorstellungen und Wandlungen der Reinkarnation: Tod, Metamorphose und Wiedergeburt, *Diana, Zürich, ISBN: 3-905424-73-2, RGV-, NR, RGNW+, Moll, S. 297-301*

7. Almeder, Robert (1992) Death and Personal Survival / The Evidence for Life After Death, *Littlefield Adams, Boston, USA, S. 213, ISBN: 0-8226-3016-8*

8. Alvarado, Carlos S. (1980) The Physical Detection of the Astral Body: An Historical Perspective, *Theta: The Journal of the Psychical Research Foundation, Band 8, Heft 2, S. 4-7*

9. Alvarado, Carlos S. (1982) ESP during out-of-body experiences: A review of experimental studies, *The Journal of Parapsychology, Band 46, S. 209-230*

10. Alvarado, Carlos S. (1989) Trends in the Study of Out-of-Body Experiences: An Overview of Developments Since the Nineteenth Century, *Journal of Scientific Exploration, Vol. 3, No. 1, S. 27-42*

11. Alvarado, Carlos S. (2001) Out-of-body experiences, in Cardena, Etzel / Lynn Steven Jay / Kripner, Stanley, Varieties Of Anomalous Experience: Examing the Scientific Evidence, *American Psychological Association, Washington, DC, ISBN: 1-55798-625-8, S. 183-218*

12. Anderson, George; Barone, Andrew (1999) Lessons from the Light / Extraordinary Messages of Comfort and Hope from the Other Side, *Berkley Books, NY, ISBN: 0-425-17416-6*

13. Andrade, Hernani Guimaraes (2009) Wiedergeboren aus Liebe, *Lichttropfen, Verlag für altes Wissen, Northeim, ISBN: 978-3-937837-22-2*

14. Andréason, Christian (2018) Remembering Heaven, http://www.allaboutchristian.com/spirituality/index.html, *NR, S. 3, 13, 22, 28, 35-37, 65, RGV0, s. a. https://www.near-death.com/experiences/notable/christian-andreason.html,*

15. Anna W. (2018) Experience Description, http://www.nderf.org/Experiences/1anna_w_nde.html

16. Apuzzo, Stefano; D'Amrosio, Monica (2005) Auch Tiere haben Seelen / Über die Unsterblichkeit unserer Haustiere, *Aquamarin, Grafing, ISBN: 3-89427-225-2*

17. Atwater, P.M.H. (1992) Is There a Hell? Surprising Observations About the Near-Death Experience. *Journal of Near-Death Studies 10 (3), S. 149-160*

18. Atwater, P.M.H. *(1995) Beyond the Light / The Mysteries and Revelations of Near-Death Experiences, *Avon Books, New York, ISBN: 0-380-72540-1, RGV-, NR, Dicus, S. 63-67; RGV0, RGNW+, 4RR, Ivanova, S. 108; RGV0, NR, NN, 2S. 117,*

19. Atwater, P.M.H.; Morgan, David H. (2000) The Complete Idiot's Guide to Near-Death Experiences, *Alpha Books, Macmillan, Indianapolis, ISBN: 0-02-863234-6*

20. Atwater, P.M.H. (2003) The New Children and Near-Death Experiences, *Bear & Comp., Rochester, Vermont, ISBN: 1-59143-020-8, RGV0, 1RR, Gregory, S. 139*

21. Atwater, P.M.H. (2004) We Live Forever / The Real Truth About Death, with Wisdom from the Edgar Cayce Readings, *A.R.E.Press, Virginia Beach, ISBN: 0-87604-492-5*

22. Atwater, P.M.H. (2007) The Big Book of Near-Death Experiences / The Ultimate Guide to What Happens When We Die, *Hampton Roads Publishing Company, Inc, Charlottesville, VA, ISBN: 978-1-57174-547-7, nix*

23. Atwater, P.M.H. (2011) Near -Death Experiences / the rest of the story / what they teach us about living, dying, and our true purpose, *Hampton Roads Publishing Company, Inc, Charlottesville, VA, ISBN: 978-1-57174-651-1, RGV0, NR, Lee, S. 88*

24. Atwater (2017) E-Mail am 1.April an Titus Rivas, in welcher die Darstellung von 3 Punkten im Buch Rivas (2016) bestätigt wird, die sich nicht bei Rommer (2004) findet. Es geht um 2 Wochen Koma, Sex mit dem Haushälter, den Büroprospekt.

25. Auerbach, Loyd (2004) Hauntings and Poltergeists / A Ghost Hunter's Guide, *Ronin Publ., Berkeley, ISBN: 1-57951-072-8, Kapitel 15, The Case of Lois, S. 134 (Info Internet:* https://books.google.de/books?id=bdQdcj7Luy8C&pg=PA135&lpg=PA135&dq=loyd+auerbach+apparition+pat+chris&source=bl&ots=QOULQ4EWm4&sig=VFES-7-YMjBRRzbn5sEIlZbCs0E&hl=de&sa=X&ved=0ahUKEwjNutLt_fTWAhUHuhQKHWkBBF0Q6AEIMDAB#v=onepage&q=loyd%20auerbach%20apparition%20pat%20chris&f=false)

26. Auerbach, Loyd (2017) Interactive Apparitions, Chapter 20 in Kean, Leslie (2017) Surviving Death / A Journalist Investigates Evidence for an Afterlife, Crown *Archetype, New York, ISBN: 978-0-553-41961-0*

27. Augustine, Keith (2007) Does Paranormal Perception Occur in Near-Death Experiences?, *Journal of Near-Death Studies, No. 25 (4), S. 203 - 236*

28. Augustine, Keith (2008) Hallucinatory Near-Death Experience, https://infidels.org/library/modern/keith_augustine/HNDEs.html#pam

29. Bailey, Lee W.; Yates, Jenny *(1996) The Near-Death Exerience / A Reader, *Routledge, New York & London, ISBN: 0-415-91431-0, RGV+, NR, Mellen-Thomas Benedict, S. 39-47-52; RGV+, NR, Sellers, S. 73-74, s. a.* https://www.gehvoran.com/2010/07/nahtoderfahrungsbericht/, *oder* http://www.wahrheitssuche.org/todeserfahrung.html, *oder* http://www.initiative.cc/Artikel/2004_11_08%20Nahtoderfahrung.htm *oder* https://www.near-death.com/reincarnation/experiences/mellen-thomas-benedict.html#a07, *oder* http://www.ianlawton.com/nde1.html

30. Baird, A.T. (1943) One Hundred Cases for Survival after Death, *Werner Laurie Ltd., London, ISBN: keine*

31. Ballabene, Alfred (2018) Die Silberschnur, Beobachtungen und Überlieferung, https://www.paranormal.de/para/ballabene/obe/ufoobe/silber.htm

32. Banerjee, H.N. (1980) Americans Who Have Been Reincarnated, *Macmillan Publishing, New York, ISBN: 0-02-506740-0, S. 169, 171, 172*

33. Barbanell, Maurice; Cherrie, Marie (1987) The Barbanell Report: Transmitted to Marie Cherrie, *Pilgrim Books, Tasburgh, England, ISBN: 0-946259-23-2, S. 167*

34. Barbanell, Sylvia (1965) Wenn Deine Tiere sterben, Schroeder, Eschwege, ISBN: keine

35. Barker, Elsa (1914/1996) Licht hinter dem Schleier / Wegweiser in die vierte Dimension, *Silberschnur, Neuwied, ISBN: 3-931652-03-3*

36. Barrett, Sir William (1926) Death-Bed Visions, *Methuen, London, ISBN: keine*

37. Barrett, Sir William; Hyslop H. (2005) Evidence of Survival after Death, www.kessinger.net, *ISBN: 142535596X; Auszug aus Barrett... (1917) On the Threshold of the Unseen, E.P. Dutton & Co.; ISBN: 0766127885, S. 190-206*

38. Bartussek, Helmut (2006) Letter to the Editor, *Journal of the Society for Psychical Research (JSPR), Vol. 70.4, No. 885, October, S. 253-254*

39. Baruss, Imants (2001) Failure to Replikate Electronic Voice Phenomeneon, *Journal of Scientific Exploration, Vol. 15, No. 3, S. 355 - 367*

40. Bayless, Raymond (1973) Apparitions and Survival of Death, *Univ. Books, New Hyde Park, New York, ISBN: 0-8216-0202-0*

41. Beard, Paul (1966/1972) Survival of Death, *Psychic Press, London, ISBN: 0-85384-035-0*

42. Beard, Paul (1981) Living on : How Consciousness Continues and Evolves after Death, *Continuum, New York, ISBN: 0-8264-0037-X*

43. Beatrice, Pro (2008) Erlebnisberichte 1958 - 1959, Pro Beatrice, Zürich, ISBN: 978-3-905749-80-9

44. Beatrice, Pro (2008a) Erlebnisberichte 1960 - 1961, Pro Beatrice, Zürich, ISBN: 978-3-905749-81-6

45. Beauregard, Mario (2012) Brain Wars: The Scientific Battle Over the Existence of the Mind and the Proof That Will Change the Way We Live Our Lives, *HarperOne, Ney York, ISBN: 978-0-06-207122-4*

46. Beecher, Jonathan (2019) In Times of War: Messages of Wisdom from Soldiers in the Afterlife, *White Crow Books, Guildford, UK, ISBN: 978-1-78677-083-7*

47. Bellg, Laurin (2016) Near Death in the ICU / Stories from Patients Near Death and Why We Should Listen to Them, *Sloan Press, Appleton, Wisconsin, ISBN: 978-0-9965103-0-1*

48. Benedict, Mellen Thomas *(2004) Durch das Licht - Meine Nahtod Erfahrung, Ufo Nachrichten, Obergünzburg, *RGV+, NR, S. 15-17;* https://www.youtube.com/watch?v=wjFKr-MHEbY

49. Bennett, Sir Ernest (1939) Apparitions and Haunted Houses / A Survey of Evidence, *Faber und Faber, London, ISBN: keine*

50. Berger, Arthur and Joyce (1991) Reincarnation / Fact or Fable, *Aquarian Press, London, ISBN: 1-85538-111-7, S. 16f, 19*

51. Bethards, Betty (2007) There is no Death, *New Century, Petaluma, CA, ISBN: 978-0-918915-27-6*

52. Betty, Stafford L. (1984) The Kern City Poltergeist: A Case Severely Straining the Living Agent Hypothesis, *Journal of the Society for Psychical Research, Vol. 52, No. 798, S. 345-364; Download als pdf-Datei einschließlich einer Antwort auf Einwendungen von Prof. Stevenson, JSPR 1985, S. 99-100:* https://csub.academia.edu/StaffordBetty

53. Betty, Stafford (2011) The Afterlife Unveiled / What the dead are telling us about their world, *O-Books, John Hunt, Hants, UK, ISBN: 978-1-84694-496-3*

54. Betty, Stafford (2016) When Did You Ever Become Less By Dying? AFTERLIFE: The Evidence, *whitecrowbooks, Hove, UK, ISBN: 978-1-78677-004-2*

55. Bion, Stefan (2020) Tonbandstimmen, http://www.tonbandstimmen.de/index.htm

56. Blackmore, Susan, J. (1983) Beyond the Body / Investigation of Out-of-the-Body Experience, *Paladin, London, ISBN: 0-586-08428-2 und* https://www.near-death.com/science/experts/susan-blackmore.html

57. Blackmore, Susan (2018) DENVER CARDIOLOGIST DISCLOSES FINDINGS AFTER 18 YEARS OF NEAR-DEATH RESEARCH, https://skepsis.nl/bde-blackmore/#schoonmaker

58. Bonenfant, Richard J. (2001) A Child´s Encounter with the Devil: An Unusual Near-Death Experience with Both Blissful and Frightening Elements. *Journal of Near-Death Studies, 20 (2), S. 87-100*

59. Borgia, Anthony (1986) Das Leben in der Unsichtbaren Welt, *Silberschnur, Gülles-heim, ISBN: 3-923781-03-2*

60. Borgia, Anthony (1988) Begegnungen in der Unsichtbaren Welt, *Silberschnur, Melsbach/Neuwied, ISBN: 3-923-781-27-X*

61. Botkin, Allan; Hogan, Craig (2005) Induced After Death Communication / A New Therapy for Healing Grief and Trauma, *Hampton Roads Publ., Charlottesville, VA, ISBN: 1-57174-423-1*

62. Bowman, Carol (2003) Return from Heaven / Beloved Relatives Reincarnated within your Family, *Harper Torch, New York, ISBN: 0-06-103044-9, S. 13f*

63. Bowman, Carol (2016) Vendorswagens, A Dream Case, http://www.carolbowman.com/library/vendorswagens/

64. Bozzano, Ernesto (1938) Discarnate Influence in Human Life / A Review of the Case for Spirit Intervention, *Watkins, London, ISBN: keine*

65. Braude Stephen (2001) Out-of-Body Experiences and Survival After Death, *International Journal of Parapsychology, Volume 12, Number 1, S. 83-129;* http://www.survivalafterdeath.info/articles/braude/obe.htm

66. Braude, Stephen E. (2003) Immortal Remains / The Evidence for Life after Death, *Rowman & Littlefield, Boston, ISBN: 0-7425-1472-2*

67. Brinkley, Dannion (2010) Geborgen im Licht / Die wahre Geschichte des Mannes, der zweimal starb / Vorwort Moody, *Knaur, Mens sana, München, ISBN: 978-3-426-87452-3; engl. (1994) Saved by the light / The true story of a man who died twice and the profound revelations he received, Special Markets Department Harper Collins Publishers, New York, ISBN: 0-06-100990-3*

68. Broad, C.D. (1962) Lectures on Psychical Research / Incorporating the Perrott Lectures Given in Cambridge University in 1959 and 1960, *Routledge and Kegan Paul, London, ISBN: keine*

69. Brown Rosemary (1971) Unfinished Symphonies: Voices from the Beyond, *Souvenir Press, ISBN: 0285620096*

70. Brown, Rosemary (1981) Kompositionen aus dem Jenseits / Das Medium Rosemary Brown berichtet, *Goldmann, München, ISBN: 3-442-11730-5*
Dazu mehr und eine weitere Geschichte ins Deutsche übertragen von Werner Schiebeler: http://www.menetekel.de/schiebeler/fortleben/fortleben7.htm#46

71. Brown Rosemary (1986) Look Beyond Today, *Bantam Press, London, ISBN: 0-593-01041-8, S. 150*

72. Brown Rosemary (2019) YouTube-Video, https://youtu.be/6G__ihrd6ZU

73. Brown, Rosemary (2020) Chopin Nocturne As-Dur, https://www.youtube.com/watch?v=7JqnJ5qgDZI

74. Brown Rosemary (2020a) Franz Liszt Gübelei, https://www.youtube.com/watch?v=_sLqPFw1rU4&list=RDcH9xFzO8-mA&index=3

75. Browne, Sylvia (2002) Jenseitsleben / Berichte eines Mediums aus der geistigen Welt, *Goldmann Arkana, München, ISBN: 3-442-21603-6*

76. Browne, Sylvia (2004) Von Geistern, Spuk, Gespenstern und dem Wiedersehen im Jenseits, *Goldmann, Arkana, München, ISBN: 978-3-442-21701-4*

77. Bruhn, Jörgen (2009) Blick hinter den Horizont, *Alsterverlag, Hamburg, ISBN: 978-3-941808-00-3*

78. Buhlman, William (2002) Out of Body/ Astralreisen-Das letzte Abenteuer der Menschheit, *Econ, Lotos, München, ISBN: 3-548-74023-5, RGV-, 1RR, er selbst, S. 70; RGV-, 1RR, er selbst, S. 82; RGV-, 1RR, er selbst, S. 89*

79. Burgess, O.O. (1908) Hallucinations experienced in connection with dying persons, *Journal of the Society for Psychical Research, 13, S. 308-312*

80. Bush, Nancy Evans (1983) The Near-Death Experience in Children. Shades of the Prison-House Reopening. *Anabiosis 3 (2), S. 177-193*

81. Carman, Elizabeth M.; Carman, Neil J. (1999) Cosmic Cradle / Souls Waiting in the Wings for Birth, *Sunstar, Fairfield, ISBN: 1-887472-71-1, RGV+, NR, S. 450-453*

82. Carpenter, Sue (1995) Past Lives / True Stories of Reincarnation, *Virgin Books, London, ISBN: 0-86369-906-5, S. 88*

83. Carter, Chris (2010) Science and the Near-Death Experience / How Consciousness Survives Death, *Inner Traditions, Rochester, Toronto, ISBN: 978-159477356-3*

84. Carter, Chris (2011) Response to „Could Pam Reynolds Hear?“, *Journal of Near-Death Studies, 30 (1), S. 29 - 53*

85. Charman, Robert (2017) Research Note: Do Dying Rat Brains offer a Possible Explanation for the Occurrence of Near-Death Experiences?, *Journal of the Society for Psychical Research, Vol. 81, No. 4, S. 240-247*

86. Cobbe, Frances Power (1882/2013) The Peak in Darien / An Octave of Essays, *Facsimile Publ., Delhi, India, ISBN: 4-444000-034416*

87. Cooke, Aileen H. (1968) Out of the Mouth of Babes, James Clarke, London, ISBN: 0227677366

88. Cook, E.W.; Greyson, B.; Stevenson, I. (1998) Do Any Near-Death Experiences Provide Evidence for the Survival of Human Personality after Death? Relevant Features and Illustrative Case Reports, *Journal of Scientific Exploration, Vol. 12, No. 3, S. 377-406*

89. Cooper Callum (2012) Telephone Calls from the Dead / A Revised look at the Phenomeneon Thirty Years On, *Tricorn Books, Old Portsmouth, UK, ISBN: 978-0-9567597-2-6*

90. Cooper Callum (2017) PSI-Encyclopedia Alex Tanous https://psi-encyclopedia.spr.ac.uk/articles/alex-tanous

91. Coppes, Christophor (2012) Der Himmel ist ganz anders / Nahtod-Erfahrungen, *Aquamarin, Grafing, ISBN: 978-3-89427-596-9*

92. Cosgrave, L. Moore; Macdonald Denison, Flora (1921) Group Centering Around the Death of Horace Traubel, *Journal of the American Society for Psychical Research, Vol. 15, S. 114-123*

93. Cott, Jonathan; El Zeini, Hanny (1988) The Search for Omm Sety, *Rider & Co, London, ISBN: 712618473, RGV0, 1RR, RGNW*

94. Cranston, Sylvia; Williams, Carey (1984) Reincarnation / A New Horizon in Science, Religion, and Society, *Julian Press, New York, ISBN: 0-517-55496-8, S. 82*

95. Crookall, Robert (1960) The Study and Practice of Astral Projection / the definitive survey on out-of-the body experiences, *Citadel Press, Secaucus, NJ., ISBN: 0-8065-0547-8, RGV0, NR, Gerhardi, S. 30*

96. Crookall, Robert (1961) The Supreme Adventure / Analyses of Psychic Communications, *James Clarke, London, ISBN: keine*

97. Crookall, Robert (1964) More Astral Projections / Analysis of Case Histories, *Aquarian Press, London, ISBN: keine*

98. Crookall, Robert (1967) Events on the Threshold of the After-Life, *Darshana International, Moradabad, India, ISBN: keine*

99. Crookall, Robert (1972) Case-Book of Astral Projection, 545-746, *University Books, Secaucus, N.J., ISBN: keine*

100. Crookall, Robert (1978) What Happens when You Die, *Colin Smythe, Gerrards Cross, Buckinghamshire, ISBN: 0-900675-84-5*

101. Crookall, Robert (1980) Out-Of-The-Body Experiences / A fourth analysis / From the dawn of history people have left their bodies, retained consciousness and then reentered their bodies. This phenomenon - Astral Projection - is examined in great detail in this book, *Citadel Press, Secaucus, NJ., ISBN: 0-8065-0610-5*

102. Cummins, Geraldine (1987) Der Weg zur Unsterblichkeit / Bericht über die Daseinsebenen im Diesseits und Jenseits /Durchgaben von Frederic Myers 1932, *Arends, Rimsting, ISBN: 3-925706-05-4*

103. Cummins, Geraldine (2013/1935) Beyond Human Personality / Being a detailed desription of the Future life purporting to be communicated by the late F.W.H. Myers / Containing an account of the general development of human personality into cosmic personality, *White Crow Books, Guildford, UK, ISBN: 978-1- 908733-80-1*

104. Currie, Ian *(1985) Niemand stirbt für alle Zeit / Bericht aus dem Reich jenseits des Todes, *Goldmann, München, ISBN: 3-442-11729-1, RGV0, 1RR, S. 146-147*

105. Dack, Graham (1999) The Out-of-Body Experience / The Reality of Mind Travel, the Human Soul, Spirit Projection, the Sleep Process, the need to Dream and Much More, *Oobex Publ., Braunston, Northamptonshire, ISBN: 0-9534458-0-1*

106. Dale, Laura A.; White, Rhea; Murphy, Gardner (1962) A Selection of Cases from a Recent Survey of Spontaneous ESP Phenomena, *Journal of the American Society for Psychical Research, Vol. LVI, No. 1, S. 27-32*

107. Danison, Nanci L. (2008) Backwards: Returning to Our Source for Answers, *AP Lee & Co., San Diego, Columbus, ISBN: 978-1-934482-00-1, RGV-, Nanci, S. xii, xiii, NR, S. 35, 59, 68, 222, 247, 248,s. auch* http://www.nderf.org/Experiences/1nanci_d_possible_nde.html

108. Danison, Nanci (2018) Erfahrungsbericht auf www.nderf.org, http://www.nderf.org/Experiences/1nanci_d_possible_nde.html

109. Dawson, Jan Hunt (2016) Love Only / Lessons from my Near-Death Experiences, Past Life Reviews, and Aftereffects, *Cardinal Rules Press, ISBN: 978-1-53032-188-*

9, immer er selbst, immer RGV(+), NR, S. 41; NR, S. 46; 1RR, S. 46; 3RR, S. 62; 1RR, RGNW+, S. 84; NR, RGNW+, S. 98; 2RR, RGNW+, S. 124; NR, S. 130

110. Delacour, Jean-Baptiste (1973) Aus dem Jenseits zurück / Berichte von Totgeglaubten, *Econ, Düsseldorf, ISBN: 3-430-12027-6*

111. De Morgan, Sophia Elizabeth; De Morgan, Augustus (1863) From Matter to Spirit: The Result of Ten Years'experience in Spirit Manifestations, Intended as a Guide to Enquirers, *Longman, Green, Longman, Roberts, & Green, London, ISBN: keine,* https://archive.org/details/frommattertospi04morggoog/page/n7

112. Dossey, Larry (1989) Recovering the Soul: A Scientific and Spiritual Search, *Bantam Books, New York, London, ISBN: 055334790X*

113. Dowding, Air Chief Marshal Lord (2013/1943) Many Mansions, *White Crow Books, Buildford, UK, ISBN: 978-1-910121-07-8*

114. Dowding, Air Chief Marshal Lord (2013/1945) Lychgate: The Entrance to the Path, *White Crow Books, Buildford, UK, ISBN: 978-1-908733-62-7*

115. Dowding Thomas, Tudor-Pole, W. (1919/2018) Private Dowding / A Plain Record of the After-Death Experiences of a Soldier Killed in Battle, *Dodd, Mead and Co. New York; Facsimile Publ., Delhi, India, ISBN: 4-444006-767028*

116. Dreecken, Inge; Schneider, Walter (1984) Signale aus dem Jenseits / Die Abenteuer der Seele. Wissenschaftlich kommentierte Schlüsselfälle der Parapsychologie. Mit einem Lexikon des Übersinnlichen, *Bastei Lübbe, Bergisch Gladbach, ISBN: 3-404-01155-4*

117. Dreikurs, Rudolf (1965) Karl Nowotny, 1895 - 1965, *Journal of Individual Psychology, Band 21, Heft 2, S. 234*

118. Dröge, Gesa (2020) Sterbebegleitung, https://www.sterbebegleitung-jenseitskontakte.de/

119. Ducasse, C.J. (1961) A Critical Examination of the Belief in a Life After Death, *Charles C. Thomas Publ., Springfield, Ill. USA, ISBN: 1425301223*

120. Eadie, Betty J. (1994) Licht am Ende des Lebens / Bericht einer außergewöhnlichen Nahtodeserfahrung, Knaur, München, ISBN: 3-426-77127-6

121. Eadie, Betty J. (1999) The Ripple Effect Our Harvest / Teachings from Embraced by the Light, Onjinjinkta Publ., Seattle, WA, USA, ISBN: 1-892714-00-0

122. Ebbern, H.; Mulligan, S.; Beyerstein, B. (1996) Maria's near death experience: Wating for his other shoe to drop, *Skeptical Inquirer, 20, S. 27 - 33*

123. Ehrhardt, Rolf-Dietmar (2020) Über das Alltägliche hinaus, http://www.rodiehr.de/

124. Eisenbeiss, Wolfgang; Hassler, Dieter (2006) An Assessment of Ostensible Communications with a Deceased Grandmaster as Evidence for Survival, *JSPR [Journal of the Society for Psychical Research, Vol. 70.2, No. 883 April, S. 65 - 97]*

125. Ellwood, Gracia Fay (2001) The Uttermost Deep / The Challenge of Near-Death Experiences, *Lantern Books, New York, ISBN: 1-930051-27-1*

126. Elsaesser Valario, Evelyn (1995) Erfahrungen an der Schwelle des Todes/ Was erlebt ein sterbender Mensch? Wissenschaftler untersuchen das Nahtod-Phänomen, *Seehamer, Weyarn, ISBN: 3-934058-40-X*

127. Evdokas, Takis (2002) Der Tod, die große Illusion, *Silberschnur, Güllesheim, ISBN: 3-89845-020-1*

128. Evertz, Anke (2019) Neun Tage Unendlichkeit / Was mir im Jenseits über das Bewusstsein, die körperliche Existenz und den Sinn des Lebens gezeigt wurde, *Ansata, München, ISBN: 978-3-7787-7546-2, RGV+, S. 55, 57, 65*

129. Ewald, Günter (1998) Die Physik und das Jenseits / Spurensuche zwischen Philosophie und Naturwissenschaft, *Pattloch, Weltbild-Verlag, Augsburg, ISBN: 3-629-00836-4*

130. Ewald, Günter (1999) Ich war tot / Ein Naturwissenschaftler untersucht Nahtod-Erfahrungen, *Pattloch, Augsburg, ISBN: 3-629-00841-0*

131. Eysenck, H.J.; Sargent, C. (1994) Die Geheimnisse des Übernatürlichen / Erklärungen für das Unerklärliche, *Kaiser, Klagenfurt, S. 164, ISBN: 3-7043-6032-5*

132. Facco, Enrico; Agrillo, Christian (2012) Near-death experience between science and prejudice, *Frontiers in Human Neuroscience, Vol. 6, Article 209, S. 1-7*

133. Farkas, Viktor (1988) Unerklärliche Phänomene jenseits des Begreifens, Umschau-Verlag, Frankfurt/M, ISBN: 3-524-69069-6

134. Fenwick, Peter; Fenwick, Elizabeth (1997) The Truth in the Light / An Investigation of Over 300 Near-Death Experiences, *Berkley Books, New York, ISBN: 0-425-15608-7*

135. Fenwick, Peter; Fenwick, Elizabeth (1999) Past Lives / An Investigation into Reincarnation Memories, *Headline Book Publ., London, ISBN: 0-7472-5548-2, S. 94ff*

136. Fenwick, Peter and Elizabeth (2008) The Art of Dying / A Journey to Elsewhere, *Continuum, London, ISBN: 978-08264-9923-3*

137. Fieber, Martin; Reinmöller, Hans; Richter, Thomas (2000) Das Sterben / Das Vermächtnis des medialen Friedenskreises Berlin aus den Jahren 1956-1975, *Bergkristall, Bad Salzuflen, ISBN: 3-935422-02-4*

138. Findlay, Arthur (1990) Beweise für ein Leben nach dem Tod / Das Phänomen der "direkten Stimme" als Verbindungsweg zwischen Diesseits und Jenseits. ..., *Esotera Taschenbücherei Bauer Verlag, Freiburg, ISBN: 3-7626-0601-3*

139. Fischinger, Lars A. (2003) Der Blick ins Jenseits / Was wir über das Leben nach dem Tod wissen, *Hugendubel, München, ISBN: 3-7205-2478-7*

140. Flint, Leslie (1971) Voices in the Dark, *Chaucer Press LTD, Suffolk, ISBN: 333-12201-1*

141. Fontana, David (1991) A Responsive Poltergeist: A Case from South Wales, *JSPR, Vol. 57, No. 823, S. 385-402, ISSN 0037-1475/91*

142. Fontana, David (1992) The Responsive South Wales Poltergeist: A Follow-Up Report, *JSPR, Vol. 58, No. 827, S. 225-231, ISSN 0037-1475/92*

143. Fontana, David (2005) Is there an Afterlife? / A Comprehensive Overview of the Evidence, *O-Books, Ropley, Hants, UK, ISBN: 1-903816-90-4*

144. Fontana, David (2009) Life Beyond Death / What Should We Expect?, *Watkins Publ., London, ISBN: 987-1-905857-97-5*

145. Ford, Arthur (1971) Bericht vom Leben nach dem Tod / Der Mann, der mit Menschen im Jenseits redete, *Scherz, München, ISBN: keine*

146. Forsboom, Bernhard (1991) Das Buch Emanuel / Kundgebungen des Geistes Emanuel, *Drei Eichen, ISBN: 3-7699-0470-2*

147. Fox, Oliver (1993) Astral Projection / A Record of Out-of-the Body Experiences, *Citadel Press, Secaucus, NJ., ISBN: 0-8065-0463-3*

148. Frey Thomas (2017) In Memoriam KARLIS OSIS, *aus der Zeitschrift "Wegbegleiter, 1998, Nr. 5, III. Jahrgang, S. 199,* http://www.wegbegleiter.ch/wegbeg/osiskarl.htm

149. Fuller, John G. (1978) The Ghost of Flight 401, *Berkley Pub. Comp., New York, ISBN: 0-425-03553-0*

150. Fuller, John G. (1979) The Airmen Who Would Not Die, *Souvenir Press, London, ISBN: 9780285624061*

151. Fuller, John G. (1985) The Ghost of 29 Megacycles / A New Breakthrough in Life after Death?, *Souvenir Press, London, ISBN: 0-285-62691-4*

152. Gallup, G.; Proctor, W. (1990) Begegnungen mit der Unsterblichkeit / Erlebnisse im Grenzbereich zwischen Leben und Tod, *Ullstein, Frankfurt/M, Berlin, ISBN: 3-548-34664-2*

153. Garfield, C. (1979) More grist fort the mill: Additional near-death research findings and discussion, *Anabiosis 1, S. 5-7*

154. Garrett, Eileen J. (2007) Awareness, *Helix Press, New York, ISBN: 978-1-931747-22-6*

155. Gasparetto (2019) YouTube-Video Teil 1: https://www.youtube.com/watch?v=86ZLGXsJzO8; Teil 2: https://www.youtube.com/watch?v=Zp-7EOjLd14

156. Gauld, Alan (1971) A Series of Drop-in Communicators, *Proc. of SPR, Vol. 55, Part 204, July 1971, S. 273-340*

157. Gauld, Alan (1983) Mediumship and Survival / A Century of Investigations, *Paladin, London, ISBN: 0-586-08429-0*

158. Gauld, Alan (1993) A Series of 'Drop-in' Communicators: Supplementary Information, *Proc. of SPR, Vol. 57, Part 217, Jan., S. 311-316*

159. Gershom, Yonassan (1997) Kehren die Opfer des Holocaust wieder?, *Rudolf Geering, ISBN: 3-7235-1002-7*

160. Gibson, Arvin S. (1992) Glimpses of Eternity / New Near-Death Experiences Examined, *Horizon Publ., Bountiful, Utah, ISBN: 0-88290-439-6*

161. Giovetti, Paola (1995) Engel, die unsichtbaren Helfer der Menschen, *Ariston, Genf/München. ISBN: 3-7205-1669-5*

162. Giovetti, Paola (1999) Visions of the Dead / Death-Bed Visions and Near-Death Experiences in Italy, *Human Nature, No. 1, Vol. 1, S. 28-41*

163. Giwer, Bernd (2020) Tonbandstimmen, http://www.giwer.eu/JSW/menue2.html

164. Graça P (2018) NDE http://www.nderf.org/Experiences/1graca_p_nde.html

165. Greaves, Helen (2000/1969) Of Light: An extraordinary message of life after death, *Neville Spearman Publ., Saffron Walden, ISBN: 0-85435-164-7*
Deutscher Titel: Zeugnis des Lichts: Ein Erfahrungsbericht vom Leben nach dem Tod

166. Greber, Johannes (1937) Der Verkehr mit der Geisterwelt / seine Gesetze und sein Zweck. Selbsterlebnisse eines katholischen Geistlichen, *Felsberg, NY.; J. Greber Memorial Foundation, ISBN: keine, S. 246-249*

167. Green, Celia (1973) Out-of-the-body Experiences / A fascinating, detailed study of psychical and psychological Value, …, *Ballantine Books, New York, ISBN: 345-03313-2-125*

168. Green, Celia; McCreery (1975) Apparitions, *St. Martin's Press, New York, ISBN: keine*

169. Greenberg, Jay (2019) musikalisches Wunderkind, YouTube-Video, https://www.youtube.com/watch/?v=DT94FGBj2FU

170. Grey, Margot (1985) Return from Death / An Exploration of the Near-Death Experience, *Arkana, London; Penguin Book, ISBN: 0-14-019051-1, RGNW+, RGV-, NR, NN, S. 106; RGV0, NR, NN, S. 123*

171. Greyson, Bruce (2010) Seeing Dead People Not Knowing to Have Died: „Peak in Darien" Experiences, *Anthropology and Humanism, Vol. 35, No. 2, S. 159-171; Download:* http://www.espiritualidades.com.br/Artigos/G_autores/GREYSON_Bruce_tit_Seeing_Dead_People_Not_Known_to_Have_Died.pdf

172. Greyson, B.; Kelly, E.F.; & Dunseath, W.J.R. (2013). Surge of Neurophysiological Activity in the Dying Brain. *Proceedings of the National Academy of Science, Vol. 110, No. 47: E4405. Internet:* http://www.pnas.org/content/110/47/E4405.full?sid=93ce009d-ca8c-498f-9df6-0ca13dc4063b *oder* http://www.pnas.org/content/110/47/E4405.full.pdf?sid=93ce009d-ca8c-498f-9df6-0ca13dc4063b

173. Griffin, David Ray (1997) Parapsychology, Philosophy, and Spirituality / A Postmodern Exploration, *State Univ. of New York Press, New York, ISBN: 0-7914-3316-1*

174. Grubbs, Angela (2006) Chosen to Believe / Present Dreams Past Lives, *Pink Elephant Press, Jonesboro, Georgia, ISBN: 0-9772975-0-0*

175. *Grubbs, Angela (2019) Video-Interview,* http://ial.goldthread.com/clips/grubbs.wmv

176. Guggenheim, Bill u. Judi (1997) Trost aus dem Jenseits / Unerwartete Begegnungen mit Verstorbenen, *Scherz, Bern, München, Wien, ISBN: 3-502-14260-2*

177. Hallett, Elisabeth (2002) Stories of the Unborne Soul / the Mystery and Delight of Pre-Birth-Communication, *Writers Club Press, Lincoln NE, New York, ISBN: 0-595-22361-3*

178. Hampe, Johann Christoph (1987) Sterben ist doch ganz anders, *Gütersloher Verlagshaus Mohn, Siebenstern, ISBN: 3-579-01064-6, RGV0, NR, NN*

179. Haraldsson, Erlendur; Stevenson Ian (1975) A Communicator of the "Drop In" Type in Iceland: The Case of Runolfur Runolfsson, *Journal of the American Society for Psychical Research, No. 69, S. 33-59,* Volltext hier: http://notendur.hi.is/erlendur/english/mediums/Runki.pdf

180. Haraldsson, Erlendur (2012) The Departed Among the Living / An Investigative Study of Afterlife Encounters, *White Crow Books, Guildford, UK, ISBN: 978-1-908733-29-0*

181. Haraldsson, Erlendur; Matlock, James G. (2016) I Saw a Light and Came Here / Children's Experiences of Reincarnation, *White Crow Books, Hove, UK, ISBN: 978-1-910121-92-4*

182. Hardo, Trutz (2012) Wiedergeburt / Die Beweise …und die Bedeutung für neues Bewusstsein / erweiterte Neuauflage, *Silberschnur, Güllesheim, ISBN: 978-3-89845-352-3, S. 75, 80, 86*

183. Harlow, S. Ralph (1968) Life After Death / What really happens when you die? Here is the startling answer to the question man asks - and fears - the most, *Macfadden-Bartell Book, New York, ISBN: keine*

184. Hart, Hornell (1954) ESP Projection: Spontaneous Cases and the Experimental Method, *The Journal of the American Society for Psychical Research, Vol. XLVIII. Nr. 4, S. 121-146*

185. Hart, Hornell (1959) The Enigma of Survival / The Case For and Against an After Life, *Rider & Co, London, ISBN: keine*

186. Hassler, Dieter (2011) ... früher, da war ich mal groß. Und ... Indizienbeweise für ein Leben nach dem Tod und die Wiedergeburt, Band 1: Spontanerinnerungen kleiner Kinder an ihr "früheres Leben", *Shaker Media, Aachen, ISBN: 978-3-86858-646-6*

187. Hassler, Dieter (2014) Ein neuer europäischer Fall vom Reinkarnationstyp, *Zeitschrift für Anomalistik, Band 14, Nr. 1, S. 25-44*

188. Hassler, Dieter (2015) Geh' zurück in eine Zeit… / Indizienbeweise für ein Leben nach dem Tod und die Wiedergeburt / Band 2a: Rückführungen in „frühere Leben" und deren Nachprüfung, *Shaker Media, Aachen, ISBN: 978-3-95631-359-2*

189. Hassler, Dieter (2015a) Geh' zurück in eine Zeit… / Indizienbeweise für ein Leben nach dem Tod und die Wiedergeburt / Band 2b: Rückführungen in „frühere Leben" und deren Nachprüfung, *Shaker Media, Aachen, ISBN: 978-3-95631-360-8*

190. Hassler, Dieter (2018) ITK, was ist das?, http://www.reinkarnation.de/html/itk.html

191. Hassler, Dieter (2018a) A NEW AND VERIFIED CASE SUGGESTIVE OF REINCARNATION BASED ON DREAMS AND FLASHBACKS, *Journal of the Society for Psychical Research, Vol. 82, No. 2, S. 81–102*

192. Hassler, Dieter (2018b) Ergänzende Information zum Artikel Hassler, Dieter (2018a), https://open-data.spr.ac.uk/dataset/supplementary-material-regarding-new-and-verified-case-suggestive-reincarnation-based-2

193. Hastings, Arthur (1991) With the Tongues of Men and Angels / A Study of Channeling, Holt, Rinehart and Winston, Inc., London, ISBN: 0-03-047164-8

194. Hawranke, Nina (2020) "Der Tod ist nicht der Tod", https://www.nexus-magazin.de/files/gratis/artikel/Nex27_Hawranke_ITK.pdf

195. Heathcote-James, Emma (2004) After-Death Communication / Hundreds of compelling stories - an astonishing number of people believe they have communicated with their deceased loved ones, *Metro Publ., London, ISBN: 1-84358-122-1*

196. Hemling, Heinz (1995) Unsichtbare Realität / Berichte - Erlebnisse - Tatsachen / Ein Beitrag zur vergleichenden Sterbe- und Jenseitsforschung auf der Grundlage einer Befragung im deutschen Sprachraum, *Die blaue Eule, Essen, ISBN: 3-89206-668-X*

197. Hillringhaus, F. Herbert, Hsg. (1985) Brücke über den Strom / Mitteilungen aus dem Leben nach dem Tode eines im 1. Weltkrieg gefallenen jungen Künstlers 1915-1945, *Novalis, Schaffhausen, ISBN: 3-7214-0551-X*

198. Hinz, Walther (1989) Woher - Wohin / mediale Mitteilungen von Beatrice Brunner, *ABZ Verl. Zürich, ISBN: 3-85516-006-6*

199. Hinze, Sarah (1997) Coming from the Light / Spiritual Accounts of Life Before Life, *Pocket Books, New York, London, ISBN: 0-671-00159-0*

200. Hoffman, Edward (1992) Visions of Innocence / Spiritual and Inspirational Experiences of Childhood, *Shambhala, Boston, London, ISBN: 0-87773-606-5*

201. Hogan, Craig R. (2008) Your Eternal Self, *Greater Realitiy Publications,* http://greaterreality.com, ISBN: 978-0-9802111-0-8

202. Holden, J. M., ed; Greyson, Bruce; James, Debbie (2009) The Handbook of Near-Death Experiences / Thirty Years of Investigation, *Praeger Publ., ABC-Clio; Santa Barbara, Calif., Denver, Col., Oxford, England, ISBN: 978-0-313-35864-7*

203. Hollander, Lewis E. (2001) Unexplained Wight Gain Transients at the Moment of Death, *Journal of Scientific Exploration, Vol. 15, No. 4, S. 495-500*

204. Holzer, Hans (1963) Gespensterjäger, *Hermann Bauer KG, Freiburg, ISBN: keine*

205. Holzer, Hans (1970) Born Again / The Truth about Reincarnation, *Doubleday, New York, ISBN: keine, S. 247, 250*

206. Holzer, Hans (1994) Life Beyond / Compelling Evidence for Past Lives and Existence After Death, *Contemporary, Lincolnwood (Chicago), ISBN: 0-8092-3577-3, S. 185, 336*

207. Holzer, Hans (1994a) The Psychic Side of Dreams, Llewellyn Publ., St. Paul, Minnesota, ISBN: 0-87542-369-8, S, 179ff

208. Home, D. D. (1991) Incidents in my Life, *Time Life Books, New York, ISBN: 0-8094-8087-5*

209. Horst, R. FRHR. V.D. (1977) Stimme der Stille, *Grenzgebiete der Wissenschaft III, 26. Jahrgang, Resch-Verlag, Innsbruck, S. 145-165;* https://www.imagomundi.biz/wp-content/uploads/2018/08/GW_26_Jahrgang_1977_Heft_3_Optimized.pdf

210. Hulme, A. J.Howard; Wood, Frederic H. (1937) Ancient Egypt Speakes / A Miracle of "Tongues", *Rider & Co., London, ISBN: keine*

211. Irwin, H. J. (1985) Flight of Mind / a psychological study of the out-of-body experience, *The Scarecrow Press, Metuchen, N.J. & London, ISBN: 0-8108-1737-3*

212. Ishida, Masoyoshi (2009) A New Experimental Approach to Weight Change Experiments at the Moment of Death with a Review of Lewis E. Hollander's Experiments on Sheep, *Journal of Scientific Exploration, Vol. 23, No. 1, S. 5-28*

213. Ishida, Masoyoshi (2010) Rebuttal to Claimed Refutations of Duncan MacDougall's Experiment on Human Weight Change at the Moment of Death, *Journal of Scientific Exploration, Vol. 24, No. 1, S. 5–39*

214. Jacobson, Nils-Olof (1973) Leben nach dem Tod / Über Parapsychologie und Mystik, *Econ, Düsseldorf, ISBN: 3-430-15004-3*

215. Jahn, Robert G. / Dunne, Brenda J. (1999) An den Rändern des Realen / Über die Rolle des Bewusstseins in der physikalischen Welt, *Zweitausendeins, Frankfurt am Main, ISBN: 3-86150-224-0*

216. Jakoby, Bernhard (2000) Auch Du lebst ewig / Die erstaunlichen Ergebnisse der modernen Sterbeforschung, *Langen Müller in Herbig Verlagsbuchhandlung, München, ISBN: 3-7844-2775-8*

217. Jakoby, Bernhard (2002) Die Brücke zum Licht / Nahtoderfahrung als Hoffnung, *Langen Müller, Hamburg, ISBN: 3-7844-2887-8*

218. Jakoby, Bernard (2009) Begegnungen mit dem Jenseits / Zum Phänomen der Nach-tod-Kontakte, *Rowohlt, Hamburg, ISBN: 978-3-499-62063-8*

219. Jaminet, Ernst von; Gilka-Bötzow, Eberhard (1964) Die jenseitige Welt, *Turm, Bietigheim, ISBN: keine*

220. Jankovich, Stefan von (1984) Ich war klinisch tot / Der Tod: Mein schönstes Erlebnis, *Drei Eichen, München, Engelberg/Schweiz, ISBN: 3-7699-0431-1*

221. Jankovich, Stefan von (1993) Reinkarnation als Realität / Gedanken über Reinkarnations-Erlebnisse im klinisch toten Zustand, *Drei Eichen, Ergolding, Hammelburg, ISBN: 3-7699-0532-6*

222. Jürgenson, Friedrich (1984) Sprechfunk mit Verstorbenen / Praktische Kontaktherstellung mit dem Jenseits, *Goldmann, München, ISBN: 3-442-11727-5*

223. Jung, C. G.; Jaffé, Aniela (1963) Erinnerungen, Träume, Gedanken, *Rascher, Zürich, Stuttgart, ISBN: keine*

224. Kaloski, Bruce E. (2017) Your Journey was Never Meant to End / A Compelling Case for Reincarnation, *PublishNation LLC, ISBN: 978-1-387-31665-6*

225. Kalweit, Holger (2004) Dunkeltherapie. Die Vision des Inneren Lichts, *KOHA-Verlag, Burgrain, ISBN: 3-936268-37-0; Internet:* https://de.scribd.com/doc/230568765/156577853-Kalweit-Holger-Dunkeltherapie-Die-Vision-Des-Inneren-Lichts-2004-336-S-Text

226. Kardec, Allan (1999) Das Buch der Geister / Grundsätze der spiritistischen Lehre, *Hermann Bauer KG, Freiburg, ISBN: 3-7626-0735-4*

227. Karlen, Barbro (1997) Und die Wölfe heulten / Eine Autobiographie, *Perseus, Basel, ISBN: 3-907564-25-1*

228. Kean, Leslie (2017) Surviving Death / A Journalist Investigates Evidence for an Afterlife, *Crown Archetype, New York, ISBN: 978-0-553-41961-0*

229. Kelly, Edward F.; Kelly Emily Williams; Grabtree, Adam; Gauld, Alan; Grosso, Michael; Greyson, Bruce (2007) Irreducible Mind / Toward a Psychology for the 21st Century, *Rowman & Littlefield Pub., Lanham, Maryland, USA, ISBN: 0-7425-4792-2*

230. Kenner, Clara (2007) Der zerrissene Himmel / Emigration und Exil der Wiener Individualpsychologie, *Vandenhoeck & Ruprecht, Göttingen, ISBN: 978-3-525-45320-9, S. 160-162*

231. Kent, James H. (2003) Past Life Memories as a Confederate Soldier, *ZARK Mountain, Huntsville, Arizona, ISBN: 1-886940-84-3*

232. Kessler, David (2011) Am Ende ist da nur Freude / Was Sterbenden auf dem Weg ins Jenseits begegnet, *Goldmann, München, ISBN: 978-3-44221960-5*

233. Klein, Tienke (2006) De Kiem, *Bet-Huen Books, Uitgeverij Petiet, Barchem, NL, ISBN: 90-75636-62-8, RGV0, 11RR, RGNW+*

234. Klimt, Susanne (2011) Der Zauber von Avoch / Eine Frau, die den Ort ihres früheren Lebens findet und dabei wahrhaft magische Momente erlebt, *Corona , Hamburg, ISBN: 978-3-942128-08-7*

235. Knoblauch, Hubert; Soeffner, Hans-Georg (1999) Todesnähe / Wissenschaftliche Zugänge zu einem außergewöhnlichen Phänomen, *UVK Universitätsverlag, Konstanz, ISBN: 3-87940-656-1*

236. Knoblauch, Hubert; Schmied, Ina; Schnettler, Bernt (2001) Different Kinds of Near-Death Experience: A Report on a Survey of Near-Death Experiences in Germany. *Journal of Near-Death Studies 20 (1), S. 15-29*

237. Krippner, Stanley; Faith, Laura (2001) Exotic Dreams: A Cross-Cultural Study, *Association for the Study of Study of Dreams, Dreaming, Vol. 11, No. 2, S. 73-82*

238. Krippner, Stanley; Bogzaran, Fariba; Carvalho, André Percia (2002) Extraordinary Dreams and how to Work with Them, *SUNY-Press, New York, ISBN: 0-7914-5258-1, S. 128f*

239. Kubis, Pat; Macy, Mark (1995) Conversations Beyond the Light / With Departed Friends & Colleagues by Electronic Means, *Griffin, Boulder, Co, ISBN: 1-882180-47-X*

240. Kübler-Ross, Elisabeth (1985) Über den Tod und das Leben danach, *Silberschnur, Melsbach, ISBN: 3-923781-02-4*

241. Landau, Lucian (1963) An Unusual Out-of-the-Body Experience, *Journal of the Society for Psychical Research, Vol. 42, No. 717*

242. Lasch, Eli Erich (2004) Sie sind wieder da / Eine andere Sicht unserer Geschichte, *Buchagentur Günter Heiß, Singen; ISBN: 3-9808795-7-7, S. 61*

243. Lawrence, Madelaine (1997) In a World of their Own / Experiencing Unconsciousness, *Praeger, Westport, Conn., London, ISBN: 0-275-95323-8*

244. Lees, Robert James (1995) Reise in die Unsterblichkeit / Band II: Das Elysische Leben, Band III: Vor dem Himmelstor, *Drei Eichen, ISBN: 3-7699-0462-1*

245. Lenz, Frederik (1979) Lifetimes / True Accounts of Reincarnation, *Bobbs-Merrill, New York, ISBN: 0-672-52490-2, S. 34*

246. Lerma, John (2012) Ins Licht / Besuche von Engeln, Visionen vom Leben danach und andere Erlebnisse vor dem Übergang, *AMRA, Hanau, ISBN: 978-3-939373-23-0*

247. Lier, Gerda (2010) Das Unsterblichkeitsproblem, Grundannahmen und Voraussetzungen, *V&R Unipress, Göttingen, Kap. 5.3.5.2.1, ISBN: 978-3899717648*

248. Lindley, James H.; Sethyn Bryan; Bob Conley (1981) Near-Death Experiences in a Pacific Northwest American Population: The Evergreen Study. *Anabiosis 1 (2), S. 104-124*

249. Lindner, Paul (2004) Die Idee der Wiedergeburt und der Erlösung im Hinblick auf das Thomasevangelium, *GRIN Verlag, München, ISBN: 978-3638578493*

250. Lindörfer, K. (1991) Großes Schach-Lexikon, *Orbis Verlag, München*

251. Locher, Theo (2007) Jenseitskontakte mit technischen Mitteln / Ergebnisse der instrumentellen Transkommunikation, *Ancient Mail Verlag Werner Betz, Groß Gerau, ISBN: 978-3-935910-50-7*

252. Lommel, Pim van; Wees van, R.; Meyers, V.; Elfferich, I. (2001) Near-death experiences in survivors of cardiac arrest: A prospective study in the Netherlands, *The Lancet 358, S. 2039 - 2045*

253. Lommel, Pim van (2009) Endloses Bewusstsein / Neue medizinische Fakten zur Nahtoderfahrung, *Patmos, Düsseldorf, ISBN: 978-3-491-36022-8, RGV0, NR, RGNW+, NN. S. 56; RGV0, 2RR, NN, S. 64*

254. Lommel, Pim van (2013) Non-local Consciousness / A Concept Based on Scientific Research on Near-Death Experiences During Cardiac Arrest, *Journal of Consciousness Studies, 20, No. 1–2, S. 7–48*

255. Long, Dr. Jeffrey; Perry, Paul (2010) Beweise für ein Leben nach dem Tod / Die umfassende Dokumentation von Nahtoderfahrungen aus der ganzen Welt, *Goldmann, Arkana, München, ISBN: 978-3-442-21915-5, RGV0, NR, Hafur, S. 235; s. a.* https://www.nderf.org/German/hafur_nte.htm

256. Lorimer, David (1993) Die Ethik der Nah-Toderfahrung, *Insel, Frankfurt, ISBN: 3-458-16567-3*

257. Lucas, Winafred Blake Ph. D. (1993) Regression Therapy / A Handbook for Professionals/ Vol. 1: Past Life Therapy, *Deep Forest Press, Crest Park, California, ISBN: 1-882530-01-2, S. 251*

258. Lucas, Winafred Blake Ph. D. (1993a) Regression Therapy / A Handbook for Professionals/ Vol. 2: Past Life Therapy, *Deep Forest Press, Crest Park, California, ISBN: 1-882530-02-0, S. 211, 250*

259. Luciani, Vincent (1993) Life After Life-After-Life, *Journal of Near-Death Studies, Dordrecht, Band 11, Heft 3, S. 137-148, RGV-, 1RR, S. 144*

260. Lund, David H. (2009) Persons, Souls and Death / A Philosophical Investigation of an Afterlife, *McFarland & Co., Jefferson, North Carolina, ISBN: 978-0-7864-3487-9*

261. MacDougall, Duncan (1907) Hypothesis Concerning Soul Substance together with Experimental Evidence of the Existence of such Substance, *Journal of the American Society for Psychical Research, Vol. 1, No. 5, S. 237-244 oder (1907) American Medicine, New Series Vol. II (4), S. 240-243; beides im Internet zu finden. Suche nach "macdougall soul substance"*

262. MacKenzie, Andrew (1971) Apparitions and Ghosts / A Modern Study, *Arthur Barker Ltd., London, ISBN: 213-00291-4*

263. MacKenzie, Andrew (1986) Hauntings and Apparitions / An Investigation of the Evidence, *Paladin, London, ISBN: 0-586-08430-4*

264. MacKenzie, Andrew (1987) The Seen and the Unseen, *Weidenfeld and Nicolson, London, ISBN: 0-297-79045-5*

265. MacKenzie, Andrew (1997) Adventures in Time / Encounters with the Past, *The Athlone Press, London, ISBN: 0-485-82001-3*

266. MacRae, Alexander (2004) EVP and New Dimensions, *Sanctuary Press, ISBN: 1-4116-1503-4*

267. Martensen-Larsen, D. H. (1955) An der Pforte des Todes / Eine Wanderung zwischen zwei Welten, *Furche, Hamburg, ISBN: keine*

268. Matson, Archie (1975) The Waiting World: What Happens at Death, *Turnstone Books, London, ISBN: 0-85500-042-2*

269. Mattiesen, Dr. Emil (1987) Das persönliche Überleben des Todes, Bde. 1-3, *de Gruyter, Berlin, Nachdruck von 1936, ISBN: 3-11-011334-1*

270. May, Edwin C.; Marwaha, Sonali Bhatt (ohne)An Alternative Hypothesis for the Géza Maróczy(via medium Rollans) vs. Viktor Korchnoi Chess Game, https://www.academia.edu/31084244/An_Alternative_Hypothesis_for_the_G%C3%A9za_Mar%C3%B3czy_via_medium_Rollans_vs._Viktor_Korchnoi_Chess_Game

271. McDonald, Phoebe (1985) Dreams / Night Language of the Soul, *Topaz Press, Baton Rouge, Luisiana, Laguna Beach, California, ISBN: 0-914255-01-0, S. 219ff*

272. McLuhan, Robert (2010) Randi's Prize / What Sceptics Say About the Paranormal, Why They are Wrong & Why it Matters, *Matador in Troubador Publ. Ltd., Leicester, UK, ISBN: 978-184876-494-1*

273. Meckelburg, Ernst (1995) Traumsprung, *Heyne, München, ISBN: 3453081560*

274. Meckelburg, Ernst (1998) Die Titanik wird sinken, *Langen Müller, München, ISBN: 3-7844-2707-3*

275. Mehne, Sabine (2014) Licht ohne Schatten / Leben mit einer Nahtoderfahrung, *Heyne, München, ISBN: 987-3-453-70260-8*

276. Mercz, U. W. (2009). *Flieg, mein roter Adler*. Remscheid: Re-Di-Roma-Verl.

277. Messner, Reinhold (1992) Grenzbereich Todeszone, *Kiepenheuer & Witsch, Köln, ISBN: 3-462-02207-5, RGV0, 3RR, Hias, S. 137*

278. Michels, Johannes (2008) Berichte von der Jenseitsschwelle / Authentische Fälle von Nahtoderfahrungen, *Goldmann, Arkana, München, ISBN: 978-3-442-21832-5*

279. Miller, R. DeWitt (1955) Stranger Than Life / original title: You do Take it with You, *ACE Books, New York, ISBN: keine*

280. Miller, Steve J. (2014) Erkundung der Ewigkeit / Was Nahtoderfahrungen über die Existenz Gottes und ein Leben nach dem Tod aussagen, *Heyne, München, ISBN: 978-3-453-70249-3*

281. Mills, Antonia (1994) Nightmares in Western Children: An Alternative Interpretation suggested by Data in Three Cases, *The Journal of the American Society for Psychical Research, Vol. 88, S. 309 - 325*

282. Mitchell, Janet Lee (1981) Out-of-Body Experience, *McFarland, London, ISBN: 0-89950-031-5*

283. Monroe, Robert A. *(2004) Journeys Out Of The Body, *Souvenir Press, London, ISBN: 0-285-62753-8, RGV0 , 1RR, indirect er sebst, wie in "Der 2. Körper", S. 81, RGV0 , 1RR, er selbst, S. 189*

284. Montgomery, Ruth (1987) A World Beyond / The First Eyewitness Account of the Hereafter from the World-Famous Psychic Arthur Ford, FAWSETT Crest, New York, ISBN: 0-449-20832-X

285. Moody, Raymond A. (1977/1986) Leben nach dem Tod / Die Erforschung einer unerklärten Erfahrung, *Rowohlt, Hamburg, ISBN: 3-498-04252-1 (Orig. Life After Life, 1975)*

286. Moody, Raymond A. (1997) Nachgedanken über das Leben nach dem Tod, *Rowohlt, Hamburg, ISBN: 3-499-60386-1*

287. Moody, Raymond A.; Perry Paul (2000) Blick hinter den Spiegel / Botschaften aus einer anderen Welt, *Bechtermünz Weltbild, Augsburg, ISBN: 3-8289-3406-4*

288. Moody, Raymond A.; Perry, Paul *(2002) Das Licht von Drüben / Neue Fragen und Antworten, *Rowohlt, Hamburg, ISBN: 3-498-04315-3, RGV-, NR, Morse: 7-jähriges Mädchen, S. 79*

289. Moody, Raymond; Perry, Paul (2011) Zusammen im Licht / Was Angehörige mit Sterbenden erleben, *Goldmann, Arkana, München, ISBN: 978-3-442-21951-3, S. 143*

290. Moore, William Usborne (1913) The Voices; a Sequel to "Glimpses of the next State", *Watts & Co, London, ISBN: keine*

291. Moorjani, Anita (2012) Heilung im Licht / Wie ich durch eine Nahtoderfahrung den Krebs besiegte und neu geboren wurde, *Arkana, München, ISBN: 978-3-442-34118-4, RGV+, S. 35, RR, Anita, S. 97, NR, Anita, S. 196*

292. Moorjani, Anita (2019) Experience Description 2766, https://www.nderf.org/Experiences/1anita_m_nde.html

293. Moorjani, Anita (2019a) https://youtu.be/7jFN9XQeEn4

294. Moorjani, Anita (2019b) https://youtu.be/tjLouLHH-_I

295. Moorjani, Anita (2019c) https://youtu.be/deKiTEE5Zdc

296. Morris, Robert L.; Harary, Stuart B.; Janis, Joseph; Hartwell, John; Roll, W. G. (1978) Studies of Communication During Out-of-Body Experiences, *Journal of the American Society for Psychical Research, Vol. 72, No. 1, S. 1-21*

297. Morrissey, Dianne (1996) Anyone Can See the Light: The Seven Keys to a Guided Out-Of-Body Experience, *Stillpoint Publ., Walpole, NH, ISBN: 1-883478-13-8*

298. Morse, Melvin *(1983) A Near-Death Experience in a 7-Year-Old Child, *American Journal of the Disabled Child, Vol. 137, RGV-, NR, Morse: 7-jähriges Mädchen, S. 959-961*

299. Morse, Melvin; Perry, Paul (1993). *Transformed by the Light*. New York: Villard Books

300. Morse, Melvin L. (1994) Near Death Experiences and Death-Related Visions in Children: Implications fort the Clinician, *Current Problems in Pediatrics, RGV0, NR, S. 55-83*

301. Morse, Melvin; Perry, Paul (1994a) Verwandelt vom Licht / Über die transformierende Wirkung von Nah-Todeserfahrungen, *Knaur, München, ISBN: 3-426-86046-5*

302. Morse, Melvin; Perry, Paul (1994b) Zum Licht / Was wir von Kindern lernen können, die dem Tod nahe waren, *Goldmann, München, ISBN: 3-442-12553-7, Katie, NR, RGV-, S. 17-23*

303. Morse, Melvin; Perry, Paul (1995) Parting Visions / An Exploration of Pre-Death Psychic and Spiritual Experiences, *Piatkus, London, ISBN: 0-7499-1495-5*

304. Morse, Melvin L. (2018) ARE NEAR DEATH EXPERIENCES THE FINAL MOMENTS OF LIFE? OR, CAN THE BRAIN DIE AND RETURN TO LIFE?, http://spiritualscientific.com/yahoo_site_admin/assets/docs/CAN_THE_BRAIN_TRULY_DIE_AND_THEN_RETURN_TO_LIFE.13491033.htm

305. Moser, Fanny (1980) Spuk / Ein Rätsel der Menschheit, *Fischer, Frankfurt/M, ISBN: 3-596-26714-5*

306. Moskowitz-Mateu, Lysa (2000) Conversations with the Spirit World: Souls Who Have Ended Their Lives Speak from Above, *Channeling Spirits Books, Los Angeles, ISBN: 0-9707468-6-5*

307. Müller, Karl H. (1982) Informationen aus dem Jenseits / Eine Studie über mediale Mitteilungen, *Turm-Verlag, Bietigheim, ISBN: 3-7999-0207-4*

308. Muldoon, Sylvan (1936) The Case for Astral Projection, *Aries Press, George Engelke, Chicago, ISBN: keine*

309. Muldoon, Sylvan; Carrington, Hereward (1973) The Phenomena of Astral Projection, *Rider & Co, London, ISBN: 0-09-038372-9*

310. Muller, Karl E. (1970) Reincarnation - based on facts, *Psychic Press Ltd., London, ISBN: 853840105, RGV-, 1RR, Richardson, S. 127; RGV0, 1RR, Medinger, S. 127-128*

311. Myers, F.W.H. *(2001) Human Personality and Its Survival of Bodily Death / Foreword by Aldous Huxley, *Hampton Roads Publishing Company, Inc, Charlottesville, VA, gekürzte Fassung gegenüber dem Original von 1903, ISBN: 1-57174-238-7, RGV0, NR, Wiltse, S. 171-176*

312. Nahm, Michael (2007). Evolution und Parapsychologie. *Books on Demand, Norderstedt*

313. Nahm, Michael (2011) Reflections on the Context of Near-Death Experiences, *Journal of Scientific Exploration, Vol. 25, No. 3. S. 453-478*

314. Nahm, Michael; Hassler, Dieter (2011a). Thoughts about thought bundles: A commentary on Jürgen Keil's paper "Questions of the reincarnation type". *Journal of Scientific Exploration, 25, S. 305–318*

315. Nahm, Michael (2012) Wenn die Dunkelheit ein Ende findet / Terminale Geistesklarheit und andere Phänomene in Todesnähe, *Crotona, Amerang, ISBN: 978-3-86191-024-4*

316. Nahm, Michael; Weibel, Adrian (2019) Die Bedeutung der Selbstschau (Autoskopie) als Zeitmarker für das Auftreten von Nahtod-Erfahrungen, *Zeitschrift für Anomalistik, Band 19, S. 151-171*

317. Nahm, Michael (2019a). Implications of reincarnation cases for biology. *In James G. Matlock: Signs of reincarnation. Exploring beliefs, cases and theory. Lanham, MD: Rowman & Littlefield, S. 273-287*

318. Naylor, William (1960) Silver Birch Anthology / Wisdom from the World Beyond, *Psychic Book Club, London, ISBN: keine*

319. Neppe, Vernon (2007) A Detailed Analysis of an Important Chess Game / Revisiting 'Maróczy Versus Kortschnoi', *Journal of the Society for Psychical Research (JSPR), Vol. 71.3, No. 888, July, S. 129-147*

320. Netzwerk Nahtoderfahrung (2020) https://www.netzwerk-nahtoderfahrung.org/

321. Newton, Michael (2001) Die Abentheuer der Seele / Neue Fallstudien zum Leben zwischen den Leben, *Astrodata, Wettswil, Schweiz, ISBN: 3-907029-71-2, S. 111f*

322. NDEaccounts (2017) Al Sullivan's - NDE - Confirmation of out of body experience, https://www.youtube.com/watch?v=J5_x8U7SR0I *(Video nicht mehr verfügbar)*

323. NN IANDS (2007) Shown How Illnesses Start on an Energetic Level (26.4.2007) https://iands.org/research/nde-research/nde-archives31/newest-accounts/345-shown-how-illnesses-start-on-an-energetic-level.html, RGV0, 1RR

324. NN near-death.com (2019) Ghosts of Flight 401, https://www.near-death.com/paranormal/ghosts.html

325. Nowotny, Dr. Karl (2004) Mediale Schriften / Mitteilungen eines Arztes aus dem Jenseits; Band. 1, *Laredo, Chieming, ISBN: 3-927518-04-2*

326. Oakford, David L *(2007) Journey Through The World of Spirit: God, Gaia, and Guardian Angels, *Reality Entertainment, Foresthill, CA, ISBN: 0-9791750-9-7,*

RGV-, S. 1, NR, David Oakford, S. 26, 48, 49, 54, 60, 77; s. a. https://www.near-death.com/experiences/notable/david-oakford.html

327. Oaten, Ernest W. (1938) "That reminds me": A medley of personal psychic experiences, *Two Worlds Publ., Manchester, ISBN: keine*

328. Ogston, Sir Alexander (1920) Reminiscences of Three Campaigns, *Hodder and Stoughton, London, New York, Toronto, ISBN: 2-451863766-519-2*

329. Ohkado, Masayuki (2013) On the Term „Peak in Darien“ Experience, *Journal of Near-Death Studies, 31(4), S. 203-211*

330. Ojeda-Vera Ricardo (2017) Roseann's DBV, Experience Desription, *Near Death Experiences Research Foundation, https://www.nderf.org/Experiences/1roseann_dbv.html* https://www.origenes.de/nte/Sterbebettvisionen.htm

331. Oliver, Denis (2018) Food Poisoning, http://aleroy.com/board89.htm

332. Osis Karlis (1974) Perceptual Experiments on Out-of-Body Experiences, *in Morris, J.D.; Roll, W.G.; Morris, R.L. (1975) Research in Parapsychology, S. 53-55*

333. Osis Karlis (1978) Kap. 7: Out-of-Body Research at the American Society for Psychical Research, *in Rogo, D. Scott (1978) Mind Beyond the Body / The Mystery of ESP Projection, Penguin Books, Harmondsworth, England, Ney York, ISBN: 0-14-00-4690-9, S. 162-169*

334. Osis, Karlis; McCormick, Donna (1980) Kinetic Effects at the Ostensible Location of an Out-of-Body Projection During Perceptual Testing, *Journal of the American Society for Psychical Research, Vol. 74, S. 319-329*

335. Osis, Karlis; Haraldsson, Erlendur (1982) Der Tod - ein neuer Anfang / Visionen und Erfahrungen an der Schwelle des Seins, *Hermann Bauer, Esotera-Taschenbuch, ISBN: 3-7626-0633-1*

336. Osis Karlis (2017) Life after Death, http://www.aspr.com/osis.html#top *(nach ASPR Newsletter, 1990, Volume XVI, Number 3, S. 25-28)*

337. Owen, G. Vale (1925/2009) Jenseits des Erdschleiers / Die Tieflande des Himmels, *Verlagsdruckerei Schmidt, Neustadt an der Aisch, ISBN: 978-3-87707-770-2*

338. Parnia, Sam; Fenwick, Peter (2002) Near death experience in cardiac arrest: visions of a dying brain or visions of a new science of consciousness, *Resuscitation, 52, S. 5-11*

339. Parnia, Sam (2008) What Happens When We Die / A Ground-Breaking Study into the Nature of Life and Death, *Hay House, London, ISBN: 978-1-4019-1539-1*

340. Parnia, Sam, et al. (2014) AWARE—AWAreness during Resuscitation— A prospective study, *Resuscitation,* http://dx.doi.org/10.1016/j.resuscitation.2014.09.004

341. Parnia, Sam (2015) Der Tod muss nicht das Ende sein / Was wir wirklich über das Sterben, Nahtoderlebnis und die Rückkehr ins Leben wissen (Erfahrungsberichte eines Reanimationsmediziners), *Heyne, München, ISBN: 978-3-453-70269-1, RGV0, NR, NN, S. 161*

342. Parti, Rajiv; Perry, Paul (2016) Erwachen im Licht / Die außergewöhnlichen Erlebnisse eines Arztes, der aus dem Jenseits zurückkehrte und zu einem neuen Leben fand, *Ansata, München, ISBN: 978-3-7787-7512-7, RGV-, 2RR, Rajiv, S. 77, NR, S. 199, 259*

343. Passian, Rudolf (1985) Wiedergeburt / Ein Leben oder viele?, *Knaur, München, ISBN: 3-426-04154-5*

344. Passian, Rudolf (1989) Abschied ohne Wiederkehr / Tod und Jenseits aus parapsychologischer Sicht - Forschung und Erfahrung im Grenzbereich, *Goldmann, München, ISBN: 3-442-11854-9*

345. Piper, Alta L. (1929) The Life and Work of Mrs Piper, *Kegan Paul, Trench, Trubner & Co., London, ISBN: keine*

346. Playfair, Guy Lyon (2006) New Clothes for Old Souls / Worldwide Evidence for Reincarnation / with an Appendix by Erlendur Haraldsson, *Druze Heritage Foundation, London, ISBN: 1-904850-09-X*

347. Popkes, Enno Edzard (2019) Jesus als Begründer eines platonischen Christentums, *BoD - Books on Demand, Norderstedt, ISBN: 978-3739203966*

348. Popkes, Enno Edzard, (2019a) Platonisches Christentum: Historische und methodische Grundlagen, *BoD - Books on Demand, Norderstedt, ISBN: 978-3746049885*

349. Price, Harry (1933) Leaves from a psychist's case-book, Victor Gollancz, London, ISBN: keine

350. Price, Jan (1996) The Other Side of Death, *Fawcett Columbine, New York, ISBN: 0-449-90992-1, RGV+, NR, Jan, S. 149; s.a.* https://www.near-death.com/experiences/pets/jan-price.html

351. Price, Jan (2019) Matters of Life and Death, The Near-Death Experience of Jan Price, video: https://www.youtube.com/watch?v=QfgeSUvyYbw

352. Pryse, James M. (1905) Reinkarnation im Neuen Testament, Schirner Verlag, Darmstadt, ISBN: 3897674564

353. Puryear, Anne (1997) Stephen Lives! / His Life, Suicide and Afterlife, *Pocket Books, New York, ISBN: 0-671-53664-8*

354. Rand, Hollister (2012) Ich bin nicht tot, nur anders / Kinder berichten aus dem Jenseits, *Rowohlt Hamburg, ISBN: 978-3-499-62970-9*

355. Randall, Edward C. (1917) The dead have never died, *Alfred A. Knopf, New York, ISBN: keine*

356. Randall, Neville (1989) Life after Death / The Book that Shatters every Myth about Mortality, *Corgi Books, London, ISBN: 0-552-11487-1*

357. Ravaldini, Silvio; Biondi, Massimo; Stevenson, Ian (1990) The Case of Giuseppe Riccardi: An Unusual Drop-in Communicator in Italy, *Journal of the Society for Psychical Research, Vol. 56, No. 821, October, S. 257-265*

358. Rawlette, Sharon Hewitt (2020) Phone Calls from the Dead? Exploring the Role of the Trickster, *Journal of Scientific Exploration, Vol. 34, No. 1, S. 116-126*

359. Rawlings, Maurice (1978) Jenseits der Todeslinie / Neue klare Hinweise auf die Existenz von Himmel und Hölle, *Christl. Buchhandlung, Baden, Schweiz, ISBN: 3-85614-014-X*

360. Rawlings, Maurice (1999) Zur Hölle und zurück / Leben nach dem Tod - überraschende neue Beweise, *Fliß, Hamburg, ISBN: 3-931188-06-X*

361. Renz, C. (1927) Ein Astralgesicht oder was sonst?, *Zeitschrift für Parapsychologie, Verlag Oswald Mutze, Leipzig, S. 475-478*

362. Ring, Kenneth (1982) Life at Death / A Scientific Investigation of the Near-Death Experience, *Quill, New York, ISBN: 0-688-01253-1*

363. Ring, Kenneth (1985) Den Tod erfahren - das Leben gewinnen / Erkenntnisse und Erfahrungen von Menschen, die an der Schwelle zum Tod standen und überlebt haben, *Scherz, München, ISBN: 3-502-13619-X, RGV0, NR, Belle, Janis, NN, S. 154; RGNW+, S. 152*

364. Ring, Kenneth; Lawrence, Madelaine (1993) Further Evidence for Veridical Perception During Near-Death Experiences, *Journal of Near-Death Studies, 11(4), S. 223-229*

365. Ring, Kenneth; Elsaesser-Valarino, Evelyn (1999) Im Angesicht des Lichts / Was wir aus Nah-Tod-Erfahrungen für das Leben gewinnen, Hugendubel, Ariston, München, ISBN: 3-7205-2101-X

366. Ring, Kenneth; Cooper, Sharon (2011) Wenn Blinde sehen - Mindsight / Nahtoderfahrungen von Blinden, Santiago, Goch, ISBN: 978-3-937212-47-0

367. Rivas, Titus (2008) An Interview with TG on the "Man with the Dentures", *von Titus Rivas per E-Mail dem Autor zur Verfügung gestellt. Original in „Terugkeer" 19 (3), Herbst 2008, S. 12 - 20, Vierteljahresheft der Merkawah Stiftung, holländische IANDS*

368. Rivas, Titus; Smit, Rudolf H. (2013) A Near-Death Experience with Veridical Perception Described by a Famous Heart Surgeon and Confirmed by his Assistant Surgeon, *Journal of Near-Death Studies, 31(3), S. 179-186*

369. Rivas, Titus; Dirven, Anny; Smit, Rudolf H. (2016) The Self Does Not Die / Verified Paranormal Phenomena from Near-Death Experiences, *IANDS Publ., Durham, NC, ISBN: 978-0-9975608-0-0*

370. Rivas, Titus (2016a) Dreams about previous lives, http://txtxs.nl/artikel.asp?artid=784

371. Rivas, Titus (2018) On Robert Charman's Research Note: Do Dying Rat Brains Offer a Possible Explanation for the Occurence of Near-Death Experiences?, *Journal of the Society for Psychical Research, Vol. 82, No. 3, S. 187-188*

372. Roberts, Jane (1986) Gespräche mit Seth / Von der ewigen Gültigkeit der Seele, *Goldmann, Mchn., ISBN: 3-442-11768-2*

373. Rochas, Albert de (1914/1980) Die aufeinanderfolgenden Leben / Gibt es Wiedergeburt? Dokumente zum Studium der Frage nach dem Buch von Albert de Rochas, *Baumgartner, Warpke-Billerbeck (Hann.); Französische Urschrift von 1911:* http://fr.scribd.com/doc/55618507/Vies-Success-Ives, *S. 21*

374. Roesermueller, Wilhelm Otto (1972) Um die Todesstunde..../ Übersinnliche Beobachtungen an Sterbebetten. Blicke in eine andere Welt, *Selbstverlag, Nürnberg, ISBN: keine*

375. Rogo, D. Scott (1978) Mind Beyond the Body / The Mystery of ESP Projection, *Penguin Books, Harmondsworth, England, Ney York, ISBN: 0-14-00-4690-9*

376. Rogo, Scott; Bayless, Raymond (1980) Phonecalls from the Dead / An Astonishing Investigation of the World beyond the Grave, *New English Library / Times Mirror, London, ISBN: 450047628*

377. Rogo, D. Scott (1985) The Search for Yesterday / A critical Examination of the Evidence for Reincarnation, *Prentice Hall Inc., New Jersy, ISBN: 0-13-797028-5, S. 28-32*

378. Rogo, D. Scott *(1989) The Return from Silence / A Study of Near-Death Experiences, *Aquarian Press, Northamptonshire, Engl., ISBN: 0-85030-736-8, RGV-, NR, Morse: 7-jähriges Mädchen, S.102-105*

379. Roitzsch, Peter (2014) Tod, wo ist dein Stachel? / Nahtoderfahrungen und Sterbebettvisionen / Physikalische Sicht auf ein unsterbliches Bewusstsein, *Edition Octopus im Verlagshaus Monsenstein und Vannerdat, Münster, ISBN: 978-3-95645-209-3*

380. Rommer, Barbara, R. (2000) Near-Death Experiences and Wider Acceptance of Reincarnation and other Religious/Spiritual Tenets in the New Millenium, *Proceedings of the Academy of Religion and Psychical Research, 25, Bloomfield, Conn., S. 64-71, RGV0, 1RR, Wilson, S. 65-66; für Kathi und Wesley s. Buch*

381. Rommer, Barbara R. (2004) Der verkleidete Segen / Erschreckende Nah-Toderfahrungen und ihre Verwandlung, *Santiago, Goch; Book on Demand, Norderstedt, ISBN: 3-937212-02-7, RGV0, NR, Kathi, S. 2; RGV0, NR, Tony, S. 25-27, NN, S. 32; RGV0, RR, Wesley, S. 51; RGV0, 1RR, Nunn, S. 184*

382. Rosher, Grace (1961) Beyond the Horizon / Being New Evidence from "the Other Side of Life" / Communicated by Gordon Burdick in Automatic Writing, *James Clarke, London, ISBN: keine*

383. Roy, Archie E. (2008) The Eager Dead / A Study in Hauntings, *Book Guild Ltd., Sussex, England, ISBN: 978-1-84624-183-3*

384. Sabom, Michael, B. (1986) Erinnerung an den Tod / Eine medizinische Untersuchung, *Goldmann, München, ISBN: 3-442-11741-0*

385. Sabom, Michael (1998) Light & Death/ One Doctor's Fascinating Account of Near-Death-Experiences, *Zondervan Publ., Grand Rapids, Michigan, ISBN: 0-310-21992-2*

386. Saylor Farr, Sidney (1998) Tom Sawyers Nah-Todeserfahrung und die Wandlung seines Lebens, *Flensburger Hefte, ISBN: 3-926841-82-7, RGNW+, NR, S. 180-187; s. a.* https://www.near-death.com/experiences/exceptional/thomas-sawyer.html*; Ring (1985) schildert den Fall, sagt aber nichts zur Reinkarnation; desgleichen Ring in JNDS (Winter 2008), S. 111-133*

387. Schachzüge (2019) https://www.chessgames.com/perl/chessgame?gid=1486372 oder http://www.chessmastery.co.uk/articles/chess-after-death-maroczy-korchnoi/

388. Schäfer, Hildegard (1985) Stimmen aus einer aderen Welt / Eine Zusammenfasung all dessen, was bisher auf dem Gebiet der Tonbandstimmen erforscht wurde und instruktive Anleitung für eigene Experimente, *Hermann Bauer KG, Freiburg, ISBN: 3-7626-0604-8*

389. Schäfer, Hildegard (1989) Brücke zwischen Diesseits und Jenseits / Theorie und Praxis der Transkommunikation, *Hermann Bauer KG, Freiburg, ISBN: 3-7626-0374-X*

390. Schiebeler, Werner (1989) Zeugnis für die jenseitige Welt / Eine Darstellung der Erfahrensbeweise / Bericht eines Physikers, *Silberschnur, Neuwied, ISBN: 3-923781-33-4*

391. Schiebeler, Werner (1991) Der Tod, die Brücke zu neuem Leben / Beweise für ein persönliches Fortleben nach dem Tod. Der Bericht eines Physikers, *Die Silberschnur, Neuwied, ISBN: 3-923-781-26-1*

392. Schiebeler, Werner (1993) Leben nach dem irdischen Tod / Die Erfahrungen von Verstorbenen, *Silberschnur, Neuwied, ISBN: 3-923-781-40-7*

393. Schiebeler, Werner (1993a) Nachtodliche Schicksale / Gegenseitige Hilfe zwischen Diesseits und Jenseits, *Wersch, Ravensburg, ISBN: 3-928867-03-23*

394. Schiebeler, Werner (2001) Schachspiel mit einem Verstorbenen, *Zeitschrift "Wegbegleiter", Nr. 1, S. 11-15;* auch im Internet (2019): http://www.wegbegleiter.ch/wegbeg/schachsp.htm#startpunkt

395. Schiebeler, Werner (2005) Das Geheimnisvolle in unserer Welt / Seltsame Erscheinungen, die uns aufmerksam machen wollen, *Wersch Verlag, Martin Weber, Schutterwald, ISBN: 3-928867-10-5*

396. Schlotterbeck, Karl (1987) Living Your Past Lives: The Psychology of Past Life Regression, *Ballantine, New York, ISBN: 0-345-34028-0, S. 24*

397. Schmidt, K.O. (1962) Wir leben nicht nur einmal / 111 Rückerinnerungen an frühere Leben, Berichte und Tatsachen, *Heinrich Schwab, Argenbühl-Eglofstal, ISBN: 3-7964-0062-0, S. 124, 157, 161, 256*

398. Schmidt, K.O. (1993) Das abendländische Totenbuch, Band 2, *Drei Eichen, Hammelburg, ISBN: 3-7699-0509-1*

399. Schmied-Knittel, Ina (2008) Außergewöhnliche Erfahrungen: Repräsentative Studien und aktuelle Befunde, *Zeitschrift für Anomalistik, Sandhausen, Band 8 Nr. 1+2+3, S. 98-117*

400. Schucman, Helen; Thetford, William (1976, 2007) A Course in Miracles, *Foundation for Inner Peace, Mill Valley, USA, ISBN: 978-188336073-3 (deutsch ISBN: 978-3-923662-18-0)*

401. Schul, Bill (1979) PSI bei Tieren / Eine aufregende Dokumentation über die Geheimnisse der Tierwelt, *Ullstein, Frankfurt/M, Berlin, Wien, ISBN: 3-548-34005-9*

402. Schwartz, Gary E.; Russek, Linda G. S.; Nelson, Lonnie A.; Barentsen, Christopher (2001) Accuracy and Replicability of Anomalous After-Death Communication Across Highly Skilled Mediums, *Journal of the Society for Psychical Research, Vol. 65.1, No. 862, S. 1-25*

403. Schwartz, Gary E. (2002) The Afterlife Experiments / Scientific Evidence of Life After Death, *Atria Books, New York, ISBN: 0-7434-3659-8*

404. Schwartz, Gary E.; Geoffrion, Sabrina; Jain Shamini; Lewis, Sabrina; Russek, Linda G. (2003) Evidence of Anomalous Information Retrieval Between Two Mediums: Replication in a Double-Blind Design, *Journal of the Society for Psychical Research, Vol. 67.2, No. 871, S. 115-130*

405. Schwarz, Rudolf (1954) Wie die Toten leben / Protokolle aus dem Jenseits, empfangen von Ph. Landmann / Versuch einer vergleichenden Jenseitsforschung, *Lebensweiser, Büdingen-Gettenbach, ISBN: keine*

406. Sculthorp, Frederick C. (1962) Meine Wanderungen in der Geisterwelt / Ein Bericht über persönliche Erfahrungen während bewusster Astralprojektionen, *Hermann Bauer KG, Freiburg, ISBN: keine*

407. Senkowski, Ernst (1995) Instrumentelle Transkommunikation / Dialog im Unbekannten - Stimmen - Bilder - Texte, *Fischer, Frankfurt/M, ISBN: 3-89501-254-8*

408. Senkowski, Ernst (2000) Instrumentelle Transkommunikation, https://www.sterbebegleitung-jenseitskontakte.de/ERNST-SENKOWSKI-_-ITK.htm

409. Senkowski, Ernst (2013) Wer kennt Anne de Guigné?, https://www.sterbebegleitung-jenseitskontakte.de/ANNE-DE-GUIGN%C9.htm

410. Serdahely, William J. (1995) Variations from the Prototypic Near-Death Experience: The `Individually Tailored´ Hypothesis, *Journal of Near-Death Studies 13 (3), S. 185-196*

411. Sharp, Kimberly Clark (1996) After the Light / The Spiritual Path to Purpose / How a Glimpse at the other Side Changed One Woman's Life, *Avon Books, New York, ISBN: 0-380-72405-7, S. 7 - 15*

412. Sharp, Kimberly Clark (2007) The Other Shoes Drops: Commentary on "Does Paranormal Perception Occur in Near-Death Experiences?", *Journal of Near-Death Studies, No. 25 (4), S. 245 - 250*

413. Sharp, Kimberly Clark (2017) The Shoe on the Ledge, in Chapter 6 in Kean, Leslie (2017) Surviving Death / A Journalist Investigates Evidence for an Afterlife, *Crown Archetype, New York, ISBN: 978-0-553-41961-0, S. 83-91*

414. Sheldrake, Rupert; Smart Pamela (2000) A Dog That Seems to Know When His Owner Is Coming Home: Videotaped Experiments and Observations, *Journal of Scientific Exploration, Vol. 14 No. 2, S. 233-255*

415. Sheridan, Kim (2003) Animals and the Afterlife / True Stories of Our Best Friends' Journey Beyond Death, *Hay House, London, ISBN: 978-1-84850-242-0*

416. Sherman, Harold Morrow (2015) You Live After Death, *Square Circles Publ., 2015; Creative Age Press, New York, 1949, ISBN: 978-0-9967165-4-3*

417. Shields, Rand Jameson (2013) Angel Proof of Reincarnation, *Light Path Press, CreateSpace Independent Publishing Platform, North Charleston, South Carolina (USA), ISBN: 978-1491047804*

418. Smit, Rudolf H. (2008) Corroboration of the Dentures Anecdote Involving Veridical Perception in a Near-Death Experience, *Journal of Near-Death Studies, Band 27, Nr 1, S. 47 - 61*

419. Smit, Rudolf H. (2012) Failed Test of the possibility that Pam Reynolds Heard Normally During Her NDE, *Journal of Near-Death Studies, 30 (3), S. 188 - 192*

420. Smith, Duane F. (2015) Dying to Really Live: Memories of the Afterlife; A Non-Believer Returns to Life After a Surprising Near Death Experience / Book 1, NDE Insight Series, *Ashland, Ashland, Oregon, ISBN: 9780985676148, RGV-, Duane, S. 1, 2, 14, 31, NR, S. 1, 2, 31; 3RR, S. 28; s. a.* https://www.nderf.org/Experiences/1duane_s_nde.html

421. Smith, Penelope (2007) Tiere erzählen vom Tod: Wie Tiere ihr Sterben erleben und den Weg ins Licht finden, *Reichel Verlag, Weilersbach, ISBN: 978-3-926388-76-6*

422. Smith, Susy (1968) The Enigma of Out-of-Body Travel, *Signet Mystic Book, New York, ISBN: ohne*

423. Smith, Susy (1974) Life is forever; Evidence for survival after death, *G. P. Putnam's Sons, New York, ISBN: keine*

424. Smith, Susy (1974, 2000) The Book of James (William James, That is) / Conversations from Beyond, iUniverse.com, *Lincoln, NE, ISBN: 1-58348-573-2*

425. Smith, Susy (1977) Astrale PSI-Geheimnisse / Die astrale Doppelexistenz / Beweise für das Phänomen der außerkörperlichen Wanderschaft von Personen, *Heyne, München, ISBN: 3-453-00758-1*

426. Snell, Joy (2002) Der Dienst der Engel / Erlebnisse einer Krankenschwester an Kranken- und Sterbebetten, *Turm-Verlag, Bietigheim, ISBN: 3-7999-0171-X*

427. Sparrow, Lynn Elwell (1994) Wahrheit der Reinkarnation / Edgar Cayce's Offenbarung des neuen Zeitalters, *Heyne, Mchn., ISBN: 3-453-07738-5*

428. Speer, Claus (2004) Ein-Sicht- Geistige Freunde erklären uns den Sinn der diesseitigen und der jenseitigen Welt: www.ein-sicht.de

429. Speer, Claus (2004a) Arbeitskreis Origenes: www.origenes.de

430. Speer, Claus (2007) Sterbebettvisionen, *NTE-Report Informationsbrief des Netzwerks Nahtoderfahrung, Nr. 3, Dezember,* https://netzwerk-nahtoderfahrung.org/images/Bilder/Dokumente/newsletter/oeffentlich/NTE-Report3-07.pdf, *S. 4-6 oder* http://www.origenes.de/nte/Sterbebettvisionen.htm

431. Stead, William T. (1936) Briefe von Julia / Eine Reihe von Botschaften über das Leben jenseits des Grabes / Durch automatische Schrift von einer Vorausgegangenen erhalten, *Renatus-Verlag, Lorch, ISBN: keine*

432. Stead, Estelle (1980) Die Blaue Insel / Mit der Titanik in die Ewigkeit / Ein Blick in das Leben im Jenseits / Eine Beschreibung des Übergangs jäh aus dem Leben gerissener Menschen, *Schroeder Verlag, Flensburg, ISBN: 3-87721-012-0*

433. Stead, W.T.,Stead, Estelle (2012) The Blue Island and Other Spiritualist Writings (Life on Other Worlds Series), *Square Circles Publ., Pahrump, NV, ISBN: 978-0-989396-7-1*

434. Stearn, Jess (1994) The Search for a Soul / Taylor Caldwell's Past Lives, *Berkley Books, New York, ISBN: 0-425-14366-X, S. 136*

435. Steiger, Brad (1968) In My Soul I Am Free / The internationally bestselling story of America's own Paul Twirchell - prophet, healer, soul-traveler - whose miraculous cures may even now be helping you, *Illuninated Way Press, Menlo Park, ISBN: 0-914766-11-2, RGV+, NR, S. 92*

436. Steiger, Brad (1973) The Enigma of Reincarnation / the Incredible, but Factual, Case Histories of those who have Lived Before, *ace books, New York, ISBN: keine, S. 28, 34*

437. Steiger, Brad; Steiger, Sherry Hansen (1995) Children of the Light: The Startling and Inspiring Truth About Children's Near-Death Experiences and how they Illumine the Beyond, *Signet Book; Penguin Books, London, New York, ISBN: 0-451-18533-1*

438. Steiger, Brad (1996) You have Lived Before and You will Live Again / Dramatic Case Histories of Reincarnation, *Blue Dolphin, Nevada City, ISBN: 0-931892-29-5*

439. Steiger, Brad (1996a) Returning from the Light / Using Past Lives to Understand the Present and Share the Future, *Signet, London, New York, ISBN: 0-451-18623-0, S. 1*

440. Stein, Christine (2009) Like an Angel - einmal Himmel und zurück, *Weimarer Schiller-Presse, Frankfurt, München, New York, ISBN: 978-3-86548-347-8*

441. Stemman, Roy (1995) The man in her dreams was her past life husband, *Reincarnation International, No. 5, S. 16*

442. Stevenson, Ian (1973) A Communicator of the "Drop In" Type in France: The Case of Robert Marie, *The Journal of the American Society for Psychical Research, Vol. 67, S. 47-76*

443. Stevenson, Ian (1975) The Case of Robert Marie: An Additional Note, *The Journal of the American Society for Psychical Research, Vol. 69, S. 167-168*

444. Stevenson, Ian (1976) Reinkarnation, 20 überzeugende und wissenschaftlich bewiesene Fälle, *Aurum Verlag, Freiburg, ISBN: 3-59108019-5*

445. Stevenson, Ian (1980) An Analysis of some Suspect Drop-In Communications, *Journal of the Society for Psychical Research, Vol. 50, No. 785, S. 427-447*

446. Stevenson, Ian (1997) Reincarnation and Biology, Vol. 2, *Praeger, London, ISBN: 0-275-95284-3, S. 737, 888, 1386*

447. Stevenson, Ian (2003) European Cases of the Reincarnation Type, *McFarland, Jefferson, North Carilina, ISBN: 0-7864-1458-8*

448. Stokes, Doris (1985) Voices in My Ear: Autobiography of a Medium, *Futura Publ., London, ISBN: 0-7088-1786-6*

449. Stratton, F.J.M. (1957) An Out-of-the-Body Experience Combined with ESP, *Journal of the Society for Psychical Research, Vol. 39*

450. Suleman, Azmina (2004) A Passage to Eternity, *Amethyst Publ., Calgary, Alberta, ISBN: 0-9734079-2-1, RGV+, Azmina, S. 135, 18RR, S. 75-76*

451. Sutherland, Cherie (1989). Psychic Phenomena Following Near-Death Experiences: An Australian Study, *Journal of Near-Death Studies, 8*(2), 93-102

452. Sutherland, Cherie (1995) Reborn in the Light / Life after Near-Death Experiences, *Bantam Books, New York, London, ISBN: 0-553-56980-5, NR, RGNW+, Olivia, S. 85, NR, RGNW-, Ruby, S. 85, Allg. S. 239*

453. Sutherland, Cherie (1996) Children of the Light / The Near-Death Experiences of Children, *Souvenir Press, London, ISBN: 0-285-63307-4, RGV-, S. 95, NR, Erin, S. 90, 91, 93; RGV+, NR, Josie, S. 116; RGV-, S. 186, NR, Hal, S. 182*

454. Talbot, Michael (1993) Jenseits der Quanten, *Heyne, München, ISBN: 3453037464*

455. Tanous, Alexander; Ardman, Harvey (1976) Beyond Coincidence / One Man's Experience with Psychic Phenomena, *Doubleday, New York, ISBN: 0-385-11242-4*

456. Taschner, Uta (1994) Das Jenseits ist anders / Durchgaben aus der geistigen Welt, *Taschner-Seifert, Lindau, ISBN: 3-928401-08-4*

457. Taylor, Greg (2013) Stop Worrying / There Probably is an Afterlife, *Daily Grail Publ., Brisbane, Australia, ISBN: 978-0-9874224-3-9*

458. Tenhaeff, W.C.H. (1995) Kontakte mit dem Jenseits / Der Spiritismusreport / Standardwerk der Parapsychologie, *Ullstein, Frankfurt/M., S. 225, ISBN: 3-548-35493-9*

459. Tompkins, Ptolemy (2012) The Modern Book of the Dead / A Revolutionary Perspective on Death, the Soul, and What Really Happens in the Life to Come, *Atria Books, New York, London, ISBN: 978-1-4516-1652-1, RGV0, NR, Bertrand, S. 197-201*

460. Tweedale, Charles Lakeman (1921/2012) Man's Survival after Death or the Other Side of Life, *Forgotten Books / Dutton & Comp., New York, ISBN: keine*

461. Tymn, Michael *(2011) The Afterlife Revealed / What Happens after We Die, *White Crow Books, Guildford, UK, ISBN: 978-1-907661-90-7, RGV0, NR, Wiltse, S. 63-65*

462. Tymn, Michael (2012) Transcending the Titanic / Beyond Death's Door, *White Crow Books, Guildford, UK, ISBN: 978-1-908733-02-3*

463. Tymn, Michael (2013) Resurrecting Leonora Piper / How Science Discovered the Afterlife, *White Crow Books, Guildford, UK, ISBN: 978-1-908733-72-6*

464. Tymn, Michael (2014) Dead Men Talking / Afterlife Communication from Eorld War I, *White Crow Books, Guildford, UK, ISBN: 978-1- 910121-13-9*

465. Tyrrell, G. N. M. (1946) The Personality of Man, *Pelican Books, Harmondsworth, Engl., ISBN: keine*

466. Tyrrell, G.N.M. (1970) Apparitions, *Collier Books, New York, NY, ISBN: keine*

467. Verein für Transkommunikations-Forschung (2020) http://www.vtf.de/

468. Voggenhuber, Pascal (2018) Nachricht aus dem Jenseits 2.0 / Die neuesten Erkenntnisse meiner Arbeit als Medium, *Giger, Altendorf, Schweiz, ISBN: 978-3-906872-83-4*

469. Volkamer, Klaus (2015) Die feinstoffliche Erweiterung unseres Weltbildes / 4. überarbeitete und erweiterte Auflage, *Brosowski Publ., Berlin, ISBN: 978-3-946533-00-9; s. a. hier:* https://www.youtube.com/watch?v=pDvf_EJ2Dq8 oder
https://klaus-volkamer.de/?p=108
https://www.youtube.com/watch?v=vTKO4YCugZM
https://www.youtube.com/watch?v=UaxO0P9_d0s&feature=youtu.be
https://www.everyday-feng-shui.de/dunkle-materie-und-die-feinstoffliche-raum-zeit-geometrie/

470. Wagner McClain, Florence (1986), A Practical Guide to Past Life Regression / What we did yesterday shaped today. What we do today shapes tomorrow, *Llewellyn, St. Paul, Minnesota, ISBN: 0-87542-510-0*

471. Ward, Paul von (2008) The Soul Genome / Science and Reincarnation, *Fenestra Books, Tucson, Arizona, USA, ISBN: 978-1-58736-995-7, S. 26*

472. Weiss, Jess E. (1972) The Vestibule, *Ashley Books, Port Washington, N.Y., ISBN: keine*

473. Weß, Ludger (2020) Erben wir Erlebnisse unserer Vorfahren?, *bild der wissenschaft, Nr. 1, S. 15-19*

474. Wickland, Carl (1994) Dreißig Jahre unter den Toten, *Otto Reichl, Der Leuchter, St. Goar, ISBN: 3-87667-001-2*

475. Wieczorek, Udo; Bomm, Manfred (2015) Seelenvermächtnis / Udo W.: Mein zweites Leben, *Verlag Gmeiner, Meßkirch, ISBN: 978-3-8392-1782-5*

476. Wikipedia (2017) https://en.wikipedia.org/wiki/Pam_Reynolds_case

477. Wikipedia (2018) Doris Stokes, https://en.wikipedia.org/wiki/Doris_Stokes

478. Williams, Kevin R. *(2002) Nothing Better Than Death, *Xlibris, ISBN: 1-4010-6411-6, RGV0, NR, Oakford, S. 35, 37; RGV0, NR, Karen Schaeffer, S. 41; RGV-, NR?, Dicus, S. 76,* https://www.near-death.com/reincarnation/experiences/jeanie-dicus.html*; RGV0, NR, Sandra Rogers, S. 101,* https://www.near-death.com/experiences/suicide/sandra-rogers.html; Silberschnur Joni Maggi https://www.near-death.com/experiences/triggers/extreme-meditation.html

479. Williams, Kevin (2017) Jan Price's Near-Death Experience With Her Pet Dog, http://www.near-death.com/experiences/pets/jan-price.html

480. Williams, Bill; Williams, Muriel; Curie, Ian (2006) Life in the Spirit World / The Mind does not Die / Communicated to Medium Muriel Williams by late Prof. Ian Currie, *Trafford Publ., Oxford, ISBN: 1-55369-098-2*

481. Wills-Brandon, Carla (2000) One Last Hug Before I Go: The Mystery and Meaning of Deathbed Visions, *Health Communications, Deerfield Beach, FL, ISBN: 1-55874-779-6*

482. Wilmowsky, Andrea von (2013) Segelfalter, www.XinXii.com, www.segelfalter.de

483. Wilson, Ian (1987) The After Death Experience, *Sidgwick & Jackson, London, ISBN: 0-283-99495-9*

484. Wilson, Ian (1995) In Search of Ghosts, *Headline Book, London, ISBN: 0-7472-1183-3*

485. Wiseman, Richard; O'Keeffe, Ciaran (2001) Accuracy and Replicability of Anomalous After-Death Communication Across Highly Skilled Mediums: A Critique, *The Paranormal Review, Issue 19, S. 3-6*

486. Woerlee, Gerald M. (2004) Cardiac Arrest and Near-Death Experiences, *Journal of Near-Death Studies, Band 22, Nr 4, S. 235 - 249*

487. Woerlee, Gerald M. (2011) Could Pam Reynolds Hear? A New Investigation into the Possibility of Hearing During this Famous Near-Death Experience, *Journal of Near-Death Studies, 30 (1), S. 3 - 25 und* http://neardth.com/pam-reynolds-near-death-experience.php

488. Wolfradt, Uwe (2000) Forschungsbericht des Projekts "Out-of-body-Erfahrungen, Persönlichkeitsmerkmale und paranormale Erlebnismuster", *Martin-Luther-Universität Halle-Wittenberg, Institut für Psychologie, ISBN: keine*

489. Xavier, Francisco Candido (2009) Unser Heim / Das Leben in der spirituellen Welt, EDICEI Europe, Winterthur, ISBN: 978-3-905966-02-2

19. Stichwort-/Schlagwort-/Personenverzeichnis

19.1. Personenverzeichnis

19.2. Stichwort-/Schlagwortverzeichnis (Sachverzeichnis)

Bildnachweise für die folgenden Seiten:

Abb. 1: Maroczy: https://de.wikipedia.org/wiki/G%C3%A9za_Mar%C3%B3czy, Kortschnoi: https://en.wikipedia.org/wiki/Viktor_Korchnoi
Abb. 2: Rollans: https://www.pepijnvanerp.nl/2017/02/playing-chess-with-a-dead-man-maroczy-vs-korchnoi
Abb. 3: Dr. Wolfgang Eisenbeiss
Abb. 4: Dieter Hassler
Abb. 5 - 8: Udo Wieczorek
Abb. 9 - 10: Dieter Hassler
Abb. 11 - 13: Udo Wieczorek
Abb. 14 - 17: Dieter Hassler

20. Bildmaterial

Abbildung 1: Das Medium Robert Rollans 1988 in seiner Wohnung in Bad Pyrmont (Kapitel 8.2.9.1, S. 316)

Abbildung 2: Der lebende Schachgroßmeister Victor Kortschnoi und der verstorbene Géza Maróczy (Kapitel 8.2.9.1, S. 316)

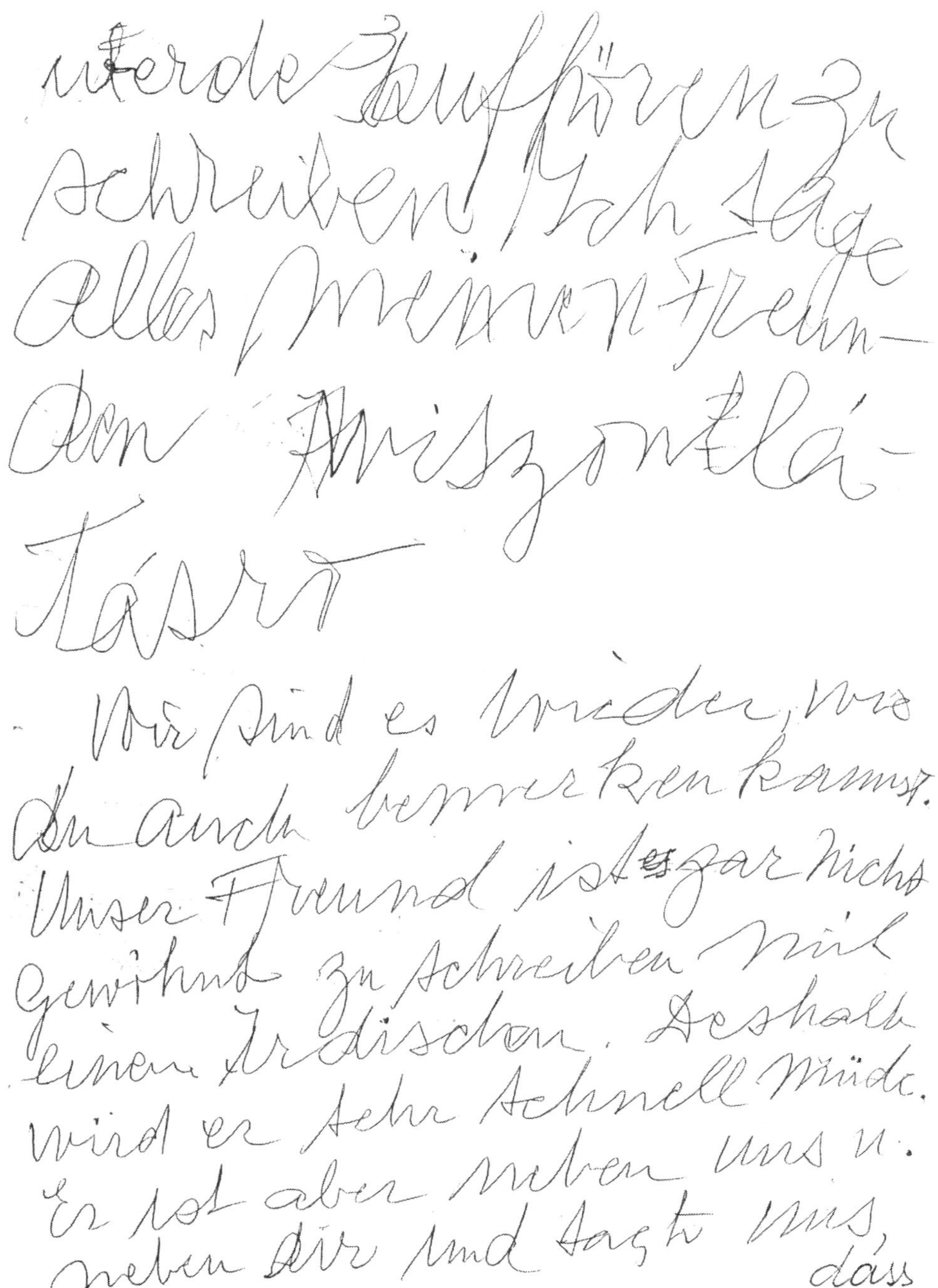

werde aufhören zu
schreiben. Ich sage
alles meinen Freun-
den Viszontlá-
tásra

Wir sind es wieder, wie
du auch bemerken kannst.
Unser Freund ist gar nicht
gewöhnt zu schreiben mit
einem Irdischen. Deshalb
wird er sehr schnell müde.
Er ist aber neben uns u.
neben dir und sagte uns,
dass

Abbildung 3: Geführte Handschrift von Rollans 15.6.1985
Obere Hälfte: Géza Maróczy schreibt das erste Mal
Untere Hälfte: Ein Führungsgeist übernimmt die Hand von Rollans
(Kapitel 8.2.9.1, S. 316)

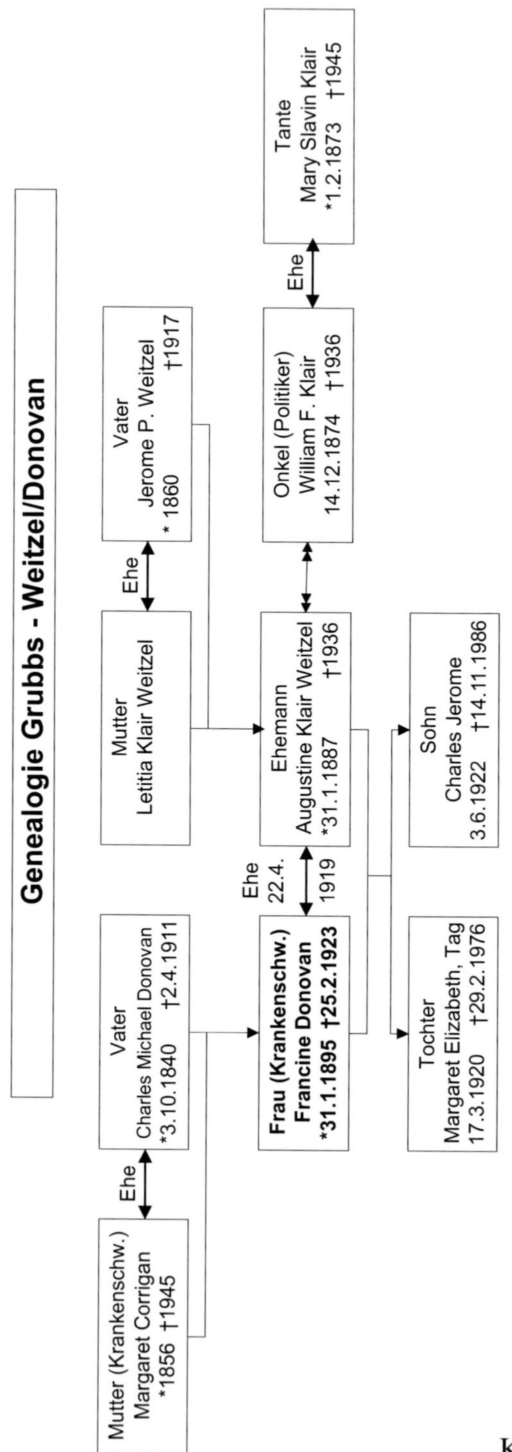

Kapitel 10.2.2, S. 369

Abbildung 4: Genealogie frühere Familie von Grubbs

Abbildung 5: Udo Wieczoreks Kinderzeichnung (Kapitel 11.2, S. 378)

Abbildung 6: Abschiedsbrief des verstorbenen Vinz 1915 (Vorderseite) (Kapitel 11.2, S. 378)

Abbildung 7: Münzen im Drahtkörbchen (Kapitel 11.2, S. 378)

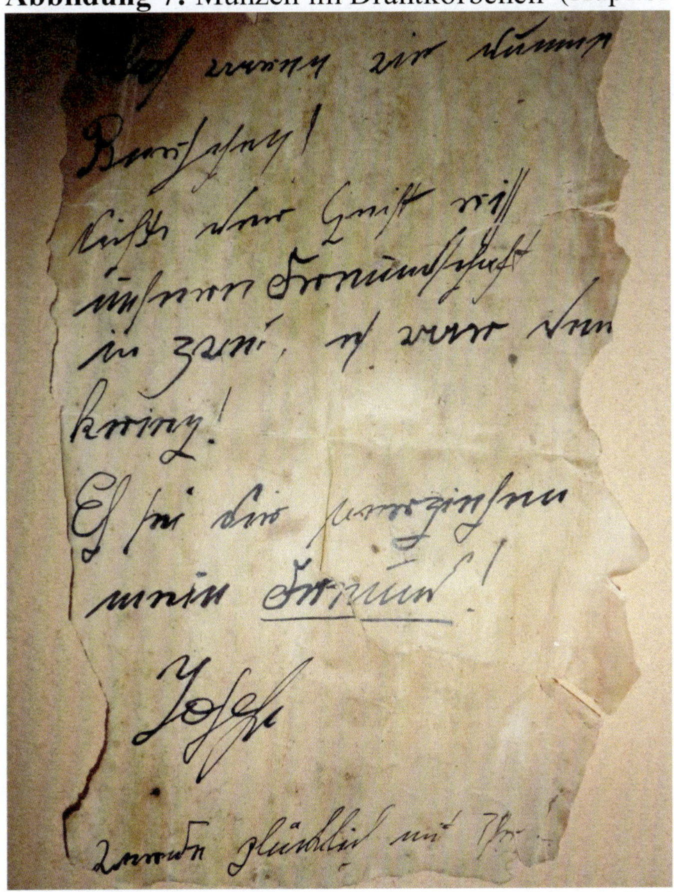

Abbildung 8: Brief des verstorbenen Josele an Vinz 1915 (Kapitel 11.2, S. 378)

Abbildung 9: Plakette auf dem Seikofel (Kapitel 11.2, S. 378)

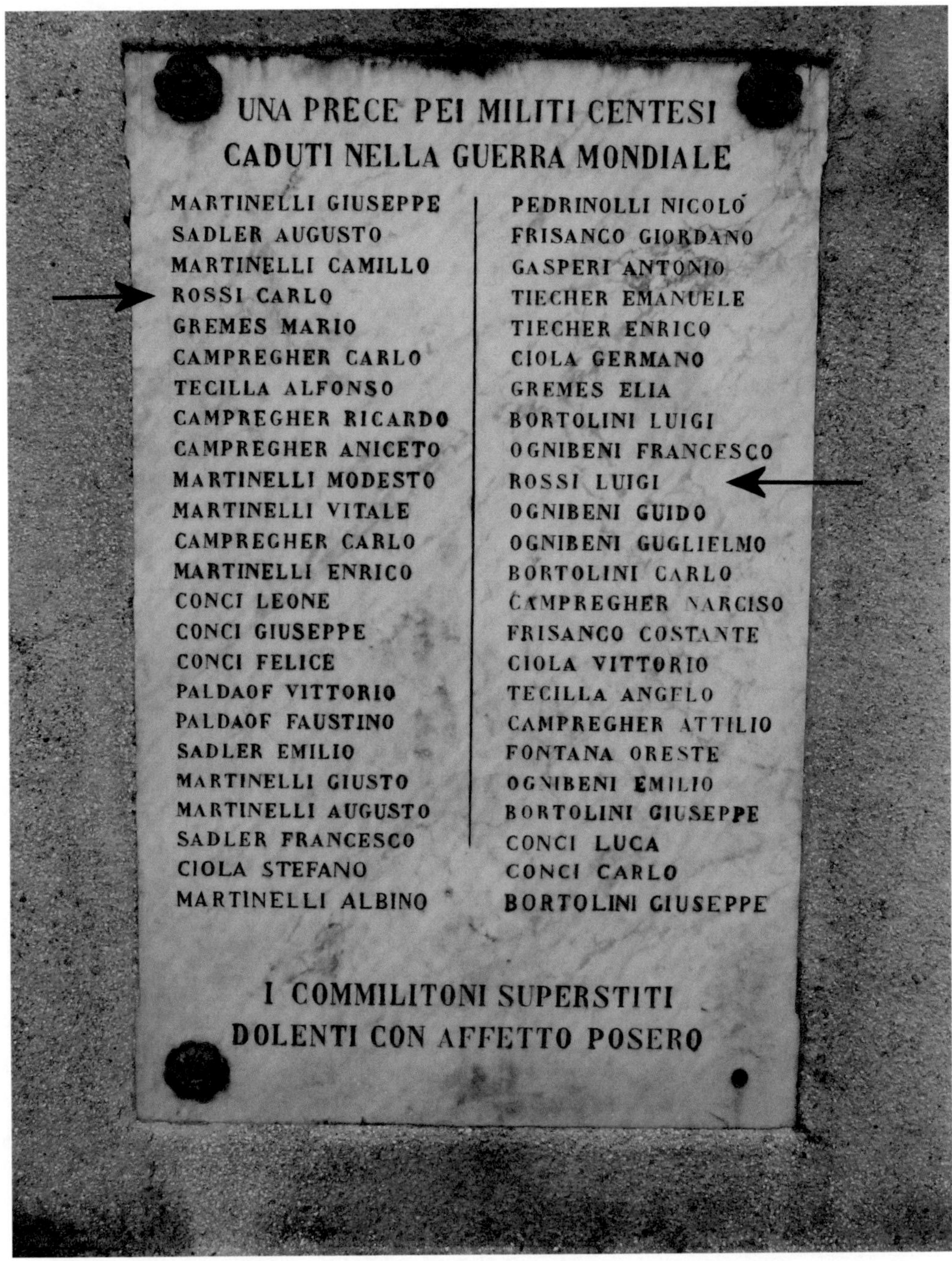

Abbildung 10: Kriegerdenkmal in Centa (Kapitel 11.2, S. 378)

Abbildung 11: Gemeinde Centa: Gefallene des Ersten Weltkriegs

Abbildung 12: Einberufungsbescheide (Kapitel 11.2, S. 378)

Abbildung 13: Vincenzo Rossi (Kapitel 11.2, S. 378)

Abbildung 14: Anfänge der Sonnenuhr (Kapitel 11.2, S. 378)

(Kapitel 11.2, S. 378)

Abbildung 15: Heutige Verwandte von Vinz vor Vinz' Haus

Abbildung 16: Wachstest (Kapitel 11.2, S. 378)

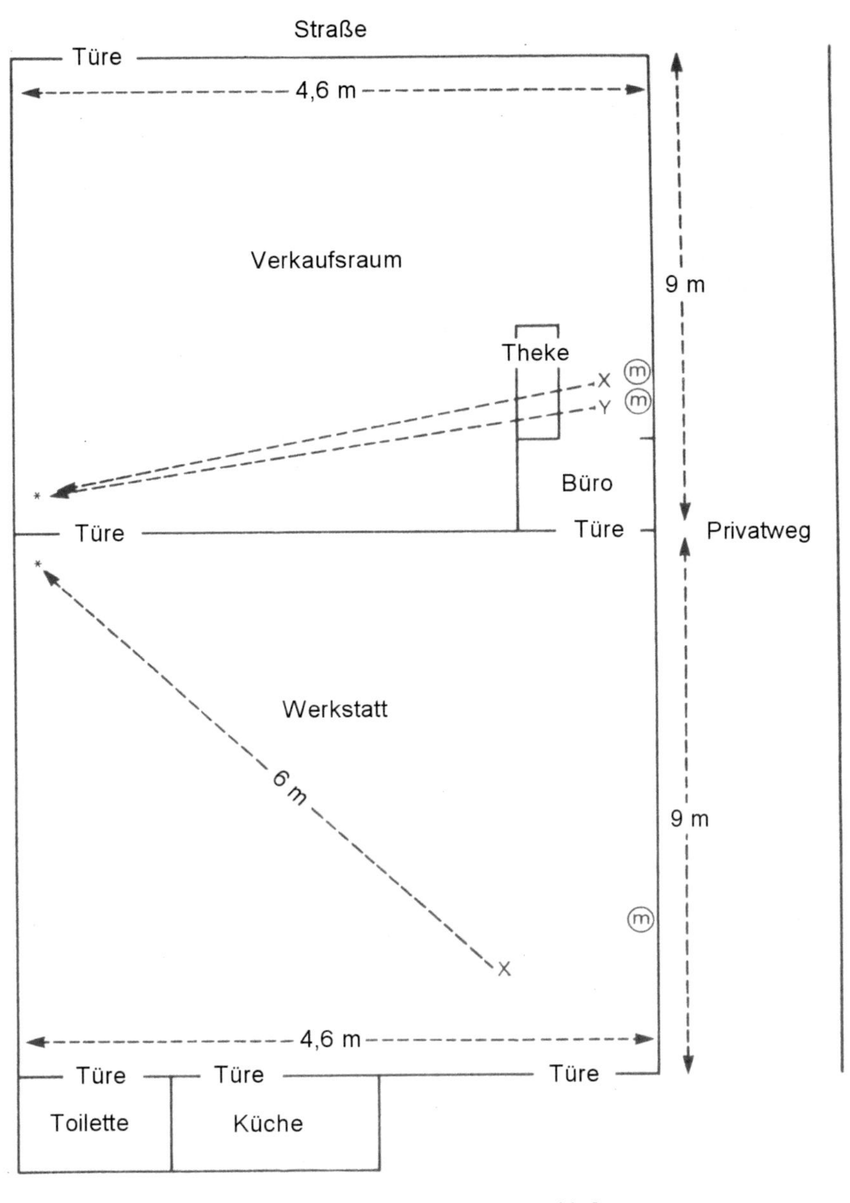

Abbildung 17: Grundriss des Geschäftsraums für Rasenmäher (Kapitel 15.1, S. 445)

Dieter Hassler

Shaker Media

ISBN 978-3-86858-646-6

472 Seiten

Deutsch

Paperback

17 x 24 cm

26,90 EUR

… früher da war ich mal groß. Und … - Indizienbeweise für ein Leben nach dem Tod und die Wiedergeburt

Band 1: Spontanerinnerungen kleiner Kinder an ihr „früheres Leben“

Spontane „Erinnerungen“ kleiner Kinder an ihre angeblichen „früheren Leben“ liefern die relativ überzeugendsten empirischen Hinweise darauf, dass wir Menschen in unserer Individualität den Tod überdauern und in einem neuen Körper wiedergeboren werden.

In diesem Buch geht es nicht um Glaubensinhalte oder Esoterik, sondern um Erfahrungsberichte, die in elf ausführlich dokumentierten Fällen (darunter zwei deutsche) und 269 Kurzbeispielen anschaulich werden lassen, was wir von außergewöhnlichen Kindern lernen können.

Wir finden:

- **Aussagen** zu Namen, Orten u. Objekten der früheren Person,
- **Wiedererkennungen** von Verwandten, Freunden, Orten und Gegenständen der früheren Person,
- **Emotionen und Charakterzügen**, die denen der früheren Person entsprechen,
- **Muttermalen** und angeborenen Missbildungen, die nachweislich meist Todeswunden der früheren Person entsprechen,
- **Fähigkeiten und Fertigkeiten** einschließlich nie erlernter Sprache,
- **Erinnerungen** an irdische Ereignisse nach dem Tod und an die Zeit im Jenseits

Dieter Hassler

Shaker Media

ISBN 978-3-95631-359-2

518 Seiten

Deutsch

Paperback

17 x 24 cm

25,90 EUR

Indizienbeweise für ein Leben nach dem Tod und die Wiedergeburt

Band 2a: Rückführung in „frühere Leben" und deren Nachprüfung

Inhalt Band 2a:

- 12 der bestüberprüften Rückführungsfälle verschiedener Autoren in ausführlicher Darstellung
- Insgesamt 20, mit Erfolg nachgeprüfte Fälle und 37 Kurzbeispiele
- Studie anhand einer großen Zahl Rückgeführter (Prof. Helen Wambach)
- Bedeutung des Sprechens nicht erlernter Sprachen (Xenoglossie)
- Antworten auf 51 häufig gestellte Fragen (FAQ)
- „Techniken" der Rückführung und ihre denkbaren Gefahren
- Geschichtliche Entwicklung der Rückführungen, nachgezeichnet in 79 „Stationen"
- Erklärung aller Fachbegriffe (Glossar).

Alle Bände sind nicht nur für Experten geschrieben. Sie finden:

- Ausführliche Gliederungen und Stichwortverzeichnisse
- Viele Querverweise, um zu speziell interessierenden Kapiteln springen zu können, ohne das Buch von vorne lesen zu müssen
- Aussagen und Behauptungen in den Bänden 2a + 2b durch 548 Literaturangaben mit Seitenzahlen belegt.

Dieter Hassler

Shaker Media
ISBN 978-3-95631-360-8
465 Seiten
Deutsch
Paperback
17 x 24 cm
23,90 EUR

Indizienbeweise für ein Leben nach dem Tod und die Wiedergeburt

Band 2b: Rückführung in „frühere Leben“ und deren Nachprüfung

Inhalt Band 2b:

- Weitere 17 mit Erfolg geprüfte Fälle und 62 Kurzbeispiele
- Wiederkehrende Merkmale der Fälle
- Gibt es Karma?
- Zwischenleben im Jenseits nach Berichten von Rückgeführten; Überprüfung auf Konsistenz und Vergleich mit entsprechenden Äußerungen kleiner Kinder
- Reinkarnationstherapie und deren Heilerfolge auf der Basis von 291 Fällen. Unterstützen diese die Reinkarnationshypothese?
- Alle denkbaren Erklärungen werden angesprochen und im Hinblick auf ihre Überzeugungskraft mit der Reinkarnationshypothese verglichen
- Hilfestellung für die Suche nach Rückführern
- Leseempfehlungen; Anhänge u.a.m.